MICROECONOMICS
(7th Edition)

经济学
（微观）

（原书第7版）

[美] R. 格伦·哈伯德　安东尼·P. 奥布赖恩　著
(R. Glenn Hubbard)　(Anthony Patrick O'Brien)
哥伦比亚大学　　利哈伊大学

赵英军　译

图书在版编目（CIP）数据

经济学. 微观：原书第 7 版 /（美）R. 格伦·哈伯德（R. Glenn Hubbard），（美）安东尼·P. 奥布赖恩（Anthony P. O'Brien）著；赵英军译. -- 北京：机械工业出版社，2022.6
书名原文：Microeconomics 7th Edition
ISBN 978-7-111-71012-7

I. ①经… II. ①R… ②安… ③赵… III. ①微观经济学 IV. ①F016

中国版本图书馆 CIP 数据核字（2022）第 104182 号

北京市版权局著作权合同登记　图字：01-2021-3898 号。

R. Glenn Hubbard, Anthony Patrick O'Brien. *Microeconomics, 7th Edition*.
ISBN 978-0-13-473750-8
Copyright © 2019,2017,2015 by Pearson Education, Inc. or its affiliates.
Simplified Chinese Edition Copyright ©2022 by China Machine Press.

Published by arrangement with the original publisher, Pearson Education, Inc. This edition is authorized for sale and distribution in the Chinese mainland (excluding Hong Kong SAR, Macao SAR and Taiwan).

No part of this book may be reproduced or transmitted in any form or by any means, electronic or mechanical, including photocopying, recording or any information storage and retrieval system, without permission, in writing, from the publisher.

All rights reserved.

本书中文简体字版由 Pearson Education（培生教育出版集团）授权机械工业出版社在中国大陆地区（不包括香港、澳门特别行政区及台湾地区）独家出版发行。未经出版者书面许可，不得以任何方式抄袭、复制或节录本书中的任何部分。

本书封底贴有 Pearson Education（培生教育出版集团）激光防伪标签，无标签者不得销售。

本书是一部引导学生通过真实商务案例学习微观经济学的经典著作。本书紧紧把握时代脉搏，立足于现实的商业世界和经济政策，引导学生的兴趣，培养学生的经济学直觉和理解力。作者强调经济学原理在当前经济事件中的应用，所选的实例更注重商业现实，同时以适宜的难度详细介绍了所有核心概念。全书以非常清晰的主题结构，从各个方面阐述了经济学原理。书中的开篇案例、解决问题、概念应用、勿忘此错、深度透视等专栏，可以使经济学这门课程的学习变得更轻松有趣。

本书可以作为经济和管理专业的本科生、MBA 学生的教科书，也可以作为研究人员以及企业经营管理者的参考用书。

出版发行：机械工业出版社（北京市西城区百万庄大街 22 号　邮政编码：100037）	
责任编辑：王洪波	责任校对：付方敏
印　　刷：三河市国英印务有限公司	版　次：2022 年 7 月第 1 版第 1 次印刷
开　　本：185mm×260mm　1/16	印　张：31.25
书　　号：ISBN 978-7-111-71012-7	定　价：99.00 元

客服电话：(010) 88361066　68326294

版权所有·侵权必究
封底无防伪标均为盗版

The Translator's Words 译者序

"为学生和教师提供一本用真实世界中的许多商务事例解释完整的经济学理念的经济学教科书",这是本书作者哈伯德和奥布赖恩在前言中的第一句话,也道出了本书的写作目标。

继《经济学(微观)》第1版、第3版、第5版的中译本在国内出版后,第7版也呈现给读者。本书因为易读、对原理阐释清晰、紧密结合经济生活实际以及易读的叙事写作方式,受到国内读者的好评。

最近10多年,在多种因素综合作用下,世界经济正在发生着大变化,人们的经济生活出现了许多新现象、新问题。作为阐释经济活动的经济学原理教科书,适应新变化,以鲜活案例更新内容,不仅能提升初学者的学习兴趣,也是加深他们对经济学原理理解的重要方式。本书作者在第7版中,几乎对每一章都进行了内容更新,尤其是引出每章内容的开篇案例几乎都是近几年出现的新事件。新一代学生的生活场景和生活习惯与他们的父辈有很大的不同,作者选用案例时充分考虑了如何适应新一代学生的要求,尽可能靠近他们熟悉的生活,如千禧一代如何改变苏打汽水、杂货、巨无霸汉堡和跑鞋市场,优步提供的不同于传统出租车的出行服务,大型开放式网络课程(MOOC)对高等教育成本的影响,征收苏打汽水税,力拓使用机器人采矿,流媒体音乐,等等。案例所涉及的公司也是大家所熟知的,如苹果、亚马逊、特斯拉、Spotify、沃尔玛等。

为了提升学习者的学习能力,第7版也进行了一些内容与结构创新,将前几版中的"建立联系"改为"概念应用",突出了经济学原理、概念与现实的结合;增加了"批判性思维练习"(critical thinking exercises)专题,目的是帮助学生在以下领域建立起分析的基本技能:①分析和诠释信息;②对新的或不熟悉的想法和情形进行推理与逻辑思考;③从多个角度审视一些思想与概念;④在小论文或课堂演讲中清楚地表达他们的新观点。

第7版提出了一些能激发学生学习兴趣又包含经济学重要原理的问题,如:为什么埃克森美孚石油公司支持征收碳税,为什么票贩子从百老汇热门音乐剧《汉密尔顿》中获得的收益要比节目制作人或明星还要多,为什么要对苏打汽水征税,以及什么是提供在线点餐的幽灵餐厅?等等。第7版通过对这些现象循序渐进式的分析,使学习者在不知不觉中能体会到经济学原理带来的思维升华。

为了便于学生将经济学知识学习与自己未来就业联系起来,第7版将原来的"生活中的经济学"板块改为"生活与职业生涯中的经济学",让在校学生意识到自己现阶段的学习与未来就业的联系。

第 7 版中还有许多其他细节的更新与创新，在此不再赘述。本书内容贴近现实生活，阅读起来充满趣味，相信读者会有一种酣畅淋漓的崭新体验。

虽然译者尽力做好翻译工作，但工作中可能难免出现漏译和错译，敬请读者批评指正。

赵英军

浙江工商大学

2022 年 6 月 10 日

About the Authors 作者简介

R. 格伦·哈伯德（教授、学者和政策制定者）

R. 格伦·哈伯德（R. Glenn Hubbard）是哥伦比亚大学商学院院长和罗素·卡森（Russell L. Carson）金融与经济学教授，同时他还是哥伦比亚文理学院的经济学教授。此外，他还担任美国国家经济研究局的研究员，并且是多家公司的董事，这些公司包括 Automatic Data Processing、黑岩封闭式基金以及大都会人寿。1983 年，哈伯德获得哈佛大学经济学博士学位；2001～2003 年，他担任美国白宫经济顾问委员会以及经济合作与发展组织（OECD）经济政策委员会主席；1991～1993 年，他担任美国财政部部长助理帮办；如今他是美国无党派资本市场监管委员会联席主席。哈伯德教授的研究领域包括公共经济学、金融市场和金融机构、公司理财、宏观经济学、产业组织以及公共政策。哈伯德教授曾在顶级学术期刊上发表了 100 多篇文章，这些期刊包括《美国经济评论》《布鲁金斯经济活动论文集》《金融杂志》《金融经济学杂志》《货币、信贷和银行杂志》《政治经济学杂志》《公共经济学杂志》《经济学季刊》《兰德经济学杂志》《经济学与统计学评论》。他的研究获得了美国国家科学基金、美国国家经济研究局和许多私人基金会的资助。

安东尼·P. 奥布赖恩（获奖教授和学者）

安东尼·P. 奥布赖恩（Anthony Patrick O'Brien）是利哈伊大学经济学教授。他于 1987 年获得加州大学伯克利分校的博士学位，讲授"经济学原理"课程已经超过 20 年，既有大班课也有小型荣誉班级。奥布赖恩教授曾获利哈伊大学优秀教学奖。他曾担任钻石经济学教育中心（Diamond Center for Economic Education）主任、达纳基金会冠名教授和"1961 利哈伊班"经济学教授。他曾是加州大学圣巴巴拉分校和卡内基－梅隆大学产业管理研究生院的访问教授。奥布赖恩教授的研究领域包括美国汽车产业的演变、美国经济竞争力的源泉、美国贸易政策的发展、大萧条的起因、美国白人与非洲裔收入差异的原因等。奥布赖恩教授的研究成果发表于多个顶级学术期刊上，其中包括《美国经济评论》《经济学季刊》《货币、信贷和银行杂志》《劳资关系》《经济史杂志》《经济史研究》。他的研究获得了多家政府机构和私人基金会的资助。

Preface 前言

在第 7 版中,我们的写作理念仍然像大约 15 年前出版第 1 版时一样:为学生和教师提供一本用真实世界中的许多商务事例解释完整的经济学理念的经济学教科书。我们的目标是在讲授经济学时,以"自由插件的方式"使用来自真实世界中的商务与政策事例。我们非常感谢使用前 6 版的学生和教师给出的热切反馈,他们的帮助使得本书成为最畅销的经济学教科书之一。

自第 6 版出版后,世界与美国经济发生了很多变化,包括美国新选出的总统推行了独特的经济政策。我们需要将这些新出现的真实世界的事例和政策讨论包括在第 7 版中。

第 7 版新增内容

感谢许多老师和学生对第 6 版提出的改进建议,我们已尽最大可能将这些善言纳入第 7 版中。下面的内容先是修订概述,然后是更详细的说明。

新增内容概述

- 所有的开篇案例都进行了更新,要么用了新的公司案例,要么对案例补充了新的信息。
- 第 1~4 章包含新的"深度透视"内容,目的是帮助学生将经济学原理与新闻报道中的时事和政策辩论联系起来。
- 新增了 19 个"概念应用"专栏(以前版本称为"建立联系"),目的是帮助学生将经济概念与时事和政策问题联系起来。第 7 版对以前版本中保留下来的"概念应用"专栏进行了更新。
- 新增 5 个"解决问题"专栏,并对以前版本中的 8 个"解决问题"专栏进行了修订。该项设计的目的是帮助学生学会怎样按步骤解决经济问题。
- 每章末尾新增一个板块,名为"批判性思维练习"。之所以添加这个新板块,是因为许多教师告诉我们,需要帮助学生在以下领域建立起分析的基本技能:①分析和诠释信息;②对新的或不熟悉的想法和情形进行推理与逻辑思考;③从多个角度审视一些思想与概念;④在小论文或课堂演讲中清楚地表达他们的新观点。
- 所有图表均用最新数据进行了更新。
- 替换或更新了许多章节末尾的问题与应用。在大多数章节中都配有包括图表的一两个问题供学生分析。

各章新增内容

第1章"经济学:基础与模型"的开篇案例讨论的是"为何福特公司在美国和墨西哥两地组装汽车"这一问题。本章后附的"深度透视"提供了一篇新的新闻文章,并分析了大量制造业工作职位是否可能从海外回归美国本土。"解决问题1-1"专栏,内容是新的,分析了高速公路限速的边际得益和边际成本。新的"概念应用"专栏研究了国家之间为何进行贸易,经济学概念如何帮助我们来评估有关进口关税的政策争论。学习经济学原理课程,学生要学习不同的术语、模型和分析现实事件的新方法。学生,尤其是非经济学专业的学生,了解本课程如何帮助自己从事商业、政府或非营利性组织的职业可能具有挑战性。因此,我们在第1章中增加1节新内容用来介绍经济学对职业生涯的意义,并突出了任何专业的学生通过学习经济学可以获得的关键技能。

第2章"权衡、比较优势和市场制度",开篇案例讨论的是特斯拉汽车公司管理者面临的资源分配决策问题。章后的"深度透视"讨论了特斯拉决定在内华达州建立工厂,批量生产用于电动汽车的锂离子电池的决定。新的"概念应用"专栏介绍了非营利组织"赈饥美国"(Feeding America)的管理者如何利用市场机制,根据美国全国各地粮食计划项目的需求来更有效地分配食物。

第3章"价格来源:需求和供给的相互作用"的开篇案例是关于可口可乐和百事可乐如何通过引入优质瓶装水(有时也称为智能水)以应对苏打汽水需求下降的讨论。我们用优质瓶装水市场来建立需求和供给模型。章后的"深度透视"专栏探讨了麦当劳公司如何通过全天供应早餐并提供在线订购和送货上门来应对消费者需求的变化。本章有三个新的"概念应用"专栏:"虚拟现实头显设备:因为缺少互补品,替代品会失败吗""千禧一代动摇了汽水、杂货、巨无霸和跑鞋市场需求""优质瓶装水需求的预测"。

第4章"经济效率、政府限价和税收",以委内瑞拉粮食骚动与优步受到美国乘客欢迎之间存在什么经济联系的讨论开始。章后的"深度透视"专栏探讨了优步尝试在英国扩展服务时遇到的问题。本章增加了两个新的"概念应用"专栏:"优步的消费者剩余"和"价格管制导致委内瑞拉经济下滑"。

第5章"外部性、环境政策和公共产品"的开篇案例是关于埃克森美孚公司支持碳税的讨论。本章的两个"概念应用"专栏更新了政府针对空气污染和全球变暖政策的最新信息。

第6章"弹性:供给和需求的反应程度"的开篇案例以如何评估包括旧金山和费城在内的几个城市通过的汽水税在改善人们健康与增加税收方面取得的成功展开了新的讨论。

第7章"医疗保健经济学"的开篇案例是保险公司如何应对《患者保护与医疗平价法案》的影响。在美国国会2017年的辩论中,政府探讨了是否应该对该法案进行大幅修订。

第8章"企业、股票市场和公司治理"的开篇案例是讨论Snap、Twitter和Meta⊖首次公开募股的比较。本章新的"概念应用"专栏探讨了投资者为什么担心Snap和其他社交媒体公司存在的潜在公司治理问题。

⊖ 曾用名:Facebook。——译者注

第 9 章 "比较优势和国际贸易增益"的开篇案例以亿滋国际（Mondelez International, Inc.）决定将奥利奥饼干的生产转移到墨西哥，为关于北美自由贸易协定（NAFTA）和跨太平洋伙伴关系（TPP）的辩论提供了新的背景。本章最新的"概念应用"专栏分析了美国对中国的贸易中谁得谁失。

第 10 章 "消费者选择和行为经济学"的开篇案例讨论了彭尼百货（J.C.Penney）连锁店面临的困扰问题。"概念应用"专栏讨论了为什么票贩子从百老汇热门音乐剧《汉密尔顿》中获得的收益要比节目制作人或明星还要多。新增加的"解决问题 10-3"专栏分析了为何即使车位严重短缺，特斯拉公司在加州的工厂也不向工人收取停车费。

第 11 章 "技术、生产和成本"的开篇案例讨论的是大型开放式网络课程对高等教育成本的影响。本章更新的"概念应用"专栏讨论了软件公司 Segment.com 如何重新安排工作区域来增加员工产出的故事。

第 12 章 "完全竞争市场中的企业"的开篇案例更新了有关农民出售放养鸡蛋来获取经济利润遇到困难的讨论。本章更新的"解决问题"专栏分析了为何小麦种植者决定拿出 170 英亩[一]地来种草的故事，而新的"概念应用"专栏则探讨了纽约市亚洲餐馆之间的竞争。

第 13 章 "垄断竞争：更切实际的竞争模型"以帕尼罗面包（Panera Bread）仅提供"清洁食物"来区别于其他餐厅的策略作为开篇案例。新的"概念应用"专栏继续讨论该公司的战略。另一个新的"概念应用"专栏讨论了餐饮业中的一种新现象：仅仅以在线形式存在的幽灵餐厅。新增加的"解决问题 13-3"专栏分析了红罗宾（Red Robin）公司为何放弃速食休闲餐厅的尝试。

第 14 章 "寡头垄断：竞争不充分市场中的企业"的开篇案例讨论的是音乐流媒体的业务竞争。本章新的"概念应用"专栏探讨了一些面包店如何试图利用政府法规来消除家庭面包师的竞争。新的"解决问题 14-1"专栏使用博弈论分析了 Spotify 和苹果音乐（Apple Music）为什么对学生打折的故事。

第 15 章 "垄断和反垄断政策"的新"概念应用"专栏讨论了某些仿制药价格偏高的原因。

第 16 章 "定价策略"以关于迪士尼如何利用大数据改善其主题公园定价的讨论作为开篇案例。本章新的"概念应用"专栏讨论了从航空公司到动物园如何利用大数据和动态定价来最大化自己的利润。

第 17 章 "劳动和其他生产要素市场"的开篇案例讨论的是力拓公司在澳大利亚大量使用机器人开采矿石的现象是否预示着其他行业未来自动化也将开始。移民已经成为一个特别有争议的政治问题，为此我们新增一节"移民对美国劳动力市场的影响"，其中包括图 17-6，该图显示了美国每年合法移民人数占全美人口的比例。

第 18 章 "公共选择、税收和收入分配"的开篇案例讨论了大力改变联邦政府对企业征税方式的提议。我们对这一讨论的重点内容进行了更新。

为了给前面所述的新内容腾出空间，我们对上一版内容进行了删减，包括大约 17 个

[一] 1 英亩 = 4 046.856 米^2。

"概念应用"专栏和4个"解决问题"专栏,其中一些转移到了本书配套的《教师手册》中,供希望继续使用它们的教师使用。

解决学与教中遇到的难题

许多修读经济学原理课程的学生很难看清机会成本、权衡取舍、稀缺以及供求等核心概念与他们生活和职业的相关性。这会降低部分学生选课和上课的积极性。我们通过内容安排、符合现代感的形式编排和网上资源来应对这些挑战。

学习基础:情境式学习和新颖的组织结构

我们认为,一门课如果能让学生将他们的所学应用于个人生活和他们未来的职业,培养起他们对所读媒体内容的分析能力,那么这门课就是成功的。这就是我们在开篇案例、图表、"概念应用"专栏、"深度透视"专栏和章后问题中大量采用许多真实世界的案例来解释经济学概念的原因。这种方法有助于将所有专业的学生培养成为有教养的消费者、投票人和公民。此外,我们的"自由插件的方式"、我们具有现代意义的章节结构安排和在书中尽早引入政策话题都是为了激发学生的学习兴趣。我们所用的重点方法有以下几种。

1. 有冲击力的引导章节

引导章节会为学生提供打好基础的基本知识,我们强调了边际分析和经济效率这些关键概念。在第4章"经济效率、政府限价和税收"中,我们使用消费者剩余和生产者剩余的概念来讨论最高限价与最低限价的经济影响,并联系了财产租赁和最低工资等熟悉的事例(我们在后面的章节中再次讨论了生产者剩余和消费者剩余:第9章"比较优势和国际贸易增益"中的外包和影响贸易的政府政策,第15章"垄断和反垄断政策"中市场势力对经济效率的影响,第16章"定价策略"中企业定价政策对经济效率的影响)。此外,在第8章"企业、股票市场和公司治理"中,我们为学生提供了最基本的理解企业如何组织、筹集资金或向投资者提供信息的分析框架。我们也解释了市场体制中,企业家如何满足消费者需要并有效组织生产。

2. 及早引入政策话题讨论

为了让学生在课程学习中尽早接触到政府政策的话题,我们在第1章"经济学:基础与模型"中讨论了贸易政策,在第4章"经济效率、政府限价和税收"中讨论了租金控制和最低工资,在第5章"外部性、环境政策和公共产品"中讨论了空气污染、全球变暖和公共产品的问题,在第6章"弹性:供给和需求的反应程度"中讨论了政府对苏打汽水和其他含糖饮料的政策问题,在第7章"医疗保健经济学"中讨论了医疗政策。

3. 全面介绍了垄断竞争的内容

我们在第13章"垄断竞争:更切实际的竞争模型"中讨论了垄断竞争问题,内容安排在第14章"寡头垄断:竞争不充分市场中的企业"与第15章"垄断和反垄断政策"之前。

尽管许多教师对垄断竞争简要讲授甚至完全略过不讲，但我们认为，这是一个十分重要且易被忽略的工具，有助于强化学生对市场机制如何发挥作用的基本认识，因为相较于主要以农产品市场作为事例的完全竞争市场，学生对垄断竞争市场更为熟悉。我们使用垄断竞争模型引入向下倾斜的需求曲线，这通常在"垄断"一章中才引入。这种处理方法，有助于学生抓住对几乎所有企业（并非仅仅是垄断企业）都重要的关键点——向下倾斜的需求曲线。在完全竞争之后介绍垄断竞争也让我们可以尽早讨论品牌管理和竞争成功的决定因素等话题。尽管如此，我们认为，如果教师喜欢在完全竞争（第12章"完全竞争市场中的企业"）之后就马上介绍完全垄断（第15章"垄断和反垄断政策"），也可以忽略该章，并不影响内容的连续性。

4. 丰富真实的博弈理论

在第14章"寡头垄断：竞争不充分市场中的企业"中，我们使用博弈论来分析寡头垄断企业之间的竞争。博弈论可以帮助学生理解具有市场势力的企业在多种竞争情形下如何进行策略决策。在博弈论应用中，我们使用了人们所熟知的公司，如苹果、亚马逊、戴尔、Spotify、沃尔玛等。

5. 独特的定价策略内容

在第16章"定价策略"中，我们探讨了企业怎样使用定价策略来提高利润水平。学生随处会遇到定价策略问题，如购买电影票、春假预订飞机票以及在线图书比价等。我们使用与学生密切相关且熟悉的事例来说明公司怎样使用差别定价、成本加成定价和两部定价等策略。

本书特色以及在线支持资源

学生和教师在本书中可以发现如下一些特色。

1. 商业案例和对媒体文章的深度透视

每章的"开篇案例"都为学生提供了一个贴近现实的情境，激发学生对经济学的兴趣，同时也有助于统一每章的主题。这些案例都会介绍一些大公司面对的真实情境。在每章的文字叙述、图表和教学专题栏目中都会用到这些公司的材料。

对媒体文章的深度透视是特别专栏，向学生展示了如何将相关章节中学到的概念应用于对新闻文章的分析。第1~4章的末尾分别给出了不同的文章，"深度透视"专题包括文章摘录、对文章进行的分析，一幅或几幅图以及一些供思考的关键问题。

2. 解决问题

我们知道，在面对应用性的经济问题时，许多学生感到束手无策。本书通过分析一些现实世界的经济问题来解决应用性的经济问题。我们的目的是使学生将精力集中于每一章的主要思想上，并且教给学生一个模型来一步一步地分析解决这些经济问题。在每章的"问题与应用"之后，我们又增加了一些与每一章解决问题有关的练习题。

3. 概念应用

每一章的"概念应用"专栏都包括2~4个来自真实世界的问题，目的是强化核心概念并帮助学生学习如何解释他们在网页和报纸上阅读到的内容。60多个"概念应用"专栏的主题都采用与企业和政策紧密相关、引人入胜以及有说服力的新闻故事。第7版中有三分之一的专栏是新增加的,其他的专栏也进行了更新。其中一些讨论了医疗保健和贸易,这些是最近政策讨论的前沿话题。每一个"概念应用"专栏都至少与每章后面的一个问题有关,目的是让学生检验他们对所讨论话题的理解程度。

4. 勿犯此错

通过多年的教学实践,我们清楚地知道学生对哪些概念理解起来困难最大,所以我们在每章都设置了一个小专栏——"勿犯此错",提醒学生在该章最容易犯的错误。在每章后面的"问题与应用"部分,我们也设计了相关问题。

5. 图表和本章小结

图表是经济学原理课程中不可或缺的一部分,但对许多学生来说,图表却成了主要障碍。除第1章外,其他各章课后练习中都包括让学生画图、读图和解释图表这样的题目。我们使用图注和总结图表等工具来帮助学生读图与理解图表。

6. 为提高评判效率,按照学习目标分类设置复习题和问题与应用

每章最后的安排包括本章小结、本章概要与练习,都是依据学习目标来分类的。这种架构的目的是让指导教师根据学习目标方便在书本上和在网上布置作业,也有助于学生对他们发现的有难度的问题进行有效率的复习。如果学生对某个学习目标难以把握,指导教师能够方便地通过每章末尾中与各个目标相关的问题和练习知道症结所在,从而通过课后作业或在课堂中进行重点讨论解决问题。根据学习目标进行总结和练习将有助于提高效率,有助于学生更集中于那些对他们来讲更具挑战性的章节。本书主要章节都有明确的学习目标,并且配以"复习题"和"问题与应用"。

掌握职业技能

学习关键的经济术语、概念和模型都很重要。为了能学好一门课程,学生需要掌握技能,树立信心,以将所学知识应用到课堂之外。第1章"经济学:基础与模型"中增加了一节新内容,把经济学与实际工作相结合,并介绍了一些任何专业的学生通过学习经济学都能从中获益的关键技能。如前所述,诸如开篇案例、概念应用、解决问题和章末问题之类的特色板块设计都能为学生提供真实的学习环境,使学生接触到各种大小企业、政府部门和非营利组织。批判性思维练习是第7版新增的章末专栏,这有助于培养学生分析和解释信息的能力以及将这些推理和逻辑应用于新的或不熟悉的想法与情形的能力。

生活和职业生涯中的经济学

在开篇的真实企业案例之后,我们新增了一个名为"生活与职业生涯中的经济学"专

栏，通过让学生考虑经济学如何影响他们的生活和职业，从而引出开篇。这一特色激发了学生的兴趣，并强调了他们正在学习的内容与他们个人和职业之间的联系。

致谢

我们在本书的编写和修订过程中再次领略到了培生经济学团队的敬业精神和专业精神，这让我们受益良多。项目总监 David Alexander 为我们提供了不可或缺的支持和帮助。David 不仅协助本书成稿，而且在我们精力不济时予以了莫大的支持和鼓励。内容编辑 Lena Buonanno 孜孜不倦地工作，不仅对本书的内容字斟句酌以确保质量，同时还肩负了协调如此复杂项目中的诸多变动环节；面对着此次新版教材非同一般的挑战性，Lena 为该项目所付出的时间、精力和永不言败的精神让我们一直以来感到由衷的敬佩。在我们编写第 1 版教材时，关键市场部前总监 David Theisen 就如何更好地构建出一篇原则性文本提供了宝贵的见解。他的建议几乎对每一章的编写都行之有效。我们要感谢我们的产品营销经理 Tricia Murphy 和现场营销人员 Carlie Marvel，感谢他们不遗余力，富有创造性地向广大师生介绍我们的图书和数字产品。

Christine Donovan 负责管理本书的整个出版过程和与该书配套的大量补充材料。编辑助理 Nicole Nedwidek 在出版本书和整合媒体资源的过程中，协助团队完成了包括审阅调查和总结的多项任务。

在前几版教材的编写过程中，我们得到了 Dante DeAntonio、Ed Timmons、Matthew Saboe、David Van Der Goes 和 Jason Hockenberry 出色的研究协助。我们感谢 Elena Zeller、Jennifer Brailsford、Ellen Vandevort Wolf、Emily Webster、Mollie Sweet、Jayme Wagner 和 Rebecca Barney 对第一轮和第二轮样稿的仔细校对。此外，我们收到了来自利哈伊大学的 Frank R. Gunter、Thomas J. Hyclak 和 Robert J. Thornton 对各个版本的有益反馈和建议。

作为教师，我们深知清晰易懂的图表对学生的重要性。因此，我们有幸请到了 Fernando Quijano 来为我们的教材和补充资料绘制全部图表。这些图表在市场中一直获得了积极的反馈。我们对 Fernando 表示由衷的感谢，不仅因为他与我们合作并绘制出了精益求精的图表，还因为他对我们严苛的进度要求表现出的极大耐心。

第 7 版中涉及媒体内容的部分需要技术熟练和富有耐心的创造者和开发者。为此，我们特别感谢 Hodja 媒体的 Andy Taylor 制作了视频剪辑，感谢印第安纳大学伯明顿分校的 Paul Graf 制作了动画图表。这些视频和动画都是我们修订工作中的重要组成部分。

对于如此规模的工作，我们的家人承担了很大一部分的负担。在此，我们对我们的妻子和孩子们的包容、支持和鼓励深表感谢。

目录 Contents

译者序
作者简介
前言

第一部分 导论

第1章 经济学：基础与模型 2

开篇案例 为何福特公司在美国和墨西哥两地组装汽车 2
1.1 经济学的三个核心理念 4
1.2 每个经济社会都必须解决的经济问题 8
1.3 经济模型 11
1.4 微观经济学和宏观经济学 15
1.5 经济学和经济分析工具对职业生涯的意义 15
1.6 重要经济学术语预览 16
本章小结 18
深度透视 制造业能回归美国吗 18
本章概要与练习 20
附录1A 图表和公式的使用 21

第2章 权衡、比较优势和市场制度 33

开篇案例 特斯拉汽车公司管理者面临的权衡取舍 33
2.1 生产可能性边界和机会成本 34
2.2 比较优势和贸易 39
2.3 市场制度 45
本章小结 54

深度透视　特斯拉押注内华达州电池厂　54
　　　本章概要与练习　56

第3章　价格来源：需求和供给的相互作用　57

　　　开篇案例　你的水有多聪明　57
　　　3.1　市场的需求侧　58
　　　3.2　市场的供给侧　66
　　　3.3　市场均衡：供给与需求共同作用　71
　　　3.4　需求和供给变动对均衡的影响　74
　　　本章小结　79
　　　深度透视　麦当劳寻找吸引顾客的新方法　79
　　　本章概要与练习　81

第4章　经济效率、政府限价和税收　82

　　　开篇案例　委内瑞拉的食物骚动和美国的优步
　　　　　　　崛起有什么共同之处　82
　　　4.1　消费者剩余与生产者剩余　83
　　　4.2　竞争性市场的效率　88
　　　4.3　政府干预市场：最低限价与最高限价　91
　　　4.4　税收的经济影响　99
　　　本章小结　104
　　　深度透视　让美国科技巨头缴纳更多税款的律师，
　　　　　　　他的第一个目标：优步　104
　　　本章概要与练习　106
　　　附录4A　需求和供给的定量分析　107

第二部分　市场行为：政策与应用

第5章　外部性、环境政策和公共产品　114

　　　开篇案例　埃克森美孚为什么想缴纳碳税　114
　　　5.1　外部性与经济效率　115
　　　5.2　外部性的私人解决方案：科斯定理　119

5.3 应对外部性的政府政策分析 124

5.4 物品的四种类别 131

本章小结 138

本章概要与练习 138

第6章 弹性：供给和需求的反应程度 139

开篇案例 征收苏打汽水税起作用吗 139

6.1 需求价格弹性及其度量 140

6.2 需求价格弹性的决定因素 146

6.3 需求价格弹性与总收益之间的关系 148

6.4 其他需求弹性 152

6.5 运用弹性理论分析家庭农场消失的原因 154

6.6 供给价格弹性及其度量 157

本章小结 161

本章概要与练习 162

第7章 医疗保健经济学 163

开篇案例 到哪里去买健康保险 163

7.1 美国人健康状况改善情况概述 165

7.2 世界各地的保健状况概述 166

7.3 医疗保健市场的信息问题和外部性 172

7.4 美国医疗保健政策争论 178

本章小结 188

本章概要与练习 188

第三部分 国内和国际经济环境中的企业

第8章 企业、股票市场和公司治理 190

开篇案例 Snapchat 是下一个 Facebook 还是下一个 Twitter 190

8.1 企业类型 191

8.2 企业如何筹资 195

8.3 运用财务报表对企业进行评估　203

8.4 公司治理政策的相关话题　204

本章小结　208

本章概要与练习　208

附录8A　公司财务信息分析的工具　209

第9章　比较优势和国际贸易增益　217

开篇案例　特朗普、奥利奥饼干和自由贸易　217

9.1 国际经济中的美国　218

9.2 国际贸易中的比较优势　220

9.3 国家如何从国际贸易中获得增益　222

9.4 限制国际贸易的政府政策　229

9.5 贸易政策与全球化之争　236

本章小结　241

本章概要与练习　241

第四部分　微观基础：消费者和厂商

第10章　消费者选择和行为经济学　244

开篇案例　顾客在彭尼百货并没有买到"每日低价"　244

10.1 效用与消费者决策　245

10.2 需求曲线来自何处　253

10.3 社会因素如何影响决策　256

10.4 行为经济学：人们会做出理性的选择吗　263

本章小结　269

本章概要与练习　269

附录10A　使用无差异曲线和预算线来解释消费者行为　270

第11章　技术、生产和成本　284

开篇案例　大型开放式网络课程的成本会带来
　　　　　高等教育革新吗　284

11.1 技术：经济意义上的定义　285

11.2 经济学意义上的长期与短期　286

11.3 劳动边际产量和劳动平均产量　290

11.4 短期生产与短期成本的关系　293

11.5 画出成本曲线　296

11.6 长期成本　297

本章小结　300

本章概要与练习　302

附录11A 使用等产量线和等成本线来解释生产和成本　303

第五部分　市场结构和企业战略

第12章　完全竞争市场中的企业　316

开篇案例　放养鸡蛋可以使人致富吗　316

12.1 完全竞争市场　317

12.2 企业在完全竞争的市场中如何实现最大利润　320

12.3 通过成本曲线解释企业盈利或亏损　323

12.4 短期内生产还是停业的决策　328

12.5 企业在长期的进入和退出：如果人人都能做，你就无法赚钱啦　331

12.6 完全竞争与效率　336

本章小结　339

本章概要与练习　339

第13章　垄断竞争：更切实际的竞争模型　340

开篇案例　帕尼罗的"清洁食品"优势会持续吗　340

13.1 垄断竞争市场中企业的需求和边际收益　341

13.2 垄断竞争性企业如何在短期内最大化利润　343

13.3 利润在长期会发生什么变化　346

13.4 垄断竞争和完全竞争比较　350

13.5 如何营销差异化产品　352

13.6 什么决定着一家企业的成功　353

本章小结　355

本章概要与练习　355

第 14 章　寡头垄断：竞争不充分市场中的企业　356

开篇案例　苹果、Spotify 和流媒体音乐革命　356

14.1　寡头垄断与进入壁垒　358

14.2　博弈论与寡头垄断企业　361

14.3　序贯博弈和企业策略　369

14.4　五力竞争模型　373

本章小结　376

本章概要与练习　376

第 15 章　垄断和反垄断政策　377

开篇案例　缅因州的龙虾垄断　377

15.1　是否真的有垄断企业存在　378

15.2　垄断何来　380

15.3　垄断者怎样选择价格和产量　385

15.4　垄断会减损经济效率吗　388

15.5　政府治理垄断的政策　391

本章小结　398

本章概要与练习　398

第 16 章　定价策略　399

开篇案例　迪士尼发现大数据的魔力　399

16.1　价格策略、一价定律和套利　400

16.2　价格歧视：对同一产品收取不同的价格　402

16.3　其他定价策略　409

本章小结　414

本章概要与练习　414

第六部分　劳动力市场、公共选择和收入分配

第 17 章　劳动和其他生产要素市场　416

开篇案例　力拓用机器人采矿　416

17.1　劳动需求　417

17.2 劳动供给 421

17.3 劳动市场的均衡 423

17.4 解释工资差异 429

17.5 人事经济学 437

17.6 资本和自然资源市场 440

本章小结 442

本章概要与练习 442

第18章 公共选择、税收和收入分配 443

开篇案例 小企业应该像苹果公司一样纳税吗 443

18.1 公共选择 444

18.2 税收制度 448

18.3 税收归宿再议：价格弹性的影响 455

18.4 收入分配与贫困 458

本章小结 470

本章概要与练习 470

术语表 471

PART 1

第一部分

导 论

第 1 章　经济学：基础与模型

第 2 章　权衡、比较优势和市场制度

第 3 章　价格来源：需求和供给的相互作用

第 4 章　经济效率、政府限价和税收

第1章

经济学：基础与模型

∷开篇案例∷

为何福特公司在美国和墨西哥两地组装汽车

到目前为止，大多数美国公司是否仅在美国境内运营呢？有人是这么认为的，但实际上，许多美国公司已经在国外生产商品数十载了。例如，福特汽车公司（Ford Motor Company，简称福特公司）是亨利·福特（Henry Ford）于1903年在密歇根州迪尔伯恩（Dearborn）建立的。第二年，福特公司就在加拿大安大略省开始组装汽车。后来，福特公司先后于1911年在英格兰曼彻斯特、1925年在墨西哥开始组装汽车。显然，多年来，福特公司一直是一家跨国公司，在全球范围内生产和销售汽车。不过，到了2017年，福特公司在美国以外的业务（尤其是在墨西哥的业务）开始引起政治上的争议。

福特公司在墨西哥组装的部分汽车会在当地销售，该公司也从墨西哥向美国和其他国家出口汽车。2017年，为增加美国制造业就业机会，时任总统唐纳德·特朗普考虑对福特公司和其他美国公司在墨西哥组装但在美国出售的汽车征收35%的关税（税收的一种）。如果征收关税，美国的汽车公司将不得不向美国政府支付相当于这些汽车入境价格35%的税收。消费者购买这些汽车的价格将因征收关税而提高，销售量因此也将减少。特朗普辩称，关税将激励美国的汽车公司在美国本土组装更多的汽车，这显然将增加美国制造业就业机会。

美国的汽车公司在墨西哥组装部分汽车是企业在市场体系中，对经济激励做出反应后的选择。这样做是因为企业支付给墨西哥工人的工资较低，同时墨西哥的汽车零部件的价格也较低，因此福特公司每辆车的成本会降低1 000美元以上。通常，技术进步会激励企业改变其生产产品和提供服务的方式。例如，机器人技术可以帮助汽车制造商对一些工作实现自动化，从而减少该行业的从业人员。当越来越多的人对购买电动汽车感兴趣时，企业也会对消费者的口味变化做出反应。但是，有时企业也会对政府政策的激励措施做出回应。例如，在1994年，加拿大、墨西哥和美国政府签署了《北美自由贸易协定》（NAFTA），这使得诸如福特公司之类的美国公司更容易将产品从墨西哥出口到美国。2017年，华盛顿的一些政策制定者认为，需要对从墨西哥进口到美国的商品加征关税，这将扭转NAFTA的经济激励方向。

在本章及本书的后续部分，我们将看到，经济学为我们提供了一种工具，用来分析企业、消费者和工人如何对经济激励措施做出反应，以及政府决策者如何通过改变激励措施来实现政策目标。

章后的"深度透视"讨论了关于大量制造业工作从海外返回美国的可能性的问题。

资料来源：Dee-Ann Durbin, "Made in Mexico, Popular on U.S. Highways," Associated Press, February 8, 2017; David Welch and David Merrill, "Why Trump Tariffs on Mexican Cars Probably Won't Stop Job Flight," bloomberg. com, January 4, 2017; and Allan Nevins and Frank Ernest Hill, *Ford: Expansion and Challenge, 1915–1933*, New York: Charles Scribner's Sons, 1957, Ch. 14.

生活与职业生涯中的经济学

应该考虑在制造业领域就业吗

在20世纪40年代末～50年代初，美国有三分之一的工人从事制造业。传统上，许多高中毕业生将在生产装配线上工作视为获得相当于中产阶级收入的一种工作方式。工程专业、会计专业、管理类专业等的许多大学毕业生也会在制造业寻找工作。但是，制造业将是未来美国的理想工作领域吗？2016年12月，美国制造业的总就业人数为1 230万。但美国劳工统计局预测，到2024年，这一数字将下降至1 140万。这一预测的依据是什么？可靠性如何？学习本章时，请试着回答这些问题。本章结束时将提供答案。

在本书中，我们将运用经济学原理回答如下问题：
- 产品和服务的价格（如瓶装水、智能手机和汽车等的价格）是如何决定的？
- 为什么健康医疗成本上升得如此之快？
- 企业为什么要进行国际贸易？政府政策（如关税）怎样影响国际贸易？
- 政府为什么要控制某些产品和服务的价格，这样的政策会产生什么样的影响？

经济学家并不总是认同这些问题的答案。事实上，经济学家对一些问题争论激烈。此外，新的问题或话题也在不断涌现，因此，经济学家总是提出新的方法来分析这些经济问题。

我们在本书讨论的所有话题都想说明生活中的一个基本事实：为了实现目标，人们必须做出选择。我们必须这样做，是因为我们生活在一个**稀缺**（scarcity）的世界中，稀缺的含义是，人们的需要是无限的，但满足需要的资源则是有限的。你可能希望拥有一辆宝马牌轿车，每个炎炎夏日都能到欧洲五星级宾馆去度假。但除非你是比尔·盖茨的近亲，否则你可能无力实现这些梦想。每天，我们都在为必须用有限的收入来购买众多产品或服务做出选择。你拥有的有限时光也限制着你能实现的目标。如果你为经济学课程的期中考试多花了一个小时，那么也就意味着你为准备历史学课程的期中考试要少花一个小时。企业和政府所面临的形势与此类似，它们拥有的必须实现的多种目标的资源也是有限的。**经济学**（economics）是一门研究消费者、企业管理者和政府官员在稀缺资源约束下为实现多种目标如何进行选择的学科。

本章开始我们先讨论三个重要的经济学理念，在后续各章中我们还会多次用到这些理念：人是理性的；人们会对经济激励做出反应；最优决策是按边际原则做出的。随后，我们会考虑任一经济体都必须回答的三个基本问题：生产何种产品和服务？怎样生产这些产品和服务？谁将得到这些产品和服务？接下来，我们会讨论经济模型在分析经济问题中所扮演的角色。所谓**经济模型**（economic model）是对现实进行简化，以分析现实世界的经济状况。我们将探讨经济学家为什么要采用经济模型以及怎样来构建模型。最后，我们将讨论宏观经济学和微观经济学的区别，并预习一些重要的经济学术语。

1.1 经济学的三个核心理念

无论你的目标是购买一部智能手机或是寻找一份兼职工作，你必须与其他人在市场中接触。所谓**市场**（market），是指将大量产品或服务的购买者与销售者聚拢在一起进行交易的制度和安排。智能手机、住房、理发、股票和证券交易以及劳动等市场都是具体的市场实例。经济学的大部分内容涉及分析在市场中人们怎样做出选择以及如何进行接触，下面是关于市场的三个重要的理念，我们将会经常用到。

（1）人是理性的。
（2）人们会对经济激励做出反应。
（3）最优决策是按边际原则做出的。

1.1.1 人是理性的

经济学家一般假定人是理性的，但这并不意味着经济学家相信人人都知晓一切，或者说人们总是做出"最好"的决策。这就是说，经济学家假设消费者和企业会使用所有可获得的信息来实现自己的目标。理性人会对每一行为进行收益和成本的比较，只有当收益大于成本时，他们才会选择行动。例如，当苹果公司对最新的iPhone定价为649美元时，经济学家认为，苹果公司的管理者已经进行过预估，这一价格将为苹果公司带来最佳利润水平。当然，管理者有可能会犯错，也可能625美元或者675美元才是最有利可图的价格。但是，经济学家认为，苹果公司的管理者是理性的，定价是基于可获得的所有信息，所以选择649美元。当然，并非所有的人总会保持理性。尽管如此，假设人们行为理性，在解释人们所做出的绝大部分选择时仍然非常有意义。

1.1.2 人们会对经济激励做出反应

人们的行为动机多种多样，出于忌妒、同情者有之，出于宗教信仰者也有之。经济学家并不否认其他动机的存在，他们更为强调的是消费者和企业总是会对经济激励做出反应。这一点似乎很显然，却经常被忽略。例如，根据《华尔街日报》的一篇文章，美国联邦调查局（FBI）无法理解为什么在抢劫案增多的情况下，银行并没有采取措施来改进安保。联邦调查局官员建议，银行在大门外设置全副武装的安保人员，在营业窗口前安装防弹玻璃板（所谓的"盗匪屏障"）。让联邦调查局官员惊讶的是，几乎没有银行采纳他们的建议。该文章也指出，安装防盗玻璃板的费用为10 000～20 000美元，一名训练有素的安保人员每年的工资和福利大约为50 000美元。然而，银行抢劫案的平均损失仅仅为1 200美元左右。这样的情况对银行的经济激励很明显：银行容忍抢劫的成本要大大低于采取额外安保措施的花费。联邦调查局对于银行怎样应对抢劫威胁感到意外，但经济学家并不这样认为。

本书在每章特别设置"概念应用"专栏，用来讨论一个新的故事，或者其他与章节内容相关的应用。"概念应用1-1"专栏讨论了人们对诸如吃多少饭、花多长时间进行体育锻炼等话题的反应同样是出于经济激励。

◎概念应用1-1

人们越来越肥胖是健康保险激励造成的吗

多种疾病与肥胖有关，如心脏病、中风、糖尿病、高血压等，肥胖已成为美国社会越来越严重的问题。体重指数（body mass index，BMI）是根据一个人相对身高来计算体重的指标。根据美国疾病控制和预防中心（CDC）的定义标准，成年人体重指数大于等于30即被认为患肥胖症。例如，5英尺6英寸⊖的成年人，如果体重指数为30，那就有40磅⊖超重。

下面两张地图，展示了1994～2015年美国患肥胖症人数快速增加的情形（见图1-1）。1994年，在美国绝大多数州，成年人口中肥胖者的比例为10%～14%，没有一个州超过20%。2015年，在所有州，成年人中肥胖者的比例最少为20%，44个州中，成年人中至少有25%的人群属于肥胖者。

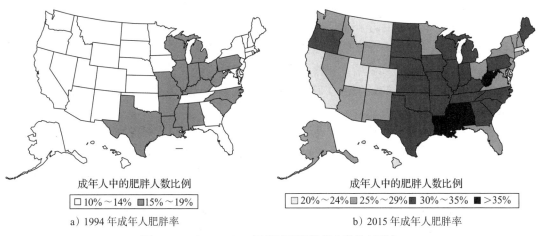

a) 1994年成年人肥胖率　　　　　　　　b) 2015年成年人肥胖率

图1-1　1994～2015年美国患肥胖症人数快速增加

资料来源：Centers for Disease Control and Prevention, "Prevalence of Self-Reported Obesity among U.S. Adults."

许多患有肥胖症的人有潜在的健康问题。对这些人来说，肥胖是一种他们无力控制的疾病。肥胖症人群的不断增加，一部分是饮食或生活方式不当造成的后果。对肥胖症人群比重上升可能的解释有：食用过量的高热量快餐、运动量不足，以及需要体力劳动的职业数量大大减少。美国疾病控制与预防中心推荐的标准是青少年每天至少进行60分钟的有氧运动，而美国高中学生中只有15%达到这一标准。1960年，美国50%的职位至少需要进行中度的体力活动；现在，这一比例下降到20%。结果，如今一名典型的可能在计算机前操作的工人与

⊖　1英尺 = 0.304 8米，1英寸 = 0.025 4米。

⊖　1磅 = 0.453 6千克。

20世纪60年代可能在制造业工厂中工作的工人相比，每个工作日少消耗掉130单位卡路里。

除了饮食过度和运动不足外，健康保险也是造成肥胖症的原因吗？肥胖症人群会面临更多的健康问题，并支付更高的医疗费用。参加健康保险的肥胖症人群，仅仅支付了他们医疗费用中的一小部分，或者说，如果没有参加健康保险，他们就需要支付部分或全部的高额医疗费用。参加健康保险的人，由保险公司支付大部分医疗费用，他们没有因为肥胖症而承担高昂的货币成本。换言之，健康保险因为减少了肥胖症带来的部分成本，对人们增加体重形成经济激励。

初看，这种观点似乎并不可信。一些人因为健康原因行动困难，或者他们摄入普通量的饮食，但体重仍会增加，他们变胖与他们是否参加健康保险似乎没有多大关系。一些人肥胖是因为不良的饮食习惯或者缺乏锻炼，当他们考虑是否再吃一块巧克力蛋糕或者继续观看电视而非去健身房时并不会考虑到健康保险。然而，如果经济学家们关于经济激励至关重要的观点是正确的，那么，如果我们假定其他个人特质，比如年龄、性别、收入不变，我们就能够预测，参加健康保险的人比不参加者更有可能患肥胖症。

斯坦福大学的杰伊·巴塔查里亚（Jay Bhattacharya）与凯特·巴恩道夫（Kate Bundorf），以及威尼斯大学的诺埃米·佩斯（Noemi Pace）和南加州大学的尼拉·苏德（Neeraj Sood）研究了健康保险对于体重的影响。他们采用了1989～2004年将近8万人的跟踪数据样本，研究发现，在控制了年龄、性别、收入、教育、种族和其他相关因素后，参加健康保险者的肥胖程度明显超过没有参加的人。参加私人健康保险者的体重指数提高了1.3个百分点，而参加公共健康保险，比如说医疗补助计划（这是一个由政府对低收入人群提供医疗服务的项目）的人体重指数提高了2.3个百分点。这些发现并不表明健康保险并非肥胖症唯一的原因，或者最重要的原因。这些研究表明，即使是涉及吃多少饭、进行多少体育锻炼这样的决策，人们也会对经济激励做出反应。之后我们将介绍经济学家通过收集更多的数据对这些结论进行的修正。

注意，体重指数的具体计算公式是：体重指数 = [体重（磅）/ 身高（英寸）^{2}] × 703。

资料来源：Centers for Disease Control and Prevention, "Prevalence of Self-Reported Obesity among U.S. Adults," www.cdc.gov; Katherine M. Flegal, Margaret D. Carroll, Cynthia L. Ogden, and Lester R. Curtin, "Prevalence and Trends in Obesity among U.S. Adults, 1999–2008," *Journal of the American Medical Association*, Vol. 303, No. 3, January 20, 2010, pp. 235–241; Jay Bhattacharya, Kate Bundorf, Noemi Pace, and Neeraj Sood, "Does Health Insurance Make You Fat?" in Michael Grossman and Naci H. Mocan, eds., *Economic Aspects of Obesity*, Chicago: University of Chicago Press, 2011; and Tara Parker-Pope, "Less Active at Work, Americans Have Packed on Pounds," *New York Times*, May 25, 2011.

1.1.3 最优决策是按边际原则做出的

一些决策非此即彼，泾渭分明。例如，当一位企业家考虑是否开设一家新餐馆时，他的决策是开设或者不开设。当你考虑是进入研究生院攻读研究生，还是选择就业时，你面临的决策是进入研究生院或者不进入。然而，除了这样的非此即彼型决策之外，生活中大部分决策涉及的只是多一点或者少一点。比如，当你正考虑减少开支增加储蓄的时候，所涉及的决策并非将你所赚取的所有货币收入储蓄起来，抑或全部花掉。相反，许多小的选择，涉及的是诸如每天在星巴克买一杯摩卡咖啡还是每周买一杯这样的决策。

经济学家使用的边际（marginal）一词，意思是"额外"或者"增加量"。比如，你应该再花 1 小时来看电视，还是将这 1 小时用于学习呢？多看 1 小时电视带来的边际得益（marginal benefit，MB）是你多感受到的愉悦，所付出的边际成本（marginal cost，MC）是因为减少学习时间而导致的考试分数的降低。再如，苹果公司应该多生产 30 万部 iPhone 吗？企业从销售产品中获得收益（或销售收入）。苹果公司的边际得益是多销售 30 万部 iPhone 所获得的额外收益。苹果公司的边际成本是为多生产这 30 万部手机而增加的由工资、零部件成本等构成的额外成本。经济学家认为，最优决策是持续一项行动，直到边际成本与边际得益相等，即 MC=MB。其实，我们日常使用这一原则时并未有意识地这样考虑问题。通常的情形是并不需要进行过多的思考，我们就知道额外延长看电视的时间所增加的愉悦感是否比不用这一段时间去学习所导致的额外损失更多。然而，对于企业来说，为做出决策，经常需要进行细致的计算。比如，从额外增加的产出中得到的收益是否大于为增加产出而额外付出的成本，经济学家称这种比较边际得益和边际成本的分析方法为**边际分析**（marginal analysis）。

在后面各章，读者将看到"解决问题"专栏。设置该专栏的目的是通过列出解决经济问题的步骤，帮助读者加深对经济素材的理解程度。阅读完这些问题后，通过完成每章后的相关问题，检视自己对问题的理解程度。

| 解决问题 1-1 |

交通限速的边际得益与边际成本

在《纽约时报》的一个表达观点的专栏中，哈佛大学的经济学家森希尔·穆兰纳森（Sendhil Mullainathan）和芝加哥大学的理查德·塞勒（Richard Thaler）指出："我们不会在高速公路上进行每小时 10 英里⊖的速度限制，尽管这样做会更安全。"为什么每小时 10 英里的速度限制不可能是最佳的？国家高速公路部门怎样使用边际分析来决定是否将高速公路的限速从每小时 55 英里提高到每小时 65 英里？

解决问题步骤

步骤 1：复习本章相关内容。这是关于决策的问题，所以读者需要复习"最优决策是按边际原则做出的"一节的内容。

步骤 2：讨论如何确定最佳限速标准，以及为什么不可能是每小时 10 英里。车开得越快，发生事故的可能性就越大，这是因为开得越快人们在高速公路上面对问题做出反应的时间越短。此外，行驶的速度越快，发生事故时车辆受损坏和司机受到伤害的可能性越大。这些是提高限速标准的主要代价。随着限速标准的提高，每小时增加的英里数也将增加这种成本。换言之，提高限速标准带来的边际成本为正。

当然，提高限速标准也有好处。限速标准越高，人员和货物到达目的地的速度就越快。限速标准的提高带来的好处也会随之增加，因此提高限速标准的边际收益是正的。最佳限速标准产生于安全性降低的边际成本等于运速加快的边际收益之时。当进一步提高限速标准会导致边际成本大于边际收益时，我们应该知道已经达到最佳限速标准。每小时 10 英里的限速将导致行驶时间延长。我们有理由相信如下结论：每小时

⊖ 1 英里 = 1 609 米。——译者注

10英里的限速并非最佳标准，因为提高限速标准带来的边际收益远大于边际成本。

步骤3：解释国家高速公路管理部门如何使用边际分析来决定是否将高速公路的限速从每小时55英里提高到65英里。将限速标准每小时提高10英里，人员和货物的运输时间将缩短，因此会产生边际得益，但也可能会增加事故数量以及由事故造成的损失。国家公路管理部门应尝试估算限速变动引起的边际成本和边际得益的货币价值。如果边际得益大于边际成本，则应提高限速标准。尽管边际得益和边际成本的货币价值很难估算，但边际分析的思路与步骤在许多情况下可以帮助我们做出最佳决策。

进一步解释：假设公路管理部门计算出的结果是提高限速标准带来的运输时间减少的价值相当于1亿美元。该信息尚不足以做出提高限速标准的决定，因为这仅仅是提高限速标准的边际得益。如果提高限速标准会导致更为严重的事故，货币价值损失为1.25亿美元，那么提高限速标准的边际成本将大于边际得益，因此不应提高限速标准。必须同时考虑边际得益和边际成本才能得出最佳决策。

资料来源：Sendhil Mullainathan and Richard Thaler, "Waiting in Line for the Illusion of Security," *New York Times*, May 27, 2016.

1.2 每个经济社会都必须解决的经济问题

因为我们生活在一个稀缺世界中，任何社会或经济体都面临着如下经济问题：经济资源（比如工人、机器和原材料）的数量有限，因此能生产的产品或提供的劳务数量也有限。这样每个社会都必须面对**权衡取舍**（trade-off）问题，多生产一种产品或服务意味着不得不减少其他产品或服务的生产。事实上，度量生产一种产品或服务的成本，最好的办法是计算为此必须放弃什么。一项行动的**机会成本**（opportunity cost）是为了开展该项活动必须放弃的其他最有价值的选择的价值。机会成本是经济学中非常重要的概念。它不仅适用于个人，而且对企业和社会整体同样重要。比如你是福特公司的一名管理人员，每年的薪水为10万美元。你决定离职并创办一家管理咨询公司。在这种情况下，你为自己的公司提供劳动服务的机会成本就是你从福特公司离职而放弃的10万美元，即使你可能并没有为自己实际支付薪水。如同在这个例子中一样，机会成本经常并不涉及实际的货币支付。

因为权衡取舍，社会在面对如下三个基本问题时不得不做出选择：

（1）生产何种产品和服务？
（2）怎样生产这些产品和服务？
（3）谁将得到这些产品和服务？

在本书中，我们将会多次提出这些问题。在此，我们仅做一些引导性介绍。

1.2.1 生产何种产品和服务

一个经济社会怎样决定是多印刷一些经济学教科书还是生产更多的智能手机？是建造更多的托儿所还是更多的橄榄球场？当然，社会本身并不会做出这些决策，只有社会中的每个个体才能做出决策。对这些生产问题的回答取决于消费者、企业工作人员和政府做出的选择。日常生活中，当公众选择购买一部iPhone而非三星的Galaxy，或者购买一杯摩卡咖啡而不是印度茶（chai tea）时，公众在帮助厂商做出选择。与此类似，苹果公司的管理者也必须决定，是将公司稀缺的资源用于生产 iPhone，还是用于生产智能手表。美国联邦政府与国会议员必须决定在有限的预算支出中，是更多地将资金用于乳腺癌的研究，还是更多地修筑高速公路。在每种不同的情形下，消费者、企业管理者和政府政策制定者都面临着稀缺问题，涉及一种产品或服务与另一种产品或服务的权衡取舍。每一种选择都遇到了机会成本问题，也就是必须放弃的其他最好的选择的价值。

1.2.2 怎样生产这些产品和服务

企业决定如何生产它们所销售的产品和服务。在许多情形下，企业也面临着是用更多的工人还是用更多的机器的权衡取舍。例如，4S 店在提供小汽车维修服务时，就面临着是使用更多具有诊断功能的计算机而少用汽车修理工，还是少用具有诊断功能的计算机而多用汽车修理工的选择。同样，电影公司在制作动画片时面临的选择是：雇用更多技术熟练的绘画师手工制作，或少用绘画师而使用更多的计算机制作。与此类似，在决定是否将生产外包时，企业需要就生产方法做出选择：是少雇用工人，多使用机器；还是雇用更多工人，少使用机器。

1.2.3 谁将得到这些产品和服务

在美国，谁将得到这些产品和服务很大程度上取决于收入如何分配。收入水平越高的人购买的产品和服务数量越多。通常，有一些人愿意放弃他们的一些收入（也因此放弃了相应的购买产品和服务的能力），将其捐赠给慈善机构来提高低收入人群的收入水平。美国人每年的慈善捐助达 3 700 多亿美元，或者说，美国每个家庭平均捐款 2 900 美元。政策制定者面对的一个重要问题是，政府是否应该干预收入分配以使之更加平等。在美国，这种干预已经存在，因为高收入人群以税收形式交出了他们收入中相当大比例的部分，而政府对于低收入人群则进行了补贴。对于当前再分配政策是否到位，是否应该加大或减小再分配力度，也存在着争论。

1.2.4 中央计划经济与市场经济

为了回答"生产什么、怎样生产和为谁生产"这三个基本问题，经济社会采用两种主要方式来组织经济活动。一个社会可以采用**中央计划经济**（centrally planned economy），由政府决定经济资源如何配置，或者也可以采用**市场经济**（market economy），由市场中的家庭和企业各自决策、相互作用来配置经济资源。

在中央计划经济体制下，生产什么产品、怎样生产这些产品和谁将得到这些产品是由政府决定的。政府雇用人员管理工厂和商店。包括美国、加拿大、日本和西欧国家在内的高收入国家，大都实行市场经济，市场经济主要靠企业拥有者来决定生产什么产品或服务、如何组织生产以及决定谁将得到这些产品或服务。在市场经济中，企业必须生产满足消费者需要的产品和服务，要不然企业将无法立足。从这个意义上来说，消费者最终决定生产什么产品和服务。在市场经济中，企业相互竞争以最低价格提供高质量的产品，这迫使它们使用最低成本的生产方法。例如，正如我们在开篇案例中所看到的那样，在面对来自国外和国内汽车企业的竞争时，福特公司将部分生产活动转移到了墨西哥以降低生产成本。

在市场经济中，个人的收入水平取决于他销售产品和服务的所得。以一名土木工程师为例，如有企业愿意为他作为工程师的水平和技能支付每年 8.5 万美元的薪水，他就可以用这笔收入来购买产品和服务。如果工程师还有自己的住房可以向外出租，他的收入水平就会更高一些。市场最吸引人的特质之一是多劳多得。一般来说，一个人受到的培训经历越丰富，工作时间越长，他的收入水平也越高。当然，运气（既有好运也有厄运）也很重要，这与生活中的其他方面相同。有些人购买彩票中奖，获得巨额收入，而有些人因为身体健康原因，收入则很低。谁将得到产品和服务？市场经济的回答是：那些最想要而且能够买得起的人。

1.2.5 现代混合经济

从 19 世纪到 20 世纪初期，美国政府相对很少干预产品和服务市场。从 20 世纪中期开始，在美国和其他市场经济体中，政府干预开始大规模增加，主要是因为高失业率和在 20 世纪 30 年代大萧条时期企业的大规模破产。政府部分干预主要是出于提高部分老弱病残和工作能力低下人群的收入水平的目的。例如，在 20 世纪 30 年代，美国建立起了社会保障制度，政府向退休人员和病残人群支付补贴，并推行最低工资法，对许多职业支付给员工的工资设定最低水平。近些年，美国政府对经济的干预已经扩大到保护环境、促进人权、对低收入人群和老人提供医疗服务等领域。

一些经济学家认为，依据政府干预的范围，美国、加拿大、日本和西欧经济体都不再是纯粹的市场经济，应该被称为**混合经济**（mixed economy）。所谓混合经济，其主体仍然是市场经济，因为大部分经济决策仍然是市场中买方和卖方相互作用的结果，但在资源配置中，政府扮演的角色越来越重要。我们在后续章节中将会看到，经济学家们就政府应该在经济中扮演的角色仍然争论不休。

1.2.6 效率和公平

市场经济的效率往往高于中央计划经济。效率（有效）有两种形式：**生产效率**（productive efficiency），**或称生产有效**，是指尽可能以最低成本生产产品或服务；**分配效率**（allocative efficiency），**或称分配有效**，是指根据消费者偏好水平进行生产。市场通常是有效率的，因为市场促进竞争，利于自愿交换。**自愿交换**（voluntary exchange）发生的条件是产品的买方和卖方通过交换之后状况都会得到改善。我们之所以说双方状况都得到改善，是因为如无改善，买方将不会同意购买产品，卖方将不会同意卖出产品。当企业为能以最低成本生产产品和服务而展开竞争时，生产有效才能得以实现；当综合考虑企业间竞争以及企业和消费者之间自愿交换时，企业不得不生产消费者最喜欢的产品和服务的组合，如此，分配有效得以实现。只要多增加的产品带给消费者的额外福利大于生产这些产品额外增加的成本，那么迫于竞争，企业就会继续生产并销售这些产品和服务。在这种情形下，产品和服务的组合将满足消费者的偏好。

尽管市场经济能提升效率，但并不足以确保效率的实现。多种原因会导致非效率（非有效）现象发生。例如，企业学会如何有效生产产品和服务是需要花费一些时间的。当智能手机出现时，企业并没有立即达到生产有效。生产企业花费时间才能找到以最低成本生产一种产品的方法。正如在后续章节中，我们将会讨论的政府干预市场中的自愿交换有时会导致效率降低。例如，政府限制从国外进口某些产品，因为阻碍了以最低成本进行生产的产品销售，从而降低了效率，这就是我们在"概念应用 1-1"中讨论的核心点。当一些产品的生产会破坏环境时，政府干预则会提高效率。因为如果没有这样的干预，企业可能会忽略破坏环境的成本，进而也不可能以最低成本来生产产品。

一种经济意义上的具体结果并不一定会使人人满意，即使这种结果是经济有效的。许多人更偏好那些考虑到公平后的经济结果，即使这样的结果并非最有效率。相对有效而言，给出**公平**（equity）的定义则更难。因为对于什么是公平并未达成共识，对有些人而言，公平意味着经济利益的分配更公平，这比仅仅强调效率更可取。例如，有人支持对高收入人群提高税收，设立帮助穷人的专门基金。尽管政府可以通过降低高收入人群的收入水平，同时提高低收入人群的收入水平来增加公平性，但这些政策损害了效率。如果政府从人们的工作收入和储蓄中拿走相当大的部分，那么人们开办企业、努力工作和进行储蓄的积极性就会下降。结果是，产品和服务的生产会减少，储蓄也会下降。这通常被表述为：效率和公平经常存在着权衡取舍关系。政府决策者通常会面对这种难题。

1.3 经济模型

正如本章开篇时所提到的，经济模型是对现实世界的简化。许多职业都要用到模型，工程师要使用计算机模型来检验一座桥梁能否经受住狂风；生物学家建立核酸的物理模型以更好地理解它们的性质；经济学家在分析真实世界的问题时要使用经济模型或理论（在本书中，我们交替使用模型和理论两种说法），比如分析关税对进口产品价格的影响，减少污染最有效的政策等。使用模型的目的之一是使经济学理念更加清晰和具体，这样将有助于个人、企业和政府基于模型做出决策。例如，我们将在第 3 章介绍的需求与供给模型，就是对买方和卖方在市场中相互影响进而决定商品价格的简单模拟。

经济学家们也使用经济模型来回答问题。例如，到 2024 年，美国制造业将雇用多少工人？美国劳工统计局（BLS）的经济学家们通过构建模型可以预测未来不同行业的就业情况。美国劳工统计局的模型对美国制造业产品未来的需求进行了估计，并基于此来估算为了生产这一水平的产品数量，制造业需要雇用多少工人。正如本章开始时提到的那样，美国劳工统计局预测，到 2024 年，制造业的雇员人数将显著下降。

经济学家们有时使用现成的模型来分析现实世界中的经济问题，有时也构建一些新的模型。为了构建模型，经济学家们通常会遵循如下步骤：

（1）设定构建模型的假设。
（2）提出可进行检验的假说。
（3）利用经济数据对假说进行检验。
（4）如果模型对数据解释不利，对模型进行修正。
（5）保留修正后的模型，在未来面临类似问题时进行解释。

1.3.1 假设在经济模型中扮演的角色

为了应用，模型必须简化，所以任何模型都要基于一定的假设来构建。只有化繁为简，我们才能对经济问题进行分析。例如，经济模型要对消费者和企业的动机做出行为假设。经济学家们假设，消费者要购买的产品或服务应使他们的福利或者说满意度实现最大。与此类似，经济学家们假设，企业的行为是为了最大化它们的利润。这些假设非常简单，它们不能概括所有消费者和企业的行为动机。我们如何判断模型假设过于简单和过于受限呢？我们可按如下方式对假设是否合适做出判断：将现实世界的信息应用于对基于假设形成的假说，进行检验。

1.3.2 形成和检验经济模型得出的假说

经济变量（economic variable）可用不同的取值进行度量，如制造业中的雇员人数。在经济学模型中，关于经济变量的假说可能是正确命题，也可能是错误命题。例如，一个经济学模型提出如下假说：工业机器人和信息技术在美国企业中大规模使用，将导致制造业雇员人数减少。如果工业机器人的主要影响是替代生产线上的工人，这一假说可能是正确的；如果工业机器人和信息技术在企业的使用增加，导致对软件程序员和其他技术工人的需求增加，从而导致雇员人数增多，这一假说就是错误的。经济学假说通常是关于因果关系的，比如在如上假说中，工业机器人和信息技术使用的增加将导致或引起制造业雇员人数减少。

要接受这一假说，我们必须对其进行检验。为检验假说，我们要分析与经济变量相关的统计数据。对于上述事例，我们要搜集随着工业机器人和信息技术的应用，制造业以及其他行业雇员人数如何变化的统计数据。对假说进行检验也并非易事。例如，当观察到制造业雇员下降的同时工业机器人的应用增加了，我们还不足以得出结论认为是后者的变化导致前者的变化。仅仅因为两件事情相关——也就是说，它们同时发生——还不能认为二者是由此及彼的因果关系。例如，美国制造业工业机器人使用增加的同时，由于外国企业竞争，美国制造业企业的销售量也可能减少。在这种情况下，是销售量减少，而不是工业机器人使用的增加，导致了美国制造业雇员的减少。经过一段时间后，许多经济变量会发生改变，这使得检验变得更为复杂。事实上，当经济学家们不同意一种假说时，通常是因为他们对检验假说的统计数据分析解释出现了不同意见。

请注意，假说必须是总体上可以被证伪的命题。比如如下命题，"制造业雇员人数的增加是好现象"，或者"制造业雇员人数的增加并不是什么好现象"，是价值判断而非假说，因为它们不可能被证伪。

如果基于经济模型形成的假说，可以被统计分析所验证，经济学家们将接受和使用这些模型。在许多情形下，认可模型只是暂时的，因为会有新的数据，也会进行更深入的统计分析。事实上，经济学家们对假说经常的说法是通过统计分析没有被拒绝，而不是被接受。如果统计分析明确拒绝这一假说呢？例如，模型得出的假说是工业机器人使用的增加导致制造业雇员下降，但如果数据拒绝了这一假说呢？在这种情况下，模型必须重新修正。这可能是因为模型的假设前提过于简单或者过于有限。例如，模型可能忽略了如下事实，美国制造业生产的产品组合正在发生着改变。例如，电动汽车生产线比燃油轿车生产线需要更多的流水线工人。或者，模型并没有包括关税对于美国制造业产品的影响，因为这种关税税率通常比较低。如果关税税率大幅度提高，模型可能没有精确估算到工业机器人变化和雇员变化之间的关系。

美国劳工统计局已经预测，美国制造业的雇员人数将从 2016 年 12 月底的 1 230 万人下降到 2024 年的 1 140 万人。美国劳工统计局会对预测的准确性进行阶段性分析。准确预测制造业雇员人数非常困难。例如，2000 年，该机构预测，到 2010 年，制造业雇用的人数为 19 047 000 人，但 2010 年制造业实际雇用的人数为 11 529 000 人。美国劳动统计局认为，预测相差较大是因为模型没有考虑到美国制造业企业会将运营转移到海外，以及企业使用更少的工人生产同等数量产品的能力的改进速度，以及 2007～2009 年经济衰退的持续影响。

建模—检验假说—修正模型，这样的程序并非经济学所独有，物理学、化学和生物学等学科也都如此。这一过程经常被称为科学方法。经济学被称为社会科学，是因为它采用科学方法来研究人们之间的相互交往。

1.3.3 实证分析和规范分析

贯穿全书，我们将构建经济模型，并应用它们来回答问题。请记住如下重要区别：**实证分析**（positive analysis）关注的是"是什么"的问题，**规范分析**（normative analysis）关注的是"应该是什么"的问题。经济学进行的是实证分析，因为它要度量不同经济行为中的成本和收益。

我们可以使用美国联邦政府的《最低工资法案》来比较实证分析和规范分析。2017 年，根据这一法案，雇主对工人每小时支付的工资水平如果低于 7.25 美元（部分州和城市已经实行了更高水平的最低工资），将是非法行为。如果没有《最低工资法案》，一些企业，甚至部分工人，将会愿意接受更低的工资水平。因为《最低工资法案》的存在，一些工人很难找到工作，一些企业最终支付的工资水平也要更高一些。对《最低工资法案》进行实证分析，就是通过构建经济模型去估计有多少工人因为该法案失去了工作机会，企业的成本和利润因此受到怎样的影响，工人因为最低工资多得到多少利益。经济学家们完成这种实证分析后，对《最低工资法案》做出"好"或者"坏"的判断，就是规范分析的事了，这要依赖于人们如何判断其中的权衡取舍。支持该法案的人认为，这一法案造成的雇主损失和工人无法就业的损失大部分已被因此而获得更高工资的工人所得到的利益所抵消。该法案的反对者则认为，损失要大于所得。任何个体的判断在一定程度上受到其价值观念和政治观点的影响。经济学家们所提供的实证分析非常重要，但实证结果自身并不能对要这样做还是不这样做做出判断。

在本书各章，我们安排了"勿犯此错"专栏，参阅"勿犯此错 1-1"。这些专栏是为了对经济理念中一些常见错误予以提醒。学习这些专栏后，每章后面相关的习题可以检验读者对相关问题的理解是否到位。

勿犯此错 1-1

请勿混淆实证分析和规范分析

"根据经济分析，《最低工资法案》会引起失业，所以并非良法。"这种说法准确吗？2017 年，《最低工资法案》不容许雇主为工人支付的工资水平低于每小时 7.25 美元。这一工资水平高于某些雇主愿意为某些工人支付的工资水平。如果没有《最低工资法案》，按目前每小时 7.25 美元的标准，没有企业愿意雇用的人可能按较低的工资水平就会获得就业机会。因此，经济实证分析表明，《最低工资法案》引起了失业（在本书后面我们将探讨为什么经济学家们对《最低工资法案》引起多大规模的失业仍有不同看法）。但是，一些就业工人则因为《最低工资法案》而获益，原因是他们获得了比没有该法时更高的工资。换言之，《最低工资法案》的推行，既有受损者（未就业者与不得不支付更高工资的雇主），也有获益者（那些得到更高工资的工人）。

获益者的所得超过受损者的损失吗？答案涉及规范分析。实证分析能够给出特定政策的效果，但是不能告诉我们政策的好与坏。因此，本专栏开始的第一句话并不正确。

1.3.4 作为社会科学的经济学

经济学研究个体行为，属于社会科学。因此，经济学与其他社会科学学科有相似之处，如心理学、政治学和社会学。作为一门社会科学，经济学考虑在不同背景下人们的行为——特别是做出决策时的行为，这也并非仅仅适用于企业。经济学家们已经研究过如下话题：一个家庭生几个小孩？为什么人们在减肥时会遇到困难？为什么人们在做出决策时经常忽略相关信息？经济学对于政府决策有很大帮助，正如我们在本书中将会看到的那样，在环境保护、卫生保健和应对饥饿等政府政策相关领域，经济学家们发挥着重要作用。

◎概念应用1-2

经济学对于关税争论有什么贡献

对从墨西哥和其他国家/地区进口的商品征收关税，对美国经济会有什么影响呢？政府征收关税，要么是增加收入，要么是通过提高进口商品价格来抑制进口。进口商品减少，与之形成竞争关系的国内企业的产出和就业就可能会增加。例如，对从墨西哥进口的汽车征收关税后，进口汽车的价格将提高，这样美国消费者将会增加美国生产的汽车的购买。我们可以初步拟出一个征收关税后潜在获益者与受损者的名单。政府，从收取关税收入中获利；国内企业及其工人，从竞争者的进口商品价格上涨中获利。消费者是受损者，进口商品被征收关税后，消费者被迫支付更高的价格。如果某些进口商品被作为投入要素或由国内企业出售（例如，沃尔玛出售的进口轮胎可能被美国国会批准征收关税），这些企业也会因关税受损。

经济学可以为决策者在考虑实施诸如关税之类的政策时提供有价值的信息。正如我们将在后面进一步讨论的那样，经济分析表明，国家间的贸易主要基于比较优势。一个国家如果能够以比竞争对手低的机会成本生产商品，就具有生产这种商品的比较优势。例如，由于哥伦比亚的气候和土壤条件适合种植咖啡豆，无须从其他商品和服务生产中转移出大量资源，因此哥伦比亚生产咖啡的机会成本很低。美国的气候和土壤不太适合种植咖啡豆，因此在美国生产咖啡的机会成本就很高。因此，我们可以得出结论，在生产咖啡方面，哥伦比亚相对于美国具有比较优势。美国对从哥伦比亚进口的咖啡豆征收关税会降低咖啡的生产效率，因为这会将咖啡生产从低成本生产国哥伦比亚转移到高成本生产国美国。

经济学家可以使用模型来估算征收关税后，获益者获得的货币收益、受损者损失的货币收益及经济效率损失的规模。对关税进行经济分析的通常结果是，政府征收关税所导致的货币损失要大于收益，因此关税会给整个国家造成净损失。

尽管经济分析可以对政策方案可能造成的影响进行度量，这有助于解决对政策方案进行的争论，但经济分析本身不能决定是否应推行政策方案。决策者和公众的大多数可能会决定征收关税，因为他们更看重某些群体（与进口商品竞争的企业和工人）的利益，而不是其他群体（整体消费者）的损失。换言之，决策者和公众同意征收关税是出于规范性判断。总的来看，决策者和公众有责任进行权衡取舍，并决定是否应实施政策方案。

资料来源：John D. Stoll, "Donald Trump, GM, Ford and the Made-in-Mexico Car," *Wall Street Journal*, January 3, 2017; Mary Anastasia O'Grady, "Texas and the Real Forgotten Man," *Wall Street Journal*, February 12, 2017; and David Welch and David Merrill, "Why Trump Tariffs on Mexican Cars Probably Won't Stop Job Flight," bloomberg.com, January 4, 2017.

1.4 微观经济学和宏观经济学

经济模型可用于多方面的决策分析，我们将这些领域中的一部分集在一起归入微观经济学，而将其他部分归入宏观经济学。**微观经济学**（microeconomics）研究家户和企业怎样做出选择，如何在市场中相互作用，以及政府如何试图影响它们的选择。**宏观经济学**（macroeconomics）将经济作为整体进行研究，包括的主要论题有通货膨胀、失业和经济增长。表1-1列出了微观经济学与宏观经济学的具体问题及实例。

表 1-1　微观经济学与宏观经济学的具体问题

微观经济学	宏观经济学
消费者如何对产品价格变化做出反应	为什么经济会经历衰退或失业率上升
生产者怎样对它们所销售的产品价格做出反应	为什么在一个长期时间段内，一些经济体的增长要显著快于其他经济体
政府减少肥胖症人数最有效的政策是什么	决定通货膨胀率的因素是什么
核准新处方药上市的成本和收益	影响美元与其他货币汇率的因素是什么
减少空气污染最有效的方法是什么	政府干预有助于缓解经济衰退的程度吗

微观经济学和宏观经济学的区别并非非常严格和固定不变。许多情形会涉及两个层面。例如，企业对新机器设备的总投资规模决定着经济增长的快慢，这是宏观经济学的话题。但在弄清楚企业会决定购买多少新机器设备时，我们就不得不分析单个企业所面对的激励因素，这又是微观经济学话题。

1.5 经济学和经济分析工具对职业生涯的意义

经济学家是如何做事的呢？以下类比可能会对回答这一问题有所帮助：当人们考虑购买房屋时，他们可能会聘请结构工程师作为顾问来检查房屋情况并出具一份检测报告。结构工程师的报告可能会描述房屋存在的任何问题，例如地基裂缝，并对潜在买家如何解决问题以及可能付出的费用提出建议。

我们已经知道，经济学是关于做出选择的学问。经济学家花费大量时间描述个人、企业和政府如何做出选择，并分析选择的结果。然后，就像结构工程师为房主解决地下室漏水问题提供建议一样，经济学家会建议如何做出更好的决策。

在本书中，我们将探讨一些经济学原理，读者将会发现这些原理对理解经济学、商业界以及人们日常生活中发生的事情非常有用。个人可以运用经济学原理来改进他们做出重要决策的方式，例如从事何种职业，进行何种金融投资，或者决定租车还是买车等。企业管理者同样可以使用经济学原理来改进他们做出重要决策的方式，例如产品定价几何，是否将产品销售到国外市场，是否投资新软件等。政府决策者同样也使用经济学原理做出决策，例如，是否为阻止青少年吸烟而提高香烟税，是否为减少通货膨胀的风险而提高利率，是否对癌症研究或心脏病研究分配更多的资金等。

许多企业、政府机构和非营利组织（包括医院、博物馆和慈善机构）也都雇用经济学家，高校也会聘请经济学家教授有关商业、经济和经济政策的知识并开展学术研究。

美国劳工统计局列出了经济学家在这些组织的就职过程中会经常从事的活动：

- 在福特汽车公司工作的经济学家需预测未来十年对电动汽车的需求。
- 为华尔街投资公司高盛工作的经济学家会使用经济模型来预测利率的未来水平。
- 为麦当劳工作的经济学家会评估该公司是否应在中国开设更多餐馆。
- 为美国联邦贸易委员会工作的经济学家会收集分析相关数据，对是否应允许两家公司合并组成一家以减少市场竞争做出决定，例如两家化工公司——陶氏化学和杜邦公司在 2017 年拟议合并。
- 在某地区联邦储备银行工作的经济学家会预测该地区的就业和生产发展趋势。
- 经济学专业毕业后从事新闻工作的人在《华尔街日报》工作，主持美联储相关信息报道，会向读者解释货币政策。
- 在世界银行工作的经济学家会撰写分析低收入国家发展计划有效性的报告，因为该国际组织的使命是减少贫困和促进经济增长。

对于许多学生而言，第一步是确定是否要从事经济学领域的工作，如果是，那么在暑期实习中应寻找雇用经济学家工作的公司或其他机构。

我们在本书中讨论的许多选择都是公司做出的选择。经济学已经开发了一套专门用于帮助公司做出更好决策的工具。《财富》500 强企业的首席执行官中经济学专业毕业的人数超过其他学科，这并不足为奇。当然，许多不从事与经济学相关职业的学生仍然可以通过使用经济学课程教授的技能而受益。

1.6　重要经济学术语预览

在后续各章中，我们将不断用到一些重要的经济学术语。熟悉这些经济学术语是学习经济学的必要步骤。在此，我们对部分重要术语做一简单介绍。在后续章节中，我们会对这些术语进行深入介绍。

企业（厂商）（firm, company, business）　企业是生产产品和提供服务的组织。大部分企业生产产品和提供服务是为了获得利润，但也有非营利企业，比如大学和一些医院。经济学家们会交替使用这些概念：厂商（firm）、公司（company）、企业（business）。

企业家　企业家是运营企业的人。在市场经济制度中，企业家决定生产产品和提供服务的数量，以及怎样生产这些产品和服务。企业家开办新企业，是以自己的资金进行冒险。如果企业家在判断消费者需要或者生产产品和提供服务的最佳方法时出现错误，其投入的资金可能会损失掉。失败企业损失资金并不是什么新鲜事。在美国，一半的新开办企业大约会在四年内倒闭。如果没有企业家愿意承担开办和运营企业的风险，市场经济制度下的经济发展就不可能发生。

创新　发明和创新并不相同。发明是指开发出新产品，或者找到新的工艺。创新是指发明的实际应用。创新的意义更广一点，包括对产品或者生产产品的方法进行的任何重大改进。从一种新思想的产生到广泛应用通常需要很长时间。例如，莱特兄弟于1903年就在北卡罗来纳州的基蒂霍克（Kitty Hawk）实现了自力推进式飞行。当然，莱特兄弟的飞机还非常简陋。直到1936年，道格拉斯飞机公司开发出DC-3双引擎客机，美国城市间的定期空中飞行才得以普及。与此类似，第一台数字式电子计算机（ENIAC）于1945年已经开发出来，但是直到1981年，IBM公司的首台个人计算机才问世。20世纪90年代之前，计算机的广泛应用并没有对企业的生产率产生显著的影响。

技术　企业的技术是生产产品或提供服务的过程。从经济意义上说，企业技术受到多种因素的影响，比如管理人员的技能水平、工人的熟练程度、机器设备的运转速度和效率。

产品　产品是有形的商品，如书籍、计算机、智能手机。

服务　对他人所进行的活动，比如提供理发、理财建议服务。

收益或收入　企业的收益，是从销售产品和服务中所收到的总收入。我们可以用单价乘以销售数量来计算。

利润　企业利润等于销售收益与成本之差。经济学家们区分了会计利润和经济利润。在计算会计利润时，我们只剔除了一些没有明确支付代价的经济资源成本。在计算经济利润时，要剔除企业使用的所有经济资源的机会成本。在本书中，当我们使用利润一词时，指的是经济利润。注意不要混淆利润和收益。

家户　或居民、家庭，包括一个家庭中的所有成员。家户是企业生产产品和提供服务所使用的生产要素的提供者，特别是劳动这种要素。家户又是企业和政府提供的产品和服务的需求者。

生产要素、经济资源或投入品　企业使用生产要素生产产品和服务，生产要素的主要形式包括：劳动、资本、自然资源（包括土地）和企业家才能。家户通过向生产企业提供生产要素获得收入。经济学家们交替使用生产要素、经济资源和投入品的概念。

资本　日常所用资本一词，可指金融资本或者实物资本。金融资本包括企业发行的债券和股票、银行账户以及持有的货币。资本通常指实物资本，其中包括用于生产其他产品和服务的制成品，如计算机、厂房、机器工具、库房、卡车等是典型的实物资本。一国实物资本的总量被称为该国的**资本存量**（capital stock）。

人力资本　人力资本是指工人所拥有的累积而成的工作经验和技能。例如，与仅仅拥有高中学历的工人相比，受过大学教育的工人一般具有更熟练的技能和更高的生产率。因此，受过大学教育的工人有更高的人力资本。

┊生活与职业生涯中的经济学┊

应该考虑在制造业领域就业吗

本章开始，我们提出的问题是：美国劳工统计局预测，到2024年，美国制造业就业人数将下降。这一预测的依据是什么？可靠性如何？如本章所述，美国劳工统计局使用了经济模型来预测美国制造业未来的就业情况。近年来,该机构一直难以准确预测制造业的就业情况。例如,美国劳工统计局在2000年预测,在未来10年中美国制造业就业人数将增加,而实际上却是大幅下降。该机构努力对此类错误进行分析以改善预测。因此,美国劳工统计局的预测可能会随着时间的推移而提高准确性,但是期望预测准确也是不切实际的。

本章小结

经济学是关于个体如何做出选择的多个有用思想的集合。通过建立经济学模型,经济学家们已经将这些思想付诸实践。消费者、企业管理者和政府政策制定者每日都使用这些模型帮助他们做出抉择。这本书中,我们将探讨一些重要的经济模型,并给出将它们应用于真实世界的事例。

阅读期刊是理解当前经济环境,并学习如何将经济学理念应用于精彩纷呈的真实世界的重要步骤。前四章每章最后,读者将看到一份"深度透视"的材料,这些材料是一些文章的节选,其中涉及一些与企业和经济相关的话题,也与本章开始引入的话题和讨论过的经济概念有关。请阅读本章"深度透视"中讨论的关于美国制造业从海外回归是否可能显著创造就业机会,并回答最后给出的问题,以检验自己的理解程度。

深度透视

制造业能回归美国吗

《华尔街日报》

制造业为美国带回最多的工作机会

美国制造业的工作机会流失到外国,一直是几位总统候选人竞选活动的中心主题。但是,据一个组织称,离岸外包可能正在出现放缓趋势。

a. 根据一家名为"回归倡议协会"(Reshoring Initiative)的非营利性组织的说法,从2000年到2003年,离岸外包导致制造业净损失约22万个工作机会。但是,根据该组织的说法,2015年因外国投资和回归增加的就业机会与外包所致损失职位数大致相同。一些美国头部公司可能出于公共关系和实际原因,已经开始在美国国内建立工厂,这些就是几年前已经转移到海外的业务。

离岸外包或将生产从美国工厂转移到国外工厂是一种较新的现象,对美国经济造成了巨大损失。回归倡议协会的创始人兼总裁哈里·莫瑟(Harry Moser)在接受《华尔街日报》采访时解释说,最近的事态发展使国内制造业的发展可行性增大。莫瑟指出,国外经济增长放缓和工人工资上涨是这种近期趋势的主要驱动力之一。

实际上,低生产成本与营商环境较好的国家,激励了美国公司将生产转移到那里。美国制造业因此遭受了重大打击。

b. 经济政策研究院(Economic Policy Institute)的一项研究发现,从2001年到2013年,仅仅考虑中国,美国就转移了约240万个制造业工作岗位。

但是,那些将美国的工作机会推向国外的市场力量现在正把其中一些工作岗位带回来。最近,国外的劳动力成本一直在上升,加上高昂的国际运输成本,离岸生产的低价优势比之前小多了。最近,通用电气公司将其在国外的热水器生产转移到了肯塔基州路易斯维尔的工厂。此举将数百个制造和工程工作机会带回美国。

虽然回归现象的出现主要是由国外昂贵的劳动力和高昂的运输成本所致，但将制造业工作机会带回美国通常对企业的形象有利。例如，沃尔玛与通用电气公司签订了合同，在其位于俄亥俄州和伊利诺伊州的工厂生产高效灯泡，这是沃尔玛提升美国品牌计划的一部分。同样，法鲁克系统公司（Farouk Systems）主要靠引用图像来回流工作机会。与沃尔玛和通用电气公司一起，法鲁克系统公司成为从海外带回最多工作机会的公司之一。

c. 其他多种物流因素也使得回归成为企业更现实的选择。在亚马逊时代，消费者期望产品能快速周转，对于众多企业而言，在国内生产产品能使产品更快地配送并且可避免运费，这对企业变得更为实际。莫瑟进一步解释说，回归通常可以提高制造业产品的质量。"许多企业已经这样做了，这是因为消费者偏爱美国制造的产品"，莫瑟补充说。

目前尚不清楚这些工厂的开业在多大程度上是美国制造业复兴的标志，抑或仅仅是制造业从美国不断撤离的短暂停顿。可以肯定的是，要扭转数十年来离岸外包与严重依赖外国进口的趋势，需要付出数千个工作岗位的代价，而说服务业正在真正复苏则可能要容易得多。几年前，美国企业通常将客户支持的呼叫中心的工作外包，许多美国企业和客户服务承包商正在或计划增加在美国的工作岗位。截至 2015 年，大约有 500 万美国人受雇于位于全国各地的 66 000 个呼叫中心。

资料来源：Manufacturers Bringing The Most Jobs Back to America by Michael B. Sauter and Samuel Stebbins. Copyright © April 19, 2016. Used with permission from 24/7 Wall St.

文章要点

在过去的几十年中，许多美国制造业公司将生产转移到海外，这种做法被称为离岸外包。现在这些公司正在响应经济激励措施（降低劳动力成本和有限制性的政府法规）。最近，其中一些制造业工作岗位已经返回美国，这被称为"回归"。同样，公司是在对经济激励做出反应，经济激励包括国外工资水平提高，国际运输成本提高，改善美国工厂的产品质量以及缩短交货时间。根据回归倡议协会的说法，由于产业回归和外国投资增加，美国在 2015 年的外包工作人数在减少，美国一些头部公司现在正在国内建设工厂，而几年前很可能在国外建造。

新闻分析

a. 表 1-2 列出了从 2011 年到 2016 年，通过回归为美国带回最多工作岗位的美国最大的八家公司。出于外国劳工成本上升等多种原因，这些公司将生产从国外工厂转移到了美国的新工厂或扩建工厂。一种重要的经济思想是人是理性的，经济学家认为消费者和公司在实现目标时会使用所有可用的信息。因此，经济学家得出的结论是，这些回归公司的管理者在做出将制造业转移回美国的决定时利用了所有可用的信息。

b. 另一个重要的经济思想是人们会对经济刺激做出反应。经济政策研究所进行的一项研究表明，从 2001 年到 2013 年，大约有 240 万个美国制造业工作岗位被转移到了中国，主要是因为该国的生产成本较低且营商环境较好。这些因素为美国制造业公司的管理人员提供了经济诱因，他们将生产转移到中国，以比美国更低的成本生产商品。但最近，国外的劳动力成本一直在上升，国际运输成本也在提高。成本增加减弱了在海外生产商品的经济激励，并导致部分制造业工作机会返回美国。

c. 导致部分制造业工作机会返回美国的其他原因包括：消费者迫切希望他们的订单能迅速交付，美国消费者对在美国制造的产品的偏好越来越强。这些原因也反映出人是理性的这一主要经济思想，以及他们对经济激励措施的反应。在市场买卖双方互动时，卖方希望提供如买方所愿的商品。如果购买者对国产产品的偏好增强，并希望他们的订单能够快速交付，则卖方将制造业工作机会迁移回美国就是理性行为。

表 1-2　2011～2016 年为美国带回最多工作岗位的公司

公司	估计回归岗位数（单位：个）	撤回国家	产业
福特	3 200	墨西哥，西班牙	运输设备
波音	2 700	不知	运输设备
通用电气	2 656	中国，墨西哥	电气设备和电器
通用汽车	2 345	墨西哥，加拿大	运输设备
卡特彼勒	2 100	日本，墨西哥	机械
Flextronics（Apple）	1 700	不知	计算机
法鲁克系统	1 200	中国	电子、电器
Mars	1 000	不知	食品

资料来源：回归倡议协会。

批判性思考

1. 在 2016 年总统大选期间，特朗普提议对从中国进口的商品征收 45% 的关税。如此高的关税将如何激励像通用电气公司这样的公司将更多的制造业工作机会从中国回流美国？

2. 从实证分析和规范分析的角度评估以下陈述：如表 1-2 所示，从 2011 年到 2016 年，通用汽车公司从加拿大和墨西哥回流美国 2 300 多个制造业岗位。回归是一个好主意，因为它增加了美国的就业机会。

本章概要与练习

附录1A

图表和公式的使用

图表可用来表现重要的经济学思想。除了经济学教科书,在网页、报纸或杂志讨论企业和经济事件的文章中,图表也经常用到。图表可实现两个目的:①简化经济思想;②使得思想更为具体,可被应用于真实世界的具体问题。与经济和企业相关的话题都较为复杂,图表有助于降低复杂性,突出表现理解问题所需的最关键的联系。在这层意义上,图表类似于街道地图。

假设你乘公共汽车去参观纽约帝国大厦,到达港口管理局的公交站后,你可能会找类似下图的地图,寻找到达帝国大厦的路径。

地图是对现实的简化。下面的地图仅仅给出了纽约这一地区的几条街道和一些最重要的建筑物。该地图没有显示大多数的商店和建筑物,也不显示该地区生活和工作的人的姓名、地址和电话号码。实际上,该地图几乎没有显示有关纽约市这一地区凌乱的现实生活信息,除了街道的布局方式(这是从港口管理局巴士总站到帝国大厦所需的基本信息)。

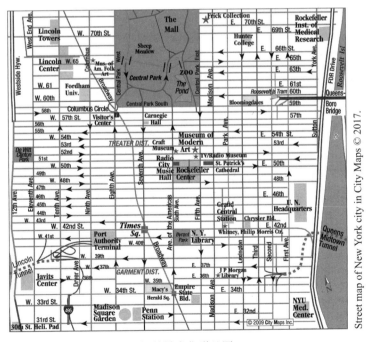

纽约城市街道地图

注:地图是对现实的简化。上面的地图仅仅给出了纽约这一地区的几条街道和一些最重要的建筑物。

有人说:"我熟悉这个城市的每条街道,但我不知道怎样看地图。"不借助地图你肯定能找到你的目的地,但有地图就容易多了。经济学运用图形的目的与此相同。在经济学和管理学中,不借助图形,也可能找到真实世界中问题的答案,但使用图形通常更易于解决。

通过实践,你将熟悉本书所使用的所有图形和公式。当你熟悉后,可以运用它们来分析问题,但是如果不用,则要困难得多。下面对如何使用图表和公式做简要介绍。

1A.1 单变量图形

图 1A-1 用两种常见的图表形式来表现美国的汽车市场份额。市场份额表现的是,不同企业销售额占行业销售额的百分比。在这里,信息是按公司总部所在地进行的分组:美国公司⊖、日本公司、欧洲公司和韩国公司。图 1A-1a 以柱状图的形式表示,各组企业的市场份额以柱形的高度来表示,图 1A-1b 是以饼状图的形式来表现相同的信息,各组企业的市场份额以各部分的面积来代表。

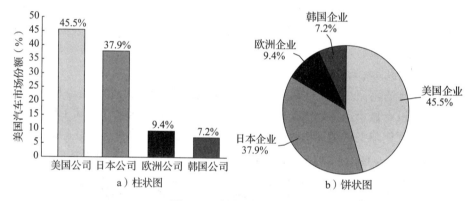

图 1A-1　柱状图和饼状图

注:经济变量的值常用柱状图或饼状图来表现。本图中,图 1A-1a 用柱状图表现的是美国汽车行业的市场份额的数据,每一组企业的市场份额用柱形的高度来表示;图 1A-1b 中同样的信息用饼状图来表现,每一组企业的市场份额用图中扇面的大小来表示。

资料来源:"Auto Sales," *Wall Street Journal*, February 1, 2017.

有关经济变量的信息通常也可以用时间序列图来表现,如图 1A-2 所示,该序列图在坐标图上显示变量值如何随时间变化而变化。在坐标图中,沿纵轴(y 轴)列出一个变量的值,沿横轴(x 轴)列出另一个变量的值。纵轴和横轴交点处被称为原点。在原点两个变量的值都为零,坐标系图上的点代表两个变量的值。以图 1A-2 为例,我们在纵轴上列出福特汽车公司在全球范围内销售的汽车和卡车数量,而在横轴上我们标出时间。在时间序列图形上,每一时间点上的线段高度是用纵轴上的值来衡量的。图 1A-2 中的两张图,表现的是 2005~2016 年福特公司在全球范围内的汽车销售量。两图的不同之处说明了时间序列图中使用刻度的重要性,在图 1A-2a 中,纵轴从 0 开始,每段数值相同。从图中可以看出,福特公司在 2008~2009 年的销售量下降相对较小。在图 1A-2b 中,纵轴的刻度被截短,这意味着尽管仍然是从 0 开始,但直接跳到了 450 万辆。结果从 0 到 450 万辆的纵轴距离要短于从

⊖ 这里"美国公司"包括克莱斯勒,克莱斯勒虽然是美国传统"三巨头"汽车公司之一,并且大部分汽车也在北美生产,但自 2009 年以来,由意大利菲亚特克莱斯勒汽车公司拥有。

450万辆到500万辆的距离。靠近原点的两条斜线（//）表示刻度被截短了。在图1A-2b中，福特公司在2008～2009年的销售量下降要大于图1A-2a。从技术上讲，横轴被截短了，因为我们是从2005年开始，而非从第0年开始。

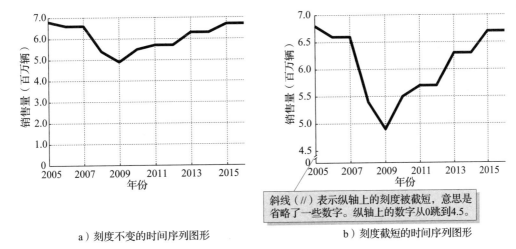

a）刻度不变的时间序列图形　　　　　b）刻度截短的时间序列图形

图1A-2　时间序列图形

注：两图表现的是，2005～2016年，福特公司在世界范围内每年汽车销售量的情形。图1A-2a中，纵轴从0开始，表现每一个刻度值的距离。图1A-2b中，纵轴的刻度被截短了。这意味着尽管从0开始，但随后直接跳到450万辆。结果，福特公司销售量波动情况，图1A-2a比图1A-2b波动要平稳。

资料来源：Ford Motor Company, *Annual Report*, various years.

1A.2　双变量图形

我们通常也使用图表来表示两个变量之间的关系。假定你对佐治亚州斯泰茨伯勒（Statesboro）小镇上比萨饼的价格与每周销售量之间的关系感兴趣。图形可以用来表示一种商品价格与每一个价格所对应的需求量之间的关系，这就是需求曲线。正如我们在后面所讨论的，在绘制一种商品的需求曲线时，需要将除价格之外可能会影响到消费者购买意愿的变量设定为不变。图1A-3表示的是商品价格和数量。图形表现的是一个二维坐标系，沿着y轴列出了比萨饼的价格，沿x轴给出了每周比萨饼的销售量。图中坐标系中的每一点代表的是价格和数量的组合。我们将这些点连起来，就得到了佐治亚州斯泰茨伯勒小镇比萨饼的需求曲线。请注意，图中两个轴的刻度都截短了。在这个例子中，对双轴的截短，排除了价格水平较低时和数量之间的组合，可以更为清晰地表现出价格和数量之间的关系。

线段的斜率

当我们根据图形1A-3的数据描出线段后，你可能对于随着价格水平的下降，比萨饼的销售量会增加多少感兴趣。线段的斜率表示随着x轴变量的变化，y轴变量怎样随之变化。我们可以用希腊字母（Δ）表现这种变化。斜率，有时也称为纵距离与横距离之比。因此，我们有几种方法来表现斜率：

$$\text{斜率} = \frac{\text{纵轴数值的变化}}{\text{横轴数值的变化}} = \frac{\Delta y}{\Delta x} = \frac{\text{纵距离}}{\text{横距离}}$$

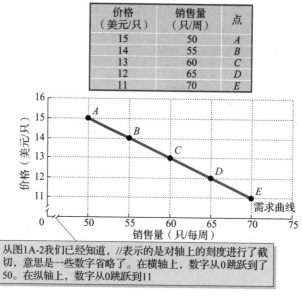

图 1A-3　画出价格与销售量的图形

注：该图形表现的是二维坐标中销售量与价格之间的关系。纵轴（y 轴）表示的是价格，横轴（x 轴）表示的是销售量。坐标系线段中每一点表示的是价格和销售量的组合，具体如图中表格所述。将这些点连成一条线，我们就可以更好地表现两个变量之间的关系。

图 1A-4 重新对图 1A-3 进行了表现。因为直线上任何一点的斜率相同，我们可以用任意两点来计算线段的斜率。例如，当比萨饼的价格从 14 美元降低到 12 美元，每周销售量从 55 只增加到 65 只。因此，斜率为：

$$\text{斜率} = \frac{\Delta \text{比萨饼价格}}{\Delta \text{比萨饼销售量}} = \frac{12 \text{美元} - 14 \text{美元}}{65 - 55} = \frac{-2}{10} = -0.2$$

这条线段的斜率表现了佐治亚州斯泰茨伯勒小镇上的消费者对比萨饼价格变化怎样做出反应。斜率的数值越大（忽略负号），线段越陡峭，表示当价格下降后，比萨饼的销售量增加的不多；斜率的数值越小，线段越平缓，表示当价格下降后，比萨饼的销售量会有较大变化。

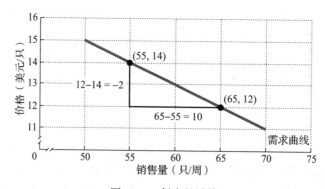

图 1A-4　斜率的计算

注：我们可以用 y 轴变量的变化值除以 x 轴变量的变化值来计算斜率。因为直线的斜率是常数，我们可以选择线上任意两点来计算线段的斜率。例如，当比萨饼的价格从 14 美元降低到 12 美元，每周销售量从 55 只增加到 65 只，线段的斜率等于 -2 除以 10，即 -0.2。

1A.3 在图形中表现两个以上的变量

图 1A-4 表现的是比萨饼的价格与需求量之间的关系。我们知道,任何商品的需求量都会受到除商品价格之外的多种因素影响。例如,在某一周中,佐治亚州斯泰茨伯勒小镇比萨饼的需求量也受到其他变量的影响,如汉堡包的价格、比萨饼店是否在本周进行广告宣传等。任何其他变量的变化都会引起图形中需求曲线位置的变化。

假设图 1A-4 中需求曲线是在假定汉堡包价格(1.5 美元)不变时画出的。如果汉堡包的价格上升到 2 美元,一些消费者将从购买汉堡包转向购买比萨饼。这样,每一价格水平上,对比萨饼的需求将增加。这一结果表现在图形上是需求曲线向右移动。与此类似,如果汉堡包的价格从 1.50 美元下降到 1 美元,消费者将从购买比萨饼转向购买汉堡包,每一价格水平上的比萨饼需求将减少。这一结果在图形上表现为需求曲线向左移动。

图 1A-5 中的表格给出了汉堡包价格变化对于比萨饼需求量的影响。在图形中,初始的需求曲线用需求曲线$_1$表示。如果比萨饼的价格为 14 美元(A 点),汉堡包的价格从 1.5 美元上涨到 2 美元,比萨饼的需求量将从每周 55 增加到 60(B 点),需求曲线移动到需求曲线$_2$。或者从需求曲线$_1$开始,当比萨饼价格为 12 美元(C 点),汉堡包的价格从 1.5 美元下降到 1 美元,比萨饼的需求量将从每周 65 下降到 60(D 点),需求曲线移动到需求曲线$_3$。通过需求曲线的移动,我们考虑到第三种因素对汉堡包价格所产生的影响。我们将采用移动需求曲线的方法来表现其他变量的影响,在本书中我们会多次使用这种方法。

价格 (美元/只)	销售量(比萨饼/周)		
	汉堡包 价格=1美元	汉堡包 价格=1.5美元	汉堡包 价格=2美元
15	45	50	55
14	50	55	60
13	55	60	65
12	60	65	70
11	65	70	75

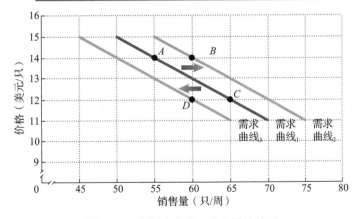

图 1A-5 在图中表现三个变量的关系

注:比萨饼的需求曲线表现的是,在其他可能影响消费者购买比萨饼愿望的因素保持不变的情况下,比萨饼的价格与需求量之间的关系。如果比萨饼的价格为 14 美元(A 点),汉堡包的价格从 1.50 美元提高到 2.00 美元,比萨饼的需求数量将从每周 55 提高到 60(B 点),需求曲线移动到需求曲线$_2$。或者从需求曲线$_1$开始,当比萨饼价格为 12 美元(C 点),汉堡包的价格从 1.5 美元下降到 1 美元,比萨饼的需求量将从每周 65 下降到 60(D 点),需求曲线移动到需求曲线$_3$。

1A.3.1 正相关和负相关

我们可以用图形来表现任意两个变量之间的相互关系。两个变量间的关系有时候是负相关,也就是说,随着一个变量值的增加,另一个变量的值会减少。这就是比萨饼的价格和需求数量之间的关系。两个变量之间的关系也可以为正相关,也就是说,两个变量可以同时增加或减少。例如,当美国家户的总收入(或者可支配个人收入)水平提高时,家户用于商品和劳务的总消费支出也会增加。图 1A-6 给出的是 2013～2016 年收入和消费的金额(单位为 10 亿美元)。用表中数字可画出图形,用横轴表示人均可支配收入,纵轴表示消费支出。

年份	个人可支配收入 (10亿美元)	消费支出 (10亿美元)
2013	12 396	11 361
2014	13 023	11 863
2015	13 520	12 284
2016	14 046	12 753

图 1A-6 收入与消费之间的正相关关系图

注:两个变量之间的正相关关系表示当一个变量增加时另一个变量也随之增加。该图所示为个人可支配收入和消费支出之间的关系。随着美国个人可支配收入的增加,消费支出也随之增长。
资料来源:U.S. Department of Commerce, Bureau of Economic Analysis.

1A.3.2 因果关系的决定

当我们画出两个变量的关系之后,我们通常想得到是否一个变量为因,而另一个变量为果的结论。这样做时可能会犯错误。比如,你对一年中某一时段前后附近邻居家壁炉烧火的次数与附近树木的树叶数量建立了关系图。你可能会得到如图 1A-7a 所示的图形,意思为:邻居家使用壁炉次数越多,树木的树叶越少。根据该图我们能得出因为使用壁炉导致树叶减少的结论吗?我们当然知道,这样的结论是谬误。在春季和夏季,壁炉很少使用,树木的树叶茂盛。而到秋季,当树叶飘落时,壁炉也使用得较为频繁。而到了冬季,许多壁炉都在使用,绝大部分树木的树叶已经落光。图 1A-7a 导致错误的因果关系,是因为在分析中,明显有遗漏变量,也就是一年中的季节变换。遗漏变量会影响其他变量,甚至导致因果错位的错误结论。

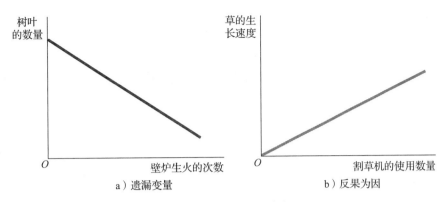

图 1A-7 因果关系的决定

注:采用图形来得出原因和结果之间的结论必须非常谨慎。在图 1A-7a 中,我们看到,当邻居家壁炉生火次数增多时,邻居家树上的树叶数量也很稀少。我们不能得出如下结论:使用壁炉导致树叶的脱落,因为我们遗漏了变量——一年中的季节变换。在图 1A-7b 中,我们看到一段时间内当青草生长迅速时,邻居家使用的割草机次数也较多,当青草生长缓慢时,使用的割草机次数较少。如果得出结论,认为割草机的使用导致青草的快速成长,那就犯了反果为因的错误。

尽管在我们的例子中,遗漏变量非常明显,但是在许多争论中,影响因果关系的遗漏变量并没有那么清晰。例如,多年来人们已经知道,吸烟人群患肺癌的概率要高于不吸烟人群。但有时,烟草公司和一些科学家认为这个结论也存在着遗漏变量,比如运动不足或者不良的饮食习惯。这些因素也有可能导致一些人更喜欢抽烟,更有可能成为肺癌患者。如果这样的遗漏变量存在,将会影响结论的准确性。对于这种情况,几乎所有的科学家们最终都认为遗漏变量并不存在,事实上,吸烟确实会导致肺癌发生。

因果关系决定中一个相关的问题就是著名的**反果为因**(reverse causality)。当我们将实际上是 Y 变量变化导致 X 变量变化的关系错误地以为是 X 变量的变化引起 Y 变量变化时就会发生反果为因的错误。例如,图 1A-7b 绘出的是邻居家使用的割草机次数与邻居家草坪中青草的生长速度之间的关系。我们可以得出结论,割草机的使用次数越多导致青草生长得越快。然而,我们知道原因正好相反。在春夏两季,青草的生长速度快,导致割草机的使用次数较多,而秋冬两季,青草生长速度慢,或者低温阴雨,导致人们对割草机的使用次数减少。

1A.3.3 经济关系图总是使用直线吗

到目前为止,我们表现两个经济变量之间的关系使用的都是直线。当两个变量之间的关系是线性形式时,我们可以用直线。事实上,经济关系很少是线性的。例如,假定其他变量对需求量的影响不变,当我们仔细画出产品的价格与每一价格水平上的需求量之间关系的图形时,我们通常得到的是一条曲线,也就是非线性关系,而不是线性关系。然而在实践中,将非线性关系近似化为线性关系也是通常使用的做法。如果变量间关系近似于线性,这样做也是合理的,不会对分析产生显著影响。此外,直线的斜率和直线下方的面积也容易计算。因此在本书中我们经常假定两个经济变量之间的关系是线性关系,尽管我们知道这种假定并不是很精确。

1A.3.4 非线性曲线的斜率

有时候我们需要考虑经济关系非线性的性质。例如，图 1A-8a 中表现的是苹果公司 iPhone 的生产总成本与 iPhone 产量之间的假想关系线，这是曲线而非直线。这时生产成本通常以递增的速度增长，这在制造业中是经常发生的。换言之，当我们沿着曲线向上移动时，斜率变得越来越大（如果是直线，斜率通常是不变的）。想知道其中的原因，首先回忆斜率的计算，即用 y 轴上变量的变化除以 x 轴上变量的变化。当我们从 A 点移动到 B 点，iPhone 产量增加了 100 万部，生产总成本增加了 5 000 万美元。我们进一步从 C 点移动到 D 点，产量的变化相同，仍然为 100 万部 iPhone，但总的生产成本变大了，为 2.5 亿美元。y 轴上的变量在变大，而 x 轴上的变量保持不变，所以斜率变大了。

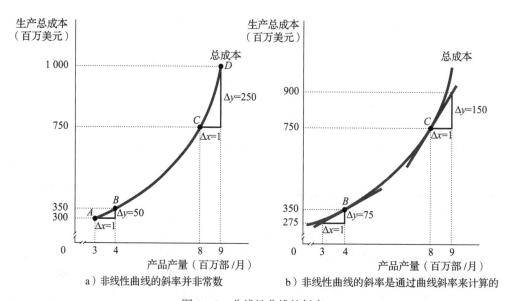

a）非线性曲线的斜率并非常数　　　　b）非线性曲线的斜率是通过曲线斜率来计算的

图 1A-8　非线性曲线的斜率

注：iPhone 的生产数量和总生产成本之间的关系是曲线而非直线。图 1A-8a 中，从 A 点移动到 B 点，产量增加了 100 万部，生产总成本增加了 5 000 万美元。进一步从 C 点移动到 D 点，产量的变化相同，仍然为 100 万部 iPhone，但总的生产成本变大了，为 2.5 亿美元。因为 y 轴上的变量在变大，而 x 轴上的变量保持不变，所以斜率变大了。在图 1A-8b 中，我们计算非线性曲线上某一点的斜率时可以计算该点切线的斜率。B 点切线的斜率等于 75，C 点切线的斜率等于 150。

为了计算非线性曲线上某一点的斜率，我们可以计算该点切线的斜率。该线仅仅在切点上与曲线相交。我们计算切线的斜率就如同我们计算任何一条直线的斜率。在图 1A-8b 中，B 点切线的斜率等于：

$$\frac{\Delta 成本}{\Delta 产量} = \frac{75}{1} = 75$$

C 点切线的斜率等于：

$$\frac{\Delta 成本}{\Delta 产量} = \frac{150}{1} = 150$$

我们可以看出，C 点切线的斜率大于 B 点。

1A.4 公式

前面我们介绍了经济学重要的工具图形。下面我们将回顾几个有用的公式,并应用这些公式来整合数据,计算重要的相关关系。

1A.4.1 百分率变化的公式

百分率变化是一个重要的公式。一些经济变量的百分率变化,通常是指从一个时期到下一个时期的变化表示成为百分率的形式。宏观经济学的关键变量之一是实际国内生产总值(GDP)。GDP 是一个国家在一年中所有最终产品和服务价值的总和。实际 GDP 已经进行了通货膨胀率修正。当美国经济学家们说美国经济在 2016 年增长了 1.6%,他们指的是 2016 年与 2015 年相比,实际 GDP 增长了 1.6%。本公式的相关计算如下:

$$\frac{\text{GDP}_{2016} - \text{GDP}_{2015}}{\text{GDP}_{2015}} \times 100$$

或者更为通用的形式,任何两个时期的变化:

$$百分率变化 = \frac{第2期的值 - 第1期的值}{第1期的值} \times 100\%$$

比如,2015 年的实际 GDP 为 16.397 万亿美元,2016 年的实际 GDP 为 16.66 万亿美元,美国 2016 年经济增长率为:

$$\frac{16\,660 - 16\,397}{16\,397} \times 100\% = 1.6\%$$

请注意,我们忽略了 GDP 是以十亿美元来计算,这在使用公式时并不重要。事实上,在计算百分率变化时所使用的单位并不重要。从 16.397 万亿美元增加到 16.66 万亿美元,与从 16 397 美元增加到 16 660 美元是一样的。

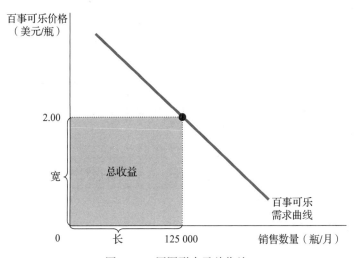

图 1A-9 用图形表示总收益

注:矩形面积的计算公式为长×宽,总收益等于销售数量乘以销售价格。因此,总收益等于 125 000 瓶销售量乘以每瓶价格 2 美元,即 250 000 美元。带阴影的矩形面积就是企业的总收益。

1A.4.2 计算矩形和三角形面积的公式

矩形和三角形的面积有时有重要的经济学意义。例如,图 1A-9 是百事可乐的需求曲线。假设当前价格为 2 美元,百事可乐的销售数量为 125 000 瓶。该公司的总收益等于从销售产品中所得到的收入,也就是销售数量乘以销售价格。因此,总收益等于 250 000(也就是 125 000×2)美元。

矩形面积的计算公式为

$$矩形面积 = 长 \times 宽$$

图 1A-9 中,矩形代表企业的总收益,因为该区域的长边为 125 000 瓶,乘以宽边 2 美元。

三角形面积的计算公式为

$$三角形面积 = \frac{1}{2} \times 底 \times 高$$

图 1A-10 中,阴影区域是一个三角形。底边 = 150 000-125 000 = 25 000,高为 2.00-1.50 = 0.50(美元)。因此,阴影区域的面积为:1/2 × 25 000 × 0.50 = 6250(美元)。请注意,只有当需求曲线为直线时,该阴影区域才是一个三角形。并非所有的需求曲线都为直线。但是,三角形的面积计算公式通常可以给出非常好的近似描述,即使需求曲线并非直线。

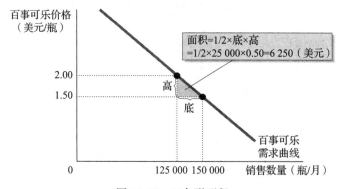

图 1A-10 三角形面积

注:三角形面积 = 1/2 × 底 × 高。阴影区域的三角形的底边 = 150 000-125 000 = 25 000,高为 2.00-1.50 = 0.50(美元)。因此,三角形面积 = 1/2 × 25 000 × 0.50 = 6 250(美元)。

1A.4.3 使用公式小结

在本书中我们还将用到其他几个公式,不论什么公式请遵循如下步骤:

(1)确信理解公式所代表的经济概念的含义。
(2)确保使用正确的公式来解决问题。
(3)确信使用公式计算时,经济意义合理。例如,当我们使用公式计算企业总收益时,如果答案为负值,那么其中一定有错。

1A.1 图形与公式的应用

问题与应用

1A.1 下表所示为牛奶蛋羹派的价格与雅各布每周购买的数量。

　　a.派的价格与雅各布每周购买的数量之间是正相关关系还是负相关关系?

b. 参考图 1A-3 绘出拟合最好的直线。

c. 计算直线的斜率。

价格（美元）	派的购买数量（个）	发生周
3.00	6	7月2日
2.00	7	7月9日
5.00	4	7月16日
6.00	3	7月23日
1.00	8	7月30日
4.00	5	8月6日

1A.2 下表所示为晴天和阴天柠檬汽水的销售杯数。据表绘图，画出分别代表晴天和阴天的两条需求曲线。

价格（杯/美元）	销售量（杯/天）	天气
0.80	30	晴天
0.80	10	阴天
0.70	40	晴天
0.70	20	阴天
0.60	50	晴天
0.60	30	阴天
0.50	60	晴天
0.50	40	阴天

1A.3 运用图 1A-2 的信息计算，福特汽车的销售量与上一年相比变化的百分率。在此期间，哪一年的销售量下降最大？

1A.4 2014 年实际 GDP 为 15 982 亿美元，2015 年实际 GDP 为 16 397 亿美元。从 2014 年到 2015 年，实际 GDP 变化的百分率是多少？从上一年到下一年的实际 GDP 变化百分率，经济学家们称之为什么？

1A.5 假设百事可乐需求曲线通过如下两点：

百事可乐（美元/瓶）	数量（瓶）
2.50	100 000
1.25	200 000

a. 绘出通过这两点的需求曲线。

b. 计算每一价格水平上的总收益，并在图中标出。

1A.6 下图三角形的面积为多少？

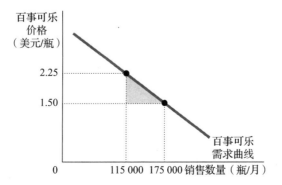

1A.7 计算 A 点和 B 点的总成本曲线斜率。

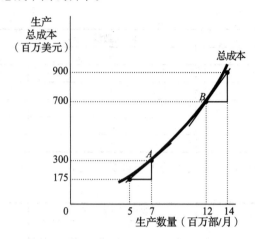

第 2 章

权衡、比较优势和市场制度

:开篇案例:

特斯拉汽车公司管理者面临的权衡取舍

电动汽车是未来的潮流吗？如果你像大多数驾驶员一样，你可能也会喜欢不去加油站，而是将汽车连接上充电桩来获得动力的想法。但是，电动汽车在市场上一直在为生存而挣扎，主要原因有两个：(1)电动汽车所需的锂电池价格昂贵，汽车价格居高不下；(2)当今可用的电池，每行驶 100～300 英里㊀就需要充电，这让长途旅行变得不切实际。

特斯拉汽车公司是一家美国汽车制造商，由亿万富翁埃隆·马斯克（Elon Musk）于 2003 年创立，他还创立了在线支付系统 PayPal 和私人航天公司 SpaceX。在 2017 年，尽管特斯拉生产的汽车仅占美国汽车市场 0.3% 的份额，但其目标是成为第一家大量销售电动汽车的公司。特斯拉正在建设一个全国性的快速充电站网络，以满足驾驶员轻松地进行长途旅行的需要。特斯拉早期车型的定价超过 60 000 美元。2017 年，该公司推出了新的 Model 3 车型，其价格降低到 35 000 美元，目的是吸引客户远离以汽油为动力的汽车，例如丰田的凯美瑞车型和本田的雅阁车型。

特斯拉在加利福尼亚州弗里蒙特（Fremont）的一家工厂生产汽车。为了应对汽车市场上的竞争，特斯拉的管理者必须做出许多战略决策。例如，在 2017 年上半年，特斯拉共售出约 50 000 辆 Model S 轿车，基本价格为 68 000 美元，而 Model X 是运动型多功能车（SUV），基本价格为 85 500 美元。由于弗里蒙特工厂的汽车产量有限，特斯拉为提高利润就得决定是生产更多的 Model S 和 Model X 还是利用这些产量生产更多的 Model 3。最终，特斯拉的计划是将资源配置给 Model 3 的生产，以在汽车市场获得更多份额，这样做意味着不得不减少其他车型的产量。

特斯拉的管理者还必须决定如何围绕这些车辆开展销售和售后服务。特斯拉在开设销售其汽车的直营店时遇到了困难，因为美国一些州的法律要求汽车制造商必须通过独立的经销商来销售汽车，但特斯拉不愿这样做。在这些州，

㊀ 1 英里 = 1 609.344 米。

特斯拉仅在线销售汽车，并依靠公司拥有的服务中心提供维护和维修服务。一些经济学家质疑，如果不像大多数其他汽车公司那样通过独立的经销商来销售汽车，特斯拉是否能够实现其未来的销售目标。

特斯拉的管理者还面临其他关键决策。例如，该公司计划最终每年可生产100万辆汽车。为实现这一目标，公司可能需要至少建设一个新工厂来组装汽车，以及建设更多的工厂来制造汽车电池。与管理者做出的其他决策一样，这都涉及权衡取舍：将更多的资源用于建设新工厂就会减少公司用于现有两个工厂扩展的可用资源。

本章最后的深度透视专栏将讨论特斯拉为什么决定在内华达州建设大型电池厂。

资料来源：Dana Hull, "Tesla Keeping Model 3 Steady as Musk to Lose CFO, Seek Cash," bloomberg.com, February 22, 2017; and Tim Higgins, "Tesla Narrowly Misses 80,000-Vehicle Sales Goal in 2016," *Wall Street Journal*, January 3, 2017.

┊生活与职业生涯中的经济学┊

购车时的权衡取舍

尽管电动汽车成为新闻焦点并且越来越流行，但是大多数人仍然购买传统的汽油动力汽车。当你购买汽油动力汽车时，你可能会考虑安全性和燃油效率等因素。为了提高燃油效率，汽车制造商将一些车做得小而轻。大型车比小型车更能承受发生事故时的冲击，所以人们驾驶大型汽车通常更安全。这些事实告诉我们安全性和燃油效率之间有什么关系？如果你是一家汽车公司的经理，在设计汽车时该如何评估安全性与燃油效率之间的关系？学习本章时，请试着回答这些问题。本章结尾提供了参考答案。

在市场经济中，大部分企业的管理者必须像特斯拉公司的管理者一样不断做出决策。这些决策反映了经济生活最核心的一个事实：**稀缺**（scarcity）迫使人们做出权衡取舍。人们无限的需要和满足这些需要的资源的有效性导致稀缺的存在。商品和服务是稀缺的，生产商品或服务的经济资源，或者说生产要素，如工人、资本、自然资源和企业家才能，同样也是稀缺的。时间的稀缺性意味着我们必须面临权衡取舍，如果你在准备经济学考试时多花费1小时的时间，那么用于准备心理学考试或者外出看电影的时间就少1小时。如果你所在的大学决定将有限的预算支出用于为计算机实验室购买新计算机，那么这些资金就不能用于为图书馆购置新书或对学生的停车场进行粉刷。如果特斯拉将弗里蒙特装配厂中有限的工人和机械设备用于生产Model 3系列车型，那么这些资源就不能被用于生产Model S系列车型。

在市场中，家户和企业需要做出许多这样的决策。交易（或者说贸易）是市场中最重要的活动。贸易是世界上成千上万的家户和企业决策的结果。通过交易，人们能提高收入水平。在本章，我们要对市场制度如何对成千上万的家户和企业独立决策进行协调做出概述。我们从稀缺导致的经济后果开始分析，并通过生产可能性曲线这一重要的经济学模型来讨论市场制度如何运行。

2.1 生产可能性边界和机会成本

如我们在本章开篇案例中看到的那样，特斯拉在位于加利福尼亚州弗里蒙特市的汽车加工厂组装两种型号的汽车。因为公司的资源——工人、机械设备、原材料和企业家才能都是有限的，特斯拉公司面临着权衡取舍：将资源用于生产一种型号的车时就无法将它们用于生产另一种型号的车。第1章介绍的经济模型可用于分析许多经济问题。我们可以用一个简单模型——生产可能性边界来分析特斯拉弗里蒙特装配厂所面临的取舍。**生产可能性边界**（production possibilities frontier，PPF）是一条表现在可用资源和当前技术水平条件下，生产两种产品最大可能产量组合的曲线。对特斯拉来说，弗里蒙特的汽车加工厂使用工人、原材料、机器人和其他机械设备生产三种型号的汽车。

2.1.1 如何画出生产可能性边界

在图2-1中，生产可能性边界表现了特斯拉在2017年所面临的重要权衡取舍，如何在两种原始车型（Model S 与 Model X）与新车型 Model 3 之间进行资源配置。依据图中表格的数据，我们可以画出其中的图形。图中的线段代表特斯拉的生产可能性边界。如果特斯拉使用所有资源仅生产最初型号的两种车型，每天可以生产80辆，即生产可能性边界一端的端点 A 点。如果特斯拉公司使用所有资源仅生产 Model 3 车型，每天也可以生产80辆，即生产可能性边界的另一个端点 E 点。如果特斯拉使用所有资源同时生产两种型号的车，那么可以是 B 点的情形，即60辆原始车型和20辆 Model 3 车型。

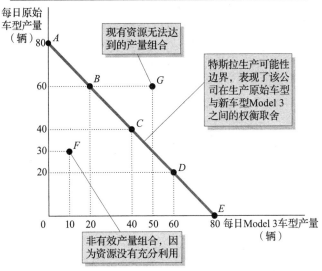

图2-1 特斯拉的生产可能性边界

注：特斯拉公司面临的权衡取舍是为了增加原始车型的产量，必须减少 Model 3 车型的生产。生产可能性边界表现了特斯拉所面临的权衡取舍。生产可能性边界上的组合点，如 A、B、C、D 和 E，是有效产出组合，因为这是在现有资源条件下的最大产出组合。边界线以内的点，如 F 点是非有效产出组合，因为一些资源并没有被充分利用。边界线之外的点，如 G 点是现有资源无法实现的产出组合。

不论是边界上的点，如 A、B、C、D、E，还是在边界所围成区域内的点，都表示现有资源可以支持实现的产品产量组合点。在边界上的组合点表示有效的产出组合，因为所有可获资源得到了最充分的利用，或者说在给定产出的前提下使用了最少的资源来生产。而边界所围成区域内的点，如 F 点，则表示非有效组合，因为在现有资源的基础上并没有实现最大产出组合。特斯拉公司可能更希望在边界之外的点（例如 G 点）组织生产，这意味着特斯拉可以每天生产 60 辆原始车型和 50 辆 Model 3 车型，然而，在企业现有资源条件下，生产可能性边界之外的生产组合点是不可行的。如果希望产量达到 G 点所对应的组合，特斯拉公司需要投入更多的机器设备和工人。

请注意，如果特斯拉公司的生产是有效的，也就是在生产可能性边界上组织生产，增加一种车型产量的唯一方法就是减少另外一种车型的产量。我们在第 1 章提出过，任何行动的**机会成本**（opportunity cost）就是为从事该项活动必须放弃的其他价值最大的行动。对特斯拉而言，多生产 1 辆 Model 3 车型的机会成本就是公司不能生产原始车型的数量，因为这些资源已经用来生产 Model 3 车型了。例如，从 B 点移动到 C 点，每日多生产 20 辆 Model 3 车型的机会成本就是少生产 20 辆原始车型。

生产可能性边界上哪一点是最佳的呢？如果没有更多信息，我们无法做出回答。如果消费者对 Model 3 车型的需求大于对原始车型的需求，公司很可能会选择靠近 E 点处；如果消费者对原始车型的需求大于 Model 3 车型，公司很可能会选择靠近 A 点处。

| 解决问题 2-1 |

画出特斯拉汽车公司的生产可能性边界

为简化起见，假设在某周，特斯拉公司在弗里蒙特工厂的机器设备和工人数量无法增加。这样，原始车型或者 Model 3 车型的产量将依赖于该公司将多少资源投入每种车型的装配。假设 Model 3 车型装配难度更高一些，工厂 1 小时可以装配 15 辆原始车型，而用同样的时间可以装配 10 辆 Model 3 车型。假设工厂一天工作 8 小时。

a. 根据给出的信息完成下表。

选择方案	投入的小时数		每日产量	
	原始车型	Model 3 车型	原始车型	Model 3 车型
A	8	0		
B	7	1		
C	6	2		

（续）

选择方案	投入的小时数		每日产量	
	原始车型	Model 3 车型	原始车型	Model 3 车型
D	5	3		
E	4	4		
F	3	5		
G	2	6		
H	1	7		
I	0	8		

b. 利用表格信息画出特斯拉生产可能性边界，并显示原始车型装配和 Model 3 车型装配之间的权衡取舍关系。用纵轴表示原始车型产量（每日），横轴表示 Model 3 车型产量（每日）。特斯拉生产可能性边界要与两个轴相交。

c. 标出选择 D 方案和 E 方案对应的 D

点和 E 点。如果特斯拉公司选择 D 方案，那么多制造 10 辆 Model 3 车型的机会成本是多少？

解决问题步骤

步骤 1：复习本章相关内容。该问题是应用生产可能性边界来分析权衡取舍的原理，所以，请读者复习"如何画出生产可能性边界"一节。

步骤 2：回答问题 a，填充表格。如果特斯拉每小时可以装配 15 辆原始车型，那么选择 A 方案可以装配 120 辆原始车型和 0 辆 Model 3 车型；选择 B 方案，可以装配 105 辆原始车型和 10 辆 Model 3 车型。照此类推，表格填充如下。

选择方案	投入的小时数		每日产量	
	原始车型	Model 3 车型	原始车型	Model 3 车型
A	8	0	120	0
B	7	1	105	10
C	6	2	90	20
D	5	3	75	30
E	4	4	60	40
F	3	5	45	50
G	2	6	30	60
H	1	7	15	70
I	0	8	0	80

步骤 3：回答问题 b，画出生产可能性边界图形。根据步骤 2 完成的表格，画出如下图所示的图形。

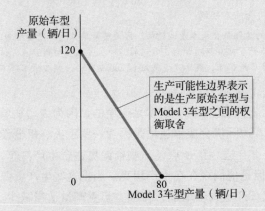

如果特斯拉公司将全部 8 小时用于装配原始车型，产量为 120 辆。因此，特斯拉的生产可能性边界将与纵轴相交于 120 辆处。如果特斯拉公司将全部 8 小时用于装配 Model 3 车型，产量为 80 辆。因此，特斯拉的生产可能性曲线将与横轴相交于 80 辆处。

步骤 4：在图中标示出 D 点和 E 点，回答问题 c。

根据表格数字，图中曲线上标出 D 点和 E 点。

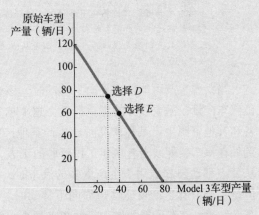

D 点移动到 E 点表示特斯拉公司的 Model 3 车型产量增加了 10 辆，原始车型产量下降了 15 辆。因此，特斯拉公司生产 10 辆 Model 3 车型的机会成本为 15 辆原始车型。

更多关于此知识点的练习请参考章后练习 1.10。

2.1.2 边际机会成本递增

我们可以用生产可能性边界来探讨与经济整体相关的话题。假设我们可以将一个经济体的所有产品和服务分成两类：军用品和民用品。在图 2-2 中，军用品用坦克代表，民用品用汽车代表。如果一国所有资源被用于生产军用品，一年可生产 400 辆坦克。如果一国所有资源被用于生产民用品，一年可生产 500 辆汽车。如果资源被用于生产两种产品，产品就是生产可能性边界上的其他组合点。

请注意，这样的生产可能性边界会向外突出，而非是一条直线。因为曲线向外弯曲，当用坦克来表示生产汽车的机会成本时，要依赖于经济体目前处于生产可能性边界上的位置。例如，当汽车产量从 0 辆增加到 200 辆时，即从 A 点移动到 B 点，该经济体放弃的坦克仅仅为 50 辆。但是，从 B 点移动到 C 点，汽车再增加 200 辆时，该经济体将放弃 150 辆坦克。

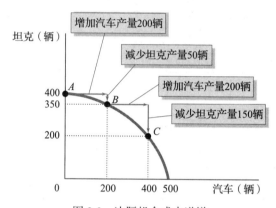

图 2-2　边际机会成本递增

注：当沿着生产可能性边界向下移动时，该经济体的边际机会成本是递增的。因为随着单位汽车产量增加，需要放弃的坦克产量会越来越多。例如，当汽车产量从 0 辆增加到 200 辆时，即从 A 点移动到 B 点，该经济体放弃的坦克仅仅为 50 辆。但是从 B 点移动到 C 点，汽车产量又增加 200 辆时，该经济体不得不放弃 150 辆坦克。

当沿着生产可能性边界向下移动时，该经济体的边际机会成本是递增的，因为为增加单位汽车产量，需要放弃的坦克产量会越来越多。边际机会成本递增是因为一些工人、机器设备和其他资源生产某种产品时比生产其他产品更合适。在 A 点，一些资源更适合生产汽车，例如在汽车装配线上有多年工作经验的工人，但是他们现在在生产坦克。当把这些生产资源从 A 点移动到 B 点用于生产更多的汽车时，汽车产量大幅增加，伴随着坦克产量适当减少。但是，当沿着生产可能性边界向下移动时，越来越多的适合生产坦克的资源被用于生产汽车。结果，汽车产能的增加幅度越来越小，而坦克产量的下降幅度却越来越大。我们认为在大多数情况下生产可能性边界是向外弯曲的，而非如前面特斯拉事例中的直线。

边际机会成本递增说明了一个重要的经济学概念，当更多的资源被投入一项活动时，投向其他活动的资源将越来越少。例如：

- 你学习经济学花费的时间越多，你每多投入 1 小时的成绩提升空间会越来越小，也就是说，以这样的方式使用 1 小时的机会成本越来越大。
- 公司某一年用于研究与发展的资金投入越大，每额外增加 1 单位货币所积累的有用知识会越来越少,也就是说,以这样的方式使用1单位资金的机会成本越来越大。
- 政府某一年用于治理环境的资金投入越大,每额外增加1单位资金减少的污染会越来越少,也就是说,以这样的方式使用1单位资金的机会成本越来越大。

2.1.3 经济增长

任一时点,任何经济体所拥有的资源总量是一定的。比如说,如果美国生产更多的汽车,它就必须减少其他东西(比如坦克)的产量。资本存量是经济体中可用的机械设备和其他有形资本的数量。随着时间的流逝,由于劳动力和资本存量的增加,可用于一个经济体的资源可能会增加。当资源数量增加时,经济的生产可能性边界将向外平移,从而有可能生产更多的汽车和坦克。如图2-3a所示,随着时间的流逝,这个经济体可以从A点移到B点,从而生产更多的坦克和更多的汽车。

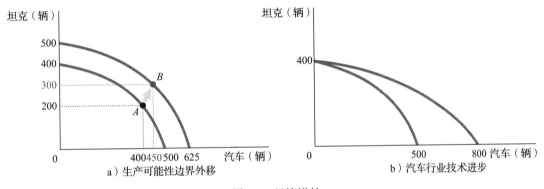

图2-3 经济增长

注:图2-3a表示,当经济资源越来越多和技术进步发生时,该经济体的经济活动从A点移动到B点,坦克和汽车的数量都增加了。图2-3b表示,汽车行业发生技术变革导致工人每年生产的汽车产量增加,但是坦克最大产量仍然保持不变。生产可能性边界外移表示的是经济增长。

与此类似,工人和机器设备的数量保持不变,技术进步能促使经济体生产更多的产品,也会导致生产可能性边界向外移动。技术进步对所有部门的影响并不一定均衡。图2-3b为汽车行业的技术变革所导致的结果,在坦克产量不变的情况下,工人每年所生产的汽车数量大幅度增加了。

生产可能性边界向外移动表示的是**经济增长**(economic growth),因为这代表经济体可以生产更多的产品和服务,并最终提高人们的生活水平。在高收入国家,市场制度有助于促进经济增长,在过去两百多年中已经大幅提高了人们的生活水平。

2.2 比较优势和贸易

我们可以运用生产可能性边界和机会成本来理解贸易⊖中的基本经济活动。贸易,也就是买卖活动,是市场的根基所在。有时候,我们直接进行贸易,比如,孩童时代,用一张

⊖ 贸易也可以译为交易。——译者注

棒球明星卡片交换一张网球明星卡片。但是，我们也经常间接进行贸易，比如，我们像会计师、推销员或护士那样提供劳动服务来获得金钱，然后用金钱去购买商品或服务。这些情形下，贸易是间接发生的，会计师、推销员或护士通过交易最终换到他们需要的食物、衣物或其他产品和服务。贸易的巨大利益之一是通过增加产出和消费，使得交易双方的状况变得更好。

2.2.1 专业化分工和交易得益

考虑如下情形：你和你家邻居都在各自的土地上种植水果树。假设你只有苹果树，而你家邻居只有樱桃树。假设你们两家都喜欢苹果和樱桃，在这种情形下明显存在着通过贸易使两家都得益的机会。你用一些苹果向邻居交换一些樱桃后，两家状况都会得到改善。如果你们两家都有苹果树和樱桃树，情况又会怎样？这种情形下仍然存在贸易得益。例如，你家邻居可能非常善于采摘苹果，而你则精于采摘樱桃。如果你家邻居只专注于采摘苹果，而你专注于采摘樱桃，随后你用采摘的一些樱桃去交换邻居采摘的一些苹果，这显然对双方都有利。但是，如果你家邻居采摘苹果和樱桃都比你强，情况又会怎样？

我们可以用生产可能性边界来解释，即使她采摘苹果和樱桃都强于你，通过贸易仍然可以有利于双方（为简化起见，我们假定在这个事例中生产可能性边界为直线，这并不影响我们所得到的结论）。图 2-4 中的表格给出了一周中你和邻居采摘的苹果和樱桃数量。根据这些数字画出了相应的图形。图 2-4a 是你的生产可能性边界。你如果将一周的时间全部用于采摘苹果，那么可得到 20 磅苹果；如果你将一周的时间全部用于采摘樱桃，那么可得到 20 磅樱桃。图 2-4b 是你邻居的生产可能性边界。她如果将一周的时间全部用于采摘苹果，可得到 30 磅苹果；如果将一周的时间全部用于采摘樱桃，可得到 60 磅樱桃。

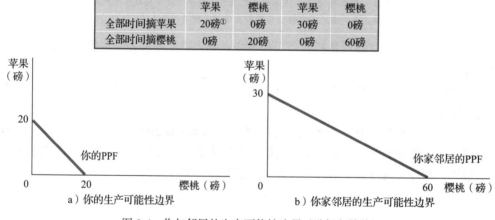

图 2-4 你与邻居的生产可能性边界（进行贸易前）

注：表中给出的是一周时间中，你和你家邻居采摘的苹果和樱桃数量。我们可以根据表中所给数据来构建你家邻居和你的生产可能性边界。图 2-4a 是你的生产可能性边界。你如果将一周的时间全部用于采摘苹果，可得到 20 磅苹果；如果将一周的时间全部用于采摘樱桃，可得到 20 磅樱桃。图 2-4b 是你家邻居的生产可能性边界。她如果将一周的时间全部用于采摘苹果，可得到 30 磅苹果；如果将一周的时间全部用于采摘樱桃，可得到 60 磅樱桃。

① 1 磅 = 0.453 6 千克。

如图2-4所示为没有贸易时你和邻居消费的苹果和樱桃的数量。假设没有贸易时,你每周采摘和消费8磅苹果、12磅樱桃。图2-5a中的 A 点表示的就是苹果和樱桃的组合。没有贸易时,邻居家每周采摘和消费9磅苹果、42磅樱桃。图2-5b中的 C 点表示的就是苹果和樱桃的组合。

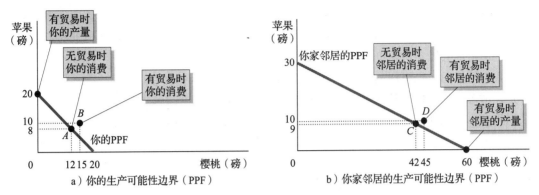

图 2-5 贸易带来的增益

注:没有贸易时,你每周采摘和消费8磅苹果、12磅樱桃,如 A 点所示。没有贸易时,邻居家每周采摘和消费9磅苹果、42磅樱桃,如 C 点所示。当你专门采摘苹果时,可得到20磅苹果;当你家邻居专门采摘樱桃时,她可以采摘60磅樱桃。当你用10磅的苹果交换邻居家的15磅樱桃后,你就可以消费10磅苹果和15磅樱桃,如 B 点所示;邻居现在能消费10磅苹果和45磅樱桃,如 D 点所示。贸易可以使你和邻居都获益。

你一直采摘和消费自家的苹果和樱桃。有一天,邻居来到你家提出了如下建议:下周她用15磅的樱桃来与你交换(贸易)10磅的苹果。你应该同意这笔买卖吗?正如上面所解释的,你应该接受,因为交换的结果是你将消费到更多的苹果和樱桃。为了利用这一机会,你应该专注于采摘苹果而不是在采摘苹果和采摘樱桃之间分配时间。当专门采摘苹果时,你可得到20磅苹果。你可以用10磅苹果去交换邻居家的15磅樱桃。这样你就可以消费10磅苹果和15磅樱桃了。与邻居交换后,你的状况与没有交换之前相比明显变好。你现在可以多消费2磅苹果和3磅樱桃。你突破了生产可能性边界!

你家邻居也从贸易中获利。专门采摘樱桃后,她可以采摘60磅樱桃。她用15磅樱桃换了你种的10磅苹果。她现在能消费10磅苹果和45磅樱桃。与之前没有贸易相比,她现在可以多消费1磅苹果和3磅樱桃。她也突破了生产可能性边界!表2-1给出了你和邻居贸易后生产和消费变化的结果(在这个事例中,我们选择的苹果与樱桃的交换比率为15磅樱桃换10磅苹果。苹果与樱桃的其他交换比率也可以使你和邻居都获益)。

表 2-1 贸易增益的结果汇总

	你		你家邻居	
	苹果(磅)	樱桃(磅)	苹果(磅)	樱桃(磅)
生产和消费	8	12	9	42
生产	20	0	0	60
消费	10	15	10	45
收益	2	3	1	3

2.2.2 绝对优势和相对优势

前述示例中，令人印象深刻的是你家邻居尽管在采摘苹果和樱桃方面都强于你，但仍然通过与你的贸易而获益。**绝对优势**（absolute advantage）是指一个人、一个公司或者一个国家，使用相同数量资源生产一种产品或服务时要优于竞争对手的能力。你家邻居在采摘苹果和樱桃方面对你有绝对优势，因为在相同的时间内，她采摘的两种水果数量都比你多。尽管你家邻居应该既采摘自己的苹果又采摘自己的樱桃，但是她专门采摘樱桃并把采摘苹果的工作完全留给你去做会对她更有利。

我们可以思考得更深远一些，为什么你和你家邻居会从各自专门采摘一种水果中获益？首先，请考虑你采摘两种水果中的一种时的机会成本。根据图 2-4 中的生产可能性边界，如果你将全部时间用于采摘苹果，每周你能采摘 20 磅苹果。当沿着生产可能性边界向下移动时，你分出一些时间去采摘樱桃。在得到 1 磅樱桃的同时，你放弃了 1 磅苹果（生产可能性边界的斜率为 -1。斜率的计算参见第 1 章附录 1A）。因此，你采摘 1 磅樱桃的机会成本是 1 磅苹果。你家邻居的生产可能性边界斜率不同，所以要面临不同的权衡取舍。当她把部分采摘苹果的时间用于采摘樱桃，她得到 1 磅樱桃时放弃了 0.5 磅的苹果（你家邻居生产可能性边界的斜率为 -0.5）。当她把采摘樱桃的时间分出来采摘苹果时，每得到 1 磅苹果，她将放弃 2 磅樱桃。因此，你家邻居采摘 1 磅苹果的机会成本是 2 磅樱桃，或者说，采摘 1 磅樱桃的机会成本是 0.5 磅的苹果。

表 2-2 列出了你和你家邻居采摘苹果和樱桃的机会成本。请注意，尽管你家邻居在一周中比你可采摘更多的苹果，但她采摘苹果的机会成本要高于你，因为当她采摘苹果时，她放弃的樱桃要多于你。因此，在采摘苹果方面，尽管你家邻居对你有绝对优势，但她采摘苹果的成本更高。从表中也可看出，她采摘樱桃的机会成本要低于你。**相对优势**（comparative advantage）是指一个人、一个企业或者一个国家能以比竞争对手更低的机会成本来生产产品或提供服务。你家邻居在采摘苹果方面比你有绝对优势，但是你在采摘樱桃方面对她有相对优势。正如指出的那样，你专门采摘苹果更有利，你家邻居专门采摘樱桃更有利。

表 2-2 采摘苹果和樱桃的机会成本

	采摘 1 磅苹果的机会成本	采摘 1 磅樱桃的机会成本
你	1 磅樱桃	1 磅苹果
你家邻居	2 磅樱桃	0.5 磅苹果

2.2.3 比较优势和贸易得益

我们已经得出一个重要的经济学原理，交易（贸易）的基础是比较优势，而非绝对优势，摘苹果最快的人并不一定需要摘很多苹果。如果采摘苹果最快的人在其他方面有比较优势，如采摘樱桃、打职业棒球联赛或者做工程师，他最好还是从事后面这些活动。无论个人、企业还是国家，如果专门生产具有比较优势的产品和服务，并通过贸易获取需要的产品和服务，都可因此更受益。我们将在第 9 章再次讨论比较优势这个重要的经济学概念，据此来解释国际贸易。

勿犯此错 2-1

不要混淆绝对优势与相对优势

首先，要确定自己知道如下定义：

- **绝对优势**是指一个人、一家公司或者一个国家，使用相同数量资源生产一种产品或服务时要优于竞争对手的能力。在我们的示例中，你家邻居在采摘苹果和樱桃方面比你具有绝对优势。
- **相对优势**是指一个人、一个企业或者一个国家能以比竞争对手更低的机会成本来生产产品或提供服务。在我们的示例中，你家邻居在采摘樱桃方面具有比较优势，而你在采摘苹果方面具有比较优势。

请记住如下两个关键点：

（1）在生产产品或者提供服务时可能具有绝对优势，而没有比较优势，你家邻居在采摘苹果时便是如此。

（2）在生产产品或者提供服务时可能具有比较优势，而没有绝对优势，你在采摘苹果时便是如此。

解决问题 2-2

比较优势与贸易得益

假设美国和加拿大都生产枫蜜和蜂蜜。两国使用相同的资本和劳动，在某一个生产日，两种产品的生产情形如下所示。

加拿大		美国	
蜂蜜（吨）	枫蜜（吨）	蜂蜜（吨）	枫蜜（吨）
0	60	0	50
10	45	10	40
20	30	20	30
30	15	30	20
40	0	40	10
		50	0

a. 哪个国家在生产枫蜜方面具有比较优势？哪个国家在生产蜂蜜方面具有比较优势？

b. 假设目前加拿大生产30吨蜂蜜、15吨枫蜜，美国生产10吨蜂蜜、40吨枫蜜。美国和加拿大如果专门从事一种产品的生产并与另一国进行贸易会对双方更为有利。请解释其中的原因。

c. 请画出美国和加拿大的生产可能性边界来说明问题b的答案。请在生产可能性边界上表示出两国贸易前后蜂蜜和枫蜜两种产品生产和消费组合的状况。

解决问题步骤

步骤1：复习本章相关内容。该问题与比较优势有关，请复习"绝对优势和相对优势"一节的内容。

步骤2：计算出哪个国家在哪种产品上有相对优势，并回答问题a。请记住，如果一个国家能以最低的机会成本来生产一种产品，那么该国在该产品生产方面具有比较优势。当加拿大多生产1吨蜂蜜时，它将少生产1.5吨枫蜜。当美国多生产1吨蜂蜜时，它将少生产1吨枫蜜，这显然比1.5

吨要低。当加拿大多生产1吨枫蜜时,它将少生产0.67吨蜂蜜。当美国多生产1吨枫蜜时,它将少生产1吨蜂蜜。因此,加拿大生产1吨枫蜜的机会成本要低于美国。由此我们可以得出美国在生产蜂蜜方面具有比较优势,而加拿大在生产枫蜜方面具有比较优势。

步骤3：通过解释专业化分工使得美国和加拿大都得益来回答问题b。美国和加拿大应该专门集中于各自具有比较优势的产品生产上。如果两国进行专业化分工,加拿大将生产60吨枫蜜、0吨蜂蜜,而美国将生产0吨枫蜜、50吨蜂蜜。进行专业化生产之后,美国可以用30吨蜂蜜来与加拿大的40吨枫蜜进行贸易(其他能使双方获益的贸易也有可能存在)。我们将结果总结如下。

消费5吨枫蜜。

步骤4：画出PPF,回答问题c。

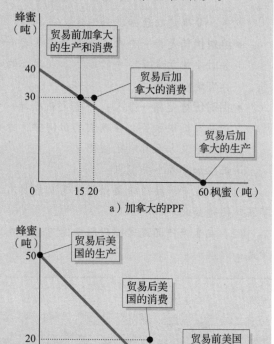

a) 加拿大的PPF

b) 美国的PPF

	贸易前		贸易后	
	蜂蜜(吨)	枫蜜(吨)	蜂蜜(吨)	枫蜜(吨)
加拿大	30	15	30	20
美国	10	40	20	40

贸易后,美国的状况变好了。在消费相同数量枫蜜的情况下,美国可以多消费10吨蜂蜜。加拿大的状况也变好了。在消费相同数量蜂蜜的情况下,加拿大可以多

◎ 概念应用 2-1

比较优势、机会成本和家务劳动

家务劳动的分担经常成为室友、已婚夫妇和共同居住者之间关系紧张的起因。对于传统的已婚夫妇,女方承担了大部分的家务劳动,比如做饭、打扫屋子和洗衣。1965年,拥有小孩的已婚妇女在家务劳动上平均每周大约花32小时,而男性平均仅仅为4小时。目前,妇女在家务劳动上花费的时间平均大约为18小时,男性为10小时。

家务劳动似乎不是买卖活动,也不是其他商务和经济的常规话题。事实上,我们可以使用基本的经济学概念分析家务劳动。首先,想一想,家务劳动分担最有效的方法是什么。假设杰克和吉尔需要就做饭和洗衣进行分工。假设与吉尔相比,杰克做这两件事都具有绝对优势,但是,在做饭方面,杰克的优势非常明显,他可以花很少的时间做出非常美味可口的饭菜,在洗衣方面只是比吉尔快一点。换言之,如果他们用相同的时间来做家务,杰克在做饭方面具有相对优势,吉尔在洗衣方面具有相对优势。与杰克、吉尔都各自分担一些做饭和洗

衣事务的情形相比，如果杰克按照比较优势负责全部做饭的事务，而吉尔根据比较优势负责全部的洗衣事务，两人状况都会得到改善。

经济学也对20世纪60年代之后家务劳动时间的减少提供了一些解释。现在男女加在一起用于家务劳动的时间减少了30%。这种下降部分是由技术进步带来的，特别是如洗衣机和微波炉等家用电器的改进。女性用于家务劳动时间的减少也反映了与20世纪60年代相比，今天有更多的就业机会。女性花在家务劳动和照顾小孩上的时间的机会成本就是她们放弃同样时间参加工作所能赚得的工资。假设一名女性工作1小时的工资为20美元，但是如果她用同样的时间从事家务劳动，那么家务劳动的机会成本就是20美元。随着女性工作机会的增多，这些工作所提供的工资水平也在上升，所以做家务劳动的机会成本也增加了。除了家用电器的改进之外，许多家庭发现雇用专业从事清洁和修整草坪的家务劳动人员的机会成本也比妻子（或丈夫）做这些事情要低。

随着女性工资水平相对男性工资水平的上升，女性做家务劳动的机会成本与男性相比也上升了。所以我们预计除了女性从事家务劳动的时间减少之外，男性和女性做这类事情的时间差距也在缩小。事实上，在1965年，女性每周花在家务上的时间比男性多28个小时，到了2016年，女性每周花在家务上的时间只是比男性多了6个小时。女性从事工作的时间从每周8小时增加到了20小时。

当然，社会态度的变化也有助于解释女性和男性分配时间的变化。但是，比较优势和机会成本这些基本的经济学概念对于我们理解家务劳动的不愉快的部分提供了一个重要的视角。

资料来源：U.S. Bureau of Labor Statistics, "American Time Use Survey—2016," June 27, 2017; Kim Parker and Wendy Wang, "Modern Parenthood: Roles of Moms and Dads Converge as They Balance Work and Family," pewsocialtrends.org, March 14, 2013; Emily Oster, "You're Dividing the Chores Wrong," *Slate*, November 21, 2012; and Ellen Byron, "A Truce in the Chore Wars," *New York Times*, December 4, 2012.

与本专栏相关的练习请参考章后练习2.14和2.15。

2.3 市场制度

我们已经知道，家户、企业和政府因为资源稀缺，面临权衡取舍，并形成机会成本。我们也知道，贸易可以使人们根据比较优势进行专业化分工。通过参与贸易，人们可以提高收入水平和生活水平。当然在现代社会中，贸易远比我们到目前为止讨论的情形复杂得多。如今的贸易涉及世界范围内亿万之众的决策。这些决策是如何协调的呢？在美国和大部分国家，贸易是在市场中进行的。市场也决定着对第1章所讨论的三个基本问题的回答：①生产何种产品和服务？②怎样生产这些产品和服务？③谁将得到这些产品和服务？

先回顾市场的概念。市场是商品或服务的买者和卖者集中之所，还包括将买者和卖者集中起来进行交易的制度和安排。市场有许多形式：可以是有形之所，如你生活城市中的比萨店和纽约证券交易所；也可以是无形之地，如eBay和iTunes。市场中，买者是商品或服务的需求者，卖者是商品或服务的提供者。家户和企业在两类市场中进行互动：产品市场和要素市场。**产品市场**（product market）是产品（如计算机）和服务（如医疗）进行交易的市场，在其中，家户是需求者，企业是供应者。**要素市场**（factor market）是生产要素进行交易的市场。**生产要素**（factors of production）是用于生产产品或服务的投入品。生产要素被分为四个大类：

（1）劳动包括形形色色的工作，从青少年在麦当劳餐厅的兼职工作，到大型企业的高层管理人员的工作。

（2）资本是有形资本，如用于生产其他产品的计算机、办公楼和机械工具。

（3）自然资源包括生产产品使用的土地、水、石油、铁矿石和其他原材料（或自然禀赋）。

（4）企业家是经营企业的人。企业家才能是将其他生产要素聚拢在一起并且成功生产和销售产品或服务的能力。

2.3.1 收入循环图

市场的核心参与者可被分为两类。

1. 家户（居民）

家户由家庭中的所有成员组成。家户可以由1个人也可由几个人组成。家户是生产要素（特别是劳动）的供给者，由企业雇用来生产产品和服务。家户用其提供生产要素获得的收入来购买企业供应的产品和劳务。我们对于家户作为劳动供给者比较熟悉，因为大部分人通过工作获得收入，也就是他们在劳动市场中出让了自己的劳动服务给企业。家户通过拥有企业直接或间接拥有了其他的生产要素。所有的企业都归家户所有。居民区附近餐馆之类的小企业可能为一人所有。像苹果这种大型企业，为占有股权份额的几百万人所有。当企业向企业所有人支付利润时，企业实际上是向提供资本和自然资源的所有人支付报酬。因此，我们可以在一般意义上说，在要素市场中，居民是供给者，企业是需求者。

2. 企业（厂商）

企业是商品和服务的供给者。企业通过销售产品和服务获得的收入来购买或雇用生产产品或服务的生产要素。

我们用一个简单的经济学模型——**收入循环图**（circular-flow diagram）来解释市场参与者如何相互关联。如图2-6所示，在要素市场中，家户通过供给劳动和其他生产要素从企业换取工资和其他收入。在产品市场中，家户用在生产要素市场中获得的收入来购买企业供给的产品和服务。企业生产这些产品和服务所使用的生产要素是由家户来供给的。如图2-6所示，右上、右下内侧箭头表示的是生产要素从家户通过要素市场流向企业。左上、左下内侧箭头表示，产品或服务从企业通过产品市场流向家户。外侧箭头表示，资金从企业通过要素市场流向家户，家户通过产品市场支出后回流企业。

像所有的经济学模型一样，收入循环图是对真实世界的简化。图2-6忽略了政府在向企业购买商品、通过社会保障或者失业保险向家户转移支付中的重要作用。模型也忽略了银行、证券市场和金融市场中的其他部门在协助资金从放贷人到借款人流动中所发挥的作用。模型也没有考虑国内家户所购买的由外国公司生产的部分产品和服务，以及本国企业生产的产品和服务卖给外国家户的情形（我们将在后续章节中讨论政府、金融体系和国际部门的作用）。尽管图2-6这样的收入循环图较为简化，但在解释产品市场、要素市场以及参与者相互关联方面还是非常有用的。市场机制的神奇之处是它成功地协调了如此众多的家户和企业的独立行动。

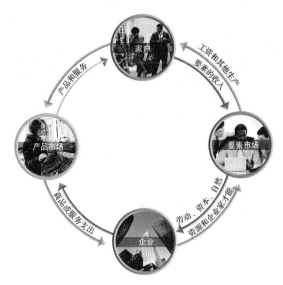

图 2-6 收入循环图

注：家户或企业，通过产品、收入和支出的流动连接在一起。右上、右下的内侧箭头表示的是生产要素的流动。在要素市场中，家户向企业供给劳动、企业家才能和其他生产要素。企业使用生产要素来生产产品或服务，并在产品市场中提供给家户。左上、左下内侧箭头表示产品或服务从企业流向家户。右上、右下外侧箭头表示资金从企业通过要素市场流向家户。外侧箭头表示的是资金的流动。在要素市场中，家户通过供给生产要素获得工资和企业支付的其他收入。家户使用工资和其他收入通过产品市场购买产品和服务。企业在产品市场中向家户提供产品和服务，它们在要素市场中用所得资金向家户购买生产要素。

2.3.2 来自自由市场的增益

当政府对于产品和服务如何生产和销售，或者生产要素如何使用几乎不设限制时，市场就是**自由市场**（free market）。在现代经济体中，政府干预远远超出了完全自由市场的情形。从这个意义上说，我们认为自由市场是对现实经济进行判断的一种标杆。美国、加拿大、西欧国家、新加坡和爱沙尼亚等国家的政府对经济活动的限制相对较少。这些国家接近于自由市场的标杆。而一些国家，因为偏向中央计划经济，中央政府对产品和生产要素施加了严格控制，几乎抛弃了自由市场制度。从提高人民生活水平来看，接近于自由市场的国家的经济表现要好于中央计划经济的国家。

哲学家亚当·斯密被认为是现代经济学之父，因为他在 1776 出版的《国富论》一书中很早就对自由市场制度提出了非常有影响力的观点。亚当·斯密在写作这部巨著时，政府对市场的限制非常普遍。当时欧洲大部分地区的行会制度盛行，在这样的制度下，政府赋予行会（或者说生产者联盟组织）控制生产产品的权利。例如，鞋业行会就控制了谁可以生产鞋子、生产多少双鞋以及鞋子的定价。在法国，纺织行会甚至规定了织布需要多少根纱线。

斯密认为，限制产品的生产数量降低了一个国家和其国民的收入水平或者财富水平。当时有人支持行会制度对市场施加限制，因为这与他们的利益相关。如果你是行会中的成员，施加限制将减少你可能面临的竞争。但是，有些人真的相信采取行会制度之外的做法会引起经济混乱。斯密认为这些人的看法是错误的。他认为企业如果不脱离行业协会的指导或政府的直接管制，一个国家的经济制度不可能平稳运行。

2.3.3 市场机制

在亚当·斯密时代，支持对行业进行限制的人认为，如果鞋业行会不对鞋子的生产进行控制，那么鞋子的供给要么过多，要么过少。斯密认为，产品价格对于买者和卖者的协调要远胜行业协会。理解斯密观点的关键是假定每个人通常是以理性的自利方式（self-interest way）行事。特别要指出的是，采取这种行动的人最有可能使自己的财务状况越来越好。理性的自利行为的假设几乎是进行所有经济分析的基础。事实上，经济学有别于其他研究人类行为的学科，如社会学和心理学，正是因为强调了自利行为的假定。正如现代经济学家所理解的那样，亚当·斯密很清楚人的行为动机非常复杂，但是当我们分析人们在买卖中的行为时，获得财务回报的动机通常可以提供最好的解释。

例如，假定有大量的消费者从购买传统的汽油驱动汽车转向混合动力的汽车或纯电动车，如丰田公司的普锐斯（Prius），或特斯拉公司 Model 3 纯电动汽车。公司的自利动机将会引导它们去迎合消费者的愿望，生产更多混合动力车或电动车，而减少对传统轿车的生产。假设消费者决定少吃面包、意大利面和含麸质的其他食物，那么企业对于不含麸质的面包和意大利面的定价将会提高。企业的自利动机将会引导它们少生产普通的面包和意大利面而多生产不含麸质的面包和意大利面。事实上，类似情况在过去十几年中已经发生过了。

请注意，市场机制的作用在于对消费者需要的变化做出反应，价格必须是灵活调整的。相对价格是一种商品或服务的价格相对于其他商品或服务的价格。当相对价格发生变化时，它就对消费者和企业提供了一种信息或者信号。例如，全球消费者对牲畜和家禽的需求都增加了。因为玉米是牲畜和家禽的主要饲料，玉米相对其他谷物的价格大幅攀升。美国的许多农场主得到了这种价格信号，于是他们增加了玉米的种植面积，而减少了大豆和小麦的种植面积。正如一个堪萨斯农场主所说，种植玉米比种植大豆每英亩土地可以增加 100～150 美元，这是连小孩儿都会的算术题。最近几年，美国的玉米产量已经创纪录了。与此类似，DVD 和音乐 CD 价格的下降就为电影制片厂和音乐录制公司提供了信号，于是它们减少了投入这些行业的资源，而将更多的资源投向了互联网流媒体播放。

现如今在美国，联邦政府、州政府和地方政府对产品或服务价格的管制仅仅为 10%～20%。其他商品或服务的价格，则随着消费者需要的变化和生产者成本的变化灵活进行调整。

在这种情况下，当消费者增加或减少对一种产品的需求时，行业协会或政府不需要发布应该生产多少产品或者改变多少价格的指令，市场制度自身会做出反应。经济学家使用亚当·斯密提出的"看不见的手"的比喻来描述市场如何引导企业向消费者提供他们想要的商品。每个企业都对价格变化做出反应，通过共同做出决策并最终满足消费者偏好。

◎ 概念应用 2-2

市场机制运转的一则故事：iPad 是如何制造出来的

iPad 是苹果公司的产品。苹果公司总部位于加利福尼亚州的库比蒂诺市，人们有理由认为 iPad 也是在这个州制造的。《纽约时报》的一个调查表明，事实上绝大多数被采访者认为，如果 iPad 不是在加利福尼亚州制造的，那么它也是美国制造的产品。尽管苹果公司的工程师们设计了 iPad，但是该公司并没有制造任何一部 iPad，或者说，并没有将零部件整合成一个完整的产品。iPad 并非全部由一家公司或一个国家制造，它是世界范围内数十家公司和数以千计的工人协作的结果。

富士康在中国与巴西的工厂中组装出 iPad，并运到苹果公司，在美国销售。和硕联合科技股份有限公司（以下简称和硕公司）也装配一些 iPad。尽管富士康与和硕公司一样组装成了最终产品，但它不制造任何零部件。事实上，组装一部 iPad，苹果公司的付费大约为 6 美元。

iPad 配件有多家零部件供应商。下表列出了部分向苹果公司提供 iPad 配件的供应商。

公司	公司属地	iPad 配件
AKM	日本	运动传感器
安华高科技	美国（宾夕法尼亚州）	无线技术
博世	德国	加速器
博通公司	美国（加利福尼亚州）	触摸屏控制器和无线芯片
凌云公司（Cirrus Logic）	美国（得克萨斯州）	音频芯片
康宁	美国（纽约州）	玻璃屏幕
Dialog 半导体	德国	电源管理芯片
尔必达（Elpida）	美国（爱达荷州）	系统内存
英飞凌科技公司	德国	半导体
LG 电子	韩国	显示屏
高通	英国	无线部分
三星	韩国	显示器闪存和应用处理器
夏普	日本	显示器
SK 海力士	韩国	闪存
Skyworks Solutions	美国（马萨诸塞州）	无线技术
意法半导体（STMicroelectronics）	法国、意大利	运动传感器
德州仪器	美国（得克萨斯州）	触摸屏控制器
东芝	日本	闪存
TriQuint 半导体	美国（俄勒冈州）	无线技术

这些零配件供应商，也依赖自己的供应商。例如，博通公司设计了 iPad 的触屏控制器并提供给苹果公司，但是它并非控制器零件的供应商或者组装者。博通公司的零部件供应商包括位于马来西亚的 SilTerra 公司、位于中国大陆的中芯国际集成电路制造有限公司（SMIC）、位于中国台湾地区的台湾积体电路制造公司（简称台积电，TSMC）和联华电子股份有限公司（UMC）。台积电的绝大部分工厂并非中国台湾地区，而是在中国大陆和东欧地区。为了组装产品，博通公司动用了几家公司，包括在亚利桑那州钱德勒的阿莫科技公司和位于新加坡的星科金朋公司。

总之，一部 iPad 包含世界范围内上百家企业设计、制造和组装的零部件。这些企业中有许多企业甚至不知道为 iPad 制造零部件的其他公司。这些公司中的管理人员很少会见面，或者分享制造零部件的知识。事实上，即使从苹果公司 CEO 蒂姆·库克算起，也没有一个人能掌握制造 iPad 零部件的所有知识。事实上，市场中的"看不见的手"引导了这些企业，对在美国商店中销售的 iPad 这一最终产品贡献着自己的智慧和资源。苹果公司会高效率地组织 iPad 的生产分销过程，消费者按照个人喜好发出 iPad 的订单，随后在三日内，iPad 会被从位于中国和巴西的装配厂发送到美国的消费者手中。

资料来源： Don Reisinger, "iPad Air 2 Models Cost Apple $275 to $358, Teardowns Reveal," cnet.com, October 29, 2014; Marjorie Connelly, "Poll Finds Consumer Confusion on Where Apple Devices Are Made," *New York Times*, January 25, 2012; Andrew Rassweiler, "Still Air: Apple iPad Air 2 Largely Holds the Line on Features and Costs, IHS Teardown Reveals," technology.ihs.com, October 28, 2014; and Eva Dou and Tripp Mickle, "Apple Supplier Foxconn Plans Expansion in U.S.," *Wall Street Journal*, December 7, 2016.

2.3.4 企业家的作用

市场制度运作中企业家居核心地位。**企业家**（entrepreneur）是运营企业的人。企业家首先要决定，他们认为消费者需要的是什么产品或服务，随后要决定如何利用可获得的生产要素（劳动、资本和自然资源）以最有利可图的方法生产这些产品和服务。成功的企业家能够找到提供新产品和服务的机会，而新技术经常会创造出这种机会。消费者和现有企业通常开始时并没有认识到新技术能生产出新产品。尽管内燃机技术已经发展到可以制造实际使用的汽车，但是亨利·福特曾说："当我询问我的客户需要什么时，他们说需要一匹跑得更快的马。"因为消费者无法评估一种此前不存在的新产品。因此，一些最成功的企业家（例如已故的苹果公司的史蒂夫·乔布斯）很少使用焦点小组，或与消费者会面的方式以询问消费者他们想要什么新产品。相反，企业家要去思考消费者甚至还没有认识到的需要，就像乔布斯所做的，由 MP3 到 iPod，由笔记本电脑到 iPad。企业家在经济体中发挥着重要作用，因为他们经常制造出被消费者广为接受的新产品，像福特制造的汽车、乔布斯制造的 iPod 一样。

公司初创时通常都比较小，如苹果公司和福特公司。表 2-3 中列出了一些小公司的企业家在 20 世纪生产的一些重要产品。

表 2-3　小公司的企业家带来的一些重要产品

生物技术	发明人
生物磁成像	雷蒙德·达马迪安
生物合成胰岛素	赫伯特·博耶
DNA 指纹图谱	亚历克·杰弗里斯
高分辨率 CAT（计算机 X 射线轴向分层造影）扫描仪	罗伯特·莱德利
通信技术	发明人
FM 收音机	埃德温·霍华德·阿姆斯特朗
消费品	发明人
空调	威廉·哈维兰·卡里尔
一次性尿布	马里恩·多诺万
口服避孕药	卡尔·杰拉西
速冻食品	克拉伦斯·伯德赛
安全剃须刀	金·吉列
柔软隐形眼镜	凯文·图西
拉链	吉迪恩·桑德巴克

(续)

信息技术	发明人
集成电路	杰克·基尔比
微处理器	特德·霍夫
光学扫描仪	埃弗里特·富兰克林·林德奎斯特
个人计算机	史蒂夫·乔布斯和史蒂夫·沃兹尼亚克
超级计算机	西摩克雷
真空管（电视）	菲洛·法恩斯沃思
交通运输	发明人
飞机	奥维尔和威尔伯·莱特
量产汽车	亨利·福特
汽车挡风玻璃刮水器	玛丽·安德森
直升机	伊戈尔·西科斯基
液压制动器	马尔科姆·洛克希德
隔夜送达服务	弗雷德·史密斯

资料来源：William J. Baumol, *The Microtheory of Innovative Entrepreneurship*, Princeton, NJ: Princeton University Press, 2010; Lemelson-MIT Program; and various other sources. Note that historians sometimes dispute the identity of the person who first commercially developed a particular product. 请注意，对某些产品首次进行商业性开发的人，历史学家有时会有不同的看法。

当企业家开始创业时，他们用自己的资金进行冒险。如果他们在判断消费者需求或者生产产品或服务的最佳途径方面出现错误，那么他们将血本无归。事实上，一些起步艰难，最后大获成功的企业家都非寻常之辈。例如，亨利·福特和丰田喜一郎（最终建立了丰田汽车公司）开始建立的公司都很快就倒闭了。哈佛大学的理查德·弗里曼所做的研究表明，一个典型的企业家与受过同样教育和具有相同特质的大企业雇员相比，前者赚取的收入要少于后者。像马克·扎克伯格、史蒂夫·乔布斯和比尔·盖茨这样的企业家是少数比较幸运的。

企业家通过满足消费者需求，引入新产品，对经济增长做出了举足轻重的贡献。政府鼓励企业家的政策也可能会促进经济增长，提高人们的生活水平。下一节我们将介绍有助于企业家成功的良好市场体系所需要的法律框架。

2.3.5 成功市场制度的法规基础

在自由市场中，政府并不限制企业怎样生产与销售产品和服务以及怎样使用生产要素。但是，政府限制的空缺不足以让市场体系来成功地提高人们的生活水平。政府必须采取积极措施来创造一个良好的法律环境。

1. 私有财产的保护

市场制度要良好运行，需要个体愿意承担风险。一个人拥有25万美元，出于谨慎，可将其安全存入银行；如果不信任银行，他也可以现金形式持有。如果相当数量的人不愿意承担风险，不向企业投资，市场制度的运行就会出问题。在任何国家，投资办企业都要冒风险。在美国和其他高收入国家，每年都会有大批企业倒闭。但在这些国家中，对于开办新的企业或者对已有企业进行再投资，人们不必担心政府、军队和犯罪团伙会攫取他们的企业，或者要求获得保护费，也不用担心如果不服从，企业会被损坏。不幸的是，许多低收入国家，企业所有人不能很好地保护自己的企业不被政府侵占或者利润不被犯罪分子侵蚀。在这些问题存在的地方，人们经营企业的风险很大。现金容易隐藏，但企业的隐藏或者转移则要难得多。

2. 产权

产权（Property rights）是个体和企业拥有的排他性使用权，包括买卖的权利。财产可以是有形的，如商店和工厂这样的实物资产；财产也可以是无形的，如一些想法的权利。对产权的保护，美国宪法有两项修正案。"第五条修正案"规定联邦政府"没有得到法律允许，不得剥夺任何人的生命、自由和财产"。"第十四条修正案"将这种规定延伸到州政府，"没有得到法律允许，州政府不得剥夺任何人的生命、自由和财产"。很多国家都有类似的法律条款。

在任何一个现代经济体中，知识产权（intellectual property right）都非常重要。知识产权包括书籍、电影、软件、新产品设计思路或者新产品的生产工艺。为保护知识产权，联邦政府会向发明人（通常是企业）授予专利权，即从专利权授予后 20 年内生产和销售新产品的排他权。例如，因为苹果公司拥有智能手机和其他设备的 Siri 语音识别软件的专利，所以其他公司无法销售自己的 Siri 版本。政府授予专利权是为了鼓励企业在新产品的研究与开发中投入资金。如果其他公司可以自由复制 Siri 软件，那么苹果公司不会花费必要的资金来开发这一系统。与新产品或新的制造方法获得专利权保护一样，新的书籍、电影和软件的创作者会得到版权保护。根据美国法律，书籍、电影或音乐的创作者拥有终身的使用排他权。创作者的继承人在创作者去世后保留此专有权 70 年。

3. 合同的执行和产权

商务活动经常会涉及某人同意在未来采取某些行动，例如，你从银行借 2 万美元购买一辆轿车，承诺（通过签署借款合同）在 5 年内归还。或者 Meta 公司与一家小型技术公司签订许可合同，同意在 7 年内付费使用该公司的技术。通常，这些约定会使用法律合约的形式。市场制度要有效运行，企业和个人要依赖这些合约的执行。如果合约中的一方没有完成应尽义务，例如该小型公司承诺 Meta 公司排他性使用其技术，但随后又开始授权其他公司使用，另外一方不得不通过法庭要求执行合约。与此类似，如果美国的财产所有人认为联邦政府或州政府侵犯了第五条或者第十四条宪法修正案赋予的权利，他们可以通过法庭保护他们的权利。

但是，只有在司法系统独立且法官的判决足够公正的情况下，通过法庭要求强制执行合同或是产权才会成功。一些国家的司法系统充分独立于政府的其他部门，也免受外部力量（如犯罪集团）的胁迫，其能够以法律为准绳做出判决。另一些国家的司法体系缺乏独立性，当政府侵犯私有产权，或者一个与政治势力密切勾结的人不能执行合同时，这些国家的法律无法为人们提供保护。

如果产权不能得到很好的执行，产品或服务的产出就会减少。这又会损害经济效率，使得经济只是处在生产可能性边界的内部区域。

◎ 概念应用 2-3

"赈饥美国"组织的管理者利用市场机制来减少饥饿

慈善捐赠似乎与市场关系不大。当捐赠者向慈善机构捐赠金钱、衣物或食物时，他们通常不会期望交换任何东西（除了潜在的税收减免）。1979 年，退休商人约翰·范·亨格尔

(John van Hengel)创立了赈饥美国（Feeding America）组织。该慈善机构从农民、超市、食品加工厂和政府那里募集食品捐赠，并将食品分发给全国各地由教堂、学校和社区中心运营的数千个食品储藏室和食品计划项目。这些计划项目将捐赠的食物免费或以低廉的价格提供给低收入家庭。

到2004年为止，"赈饥美国"每年为数百万低收入人群提供了18亿磅食品。该组织的管理者意识到，如果运营更有效，那么他们可以为更多的人提供服务。管理者尤其担心有时分配食物的方式与当地食品计划的需求不一致。例如，如下的食品计划项目就不是很有效。土豆可能被运送到爱达荷州（该州是主要种植马铃薯的州），或者牛奶被运送到缺乏可制冷的存储设备的地方，以致无法长时间保鲜。2005年，"赈饥美国"邀请了芝加哥大学布斯商学院的教授卡尼斯·普伦德加斯特、唐·爱森斯坦和哈里·戴维斯设计一种更有效的食物分配给各地的食物计划方法。

"赈饥美国"一直在通过计算一个地区有多少低收入人口来分配食物，然后将目标磅数的食物配送给该地区的食品计划项目。给各地的食品计划项目配置的所有食物，无论是水果、面包、牛奶还是面食，只要权重相同，都将同等对待。"赈饥美国"不允许各地的食品计划项目选择他们想要获得的食物。因为"赈饥美国"平均仅提供各地食品计划所获全部食品捐赠的20%，所以它可能配送的是当地项目中已有的食品（例如面包和早餐麦片），而不是该项目需要的水果和蔬菜。

商学院的教授建议"赈饥美国"将食品配送系统更改为类似市场的系统。每个食品计划项目都给予一定的"份额"数，各项目可以用这些份额竞买其他类型的食品计划项目，以更好满足低收入人群对食品需求的类型。此外，任何地方计划项目如果食物有多余都可以将其出售给其他地方，以换取份额。尽管这套新系统不涉及金钱，但它的运作就像一个市场，消费者在购买商品时通过相互竞争来确定价格。更受消费者欢迎的商品价格往往高于那些不太受欢迎的商品价格。例如，在超级市场中，有机产品的售价通常高于非有机产品。同样，事实证明，与意大利面相比，新鲜水果和蔬菜的食品计划项目更被人们偏爱。此前的系统中，"赈饥美国"计算为各地计划分配多少食物时，1磅新鲜水果与1磅意大利面的处理方法相同。但在新制度下，当地的食物银行被允许用份额竞购食物，1磅水果或蔬菜的价格是1磅意大利面价格的116倍。

因为新系统对食品的分配方式更符合各地的食品计划需求，所以与旧系统相比，"赈饥美国"能够向更多的低收入人群提供食物。此外，由于食物浪费减少，各类人群和组织愿意为该计划捐赠更多的食物。最后，"赈饥美国"的管理者利用了各地食品计划偏爱哪种食品的信息来指导要求公司捐赠的食品类型。例如，除了水果和蔬菜之外，计划项目还愿意为花生酱和冷冻鸡肉支付更多的份额，因为这些食物易于存储。甚至许多批评使用市场机制分配食品捐赠的人最终都接受了这一体系。

"赈饥美国"修改后的捐赠食物分配项目的成功运作说明市场机制可以有效提高效率和生活水平。

> 资料来源：Sendhil Mullainathan, "Sending Potatoes to Idaho? How the Free Market Can Fight Poverty," *New York Times*, October 7, 2016; Canice Prendergast, "The Allocation of Food to Food Banks," Working Paper, University of Chicago, Booth School of Business, October 11, 2016; Ray Fisman and Tim Sullivan, "The Invisible Helping Hand," slate.com, June 7, 2016; and feedingamerica.org.

本章后练习题3.16与该话题有关。

生活与职业生涯中的经济学

购买汽车时的权衡取舍

本章开篇我们提出的问题有两个：对于传统的汽油驱动轿车，安全性和燃油效率之间的关系是什么？如果你是一家汽车公司的管理者，那么你在设计汽车时如何评估安全性与燃油效率之间的关系？

想要回答第一个问题，我们要知道安全性和燃油效率之间存在着权衡取舍。在任何时点的技术允许范围内，汽车制造商通过制造小而轻的汽车来提高燃油效率。但是遇到车祸时，驾驶轻型汽车的司机容易受到伤害。安全性和燃油效率之间的权衡取舍非常类似于图2-1所示的情形。想要回答第二个问题，为了同时提高安全性和燃油效率，汽车制造商不得不开发新的技术，使汽车变轻的同时也使之更安全，这样的新技术就如同实现图2-1中的G点。作为汽车公司的管理者，你在开展工作时需要考虑到联邦法规的要求，安全性和燃油效率都要达到一定的水平。假设你已设法满足了这些法规要求，那么消费者的偏好将决定设计汽车时如何权衡安全性与燃油效率。

本章小结

我们已经知道，通过市场交易，人们能够进行专业分工，发挥各自的比较优势。基于比较优势的贸易活动会使所有参与人都受益。市场的关键作用是促进贸易。事实上，市场制度是协调数以百万计的消费者、工人和企业决策最有效的手段。消费者在市场制度中扮演核心角色。成功的企业都会对消费者的需求做出积极的反应。消费者的需求通过价格变化传递给企业。为了探讨市场如何运作，我们必须研究消费者和企业的行为。我们在第3章将继续讨论市场，我们将提出供给需求模型。

在本章结束前，请继续学习下面的"深度透视"的内容。"深度透视"专栏探讨了特斯拉在内华达州的超级工厂。

深度透视

特斯拉押注内华达州电池厂

ZACKS.COM

特斯拉的超级工厂到底是什么

2014年以来，电动汽车制造商特斯拉一直在建造他们所谓的超级工厂（Gigafactory）。但这到底是什么意思？超级工厂与常规制造工厂的区别是什么？

特斯拉认为，公司的目标之一是加快推进向全球可持续交通过渡的进程。为此，公司必须生产足够多的汽车来影响整个汽车行业的变化。特斯拉计划在这十年的后半段每年生产50万辆电动汽车，这将需要锂离子电池（一种可充电电池）的大量供应。因此，超级工厂就此诞生。

"超级工厂"名称来自特斯拉计划的每年生产35吉瓦时（GWh）的电池。用可计量的术语来说，giga（GWh里的G）是代表"10亿"的度量单位；1吉瓦时是1小时产生10亿瓦特，或比1千瓦时（kWh）高出100万倍。

税收交易

特斯拉的超级工厂位于内华达州斯帕克斯外，该州经历了一个艰巨的争夺过程后才赢得了工厂建设的交易，另外竞争该项目的三个州是亚利桑那州、得克萨斯州和新墨西哥州。据 The Verge 网站消息，内华达州是因为有争议地提供了内华达州历史上最大的一揽子引资计划，同时是全美最大的 15 个引资计划激励项目之一，才赢得了交易。在接下来的 20 年中，特斯拉在内华达州建立超级工厂可能会获得将近 13 亿美元的税收优惠……假设特斯拉履行了该协议规定的义务，它将在 20 年内免缴销售税，10 年内免缴房产税，同时还将获得数百万美元的税收抵免……

生产计划

由于"超级工厂"的构想来自增加锂离子电池供应量的必要性，因此该工厂将采用可再生的生产方法就具有重要意义。整个工厂将由可再生能源供电，以实现净零能耗。最引人注目的是，绝大部分制造过程都在一个屋顶下，这样做的目的是降低成本，减少浪费，并强化创新能力。

特斯拉于 2017 年 1 月开始生产锂离子电池，电池将用于该公司被称为 Powerwall 的储能产品。特斯拉预计，到 2018 年，由于超级工厂能进行大规模生产，其电池成本下降将超过 1/3。特斯拉还预计，该工厂的锂离子电池年产量将在同年达到其最初的目标 35 吉瓦时，这相当于 2014 年的全球总产量。特斯拉希望其工厂到 2020 年达到满负荷生产。

该公司还计划向超级工厂投资 3.5 亿美元，用于生产 Model 3 轿车（特斯拉备受期待的面向大众市场的平价汽车）的电动机和变速箱组件。这项投资将创造约 500 个就业岗位。

超级工厂的未来

2016 年 1 月，松下同意在特斯拉的超级工厂投资高达 16 亿美元。松下时任总裁津贺一宏（Kazuhiro Tsuga）表示："我们可说是在等待特斯拉的需求。如果特斯拉能成功，电动汽车将成为主流，世界就会发生变化，我们将获得很多成长的机会。"

特斯拉甚至正在考虑建造更多的超级工厂。首席执行官埃隆·马斯克过去曾将内华达州工厂称为"超级工厂1"，在 2017 年 2 月公司 2016 财年财报发布期间，这家电动汽车制造商向其股东告知了计划再建两到三个超级工厂的消息。该公司的收入报告中写道："今年晚些时候，我们预计将最终确定 3 号、4 号和 5 号超级工厂的位置（2 号超级工厂是纽约的特斯拉太阳能发电厂）。"

资料来源：Madeleine Johnson, "So, What Actually Is Tesla's Gigafactory?" zacks.com, June 6, 2017.

文章要点

特斯拉在内华达州斯帕克斯附近开设了一家大型工厂用来大规模生产锂离子电池。特斯拉将在其电动汽车和即将出售给消费者及其他公司的储能产品中使用这些电池。花费数十亿美元建造的制造工厂被称为超级工厂，该工厂建成后将极大地提高世界锂电池的生产能力。这些电池是特斯拉汽车的重要组成部分，该公司希望通过建造这些大型工厂来降低电池的单位成本。随着公司业务范围扩大到电动汽车生产以外，特斯拉还将在新工厂中为其储能产品 Powerwall 生产电池。

新闻分析

a. 电池产量事关特斯拉的成功，因此，在何处、何时、何地建立电池工厂的战略决策至关重要。当最终决定在内华达州斯帕克斯附近建立超级工厂时，特斯拉的管理人员正在对如何分配资源进行抉择。投资工厂是一种权衡，因为这将使用其他潜在项目的可用资源。管理者认为，特斯拉所拥有的稀缺资源的最佳用途是建造电池厂，因为这样做可以使特斯拉生产足够多的电池以满足汽车和储能产品的生产目标。

b. 特斯拉在其内华达州工厂生产的电池可用于电动汽车也可用于家用和商用的储电设备，因此公司必须选择每种产品要生产多少。像所有其他公司一样，特斯拉在选择生产哪种商品时面临权衡取舍。假设特斯拉必须在生产 Model 3 轿车的电池和 Powerwall 储能产品的电池之间进行选择，并且 2018

年的产能为60万块电池。下图中的PPF_{2018}表示该产能。该曲线表明，为生产某一类型的电池，特斯拉将不得不牺牲另外一种类型电池的生产（并因此减少销售）。若Model 3轿车和Powerwall家用电池的市场都在增长，特斯拉将需要生产更多的电池，如图中的PPF_{2022}所示。

c. 特斯拉管理者在决定如何分配资源时也考虑了未来的生产。在考虑建设内华达州工厂与建设其他可能的超级工厂之间的资源分配时，特斯拉需要看得更长远。特斯拉与全球领先的电池生产商松下公司合作，后者同意向内华达州工厂投资高达16亿美元。这些长期考虑是特斯拉在电池制造领域获得相对优势并成功扩展其清洁能源业务目标不可或缺的一部分。

批判性思考

1. 假设从2018年到2022年，特斯拉用于生产电池的资源保持不变，而技术进步使得特斯拉可以生产更多的Powerwall电池，但没有为Model 3轿车生产更多的电池。绘制图说明这一技术变化。图中应同时显示

2018年和2022年的PPF。特斯拉在2018年生产一辆Model 3轿车电池的机会成本是多少？2022年机会成本会更高还是更低？

2. 假设下图准确地代表了特斯拉在2018年和2022年的PPF。现在假设特斯拉在2022年收到750 000辆Model 3轿车电池和350 000辆Powerwall电池的订单。解释特斯拉是否可以全部满足这些订单。

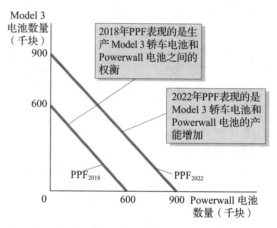

注：这些PPF表现了特斯拉的管理者在生产不同类型的电池之间面临的权衡取舍以及这种权衡取舍如何随时间变化。

本章概要与练习

第3章 价格来源：需求和供给的相互作用

∶开篇案例∶

你的水有多聪明

当公司的主要产品开始过时的时候，公司该怎么做？近年来，可口可乐和百事可乐就面临着这个问题。从销售数量看，2004年到2016年期间，可口可乐和百事可乐等碳酸饮料在美国的销量下降超过25%，而瓶装水的销量增长了50%以上。2016年，瓶装水的销量首次超过碳酸饮料。这种变化由消费者口味的变化引起，因为许多人（尤其是千禧一代）增加了对不含糖或人造甜味剂的更健康饮料的需求。

1994年，百事可乐通过引入名为纯水乐（Aquafina）的瓶装水来满足消费者日益增长的需求；在1999年，可口可乐也引入达萨尼（Dasani）水来应对。不过，两家公司都没有想到，卖瓶装水赚的钱不比卖碳酸饮料少。经过数十年的广告宣传，可口可乐和百事可乐是世界上最知名品牌中的两个。两家公司拥有灌装厂网络，也有来自超市为其提供大量货架空间的承诺。可口可乐和百事可乐在碳酸饮料市场中占了将近75%的市场份额，其他公司在与它们竞争时处境艰难。但是，纯水乐和达萨尼的品牌知名度并不高，因此其他公司在瓶装水市场上的竞争能力更强，可口可乐和百事可乐的市场份额在20%以下。

到2017年，可口可乐和百事可乐正努力通过引入高端瓶装水品牌来增加瓶装水市场的利润。普通瓶装水，厂家是通过对自来水或泉水过滤来去除杂质。高端瓶装水，如百事可乐的"LIFEWTR"和可口可乐的"smartwater"等，生产厂家添加了多种成分，通常是电解质。尽管许多营养学家对高端瓶装水比普通瓶装水更好的说法表示怀疑，但人们对高端瓶装水的需求一直在迅速增长。可口可乐和百事可乐的高端品牌瓶装水的价格要高于碳酸饮料。但是，两家公司面临着雀巢巴黎水（Perrier）品牌和达能依云品牌等众多竞争对手的顽强竞争。

尽管高端瓶装水在2017年成为热门产品，但市场体系中没有确保无虞的事。可口可乐和百事可乐及其竞争对手是继续对高端瓶装水收取比常规瓶装水更高的价格，还是会受竞争影响从而压低价格，导致高端瓶装水的获利空间与常规瓶装水相差无几？尽管竞争对销售产品的公司并不总是好消息，但竞争利好消费者，因为它增加了可用产品的选择范围，并降低了消费者为这些产品支付的价格。

本章的"深度透视"讨论了麦当劳如何通过全天供应早餐，允许客户在线订购食物并提供送货上门来应对消费者需求变化的故事。

资料来源：Jennifer Maloney, "Coca-Cola Needs to Be More Than Just Coke, Its Next Chief Says," *Wall Street Journal,* February 23, 2017; Jennifer Maloney, "PepsiCo Gives Its 'Premium' Water a Super Bowl Push," *Wall Street Journal,* January 24, 2017; and Feliz Solomon, "Coca-Cola and Pepsi Now Have Something Else in Common," fortune.com, December 7, 2016.

┊生活与职业生涯中的经济学┊

你能否预测高端瓶装水的未来需求

企业要应对消费者需求变化带来的多方面挑战。销售高端瓶装水的公司需要预测未来市场的需求以确定它们需要多少产能。如果你是可口可乐、百事可乐、雀巢、白氏或其他高端瓶装水公司的经理，那么你在预测未来需求时会考虑哪些因素？学习本章，请尝试回答这一问题。本章结尾提供了参考答案。

在第1章，我们介绍了经济学家如何使用模型来预测人们的行为。在第2章，我们用生产可能性边界模型分析了稀缺和权衡取舍的概念。在本章和随后的章节，我们将讨论需求和供给模型，这是经济学中最有解释力的工具，可以用来解释价格是如何被决定的。

经济模型是对现实生活的简化。有时，模型假设所描述的并非正好是我们分析的经济情形。例如，需求供给模型中假设我们所分析的是**完全竞争市场**（perfectly competitive market）。完全竞争市场是满足如下条件的市场：有大量的买者和卖者；销售的所有产品都是同质产品；新企业进入市场没有壁垒。这些假设非常严格，仅有非常少的市场符合，如小麦和其他农产品市场。然而，需求供给模型已经被证明在分析卖者激烈竞争的市场时非常有用，即使这类市场买者不多，销售的产品也并非同质。在最新研究中，需求供给模型在解释少至4名买者与4名卖者的市场时也很成功。正如我们将在本章学到的，这一模型经常可以成功预测许多市场中的数量和价格变化。

在讨论需求供给模型之前，我们先讨论市场的需求侧，再转向供给侧。本书从头至尾将应用这一模型来理解企业经济和经济政策。

3.1 市场的需求侧

我们在第2章解释市场制度时指出，消费者最终决定生产什么产品和服务。最成功的企业是那些能对消费者需求做出最佳反应的企业。然而，什么因素决定着消费者对产品的需求呢？当然，许多因素都会影响消费者对一种具体产品的购买意愿。例如，当部分消费者考虑购买高端瓶装水时，如白氏的"Antiwater"或可口可乐的"smartwater"，消费者的可支配收入以及公司的广告推销效果可影响购买决定。对于大多数消费者而言，决定购买的主要因素是产品的价格。因此，我们首先关注这个因素。在讨论需求时，我们不是在考虑消费者想要购买什么东西，而是在考虑消费者既愿意购买又能够买得起的东西。

3.1.1 需求表和需求曲线

用来表现产品价格和产品需求数量的表格被称为**需求表**（demand schedule）。图 3-1 列出的是五种不同价位上，消费者每日愿意购买的高端瓶装水数量。在给定价格水平上，消费者愿意并且能够购买的产品和服务数量被称为**需求量**（quantity demanded）。图 3-1 中所示图形为**需求曲线**（demand curve），是根据图中的表格数据画出的，表现的是产品价格和产品需求数量之间的关系（请注意，为简化起见，我们在图 3-1 中画出的是直线，并非所有的需求曲线都需要画成直线）。图 3-1 中的需求曲线表现的是**市场需求**（market demand），也就是所有消费者对某种商品和服务的需求。一种产品的市场，比如说，餐馆在当地销售的饭菜，就包括一座城市或者相邻区域的所有消费者购买的数量。一种产品，比如高端瓶装水，如果是跨国销售，将包括世界所有的消费者。

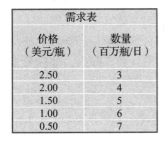
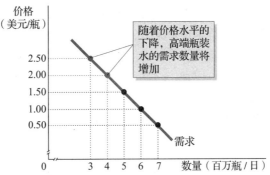

图 3-1 需求表和需求曲线

注：随着价格水平变化，消费者愿意购买的高端瓶装水数量也将随之变化。我们可以用上述需求表或者需求曲线来表现这一关系。需求表和需求曲线，都表示的是随着高端瓶装水价格下降，需求量将增长。高端瓶装水的价格为 2.50 美元 / 瓶时，消费者每日购买的优质瓶装水数量为 300 万瓶。当价格水平下降到 2.00 美元 / 瓶时，消费者每日购买的数量为 400 万瓶。因此，高端瓶装水需求曲线是向右下方倾斜的。

图 3-1 中的需求曲线向右下方倾斜，是因为价格水平越低，消费者购买的高端瓶装水数量越多。当高端瓶装水的价格为 2.50 美元 / 瓶时，消费者每日购买的高端瓶装水数量为 300 万瓶。当价格水平下降到 2.00 美元 / 瓶时，消费者每日购买的数量为 400 万瓶。随着价格水平下降，产品需求数量将增加。因为相对其他产品，其价格变便宜了；价格水平下降后，人们可以买得更多了。

3.1.2 需求法则

产品价格和产品需求数量之间的反向关系被称为**需求法则**（law of demand），这是指在其他条件不变的情况下，当产品价格下降时，对产品的需求数量将增加，当产品价格上升时，对产品的需求数量将减少。需求法则对任何市场需求曲线都成立。不过，经济学家们也发现了违反需求法则的情形，这种情形非常少见。

3.1.3 对需求法则的解释

当价格水平下降时，消费者会购买更多的产品，而当价格上升时，消费者购买数量会减少,这似乎不言自明,然而,我们需进一步分析为什么这一结果会成立。当产品价格下降时,消费者购买的数量增加,是因为两个效应作用的结果。

1. 替代效应(substitution effect)

一种商品价格变化后,该商品相对于其他可替代商品(substitutes)变得更便宜或者更昂贵,所以导致对商品需求发生变化。当高端瓶装水价格下降后,人们将购买高端瓶装水来替代其他产品,比如像可口可乐和百事可乐的普通瓶装水或碳酸饮料。

2. 收入效应(income effect)

收入效应是指价格水平变化后,消费者购买力(purchasing power)或变大或变小,导致对商品需求数量发生变化。购买力是指在给定收入水平时,消费者能够购买到的商品数量。当商品价格下降时,消费者收入的购买力将变大,通常他们购买的商品数量会增加。当商品价格上升时,消费者收入的购买力将变小,通常他们购买的商品数量会减少。

尽管我们可以分别进行分析,但是当价格水平改变时,收入效应和替代效应是同时发生的。当高端瓶装水价格下降时,消费者之所以将购买更多的数量,是因为高端瓶装水现在相对于替代产品变得更便宜,同时消费者收入的购买力也提高了。

3.1.4 其他所有保持不变:ceteris paribus 的假设

请注意,需求法则的定义包含其他所有保持不变的含义。在构建高端瓶装水的市场需求曲线时,我们仅关注高端瓶装水价格变化对消费者愿意购买并能够购买的数量的影响。我们假定其他可能会影响消费者购买高端瓶装水意愿的变量保持不变。经济学家在构建需求曲线时,假定除了价格之外,所有其他变量必须保持不变。这就是 ceteris paribus 的假设。ceteris paribus 在拉丁语中的意思是"其他条件都一样"。

如果我们允许其他变量发生变化,那么会发生什么呢?这会影响消费者购买高端瓶装水的意愿吗?消费者将因此改变他们在每一价格水平上的需求数量。我们可以用市场需求曲线的移动来表现这种影响。需求曲线本身的移动是需求增加或者减少。沿着需求曲线移动,是需求数量的增加或减少。如图 3-2 所示,如果消费者在每一价格水平上决定购买更多的高端瓶装水,需求曲线将向右移动;相反,如果消费者在每一价格水平上决定减少购买量,需求曲线将向左移动。

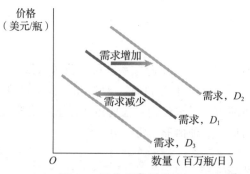

图 3-2 需求曲线的移动

注:当消费者在给定价格水平上增加对产品的需求时,市场需求曲线向右移动,从 D_1 移动到 D_2;当消费者在给定价格水平上减少对产品的需求时,市场需求曲线向左移动,从 D_1 移动到 D_3。

3.1.5 引起市场需求变动的变量

除了价格之外,有许多变量会影响到市场需求,其中五个最重要的变量是:
- 收入。
- 相关商品的价格。
- 口味。
- 人口数量和人口特征。
- 未来价格预期。

下面我们讨论每个变量怎样影响市场需求曲线。

1. 收入

消费者能用于支出的收入影响着他们购买商品的意愿和能力。如图 3-1 所示的市场需求曲线表示的是消费者在家庭平均收入为 5.6 万美元情况下购买高端瓶装水的意愿。如果家庭年均收入上升到 5.8 万美元,对高端瓶装水的需求将增加,我们可以用需求曲线向右移动来表示。一种商品,如果随着收入水平的提高对其需求也增加,而当收入水平降低时需求也减少,这种商品被称为**正常物品**(normal good)。大部分商品都是正常物品,但也有部分商品是**低档物品**(inferior good)。低档物品是指一种商品的需求会随着收入水平的上升而减少,并随收入水平的下降而增加。例如,随着人们收入水平的提高,人们购买的金枪鱼罐头或方便面会减少,会购买更多的三文鱼和全麦面食。因此,金枪鱼罐头或方便面就属于低档物品,这并非因为它们质量不高,而是指随着人们收入水平的增加,对其需求逐渐减少。

2. 相关商品的价格

其他商品的价格也会影响到消费者对一种产品的需求。购买高端瓶装水的消费者本来也可以购买普通瓶装水。用于完成同样目的的商品和服务被称为目标产品的**替代品**(substitutes)。当两种商品是替代品时,你多购买了其中的一种商品,将减少对另外一种商品的购买。一种产品的替代品价格的下降将导致目标商品的需求曲线向左移动;而替代品价格的上升将导致其需求曲线向右移动。

图 3-1 所示的市场需求曲线给出了消费者在一日之内,当普通瓶装水价格为 0.75 美元/瓶时,购买高端瓶装水的能力和愿望。如果普通瓶装水价格下降到 0.65 美元/瓶,则每一价格水平上消费者愿意购买的高端瓶装水将减少,我们用高端瓶装水需求曲线向左移动来表现这种影响。

◎ 概念应用 3-1

虚拟现实头显设备:因为缺少互补品,替代品会失败吗

如果企业能成功推出比现有产品更能满足已知消费者需求的产品,那么企业的利润将增加。可口可乐和百事可乐在试图说服消费者相信高端瓶装水优于普通瓶装水时就采用了这种策略。同样,当索尼、Meta 和 HTC 等公司开始销售虚拟现实头显设备时,他们希望消费者会认为该产品是现有游戏机(如索尼的 PlayStation 和微软的 Xbox)的替代产品。

但是,要成为游戏机的有效替代品,虚拟现实头显设备要依赖于重要的互补产品——可

以使用头戴式耳机玩的游戏。现有游戏机上玩的游戏无法在虚拟现实头显设备上使用，因此，这些头显设备的制造商要依赖于开发和销售游戏及其他软件的游戏公司新开发可与头显设备一起使用的产品。在 2017 年初，很少有游戏开发商参与。尽管索尼在 2016 假期期间对 PlayStation VR 设备进行了大力宣传，但销量不到 100 万台。一些游戏开发商认为，这一销售额太低，投入资金开发虚拟现实游戏是冒险的举动。

索尼和其他销售虚拟现实头显设备的公司很难销售足够多的头显设备，让游戏开发商相信他们能够通过销售支持头显设备的游戏来获利。头显设备销售落后的一个关键原因是许多消费者不相信，相对游戏机，头显设备能有足够的游戏和软件来供他们使用。制造头显设备的公司希望随着游戏数量的增加以及消费者对产品越来越熟悉，这个问题可以逐步解决。正如一位行业分析师所说："这将是一个漫长的过程，随着技术的不断进步，将有更多的内容可用并且人们的关注度也会提高。"

在此之前，虚拟现实头显设备作为游戏机的替代品要想成功会一直受到替补品（游戏和其他可与头显设备一起使用的软件）供应不足的影响。

资料来源：Takashi Mochizuki, "Sony's Virtual-Reality Headset Confronts Actual Reality of Modest Sales," *Wall Street Journal*, February 27, 2017; Joshua Brustein, "Will VR Ever Matter?" bloomberg.com, October 20, 2016; and Nick Wingfield, "Sticker Shock, and Maybe Nausea, Hamper Sales of Virtual Reality Gear," *New York Times*, January 8, 2017.

同时组合在一起使用的产品或服务，比如热狗与热狗面包，被称为**互补品**（complements）。当两种产品为互补品时，一种商品消费得越多，消费者购买的另一种商品也越多。一种产品的互补品价格下降，会引起对该种商品需求曲线的右移；互补品价格上升，会引起需求曲线左移。

在健身房锻炼时，许多人都喝高端水，例如 Water Joe，百事可乐的 LIFEWTR 或 Fiji Water。因此，对于许多人来说，高端瓶装水和健身房会员资格是互补品。假设图 3-1 中的市场需求曲线表示的是当健身房会员的平均费用为每月 40 美元时，消费者购买高端瓶装水的意愿。如果会员平均费用降至每月 30 美元，那么消费者将申请更多的会员，购买更多的瓶装水，因此高端瓶装水的需求曲线将向右移动。

3. 口味

消费者需求会受到产品广告宣传的影响。例如，在 2017 年超级碗比赛中，百事可乐公司为宣传 LIFEWTR 支付了数百万美元。如果其他生产高端瓶装水的公司也开始大量投放广告，那么消费者很可能会在每档价格上购买更多的瓶装水，需求曲线将向右移动。经济学家认为，广告战已经影响到了消费者对高端瓶装水的口味。口味是一个包罗万象的类别，是指可以影响消费者购买产品决策的许多主观因素。有时流行趋势会发挥重要作用。例如，低碳水化合物的饮食习惯导致对某些商品（例如面包和甜甜圈）的需求下降，但对鱼类的需求增加。通常，当消费者对产品的口味变强烈时，需求曲线将向右移动，而当消费者口味变弱时，需求曲线将向左移动。

4. 人口数量和人口特征

随着一国人口的增加，消费者人数和人们对大多数商品的需求也将增加。人口特征是指人口中的年龄、种族和性别等特征。随着一个国家或者某一地区人口特征的变化，人们对具体产品的需求也会跟着变化，因为不同人群对商品有不同的偏好。例如，美国人口普查局预测，西班牙裔人口占比将从2016年的18%增长到2060年的29%。这一增长将扩大对西班牙语书籍、网站和有线电视频道的需求。

◎ 概念应用 3-2

千禧一代动摇了汽水、杂货、巨无霸和跑鞋市场需求

人口统计变化会影响产品需求，一些产品的可用性也会随年龄变化而变化。例如，当出生率高时，人们对婴儿食品如配方奶和尿布的需求增加。同样，当老年人口增加时，人们对养老院的需求也会增加。许多零售分析师认为，产品口味可能在不同年代出生的人之间会有所不同，因此，某些产品在较老一代人中流行，但在年轻人中可能就不那么受欢迎了。关于年代并没有确切定义，但下表显示了一些常见的标签。

出生年份	标签	2017年时的年龄范围	2017年美国这一代人的数量（百万）
1946～1964年	婴儿潮一代	53～71岁	79
1965～1984年	X一代	33～52岁	83
1985～2004年	千禧一代或者Y一代	13～32岁	87

千禧一代的人数超过了他们之前的两代人，但是每一代人的人数并不能说明零售商面临的全部情况。市场研究表明，年龄在18岁至49岁之间的消费者人群在所有零售额中占有很大一部分。这一事实有助于解释为什么公司愿意在电视节目（例如AMC的《行尸走肉》）投放高价广告，因为观看这种广告的是"主要受众"。请注意，现在整个婴儿潮一代人口的年龄都比这部分人群的年龄要大一些。X一代的成员也开始从这一年龄段的人群中退出，随着时间流逝，千禧一代将开始占据这一人群的大部分。

由于千禧一代是一群重要的消费者，因此各公司开始担心千禧一代对其产品的需求是否够强烈。例如，根据《华尔街日报》的报道，千禧一代中只有20%的人曾经吃过麦当劳的主打产品巨无霸。与诸如麦当劳或汉堡王快餐店相比，千禧一代更喜欢去休闲快餐（Fast-casual）餐厅，例如帕尼罗面包（Panera Bread）。千禧一代也很少去打高尔夫球，参加马拉松或其他比赛，甚至参加非竞争性的跑步活动。许多千禧一代更喜欢参加健身课程或自己锻炼。因为越来越少的年轻人打高尔夫球，所以高尔夫设备的销售额、高尔夫球场的顾客数量以及电视上高尔夫球节目的收视率都下降了。跑鞋和其他跑步用具的销售额也都下降了。千禧一代对这些产品的需求减少，导致零售连锁店 Sports Authority, Bob's Stores 以及 Eastern Mountain Sports 都陷入破产，并迫使迪克体育用品店关闭了部分商店。

千禧一代也很少在杂货店购物，他们更喜欢在线零售商，如亚马逊生鲜（Amazon Fresh）或使用智能手机应用程序App（如Seamless和Grubhub）从餐厅订购食物。1990年至2016年间，在扣除通货膨胀因素后，年龄在25岁至34岁之间的人在杂货店的支出下降了25%以上。正如我们在本章开篇案例中所看到的那样，2016年美国消费者购买的瓶装水数量首次超过了碳酸饮料。结果，许多传统饮料公司，如可口可乐和百事可乐，开始增加瓶装水的产量。尤其是到2017年，这些公司都在大力推广高端瓶装水品牌，例如smartwater和LIFEWTR。正如百事可乐公司的一名高层管理者所说："我们看到了在千禧一代推动下实现

的高端瓶装水行业的高速发展。"然而，这些公司面临着说服千禧一代和其他消费者的挑战，即高端瓶装水中添加的电解质和其他成分足以支撑其比普通瓶装水高出许多的价格。正如一位持怀疑态度的评论人士所言："简单来说，在大多数情况下，原来的普通瓶装水就足够了。除非你要参加马拉松比赛或参加激烈的徒步旅行。"

无论对高端瓶装水的需求是否继续快速增长，随着长期计划的制订，公司都必须考虑不断变化的人口会怎样影响产品需求。

资料来源：Julie Jargon, "McDonald's Knows It's Losing the Burger Battle—Can It Come Back?" *Wall Street Journal*, October 6, 2016; Sara Germano, "Dick's Drops Brands as It Expands In-house Labels," *Wall Street Journal*, March 7, 2017; Heather Haddon, "Grocers Feel Chill from Millennials," *Wall Street Journal*, October 27, 2016; John Kell, "PepsiCo to Launch Premium Water Brand LIFEWTR," fortune.com, December 9, 2016; and Hayley Sugg, "Pepsi's New Enhanced Water Brand Follows Trend," cookinglight.com, February 8, 2017.

5. 未来价格预期

消费者不仅选择购买什么产品，而且要决定什么时候购买。例如，如果有足够多的消费者相信房价将在未来三个月后下降，那么现在对房子的需求将减少，因为有些消费者将推迟购买，等待价格下调。相反，如果有足够多的消费者相信房价将在三个月后上升，那么现在对房子的需求将增加，因为部分消费者想在涨价前买进。

表 3-1 总结了引起市场需求曲线移动的最重要的因素。请注意，表中所示的是各种因素变量值增加而致需求曲线移动的情形，如果是变量值减少的情形，则向相反方向移动。

表 3-1 引起需求曲线移动的变量

变量值增加	需求曲线移动	原因
收入（正常物品）	$D_1 \rightarrow D_2$	消费者用更多的收入购买本产品
收入（低档物品）	$D_2 \leftarrow D_1$	消费者用更少的收入购买
替代品价格	$D_1 \rightarrow D_2$	消费者将减少替代品的购买并增加本产品的购买
互补品价格	$D_2 \leftarrow D_1$	消费者将减少互补品和本产品的购买

(续)

变量值增加	需求曲线移动	原因
偏好	价格，$D_1 \to D_2$（向右移动），数量	消费者在每一价格水平上将增加对本产品的购买
人口	价格，$D_1 \to D_2$（向右移动），数量	每一价格水平上新增加的消费者将增加本产品的购买
未来价格预期	价格，$D_1 \to D_2$（向右移动），数量	消费者当下将增加对本产品的购买，因为未来价格会上升

3.1.6 需求的变动和需求量的变动

理解需求变动不同于需求量变动很重要。需求的变动是指需求曲线的移动，也就是由除了产品价格变动之外所有其他因素中任一因素变动所引起的需求数量变动，这些因素的变动会影响消费者对产品的购买意愿。需求量的变动是指沿着需求曲线的移动，是由价格变化所引起的。图 3-3 表现了两者的区别。如果高端瓶装水的价格从 2.50 美元 / 瓶降低到 2.00 美元 / 瓶，结果表现为沿着需求曲线从 A 点到 B 点，每日的需求量从 300 万瓶变动到 400 万瓶。如果消费者收入提高，或者其他因素变化，导致消费者在每一价格水平上需要更多的产品，需求曲线将向右移动，也就是需求增加。在这种情况下，需求曲线将从 D_1 移动到 D_2，高端瓶装水的每日需求数量在 2.50 美元 / 瓶价格水平上将从 A 点的 300 万瓶移动到 C 点的 500 万瓶。

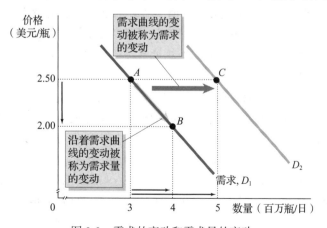

图 3-3 需求的变动和需求量的变动

注：如果高端瓶装水的价格从 2.50 美元 / 瓶降低到 2.00 美元 / 瓶，结果表现为沿着需求曲线从 A 点到 B 点，每日的需求量从 300 万瓶增加到 400 万瓶。如果消费者收入提高，或者其他因素变化，导致消费者在每一价格水平上需要更多的产品，需求曲线将向右移动，也就是需求增加。在这种情况下，需求曲线将从 D_1 移动到 D_2，高端瓶装水的每日需求数量在 2.50 美元 / 瓶价格水平上将从 A 点的 300 万瓶移动到 C 点的 500 万瓶。

◎ 概念应用 3-3

高端瓶装水需求的预测

对于企业管理者来说，准确预测其产品需求非常重要，因为这有助于他们决定要生产多少商品。公司通常至少提前一个月制订生产计划。高端瓶装水是一个增长快速的市场，企业需要仔细计划产能的增加。如果无法生产足够数量的产品以跟上需求增长步伐，企业可能会输给竞争对手。但是，对高端瓶装水的需求会继续以如此快速的速度增长吗？

哈佛商学院的理查德·泰德罗提出了"营销三阶段"的理论，该理论对许多消费品市场随时间变化的发展趋势提出了一些洞见。第一阶段通常有大量企业生产产品，每家企业的商品产量相对较少，并收取高价。对应这一阶段的是19世纪后期的碳酸软饮料行业、20世纪初期的汽车行业以及20世纪70年代后期的个人计算机行业。在第二阶段，市场得到了巩固，一种或几种品牌通过以较低价格出售大量产品，获得了较高的市场份额。与此阶段对应的是20世纪中期的软饮料行业、20世纪20年代的汽车行业和20世纪80年代的个人计算机行业。营销的第三阶段涉及由主导公司引入快消的多样化产品。碳酸软饮料、汽车和个人计算机目前都处于此阶段。例如，可口可乐和百事可乐是碳酸软饮料行业的主导公司，但它们提供了令人难以置信的多样化产品，从最基础的可口可乐和百事可乐，到不含咖啡因的产品，如樱桃味可乐、香草味可乐等。

高端瓶装水行业可能处于营销的第二阶段，可口可乐、百事可乐、达能和雀巢分别拥有至少10%的市场份额，数十家较小的公司占据了剩余的市场。这些较小规模的公司是否能够蓬勃发展，或者该行业是否能快速整合并迅速进入营销的第三阶段对于管理人员谋划其所在公司的未来发展至关重要。

饮料公司的管理人员在估计高端瓶装水的未来需求时必须考虑许多因素。对高端瓶装水需求增加的因素包括：产品在千禧一代中的流行程度，追求健康饮食习惯并导致碳酸饮料消费量下降的趋势，为了抑制肥胖并增加税收而在多个城市试行征收的汽水税，以及对喜欢功能饮料（如红牛）和运动饮料（如佳得乐）的消费者的潜在吸引力的大小。但是，影响高端瓶装水需求快速增长的一大障碍来自一些分析师对这些高端瓶装水所含的普通瓶装水没有的电解质和其他成分的质疑。如果消费者认为这些成分没有用处，那么他们通常可能更喜欢购买价格较低的普通瓶装水。

正如我们在第1章中看到的那样，经济学家可以使用正式模型来预测经济变量的未来价值。在这种情况下，一位预测高端瓶装水需求的经济学家可能希望分析中包括前几段所述的因素以及其他数据，包括人口结构随时间的变化以及预计的收入增长。

资料来源：Jennifer Maloney, "PepsiCo Gives Its 'Premium' Water a Super Bowl Push," *Wall Street Journal*, January 24, 2017; Quentin Fottrell, "Bottled Water Overtakes Soda as America's No. 1 Drink—Why You Should Avoid Both," marketwatch.com, March 12, 2017; and Richard Tedlow, *New and Improved: The Story of Mass Marketing in America*, Cambridge, MA: Harvard Business School Press, 1996.

3.2 市场的供给侧

像影响消费者对某种具体产品和服务购买意向和能力的变量一样，许多变量也影响到企业销售产品和服务的意愿和能力。这些变量中最重要的是产品价格。在一定价格水平上，企业愿意并且能够销售的产品或服务的数量被称为**供给量**（quantity supplied）。在其他因素不变的情况下，产品价格上升，生产产品有利可图，供给量将会增加；而当价格下降，销售产品获利减少时，供给量将会减少。此外，正如我们在第 2 章所看到的那样，当越来越多的资源用于生产一种产品时，会导致边际成本上升。例如，当可口可乐、百事可乐、Fiji 矿泉水、白氏公司以及其他企业在一定时期内增加高端瓶装水产量时，生产高端瓶装水的成本将会上升，因为工厂的运营时间会延长，会为电解质或其他营养物质支付更高的价格，为工人支付更高的工资。随着边际成本的增加，只有价格也提高时企业才愿意提供更多的产品。

3.2.1 供给表和供给曲线

供给表（supply schedule）是用来表现产品价格和产品供给数量关系的表格。图 3-4 列出的是不同价位上生产者愿意供应的高端瓶装水数量。图 3-4 是画出的**供给曲线**（supply curve），表现了产品价格和产品供给数量之间的关系。供给表和供给曲线都表现了随着高端瓶装水价格上升，企业愿意提供的产品数量将逐步增加。当高端瓶装水价格为 2.00 美元 / 瓶时，企业愿意供应的数量为每日 600 万瓶，当价格提高到 2.50 美元 / 瓶时，企业愿意供应的数量为每日 700 万瓶（请注意，为简化起见，供给曲线被画成直线，并非所有的供给曲线都需要画成直线）。

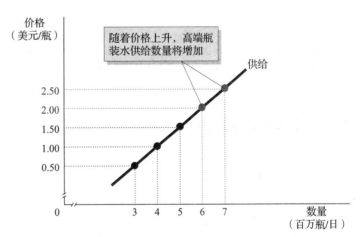

图 3-4 供给表和供给曲线

注：随着价格水平变化，可口可乐、百事可乐、Fiji 矿泉水、白氏公司和其他企业愿意供给的高端瓶装水的数量也将随之变化。我们可以用上述供给表或者供给曲线来表现这一关系。供给表和供给曲线，都表示的是随着高端瓶装水价格上升，其供给量将增长。高端瓶装水的价格为 2.00 美元 / 瓶时，企业每日的供应数量为 600 万瓶。当价格水平为 2.50 美元 / 瓶时，企业每日的供应数量为 700 万瓶。

3.2.2 供给法则

如图 3-4 所示，市场供给曲线是向右上方倾斜的。我们认为大部分市场供给曲线都呈现这种形状，这是由供给法则决定的。所谓**供给法则**（law of supply），是指其他所有因素不变的情况下,产品价格上升将引起供给量增加,产品价格下降将引起供给量减少。请注意,与需求法则的定义类似,供给法则的定义也包含假定其他所有条件不变。产品的价格变化表现为沿着供给曲线的移动,也被称为**供给量的增加或减少**,如图3-5所示。如果影响企业供给产品意愿的其他因素发生变化,那么供给曲线将会移动,**表示为供给的增加或减少**。在一定价格水平上,当企业愿意增加产品的产量时,供给曲线将向右移动,从 S_1 到 S_3 的移动表示的就是供给增加。当在一定价格水平上,企业愿意减少产品的产量时,供给曲线将向左移动,从 S_1 到 S_2 的移动表示的就是供给减少。

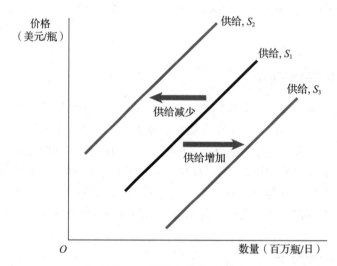

图3-5 供给曲线的移动

注:当企业在给定价格水平上增加对产品的供给时,市场供给曲线向右移动,从 S_1 移动到 S_3,表示的是供给增加;当企业在给定价格水平上减少对产品的供给时,市场供给曲线向左移动,从 S_1 移动到 S_2,表示的是供给减少。

3.2.3 移动市场供给曲线的因素

除价格外,影响市场供给的还有许多其他因素,如下5个是最重要的因素:
- 投入要素价格。
- 技术变革。
- 生产的替代品价格。
- 市场中企业的数量。
- 未来价格预期。

下面我们将逐一讨论这些变量怎样影响市场供给曲线。

1. 投入要素价格

最有可能引起产品供给曲线移动的因素是投入品价格的变化。投入品是指生产产品或服务的所有投入。例如,如果高端瓶装水的电解质配料价格上涨,或者瓶的价格上涨,高端瓶装水的生产成本将上升,在每一价格水平上优质瓶装水的盈利水平将下降。这样高端瓶装水的供给将减少,市场供给曲线将向左移动。同样,如果投入品价格下降,高端瓶装水的供给将增加，市场供给曲线将向右移动。

2. 技术变革

引起供给变动的第二项因素是**技术变革**（technological change），在一定产量水平和投入要素数量条件下，技术变革会引起企业生产能力增进（positive）或退步（negative）。增进型技术变革，是指企业使用相同数量的投入品能生产更多的产品。换言之，企业的工人和机械的生产率提高了。例如，百事可乐公司开发出一种更好的方式来布置 LIFEWTR 的瓶装厂，每天使用相同数量的工人和机械能生产更多的瓶装水。如果企业用同样数量的投入品生产更多的产品，产品成本将下降，在一定价格水平上企业生产产品的盈利水平也会更高。结果，当增进型技术变革发生时，在每一价格水平上企业生产的产品数量将增加，供给曲线会向右移动。

尽管地震、其他自然灾害以及战争会导致企业在既定投入品数量水平上的产出能力下降，但退步型技术变革相对较少发生。退步型技术变革将提高企业的成本，企业生产产品的盈利水平也将下降。因此，退步型技术变革将引起市场供给曲线向左移动。

3. 生产的替代品价格

企业经常会在生产什么产品或服务上进行选择。企业可以生产的其他产品被称为**生产的替代品**（substitutes in production）。生产高端瓶装水的许多企业，也生产其他饮料，例如，普通瓶装水、果汁和碳酸类饮料。例如，百事可乐生产纯水乐瓶装水、纯果乐（Tropicana）橙汁和百事可乐等饮料。如果碳酸类软饮料的价格相对于高端瓶装水的价格下降，软饮料的利润减少，可口可乐、百事可乐和其他公司将把部分生产能力从软饮料生产转向高端瓶装水。这些公司将在每一价格水平上提供更多的高端瓶装水，因此其供给曲线将向右移动。

一起生产的商品称为生产中的互补品（complements in production）。例如，含有石油的相同地质构造通常也含有天然气。如果石油价格上涨，石油公司在从这些地层中开采更多石油时，也将生产更多的天然气。因此，石油价格上涨将导致天然气的供给曲线（生产的共生品）向右移动。

4. 市场中企业的数量

市场中企业数量的改变会改变供给。当新企业进入市场后，市场供给曲线将向右移动；当市场中既有企业退出后，供给曲线会向左移动。例如，2017 年，百事公司通过引入 LIFEWTR 进入高端瓶装水市场，这推动了高端瓶装水的供给曲线向右移动。

5. 未来价格预期

如果企业预计产品价格在未来会升高，企业现在将减少供给，以增加未来的供给。例如，如果可口可乐公司认为高端瓶装水的价格暂时较低（也许是由于经济衰退），那么它可能会存储今天生产的部分 smartwater，然后在预期价格更高时再出售。

表 3-2 列出了影响市场供给曲线变动的一些重要因素。请注意，表中所示的是各种因素变量值增加而致供给曲线移动的情形，如果是变量值减少的情形，则向相反方向移动。

表 3-2　引起市场供给曲线移动的变量

变量值增加	供给曲线移动	原因
投入要素价格	S_2 在 S_1 左侧（向左移动）	生产成本将上升
生产率	S_1 向右移动至 S_2	生产成本将下降
生产的替代品价格	S_2 在 S_1 左侧（向左移动）	替代品产量越多，本产品生产越少
生产的互补品价格	S_1 向右移动至 S_2	产品生产越多，互补品生产也越多
市场中企业的数量	S_1 向右移动至 S_2	新增企业会导致每一价格水平上产品数量更多
未来价格预期	S_2 在 S_1 左侧（向左移动）	减少当前产品销售，为未来产品价格上升做好储备

3.2.4　供给的变动与供给量的变动

我们在本章第一节已经谈及需求变动和需求量变动的区别，**供给变动和供给量变动**的差异与此类似。供给的变动指的是供给曲线的移动。当产品价格之外任一其他因素发生变动后，都会引起供给曲线发生移动，因为供应商销售产品的意愿受到影响。供给量的变动是指沿着供给曲线发生的移动，是由产品价格变化所引起的。图 3-6 表现了这种重要区别。如果高端瓶装水价格从 2.00 美元 / 瓶上涨到 2.50 美元 / 瓶，表现为从供给曲线的 A 点移动到 B 点，供给数量从每日 600 万瓶增加到每日 700 万瓶。如果投入品价格下降，或者其他因素发生改变，引起供应商在每一价格水平上生产更多的产品，供给曲线将向右移动，即增加供给。在这种情况下，供给曲线将从 S_1 移动到 S_2，高端瓶装水的供给数量在 2.50 美元 / 瓶价格水平上将从每日 700 万瓶（B 点）变动为每日 900 万瓶（C 点）。

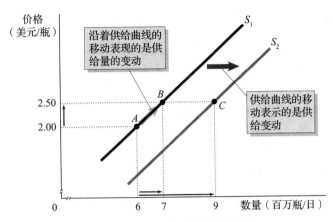

图 3-6 供给的变动和供给量的变动

注：如果高端瓶装水的价格从 2.00 美元/瓶上涨到 2.50 美元/瓶，结果表现为沿着供给曲线从 A 点到 B 点，来自百事公司、可口可乐公司、白氏公司和其他公司的供给量从每日 600 万瓶上涨到每日 700 万瓶。如果投入品价格下降，或者其他因素变化，导致供应商在每一价格水平上供应更多的产品，供给曲线将向右移动，也就是供给增加。在这种情况下，供给曲线将从 S_1 移动到 S_2，高端瓶装水的供给数量在 2.50 美元/瓶价格水平上将从 B 点的每日 700 万瓶移动到 C 点的每日 900 万瓶。

3.3 市场均衡：供给与需求共同作用

市场存在的目的是将买卖双方聚拢在一起。正如我们在第 2 章所学的那样，买卖双方在市场中的交互作用，并没有导致混乱和无序，反而最终会引导企业生产出消费者最需要的产品和服务。为了了解此过程，我们首先需要知晓市场是如何协调买家和卖家的计划的。

在图 3-7 中，我们把高端瓶装水的需求曲线和供给曲线放在一起。请注意，需求曲线仅在一点穿过供给曲线。在该点处的价格为 1.50 美元/瓶，每日销售的高端瓶装水数量为 500 万瓶。只有在该点处，**市场均衡**（market equilibrium）才实现，也就是消费者愿意并且能够购买的高端瓶装水数量等于厂商愿意并且能够提供的数量。在

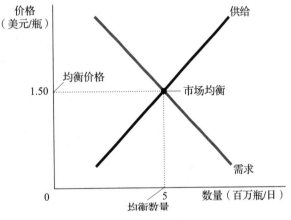

图 3-7 市场均衡

注：需求曲线穿过供给曲线时会形成市场均衡。高端瓶装水需求曲线穿越供给曲线时的价格为 1.50 美元/瓶，数量为 500 万瓶。只有在该点处是消费者愿意并且购买的数量并与百事、可口可乐、白氏公司和其他公司愿意销售的数量相等。只有在该点处，供给量等于需求量。

这种情况下，**均衡价格**（equilibrium price）为 1.50 美元/瓶，**均衡数量**（equilibrium quantity）为每日 500 万瓶。正如本章开始时指出的那样，大量买者和卖者聚集的市场是竞争性市场，这些市场的均衡是**竞争性市场均衡**（competitive market equilibrium）。在高端瓶装水市场中买者众多，但作为卖者的企业仅 45 家。在需求供给模型中，45 家企业是否足以适用于竞争市场还存在一定的争议。在本章，我们假定高端瓶装水市场有足够的卖者形成竞争。

3.3.1 市场如何解决过剩和短缺

市场会从非均衡状态变动到均衡状态。市场一旦实现均衡，它将持续保持这种状态。为了理解为什么会如此，我们考虑如果市场不在均衡状态会发生什么。假定高端瓶装水的市场价格为 2.00 美元/瓶，而非市场均衡价格 1.50 美元。如图 3-8 所示，当价格为 2.00 美元/瓶时，高端瓶装水的供给数量为 600 万瓶，而需求数量为每日 400 万瓶。当供给量大于需求量时，市场中存在着**过剩**（surplus）。此时，高端瓶装水过剩数量为每日 200 万瓶，即 600 万 - 400 万 = 200 万。当存在过剩时，企业就会有未销售产品，这将迫使其降价促销。降价将同时激励需求增加，供给减少。这种调整将减少过剩，但是只要价格水平高于 1.50 美元/瓶，过剩就将会一直存在，降价压力就会持续。只有当价格下降到 1.50 美元/瓶时，市场才能实现均衡。

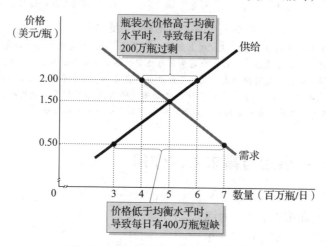

图 3-8 过剩或短缺对市场价格的影响

注：当市场价格高于均衡水平时，将存在过剩。当高端瓶装水价格为 2.00 美元/瓶时，供给量为每日 600 万瓶，需求量为每日 400 万瓶，或者说，每日过剩 200 万瓶。为应对过剩，百事、可口可乐、白氏公司和其他公司会降低价格，产品价格将下降到 1.50 美元/瓶的均衡水平。当市场价格低于均衡水平时，将存在短缺现象。当价格水平为 0.50 美元/瓶，高端瓶装水的需求量为每日 700 万瓶，而供给数量为每日 300 万瓶，或者说每日有 400 万瓶短缺。企业发现，有消费者因为无法买到他们销售的瓶装水从而愿意支付更高价格，产品价格将提高到均衡的 1.50 美元/瓶水平。

然而，如果价格为 0.50 美元/瓶，如图 3-8 所示，需求量为每日 700 万瓶，供给量为每日 300 万瓶。当需求量大于供给量时，市场上存在**短缺**（shortage）现象。就目前情形，每日短缺 400 万瓶高端瓶装水（700 万 - 300 万）。在短缺情况下，有些消费者按目前价格无法购得高端瓶装水。随着价格水平提高，供给量增加和需求量减少将同时出现。这种调整会逐渐减少短缺程度，但只要价格水平低于 1.50 美元/瓶，短缺就会一直持续，价格上涨的压力会一直存在。只有当价格达到 1.50 美元/瓶时，市场才实现均衡。

当竞争性市场均衡实现时，所有愿意按市场价格购买产品的消费者将能够买到他们希望购买到的产品数量；所有接受市场价格的企业，也能够卖出所有它们希望卖出的产品数量。结果就是市场价格将不再变动，除非需求曲线或者供给曲线发生移动。

3.3.2 需求和供给缺一不可

请记住，需求和供给的交互作用决定了均衡价格。不论是消费者还是企业都无法确定均衡价格为多少。除非能找到愿意购买产品的买者，否则企业卖不出任何东西；如果无法找到愿意销售产品的卖者，那么没有消费者能买到东西。

|解决问题 3-1|

需求和供给缺一不可：两封信的故事

有两封信，一封由亚伯拉罕·林肯所写，另一封由刺杀林肯者约翰·威尔克斯·布斯所写，哪封可能更值钱？林肯是美国最伟大的总统之一，许多人在搜集他的墨宝。对林肯所写信件的需求似乎应该大大高于对布斯所写信件的需求。然而，当R.M.史密斯公司在同日拍卖一封由林肯所写的信件和一封由布斯所写的信件时，后者的成交价格为31 050美元，前者为21 850美元。请用需求供给图来解释为什么布斯信件的市场价格高于林肯信件，即使对林肯信件的需求要高于对布斯所写信件的需求。

解决问题步骤

步骤1： 复习相关内容。这个问题关于市场均衡决定价格水平，请读者复习"市场均衡：供给与需求共同作用"一节。

步骤2： 画出需求曲线用来表现对林肯信件的需求更大。画出两条需求曲线，一条标示为"林肯信件需求"，另外一条标示为"布斯信件需求"。注意，林肯信件需求曲线应比布斯信件需求曲线更靠右。

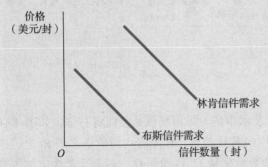

步骤3： 画出供给曲线，并表现布斯信件价格水平高于林肯信件价格水平。基于我们已经画出的需求曲线，请思考林肯信件价格水平在什么情况下可能会低于布斯信件价格水平。这一结果只有当林肯信件供给数量大于布斯信件时才会发生。在图形上，画出林肯信件的供给曲线和布斯信件的供给曲线，结果是布斯信件的均衡价格为31 050美元/封，而林肯信件的均衡价格为21 850美元/封。现在我们已经解决了问题。

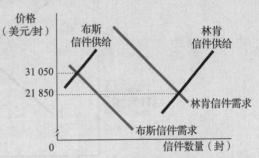

进一步解释

这一谜团的合理解释是决定市场价格的需求和供给都发挥了作用。人们对林肯信件的需求要大于对布斯信件的需求，但是，布斯信件的供给非常少。历史学家们相信，布斯信件今天存世不超过8封（请注意，尽管所能提供的林肯信件和布斯信件的数量一定，但是供给曲线仍然向上倾斜，因为随着价格水平的上升，会有越来越多的信件被目前的持有者拿出来用于拍卖）。

更多关于本专栏知识点的内容请参考本章练习3.5、3.6与3.7。

3.4 需求和供给变动对均衡的影响

我们已经知道，市场中需求与供给交互作用决定所生产的产品数量和销售价格。我们也知道，有几个因素会影响到需求曲线和供给曲线的变动。因此，在绝大多数市场中，需求和供给曲线一直在变动，均衡价格和均衡数量也一直在变动。在本节我们将看到需求曲线和供给曲线的移动是怎样影响均衡价格和均衡数量的。

3.4.1 需求变化对均衡的影响

因为高端瓶装水是正常商品，当人们收入水平增加时，市场需求曲线会向右移动，在图3-9中表现为需求曲线向右移动，从 D_1 移动到 D_2。需求曲线移动后，商品在原有均衡价格水平上会出现短缺。为消除短缺，均衡价格水平会上升到 P_2，均衡数量会从 Q_1 增加到 Q_2。相反，如果作为替代品的普通瓶装水的价格下降，高端瓶装水的需求将减少，需求曲线向左移动，由于需求曲线左移，均衡价格和均衡数量都将下降。

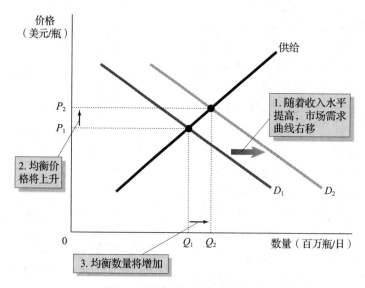

图3-9 需求增加对均衡的影响

注：收入水平增加将导致均衡价格和均衡数量上升：
（1）因为高端瓶装水是正常商品，随着收入水平的增加，需求数量在每一价格水平上也将增加。市场需求曲线右移，从 D_1 移动到 D_2，导致在最初均衡价格水平 P_1 上出现短缺。
（2）均衡价格将上升，从 P_1 到 P_2。
（3）均衡数量将上升，从 Q_1 到 Q_2。

3.4.2 供给变化对均衡的影响

如果百事通过销售LIFEWTR进入高端瓶装水市场，该市场供给曲线将右移，如图3-10所示，供给曲线将从 S_1 移动到 S_2。当供给曲线向右移动后，在原有均衡价格水平 P_1 上，产品会过剩。随着均衡价格水平下降到 P_2，均衡数量将从 Q_1 移动到 Q_2，过剩会消失。如果现有企业离开市场，供给曲线将左移，导致均衡价格上升，均衡数量下降。

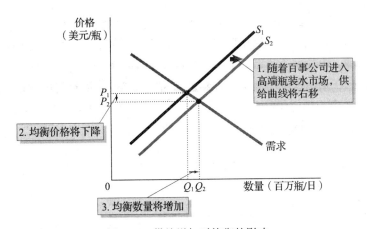

图 3-10 供给增加对均衡的影响

注：如果有企业进入市场，就像百事公司进入高端瓶装水市场那样，均衡价格将下降，均衡数量将上升：①随着百事公司进入优质瓶装水市场，每一价格水平上的优质瓶装水供应量将增加，市场供给曲线将右移，从 S_1 移动到 S_2，在原有均衡价格水平 P_1 上，产品过剩；②均衡价格将下降，从 P_1 到 P_2；③均衡数量将上升，从 Q_1 到 Q_2。

3.4.3 随着时间变化，需求和供给同时变动的影响

当仅有需求或者供给一方变动时，我们容易预测它对均衡价格和均衡数量的影响。但是，如果两条曲线同时移动会发生什么呢？例如，在许多产品市场中，随着一定时期内人口和收入水平的增加，需求曲线会向右移。同时，随着新企业进入市场和增进型技术变革的发生，供给曲线也会向右移动。在这一时间段内，市场均衡价格会上升还是会下降要依赖于需求曲线和供给曲线右移距离的大小。图 3-11a 表示需求曲线移动距离超过供给曲线，均衡价格上升；图 3-11b 表示供给曲线移动距离超过需求曲线，均衡价格下降。

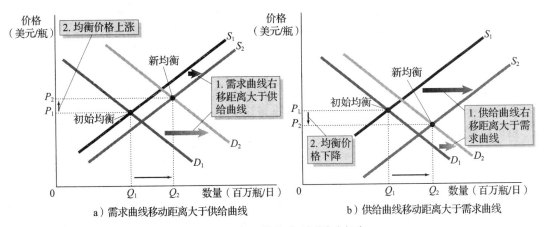

a）需求曲线移动距离大于供给曲线　　　　b）供给曲线移动距离大于需求曲线

图 3-11 需求和供给随时间同时变动

注：产品价格是上涨还是下降取决于需求曲线右移的距离是否大于供给曲线右移的距离。
在图 3-11a 中：
（1）需求曲线右移距离大于供给曲线。
（2）均衡价格上升，从 P_1 上升到 P_2。
在图 3-11b 中：
（1）供给曲线右移距离大于需求曲线。
（2）均衡价格下降，从 P_1 下降到 P_2。

表 3-3 总结了在一定时期内，需求曲线和供给曲线同时移动对均衡价格（P）和均衡数量（Q）所产生的影响。例如，表中黑体字表示的是，需求曲线向右移动，供给曲线向右移动，均衡数量增加，而均衡价格可以上升、下降或者保持不变。为了确定自己是否理解表中描述的每一种情形，请尝试画出需求曲线和供给曲线来检验你能否得出所预测的均衡价格和均衡数量结果。如果表中对均衡价格和均衡数量的预测可升可降，试着画出如图 3-11 所示的 3 个图形，一个表示价格或数量的增加，一个表示减少，一个表示不变。

表 3-3 需求和供给变动影响均衡价格和均衡数量

	供给曲线不变	供给曲线右移	供给曲线左移
需求曲线不变	Q 不变 P 不变	Q 增加 P 下降	Q 下降 P 上升
需求曲线右移	Q 上升 P 上升	**Q 上升 P 上升、下降或不变**	Q 上升、下降或不变 P 上升
需求曲线左移	Q 下降 P 下降	Q 上升、下降或不变 P 下降	Q 下降 P 上升、下降或不变

注：黑体字表示的是，需求曲线向右移动，供给曲线向右移动，均衡数量增加，但均衡价格可以上升、下降或者保持不变。

◎ 概念应用 3-4

橙汁：低需求，高价格

多年来，佛罗里达州的橙子种植者一直使用广告语"没有橙汁的早晨就像没有阳光的一天"。许多美国人也愿意早餐时喝一杯橙汁。但是，近年来许多消费者已经用瓶装水、茶、咖啡、奶昔或功能饮料代替了橙汁。尽管人们对橙汁的营养价值众说纷纭，但一些消费者已改用低糖低热量的饮料。在 2011 年至 2016 年间，美国橙汁的销量下降了 15% 以上。2017 年《华尔街日报》的一篇文章引用了德意志银行的一位分析师的话："人们正在转向低热量的天然产品。"

通常，当对产品的需求下降时，继续购买该产品的消费者将支付较低的价格。该结果是由于需求曲线向左移动，导致均衡价格降低，但前提是供给曲线不移动。但是，近年来橙汁的供给曲线已经向左移动，因为主要橙子生产国巴西和美国的橙子种植出现了问题。巴西和美国佛罗里达州的橙子树林正遭受着目前无药可治的柑橘黄龙病的冲击，这导致了橙子生长萎缩，果实味道苦涩。在 2016～2017 年的生长季节中，美国佛罗里达州的橙子产量是 20 世纪 60 年代以来最少的。

下图表示的是橙汁市场。由于消费者口味改变，需求曲线向左移动。由于橙子黄龙病造成巴西和佛罗里达州橙子产量减少，供给曲线也向左移动。2017 年初，一瓶约 2000 毫升的橙汁售价为 4.00 美元，高于两年前的 3.25 美元。同时，美国橙汁的总消费量从 2015 年的 3.71 亿瓶下降到了 2017 年的 3.38 亿瓶。

近年来，橙汁市场的需求和供给都在下降。如果需求的下降大于供给的下降，那么我们应该看到橙汁价格将下降。因为橙汁的价格实际上已经上涨，所以我们知道供给的减少一定大于需求的减少。（为了检查自己是否明白最后一点，请尝试画出该图的另一个版本，其中需求和供给曲线都向左移动，但均衡价格下降。）

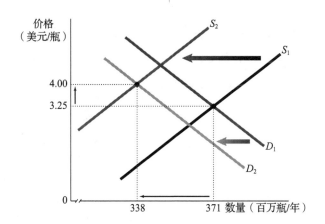

资料来源：Ellen Byron, "Last on the Shelf: How Products Dwindle Out of Favor," *Wall Street Journal*, January 10, 2017; Hayley Peterson, "Orange Juice Is Being Called a Massive Scam—And Now It's Disappearing from Breakfast in America," businessinsider.com, October 13, 2016; Fabiana Batista, "Too Much Water Is Diluting Juice from World's No. 1 Orange Crop," bloomberg.com, February 13, 2017; Arian Campo-Flores, "Florida Orange Production Forecast Lowered to 70 Million Boxes," *Wall Street Journal*, February 10, 2017; and data from the U.S. Department of Agriculture.

解决问题 3-2

人们可以预测有机玉米价格和数量的变化吗

一篇新闻报道文章讨论了美国消费者如何增加对有机玉米和其他有机产品的需求，这些产品仅使用政府批准的某些农药和化肥来种植。同时，从国外进口玉米和其他有机产品也增加了产品供给。使用需求图和供给图来解答以下问题。

a. 我们能否利用该信息确定有机玉米的均衡产量是增加还是减少？画出有机玉米市场的图形来说明答案。

b. 我们能否利用该信息确定有机玉米的均衡价格是增加还是减少？画出有机玉米市场的图形来说明答案。

解决问题步骤

步骤1：复习本章正文。此问题与需求和供给曲线的变化如何影响均衡价格有关，因此，请再复习"3.4.3 随着时间变化，需求和供给同时变动的影响"部分的内容。

步骤2：使用供需分析回答问题a。该问题提供的信息是消费者偏好发生变化，从而导致对有机玉米的需求增加。因此，需求曲线向右移动。问题a也为我们提供了有机玉米进口数量增加的信息，因此，供给曲线也向右移动。下图显示了两条曲线移动后的情形：

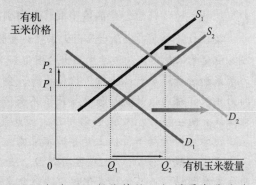

正如表3-3所总结的，如果需求曲线和供给曲线同时向右移动，那么均衡数量一定会增加。因此我们对问题a的回答是，我们能够确定有机玉米的均衡数量将增加。

步骤3：使用需求供给分析来回答问题

b. 根据步骤2中的图所描述的情形，价格将上升。但是根据所给信息，下图所述情形也是正确的。

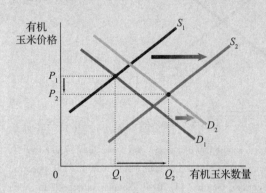

与步骤2中的图所述的均衡价格上升不同，本图所述的均衡价格是下降的。均衡价格或升或降的不确定性与表3-3中所给出的需求曲线和供给曲线同时向右移动得出的结果是一致的。因此，对于问题b，我们不能确定有机玉米的均衡价格是升还是降。

进一步解释

在2016年，有机玉米的均衡数量在上涨，而均衡价格下降了30%。我们可以得出结论，有机玉米需求的增加与有机玉米供给的增加是该产品消费增加的原因。有机玉米价格的下降表明，供给增加的幅度对有机玉米市场均衡的影响要大于需求增加的影响。

资料来源：Jacob Bunge, "Organic Food Sales Are Booming; Why Are American Farmers Crying Foul?" *Wall Street Journal*, February 21, 2017; and U.S. Department of Agriculture data.

3.4.4 曲线移动和沿着曲线的移动

当我们使用需求曲线和供给曲线来分析市场的时候，请记住，当需求曲线或供给曲线的移动导致均衡价格变动时，价格变动不一定会导致需求和供给发生进一步的变动。例如，供给增加引起产品价格下降，但是影响消费者购买商品意愿的所有其他因素都保持不变，结果可能是需求量增加，但需求并没有增加。当需求增加时，整条需求曲线一定会移动。对于供给，情况同样如此。如果商品价格下降，但是其他影响供给者提供产品的因素保持不变，那么供给量减少，但供给保持不变。如果供给减少，那么整条供给曲线一定会发生移动。

勿犯此错 3-1

注意：产品价格变化不会引起需求曲线和供给曲线移动假定

某位教师要求某位学生画出需求供给曲线图形来解释橙子价格上涨怎样影响苹果市场，假定其他变量保持不变，该学生画出的图形如下图左边所示。该学生对自己画的图解释如下：因为苹果和橙子是替代品，橙子价格上升，会引起苹果需求曲线右移，从 D_1 移动到 D_2。然而，因为苹果需求曲线的初始移动导致了苹果价格上升到 P_2，消费者发现苹果并不划算，苹果需求曲线又向左移动，从 D_2 移动到 D_3，因此最终的均衡价格为 P_3。你同意这个学生的分析吗？

该学生对于橙子价格上升导致苹果需求曲线右移的理解是正确的。但是，他所描述的第二次需求曲线的移动，从 D_2 移动到 D_3，并不会发生。产品价格的变化并不会导致产品需求曲线发生移动。产品价格变化仅仅导致需求量沿着需求曲线发生移动。

下图中右边图形的分析是正确的。橙子价格上升，引起苹果需求曲线右移，从 D_1 移动到 D_2。在最初的价格水平 P_1，需求增长的初步结果导致苹果出现短缺，数量为 Q_3-Q_1。然而我们已经看到，短缺会引起价格上升，直到短缺消失。在这种情况下，价格会上升到 P_2，需求数量和供给数量都等于 Q_2。请注意，价格上升引起的是需求量变化，从 Q_3 变动到 Q_2，这并不会引起需求发生变动。

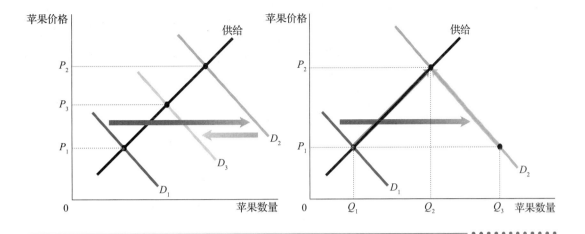

:生活与职业生涯中的经济学:

你能否预测高端瓶装水的未来需求

在本章开始,我们提出的问题是:如果你是企业销售高端瓶装水的经理,那么你在预测未来需求时应考虑什么因素?在本章第一节,我们讨论了影响产品需求的因素,并列表给出了最重要的影响变量。在"概念应用3-1"中,我们讨论了经济学家如何频繁使用模型来预测产品的未来需求。

在预测高端瓶装水的需求时,我们应考虑人口结构变化(如千禧一代占成年消费者的较大比例)、消费者转向购买更健康产品的偏好、很多城市开征苏打水税造成的竞争产品(例如碳酸苏打)需求的下降。我们还需要了解可口可乐和百事可乐等大型公司增加高端瓶装水的广告宣传是否会提高消费者对产品的认知。广告宣传也会增加人们对其他公司出售的高端瓶装水的需求。

本章内容为你提供了预测高端瓶装水需求所需要的基本信息,如果进行数值预测还需要使用统计分析,你可以在今后的高级课程学习。

本章小结

需求和供给的交互作用决定了市场均衡。需求供给模型对于预测消费者和企业行为怎样影响均衡价格和均衡数量是非常有用的分析工具。正如我们在本章所学习的那样,我们可以应用这个模型来分析并非完全符合完全竞争条件的市场。只要卖者之间存在激烈竞争,需求供给模型经常能够成功预测价格和数量的变化。在接下来的一章,我们要应用这个模型来分析政府设定最高价格和最低价格所造成的结果和影响(效率方面)。

继续学习之前,请阅读下面的"深度透视",该案例讨论了麦当劳为扭转销售下降所采取的战略。

深度透视

麦当劳寻找吸引顾客的新方法

麦当劳即将做出4种改变。
2017年麦当劳的主要目标:赢回客户。

这家汉堡连锁店经过多年的连续努力,在全天早餐促销上获得了成功,但是还有很长的路要走。

这周三,在芝加哥举行的投资者活动日中,该公司的高管们声称该连锁店将做出一些重大改变,以挽回自2012年以来损失的5亿多人次客流量。

首席执行官史蒂夫·伊斯特布鲁克说:"要实现持续增长,我们必须能持续吸引更多的客户。"

麦当劳的重点将放在四个支柱上:菜单创新、餐厅装修、数字订购和外卖。

"麦当劳似乎已经找到提高盈利能力的关键点,通过严格的管理要求来努力降低成本,并关注消费者体验,包括面向消费者的技术进步,改善结账、付款和外卖的便利性以及全天候吸引更多的客户访问"。Technomic 的负责人 Tristano 告诉 CNBC。

Tristano 指出,对于全球最大的餐饮公司来说,这意味着要达到年轻消费者的期望,同时继续吸引与麦当劳一起成长的老一代消费者。Tristano 强调,定制、交付、付款和订购流程带来了新挑战,但这些举措对于适应不断变化的消费者餐饮服务是有必要的。

菜单创新。麦当劳美国公司总裁克里斯·肯普钦斯基表示,希望麦当劳在美国"加强"其菜单创新。

该公司最近推出了三种不同尺寸的经典巨无霸汉堡,并将继续在其国内餐厅中添加新产品。新产品包括2017年晚些时候在全国范围内推出的可定制的"特色三明治",以及更高档的汉堡和鸡肉三明治。

餐厅装修。告别白色金属椅子和大胆的红色与黄色,连锁店的餐厅将得到重装。

麦当劳致力于成为一个"现代、有进取心的汉堡公司",并将在其某些餐厅增加自助点餐亭和餐桌服务。员工现在将在餐厅的顾客用餐区域花费更多的时间,将食物直接送到餐桌上,并提供传统的餐饮服务。麦当劳的"未来体验"今年将达到约650家餐厅,累计数量达到近2500家餐厅。

数字订购。麦当劳将继续扩展其移动点餐和支付平台。虽然发展较晚,但该公司预计将在2017年底之前在20 000家餐厅中推出该服务。

伊斯特布鲁克早在11月就指出,麦当劳致力于探索客户如何点餐,点什么餐,如何付款以及希望获得的服务。客户可以用现金、信用卡、借记卡、苹果支付和安卓支付来结账,并且很快就可以通过该公司的移动服务进行点餐。

外卖。外卖也是麦当劳正在探索的新方式之一。该公司在亚洲拥有庞大的外卖业务,这项业务占全公司销售额的10%,公司希望通过在美国提供外卖业务来对这个不断增长的行业进行变现。目前,公司正在内部和通过第三方提供商测试几种模型。

该公司表示,美国、法国、英国、德国和加拿大这五大市场中的75%人口位于麦当劳门店3英里范围内,85%的人口位于麦当劳门店5英里范围内。

资料来源:Sarah Whitten, "4 ways McDonald's is about to change," CNBC.com, March 1, 2017.

文章要点

麦当劳处在竞争激烈的快餐市场中。该公司已经连续五年出现销售下降。为了寻找增加销售的其他方式,麦当劳计划将重点放在客户体验上。该公司最近推出了全天早餐促销活动,并于2017年3月宣布将开始专注于创新菜单、重装餐厅、数字点餐和外卖方面。通过这些变化,麦当劳希望能够赢回那些期望获得这些服务的年轻消费者,同时又继续吸引老客户。

新闻分析

a. 从2012年开始的5年中,麦当劳的餐厅客流量减少了超过5亿人次。公司首席执行官史蒂夫·伊斯特布鲁克表示,公司要保持增长,需要吸引更多的回头客。为实现这一增长,该公司已选择专注于四方面要素:菜单创新、餐厅装修、数字订购和外卖。这些增长点的每一项均旨在通过扩大麦当劳的顾客群,提高顾客光顾餐厅的频率来增加对麦当劳菜单产品的需求。

b. 麦当劳最近在菜单中添加了新项目，包括可定制的高档汉堡和三明治。餐厅中增加了自助点餐亭，新增的餐桌服务将使客户更快更轻松地点餐，并在等餐时为顾客提供更舒适、类似传统餐厅的环境。如果这些改变成功了，那么消费者以任何价格购买麦当劳菜单项目的意愿将被提升，从而推动需求曲线向右移动。

由于消费者在午餐和晚餐时减少了对汉堡包的需求，麦当劳在全天提供早餐做得很成功，例如受欢迎的吉士蛋麦满分。汉堡王（Burger King）和温迪（Wendy's）等竞争对手也模仿了这一策略。假设右侧上图所示为早餐三明治的市场。早餐三明治的需求增加了，需求曲线从 D_1 右移到 D_2，导致均衡价格（P_1 到 P_2）和均衡数量（Q_1 到 Q_2）都增加了。右侧下图表示的是汉堡包市场。需求下降通过需求曲线从 D_1 左移到 D_2 来显示，从而导致均衡价格（P_1 到 P_2）和均衡数量（Q_1 到 Q_2）均出现下降。当需求在两种替代品之间转移时，这一结果较为典型。

c. 麦当劳计划继续扩大其移动订单付款业务系统，并计划在 2017 年底之前在 20 000 家餐厅中推出这项服务。该公司还在探索面向美国市场的外卖方式，麦当劳的这一策略已在亚洲市场中取得成功。扩展其移动点餐和支付系统将吸引年轻、精通技术的消费者，他们喜欢通过智能手机应用程序点餐并付款。外卖选择将吸引那些没有时间或不想花时间去麦当劳购买食物的消费者。这两个选项都可能会增加人们对麦当劳菜品的需求。

批判性思考

1. 对于像麦当劳这样的公司，走在潮流和趋势的前列，例如消费者想要全天吃早餐或年轻消费者希望在网上点餐，为什么显得特别重要？

2. 假设麦当劳及其竞争对手在其美国餐厅成功实施了自助服务亭，且这项技术投资将使公司可以减少每个地点的员工人数。这种变化将如何影响早餐三明治市场？画出供需曲线图来说明这种情况，并解释均衡价格和均衡数量会发生什么变化。

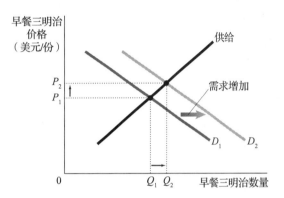

注：早餐三明治需求的增加使得需求曲线向右移动，从而提高了均衡价格和均衡数量。

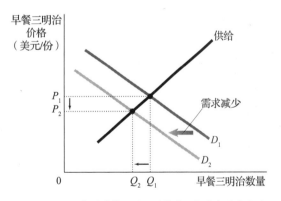

注：汉堡包（早餐三明治的替代品）需求的减少使得需求曲线向左移动，从而导致均衡价格和均衡数量均出现下降。

本章概要与练习

第 4 章
经济效率、政府限价和税收

:开篇案例:

委内瑞拉的食物骚动和美国的优步崛起有什么共同之处

2016年和2017年，委内瑞拉骚乱的新闻报道层出不穷，人群涌入超市，街头帮派也为争夺食物大打出手。企业向商店运送食品也必须在武装人员的护卫下进行，在部分城市，政府不得不派遣部队保护商店以免遭抢劫。正如一篇新闻报道所指出的，委内瑞拉正在饥饿中抽搐。

在美国的许多城市，除非获得市政府的许可，否则人们经营出租车业务就是不合法的。例如，纽约市要求出租车司机购买执照，但颁发的执照数量有限。每张执照的价格在最高的时候都超过了100万美元。然而，人们在2017年可以使用优步或来福车（Lyft）等公司的App来搭车出行。想为这些公司工作的驾驶员报名参加后，符合某些要求，可使用自己的车辆来接送乘客。纽约市成千上万的乘客开始使用这些服务，这将出租车的执照价格直接压低至25万美元。

委内瑞拉的食品骚动与美国的优步崛起之间有什么联系呢？这两种情况都是政府干预造成由市场决定的均衡价格被改变的结果。正如我们在第3章中看到的那样，在竞争性市场均衡中，所有愿意按市场价格支付的消费者将能够购买他们想要的尽可能多的产品，而所有愿意接受市场价格的公司将能提供它们想要提供的产品数量。但是，这种观察并不意味着所有的消费者和企业都会对市场价格感到满意。消费者通常更愿意支付较低的价格，而企业更愿意接受较高的价格。在某些情况下，买卖双方都可以说服政府对价格进行控制，在法律上形成最高限价或最低限价。在委内瑞拉，政府试图扩大对私营企业的控制，导致包括食品在内的许多商品供应中断。供给减少将导致市场价格上涨，政府颁布法令，禁止价格上涨至新的均衡水平，结果因粮食短缺，最终导致骚乱。

在纽约和其他城市，政府对出租车服务的供给进行限制，导致乘车价格大大高于竞争激烈的市场水平。出租车的高价服务为优步的创始人特拉维斯·卡兰尼克（Travis Kalanick）和其他企业家提供了利用移动技术以低于出租车收费的价格提供乘车服务而获利的机会。

正如我们将在本章中看到的那样，当政府干预市场决定的价格水平时，它们既会造就赢家，也会造成输家，且通常会降低经济效率。

本章正文后的"深度透视"专栏探讨了优步在尝试扩展其在英国的服务时遇到的问题。

资料来源：Nicholas Casey, "Venezuelans Ransack Stores as Hunger Grips the Nation," *New York Times*, June 19, 2016; Maria Ramirez and Kejal Vyas, "Venezuela Deploys Troops after Weekend Riots," *Wall Street Journal*, December 19, 2016; Elena Holodny, "Uber and Lyft Are Demolishing New York City Taxi Drivers," businnessinsider.com, October 12, 2016; and Emma G. Fitzsimmons and Winnie Hu, "The Downside of Ride-Hailing: More New York City Gridlock," *New York Times*, March 6, 2017.

生活与职业生涯中的经济学

作为市议会议员，你会支持租金管制吗

假设你已经当选为市议会议员。一大批租户担心租金上涨，他们很难找到负担得起的公寓来居住。他们建议市议会制定一项租金控制法案，以防止将来的租金超过当前水平。如果你和其他市议会议员通过投票支持并颁布该项法案，那么将来出租人在你所在的城市中是否更容易找到负担得起的公寓？你所在城市中谁将从中受益，谁将从该法律中受损？

阅读本章时，请尝试回答这些问题。本章最后将提供答案。

在竞争性市场中，价格灵活调整可保证需求量等于供给量。因此，在均衡时，每一位愿意按照市场价格出价的消费者，都可买到其想要的所有产品，每一个愿意接受市场价格的企业，都可卖出其想要销售的所有产品。消费者自然希望支付更低的价格，销售者则希望以更高的价格出售。正常的情形是，消费者和企业如果想参与市场，除了接受均衡价格之外别无选择。

然而，有时消费者或企业会说服政府进行干预，试图降低或提高商品或服务的市场价格：

- 消费者有时会成功地让政府设置**最高限价**（price ceiling），这是法律规定的卖方可能收取的最高价格。租金控制是最高限价的一个例子，它对房东可以收取的公寓租金在法律上进行了限制。
- 企业有时会成功地让政府设置**最低限价**（price floor），这是卖方可能收取的法律规定的最低价格。自20世纪30年代以来，在牛奶等农产品市场上，联邦政府一直在设定高于均衡市场价格的最低价格。

政府干预市场的另一种方式是征税。政府依靠税收获得收入来支持其运转，但是税收也会影响消费者和企业的决策。

这些政府干预中的每一项都会对经济效率产生可预期的负面影响。经济学家提出了消费者剩余（consumer surplus）、生产者剩余（producer surplus）和无谓损失（deadweight loss）概念，以帮助决策者和选民分析最高限价、最低限价和税收的经济影响。

4.1 消费者剩余与生产者剩余

消费者剩余度量的是消费者在某种市场中购买商品或服务所得到的货币收益。生产者剩

余度量的是生产者在某种市场中销售商品或服务所得到的货币收益。某一市场中的经济剩余等于消费者剩余与生产者剩余之和。我们即将看到，当政府限定最高限价或最低限价时，某一市场中的经济剩余将会减少。换言之，最高限价和最低限价降低了消费者和企业在某种商品市场买卖中所得到的好处。为了理解其中的原因，我们需要明白消费者剩余和生产者剩余是如何决定的。

4.1.1 消费者剩余

消费者剩余（consumer surplus）是消费者对某种商品或服务愿意支付的最高价格与消费者真实支付价格之间的差额。假设你想在线观看电影《神奇女侠》。你在 iTunes 或者亚马逊上查看租金价格后觉得 5.99 美元是你愿意支付的最高价格。在 iTunes 上，你发现租金价格实际上是 3.99 美元，因此你租借了该部电影。在这个例子中，你的消费者剩余为 2 美元：你愿意支付的 5.99 美元与实际支付的 3.99 美元之间的差额。

我们可以使用需求曲线来计算市场的消费者总剩余。需求曲线表现的是消费者在不同价格水平上愿意购买的产品数量。消费者购买产品最终会回到这样的时点，即消费者从产品得到的边际得益等于产品价格。**边际得益**（marginal benefit）是消费者从多消费一单位产品或服务中额外得到的好处。作为一个简单的事例，假设印度奶茶市场中仅有 4 名消费者：特里萨、汤姆、特丽和蒂姆。因为 4 名消费者对茶的口味不同，收入也不同，因此，每个人对 1 杯茶出的最高价也各不相同。图 4-1 是根据相关信息画出的印度奶茶的需求曲线。当每杯茶的价格超过 6 美元时，无人购买，因为 6 美元超出了消费者愿意支付的最高价格。当每杯茶的价格为 5 美元时，特里萨和汤姆愿意购买，所以销量为 2 杯茶。当每杯茶的价格低于 3 美元时，4 人都愿意购买，销量为 4 杯。

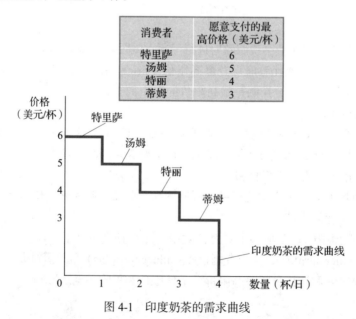

消费者	愿意支付的最高价格（美元/杯）
特里萨	6
汤姆	5
特丽	4
蒂姆	3

图 4-1 印度奶茶的需求曲线

注：印度奶茶市场中有 4 名消费者，需求曲线表示每名消费者愿意支付的最高价格。当价格超过 6 美元/杯时，销售量为零，6 美元/杯是消费者愿意支付的最高价格。当价格为 3 美元/杯或更低时，每名消费者都愿意购买 1 杯印度奶茶。

假设每杯茶的市场价格为 3.50 美元，如图 4-2 所示，根据需求曲线我们可以计算这一市场中的消费者总剩余。图 4-2a 表明，特里萨愿意支付的最高价格为 6 美元，但他仅仅支付了 3.50 美元，他的消费者剩余为 2.50 美元（矩形 A 的面积）。与此类似，汤姆的消费者剩余为 1.50 美元（矩形 B 的面积），特丽的消费者剩余为 0.50 美元（矩形 C 的面积），蒂姆不愿意在 3.50 美元之上购买，所以他没有参与市场交易，也没有获得消费者剩余。在这个简单的例子中，消费者剩余等于 2.50+1.50+0.50=4.50 美元（矩形 A、B、C 的面积之和）。图 4-2b 表明，降低价格水平将增加消费者剩余。如果每杯茶的价格从 3.50 美元降低到 3 美元，特里萨、汤姆、特丽每人多得到 0.50 美元的剩余（表示为深灰色区域）。市场的消费者总剩余上升到 6 美元。蒂姆现在买 1 杯茶，但并没有消费者剩余，因为他愿意出的价格等于每杯茶的市场价格。事实上，蒂姆处在买与不买的无差异状态，买与不买，他的福利水平相同。

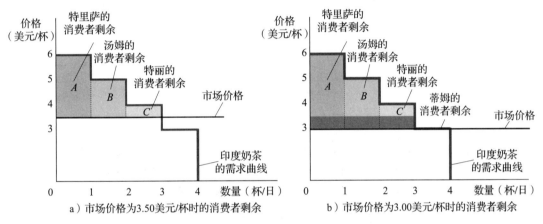

图 4-2　计算消费者剩余

注：图 4-2a 所示当市场价格为 3.50 美元时，特里萨、汤姆、特丽和蒂姆的消费者剩余。特里萨的消费者剩余等于矩形 A 的面积，即他愿意出的最高价（6.00 美元/杯）与市场价格（3.50 美元/杯）之差。汤姆的消费者剩余等于矩形 B 的面积。特丽的消费者剩余等于矩形 C 的面积。市场中消费者总剩余等于矩形 A、矩形 B、矩形 C 的面积之和，或者说，需求曲线之下、市场价格线之上区域的总面积。图 4-2b 所示为当市场价格从 3.50 美元/杯下降到 3.00 美元/杯，消费者剩余增加了深灰色阴影部分。

图 4-1、图 4-2 所示的市场需求曲线，看上去并非典型的平滑需求曲线，因为在这里，仅有少数的消费者，每名消费者只买 1 杯茶。随着消费者人数的增多，印度奶茶的市场需求曲线将会变为如图 4-3 所示的正常平滑形状。在该图中，价格为 2.00 美元/杯时，每日市场需求量为 15 000 杯。我们可以用图 4-1 和图 4-2 同样的方法来计算图 4-3 的消费者总剩余，即通过对消费者购买的每单位消费者剩余进行加总。这一次我们得到一个重要的结论：市场中消费者总剩余的量等于需求曲线之下、市场价格水平线之上区域的面积。图 4-3 中的阴影区域表示的就是消费者剩余，代表消费者对某种商品或服务愿意支付的最高价格与消费者真实支付价格的差额。

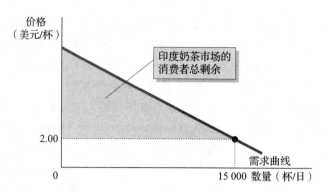

图 4-3　印度奶茶的消费者总剩余

注：需求曲线表明，大部分消费者愿意支付的价格高于 2.00 美元 / 杯的市场价格。对每位购买者来说，消费者剩余等于他愿意支付的最高价格和支付的真实市场价格之差。因此，印度奶茶市场中消费者总剩余的量等于需求曲线之下、市场价格水平线之上区域的面积。消费者剩余，表示的是消费者从购买产品中所得到的超过他们所支付价格的得益。

◎概念应用 4-1

优步的消费者剩余

消费者剩余使我们能够度量消费者购买产品所获得的得益超过他们所支付的价格为多少。正如我们在本章开篇案例中所指出的那样，在许多城市，地方政府通过法律限制，人为地减少了出租车服务的数量。政府对出租车的限制通常不适用于优步、来福车和其他使用移动 App 的打车服务。结果，该服务在有车人群和乘车人群中都变得非常流行。2017 年，仅在纽约市就有 50 000 多人签约并成为该服务业务的驾驶员，同时，每天有成千上万的消费者在使用该服务。

消费者对乘车服务的热情反应表明他们导致了消费者剩余的大幅增加。在优步公司工作的经济学家彼得·科恩（Peter Cohen）和乔纳森·霍尔（Jonathan Hall）、牛津大学的罗伯特·哈恩（Robert Hahn）、芝加哥大学的史蒂芬·莱维特以及罗伯特·梅特卡夫，都估计了优步带来的消费者剩余。优步实行"浪涌定价"，这意味着公司会根据天气、一天中的时间段、该地区驾驶员的可用性以及足球比赛或新年夜庆祝活动等事件来调整驾驶员收取的价格。该公司拥有特别丰富的数据可供经济学家用来估计其需求曲线，得益于它拥有的庞大乘车客群以及同时拥有的两类价格信息：接受特定价格上的乘车人数量与因为浪涌定价高过了他希望支付的价格从而未接受的乘车人数量。

经济学家使用该应用程序分析了数以百万计的乘车实例数据，以获取潜在行程的价格信息。价格信息包括以下内容：乘车人前往的目的地、接单的驾驶员、支付的行程费用、乘车人拒绝行程的地方。优步公司基本服务平台 UberX 的数据来自四个最大的市场：纽约、旧金山、芝加哥和洛杉矶。为了进行分析，经济学家估算了优步服务的需求曲线，然后计算了下图所示的阴影区域。

经济学家分析了 2015 年六个月时间的数据，在此期间，这四个城市的消费者使用优步出行约 1.11 亿次。需求曲线显示了消费者使用优步而不是通过其他方式出行（例如乘坐出租车、公共交通工具或不出行）中获得的边际收益。需求曲线下方和优步收取的基本价格

13.30 美元上方的阴影区域表示消费者本应支付的价格（如没有优步的服务所支付的价格）与实际支付的 13.30 美元之间的差额。图中的阴影区域代表优步服务市场中的总消费者剩余。科恩和他的同事估算得出这一领域的价值每年为 28.8 亿美元，如果按这一结果推算整个国家，他们估算优步在 2015 年的消费者总剩余为 67.6 亿美元。对于使用优步乘车服务的消费者来说，这一价值是一年的得益。

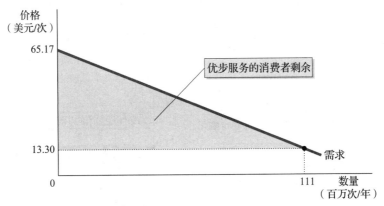

注：此图是为了说明科恩和他的同事的做法，并非完全复制。除其他简化外，该图还假设优步服务的需求曲线是线性的。

资料来源：Peter Cohen et al., "Using Big Data to Estimate Consumer Surplus: The Case of Uber," National Bureau of Economic Research, Working Paper No. 22627, September 2016; Adam Creighton, "Uber's Pricing Formula Has Allowed Economists to Map Out a Real Demand Curve," *Wall Street Journal*, September 19, 2016; and Jayson Derrick, "What Would Be the Social Cost if Uber Vanishes?" finance.yahoo.com, September 8, 2016.

4.1.2 生产者剩余

正如总需求曲线表现的是在不同的价格水平上消费者愿意购买的产品数量，供给曲线表现的是在不同价格水平上生产者愿意提供的产品数量。提供产品的意愿依赖于生产产品的生产成本。企业只有在多提供 1 单位产品的价格至少等于其生产成本时才愿意提供。边际成本是企业多提供 1 单位产品或服务增加的成本。想一想天堂茶厂制作 1 杯茶的边际成本，其中包括茶叶原料成本、制茶工人的工资。在一定时间内，生产一种产品的边际成本经常会随着产品产能的扩大而上升。边际成本递增是供给曲线向右上方倾斜的主要原因。

图 4-4a 所示为天堂茶厂的生产者剩余。为简单起见，我们只是表现了天堂茶厂一小部分产量。如图所示，天堂茶厂生产的第一杯茶的边际成本为 1.25 美元，第二杯茶为 1.50 美元，等等。一杯茶的边际成本，是天堂茶厂提供这些茶叶愿意接受的最低价格。所以，供给曲线也就是边际成本曲线。假定印度奶茶的市场价格为每杯 2 美元。第一杯茶的价格比天堂茶厂愿意接受的价格高了 0.75 美元。生产者剩余是企业愿意接受的产品或服务的最低价格与厂商实际得到的价格之间的差额。因此，天堂茶厂第一杯茶的生产者剩余为 0.75 美元（图中的矩形 A 的面积），第二杯茶的生产者剩余为 0.50 美元（图中的矩形 B 的面积），第三杯茶的生产者剩余为 0.25 美元（图中的矩形 C 的面积）。天堂茶厂不愿意提供第 4 杯，因为生产的边际成本高于市场价格。天堂茶厂的生产者总剩余等于 0.75 美元 +0.50 美元 +0.25 美元 = 1.50 美元（矩形 A、B、C 面积之和）。随着价格水平的提高，生产者剩余也将增加。例如，

如果印度奶茶的市场价格从 2.00 美元/杯提高到 2.25 美元/杯，天堂茶厂的生产者剩余将从 1.50 美元增加到 2.25 美元（请确认自己理解新的生产者剩余如何计算）。

图 4-4a 所示的供给曲线看上去并不像标准的平滑曲线，这是因为我们假定单个企业的茶叶产量不多。随着企业数量的增多，印度奶茶的市场供给曲线将变成正常的平滑形状，如图 4-4b 所示。在图 4-4b 中，价格为 2.00 美元/杯时，每日的供应量为 15 000 杯茶。我们可以用图 4-4a 中同样的方法来计算图 4-4b 中的生产者剩余并对每一杯茶的生产者剩余进行加总。因此，市场中生产者总剩余等于市场供给曲线之上、市场价格线之下区域的面积。销售印度奶茶的生产者总剩余如图 4-4b 中的阴影区域所示。

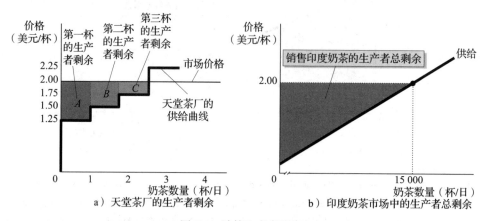

图 4-4　计算生产者剩余

注：图 4-4a 所示为天堂茶厂的生产者剩余。天堂茶厂提供这些奶茶愿意接受的最低价格等于其边际成本。当奶茶的市场价格为 2.00 美元/杯时，天堂茶厂第一杯茶的生产者剩余为 0.75 美元（图中的矩形 A 的面积），第二杯茶的生产者剩余为 0.50 美元（图中的矩形 B 的面积），第三杯茶的生产者剩余为 0.25 美元（图中的矩形 C 的面积）。在图 4-4b 中，奶茶销售者销售奶茶所得到的生产者总剩余等于把整个市场中每一杯茶的生产者剩余进行加总。在图形中，生产者总剩余等于市场供给曲线之上、市场价格线之下区域的面积。

4.1.3　消费者剩余和生产者剩余度量什么

我们已经知道，消费者剩余度量的是消费者参与市场交易的得益，生产者剩余度量的是生产者参与市场交易的得益。弄清楚这些概念的含义非常重要。

- 消费者剩余的含义是，消费者参与市场交易所得到的净得益，而非总得益。也就是说，如果产品价格为零，市场中的消费者剩余是需求曲线之下整个区域的面积。当产品价格不为零时，消费者剩余是需求曲线之下、市场价格线之上区域的面积。因此，市场中消费者剩余等于消费者总得益减去消费者购买产品或服务必需的总支出。
- 生产者剩余度量的是，生产者参与市场交易所获得的净得益。如果生产者可以零成本提供产品或服务，市场中生产者剩余就是市场价格线之下的总区域的面积。当生产成本不为零时，生产者剩余等于市场价格线之下、供给曲线之上区域的总面积。因此，市场中生产者剩余等于厂商从消费者处得到的总收入减去生产产品或服务的成本。

4.2　竞争性市场的效率

我们已经知道，竞争性市场是指有大量买者和卖者参与的市场。市场制度的重要优势是它可以引发有效率的经济结果。但是，经济效率的含义是什么呢？从本章已经提出的概念出发，我们有两种思路来理解竞争性市场的经济效率，一种是用边际得益和边际成本，另一种是用消费者剩余和生产者剩余。我们下面将看到，两种方法殊途同归，采用两种方法有助于增进我们对经济效率的理解。

4.2.1 竞争性市场中的边际得益等于边际成本

我们用图 4-5 再次表现印度奶茶市场的情形。从前面讨论中我们知道，需求曲线表现的是消费者收到的边际得益，供给曲线表现的是生产者的边际成本。市场要想达到经济效率，销售的最后一单位产品或服务的边际得益应该等于生产成本。图形中所示的这种竞争均衡状态，每日所产的 15 000 杯就是边际得益等于边际成本时的产量，此时两者都等于 2.00 美元/杯。为什么这一结果是经济效率的体现呢？这是因为，所生产的每一杯印度奶茶的边际得益都大于或等于生产者的边际成本。

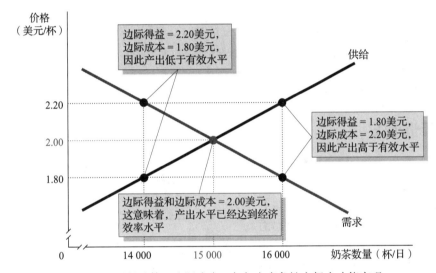

图 4-5　边际得益等于边际成本，仅仅在竞争性市场中才能实现

注：在竞争性市场中，只有在产量为 15 000 杯、价格为 2.00 美元/杯时，均衡才会实现，此时，边际得益等于边际成本。这一产量水平达到经济效率是因为所产的每一杯茶，消费者的得益都大于或等于生产者的边际成本。

为了更进一步理解为什么在竞争性市场中的产量水平是有效的，我们考虑产量偏离这一水平时的情形。假设每日所产的印度奶茶数量为 14 000 杯。根据图 4-5 所示，这一产量水平上最后一杯的边际得益为 2.20 美元，而边际成本仅仅为 1.80 美元。这一产量水平并非有效，因为如果再多生产 1 000 杯，消费者所得到的额外得益要大于生产者为生产所付出的额外成本。消费者愿意购买这些新增加的奶茶，生产者也愿意提供，双方状况都得到改善。与此类似，如果印度奶茶的数量为每日 16 000 杯，此时的边际成本为 2.20 美元，边际得益仅仅为 1.80 美元。奶茶的生产者只在价格为每杯 2.20 美元时才愿意提供，这要比消费者愿意支付的水平高出 0.40 美元。事实上，当超过 15 000 杯时，消费者并不愿意支付生产者所要求的价格。

总之，我们可以得出如下结论，竞争性市场的均衡会达到有经济效率的产量水平，此时边际得益等于边际成本。

4.2.2 经济剩余

经济剩余等于消费者剩余和生产者剩余之和。在竞争性市场中,买者和卖者人数众多,没有市场限制,当市场实现均衡时,经济剩余最大。为了理解这一点,我们再来看图4-6所示的印度奶茶市场。这一市场中的消费者剩余是需求曲线之下、均衡价格线2.00美元之上区域的面积,生产者剩余是均衡价格线以下、供给曲线以上区域的面积。

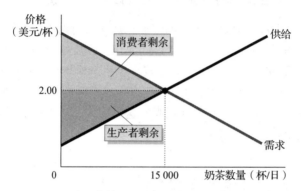

图4-6 经济剩余等于消费者剩余和生产者剩余之和

注:市场中的经济剩余等于消费者剩余和生产者剩余之和。消费者剩余是需求曲线之下、均衡价格线之上的区域面积,生产者剩余是均衡价格线之下、供给曲线之上的区域面积。

4.2.3 无谓损失

为了理解在均衡时经济剩余是最大的,须考虑一种印度奶茶价格高于均衡价格的情形,如图4-7所示。当每杯价格为2.20美元时,消费者每天愿意购买的数量从15 000降至14 000,在竞争性均衡状态,消费者剩余等于区域A、区域B与区域C的面积之和。当价格为2.20美元时,由于价格高,销量非常少,消费者剩余下降到仅剩区域A的面积。在竞争性均衡状态,生产者剩余等于区域D和区域E的面积之和。当每杯价格为2.20美元时,由于价格高,生产者剩余变为区域D和区域B的面积之和。经济剩余,也就是生产者剩余和消费者剩余之和,减少到区域A、区域B、区域D的面积之和。请注意,现有面积之和比初始的经济剩余之和,少了相当于三角形面积C和E之和的部分。经济

	在竞争性均衡时	价格为2.20美元时
消费者剩余	$A+B+C$	A
生产者剩余	$D+E$	$B+D$
无谓损失	无	$C+E$

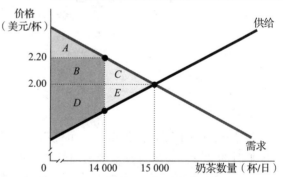

图4-7 当市场不在均衡状态时,无谓损失存在

注:在均衡时经济剩余最大。当市场不在均衡状态时,无谓损失存在。例如,当每杯价格为2.20美元而非2.00美元时,消费者剩余将从区域A、区域B、区域C之和减少到只有区域A。生产者剩余将从区域D和区域E之和变为区域D和区域B之和。在竞争性均衡水平,没有无谓损失;而当价格为2.20美元/杯时,无谓损失等于三角形面积C和E之和。

剩余之所以减少,是因为当价格为2.20美元时,位于14 000至15 000之间的数量,在竞争

均衡时可被提供，但现价水平上则未生产。这些"消失"的数量既未提供消费者剩余也未提供生产者剩余，所以经济剩余减少了。市场未实现竞争性均衡而导致的经济剩余减少，被称为无谓损失。在图4-7中，无谓损失等于三角形面积 C 和 E 之和。

4.2.4 经济剩余和经济效率

消费者剩余度量的是消费者从一种具体产品（例如印度奶茶）中所得到的得益，而生产者剩余度量的是企业销售一种具体产品的得益。因此，经济剩余也就是企业得益与消费者得益之和，这是对社会生产一种产品或服务所得到的利益的最好度量。因此，我们有了第二种具体刻画竞争性市场效率的方法，一种产品或服务生产中，市场竞争均衡可达到经济剩余最大化，或者说社会净得益最大化。任何引起一种产品或服务市场无法实现竞争性均衡的因素都会减损社会从生产这种产品或服务中所得到的总得益。

现在我们可以通过两种方法给出更一般性的经济效率概念。**经济效率**（或经济有效）（economic efficiency）是一种市场结果，在此状态下，最后生产的一单位产品带给消费者的边际得益等于其生产的边际成本，同时，消费者剩余和生产者剩余之和也实现最高水平。

4.3 政府干预市场：最低限价与最高限价

请注意，我们没有得出结论，如果市场在竞争性均衡状态，每一个**个体**都过得不错。我们得出的结论仅仅是，在竞争性均衡状态，市场剩余或者说社会净得益总值最大。任何单个生产者都想卖出高价，任何单个消费者都想支付低价，但生产者售价和消费者买价通常都是竞争性均衡价格。

对竞争性均衡价格不满的生产者和消费者将游说政府通过法律制定不同的价格。在美国，政府只是偶然通过控制价格来改变市场决定的价格。当政府干预时，其目的是：定价高于均衡价格（即最低限价）来帮助销售者，或者，定价低于均衡价格（最高限价）来帮助购买者。为了影响市场结果，政府确定的法定最高限价必须低于均衡价格，或者确定的法定最低限价高于均衡价格。否则，最高限价或最低限价不会对买者和卖者有约束力。我们可以使用消费者剩余、生产者剩余、无谓损失概念来更清晰地解释最高限价和最低限价的经济非效率情形。

4.3.1 最低限价：农产品市场中的政府政策

20世纪30年代的大萧条是美国历史上最严重的经济灾难，影响到了经济的各个层面。许多农场主只能低价销售产品。农场主游说联邦政府制定了许多农产品最低限价，如小麦和玉米。政府干预农业（经常也被称为农场项目）持续至今。为了理解农产品市场中最低限价怎样发挥作用，假定小麦市场的均衡价格每蒲式耳㊀6.50美元，但政府定价为每蒲式耳8.00美元，如图4-8所示，小麦价格从6.50美元上涨到8.00美元，小麦的销售数量从20亿蒲式耳减少到18亿蒲式耳。假设初始的小麦产量也下降到18亿蒲式耳。

㊀ 1蒲式耳 = 27.216千克。

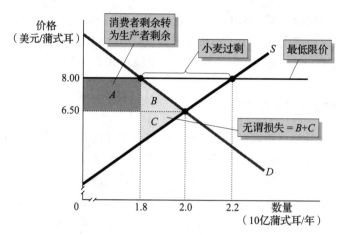

图 4-8 最低限价对小麦市场的影响

注：如果小麦种植者说服政府将最低限价设定为每蒲式耳 8.00 美元，则小麦销售量将从每年 20 亿蒲式耳降至 18 亿蒲式耳。如果我们假设农民生产 18 亿蒲式耳，那么生产者剩余将增加矩形 A 的面积（从消费者剩余转移而来）但减少三角形 C 的面积。消费者剩余减少矩形 A 加三角形 B 的面积之和。无谓损失等于三角形 B+C 的面积，表示由最低限价而导致的经济效率损失。实际上，每蒲式耳 8.00 美元的最低限价，农民将其产量从 20 亿蒲式耳扩大到 22 亿蒲式耳，导致小麦过剩。

小麦农场主得到的生产者剩余增加的数量等于矩形 A 的面积，减少的数量等于三角形 C 的面积（这与我们在图 4-7 中讨论的印度奶茶的结果相同）。矩形 A 的面积代表的是从消费者剩余转移为生产者剩余的部分。消费者剩余减少的部分等于矩形 A 和三角形 B 的面积之和。小麦农场主从这一项目中的所得等于消费者的所失。无谓损失，等于三角形 B 和三角形 C 的面积之和，因为最低限价减少了小麦市场中的经济剩余，所以经济效率减损了。换言之，最低限价导致最后 1 单位蒲式耳的边际收益大于其生产的边际成本。我们可以得出结论，最低限价导致经济效率减损。

我们最初假定，农场主会将小麦产量减少到消费者愿意购买的水平上。如图 4-8 所示，因为最低限价，农场主将小麦产量从 20 亿蒲式耳增加到 22 亿蒲式耳。因为价格升高，消费者愿意购买的数量却减少了，结果 4 亿蒲式耳的小麦过剩（22 亿蒲式耳供给量 −18 亿蒲式耳需求量）。

联邦政府的农场项目经常会导致小麦和其他农产品大量过剩。为此政府通常购买这些过剩的农产品，或者提供补贴让农场主休耕部分土地以减少供应。因为两种方法的代价都不菲，所以美国国会 1996 年通过了《农场自由耕种法》。该部法律的目的是逐步取消最低限价和政府购买过剩产品的做法，推动农产品回归自由市场。为了给农场主足够的时间进行调整，政府开始基于种植面积，向农场主支付补贴或现金支付。尽管最初计划是逐步减少补贴，但国会通过了对农场议案的附加条款，结果联邦政府继续支付大量补贴。2017 年，国会预算办公室估计，由联邦政府买单的农场主账单在未来十年将超过 665 亿美元。

◎ 概念应用 4-2

劳动市场的最低限价：关于最低工资政策的争论

最低工资制度可能是争议最大的 "最低限价" 政策了。支持者认为，最低工资是提高低技能工人收入的一种途径。反对者认为，该法导致工业职位减少，并对小企业构成沉重负担。

2009年之后，美国国会对大部分职业规定的国家最低工资标准为每小时7.25美元。在这些职业中，企业向员工支付的工资低于这一水平是违法的。尽管在美国只有约4%的工人赚取最低工资或更低的工资，但是许多人担心领取最低工资或略高于最低工资的工人并没有赚够"维持生活的工资"（living wage），也就是能使他们摆脱贫困的工资。一些国会议员已经提出立法，将最低工资分几步提高到每小时12美元。近年来，许多城市爆发抗议活动，快餐店和其他雇主感受到了压力，抗议者要求他们自愿将最低工资提高到每小时15美元。一些城市和州正在提高最低工资标准，一般在几年中分阶段逐步实施。目前，只有少数几个城市和州计划最终将最低工资提高到每小时15美元。2017年，唐纳德·特朗普和多数国会议员并不支持提高联邦最低工资标准。

对大部分工人来讲，最低工资与他们的关联性不大，因为这一水平大大低于雇主愿意支付给他们的工资水平。但是，对一些低技能的工人，比如在快餐店打工者，最低工资水平高于无此规定时的工资水平。下图表明，最低工资法对于就业市场中低技能工人就业的影响。

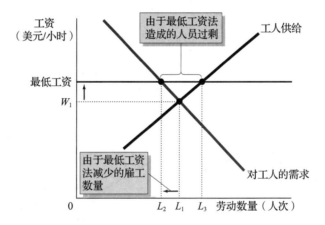

没有最低工资限制，均衡工资水平将为 W_1，可雇用工人的数量为 L_1，当确定的最低工资水平高于均衡工资水平时，雇用者需要的工人数量将从 L_1 下降到 L_2，劳动的供给数量将增加到 L_3，无法找到工作的过剩人员为 L_3-L_2。劳动供给增加是因为高工资吸引了人们加入就业行列。例如，当最低工资水平为每小时7.25美元时，一些年轻人认为在课余打工是值得的，但如果低于这一水平，他们则认为不值。

这一分析与图4-8对小麦市场的分析非常类似。与小麦市场中最低限价会导致小麦消费减少一样，劳动市场中的最低限价会导致雇用工人数量的减少。然而，对最低工资法案减少了多少数量的就业，经济学家们争论激烈。美国国会预算办公室（CBO）估计，如巴拉克·奥巴马在2015年提出的那样，如果将最低工资提高到每小时10.10美元，那么将导致50万个工人的就业岗位减少。一些经济学家认为，最低工资对就业市场的影响要小得多。例如，加州伯克利分校的戴维·卡德（David Card）、普林斯顿大学的阿兰·克鲁格（Alan Krueger）对在新泽西州和宾夕法尼亚州的快餐店进行过专门研究。他们的研究表明，最低工资法案增加的就业非常少。这一研究也引起很大争论，有些经济学家重新研究了类似的数据，得出了不同的结论，认为最低工资制度会导致就业大幅度减少。

不论最低工资制度会造成就业减少有多大规模，因为这是一种最低限价，如在小麦市场中一样，该项制度都会造成无谓损失。因此，许多经济学家支持采用其他政策来实现低技能工人收入水平增加的目标。许多经济学家支持的一项政策是工资收入所得税抵免（earned income tax credit）。工资收入所得税抵免的做法会减少低收入人群向联邦政府支付的税赋。收入最低的工人无须交税，而且还会从政府获得补贴。与最低工资制度相比，工资收入所得税抵免的方法增加了低收入人群的收入水平，而且没有减少就业。工资收入所得税抵免的做法也减轻了大量雇用低技能工人的中小企业的负担，同时造成的经济效率损失也比较低。

资料来源：Steven Greenhouse, "How the $15 Minimum Wage Went from Laughable to Viable," *New York Times*, April 1, 2016; U.S. Bureau of Labor Statistics, "Characteristics of Minimum Wage Workers, 2015," BLS Reports 1061, April 2016; U.S. Congressional Budget Office, "The Effects of a Minimum-Wage Increase on Employment and Family Income," February 2014; David Card and Alan B. Krueger, *Myth and Measurement: The New Economics of the Minimum Wage*, Princeton, NJ: Princeton University Press, 1995; and David Neumark and William Wascher, "Minimum Wages and Employment: A Case Study of the Fast-Food Industry in New Jersey and Pennsylvania: Comment," *American Economic Review*, Vol. 90, No. 5, December 2000, pp. 1362–1396.

4.3.2 最高限价：房产市场中的政府租金控制政策

卖方一般支持政府设定最低限价，而消费者一般支持政府设定价格上限。例如，当汽油价格大幅上升时，一些政策研究者与消费者团体会建议政府对汽油市场设定价格上限。这就像许多城市对房租进行限制，也就是对房东设定的房租规定上限的做法一样。

图4-9所示为实施租金控制的公寓房市场的情形。在无租金控制时，均衡租金水平为每月2 500美元，可供租住的公寓数量为2 000 000套。当最高法定租金水平为每月1 500美元时，房主将可供租住的公寓数量减少到1 900 000套。住房供量下降的原因可能是房东将一些公寓楼转变为办公室，将公寓作为共管公寓出售，或将多单元楼转变为单户住宅。在第二次世界大战期间，政府实行租金管制，导致了美国历史上房屋拥有量的最大幅度增加。许多房东变卖了出租房屋，因为这些房屋出租给租户已无利可图。随着时间的流逝，房东甚至可能会主动放弃一些出租房屋。有一段时间，纽约房租管制导致房东放弃了城市的整个街区，因为政府允许房主所收取的房租无法弥补他们的房屋维护成本。在伦敦，当对房东拥有的住房和公寓进行租金控制时，这种公

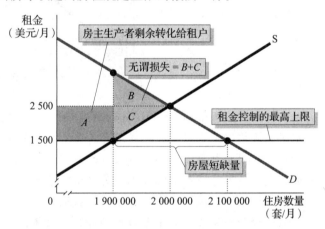

图4-9 租金控制的经济影响

注：在无租金控制时，均衡租金水平为每月2 500美元，可供租住的公寓数量为2 000 000套。当最高法定租金水平为每月1 500美元时，房主将可供租住的公寓数量减少到1 900 000套。公寓的需求数量为2 100 000套，短缺数量为200 000套。生产者剩余中的相当于矩形A的部分从房主转移给租户，无谓损失等于三角形B和三角形C的面积之和。

寓的供应量减少了75%。

在图4-9中，当租金限定为每月1 500美元时，公寓的需求数量为2 100 000套，公寓短缺数量为200 000套。消费者剩余增加了矩形 A 的面积，减少了三角形 B 的面积，如果不实施租金控制，矩形 A 是生产者剩余的一部分，实施租金控制时，则变成消费者剩余的一部分。租金控制导致房主所得到的生产者剩余减少了矩形 A 和三角形 C 的部分。三角形 B 和 C 代表无谓损失，这是由于在公寓市场实施租金控制减少的经济剩余，租金控制导致最后1单位公寓边际得益大于其边际成本。在本章附录4A中，我们将介绍如何估算无谓损失的数量，并给出租金控制所引起的消费者剩余和生产者剩余变化的事例。

租户是租金控制的受益群体，因为消费者剩余变大了，房主则是受损对象。因为存在无谓损失，房主的总损失大于租户的所得。请注意，尽管租户作为群体受益，但是租户的人数减少了，租金控制使得有些租户的状况变差了，因为他们根本无法按法定租金租到住房。

勿犯此错4-1

不要混淆"稀缺"和"短缺"

初看以下说法似乎是正确的："每种稀缺的商品都短缺。"在日常对话中，如果找不到商品，我们就将其描述为"稀缺商品"。例如，假设你正在寻找给孩子的礼物，如果你想以列出的价格购买最新的热门玩具，但又无法在网上或在任何商店里找到它，那么你可以将其称为"稀缺商品"。但是请记住，经济学家对稀缺有更广的定义。从经济意义上讲，几乎所有的东西都是稀缺的，除了垃圾等不受欢迎的东西。仅当需求数量大于以当前价格供给的数量时，商品短缺才会发生。因此，前面的陈述"每种稀缺的商品都短缺"是不正确的。实际上，最稀缺的商品并不短缺。

4.3.3 黑市与点对点网站

当政府通过规定最高限价或最低限价来管制价格时，买卖双方通常会想办法绕过管制。因此，租户变差的状况和房东变好的状况并不像图4-9所示的那样严重。我们一直假定，租户和房主实际上遵守价格限制，但有时并非如此，因为房租管制导致公寓短缺，所以无法找到公寓的租户愿意向房主支付高于法定水平的租金。结果，黑市便由此产生。所谓**黑市**（black market），是指买卖双方按违反政府价格规制的价格进行交易的市场。

爱彼迎（Airbnb）之类的在线点对点网站为房主和租户提供了绕开租金控制的另一条通道。房主可以利用这些网站，将常规的年租变成一系列短租，从而获得高于法定最高水平的租金。租户也利用这个网站从租金控制中获利。在旧金山，一些已经搬离该城市的租户继续保留租金控制的公寓，他们随后利用点对点租赁网站，将房屋二次出租。旧金山和纽约已经采取措施限制提供租赁业务的点对点网站，因为有些政府官员认为这些网站破坏了租金控制制度。两个城市已经颁布法律，禁止房东向外出租时间短于30天的公寓。旧金山同时宣布，任何人通过爱彼迎和其他类似网站出租房屋，必须缴纳14%的城市旅馆税。

有些官员并不愿意采取行动来限制点对点租赁网站为代表的共享经济。共享经济能潜在改变经济效率，以相对较低的价格向消费者提供如小轿车、自行车、帆船和公寓等产品。在实施租金控制法规的城市，点对点租赁网站发挥了其他作用，通过高于法定最高限价的租金水平提供可供租房。如果不这么做，租户很难找到住房，因为租金控制造成了短缺状态。当地立法者能否平衡法定租金上限的实施与鼓励点对点租赁网站在他们所在城市的运营，还有待继续观察。

租金控制还会引起种族歧视和其他类型歧视问题的增多。在租金控制之下，寻找租房的人群要多于可租住的公寓数量。房主可以拒绝他们不喜欢的租户，因为他们不会为此担心。在没有租金控制的城市里，房主要面临更激烈的竞争，以不相关的理由（如种族）来拒绝租户会变得更难。

| 解决问题 4-1 |

公寓出租中的黑市造成的经济影响是什么

在纽约和旧金山等多个实施租金控制的城市，真实支付的租金远远高于法定最高水平，因为租金控制导致公寓短缺，尽管许多租房族经常愿意支付高于法定水平的房租，比如，按法定水平用支票支付，剩余部分以现金支付。再以图 4-9 为例。假定租户之间的竞争，导致黑市租金上升到每月 3 500 美元。此时租户的需求为 1 900 000 套。请画图说明公寓出租市场的情形，并与图 4-9 所示的情形进行比较。请明确标示消费者剩余、生产者剩余和无谓损失。

解决问题步骤

步骤 1：复习本章相关内容。所议问题是关于公寓市场租金控制的，因此，请复习 "4.3.2　最高限价：房产市场中的政府租金控制政策" 一节的内容。

步骤 2：仿照图 4-9，画出图形，并标出黑市价格。

步骤 3：分析图 4-9 的变化，黑市租金现在是每月 3 500 美元，甚至高于如图 4-9 所示的最初竞争均衡水平。消费者剩余下降部分相当于矩形 A 和矩形 E 的和，剩余的消费者剩余是三角形 D。请注意，矩形 A 如果没有租金控制，是消费者剩余的组成部分，是来自房主的转移。与图 4-9 进行比较，生产者剩余增加的量等于矩形 A 和矩形 E 之和，消费者剩余下降了同样数量，无谓损失等于三角形 B 和三角形 C 之和，这与图 4-9 相同。

进一步解释

这一分析得出了一些出人意料的结果。随着公寓出租市场黑市的繁荣，租金控制导致租户群体的状况变差，也就是说消费者剩余减少。与没有租金控制时相比，还有其他可能的后果。如果有足够多的房主相信他们可以以高于法定租金水平来收取租金，公寓的供应数量将增加，最终市场将实现竞争性均衡。均衡租金为 2 500 美元，均衡数量为 2 000 000 套。在这种情况下，租金控制上限已经没有约束意义，并非因为其设定的低于均衡价格水平，而是因为其依法无力推行。

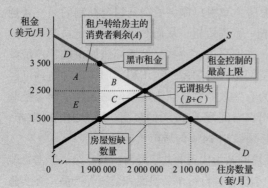

4.3.4　政府价格控制的结果：得益者、受损者和非效率

当政府实施最高限价和最低限价时，会导致三种重要结果：

- 有些人会得益。租金控制的得益者是那些居住在租金控制公寓中的租户，因为他们支付了较少的租金。房主如果能突破对租金控制公寓的限价来收取租金，也可以成为得益者，当然非法租金水平将高于市场均衡的租金水平。
- 有些人会受损。租金控制的受损者，是那些拥有租金控制公寓并且按照法规要求来收取租金的房主和那些无法按照控制价格租到公寓的租户。
- 经济效率受损。租金控制会导致经济效率减损。因为与竞争性市场相比，可租用的公寓数量减少了（见图4-9）。无谓损失可度量经济效率的减损程度。

◎ 概念应用 4-3

价格管制导致委内瑞拉经济下滑

2017年，委内瑞拉经济陷入混乱。尽管政府不再发布准确的统计数据，但经济学家估计，到2017年底，委内瑞拉的实际国内生产总值（经过通胀修正后该国生产的商品和服务的价值）比2015年下降了25%，这一下降与美国最坏年份的20世纪30年代大萧条差不多。委内瑞拉的通货膨胀率（衡量价格上涨的速度）超过500%，是世界上最高的水平。失业率超过10%，该国首都加拉加斯（Caracas）的谋杀率是世界各国首都中最高的。正如我们在开篇案例中所看到的那样，委内瑞拉的一些绝望人群在超市里洗劫食品。

许多经济学家认为，委内瑞拉经济存在问题是由1999年当选总统的雨果·查韦斯（Hugo Chavez）和2013年查韦斯去世后成为总统的尼古拉斯·马杜罗（Nicolas Maduro）所推行的政策所致。在查韦斯领导下，政府控制了数千家私营公司，其中包括石油行业的公司——委内瑞拉大部出口产品的来源。政府没收了大型农场，并将土地重新分配给低收入的委内瑞拉人。其中许多人没有耕作经验，也无法获得购买种子、化肥和杀虫剂所需的贷款，也没有与销售产品的分销网络建立联系。正如一位农民所说的那样："他们鼓励我从以前的拥有者手中夺取这块土地，但现在我无法获得贷款，而且国有支农商店也没有种子、肥料或杀虫剂。我一无所有怎么去种庄稼？"

委内瑞拉农业生产的中断，导致粮食产量急剧下降。近年来，委内瑞拉政府利用其石油收入进口食品，确保超市中有足够的食品供应。但从2014年开始，石油价格大幅下跌，这意味着政府无法再为食品进口支付费用。粮食供给减少通常会推动粮食价格上涨，从而增加国内种植的粮食数量。但是，委内瑞拉政府实行价格控制，使得实际价格远低于新的均衡价格水平。《纽约时报》记者尼古拉斯·凯西（Nicholas Casey）在采访中描述了短缺的后果：

> 你最早凌晨5:00、有时是4:30出门，会看到人们在商店门前排着长队，期盼商店开门后能看到有什么东西可买。有时，你走过这些商店前会发现队伍已经有500~1000人……赶到队伍最前面，你发现他们只有食用油，没有面粉。他们那里没有你需要的生活必需品。

价格管制催生了许多热闹的商品黑市交易，委内瑞拉人称之为 bachaqueros。这些小规模的企业经营者以低于市场控制水平的价格购买食品和其他杂货，然后将其转售给那些无

法购买到这些商品的消费者。以玉米粉为例,它是用来制作玉米饼的原料,这是大多数委内瑞拉人饮食中重要的组成部分。2016 年底,一袋 2 磅①玉米粉的政府最高价格为 190 玻利瓦尔(委内瑞拉货币,符号为 Bs)。一袋玉米粉的均衡市场价格约为 975 玻利瓦尔,但超市很少有售。许多委内瑞拉人不得不在黑市上以每袋 3 500 玻利瓦尔的价格购买玉米粉。下图与图 4-9 相似,都说明了这种情况。

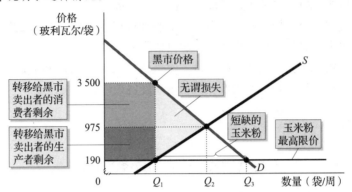

该图显示,由于价格管制,大多数消费者的境况变得更糟。可供出售的玉米粉数量少(Q_1,而不是市场均衡数量 Q_2),而且因为最高限价,玉米粉存在短缺,数量等于 Q_3-Q_1。尽管有少数消费者能够以每袋 190 玻利瓦尔的最高限价购买到玉米粉,但大多数超市的货架上并没有玉米粉出售,许多消费者被迫支付 3 500 玻利瓦尔的黑市价来购买。请注意,委内瑞拉消费者的状况可能比该数字所显示的还要糟糕。尽管高昂的黑市价格可能会刺激一些农民扩大玉米种植,但根据新闻报道,委内瑞拉国内生产几乎没有增加。相反,一些黑市卖家,特别是那些生活在与哥伦比亚接壤边境的黑市卖家,正在以管制价格购买玉米粉并将其走私出境,这些玉米粉可以在哥伦比亚按市场均衡价格出售。尽管这个价格低于黑市价格,但在委内瑞拉黑市上销售玉米粉会面临被政府逮捕的危险。因此,委内瑞拉消费者可真正获得的玉米粉数量可能要少于图中所示的 Q_1。

可悲的是,根据新闻报道,委内瑞拉居民的饥饿现象十分普遍,经济学家估计委内瑞拉超过 80% 的人生活在贫困中。

资料来源:Nicholas Casey, "No Food, No Medicine, No Respite: A Starving Boy's Death in Venezuela, *New York Times*, December 25, 2016; Patrick Gillespie and Osmary Hernandez, "Venezuela's Food Prices Skyrocket as People Go Hungry," cnn.com, October 21, 2016; "Venezuela's Leaders Ignore Reality," *Economist*, January 26, 2017; Terry Gross, "Bust Times in Oil-Rich Venezuela: 'The Banks Don't Have Money to Give Out,'" Fresh Air interview with Nicholas Casey, npr.org, June 8, 2016; Peter Wilson, "Venezuelan Food Shortages Bode Ill for Chavez's Re-election," usatoday.com, August 13, 2012; and Mery Mogollon, "Packs of Black-Market Foot Soldiers Raid Venezuela Markets," latimes.com, April 1, 2015.

4.3.5 最高限价与最低限价的实证分析和规范分析

租金控制、政府农场项目、最高限价和最低限价都是坏政策吗?正如我们在第 1 章中学过的,这类问题并没有正确与错误之分。经济学家们一般对政府试图干预竞争性市场持怀

---

① 1 磅 = 0.453 6 千克。

疑态度。经济学家们知道，竞争性市场在提升普通人生活水平方面所发挥的作用。他们也知道，政府干预过多会潜在降低市场制度在提升未来人们生活水平方面的类似能力。委内瑞拉今日的情形符合这种说法。

请回忆实证分析和规范分析的区别。实证分析关注的是"是什么"的问题，规范分析关注的是"应该是什么"的问题。我们在本章所讨论的租金控制和政府联邦农场项目是实证分析，我们讨论了这些项目产生的经济后果。有关这些项目可取与不可取则是规范问题。受益者的所得是否足以弥补受损者的损失以及经济效率的减损是判断问题，而非严格的经济问题。最高限价和最低限价持续存在，部分是因为人们虽然了解这些政策的缺陷，但仍然相信它们是好政策，所以应该支持。政策得以持续也因为许多支持者并不理解本章的经济分析，因此，他们也不理解这些政策所产生的问题。

4.4 税收的经济影响

美国最高法院法官奥利弗·温德尔·霍尔姆斯（Oliver Wendell Holmes）曾经指出，税收是我们对文明社会应尽的义务。当政府对商品或服务征税时，它影响产品或服务的市场均衡。与最高限价与最低限价一样，征税带来的后果之一是经济效率的减损。公共税收学科是经济学分析税收的重要领域之一。在这一节，我们将使用供需模型、消费者剩余、生产者剩余和无谓损失等概念来分析税收的经济影响。

4.4.1 税收对经济效率的影响

当政府对产品或服务征税时，产品或服务的生产和消费会减少。例如，政府对香烟征税后提高了吸烟成本，也减少了人们的吸烟次数。我们可以使用需求与供给图形来解释这一点。图 4-10 所示为香烟市场。

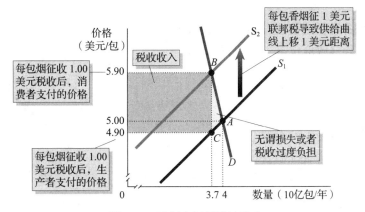

图 4-10 香烟市场征税的影响

注：不征税时，市场在 A 点实现均衡，香烟的均衡价格为每包 5.00 美元，每年的销售数量为 40 亿包。每包烟征收 1 美元税收后，导致供给曲线向上移动 1 美元，从 S_1 移动到 S_2。新的均衡在 B 点，香烟价格将上升 0.90 美元，每包为 5.90 美元，销售量将下降到 37 亿包。对香烟征税后，消费者支付的价格从每包 5.00 美元上升到 5.90 美元。生产者得到的价格为每包 5.90 美元，即 B 点，但在支付 1 美元税收之后，生产者得到 4.90 美元，即点 C。政府的税收收入等于阴影区域。部分消费者剩余和部分生产者剩余转为政府的税收收入，剩下部分成为无谓损失，用浅色阴影区域表示。

不征税时，香烟的均衡价格为每包 5.00 美元，每年的销售数量为 40 亿包（A 点）。如果政府要求每包烟支付 1 美元税收，香烟销售的成本每包将增加 1 美元，这种成本上升导致香烟供给曲线向上移动 1 美元，因为卖方现在要求提供相同数量的卷烟的价格要比此前高出 1 美元。在图 4-10 中，供给曲线上移 1 美元，显示了税收的影响，新的均衡价格为 5.90 美元，新的均衡数量为 37 亿包（B 点）。

联邦政府所获得的税收收入等于每包香烟的税收额乘以销售的香烟数量，即 37 亿美元。图 4-10 中的深色阴影区域代表了政府的税收收入。消费者将支付更高的价格，即每包 5.90 美元。尽管销售者表面上获得了比此前更高的价格，但在支付税收后，他们收到的价格将从征税前每包 5.00 美元降低到 4.90 美元。因为消费者支付了更高的价格，所以消费者剩余减少。生产者收到的价格降低，生产者剩余也减少。因此，政府对香烟征税后，会同时减少消费者剩余和生产者剩余，其中一部分变为政府的税收收入，余下的部分就是税收的无谓损失，即图中的浅色阴影三角区。

我们可以得出结论，税收的真正负担不仅仅是消费者和生产者支付给政府的部分，而且还包括无谓损失。税收的无谓损失被称为税收的额外负担。相对于征收的税收收入而言，如果额外负担很小，那么这种税收就是有效率的税收。经济学家对政府税收政策的贡献之一是向政策制定者建议哪种税收是最有效率的。

4.4.2 税收归宿：谁实际支付了税赋

"谁支付了税赋"这一问题的答案似乎很明显，法律上要求谁向政府支付税赋，谁就是税收支付人。但是，法律要求的税收支付人与税赋实际承担人还是有较大区别。经济学家将买者和卖者之间的实际税收分担称为**税收归宿**（tax incidence）问题。例如，2017 年 4 月，联邦政府对销售的每加仑⊖汽油征收的消费税为 18.4 美分。加油站的所有人收取这份税收后，随后上缴给联邦政府，这份税收是谁实际承担了呢？

需求与供给曲线决定税收归宿。假设目前联邦政府没有对汽油征税。如图 4-11 所示，汽油零售市场的均衡在需求曲线与供给曲线 S_1 相交的点实现。均衡价格为每加仑 2.50 美元，均衡数量为每年 1 440 亿加仑。现在假定联邦政府每加仑征税 10 美分。征税后，导致汽油供给曲线向上移动每加仑 10 美分。需求曲线与供给曲线 S_2 达成新的均衡，价格每加仑上升了 8 美分，从 2.50 美

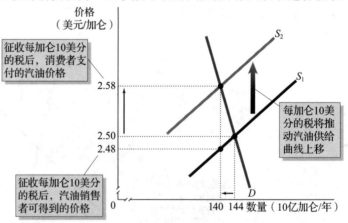

图 4-11 汽油征税后的税收归宿

注：没有对汽油征税时，均衡价格为每加仑 2.50 美元，均衡数量为每年 1440 亿加仑。征收 10 美分的税后，导致汽油供给曲线从 S_1 移动到 S_2，消费者支付的价格从每加仑 2.50 美元上涨到 2.58 美元，生产者得到的价格从 2.50 美元下降到 2.48 美元。因此，每加仑 10 美分的税，消费者承担 8 美分，销售者承担 2 美分。

⊖ 1 加仑 = 3.785 4 升。

元上涨到 2.58 美元。请注意，只有在需求曲线为垂直线这种极端情形下，市场价格才会上涨相当于每单位税收额的幅度。消费者每加仑多支付 8 美分，汽油销售者按新的更高价格每加仑 2.58 美元收取，但在支付每加仑 10 美分税收后，他们仅得到 2.48 美元，比原有均衡价格低了 2 美分。

尽管汽油销售者负责收取税款，并将税款缴纳给政府，但他们并未承担税赋的主要部分。在前述情况下，因为市场价格上升了 8 美分，消费者支付了 8 美分的税。销售者支付了 2 美分税，是因为将税款交给政府后，他们销售的每加仑汽油少赚 2 美分。如果用百分比形式表示，消费者支付了 80% 的税赋，销售者支付了 20% 的税赋。

解决问题 4-2

什么情况下，消费者全额支付新增销售税

一名学生提出如下说法："如果联邦政府将每加仑汽油的销售税提高 0.25 美元，那么汽油的价格也将上升 0.25 美元。消费者的汽车无油可加将寸步难行，因此，他们不得不支付全部的新增销售税。"在什么情况下，该名同学的说法是正确的？画出汽油市场的图形来解释你的答案。

步骤 1：复习相关内容。所议问题是关于税收归宿的，所以读者应阅读"4.4.2 税收归宿：谁实际支付了税赋"一节的内容。

步骤 2：画出如图 4-11 的图形，用来表现消费者将支付全部新增销售税的情形。

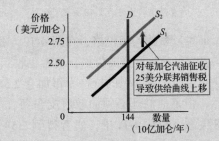

步骤 3：根据图形对上述说法进行评论。上图表明，当需求曲线为垂直线时，消费者将支付全部新增税收。汽油需求不可能是垂直的，因为我们认为，对所有产品而言，价格上升，需求量将减少。因为汽油的需求曲线不可能为垂直线，所以上述说法是错误的。

向买者或者卖者征税有什么区别吗？ 我们已经知道了，法律上的税收支付人与实际税收承担人是有很大区别的。为再次强调，我们明确提出如下说法，税收归宿不受政府向产品买者征税还是向卖者征税的影响。图 4-12 可以表明这一点。如果每加仑 10 美分的税是向买者征收，而非卖者征收，市场均衡因此受到的影响如图所示。也就是说，我们假定现在并非向卖者在加油站按每加仑 10 美分征税，而改由买者记录他们购买了多少加仑的汽油，然后将税收缴纳给政府（当然，由买者记录加油数量或者由政府检查买者是否支付了全部应缴税收，都面临诸多困难。这也是政府为什么选择向汽油卖者征税的原因）。

除了汽油税向买者而非卖者征收外，图 4-12 与图 4-11 类似。在图 4-12 中，因为在每一给定的价格水平上，卖者愿意提供的汽油数量没有发生变化，所以供给曲线不会发生移动，因为现在由消费者按每加仑支付 10 美分的税，所以需求曲线发生移动。因此在每一产量水平上，他们愿意支付的汽油价格比没有征收汽油税时要低 10 美分。在图形中，通过将需求曲线向下移动 10 美分，即从 D_1 到 D_2 来表现税收的影响。一旦税款已经征收，需求曲线将下移，新的均衡数量为 1 400 亿加仑，这与图 4-11 的数量正好相同。

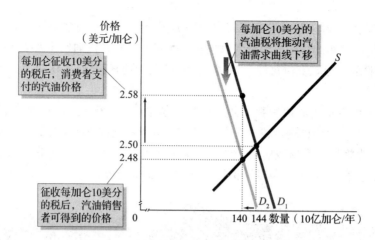

图 4-12 向买方征收汽油税后的税收归宿

注：没有对汽油征税时，需求曲线为 D_1。向消费者征收 10 美分的税后，导致汽油需求曲线向下移动相当于汽油税征收额的距离，从 D_1 移动到 D_2。在新的均衡点，消费者支付的含税价格为 2.58 美元 / 加仑，生产者得到的价格为 2.48 美元 / 加仑。因此，结果与像生产者征税是相同的。

征税后新的均衡价格，在图 4-12 与图 4-11 中并不相同。但是，如果我们考虑税赋，那么买者支付的是同样的价格，卖者也收到了同样的价格。为了看清这一点，请注意在图 4-11 中，买者向卖者支付的价格为每加仑 2.58 美元，在图 4-12 中，他们仅仅向卖者支付了 2.48 美元，但是他们还必须向政府支付每加仑 10 美分的税，买者支付的总价格仍然为每加仑 2.58 美元。在图 4-11 中，卖者得到 2.58 美元，但是，支付 10 美分税收后，他们剩下的为 2.48 美元，这与图 4-12 中卖者所收到的价格水平是相同的。

◎概念应用 4-4

社会保障税是由工人和企业平均分担的吗

绝大部分人拿到薪水时，雇主已经将几种不同的应缴税做了代扣，雇主随后会将这些税收直接缴纳给政府。事实上，在得到第一份工作后，大部分人会惊奇地发现他们的毛收入和扣税后的净收入之间存在着较大差距。中低收入阶层支付的最大税款是《联邦保险法案》（FICA）规定的税款。FICA 是社会保障和联邦医疗保险项目资金来源的基础，这些项目为老年人和残障人士提供收入和医疗保健，FICA 有时也被称为工薪税（payroll tax）。国会通过该法案时要求雇主和员工平等分担该项税款。2017 年，FICA 规定的上缴比例为工资的 15.3%，雇员支付 7.65%，从他们的薪水中扣缴，雇主支付另外的 7.65%。

要求雇员和雇主各自付一半税款是否意味着，他们的税收也是平等分担的呢？我们在本章的讨论表明答案是否定的。在劳动市场中，雇主是买方，雇员是卖方，正像我们在对汽油征收联邦税收示例中见到的那样，不论税款是由买者支付还是由卖者支付都不影响税收归宿。大部分经济学家认为，事实上，FICA 涉及的税款最终几乎由雇员承担。下述表现劳动市场的图形解释了其中的原因。

在劳动市场中，需求曲线表示的是在不同工资水平上对劳动的需求数量，供给曲线代表的是在不同工资水平上，员工愿意提供的劳动数量。需求曲线与供给曲线交点处决定均衡工资。在这两个图中，不含社会保障工资税的均衡工资为每小时 10 美元。为简单起见，我们假定，每工作1小时支付的税等于1美元。图4-13a中我们假定必须由单位支付该笔税。征税后，劳动需求曲线在每一劳动单位下移1美元，因为企业现在必须为员工的每小时劳动支付1美元的税。我们将劳动供给曲线画得比较陡峭，这是因为，大部分经济学家相信，员工的劳动供给量不会随着工资变化发生较大变化。在图4-13a中，征税后，均衡工资水平从每小时10美元下降到每小时9.05美元。企业现在为员工的每小时劳动支付10.05美元，员工得到的工资为9.05美元，政府获得1美元税收。换言之，员工现在要支付1美元税收中的0.95美元，单位仅仅支付0.05美元。

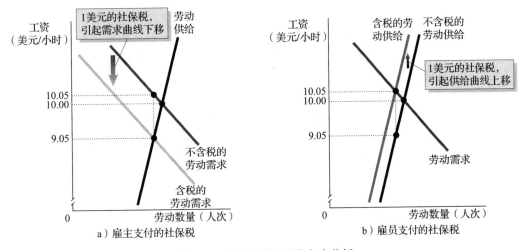

图4-13 社会保障税税收归宿分析

当向员工征税而非企业征税时，我们会得到同样的结果，如图4-13b所示。在这种情况下，劳动供给曲线在每一劳动单位上移1美元，因为员工现在必须为他们工作的每1小时支付1美元税收。征税后，均衡工资水平上升到每小时10.05美元，但支付了1.00美元的税后，员工得到的仅为9.05美元。因此，员工支付1美元税中的0.95美元，企业支付了0.05美元。

尽管上图分析非常简化，但反映了大多数研究FICA税收归宿的经济学家的基本结论：尽管国会要求员工和单位各支付一半的税，但事实上，税赋几乎全部由员工承担。即使国会重新修订法律，明确要么员工支付要么单位支付所有的税，结论也不会改变。需求和供给力量作用于劳动市场，而不是国会决定税收归宿。

┊生活与职业生涯中的经济学┊

作为市议会议员，你会支持租金管制吗

在本章开始时，我们提出了以下问题：如果您和其他市议会议员投票通过了控制租金法案，那么在您所在的城市中出租人将来找到能负担得起的公寓是否会更容易？城市中谁将从中受益，谁将受损？

本章表明，尽管租金管制可以使租金保持在较低水平，但也可能导致公寓永久短缺。

房客可能需要花很长时间寻找合适的公寓，房东甚至可能违反房租管制法，要求房客额外付款，这将使实际租金高于受控房租。实行租金控制后，房客在城市中找到公寓通常会更加困难。如果市议会颁布法律，那么能够以受控租金找到公寓的人将受益，而无法以受控租金找到公寓的房主和租户将遭受损失。正如本章指出的那样，是否应实施租金控制是一个规范性问题，你和市议会其他成员必须回答这个问题。

本章小结

供需模型的讨论表明未被政府干预的自由市场会有效消除剩余和短缺，并对消费者需求做出有效回应。正如我们在本章所指出的那样，消费者和企业有时候会利用政府来改变市场结果以更有利于自己的利益。消费者剩余、生产者剩余、无谓损失这些概念也使得我们可以度量消费者和企业从竞争市场中所得到的好处。这些概念也使得我们可以度量政府实施价格最高限制和最低限制以及征税所产生的经济影响。

请继续阅读"深度透视"专题，其中讨论了法律法规在面对像优步等促进共享经济发展的公司时所面临的挑战。

深度透视

让美国科技巨头缴纳更多税款的律师，他的第一个目标：优步

律师乔利昂·毛姆（Jolyon Maugham）周一在伦敦叫了优步，但这并非正常出行。他在途中向提供乘车服务公司的总部发出一封信函，这份函件可能会开启一次法律诉讼程序，并让这家美国创业公司损失数百万美元。

毛姆的案子涉及的是优步在英国缴纳多少税款的问题，如果诉讼成功，那么可能会对整个欧洲产生广泛影响。英国有一种税被称为增值税，当顾客购买商品或服务时即需支付，目前税率是20%。

优步在英国不支付增值税，因为网约车App不会将其驾驶员视为员工。相反，它仅仅在乘客与驾驶员之间发挥中介作用。

"优步认为它的业务是企业对企业的服务。优步认为公司在为出租车司机提供介绍服务，但是这种说法是有缺陷的。优步与我们认为的并不相符，我们认为优步是面向消费者的品牌，而非面向企业的品牌。因此，优步的说法看起来似乎与事实不符。"毛姆在电话中告诉CNBC。

毛姆还指出，在去年的一个就业特别法庭案件中，政府发现优步正在将签约司机看作工作人员，而且进一步说，这是优步正在提供运输服务，并且正在进行着增值税式的供应的一个必然的逻辑结果。

毛姆指的是去年英国的一个具有里程碑意义的案件，法官在该案中裁定优步司机不是自雇人士，应获得全职员工所拥有的权利的所有好处，例如假期工资和养老金。优步已对该决定提起上诉，该裁定仍在进行中。该公司还表示，是司机而不是公司要支付增值税。如果你是自雇人士，在12个月内的营业额超过83 000英镑（103 552美元），就可能要缴纳增值税。但是，优步司机不可能在一年内做到这一点。

优步发言人通过电子邮件告诉CNBC，使用优步应用程序的驾驶员与英国任何其他交通服务提供商都应遵守相同的增值税法律。

毛姆说，他希望在下个月将该案件提请伦敦高等法院审理。优步案件可能面临巨额资金支付以及其他司法管辖区的影响。如果优步输掉官司，它将不得不缴纳20%增值税来提高车费，并且可能有责任为此前的收入补交税款。该公司尚未公布其2016年在英国的财务数据，但毛姆认为，去年它可能需要缴纳2亿英镑（合2.49亿美元）的增值税。如果优步败诉，它需要在整个欧盟范围内支付增值税税款。

大多数优步用户对提高车费不会满意，因为他们使用该服务的目的就是图其便宜的价格和便利。律师说，他并不担心公众的强烈反对。

"我认为会有更大的选区的民众会相信，没有人能超越法律，每个人都必须缴纳政府要求缴纳的税款。除非这些强大的大公司缴纳税款，否则社会将无法运转。当然会有人感到恼火，他们不得不为优步出租支付更高的价格，但是我认为这是少数。"毛姆告诉CNBC。

过去几年，美国技术公司的欧洲业务的相关事务一直是人们关注的重点领域。去年，欧盟执行机构欧盟委员会（European Commission）表示，爱尔兰必须追回给予苹果的130亿欧元（合140亿美元）的"非法税收优惠"。苹果已对该决定提起上诉。谷歌去年同意支付1.3亿英镑的补缴税款，此举当时被批评为"甜心交易"。谷歌当时表示它将继续向英国支付更多税款。

毛姆说，他之所以对优步穷追不舍，是因为公众看到这样的故事会导致他们对政府不信任。他想向政府施加压力，让政府"更加认真地对待这种行为"。

资料来源：Arjun Kharpal, "Meet the Lawyer Trying to Make US Tech Giants Pay More Taxes. His First Target: Uber," cnbc.com, March 24, 2017.

文章要点

英国律师乔利昂·毛姆对优步提起诉讼，要求该公司支付英国的增值税，该税与美国的营业税相似。优步辩称其司机已经适用于与其他运输服务提供商相同的增值税规则。优步将其司机归类为自雇司机，并且仅当年收入超过83 000英镑（约合103 000美元）时，才要求自雇人士缴纳增值税，这一收入水平比大多数优步司机的收入都要高出许多。然而，在2016年的一宗案件中，英国法官裁定优步司机不是自雇人士，这意味着应该由优步公司而不是司机本人缴纳增值税。优步已对该决定提出上诉，但如果败诉，优步将不得不提高车费以支付20%的增值税，并有可能被勒令对过去的收入补交税款。

优步并不是近年来在欧洲经营的唯一美国公司。2016年，欧盟告知爱尔兰，其必须追回曾经给予苹果的130亿欧元的税款优惠，而谷歌已经同意向英国补交税款，并在将来支付更多税款。

新闻分析

a. 与许多其他欧洲国家一样，英国对购买商品和服务征收增值税。当前的增值税税率为20%。优步公司并未支付增值税，理由是该公司没有雇用司机，而只是充当连接司机和乘客的中介。律师对优步声称公司无须支付税款的说法提出质疑，如果诉讼成功，那么可能会给优步造成数百万美元的损失，并为优步所在的其他欧洲国家树立先例。

b. 英国法院在2016年裁定优步司机不属于自雇，优步对此裁定提出上诉。如果优步上诉失败，那么由于缴纳增值税会导致其成本上升，因此必须提高车费。下图描述了该项税收对乘车服务（如优步和Lyft提供的服务）市场影响的一个假想示例。不缴纳增值税，均衡价格为每次出行30英镑，每天提供12 000次。征收20%的税（6英镑）后，供给曲线向上移动6英镑，消费者支付的价格将提高到33英镑，提供租车服务的公司收到的价格降低到27英镑，提供的打车数量减少到8 500次。税收收入等于每天51 000英镑（每次乘车6英镑×8 500次乘车）。对优步乘车征收20%的税将为政府带来收入，但也导致消费者剩余和生产者剩余减少而降低经济效率。消费者将为出行乘车支付更高的价格，这将减少消费者剩余，而企业获得的乘车价格也更低，减少了生产者剩余。部分减少的消费者剩余和生产者剩余成为税收，但余下部分就是征税造成的无谓损失，这是征税导致乘车次数减少带来的结果。如果要求优步和其他乘车服务提供商在欧洲其他国家或地区也缴纳增值税，那么整个欧洲的经济效率也会降低。

c. 优步只是在欧洲被征税的几家美国公司中的一家。2016年，欧盟委员会称苹果和谷歌均为未足额缴税的公司。与优步一样，这些公司如果被多征税将导致他们的产品价格上涨，因为生产和消费的商品和服务将减少。税收的增加也会降低经济效率。

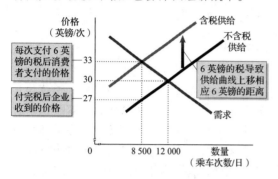

英国政府征收20%的增值税，使得共享出行市场的供给曲线向上移动6英镑，消费者支付的价格从30英镑提高到33英镑，企业收到的价格下降，从30英镑到27英镑。

批判性思考

（1）图形表示的是征收20%的增值税前后的乘用车市场。我们如何用图形来衡量征税对经济效率的影响？请重新画图，并显示征税所造成的额外负担的区域。

（2）英国可能会要求优步和其他共享出行平台开始支付增值税。该图显示了该项税款对英国乘车市场影响的示例。重新画图来表示如果是乘车人直接向政府缴税会发生什么情况。请解释价格、数量和税款的不同。

本章概要与练习

附录 4A

需求和供给的定量分析

借用图形有助于我们从定性方面理解经济的变化。例如，需求供给曲线图可以告诉我们如果家户的收入增加，那么其对正常物品的需求曲线将向右移动，价格水平将上升。然而，经济学家、企业经理人和政策制定者不仅想了解定性的变化方向，而且还想对变化的规模进行定量估计。

在本附录中，我们将对租金控制进行定量分析。我们知道实施租金控制会面临权衡取舍：租户是得益者，房主是受损方，因为存在无谓损失，住房市场效率减损。为了更好地理解租金控制，除了受益、受损之外，我们还想了解更多。我们需要知道受影响的程度。租金的定量分析将告诉我们得益和受损具体有多大。

4A.1 需求和供给方程

数量分析的第一步是对我们使用的需求和供给曲线进行扩展并引入需求方程和供给方程。经济学家们使用价格、数量和其他经济变量数据，通过统计方法估算出需求曲线方程和供给曲线方程。例如，假设经济学家已经估算出纽约市的公寓租房市场的需求为

$$Q^D = 4\,750\,000 - 1\,000P$$

公寓租房的供给为

$$Q^S = -1\,000\,000 + 1\,300P$$

我们用 Q^D 来表示每月公寓租房的需求，用 Q^S 来表示每月公寓租房的供给，用 P 表示公寓租房的租金（美元/每月）。事实上，公寓租房的需求数量和公寓租房的供给数量要依赖于纽约市公寓租房的租金价格。纽约市公寓租房的需求会受到纽约地区家庭平均收入水平以及周围城市租金水平的影响。为简化起见，我们忽略其他因素。

没有政府干预情况下，竞争市场均衡时，需求数量应当等于供给数量，即

$$Q^D = Q^S$$

以上这个等式也被称为均衡条件，我们可以使用这一方程来解出均衡的月度租金水平，也就是将需求方程的需求数量等于供给方程的供给数量：

$$4\,750\,000 - 1\,000P = -1\,000\,000 + 1\,300P$$

$$5\,750\,000 = 2\,300P$$

$$P = \frac{5\,750\,000}{2\,300} = 2\,500\,(美元)$$

我们再将价格代入到供给方程或者需求方程，就可得出可租公寓的均衡数量为

$$Q^D = 4\,750\,000 - 1\,000P = 4\,750\,000 - 1\,000 \times 2\,500 = 2\,250\,000$$

或者

$$Q^S = -1\,000\,000 + 1\,300P = -1\,000\,000 + 1\,300 \times 2\,500 = 2\,250\,000$$

图 4A-1 给出了这些方程包含的消息。图形也给出了当需求数量和供给数量为零时的租金水平。这些数值可以通过将 Q^D 和 Q^S 设为零后计算得出，并解出价格：

$$Q^D = 0 = 4\,750\,000 - 1\,000P$$

$$P = \frac{4\,750\,500}{1\,000} = 4\,750\,(美元)$$

且

$$Q^S = 0 = -1\,000\,000 + 1\,300P$$

$$P = \frac{-1\,000\,000}{1\,300} = 769.23\,(美元)$$

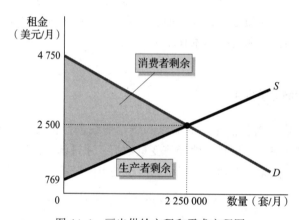

图 4A-1　画出供给方程和需求方程图

注：通过统计估计出供给方程和需求方程后，我们可以使用方程来画出供给曲线和需求曲线。对于目前这个例子，每月公寓租金的均衡水平为 2 500 美元，可租公寓的均衡数量为 2 250 000 套。根据供给方程，当租金为 769 美元 / 月的时候，可供公寓数量为零。根据需求方程，当租金为 4 750 美元 / 月的时候，人们对公寓的需求为 0。消费者剩余和生产者剩余的代表区域已在图上标出。

4A.2　计算消费者剩余和生产者剩余

图 4A-1 表示的是在这个市场中的消费者剩余和生产者剩余。

我们知道，消费者剩余和生产者剩余之和等于承租人和房主从参与市场交易中所获得的净得益。我们可以应用从需求方程和供给方程得到的数值来计算消费者剩余和生产者剩余的具体数值。我们已经知道，消费者剩余是需求曲线以下、市场价格水平线以上区域的面积。因为需求曲线是直线，所以这个区域形成一个直角三角形。从第 1 章的附录我们知道，三角

形的面积等于：1/2 × 底 × 高。因此，这个事例中该区域面积为

$$\frac{1}{2} \times 2\,250\,000 \times (4\,750 - 2\,500) = 2\,531\,250\,000$$

这一结果告诉我们，纽约市租房市场的消费者剩余大约为每月 25 亿美元。

我们可以使用类似的方法来计算生产者剩余。生产者剩余是供给曲线以上、市场价格线以下区域的面积。因为供给曲线也为直线，所以生产者剩余等于直角三角形的面积

$$\frac{1}{2} \times 2\,250\,000 \times (2\,500 - 769) = 1\,947\,375\,000 \text{（美元）}$$

这一结果告诉我们，纽约市租房市场的生产者剩余大约为每月 19 亿美元。

我们可以采用相同的分析方法来度量租金控制政策对于消费者剩余、生产者剩余和经济效率的具体影响。例如，假定租金控制的最高水平为每月 1 500 美元。图 4A-2 可以帮助我们计算具体的影响。

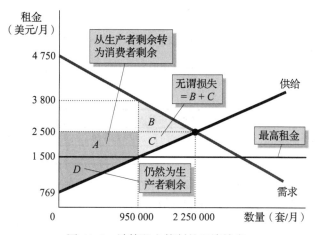

图 4A-2　计算租金管制的经济效应

注：一旦我们估计出租房市场的需求和供给曲线，画出图形就可以估计租金管制的经济效应。消费者剩余损失的是相当于三角形 B 的面积，增加的是矩形 A 的面积。生产者剩余减少的是相当于矩形 A 的面积和三角形 C 的面积之和。保留的生产者剩余的面积相当于三角形 D 的面积。无谓损失等于三角形 B 和 C 的面积之和。

首先，我们计算实际可租用公寓的数量，计算方法是将最高租金水平 1 500 美元代入到供给方程

$$Q^S = -1\,000\,000 + (1\,300 \times 1\,500) = 950\,000$$

我们也需要知道当可供租住的公寓数量为 950 000 套的时候，对应需求曲线的价格水平是多少。我们可以将 950 000 作为数量代入需求方程，由此计算出的价格水平为

$$950\,000 = 4\,750\,000 - 1\,000P$$

$$P = \frac{-38\,000\,000}{-1\,000} = 3\,800 \text{（美元）}$$

与竞争均衡时候的数值进行比较，消费者剩余减少了相当于三角形 B 的面积，增加了矩形 A 的面积，三角形 B 的面积为

$$\frac{1}{2} \times (2\,250\,000 - 950\,000) \times (3\,800 - 2\,500) = 845\,000\,000 \text{（美元）}$$

矩形 A 的面积为长 × 宽，即

$$(2\,500 - 1\,500) \times 950\,000 = 950\,000\,000 \text{（美元）}$$

竞争性均衡时消费者剩余为 2 531 250 000 美元。由于实行租金控制，消费者剩余增加到：$(2\,531\,250\,000 + 950\,000\,000) - 845\,000\,000 = 2\,636\,250\,000$（美元）

与竞争性均衡相比，生产者剩余减少的值等于三角形 C 和矩形 A 的面积之和。三角形 C 的面积为

$$\frac{1}{2} \times (2\,250\,000 - 950\,000) \times (2\,500 - 1\,500) = 650\,000\,000 \text{（美元）}$$

我们已经计算出了矩形 A 的面积为 950 000 000 美元，竞争性均衡时生产者剩余为 1 947 375 000 美元。因为租金控制，生产者剩余减少到

$$1\,947\,375\,000 - 650\,000\,000 - 950\,000\,000 = 347\,375\,000 \text{（美元）}$$

经济效率的损失可以通过计算无谓损失来表示，等于三角形 B 和三角形 C 的面积之和，即

$$845\,000\,000 + 650\,000\,000 = 1\,495\,000\,000 \text{（美元）}$$

下表对我们的分析进行了总结。

消费者剩余（美元）		生产者剩余（美元）		无谓损失（美元）	
竞争均衡	租金控制	竞争均衡	租金控制	竞争均衡	租金控制
2 351	2 636	1 947	347	0	1 495

通过定性分析，我们知道了施加租金控制可使得租客状况变好，房东状况变差，经济效率减损。我们刚刚学习的分析方法是在定性分析的基础上加入了具体数值。我们现在知道了消费者得到了多少好处，房租损失了多少，经济效率减少了多少。有时候，定量分析的结果出乎人们的意料。例如，施加租金控制后，无谓损失实际上是大于所剩的生产者剩余的值。当然，这些结果依赖于我们选择的需求曲线和供给曲线方程的具体数值。数值选择不同会有不同的结果。

经济学家们经常研究一些话题，其行为结果即使对于不是经济学家的人来说也是显而易见的。你不必成为经济学家也能理解如下现象：在租金控制中，谁获益谁受损；或者如果一个公司削减产品价格，其销售将增加。企业管理者、政策制定者和一般公众需要经济学家们给出不同决策影响的定量结果（包括实施租金控制的政策），这样他们才能更好地对那些决策的结果进行理解。

4A.1 需求和供给的定量分析

复习题

4A.1 对于线性需求方程，价格轴上截距的经济含义是什么？同样，供给曲线在价格轴上的截距的经济含义是什么？

4A.2 你被要求选择一个价格水平使得市场中的经济剩余最大。你会选择什么样的价格？为什么？

4A.3 消费者剩余是消费者从购买一种商品或服务中所获得的净得益。为什么消费者剩余度

量的是净得益？

4A.4 为什么经济学家要使用无谓损失这一概念来描述价格控制对生产者剩余和消费者剩余的影响？

问题与应用

4A.5 假设你的工作是分析劳动市场中实行最低工资水平所带来的影响。假设你估算的劳动需求和劳动供给函数如下，其中 L 代表劳动的数量（以千人为单位），W 代表工资水平（小时工资）。

需求　　$L^D = 100-4W$

供给　　$L^S = 6W$

　　首先，计算自由市场中均衡的工资水平和劳动数量。假设最低工资水平为 12。这一市场中有多少剩余的劳动力？

4A.6 下列图形表示的是两种不同的劳动市场。假设两个市场都实行同样的最低工资水平，哪个市场对就业的影响更大一些？

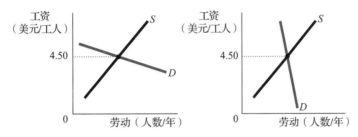

4A.7 假设你是一家制造企业主管运营的副总裁，这是一家在竞争性市场中销售工业润滑剂的企业。假设公司聘用的经济学家给出了如下的需求和供给函数：

需求　　$Q^D = 45-2P$

供给　　$Q^S = -15+P$

这个市场的消费者剩余是多少？生产者剩余是多少？

4A.8 下图所示为一个施加了每单位最低价格水平为 3 美元管制的市场。请计算如下项目。

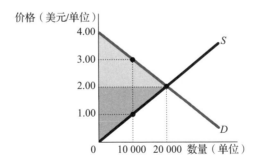

a. 无谓损失。

b. 生产者剩余向消费者剩余的转移或者消费者剩余向生产者剩余的转移。

c. 实施最低价格后的生产者剩余。

d. 实施最低价格后的消费者剩余。

4A.9 参考附录 4A，对租金控制水平为 2 000 美元而非 1 500 美元的结果进行总结（使用图表辅助）。

PART 2

第二部分

市场行为：政策与应用

第 5 章　外部性、环境政策和公共产品

第 6 章　弹性：供给和需求的反应程度

第 7 章　医疗保健经济学

第 5 章

外部性、环境政策和公共产品

:开篇案例:

埃克森美孚为什么想缴纳碳税

石油公司的负责人为何主张对公司的产品征税？2017年，埃克森美孚的达伦·伍兹（Darren Woods）就这样做了。他证实该公司支持碳税。根据该税法，联邦政府将根据能源的碳含量对能源消耗征税。例如，像埃克森美孚这样的炼油厂将按其提炼出的汽油和家用取暖用油等产品的碳含量纳税，而太平洋天然气和电力公司（PG&E）等企业则应按照发电使用的煤炭和天然气的碳含量纳税。石油和煤炭等化石燃料的燃烧会产生二氧化碳，大多数科学家认为二氧化碳是导致全球变暖的"温室气体"。

民意测验显示，大多数人认为政府应管制温室气体。大多数经济学家都认为政府政策应尝试减少这些气体排放，但他们对公众认为的什么是最好的政府政策持不同意见。公众倾向于支持要求公司使用特定方法来减少污染的政府法规，例如，要求汽车公司生产燃油效率更高的汽车。许多经济学家认为，对于污染控制，基于命令与控制政策（command-and-control policies）的经济效率要逊于基于市场规则的政策，后者依赖经济激励而非行政法规。

碳税是基于市场规则政策的一个示例，该政策为家庭和企业提供经济激励，通过提高价格来减少对这些化石燃料的使用。但是，包括碳税在内的政府污染治理的政策一直存在争议。一些企业反对碳税，因为它们认为碳税会增加生产成本。其他企业认为碳税有利，它们认为命令与控制政策成本更高、效果更差。此外，政府监管机构执行命令与控制政策会因为环境复杂而面临诸多困难，因此，受该政策影响的石油公司、电力公司和其他公司在未来如何运作面临着不确定性。碳税将为这些公司提供更大的确定性。根据《华尔街日报》的一篇文章，埃克森美孚的发言人指出："直接征收碳税比州、联邦和国际一级的现行法规和潜在规则的拼凑要好得多。"

正如我们将在本章中看到的那样，经济分析在有关环境政策的辩论中可以发挥重要作用。

资料来源：Amy Harder and Bradley Olsen, "Exxon Touts Carbon Tax to Oil Industry," *Wall Street Journal*, June 30, 2016; Suzanne McCarron, "Letter: Exxon Favors a Carbon Tax," *New York Times*, December 30, 2016; and Paola Sapienza and Luigi Zingales, "Economic Experts vs. Average Americans," *American Economic Review, Papers and Proceedings*, Vol. 103, No. 3, May 2013, pp. 636–642.

┆生活与职业生涯中的经济学┆

对"最优"污染水平给出建议

政策制定者在对什么是实现二氧化碳减排目标的其他方法进行争论。假设你在华盛顿特区履职，是美国参议员的政策助手。参议员问你："如果二氧化碳排放损害了环境，联邦政府应采取行动彻底消除它们吗？"你该如何回应？阅读本章时，请尝试回答此问题。本章末尾提供了答案。

污染是经济生活中的一部分。消费者燃烧汽油驱动汽车，以及用天然气为家庭供暖都会造成污染。企业发电、制造杀虫剂和塑料以及其他产品也造成污染。像发电厂之类的公用事业单位用燃煤发电时会生成二氧化硫，二氧化硫会形成酸雨，毁坏树木、庄稼和建筑物。石化燃料的燃烧生成二氧化碳等其他温室气体，导致全球变暖。

污染只是外部性的具体表现之一。**外部性**（externality），是指对并非直接生产和消费某种商品或服务的行为人产生有利或有害的影响。空气污染存在负外部性（negative externality），因为患有哮喘病的人即使并没有买卖造成污染的电力，也不得不承受由此形成的成本。医学研究存在正外部性（positive externality），因为没有直接参与其中或者为其付费的人也能从中获益。

一个竞争性市场通常能使商品或服务达到经济效率的产出水平。但是，如果市场存在外部性，这一结果将难以达到。当存在负外部性时，市场能产出的产品数量要大于有效水平实现时的数量。但存在正外部性时，市场的产出数量又小于有效水平实现时的数量。政府干预经济，如对农产品设置最低限价和对房租设置最高限价，可导致经济效率的减损（请参看第4章）。但是，当存在外部性时，政府干预实际上可以提高经济效率，增进社会福利。可是政府干预的方式非常重要。经济学家可帮助政策制定者推出的政府项目尽可能达到有效水平。

在本章我们将讨论什么是解决污染和其他外部性问题的最好办法。我们也将讨论公共产品，如国防，这是一种除非政府提供否则无人会提供的产品。

5.1 外部性与经济效率

当你消费一个巨无霸汉堡时，只有你自己得益，但在获得大学教育时，他人也会得益，因为受过大学教育的人群犯罪可能性低。作为见识更广的投票人，他们更可能对政府政策建言献策。所以，你自己可能获得受过大学教育后的大部分好处，但你并没有获得全部。

当你购买一个巨无霸汉堡，你支付的价格能弥补麦当劳公司生产一个汉堡所有的生产成本。但你从火力发电公司购买电力时，因为烧煤发电会形成碳排放，你所支付的价格可以支付该公用事业公司发电的部分费用，但不能涵盖二氧化碳对环境造成的损害。

因此，大学教育产出有正外部性，因为没有为此付费的人也从中获益。电力生产则有负外部性，例如，发电导致的酸雨会造成鱼和其他湖中的野生动物销声匿迹，对于那些住在湖边的人来说，即使他们没有购买电力，也承担了由此而产生的成本。

5.1.1 外部性影响

外部性会干扰市场均衡时的经济效率。竞争性市场可以使消费者剩余和生产者剩余之和达至最大经济效率（参考第 4 章）。但是，只有在生产和消费没有负外部性的情况下，这一结论才成立。外部性的存在，使得生产的私人成本与社会成本不一致。

- **私人成本**（private cost）是产品或服务生产者承担的成本。
- **社会成本**（social cost）是生产产品或服务的总成本，等于私人成本加上任何如污染之类损害构成的外部成本。

没有外部性时，私人成本将等于社会成本。

外部性也造成消费中私人得益与社会得益的不同：

- **私人得益**（private benefit）是产品或服务消费者得到的益处。
- **社会得益**（social benefit）是消费产品或服务的总得益，等于私人得益再加上如大学教育之类带来的其他额外益处。

没有外部性时，私人得益等于社会得益。

1. 生产的负外部性怎样减损经济效率

一般情况下，经济学家假定产品或服务的生产者一定承担了所有生产成本。但是，我们现在知道，这种看法并不正确。在电力生产中，私人成本由电力公司承担，但污染的一部分外部成本是由那些非消费者的人承担的。电力生产的社会成本等于私人成本再加上外部成本。图 5-1 所示为电力生产的负外部性对电力市场的影响。

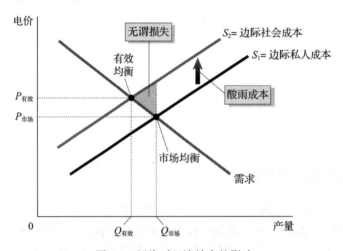

图 5-1 污染对经济效率的影响

注：因为电力公司不承担酸雨成本，其发电量超过了经济有效水平。供给曲线 S_1 仅仅表示电力公司支付的边际私人成本。供给曲线 S_2 表示边际社会成本，其中包括了由酸雨形成的那些损害。如果供给曲线是 S_2 而非 S_1，市场均衡将出现在价格为 $P_{有效}$，产量为 $Q_{有效}$ 的点上，并且产出处在经济有效水平上。但是，当供给曲线为 S_1 时，市场均衡将出现在价格为 $P_{市场}$，产量为 $Q_{市场}$ 的点上，这时存在无谓损失，数量等于有阴影的三角形面积。因为存在无谓损失，这一均衡并非有效状态。

S_1是市场供给曲线,仅仅表示电力公司在发电过程中的私人成本。只有当企业得到的价格至少等于额外多生产1单位产品的成本时,企业才会多提供1单位产品,因此,供给曲线代表的是生产一种产品或服务的边际成本(参考第4章)。如果电力公司承担了污染成本,供给曲线将是S_2,这代表了生产电力的真实边际社会成本。均衡时的价格$P_{有效}$和产量$Q_{有效}$是达至效率的价格与产量,如果是$P_{市场}$、$Q_{市场}$的均衡,则是非有效价格与产量。

之所以如此,是因为如果均衡达至经济意义上的有效,经济剩余即消费者剩余加生产者剩余将达到最大(参考第4章)。当经济剩余最大时,社会从生产产品或服务得到的好处要达到最大。当均衡产量为$Q_{有效}$时,经济剩余最大,均衡也达至有效状态。然而,当均衡产量为$Q_{市场}$时,经济剩余减少了无谓损失的部分,如图5-1所示的阴影三角形区域,这时的均衡并非有效。出现无谓损失是因为,对处在$Q_{市场}$与$Q_{有效}$之间的电力产量来说,其供给曲线高于需求曲线。也就是说,生产这些单位的新增成本(包括外部成本)大于消费者所得到的边际得益(用需求曲线来代表)。换言之,因为污染成本的存在,如果减少电力生产,经济效率将得到改善。

我们可以得出如下结论:当生产产品或服务存在负外部性时,在市场均衡水平,产品或服务生产过量。

2. 消费的正外部性怎样减损经济效率

我们已经知道了,负外部性干扰经济有效的达至。对于正外部性,这一结论仍然成立。在前面章节中,我们假定需求曲线代表的是从消费一种产品中所获得的所有得益。但是,对于受教育学生来说,他们并没有获得全部大学教育所产生的好处,所以大学教育的市场需求曲线并没有包括全部得益。图5-2所示为消费的正外部性对于大学教育市场的影响。

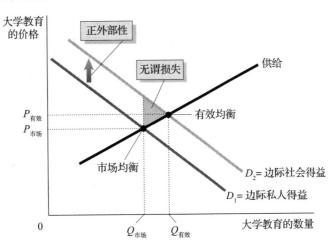

图5-2 正外部性对经济效率的影响

注:没有获得大学教育的人也能从大学教育中获益。结果,大学教育的边际社会得益大于对大学生来说的边际私人得益。因为市场需求曲线D_1仅仅代表边际私人得益,大学教育的提供量$Q_{市场}$数量过少。如果市场需求曲线为D_2而非D_1,大学教育的生产数量将为$Q_{有效}$。在市场均衡数量水平$Q_{市场}$上,无谓损失的数量等于图中阴影部分的面积。

如果受教育的学生获得所有的得益,需求曲线为D_2,代表着边际社会得益。然而,真实的需求曲线为D_1,表示的是学生所得到的边际私人得益。在价格水平为$P_{有效}$、数量为

$Q_{有效}$时，有效均衡实现，在这种均衡状态，经济剩余最大。然而，当价格水平为$P_{市场}$、均衡数量为$Q_{市场}$时的市场均衡并没有达至有效状态，因为对处在$Q_{市场}$与$Q_{有效}$之间的产量来说，其需求曲线高于供给曲线。也就是说，生产这些单位的边际得益（包括额外得益）大于边际成本。因此，存在着大小如阴影三角形的无谓损失。因为存在正外部性，大学教育的数量越多，经济效率越能得到改善。

因此我们可以得出如下结论：当生产产品或服务存在正外部性时，在市场均衡水平，产品或服务生产不足。

5.1.2　外部性和市场失灵

我们已经知道因为存在外部性，产出的有效水平不论是对电力市场还是对高等教育市场都不会出现。这就是**市场失灵**（market failure）的事例，市场失灵是指市场未能达到有效产出水平的状态。后面我们将讨论解决外部性的可行方法。但是首先我们需要考虑，为什么外部性会存在。

5.1.3　外部性从何而起

为使市场良好运作，政府需要保护**产权**（property rights）（参考第2章）。产权指的是个人或企业拥有的对财产的排他性使用（包括买卖）权利。财产可以有形，如一个商店或者工厂；财产也可以无形，比如说，对一种新思想的权利。在大多数情况下，高收入国家的政府在保护产权方面做得非常出色，但在一些特定情况下，产权并不存在，或者无法得到法律保护。

考虑如下情形，李拥有一块包括一片湖面在内的土地。一个造纸公司承租了李的地并建立了一个造纸厂。造纸厂将废水排进属于李的湖中，他可以向造纸公司收取清洁湖水的费用。结果，污染成本成了造纸公司的私人成本，被包括在纸浆的售价之中。因为没有外部性，纸浆产量达到有效水平，也没有市场失灵。

现在假定造纸公司同样在私人领地上建造造纸厂，但是将污染物排进了政府所有而非私人所有的湖中。在没有政府监管的情况下，公司将污染物排进湖中并没有承担相应费用。污染成本成为公司的外部成本，因为公司不必为清洁湖水付费，造纸厂的纸浆产量将大于经济有效水平，这个时候出现了市场失灵。或者换一种情形，湖面的所有权属于李，但几百千米之外的发电厂排污形成的酸雨污染了湖水。法律不容许李向发电厂收取酸雨造成损坏的赔偿。这就像有人损坏了李的财产，但他不能够行使权利保护财产。这种情况下也存在外部性和市场失灵，结果是电力生产过多。

如果你买了一栋房子，政府将保护你拥有的排他性使用的权利。没有得到你的允许，没人可以使用这栋房子。因为房屋的产权归属于你，你从房子得到的私人得益与社会得益是一致的。然而，当你付费获得大学教育时，其他人也会从中受益。你没有权利阻止他人受益，或者向其他受益人索取回报。存在正外部性的结果是也出现市场失灵，表现为大学教育提供得过少了。

我们可以得到如下结论：由于财产权不完全，或者在一定情况下存在权利执行难度，外部性和市场失灵就会存在。

5.2 外部性的私人解决方案：科斯定理

正像本章开始指出的那样，当存在外部性时，政府干预实际上可以提高经济效率，增进社会福利。然而，也存在解决外部性的私人方案。

通过市场方法可以治疗市场失灵吗？在发表于 1960 年的一篇影响深远的文章中，芝加哥大学的罗纳德·科斯（Ronald Coase）——1991 年诺贝尔经济学奖获得者，认为在某些情形下，解决外部性问题的私人方案是存在的。为理解科斯的观点，首先要认识到，完全消除外部性通常并不能达至经济有效状态。就以污染为例，存在着减少污染的经济有效水平。首先，这似乎是一个悖论。污染并非好事，你自然认为污染为零应为有效水平，但污染不可能为零。

5.2.1 减少污染的经济有效水平

第 1 章引入的一个重要理念是，任何行动的最优决策应该进行到边际得益等于边际成本的时点。如同对其他行为进行的分析一样，这一思想可适用于对污染的分析。二氧化硫的排放会造成雾霾和酸雨。减少二氧化硫或任何其他污染物的排放水平，社会将会受益：树木死亡率降低，建筑物损害减轻，人们也会减少呼吸损害。然而，关键点是在减少二氧化硫的排放中，多减少一吨二氧化硫排放的边际得益（额外得益）是多少。为了看清其中原因，请考虑如下情形：如果发电厂没有采取措施减少二氧化硫的排放，那么，在城市中西部、东北部就会有许多雾霾天。即使是健康的人也会出现呼吸方面的问题。随着二氧化硫排放的减少，雾霾天也将减少，健康人群也不再受到呼吸问题的困扰。如果二氧化硫的排放进一步降低，有哮喘的人也不再受到影响。如果再继续减少二氧化硫的排放，那么带来的额外得益也几乎不存在了。减少二氧化硫排放量带来的其他好处也是如此：随着减少量的增加，受损的建筑物和树木减少，污染的湖泊所带来的额外好处也将减少。

◎概念应用 5-1

《清洁空气法》：政府政策怎样降低婴儿死亡率

自从 1970 年国会通过理查德·尼克松签署的《清洁空气法》以来，美国在减少空气污染方面取得了巨大进步。到 2017 年，六种主要空气污染物的总排放量至少减少了 50%。一氧化碳的排放量下降了 70% 以上，铅的排放量下降了 99% 以上。同期，美国实际国内生产总值（GDP）（这是一个国家所有常住单位在一定时期内生产活动的最终成果）增长了 3 倍多，能耗仅仅增长了一半，所有车辆行驶的公里数增加了 1 倍。

如我们所见，当污染水平很高时，减少污染的边际收益也很高。那么，我们可以预期，1970 年减少空气污染的收益要远高于今天减少同样污染水平带来的好处，因为当今的污染水平要低得多。几项研究表明，在通过《清洁空气法》后不久的这段时间里，减少空气污染的好处确实很大。我们可以简要讨论其中的三项研究。

布朗大学的肯尼斯·蔡（Kenneth Y. Chay）和麻省理工学院的迈克尔·格林斯通（Michael Greenstone）的研究表明，在国会通过《清洁空气法》之后的一段时间里，污染减少所带来的好处相当明显。他们认为，污染程度很高的空气会损害到未出生的胎儿，可能会导致他们的肺功能障碍。这种损害增加了婴儿夭折的风险。在法案通过两年后，空气污染程度大幅度减轻，婴儿死亡率也大幅度下降。婴儿死亡率下降主要是由于未足月婴儿的死亡减少所造成的。当然，婴儿死亡率的下降，其他因素也很重要。但两人使用统计方法分离出了空气污染减少的影响。他们得出的结论是，因为《清洁空气法》的实施，1972年的婴儿死亡减少了1300多例。

康奈尔大学的尼古拉斯·桑德斯（Nicholas J. Sanders）和杜兰大学的查尔斯·斯托克尔（Charles Stoecker）研究了《清洁空气法》如何影响未出生胎儿的情况。他们得出结论，在1972年，由于《清洁空气法》所致的污染减少，9900例胎儿免于死亡。

美国财政部经济学家亚当·艾森（Adam Isen）、加利福尼亚大学圣塔芭芭拉分校的玛雅·罗辛·斯莱特（Maya Rossin-Slater）和加利福尼亚大学伯克利分校的W. 里德·沃克（W. Reed Walker）的研究进一步表明，该法案实施后，减少排污对年幼的儿童会有持久影响。他们估计，由于改善了健康状况，污染严重的县里出生的150万儿童长大成人后，比未减少污染的县里的人可每年多赚约4300美元。

资料来源：Kenneth Y. Chay and Michael Greenstone, "Air Quality, Infant Mortality, and the Clean Air Act of 1970," National Bureau of Economic Research, Working Paper No. 10053, October 2003; Nicholas J. Sanders and Charles Stoecker, "Where Have All the Young Men Gone? Using Sex Ratios to Measure Fetal Death Rates," *Journal of Health Economics*, Vol. 41, May 2015, pp. 30–45; and Adam Isen, Maya Rossin-Slater, and W. Reed Walker, "Every Breath You Take—Every Dollar You'll Make: The Long-Term Consequences of the Clean Air Act of 1970," *Journal of Political Economy*, forthcoming.

减少发电污染的边际成本是什么呢？为了减少二氧化硫排放，发电厂不得不用成本更高的燃料来替代含硫量高的煤炭，或者不得不安装净化器之类的污染控制装置。随着污染水平的下降，进一步减排成本会逐步上升。将排放或其他类型的污染降低到很低的水平要求非常复杂和昂贵的新型技术。例如，此前在管理与预算联邦办公室工作的亚瑟·弗拉斯（Arthur Fraas）和利哈伊大学的文森特·孟利（Vincent Munley）的研究表明，将城市污水中97%的污染物去除的边际成本是去除95%污染物成本的两倍多。

减少污染对社会的净得益等于减少污染的好处减去治理污染的成本之间的差额。为使社会净得益最大，二氧化硫和其他类型的污染应该被减少到如下水平：多减少1吨污染物的边际得益等于为此支付的边际成本，如图5-3所示。

在图5-3中，我们用横轴表示二氧化硫排放物的数量。我们在纵轴上对多减少1吨二氧化硫引起的边际得益和边际成本用货币单位来表示。随着污染越来越少，边际得益将递减，边际成本将递增。当边际得益等于边际成本时，减少污染的经济有效水平就可得到。如图5-3所示，二氧化硫排放减少的经济有效水平为每年850万吨。美国国会在始于1990年的一个项目里决定到2010年减排数量达到这个水平。随着排放数量的减少，最后1吨二氧化硫排放的边际得益和边际成本都为200美元。如果排放目标仅仅为700万吨，在这样的减排水平上，社会从最后1吨减排可增加的得益为300美元，但对发电厂增加的成本仅仅为140美元。事实上，图中标示了从700万吨到850万吨，社会从每吨减污中可得到的净得益。只有当二氧化硫排放物每年减少850万吨时，边际得益才下降到与边际成本相等的水平。

现在假定国会将减少的二氧化硫排放量的目标定为每年1 000万吨。如图5-3所示，在减排的这一目标水平，每吨减排的边际得益下降到100美元，而边际成本上升到260美元。

最后 1 吨减排实际上使社会所得的净得益减少了 160 美元。事实上，超过 850 万吨的每 1 吨减排都会造成社会净得益的减少。

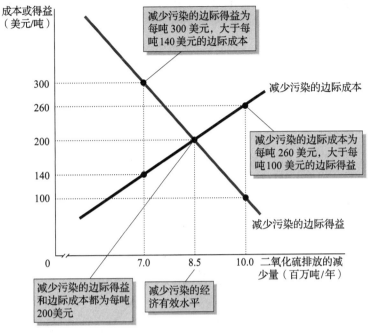

图 5-3　减少污染的边际得益应该等于边际成本

注：如果二氧化硫排放量减少为每年 700 万吨，每吨减排可增加的得益为 300 美元，每吨的边际成本为 140 美元。如果进一步减排，那么可以增加社会的净得益。如果减排增加到 1 000 万吨/年，每吨的边际成本为 260 美元，这要大于每吨的边际得益 100 美元。这时二氧化硫排放量的增加将会减少社会的净得益。只有在减排数量为 850 万吨/年时，边际得益才等于边际成本。这也是污染减排的经济有效水平。

总结如下：如果减少污染的边际得益大于边际成本，进一步减排将增加社会得益；如果减少污染的边际成本大于边际得益，进一步减排将减少社会得益。

5.2.2　外部性私人解决方案基础

在讨论外部性私人解决方案的可能性时，罗纳德·科斯强调，当污染存在多个最优水平的时候，减少污染到最优水平带来的好处要大于为此付出的成本。图 5-4 表明了这点。

边际得益曲线表示的是每减少 1 吨二氧化硫排放所带来的额外得益。边际得益曲线下两种排放水平之间的边际得益是从一种减排水平减少到另一种减排水平后的总得益。例如，如图 5-4 所示，二氧化硫减排水平从 700 万吨增加到 850 万吨所得到的总得益是区域 A 和区域 B 的面积之和。边际成本曲线表示的是每减少 1 吨二氧化硫排放额外增加的成本。从一种减排水平到另一种减排水平的总成本，是两种减排水平之间的边际成本曲线。减排水平从 700 万吨到 850 万吨所增加的总成本是区域 B。减排所带来的净得益是总得益和总成本之差，即区域 A 的面积。

在图 5-4 中，进一步减少二氧化硫排放所带来的得益显著大于成本。在第 1 章附录 1A 中，我们回顾了三角形面积的计算公式为：1/2 × 底 × 高，矩形面积的计算公式为：长 × 宽。用这些公式我们可以计算减少排放的总得益和总成本的值。总得益的值为 (A+B)，即

3.75 亿美元，总成本（B）为 2.55 亿美元。如果能把人们从减少污染得到的好处聚集在一起，他们愿意向发电厂支付 2.55 亿美元，将污染减少到最优水平。在支付之后，他们仍然可以得到 1.2 亿美元的净得益。换言之，不通过政府干预，而是通过达成私人协议将污染减少到最优水平是可能的。

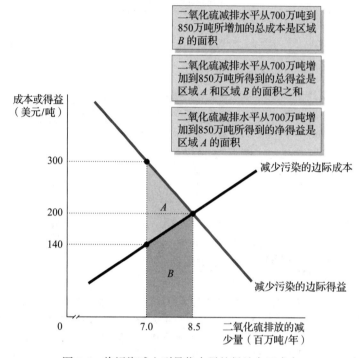

图 5-4 将污染减少到最优水平的得益大于成本

注：将二氧化硫减排水平从 700 万吨 / 年增加到 850 万吨 / 年，所增加的总得益等于边际得益曲线下区域 A 与 B 的面积之和，减少污染的总成本为边际成本曲线下区域 B 的面积。因为减少排污的总得益大于总成本，所以总得益大于总成本的部分等于 A 的面积。由于减少污染所带来的总得益大于总成本，因此获益的人有可能与污染者达成私下协议，付钱给他们以减少污染。

勿犯此错 5-1

请记住，这里计算的是净得益

为什么我们并不想完全消除令人不快的东西？只要有人对空气污染造成的结果感觉不快，减少空气污染的边际得益就将为正。因此，消除所有的空气污染将使社会获得最大的总得益。但是，正如在打扫房间时，扫除每一粒污垢或尘埃并非最优一样，消除所有的污染也并非最优。打扫房间的成本，并不仅仅是清洁产品的代价，还包括你花费时间的机会成本。你打扫房间花的时间越长，你从事其他活动的时间就越少。当我们多增加时间来打扫房间时，我们不得不放弃的其他行动的价值很可能会增加，打扫的机会成本就上升了。打扫时间替代了看电视时间，代价还比较小，但如果占去了用餐时间和睡觉时间，代价就大了。从最优的角度来看，我们应该将房间打扫到最后一单位污垢移除后的边际得益等于移除污垢的边际成本的状态。社会应该采用同样的方法来解决空气污染问题。结果应该是对社会而言，净得益最大。

5.2.3　产权重要吗

在讨论发电厂和受发电厂污染之害的人们之间的讨价还价时，我们假定，发电厂从法律意义上不对其造成的伤害负责，换言之，污染的受害人从法律意义上不能行使对其财产保护免受损害的权利。因此，这些受害人不得不付钱给发电厂来减少污染。如果发电厂从法律意义上负有对造成的损害进行赔偿的责任，事情又有什么不同吗？令人惊奇的是，正像科斯首先指出的那样，对于减少污染的数量而言，这并没有影响。唯一的不同是，现在发电厂不得不对污染受害人权利的损害进行赔偿，而不是受害人向发电厂付钱以减少污染。因为减少污染的边际得益和边际成本没有变化，讨价还价的结果，应该也会得到有效的减污水平，也就是 850 万吨。

发电厂没有法律赔偿责任时，污染受害人愿意向发电厂付钱，使其将污染减少到每吨减污的边际得益等于边际成本的水平。如果发电厂负有法律上的赔偿责任并且愿意向受害人支付赔偿，那么排污将达到相同的水平。

5.2.4　交易成本问题

不幸的是，污染制造者和污染受害人很难就外部性问题达成私人解决方案。在上述案例中，通常有许多的污染制造者与受到污染负效应影响的受害人。因为交易成本的存在，污染受害人和排污企业之间很难达成协议。**交易成本**（transactions costs）是指在商品和服务交换过程中，各方参与人协商并完成交易所花费的时间成本和其他资源的成本。对所议事例来说，交易成本包括协商、拟定有约束力的合约和监督协议执行的时间成本和其他资源成本。因为涉及的人员多，交易成本经常要高于减少外部性所得到的净得益。当交易成本最终超过交易得益时，外部性的私人解决方案就不具有可行性了。

5.2.5　科斯定理

科斯关于外部性问题私人解决方案可行性的观点被总结成**科斯定理**（Coase theorem），即如果交易成本很低，私人间的谈判可得出外部性问题的有效解决方案。在前面电力公司污染的事例中，我们已经了解了科斯定理成立的基础：减少外部性所得到的好处大于成本时，私人间的谈判才可能得到有效率的结果。但是，我们也知道只有当交易成本很低的时候，我们才能看到这个结果，对于前面的污染情形，人们通常不会得出这一结果。一般说来，当参与人数相对较少时，私人间的谈判才可能得出有效的结果。

在实践中，科斯定理还面临其他的限制。除了交易成本很低之外，只有当参与协商的所有人对于与外部性相关的成本、收益充分了解，且各方愿意接受合理的协议时，外部性问题的私人解决方案才能得到。例如，如果受到污染损害的各方对减少污染的成本不了解，那么他们不可能达成协议，而且协议背后可能隐藏着不合理的需求。例如，在发电厂污染的事例中，减少二氧化硫排放，所得到的总得益为 3.75 亿美元，即使交易成本很低，如果发电厂坚持支付超过 3.75 亿美元才同意减少排放，协议也无法达成。因为减少排放得到的价值，要小于为此支付的代价。

◎ 概念应用 5-2

如何在飞机飞行中护膝

想象一下，你正坐在飞机上，在椅子后的小桌板上安静地操作你的笔记本电脑。随后，在没有任何警告的情况下，前座的人用力后靠她的座位，撞到了你的膝盖，甚至更糟的是弄坏了你的笔记本电脑的屏幕。不幸的是，这样的问题已经越来越普遍。直到几年前，飞机客舱中的大多数座位，从一个座位的前部到下一排座位的后部都留有32英寸①的空间。但是，航空公司已经重新配置了飞机布局以容纳更多座位。如今，许多客舱座椅只有29英寸的空间，减少了3英寸的空间会产生很大不同，特别是如果你长了两条大长腿！

显然，有人将座椅向后倾斜时带来了外部性问题。斜躺者可以获得更舒适姿势的好处，但是正好坐在后面的人则必须承担斜躺者占用空间的成本。但是，这是你的空间吗？如果你拥有该空间的产权，则可以选择让前面的人支付费用来倾斜他的椅子。但是，这个空间的拥有者是航空公司，它们的政策允许人们倾斜座位。在发生艾拉·高德曼（Ira Goldman）发明的护膝工具"护膝板"事件后，航空公司的观点变得清晰起来。当将高德曼的小工具装在托盘桌的横杆上时，它可以防止前方的座椅倾斜。小工具的使用引起了争执，因此，大多数美国的大型航空公司都禁止使用这个小工具。

因为航空公司赋予乘客斜躺的权利，如果坐在前排的人挤到了你的膝盖或使你无法在小桌板上使用笔记本电脑，那又该怎么办？如果该问题给你造成的损失大于座椅斜后靠给前排人带来的得益，那么你应该向该人付钱以换取座位不斜倚，这就是经常乘飞机的《纽约时报》专栏作家乔什·巴罗（Josh Barro）提出的解决方案。"如果我的斜倚打扰了你，你可以付钱让我不这样做。"他对许多人被前排座椅斜倚带来的困扰感到不解："如果他们真的那么在乎，应该有人会打开钱包并付钱给我。"

运用科斯定理，巴罗的分析似乎是正确的。如果你因为前排座椅靠背倾斜造成的损失大于前面斜躺者得到的好处，则你应该向斜躺者付款。由于这种现象很少发生，因此斜躺的人所获得的收益必定大于后面的人所承受的成本。但是，城市研究所的经济学家唐纳德·马龙（Donald Marron）认为，只有在我们认为谈判协议的交易成本很低的情况下，这种分析才能成立。如果很多人不喜欢与陌生人就倾斜座位靠背付钱进行谈判的想法，那可能是交易成本太高，无法获得有效的结果。

罗纳德·科斯于2013年去世，所以，我们可能永远都不知道他如何处理前排人倾斜座椅靠背带来的问题。

资料来源：Scott McCartney, "Airline Seat Battles: Be Kind, Don't Recline?" *Wall Street Journal,* September 3, 2014; Josh Barro, "Don't Want Me to Recline My Airline Seat? You Can Pay Me," *New York Times*, August 27, 2014; Donald Marron, "Who Owns the Right to Recline? Property Rights in the Sky," dmarron.com, August 26, 2014; and Adam Levine-Weinberg, "It's No Surprise Airlines Have Banned the 'Knee Defender,'" fool.com, September 7, 2014.

5.3 应对外部性的政府政策分析

当外部性私人解决方案不可行时，政府应该怎样干预呢？英国剑桥大学的庇古是第一个

---

① 1英寸 = 2.54厘米。

系统性研究市场失灵并给出答案的经济学家。

5.3.1 当存在负外部性时：征税

庇古认为，为了解决生产中的负外部性问题，政府应该征收相当于外部性成本的税金。征税的影响如图 5-5 所示，这里重述了图 5-1 所示的酸雨造成的负外部性情形。

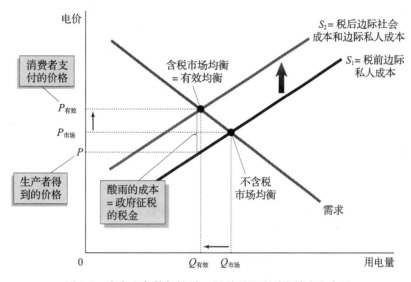

图 5-5 当存在负外部性时，征税可以达到有效产出水平

注：因为电力公司不承担酸雨成本，其生产的电力超过了经济有效水平。如果政府征收相当于酸雨成本的税金，电力公司将内化外部性。结果，供给曲线从 S_1 移动到 S_2，市场均衡数量将从 $Q_{市场}$（非有效高水平）变动到 $Q_{有效}$（经济有效水平）。电力价格将从不包括酸雨成本的 $P_{市场}$ 变动到包括酸雨成本的 $P_{有效}$。消费者支付的价格为 $P_{有效}$，而生产者得到的价格为 P，等于 $P_{有效}$ 减去税金。

对电力生产征收相当于酸雨成本的税金后，政府强迫电力公司内化了外部性。结果酸雨的成本成为电力公司的私人成本，电力供给曲线将从 S_1 移动到 S_2。这样做的结果导致均衡电力产出从 $Q_{市场}$ 减少到 $Q_{有效}$，电力的均衡价格从 $P_{市场}$（其中未包含酸雨的成本）上涨到 $P_{有效}$（其中包含了酸雨的成本）。生产者得到的价格为 P，等于 $P_{有效}$ 减去支付的税金。

5.3.2 当存在正外部性时：补贴

庇古也认为，政府可以通过给消费者提供等于外部性价值的补贴来应对正外部性。这种补贴的效果如图 5-6 所示，它再现了图 5-2 所示的大学教育带来的正外部性。

通过向受过大学教育的学生支付相当于大学教育外部得益大小的补贴，政府将使学生们将外部性内部化。也就是说，大学教育的外部得益将成为大学生们的私人收益。大学教育的需求曲线将从 D_1 移动到 D_2，大学教育的均衡数量将从 $Q_{市场}$ 移动到 $Q_{有效}$。提供者得到的价格为 $P_{有效}$，消费者支付的价格为 P，等于 $P_{有效}$ 减去补贴的数量。事实上，政府确实对大学教育提供了巨额补贴。每个州都有公立大学，这些大学收取的学费要低于所提供教育的成本。联邦政府和州政府也通过对学生提供奖学金和低息贷款来补贴大学教育，对这些项目的合理解释是大学教育为社会提供了正外部性。

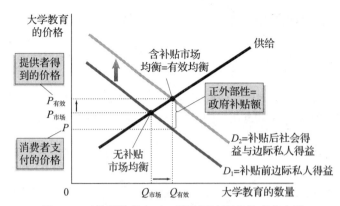

图 5-6 正外部性存在时，补贴可达到有效产出水平

注：没有获得大学教育的人也能从大学教育中获益。结果大学教育的边际社会得益大于对大学生来说的边际私人得益。如果政府提供相当于正外部性的补贴，那么学生们将把正外部性内部化。补贴将导致需求曲线从 D_1 移动到 D_2，结果市场均衡数量将从并非有效低水平的 $Q_{市场}$，移动到经济有效均衡的 $Q_{有效}$。提供者得到的价格为 $P_{有效}$，消费者支付的价格为 P，等于 $P_{有效}$ 减去补贴数额。

◎概念应用 5-3

政府应该对香烟和碳酸饮料征税吗

一般情况下，政府将征收庇古税来解决生产中的负外部性问题。政府也对烟酒征税，有时被称为罪恶税（sin taxes）。一些政策制定者认为，这样的产品会产生消费负外部性，因此对这些产品征税可以提高经济效率。最近，一些城市开始考虑对甜味碳酸饮料征税，理由是这些碳酸饮料提高了医疗成本，导致负外部性。例如，2017 年，费城开始对甜味饮料征收每盎司⊖1.5 美分的税。就像政府可以通过给消费者补贴来应对正外部性一样，政府也可以通过征税来应对负外部性。

对碳酸饮料征税的影响如下图所示。政府对碳酸饮料征税后，引起消费者对外部性的内化。也就是说，饮用碳酸饮料的外部成本将成为消费者支付的外部成本。因为现在消费者不得不支付碳酸饮料的税金，他们愿意购买的每单位数量将比无税时少。因此，碳酸饮料的需求曲线将向下移动相当于税金数额的距离，从 D_1 到 D_2。碳酸饮料消费的均衡数量将从 $Q_{市场}$ 移动到有效水平 $Q_{有效}$（请注意，正如我们在第 4 章讨论的那样，不论政府是对买者还是对卖者征税，结果都是一样的）。

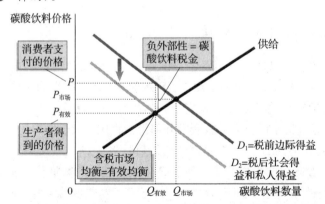

然而，人们吸烟和喝甜味碳酸饮料真能引起负外部性吗？似乎并非如此，因为好像是吸

⊖ 1 盎司 = 29.57 毫升。

烟者和饮用饮料者承担了自身健康问题的成本。事实上，吸烟并发症或者肥胖治疗的高额费用并非全部由吸烟者或饮用者承担。有医疗保险的吸烟者由雇主增加了保险成本，这其实是由企业的所有人来承担的。与此类似，对于那些年龄超过65岁并且参加了联邦政府医疗保险项目的人，纳税人支付了他们的部分医疗费用。吸烟者或饮用饮料者自己支付的医疗费用并非代表全部的负外部性。

然而，这一结论的复杂性在于，吸烟者和肥胖者往往早逝。这一悲剧性结果意味着，对于支付社会保险和医疗保险后应得的好处，吸烟者和肥胖者永远也无法享受了。他们也参加了公司和公共雇员养老金计划，购买了长期医疗保险，因为短寿，所以无法获得更多养老金支付或享受养老院服务。因此，这里有个抵消效应，在世时，吸烟者和肥胖者可能让他人承担了相对高一些的医疗费用。但是因为早逝，他们也为参加社会保险和医疗保险、公司和公共雇员养老金计划或购买长期医疗保险的人提供了额外的资金支持。

范德堡大学的W.基普·维斯库斯（W. Kip Viscusi）研究了吸烟者的情形，得出的结论是，外部成本和得益大体上相互抵消。也就是说，吸烟似乎并没有带来显著的负外部性。对肥胖症的研究得出了相互矛盾的结论，荷兰的肥胖症研究表明，肥胖人群早逝节省的成本抵消了延寿须额外支付的成本。美国的数据研究结论表明，肥胖会导致延寿医疗成本增加，即使考虑到肥胖人群平均寿命较短的事实。

除了额外的医疗成本外，吸烟和肥胖还有其他的额外成本。吸烟者会对其他人施加成本，例如被迫吸二手烟，在怀孕期间吸烟导致的新生儿体重下降，以及其他健康问题。航空公司也注意到，因为乘客重量增加，它们要支付更多的燃料成本。

经济学家和政策制定者依旧对政府是否应该对于消费带来的负外部性征税进行着争论。

资料来源：Jennifer Kaplan, "Philadelphia's Soda Sellers Say Tax Has Reduced Sales by as Much as 50%," bloomberg.com, February 17, 2017; W. Kip Viscusi, "Cigarette Taxation and the Social Consequences of Smoking," in James Poterba, ed., *Tax Policy and the Economy*, Vol. 9, Cambridge: MIT Press, 1995; Pieter H. M. van Baal, et al., "Lifetime Medical Costs of Obesity: Prevention No Cure for Increasing Health Expenditure," *PLoS Medicine*, Vol. 5, No. 2, February 2008, pp. 242–249; Pierre-Carl Michaud, et al., "Understanding the Economic Consequences of Shifting Trends in Population Health," National Bureau of Economic Research, Working Paper No. 15231, August 2009; and "Feds Say Obesity Epidemic Hurts Airlines by Increasing Fuel Costs," Associated Press, November 5, 2004.

解决问题 5-1

解决驾车的负外部性问题

当你驾驶汽车时会导致几种负外部性产生：加剧空气污染，增加了其他驾车人出事故的可能性，加剧了道路拥堵以及其他人因交通阻塞造成的时间浪费。国际货币基金组织的伊恩·帕里（Ian Parry）和加州大学欧文分校的肯尼斯·斯莫尔（Kenneth Small）估计这些外部成本相当于每加仑⊖汽油提高1.00美元。每个州对每加仑汽油征收的税并不一样，目前平均为0.50美元左右。

a. 画图说明汽油市场的情形，请标明有效均衡数量和市场均衡数量。

b. 根据前述信息，假设联邦政府试图将汽

⊖ 1加仑 = 3.785 4升。

油产量控制在有效水平,政府应该对汽油征收多少税金?消费者对汽油支付的价格会因为征税上升多少?请使用问题a的图形进行回答。

解决问题步骤

步骤1:复习相关章节内容。所议问题是关于政府以税收为手段来解决负外部性的问题,所以读者应复习"应对外部性的政府政策分析"一节的内容。

步骤2:回答问题a,画出汽油市场的图形。在这一事例中,政府是对汽油消费者征税而非对生产者征税,因此,图形中代表边际社会得益的需求曲线应该位于代表边际私人得益的需求曲线之下(当然,政府实际上是向销售方而非向消费者征税,但是,不管政府是向产品的买者征税还是向卖者征税,结果都是相同的)。图形中应该标明汽油的市场均衡数量$Q_{市场}$要大于有效均衡数量$Q_{有效}$。

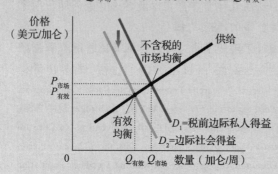

步骤3:回答问题b,解释征收必须支付的税收后所带来的影响。在问题a的图中标明税收,并解释税收对于均衡价格的影响。如果帕里和斯莫尔的研究是对的,汽油消费的外部成本是每加仑1美元,每加仑征税应该从0.50美元提高到1美元。

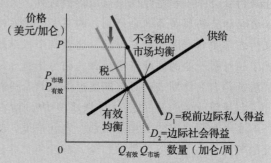

上图表明,征税后对汽油的需求曲线向下移动,消费者支付的价格上升幅度低于税额。为了看清这一点,请注意消费者支付的价格从$P_{市场}$上升到P,这一幅度要小于每加仑的征税额,也就是$P_{有效}$与P的垂直距离。

资料来源:Ian W. H. Parry and Kenneth A. Small, "Does Britain or the United States Have the Right Gasoline Tax?" *American Economic Review*, Vol. 95, No. 4, September 2005, pp. 1276–1289.

因为庇古是第一位建议政府采用税收和补贴来应对外部性问题的经济学家,所以,有时也称这种税收和补贴为**庇古税和补贴**(Pigovian taxes and subsidies)。请注意,庇古税会消除无谓损失,改善经济效率,不像其他税的目的是获得税收,导致消费者剩余和生产者剩余减少,进而导致无谓损失(参考第4章)。事实上,经济学家们支持征收庇古税作为应对负外部性的方法之一的理由是,它降低了引起经济效率减损的其他税收的水平。例如,加拿大英属哥伦比亚省对二氧化碳排放征收庇古税,使用这一税收收入来降低个人所得税。

5.3.3 命令与控制方法 Vs. 基于市场的方法

尽管联邦政府有时也使用税收和补贴来应对外部性,但在处理污染问题时,政府传统上经常使用**命令和控制方法**(command-and-control approach)。命令与控制方法是指为减少污染，政府对于企业可排放的污染物数量施加限制，或者要求企业安装污染控制装置。例如，在20世纪80年代，联邦政府要求汽车制造商，如福特和通用，在所有新车上安装催化式排气净化器(catalytic converters)，以减少汽车尾气排放。

美国国会也使用命令与控制方法来实现到2010年，每年二氧化硫排放量降低到850万吨的目标。然而，这一方法并非问题的经济有效的解决方法。因为发电厂在减少二氧化硫排放中所付出的成本差异很大。一些发电厂已经是低碳排放了，进一步减排将付出很高的成本。有些发电厂，特别是中西部的发电厂，则能以较低的成本来减少排放。

国会决定使用基于市场的方法来减少二氧化硫排放，也就是建立可交易排放指标"总量管制与交易制度"(cap-and-tradesystem)。联邦政府将二氧化硫排放控制总量指标分配给各发电厂。然后，发电厂可以在芝加哥商品交易所自由买卖这些减排指标。能以较低成本减少排放的发电厂可以卖出它们的指标给那些只能以很高成本才能减少排放的发电厂。

采用可交易排放指标来减少酸雨的成功之处在于，基于这种方法，发电厂可以比预计水平低得多的成本达到国会要求的排放目标。1990年国会批准可交易指标项目后，爱迪生电力学会估计了发电厂完成该项目的成本为74亿美元（到2010年）。到了1994年，美国政府责任署（GAO）估计，成本低于20亿美元。在实践中，实际成本比最初估计的成本少了90%，仅仅为8.7亿美元左右。

5.3.4 二氧化硫总量控制与交易制度的终结

减少二氧化硫排放带来的总得益的货币价值，至少为其成本的25倍。尽管如此成功，但二氧化硫总量控制与交易制度实际上在2013年已经结束了。近年来的研究表明，由二氧化硫排放所引起的疾病比当初想的要多得多。作为对这一发现的回应，乔治·布什建议从法律上降低对二氧化硫排放的控制量，但国会并未通过这项法律。法院裁定，禁止环境保护署使用行政措施来建立新的成本更低的二氧化硫指标交易制度。结果，环境保护署回到了原有的根据不同州或者不同规模发电厂来确定二氧化硫排放指标的状态。

因为全国范围内的排放指标交易不可能进行，这些指标也就失去了它们的价值。许多经济学家仍然相信，基于市场的政策工具，比如二氧化硫总量控制和交易制度，是应对污染外部性最有效的方法。但是，说到底，任何政策都需要获得强大的政治支持才能推行和保持。

5.3.5 可交易减排指标是污染许可证吗

可交易减排指标也面临政治上的麻烦，因为一些环保主义者支持这些减排政策，但另外一些环保主义者则批评这些减排指标是"污染许可证"。这些环保主义者认为，就像政府不能颁发抢劫银行许可证或醉酒驾车许可证一样，政府也不应该颁发污染许可证。然而，这些批评者忽略了经济学的核心问题：资源是稀缺的，人们必须进行权衡取舍。用于降低一种类型污染的资源就不可能用于减少其他类型的污染或者挪作他用。采用可交易排放指标，减少酸雨，发电厂每年支付的成本为8.7亿美元，而非最初估计的74亿美元，社会为此每年省下了65亿美元。

◎概念应用 5-4

碳税可以减缓全球变暖吗

与 1951～1980 年的平均气温相比,过去 35 年全球气温上升了大约 0.75℃。下图所示为 1880 年之后的气候变化。

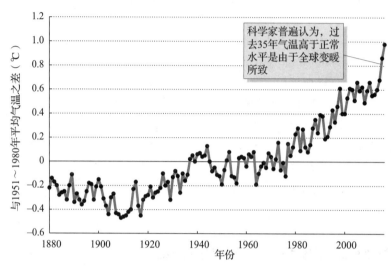

资料来源:NASA, Goddard Institute for Space Studies, data.giss.nasa.gov/gistemp.

几个世纪以来,全球气温已经经历了多个长时间的温暖和寒冷交替的时期。大部分科学家相信近些年的变暖趋势并非气温自然波动的结果,而主要是煤炭、天然气和原油等化石燃料燃烧造成的。这些燃料燃烧后会释放出二氧化碳,积聚在大气中形成温室气体,温室气体使得从地球上释放出去的热量反射回来,最终导致地球温度升高。世界范围内每年二氧化碳排放量已经从 1850 年的大约 1.98 亿吨增加到 1930 年的 38.55 亿吨,2015 年的 357.00 亿吨。

如果温室气体继续在大气中聚集,根据一些研究估计,在未来 100 年内,全球气温可能升高 3℃。气温升高可以导致显著的气候变化,还会导致更多的飓风、其他恶劣天气条件,并导致世界许多地方农作物绝收,海平面升高,沿岸地区被淹没。

尽管大多数经济学家和政策制定者同意,二氧化碳排放会导致显著的负外部性,但是对应该采用什么样的政策仍存在着激烈争论,原因有三个:①全球变暖的速度到底有多快?会付出怎样的经济成本?②二氧化碳排放是全球问题。例如,仅仅让美欧大幅缩减排放不足以阻止全球变暖。但是,各国间的政策协调被证明很难进行。③政策制定者和经济学家们对不同政策的相对有效性也有争论。

2015 年,来自 195 个国家和地区的代表在巴黎开会,同意自愿采取措施限制温室气体的排放。同年,奥巴马政府推出了《清洁电力计划》,该计划要求各州在 2030 年前将电厂的排放量减少至比 2005 年低 32% 的水平。然而,2017 年,特朗普政府决定退出《巴黎协定》并取消《巴黎电力协定》。特朗普政府的一些官员认为,如果不中断美国的电力供应,那么将很难实现《清洁电力计划》的目标。

许多经济学家赞成碳税作为减少二氧化碳排放的市场化政策。2017 年,美国财政部税收分析办公室的经济学家估计，二氧化碳排放的边际社会成本约为每吨49美元。碳税旨在取代其他有关二氧化碳排放的法规，并依靠市场力量来应对由于二氧化碳排放导致的产品价格上涨。例如，每吨49美元的碳税将使汽油价格每加仑上涨0.44美元。价格上涨将导致一些消费者从燃油里程较短的汽车和卡车转向燃油里程更高的汽车和卡车（包括电动汽车和电动卡车）。联邦政府制定的公司平均燃料经济性（CAFE）标准，要求汽车公司在2025年之前达到每加仑54.5英里的平均水平。

美国财政部经济学家估计，碳税定为每吨49美元，并在10年内提高到每吨70美元，在此期间将增加税收收入约2.2万亿美元。因为与高收入家庭相比，低收入家庭将其收入的大部分用于汽油、取暖油和其他能源产品，所以他们将承担相应比例更大的税收。征收碳税的大多数提议，包括乔治·舒尔茨和詹姆斯·贝克在2017年的提议，都包括了对低收入家庭的税收返还，这种政策是通过增加和扩大获得碳税收入抵免的资格。我们在第4章进行了简要讨论。

部分政策制定者反对实施碳税，因为他们倾向于实施直接控制排放的命令与控制方法。其他反对者担心，即使将大部分收入退还给家庭，这些数万亿美元的税收收入也可能以意想不到的方式对经济造成损害。有关应对全球变暖的政策的辩论可能会持续很多年。

资料来源：Coral Davenport, "Trump Lays Plans to Reverse Obama's Climate Change Legacy," *New York Times*, March 21, 2017; Coral Davenport, "Nations Approve Landmark Climate Accord in Paris," *New York Time*, December 12, 2015; Jessica Shankleman and Joe Ryan, "Trump Likely to Withdraw from Paris Climate Pact, Ebell Says," bloomberg.com, January 17, 2017; John Horowitz, Julie-Anne Cronin, Hannah Hawkins, Laura Konda, and Alex Yuskavage, "Methodology for Analyzing a Carbon Tax," Office of Tax Analysis, Working Paper No. 115, January 2017; and George P. Shultz and James A. Baker III, "A Conservative Answer to Climate Change," *Wall Street Journal*, February 7, 2017.

5.4 物品的四种类别

根据产品在消费中是否具有竞争性和排他性，我们可以进一步探讨的问题是市场能成功提供有效的产品数量吗？

竞争性（rivalry），是指当某人消费一单位产品时，他人将无法消费同一单位产品的情形。例如，你消费一个巨无霸汉堡，其他人就不能消费它了。

排他性（excludability），是指任何人如果不付钱购买一种产品，就不能消费的情形。如果你不花钱想享用巨无霸汉堡，麦当劳可以拒绝你的消费。所以，巨无霸汉堡的消费具有竞争性和排他性。

然而，有些产品的消费，既非竞争，又不排他。

非竞争性的意思是，一个人对某种产品的消费不干扰其他人对该产品的消费。

非排他性的意思是，不管他人付钱与否，不可能拒绝他人对产品进行消费。

图5-7列出了四种可能的产品分类。

1. 私人物品

既竞争，又排他。食物、衣服、理发和其他多种产品和服务都可归入这一分类。一个人消费一单位这类物品时，就排除了其他人消费这些单位的物品，而且如果不花钱购买，任何人都不能消费这类物品。尽管在前面的章节分析产品和服务时，我们并没有明确给产品归类，但实际上我们假定产品或服务都是私人物品。

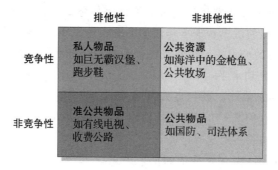

图 5-7　产品的四种分类

注：根据人们是否可以排除他人消费，是否在消费中有竞争，可将产品或服务分为四大种类。

2. 公共物品

既非竞争，又不排他。公共物品一般是由政府，而非私人企业提供的。最典型的公共物品是一个国家的国防。在你享受国防的同时，并没有干扰到你邻居对其消费，所以说消费是非竞争性的。不管你是否为此付出代价，你都享受到了对国防的消费。私人企业都不愿意提供一个国家的国防，因为人们不管支付与否都可享受到国防。消费者在这种情形下的行为被称为**搭便车**（free riding）。因为人们并没有付出代价，但享受到了产品所带来的好处（如这里所说的国防）。

3. 准公共物品

准公共物品排他，但非竞争。有线电视就是一个例子。如果不支付有线电视费用，那么就收不到电视信号，人们在欣赏电视节目的时候不阻止其他人看电视。另一个例子是收取通行费的公路。如果不支付通行费，那么任何人不能使用收费公路，但一个人在使用收费公路的同时，并不干扰其他人对道路的使用（除非使用道路的人太多，造成交通堵塞）。归入这一类别的产品被称为准公共物品。

4. 公共资源

具有竞争性，但不具有排他性。在许多贫穷国家，林地是公共资源。如果一个人可以砍伐一棵树，其他人则无法利用这棵树。但是，如果森林的产权不归属任何人，无人能排斥他人来使用树木。正像我们在随后详细讨论的内容，公共资源经常被人们过度使用。

在前面章节我们讨论了私人物品的需求和供给。在本章后面部分，我们将集中讨论公共物品和公共资源。为了得到公共物品的最优数量，我们必须对已有的需求和供给理论进行修正，考虑既非竞争又不排他的公共物品。

5.4.1　公共物品的需求

通过对每一价格水平上每个消费者对产品的需求数量进行加总，我们可以得出一种产品的市场需求曲线。为简单起见，我们考虑一个只有两个消费者的市场。图 5-8 所示为汉堡市场需求曲线，该曲线要受到消费者吉尔和乔的个体需求曲线的影响。

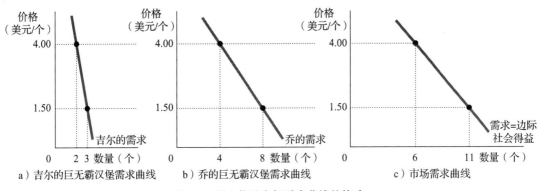

图 5-8　私人物品市场需求曲线的构建

注：私人物品的市场需求曲线通过在每一价格水平上对每位消费者的需求数量水平加总而成。例如，在图 5-8a 中，当汉堡包的价格为 4 美元时，吉尔的需求数量为 2 个，在图 5-8b 中，当汉堡包的价格为 4 美元时，乔的需求数量为 4 个。因此，当汉堡包的价格为 4 美元时，市场需求数量为 6 个，如图 5-8c 所示。

当价格为 4 美元时，吉尔每周对汉堡包的需求数量为 2 个，乔的需求数量为 4 个。在价格为 4 美元时，对需求数量进行横向加总后的 6 个汉堡包将是汉堡包市场需求曲线上的点。当价格为 1.5 美元时，吉尔每周对汉堡包的需求数量为 3 个，乔的需求数量为 8 个。我们可以对价格为 1.50 美元上的个体需求数量进行加总，需求量 11 个汉堡包，得到同一价格水平上在市场需求曲线上的另一点。消费者对一种产品的需求曲线表示的是消费者从最终产品所得到的边际得益，因此，当我们对消费者需求曲线加总时，我们不仅得出市场需求曲线，而且也得到了这种物品的边际社会得益，当然假定消费中没有外部性。

怎样得出公共物品的需求曲线或者边际社会得益曲线呢？为简化起见，我们再次假定吉尔和乔是仅有的两名消费者。对私人物品而言，吉尔和乔可以消费不同数量的产品；对公共物品而言，两人的消费数量是相同的。假设吉尔在偏僻的乡村公路旁经营一家车辆维修店，而乔在隔壁经营一家汽车经销店。方圆几英里范围内仅有这两家企业。如果在夜间不雇用安保人员，吉尔和乔担心他们的店会被盗窃。像国防一样，安保服务在此成为公共物品。一旦雇用了安保人员，两家店都能得到保护，因此产品是非竞争性的。安保服务在进行时不会排除任何一家，因此也具有非排他性。

为了得出公共物品的需求曲线，我们不需要像私人物品那样对每一价格上的需求数量进行加总。相反，我们需要对每一单位公共物品消费者愿意支付的价格进行加总，得出的数值代表的是消费者作为总体愿意对这些公共物品的数量支付的总货币价值。换言之，对于私人物品而言，为了得出需求曲线或边际社会得益曲线，我们需要对个人消费者的需求曲线进行水平加总；对公共物品而言，我们要对个人需求曲线进行纵向加总。图 5-9 所示为从吉尔和乔的个人需求曲线得出安保服务的边际社会得益曲线的过程。

图 5-9 表明，吉尔对于在夜间提供 10 小时安保服务愿意支付的价格为每小时 8 美元。如果发生盗窃，乔的损失会更大一些，因此他愿意对同样数量的安保工作每小时支付 10 美元。将每个人愿意支付的货币价值加总后，我们得出的价格为每小时 18 美元，数量为 10 小时，这是安保服务边际社会得益曲线上的一点。该图还表明，吉尔对于 15 小时安保愿意支付的价格为每小时 4 美元，而乔愿意支付 5 美元，因此，每小时 9 美元和 15 小时也是安保服务边际社会得益曲线上的一点。

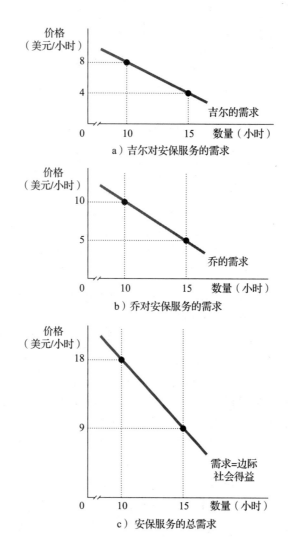

图 5-9 公共物品需求曲线的推导

注：为了得出公共物品的需求曲线，我们需要对每一单位公共物品消费者愿意支付的价格进行加总。在图 5-9a 中，吉尔对于在夜间提供 10 小时安保服务愿意支付的价格为每小时 8 美元。在图 5-9b 中，乔对安保服务愿意支付的价格为 10 美元。因此，在图 5-9c 中，价格为每小时 18 美元、数量为 10 小时是安保服务边际社会得益曲线上的一点。

5.4.2 公共物品的最优数量

我们知道，为达至经济有效，一种产品或服务应该生产到消费者剩余和生产者剩余之和达到最大的点上，或者说边际社会得益与边际社会成本相等的点上。因此，安保服务（或者说其他公共物品）的最优数量会出现在边际社会得益与供给曲线相交的点上。与私人物品一样，当生产外部性不存在时，供给曲线代表的是产品供给的边际社会成本水平。在图 5-10 中，安保服务的最优状态是在每小时 9 美元时，服务供给 15 小时。

市场能提供符合经济有效要求的安保服务数量吗？困难之一是消费者的个人偏好，个人需求曲线可显示他们的个人偏好，但在公共物品市场中则无法显示。在私人物品市场中，这不会引出难题，因为为购买私人物品，消费者必须显示他们的偏好。如果巨无霸汉堡的市场价格为 10 美元，乔要么显示会付多少钱来购买，要么不买。在安保的事例中，一旦雇用，不论吉尔还是乔都无法排除保安提供的安保服务，他们也没动力去显示个人偏好。在这种情况下，尽管只有两名消费者，私人间的讨价还价还是有可能得到公共物品的有效数量的。但对国防之类的公共物品，这一结果是无法达成的，所以由政府向亿万消费者来提供。

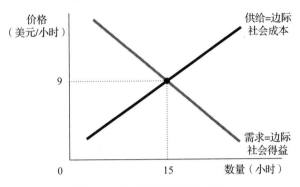

图 5-10　公共物品的最优数量

注：公共物品的最优数量在消费者剩余和生产者剩余之和最大化的情况下产生，这发生在需求曲线与供给曲线相交的地方。在这种情况下，最优的安保服务数量是 15 小时，每小时 9 美元。

政府有时也使用成本收益分析来决定应该提供的公共物品数量。例如，在河流上建一座水坝，联邦政府会努力进行成本收益比较。成本包括如果修建水坝，政府无法实施的其他工程项目的机会成本。收益包括改进洪水控制技术或者水坝建成后的湖面所形成的新的游乐机会。然而，对包括国防在内的许多公共物品，政府是无法进行正式的成本收益分析的。相反，提供的国防数量是通过国会和总统的政治程序来决定的。尽管如此，国会和总统也认识到其中涉及的权衡取舍，当国防占用了更多的资源时，其他公共物品和私人物品的资源占用就会减少。

解决问题 5-2

我们仍然假定，吉尔和乔经营的企业在一条隔离的道路上彼此相邻，且都需要安保服务。他们对安保服务的需求如下表所示。

乔

价格（美元/小时）	数量（小时）
20	0
18	1
16	2
14	3
12	4
10	5
8	6
6	7
4	8
2	9

吉尔

价格（美元/小时）	数量（小时）
20	1
18	2
16	3
14	4
12	5
10	6
8	7
6	8
4	9
2	10

安保服务的供给如下表所示。

价格（美元/小时）	安保服务时间（小时）
8	1

价格（美元/小时）	安保服务时间（小时）
10	2
12	3
14	4
16	5
18	6
20	7
22	8
24	9

a. 请画图表示安保服务的最优水平，图形中应该标明曲线名称。

b. 简要解释为什么8小时安保服务并非最优数量。

解决问题步骤

步骤1：复习本章内容。该问题是关于确定公共物品最优数量的，请读者复习"公共物品的最优数量"一节的内容。

步骤2：画出安保服务的需求曲线或者边际社会得益曲线。为了计算安保服务的边际社会得益，我们需要把吉尔和乔每单位数量上愿意支付的价格进行加总。参见下表。

价格（美元/小时）	安保服务时间（小时）
38	1
34	2

价格（美元/小时）	安保服务时间（小时）
30	3
26	4
22	5
18	6
14	7
10	8
6	9

步骤3：回答问题a，画出需求曲线（边际社会得益）和供给曲线（边际社会成本）。图中应标明6小时是最优安保数量水平。

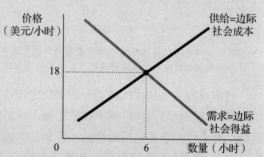

步骤4：回答问题b，解释为什么8小时安保服务并非最优数量。超过6小时安保服务时间后，供给曲线高于需求曲线。因此，提供1小时安保服务得到的边际社会得益将小于边际社会成本。这将导致无谓损失，减损社会剩余。

5.4.3 公共资源

在中世纪的英格兰，每一个村庄都有一块公共牧场，被称为"commons"，村子中的每一个家庭都可以免费在公共牧场上放牧。当然，一个家庭养的牛羊吃掉的草，不可能再被其他家庭的牛羊所享用，因此消费是竞争性的。但是，由于村子中的每一家都有权使用公共牧场，这是非排他性的。由于没有某种形式来限制使用，公共牧场会被过度放牧。为了解其中的原因，可以考虑一个家庭正在计划新购进一头牛并可在公共牧场进行放牧时所面临的经济激励情形。这个家庭会因为牛奶的增加从而额外获得利益，但是，在公共牧场额外增加一头牛，因为减少了可使用的草地面积，会给其他家庭的牛带来负外部性。这个家庭或者村子里的其他家庭在决定是否增加可在公共牧场放牧牛的数量时并没有考虑这种负外部性。公共牧场的草最终会被耗尽，没有牛能吃饱。

1. 公地悲剧 公共资源存在过度利用的趋势被称为**公地悲剧**（tragedy of the commons）。许多贫穷国家的森林是一个典型事例。一个家庭砍伐了一棵公共林地上的树用来生火或建房子,但其并没有考虑森林减少的成本。例如,海地过去曾经被大片森林所覆盖。然而时至今日,该国一半的原始森林已经被砍伐,主要被制成木炭,用于取暖和烧饭。由于山地变秃,水土流失严重,大雨往往会造成洪水泛滥。

图 5-11 所示为森林木材这类公共资源,其使用的有效水平 $Q_{有效}$,是由需求曲线(代表消费者的边际社会得益)与代表砍伐树木边际社会成本的 S_2 交叉来决定的。与我们讨论负外部性类似,砍伐树木的社会成本等于私人成本加上外部成本。对于目前事例而言,外部成本代表的是一个人砍伐的树木越多,留给其他人的林木就越少,森林减少得越迅速,发生洪灾的机会越大。因为每个人砍伐树木时忽略了外部成本,砍伐树木的均衡数量为 $Q_{实际}$,这一数量要大于有效数量。实际均衡产出水平存在无谓损失,如图 5-11 所示的阴影三角形区域。

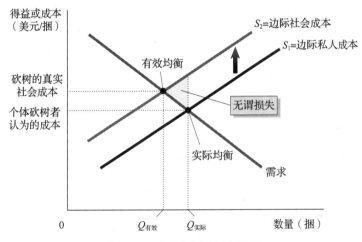

图 5-11 公共资源的过度使用

注:森林木材这类公共资源,其使用的有效水平 $Q_{有效}$,是由需求曲线(代表消费者的边际社会得益)与代表砍伐树木边际社会成本的 S_2 交叉来决定的。因为每个人砍伐树木时忽略了外部成本,砍伐树木的均衡数量为 $Q_{实际}$,这一数量要大于有效数量。实际均衡产出水平存在无谓损失,如图 5-11 所示的阴影三角形区域。

2. 消除公地悲剧的办法

请注意,我们讨论的公地悲剧与此前讨论的负外部性非常类似,引起两者发生的原因是相同的:缺乏界定清晰和保护有力的产权。例如,假设草地并非集体所有的资源,而是每个人各拥有一小块牧场。当该所有者计划再增加一头牛时就要考虑到对已经在牧场放牧的其他牛的影响。结果,牧场的牛群数量会被配置到最佳。经过多年以后,大部分英格兰公地已经转变为私人产权所有。海地和其他发展中国家的大部分森林产权实际上归属政府。政府未能有效保护森林被过度砍伐或者将它们转变为私人产权是这些森林被过度使用的关键所在。在家庭有权采伐树木的海地地区,砍伐森林就不是问题了。

在某些情形下,执行产权并不可行。海洋就是典型事例,由于没有一个国家拥有自己沿海水域以外的海洋,海洋中的鱼类和其他资源仍然是共同的资源。在产权无法推行的区域,人们有两种类型的可行办法去解决公地悲剧。第一种方法是,如果有关的地理区域面积有限，且涉及的人数很少，则可以通过社区规范和传统来限制使用公地。例如，在中世纪的英国，每个家庭对可以放进普通牧场的动物数量传统上都有限制。尽管这些传统不是正式的法律，但社区利用社会压力来实施。第二种方法是法律。如果地理区域大或涉案人数众多，则需要通过法律对公地使用进行限制。这些限制可以采取几种不同的形式，包括税收、配额和可交易许可证。通过设置等于外部成本的税收，政府可以确保资源有效数量下的使用。在美国，政府已使用配额限制了许多人的油田财产。配额明确了在给定时间内可以采出的油量。

⋮生活与职业生涯中的经济学⋮

对"最优"污染水平给出建议

在本章开始我们提出思考的问题是，碳排放的最优水平是多少？从概念上理解，这一问题的直接答案是：减少碳排放带来的边际得益正好等于减少碳排放付出的边际成本。然而在实践中，这个问题很难回答，例如，对于"碳排放对于气候改变有多大作用与气候变化将带来什么样的损害"，科学家们争论不休。此外，减少碳排放的成本估算也受到采用方法的影响，因此，不论是减少碳排放的边际成本曲线，还是边际得益曲线都无法确定。这种不确定性使得政策制定者很难决定碳排放的经济有效水平。不管在什么情况下，经济学家们都同意，完全减少碳排放的总成本要大大高于由此带来的总得益。

本章小结

在第4章中，我们知道政府无论是制定最高限价还是最低限价来干预经济都将导致经济效率的减损。在本章我们看到，在缺乏一个界定清晰、保护有力的产权制度来维持市场有效运行的情况下，政府扮演着不可或缺的角色。例如，因为无人拥有对清洁空气的产权，如果没有政府干预，企业将会过度生产那些会带来污染的产品。我们已经知道，公共物品是非竞争和非排他的，因此经常直接由政府提供。

本章概要与练习

第6章 弹性：供给和需求的反应程度

::开篇案例::

征收苏打汽水税起作用吗

近年来，包括旧金山、芝加哥和费城在内的许多城市都开始对苏打汽水、功能饮料、冰茶和其他甜味饮料征税。这样的税收起作用吗？答案取决于市政府试图实现哪些政策目标。对苏打汽水征税对健康有积极影响，因为喝甜饮料与肥胖、糖尿病和其他健康问题有关。2016年，当旧金山对甜味饮料征收每盎司2美分的税时，加利福尼亚州参议院的一名议员辩称，"这些饮料正在损害公共健康，导致纳税人承担的医疗保健费用和保险费率激增。"推行苏打汽水税的城市也因苏打汽水税增加了收入。例如，2016年费城对甜味饮料征收每盎司1.5美分的税时，市长吉姆·肯尼（Jim Kenney）说："征税的目的是为重要事项筹集资金。"

请注意，征收苏打汽水税的这两个目的可能相互矛盾。一个城市筹集的税收收入等于每盎司苏打汽水税乘以售出的苏打汽水盎司数。例如，如果税率为每盎司1.5美分，当年该市售出60亿盎司苏打汽水，那么将获得9 000万美元税收。费城希望在五年内从其汽水税中筹集到4亿美元资金。但是随着税收的增加，消费者购买甜味饮料的价格会上涨，杂货店和超级市场出售此类饮料将减少。苏打汽水需求量减少的越多，税收对健康的影响越大，但城市获得的后续税收收入也会减少。

销售苏打汽水的公司也关心加税后苏打汽水需求量会下降多少。百事可乐表示，费城征收该税后，其销售额下降了40%。引述芝加哥一家连锁超市所有者的话说，在该市开始征收苏打汽水税后，他的许多顾客开始在附近的印第安纳州购买苏打汽水，因为那里没有征收苏打汽水税。

所有企业都有财务动机来确定随着价格上涨其销售额将下降多少。各国政府也有动机来确定如果加税后苏打汽水等产品价格上涨，消费者将如何做出反应。在本章中，我们将探讨经济学家如何衡量需求量和供应量对市场价格变化的反应程度。

资料来源：Jennifer Kaplan, "Philadelphia's Soda Sellers Say Tax Has Reduced Sales by as Much as 50%," bloomberg.com, February 17, 2017; "Soda Taxes a Healthy Trend," sfchronicle.com, January 27, 2017; Candice Choi and Kristen de Groot, "'Soda Tax' Stakes Escalate in Pivotal Philadelphia Fight," *New York Times*, March 17, 2017; and Charles Thomas, "Hundreds Protest Tax on Sugary Drinks in Cook County," abc7chicago.com, October 31, 2016.

┊生活与职业生涯中的经济学┊

百事可乐及其瓶装厂希望苏打水税是国税还是地税

2017年，几个城市的政府开始对苏打汽水征税，但如今政府还未在国家层面征收苏打汽水税。假设国会和总统正在考虑征收这种税。你正担任百事可乐公司的经济学家，该公司的管理者要求你评估税收对公司销售苏打汽水和甜味能量饮料的影响。特别是，要求你考虑国家层面推出的汽水税是否会比多个地方征收汽水税更好（假设国税将取代地税）。如果你是当地百事可乐工厂而不是百事可乐总部的员工，你的评估会改变吗？阅读本章时请尝试回答这个问题，在本章最后我们会给出对这些问题的回答。

不论你是饮料分销商的管理者，还是服装店或服务站的经理，你都需要知道，自己产品涨价或跌价会怎样影响消费者愿意购买的产品数量。我们知道，产品价格下降，需求量会增加，产品价格上升，需求量会减少。但是关键的问题是，随着价格上升或下降，需求量会变化多少？经济学家们使用**弹性**（elasticity）概念来度量一个经济变量（如需求量）对另一个经济变量（如价格）变化时做出反应的程度。例如，一种产品需求量对其价格变化的反应被称为需求价格弹性。如果知道了一种商品的需求价格弹性，我们就可以计算价格变化对产品需求量的影响。这些知识对于企业确定利润最大化的价格很重要。

我们也知道，消费者对一种产品的需求除了受产品价格影响外，还受到消费者的收入、其他相关商品的价格的影响。作为一名管理者，你应该应用弹性概念来度量需求对这些因素的反应。由于存在许多经济问题，我们也对供给量对价格变化的反应感兴趣，这被称为供给价格弹性。

在本章中，我们将看到，弹性并非只是对企业管理者重要，对政策制定者也同样重要。例如，如果政府想控制人们吸烟，那么可以通过征税提高烟草价格。如果政策制定者知道香烟需求的价格弹性，他们就能计算出随着价格水平的提高，吸烟者会减少多少包香烟需求。

6.1 需求价格弹性及其度量

我们知道，根据需求法则，当产品价格下降时，产品的需求数量将增加。需求法则仅仅告诉企业消费者对其产品的需求曲线是向下倾斜的。但是更为有用的是度量需求量对价格变化的反应程度。这种度量被称为**需求价格弹性**（price elasticity of demand）。

6.1.1 需求价格弹性的度量

我们可以使用需求曲线的斜率来度量需求价格弹性，因为需求曲线的斜率可以告诉我们，随着价格变化，需求量会改变多少。但是，使用需求曲线的斜率来度量需求价格弹性的方法也有缺点，那就是斜率对数量和价格的单位选择非常敏感。例如，当苏打汽水税导致其价格每瓶（2升装，下同）提高1美元时，人们每日对苏打汽水的需求数量从10.2（百万瓶）下降到10.1（百万瓶）。数量的变化为0.1（百万瓶），价格的变化为 -1 美元，所以斜率为：0.1/-1=-0.1。但是：

- 如果我们用美分表示价格，而不是用美元来计算，斜率为：0.1/-100=-0.001。
- 如果我们用美元表示价格，数量以千为单位，而非百万，斜率变为：-100/1=-100。
- 如果我们用美分表示价格，数量以千为单位，斜率变为：-100/100=-1。

很明显，计算的斜率值变化很大，这要依赖于价格和数量所使用的单位。

为避免这种因单位不同而造成的困惑，经济学家们计算需求价格弹性时使用的是百分比变化。百分比变化不依赖于所使用的度量单位（如何进行百分比变化请参看第1章附录）。不管我们使用什么单位来度量苏打汽水的数量，苏打汽水增长了10%的数量，就是多了10%的苏打汽水。因此，需求价格弹性可以通过需求量变化的百分比除以价格变化的百分比，即

$$需求价格弹性 = \frac{需求量变化的百分比}{价格变化的百分比}$$

切记：需求价格弹性并非需求曲线的斜率。

如果我们计算需求价格下降的弹性，那么价格变化百分比为负值，需求量变化百分比为正值。同样，如果我们计算的是价格上升时的弹性，那么价格变化百分比为正值，需求量变化百分比为负值。因此，需求价格弹性总是负的。在进行弹性比较时，我们通常更关注它们的相对值大小。因此，我们经常忽略负号，直接比较它们的绝对值。例如，尽管 -3 实际上比 -2 小，但我们称需求价格弹性 -3 大于 -2。

6.1.2 需求富有弹性和需求缺乏弹性

如果需求量对价格变化非常敏感，那么需求量变化的百分比将大于价格变化的百分比，需求价格弹性的绝对值将大于1。在这种情况下，**需求富有弹性**（elastic demand）。例如，百吉饼价格下降10%，人们对百吉饼的需求量增加了20%，那么

$$需求价格弹性 = \frac{20\%}{-10\%} = -2$$

我们可以得出结论，百吉饼的需求富有弹性。

当需求量变化对价格变化不敏感时，需求量变化的百分比将小于价格变化的百分比，需求价格弹性的绝对值将小于1。在这种情况下，**需求缺乏弹性**（inelastic demand）。例如，小麦价格下降10%，人们对小麦的需求量增加了5%，那么

$$需求价格弹性 = \frac{5\%}{-10\%} = -0.5$$

在一些特定情形下，需求量变化的百分比等于价格变化的百分比，需求价格弹性等于 -1（或者绝对值为1）。在这种情况下，需求为**单位弹性**（unit elastic）。

6.1.3 计算价格弹性的一个事例

假设你经营一家杂货店,正在考虑是否对 2 升装可口可乐降价。你目前位于图 6-1 中的 A 点,在价格为 1.50 美元 / 瓶时,每日可以销售 1 000 瓶。当把价格降低到 1.35 美元 / 瓶时,可以多销售多少瓶可乐要依赖于你的杂货店可口可乐的需求价格弹性。我们考虑两种可能:如果对你杂货店的可口可乐的需求曲线为 D_1,你每日的可口可乐销售量将增加到 1 200 瓶,图中的 B 点。如果你的需求曲线为 D_2,你每日的销售量仅仅增加到 1 050 瓶,图中的 C 点。我们预计位于这些点之间的部分在需求曲线 D_1 上是富有弹性的,但在需求曲线 D_2 上是缺乏弹性的。

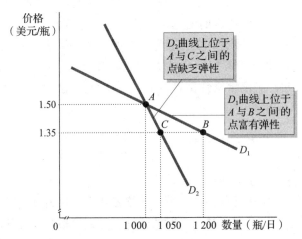

图 6-1 需求富有弹性与需求缺乏弹性

注:沿着需求曲线 D_1,价格从 1.50 美元 / 瓶降低到 1.35 美元 / 瓶,每日需求量从 1 000 瓶增加到 1 200 瓶,因为需求量变化的百分率大于价格变化的百分率(按绝对值计算),从点 A 到点 B 之间的需求富有弹性。
沿着需求曲线 D_2,价格从 1.50 美元 / 瓶降低到 1.35 美元 / 瓶,每日需求量从 1 000 瓶增加到 1 050 瓶,因为需求量变化的百分率小于价格变化的百分率(按绝对值计算),从点 A 到点 C 之间的需求缺乏弹性。

为了证明在需求曲线 D_1 上该部分的点富有弹性,在 D_2 上缺乏弹性,我们需要计算每条曲线上的需求价格弹性。为了计算需求曲线上两点之间的需求价格弹性,我们遇到了麻烦,因为价格上升和价格下降会有不同的值。假定我们计算 D_1 曲线上价格从 1.50 美元 / 瓶变化到 1.35 美元 / 瓶间的价格弹性,价格下降 10%,需求量从每日 1 000 瓶增加到每日 1 200 瓶,或者说增加了 20%。因此,从点 A 到点 B 之间的需求价格弹性为:20%/-10% = -2.0。

现在我们计算 D_1 曲线上价格从 1.35 美元 / 瓶上涨到 1.50 美元 / 瓶间的价格弹性。价格上涨了 11.1%,导致需求量从每日 1 200 瓶减少到每日 1 000 瓶,或者说减少了 16.7%。所以,我们得出的从点 A 到点 B 之间的需求价格弹性为:-16.7/11.1=-1.5。在同一条需求曲线上,两点相同的变化区间的需求价格弹性值不一样,这令人困惑。我们在下一节中将知道,在计算弹性时,经济学家们使用的计算公式可以避免这种困惑。

6.1.4 中点公式

为确保在一条需求曲线上两点之间的需求价格弹性仅有一个值,我们可以使用中点公式。中点公式是用初始与最终数量的平均值和初始与最终价格的平均值来计算。如果用 Q_1 和 P_1 分别表示初始数量和价格,Q_2 和 P_2 表示最终数量和价格,中点公式为

$$需求价格弹性 = \frac{(Q_2 - Q_1)}{\left[\frac{(Q_1 + Q_2)}{2}\right]} \div \frac{P_2 - P_1}{\left[\frac{P_1 + P_2}{2}\right]}$$

中点公式似乎有些复杂，但分子只是数量变化量除以初始与最终数量的平均值，分母是价格变化量除以初始与最终价格的平均值。

我们使用中点公式来计算图 6-1 中 D_1 的需求价格弹性。在 D_1 上从 A 点到 B 点的变化量为 200，两个需求量的平均值为 1 100 瓶。因此，数量的变化为 18.2%。价格变化为 −0.15 美元，两种价格的平均值为 1.425 美元/瓶，因此，价格的变化为 −10.5%。这样，需求价格弹性为：18.2/−10.5=−1.7。请注意，以下 3 个结果我们通过中点公式计算得出。

（1）正如我们从图 6-1 观察到的那样，需求曲线 D_1 上介于 A 与 B 间的点富有弹性。

（2）使用中点公式计算的弹性值位于我们此前计算的两个结果之间。

（3）无论价格变化是从高到低还是从低到高，中点公式计算出的值相同。

我们同样可以使用中点公式来计算需求曲线 D_2 从 A 点到 C 点的需求价格弹性。这时，数量变化为 4.9%，价格变化为 −10.5%。因此，需求价格弹性为：4.9%/−10.5%=−0.5。正如我们所预计的，需求曲线 D_2 上 A、C 之间的点缺乏弹性。

解决问题 6-1

计算需求价格弹性

假设你经营一家杂货店，目前每瓶可口可乐的价格为 1.50 美元，每日销售量为 2 000 瓶。你正在考虑将价格下降到 1.30 美元，以吸引在其他杂货店购买可乐的消费者。下图表现了你降价之后，可口可乐销售数量增长的情形。使用图中给出的信息来计算每条需求曲线上两个价格变化之间的需求价格弹性。请使用中点公式说明在两个价格之间的需求曲线是富有弹性，还是缺乏弹性。

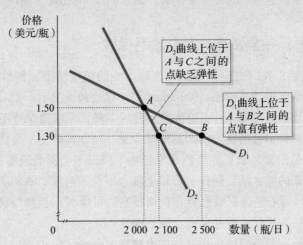

解决问题步骤

步骤 1：复习本章内容。这一问题是关于计算需求价格弹性的，因此，请复习"中点公式"一节的内容。

步骤 2：为利用中点公式，需计算需求曲线 D_1 上两点变化的平均数量和平均价格

$$平均数量 = \frac{(2\,000 + 2\,500)}{2} = 2250(瓶)$$

$$平均价格 = \frac{(1.50 + 1.30)}{2} = 1.40(美元/瓶)$$

步骤 3：需计算需求曲线 D_1 上两点数量变化的百分比和价格变化的百分比。

$$数量变化的百分比 = \frac{(2\,500 - 2\,000)}{2\,250} \times 100 = 22.2\%$$

$$价格变化的百分比 = \frac{(1.50 - 1.30)}{1.40} \times 100 = -14.3\%$$

步骤 4：用数量变化的百分比除以价格变化的百分比得出需求曲线 D_1 上两点之间的需求价格弹性。

$$需求价格弹性 = \frac{22.2\%}{-14.3\%} = -1.6$$

因为需求价格弹性值的绝对值大于1，D_1 上两点的需求富有价格弹性。

步骤 5：计算需求曲线 D_2 上两点之间的需求价格弹性。

$$需求量变化的百分比 = \frac{(2\,100 - 2\,000)}{2\,050} \times 100 = 4.9\%$$

$$价格变化的百分比 = \frac{(1.30 - 1.50)}{1.40} \times 100 = -14.3\%$$

$$需求价格弹性 = \frac{4.9\%}{-14.3\%} = -0.3$$

因为需求价格弹性值的绝对值小于1，D_2 上两点之间的需求缺乏价格弹性。

6.1.5 当需求曲线相交时，平缓曲线弹性更大

请记住，弹性不同于斜率。斜率是使用数量和价格的变化量来计算，弹性是用变化的百分比来计算。如果两条需求曲线相交，斜率小的那一条（用绝对值度量），也就是较为平缓的需求曲线，富有弹性，而斜率较大的那一条（同样用绝对值度量），也就是较为陡峭的需求曲线，缺乏弹性。

在图 6-1 中，在给定相同的价格变化时，需求曲线 D_1 比需求曲线 D_2 更富有弹性。

6.1.6 极端情形：完全弹性与完全缺乏弹性

尽管不经常发生，我们也应该考虑到价格弹性的极端情形。如果需求曲线是一条垂直线，那它就是**完全缺乏弹性**（perfectly inelastic）。在这种情况下，需求量完全不对价格变化做出反应，需求价格弹性等于0。不论价格上升或下降，需求量保持不变。需求曲线为垂直线，需求量完全不对价格做出反应的产品非常少见。胰岛素药是一个例子。一些糖尿病患者每日必须注射一定量的胰岛素。如果胰岛素价格下降，不会影响胰岛素的使用剂量，因此，并不会增加对胰岛素的需求量。同样，价格上涨也不会影响需要的胰岛素剂量，从而减少对胰岛素的需求量（当然一些糖尿病患者在价格提高时可能买不起胰岛素。如果是这样，需求曲线也并不是完全的垂直线，也并非完全缺乏弹性）。

如果需求曲线是一条平行线，那就是**完全弹性**（perfectly elastic），或弹性无穷大。在这种情况下，需求对价格的反应无限敏感，需求价格弹性等于无穷大。如果需求曲线是完全弹性，提高价格将导致需求数量减少为零。同样，完全弹性需求曲线非常罕见。切记，不要混

淆富有弹性和完全弹性。表 6-1 总结了不同的需求价格弹性。

表 6-1　各类需求弹性小结

当需求为	价格弹性的绝对值	
富有弹性	>1	
缺乏弹性	<1	
单位弹性	=1	
完全弹性	=∞	
完全缺乏弹性	=0	

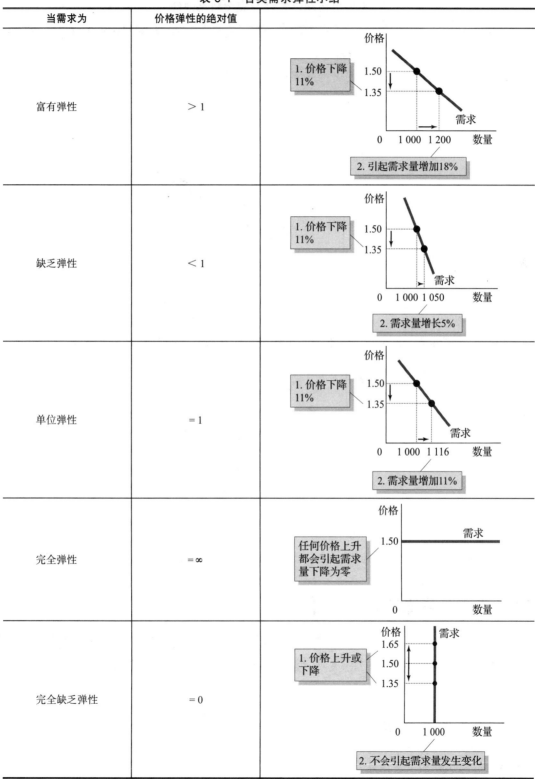

勿犯此错 6-1

不要混淆缺乏弹性与完全缺乏弹性

为简化弹性概念，你可能试图假设将缺乏弹性需求曲线描述成完全缺乏弹性。切记，永远不要做这样的假设，因为完全缺乏弹性需求曲线非常罕见。例如，考虑如下问题："使用需求供给曲线图形来表现供给减少对汽油均衡数量的影响，假设对汽油的需求缺乏弹性。"如下图形是对这一问题的错误回答。

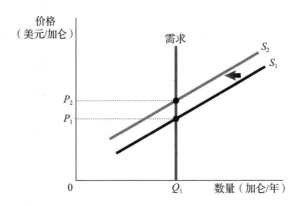

汽油需求是缺乏弹性，而非完全缺乏弹性。当汽油价格上升时，需求数量将减少，对这一问题的正确回答是，画出一条典型的向下倾斜的需求曲线，而非垂直需求曲线。

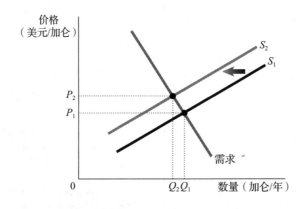

6.2 需求价格弹性的决定因素

我们已经知道有些商品是富有弹性的，而有些商品则缺乏弹性。在本节我们将解释为什么不同的商品具有不同的价格弹性。需求价格弹性大小的主要决定因素有：
- 近似替代品的可获得性。
- 时间跨度。
- 生活必需品还是奢侈品。
- 市场范围的界定。
- 商品支出在消费者预算支出中所占比重。

6.2.1 近似替代品的可获得性

消费者如何对一种产品价格变化做出反应要受到是否存在可选替代性产品的影响。因此，替代品的可获得性是需求价格弹性最重要的决定因素。例如，当汽油价格上升时，消费者的其他可替代性选择很少，因此，汽油的需求数量下降很小。但是，如果比萨饼的价格上涨，消费者有很多可替代性食物，因此，比萨饼的需求量会下降很多。事实上，对一个企业产品定价关键的约束因素是存在多少近似的替代品。一般情况下，一种产品的替代产品越多，需求越富有弹性；如果产品的替代性越小，那么需求弹性越缺乏。

6.2.2 时间跨度

当价格改变后，消费者通常需要一定的时间来调整他们的购买习惯。例如，如果鸡肉价格下跌，那么消费者需要一段时间才能决定从每周吃一次鸡肉晚餐改为每周吃两次鸡肉。如果汽油价格上涨，消费者要么转乘公共交通工具，要么购买燃油效率更高的汽车，或找到离家更近的工作，做决定需要花费一些时间。时间跨度越长，对一种产品的需求就越富有弹性。

6.2.3 生活必需品还是奢侈品

与生活必需品相比，奢侈品通常具有更富弹性的需求曲线。例如，人们对牛奶的需求缺乏弹性，因为牛奶是必需品，价格变化对购买数量影响不大。音乐会的门票是奢侈品，人们对音乐会门票的需求弹性比对面包的需求弹性大得多。奢侈品需求曲线比必需品需求曲线更富有弹性。

6.2.4 市场范围的界定

狭义定义的市场是指消费者有很多替代品可供选择，例如，你自己经营一家加油站，汽油价格上涨后，你的许多顾客将转向你的竞争者。因此，人们对某一具体加油站的汽油需求很可能富有弹性。相对而言，对汽油作为一种产品的需求是缺乏弹性的，因为消费者很难买到替代品（在短期）。市场界定范围越狭窄，需求越富有弹性。

6.2.5 商品支出在消费者预算支出中所占比重

在消费者预算支出中所占份额小的商品往往比所占份额大的商品弹性要小。例如，大多数人不会经常购买食盐，每次购买量相对较少。消费者预算支出中，买盐支出份额非常小。因此，即使食盐的价格翻倍，食盐的购买数量也不会减少多少。但是像住房、汽车、家具等大件物品，由于在消费者总支出中所占份额大，这些商品价格上涨后，很可能会导致需求量大幅减少。一般情况下，在消费者支出中所占份额越大的商品，其需求越富有弹性。

6.2.6 部分商品需求价格弹性的估计值

表6-2所示为部分商品短期价格弹性的估计值。请注意，不同商品的价格弹性的估计值会因为所使用数据和估计时间的差异发生变化，表中所给出的结果与我们讨论价格弹性的决

定因素是一致的。替代品较少的商品，如香烟、汽油和医疗保险，比定义范围较广的商品，如面包和苏打汽水，相对缺乏价格弹性。具体品牌的商品，如可口可乐、汰渍洗衣液和宝氏提子麦片（Post Raisin Bran），相对富有价格弹性。

表 6-2 对现实世界一些商品需求价格弹性的估计值

产品名称	估计的弹性系数	产品名称	估计的弹性系数
书籍（从巴诺书店购买）	−4.00	居民用水	−0.38
书籍（从亚马逊网站购买）	−0.60	鸡肉	−0.37
DVD（从亚马逊网站购买）	−3.10	可卡因	−0.28
宝氏提子麦片	−2.50	香烟	−0.25
新汽车	−1.95	啤酒	−0.29
汰渍（洗衣液）	−3.92	入教会学校	−0.19
可口可乐	−1.22	民用天然气	−0.09
苏打汽水	−0.70	汽油	−0.06
葡萄	−1.18	牛奶	−0.04
餐馆用餐	−0.67	食糖	−0.04
医疗保险（低收入家庭）	−0.65	优步	−0.50
面包	−0.40		

如表 6-2 所示，对某一具体零售店的书籍、DVD 的需求一般是富有弹性的。请注意，从亚马逊网站买书缺乏弹性，这表明，消费者不认为其他网站的在线购书服务是亚马逊网站购书服务的替代品。当葡萄价格上升后，消费者会用其他水果进行替代，所以对葡萄的需求是富有价格弹性的。与此类似，当新汽车的价格上涨后，消费者会去购买二手车，或者继续使用目前的车，所以对汽车的需求也是富有价格弹性的。对于天然气和水之类的生活必需品，需求是缺乏价格弹性的。从估计的价格弹性来看，在优步收集数据的四个大城市中，消费者认为打车服务是必需品。

6.3 需求价格弹性与总收益之间的关系

知道了需求价格弹性，企业就可以计算价格改变怎样影响总收益了，总收益是企业从销售产品和服务中得到的资金总量。总收益等于单位产品价格乘以产品销售数量。当需求缺乏弹性时，总收益和价格同方向变动，即价格水平提高，总收益随之提高，价格水平下降，总收益随之降低。当需求富有弹性时，价格与总收益变化方向相反。价格提高，总收益减少；价格下跌，总收益增加。

为了更好地理解价格弹性与总收益之间的关系，请参见图 6-2。图 6-2a 中，苏打汽水需求曲线 A 点与 B 点之间缺乏价格弹性（这是图 6-1 中的需求曲线 D_2）。杂货店经营者在点 A 处销售苏打汽水得到的总收益为：单价 1.50 美元乘以 1 000 瓶的销售量，等于 1 500 美元。这相当于图中矩形 C、D 的面积之和，两个矩形的一边为 1.50 美元，另一边为 1 000 瓶。因为 A 点与 B 点之间需求曲线缺乏弹性，价格下降为 1.35 美元，总收益将因此减少。新的总收益等于矩形 D 和 E 的面积之和，即等于 1.35 美元每加仑乘以 1 050 加仑等于 1 417.50 美元。总收益减少是因为需求数量增加带来的收益不足以弥补价格下降造成的收益减少。具体说来，价格下降带来的收益增加为 67.50 美元（矩形 E 的面积），这要少于总收益因价格下降而减少的 150 美元，即矩形 C 的面积。

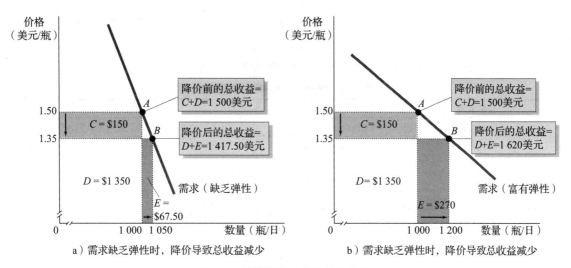

图 6-2　价格弹性与总收益的关系

注：当需求缺乏弹性时，降低价格将减少总收益。在图 6-2a 中的 A 点，当价格为 1.50 美元时，销售量为每日 1 000 瓶，杂货店得到的总收益为 1 500 美元。在 B 点处，价格下降到 1.35 美元 / 瓶，需求量增加到每日 1 050 瓶，然而，价格下降导致的收益减少额抵消了产量增加带来的收益增加额。因此，总收益下降到 1 417.50 美元。当需求富有弹性时，降低价格将增加总收益，在图 6-2b 中，A 点处矩形 C 和 D 的面积仍然等于 1 500 美元，但是在点 B 处，矩形 D 和 E 的面积等于 1 620 美元。此时，数量增加带来的收益增加足以抵消掉价格下降带来的收益减少，因此，总收益是增加的。

图 6-2b 中所示的需求曲线在 A 与 B 点之间的部分富有价格弹性（图 6-1 中的需求曲线 D_1）。对于这条需求曲线，价格下降将增加总收益。在点 A 处，矩形 C 和 D 的面积等于 1 500 美元，但是在点 B，矩形 D 和 E 的面积等于 1.35 美元 / 瓶乘以 1200 瓶，即 1 620 美元。总收益增加是因为总需求增长带来的收益增加足以弥补价格下降带来的收益减少，即价格下降导致总收益增加的 270 美元（矩形 E 的面积）要大于总收益减少的 150 美元（矩形 C 的面积）。

有一种是比较少见的需求为单位弹性的情况。在这种情况下，价格的小幅度变化正好被需求量同比例变化所抵消，总收益不受影响。因此，当需求为单位弹性时，价格不论上升还是下降都不会影响总收益。表 6-3 对价格弹性和总收益值的关系做了总结。

线性需求函数的弹性与收益

对大多数需求曲线而言，每一点的需求弹性并非不变。例如，如图 6-3a 所示为一条直线的在 iTunes 或其他网站租借电影的需求曲线（为简化起见，采用较小的数量变化）。我们根据表中数据可以画出曲线图形。根据需求曲线，当每部电影租金价格下降 1 美元时，消费者总是每日多增加 2 部的租借数量。当价格水平在高位时，需求数量少，需求富有弹性。需求之所以富有弹性是因为在价格处于高位时，价格下降 1 美元引起的百分比变化相对较小，因为租借电影数量少，增加两部的百分比变化相对较大。根据同样的推理，我们可以知道为什么当价格水平处在低位时，需求数量较高，需求缺乏弹性。

根据图 6-3a，当价格水平为 8 美元至 4 美元时，需求数量为 0 部至 8 部，需求富有弹性。如图 6-3b 所示，相同的价格变化，总收益随着价格水平下降而增加。例如，图 6-3a 中，随着价格水平从 7 美元下降到 6 美元，需求量从 2 部增加到 4 部，图 6-3b 中，总收益从 14 美元增加到 24 美元。同理，当价格在 0 美元到 4 美元之间时，需求量为 8 部到 16 部。在这一变化区域，随着价格下降，总收益将减少。例如，随着价格水平从 3 美元下降到 2 美元，需求数量从 10 部增长到 12 部，总收益从 30 美元下降到 24 美元。

表 6-3 弹性和总收益之间的关系

当需求为	表现	原因
富有弹性	提高价格将减少收益	需求量减少的比例大于价格上升的比例
富有弹性	降低价格将增加收益	需求量增加的比例大于价格下降的比例
缺乏弹性	提高价格将增加收益	需求量减少的比例小于价格上升的比例
缺乏弹性	降低价格将减少收益	需求量增加的比例小于价格下降的比例
单位弹性	价格上升不影响收益	需求量减少的比例与价格上涨的比例相同
单位弹性	价格下降不影响收益	需求量增加的比例与价格下降的比例相同

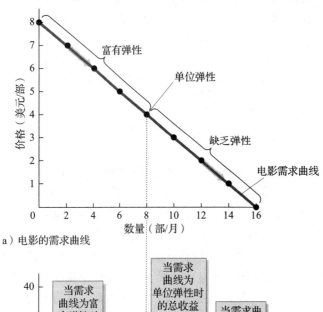

a) 电影的需求曲线

b) 总收益曲线

图 6-3 线性需求曲线上的弹性并非固定不变

注：根据表中数字画出曲线图形。如图 6-3a 所示，当我们沿着付费电影的需求曲线下移，需求价格弹性也随之下降。当价格处于高位时，需求富有弹性，而当价格处于低位时，需求缺乏弹性。图 6-3b 所示为电影需求数量从零开始增加，总收益将增加到最大的 32 美元，租看数量为 8 部；当购买数量超过 8 部时，收益开始下降，因为需求曲线的这一部分需求缺乏弹性。

| 解决问题 6-2 |

价格和收益变化并不总是同向而行

纽约市的官员相信，他们需要获得更多的收入来维持市属35个娱乐中心的运营。为了获得更多的收入，城市公园管理部门将中心会员的年费从75美元提高到150美元。根据《纽约时报》的一篇文章，"城市公园管理部门希望新增加400万美元的收入，但结果却减少了大约20万美元"。文章也解释了公园管理部门预计这一价格调整后会员数量将减少5%。

a. 公园管理部门认为的娱乐中心会员资格的需求价格弹性是什么性质？

b. 会员资格的需求弹性事实上是富有弹性还是缺乏弹性？简要解释。请画图说明公园管理部门认为的会员需求弹性与其实际表现的情形。

解决问题步骤

步骤1：复习本章相关内容。该问题与价格对企业总收益的影响有关，请复习"需求价格弹性与总收益之间的关系"一节的内容。

步骤2：回答问题a，解释公园管理部门对会员资格需求的看法。根据表6-3，我们可以得出结论，公园管理部门的管理人员一定认为，对会员资格的需求缺乏弹性。因为他们相信，如果提高价格，收益将会增加。这些官员估计，当价格提高100%后，会员的需求数量将减少5%，因此，会员资格的需求价格弹性为：$\frac{-0.5\%}{100\%} = -0.05$。

步骤3：回答问题b，画图说明会员资格的需求弹性事实上是富有弹性还是缺乏弹性。公园管理部门提高价格后，收益下降，因此我们知道，人们对会员资格的需求一定是富有弹性的。在下图中，D_1表示的是公园管理部门认为的会员资格需求曲线。在这一需求曲线上从A点到B点的部分，当价格从75美元上升到150美元时，对会员资格的需求数量仅仅从Q_1下降到Q_2。D_2是事实上的需求曲线，沿着这一需求曲线从A点到C点的部分，随着价格水平的提高，对会员资格的需求量会从Q_1大幅度下滑到Q_3。

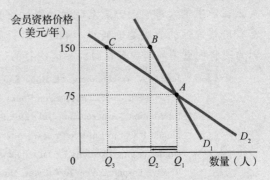

资料来源：Lisa W. Foderaro, "Public Recreation Centers Looking to Stem Exodus," *New York Times*, February 15, 2013.

◎ 概念应用 6-1

为什么亚马逊公司关心价格弹性

阿歇特（Hachette）是一家大型图书出版商，签约作者包括詹姆斯·帕特森（James Patterson），J.K.罗琳和J.D.塞林格。2014年，亚马逊公司与阿歇特公司就电子图书定价发生争执。阿歇特公司出版的电子图书价格在14.99美元到19.99美元之间，但亚马逊希望发行商将价格降低到9.99美元。亚马逊对阿歇特的施压策略包括：降低阿歇特公司精装书的折扣；不允许用户预订阿歇特出版的书籍；推迟一些图书的出版计划。

为什么亚马逊希望阿歇特降低电子书的价格？亚马逊在其网站上发布的一篇文章中称："我们通过重复测量多种图书主题对电子书的价格弹性进行了量化。亚马逊公司估计，电子书的需求价格弹性是 -1.35。下表所示为亚马逊公司所估算的销售收入如何随着电子书价格下降而发生的变化。

价格（美元）	销售数量（册）	总收益（美元）
14.99	100 000	1 499 000
9.99	174 000	1 738 260

亚马逊公司表示，"如果将价格定在 9.99 美元，那么即使顾客付的钱少了，但总的销售量增加了，亚马逊公司、阿歇特公司和图书作者的所得也更多了。"

如果亚马逊公司的分析正确，为什么阿歇特公司不愿意降低电子书的价格呢？阿歇特公司认为，虽然詹姆斯·帕特森和 J.K. 罗琳的书可能富有价格弹性，但其他不太知名作家的书，或者一些冷僻主题的电子书的需求则是缺乏价格弹性的。对于后面这类书来说，降价会降低阿歇特公司的销售收入。此外，阿歇特公司还认为，电子书价格的下降可能会影响精装书的销售，而出版商要靠这类书来赚取更多的利润。最终，亚马逊公司和阿歇特公司达成了一项协议，阿歇特公司可以自主确定其电子书在亚马逊网站上的出售价格。亚马逊与其他出版商也签署了类似的协议。

在后面几年中，亚马逊上的电子书价格上涨。价格上涨的结果并不是出版商所希望的，因为这伴随着收益下降。《华尔街日报》援引一家出版公司高管的话说："电子书的新商业模式正在产生重大影响……毫无疑问，发行商的净收入已经下降了。"亚马逊关于电子书需求富有价格弹性的看法是正确的。不过，出版商认为，它们仍将从较高的电子书价格中受益，因为这将把更多的消费者推向购买这些书的精装版。

资料来源：Jeffrey A. Trachtenberg, "E-Book Sales Fall after New Amazon Contracts," *Wall Street Journal*, September 3, 2015; The Amazon Books Team, "Announcement Update re: Amazon/Hachette Business Interruption," Amazon.com, July 29, 2014; Farhad Manjoo, "Amazon Wants Cheaper E-books. But Should It Get to Enforce Prices?" *New York Times*, August 1, 2014; Tom Ryan, "Amazon Explains Digital Pricing Elasticity," retailwire.com, August 4, 2014; David Streitfeld, "Amazon and Hachette Resolve Dispute," *New York Times*, November 13, 2014; and Brent Kendall, "Supreme Court Turns Away Apple Appeal in E-books Antitrust Case," *Wall Street Journal*, March 7, 2016.

6.4 其他需求弹性

弹性是非常重要的经济学概念，因为据此我们可以具体量化一种经济变量对另一种经济变量变化后的反应程度。除了价格弹性之外，另外两种需求弹性也非常重要，即需求交叉价格弹性和需求收入弹性。

6.4.1 需求交叉价格弹性

假设你在苹果公司工作，需要预测三星 Galaxy 手机价格提高后对 iPhone 需求量的影响，假定其他条件不变。你要做的就是计算**需求交叉价格弹性**（cross-price elasticity of demand），

该弹性大小等于 iPhone 需求量变化的百分比除以 Galaxy 手机价格变化的百分比，或者定义为一般形式

$$需求交叉价格弹性 = \frac{某种产品需求量变化的百分比}{另一种产品价格变化的百分比}$$

需求交叉价格弹性系数为正值还是负值取决于两种商品之间是替代品还是互补品。我们知道，替代品是那些可用于同样目的的产品，比如两种牌子的智能手机。互补品是那些要一起使用的产品，比如，iPhone 与在线商店中可供下载的应用程序。一种产品替代品价格的上升将导致对该产品需求量的增加，所以需求交叉价格弹性为正值。一种产品的互补品的价格上涨将导致对其需求的下降，因此需求交叉价格弹性为负值。当然如果两种产品没有关系，比如 iPhone 和花生酱，需求交叉价格弹性将为零。表 6-4 对需求交叉价格弹性的关键点进行了小结。

表 6-4　需求交叉价格弹性小结

如果产品为	那么，需求交叉价格弹性为	事例
替代品	正值	两种牌号的智能手机
互补品	负值	iPhone 与可在线下载的应用程序
无关品	0	iPhone 和花生酱

对企业管理来说，需求交叉价格弹性非常重要，因为它可以帮助估计其他企业生产的近似替代品对自身的影响。例如，百事可乐和可口可乐在广告中投入巨资，目的是劝说消费者其可乐的味道要好于对手。两个企业对广告是否有效又是如何认定的呢？一种方法是观察需求交叉价格弹性是否改变。例如，如果可口可乐公司进行了成功的广告宣传，当该公司的可乐产品价格上升后，百事可乐需求量的上升幅度应该有限。换言之，需求交叉价格弹性的值应该下降了。

6.4.2　需求收入弹性

需求收入弹性度量的是商品需求量对于收入变化所做出的反应，可按下式计算

$$需求收入弹性 = \frac{需求量变动的百分比}{收入变化的百分比}$$

我们知道，随着收入水平提高，需求数量提高的产品被称为正常物品（参考第 3 章）。正常物品经常进一步被分成奢侈品和必需品。奢侈品是指需求量对收入变化反应非常敏感的产品，比如，当收入增长 10% 时导致需求量增长大于 10%。价格昂贵的珠宝和度假别墅就是典型的奢侈品。必需品是指需求量对收入变化反应相对不太敏感的产品，比如，当收入增长 10% 时，需求量增长会小于 10%。食物和衣服是典型的必需品。当收入增加，需求量减少的产品被称为低档物品。高脂肪的绞碎牛肉就是低档物品。请注意，正常物品、低档物品、必需品和奢侈品，仅仅是经济学家们根据不同的收入弹性对商品进行的分类。这种分类的目的不是判断它们的价值。

因为大部分商品是正常物品，在经济扩张期，当消费者收入增加时，大多数企业都预期（假定其他条件不变）消费者对其产品的需求量将增加。而奢侈品销售商预期会有更大的增长。在经济衰退期，消费者收入下降会导致对于低档物品需求的增加。例如，消费者出行会

减少乘飞机，而对公共汽车的需求增加；在超市中，相对于新鲜三文鱼的需求，人们对金枪鱼罐头的需求会增加。表 6-5 对需求收入弹性的关键点进行了小结。

表 6-5 需求收入弹性的小结

如果需求收入弹性	那么，该产品为	事例
为正值，但小于 1	正常物品之必需品	面包
为正值，但大于 1	正常物品之奢侈品	鱼子酱
为负值	低档物品	高脂肪的肉

◎ 概念应用 6-2

酒饮料市场中的价格弹性、交叉价格弹性和收入弹性

与酒类消费相关的公共政策有多项，其中包括：未成年人饮酒、酒后驾车以及红葡萄酒有助于降低心脏病发生风险等。要更深地了解颁布这些政策的含义，人们需要了解酒类产品怎样对价格变化做出反应。弗吉尼亚大学的克里斯托弗·鲁姆（Christopher Ruhm）和他的同事估算出了如下的弹性系数（"含酒精饮料"是指除啤酒和葡萄酒之外，包含酒精的所有饮料）：

啤酒的需求价格弹性	−0.30
啤酒与葡萄酒的交叉价格弹性	−0.83
啤酒与其他含酒精饮料的交叉价格弹性	−0.50
啤酒的需求收入弹性	0.09

这些结果表明啤酒为需求缺乏弹性产品。当啤酒价格上升 10%，需求量将下降 3%。有些奇怪的是，啤酒与葡萄酒和其他酒精类饮料是互补品而非替代品。当红葡萄酒价格上升 10%，啤酒的需求量将下降 8.3%。此前关于啤酒价格弹性的研究表明，啤酒是其他酒精类饮料的替代品。鲁姆与其同事认为，他们的研究结论更可靠，因为他们的产品数量和价格数据是通过杂货店使用的统一产品编码（uniform product code，UPC）扫描仪得出的。他们认为，与此前许多研究仅仅使用一种品牌的啤酒、葡萄酒和威士忌相比，他们的数据更精确。

根据表中的数据，当收入增长 10%，啤酒的需求量将增长 0.9%。所以，啤酒是正常物品。根据此前给出的定义，啤酒被归为必需品，因为其收入弹性为正但小于 1。

资料来源：Christopher J. Ruhm, et al., "What U.S. Data Should Be Used to Measure the Price Elasticity of Demand for Alcohol?" *Journal of Health Economics*, Vol. 31, No. 6, December 2012.

6.5 运用弹性理论分析家庭农场消失的原因

价格弹性和收入弹性概念可帮助我们理解许多经济问题。例如，一些人关心家庭农场正成为美国的"濒危物种"，尽管粮食生产仍然在持续增长，但农场数量、农场主的数量持续减少。1950 年，美国有 500 万个家庭农场，2300 万人生活在农场。到了 2017 年，美国现存只有大约 200 万个农场，在其中生活的人口少于 300 万人。联邦政府已经推出几项措施对农

场主实施帮助（参见第 4 章）。这些项目的目的在于帮助那些小型的家庭经营的农场，然而，农产品的快速增加，再加上大部分粮食产品的低价格弹性和收入弹性，美国许多家庭经营的农场获利面临越来越多的困难。

生产率度量的是在给定一定数量的经济投入（比如工人、机器和土地）时，企业生产产品和服务的能力。美国的农业生产率增长迅速。1950 年，美国小麦种植农场每种植一英亩小麦的产量为 17 蒲式耳。到了 2017 年，由于小麦优良品种的开发和耕作技术的提高，美国小麦种植农场每英亩的平均产量为 53 蒲式耳。尽管小麦种植面积从大约 6 200 万英亩减少到 4 400 万英亩，但小麦的总产量从 10 亿蒲式耳增加到 23 亿蒲式耳。

这对美国农场主并不是什么好事，小麦产量增加，导致小麦价格大幅下滑。导致下滑的两个关键要素是：①小麦的需求缺乏弹性；②小麦的需求收入弹性很低。尽管从 1950 年之后，美国人口大幅增加，但对小麦的需求增长相对缓慢。为了将增产的小麦销售出去，农场主只能降价。因为人们对小麦的需求缺乏弹性，所以小麦的降价幅度很大，图 6-4 表明了这一点。

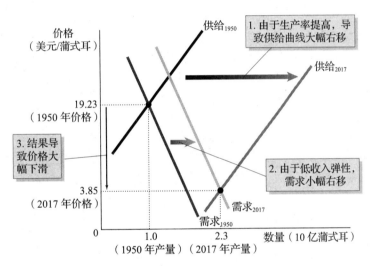

图 6-4 弹性与美国家庭农场的日渐减少

注：1950 年，美国农场生产了 10 亿蒲式耳小麦，价格为每蒲式耳 19.23 美元。此后 67 年间，农场生产率迅速提高，导致小麦供给曲线大幅右移。但小麦为低收入弹性产品，因此同一时期对小麦的需求增加相对不大。因为人们对小麦需求缺乏弹性，供给曲线大幅右移，需求曲线小幅右移，所以小麦价格大幅下降，从 1950 年的每蒲式耳 19.23 美元，下滑到 2017 年的每蒲式耳 3.85 美元。

资料来源：U.S. Department of Agriculture, *Wheat Yearbook Tables*, March 10, 2017.

供给曲线移动距离大，需求曲线移动距离小，再加上需求曲线缺乏弹性，小麦价格从 1950 年的每蒲式耳 19.23 美元下降到了 2017 年的每蒲式耳 3.85 美元（我们使用 2017 年的价格作为基数对 1950 年的价格进行了换算，对 1950 年之后的一般价格水平上涨进行了调整）。随着价格水平的降低，只有那些经营效率最高的农场才有利可图。小型的家庭农场的经营越来越困难，所以，许多这样的农场消失了。其他大多数粮食市场面临着与小麦市场同样的情形，特征都表现为产量快速增长，但都是低收入弹性和低价格弹性产品。这就导致美国农场面临两难选择：产量越多，粮食越便宜，农场也越来越少。美国消费者从中得益，但大部分家庭农场正好相反。

| 解决问题 6-3 |

运用价格弹性分析征收苏打汽水税的政策

一些经济学家、健康专业人士和政策制定者主张对苏打水征税，因为他们认为喝甜饮料的人可能会遇到健康问题。一些市政府还认为，苏打汽水税是增加税收的好方法。如果苏打汽水税的主要目标是减少甜味饮料的消费，那么税收政策在对甜味饮料的需求富有弹性还是缺乏弹性情况下会更有效？如果主要目标是为城市政府增加税收，那么结果又会如何呢？假设该税率为每瓶苏打水 0.75 美元，在征收该税之前，某城市售出的苏打水均衡量为每日 90 000 瓶，均衡价格为每瓶 1.75 美元。使用该城市苏打水市场的图形来说明你的答案，并在表格中总结关键结果。

解决问题步骤

步骤 1：复习本章相关内容。这一问题与价格变化对需求数量和收益影响有关，因此请复习"需求价格弹性与总收益之间的关系"部分。

步骤 2：通过解释苏打水需求价格弹性对苏打水征税的效应来解释政策制定者目标实现的情形，并画图来说明你的答案。我们从第 4 章知道，苏打水税的作用是推动苏打水供给曲线上移，从税前供给量（无税）变为含税供给量（税后）。你的图形应显示出，征税后，需求缺乏价格弹性时，每日销售的均衡数量下降要小于需求富有弹性时的情形，而价格的上涨则刚好相反。如图所示，使用假设数值，当需求缺乏价格弹性时，需求的均衡数量从 90 000 瓶/日下降到 80 000 瓶/日，而当需求富有价格弹性时，需求的均衡数量从 90 000 瓶/日下降到 70 000 瓶/日。当需求缺乏价格弹性时，均衡价格从每瓶 1.75 美元上升至 2.25 美元，而当需求富有弹性时则从每瓶 1.75 美元上升至 2.00 美元。给定这些值，当对苏打汽水的需求缺乏价格弹性时，市政府征收到的税收等于每瓶 0.75 美元乘以每日 80 000 瓶，为每日 60 000 美元。当对苏打水的需求富有价格弹性时，市政府每日可获得 52 500 美元。

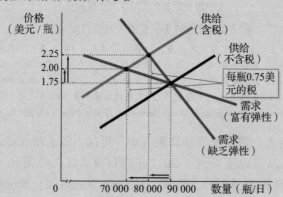

利用图中的信息总结如下：

	当苏打水的需求缺乏弹性	当苏打水的需求富有弹性
均衡数量的减少	较小	较大
均衡价格的上涨	较大	较小
压制苏打水销售的影响	效应小	效应大
税的影响	获得较多税收	获得较少税收

> 我们可以得出结论，当需求富有价格弹性时，该税对减少苏打水消费更有效，但在增加城市税收方面，需求缺乏价格弹性则更有效。

6.6 供给价格弹性及其度量

我们可以使用弹性概念来度量企业对于价格变化所做出的反应，就像我们用弹性来度量消费者的反应一样。根据供给法则，当产品价格提高时，供给量也会增加。为了度量价格水平提高时，供给量会增长多少，我们使用供给弹性概念。

6.6.1 供给弹性的度量

与需求价格弹性一样，我们使用百分比变化来计算**供给价格弹性**（price elasticity of supply）：

$$供给价格弹性 = \frac{供给量变化的百分比}{价格变化的百分比}$$

请注意，因为供给曲线向上倾斜，供给价格弹性为正值。我们可以按照需求价格弹性那样的方法对供给弹性进行分类：如果供给价格弹性小于1，供给缺乏弹性。例如，在一年的时间里，美国石油炼化厂的价格弹性大约为0.20，所以，供给缺乏弹性。汽油价格提高10%，其供给量仅仅增长2%。如果供给价格弹性大于1，供给富有弹性。例如，如果小麦价格上涨10%，而农民供给的小麦数量增加15%，则供给的价格弹性为1.5。因此小麦供给富有弹性。如果供应的价格弹性等于1，则供应为单位弹性。例如，如果瓶装水的价格上涨10%，而公司的瓶装水供给数量上涨10%，则供给价格弹性等于1。因此，瓶装水的供给是单位弹性。与其他弹性计算一样，当我们计算供给价格弹性时，假定其他因素不变。

6.6.2 供给价格弹性大小的决定因素

供给富有价格弹性还是缺乏弹性要依赖于价格水平提高后企业的能力和意愿。在短期，在增加产量供给时，企业经常会面临许多困难。例如，一家比萨饼店在一个晚上的供应量不可能超出当前厨房原料所能烤制的数量。在一两天内，企业可以购买更多的原料，在几个月内，他可以雇用更多的工人和安装更多的烤炉。因此，比萨饼或者其他大多数产品的供给曲线在短期是缺乏弹性的，然而，随着我们度量时间的延长，供给曲线的弹性也会增加。对于原料固定的产品，这一规则并不适用。例如，一种法国葡萄酒要用特定葡萄品种来酿制就是如此，如果所有适宜种植这种葡萄的葡萄园已经被充分利用，即使时间延长，这种葡萄酒的供给也是缺乏弹性的。

◎ 概念应用 6-3

石油价格为什么上蹿下跳

石油上市销售前的进程较为漫长。石油公司聘请地质学家勘探定位油井区域。如果石油储藏量可观，石油公司开始进行大规模开采。从开采到生产出足够数量的石油可能要花去几年时间。漫长的流程是短期石油供给弹性低的原因。由于石油没有近似的替代品，因此石油需求的短期价格弹性也很低。

随着世界经济从2007~2009年的严重经济衰退中恢复过来，许多国家，特别是中国、印度、俄罗斯和巴西对石油的需求开始迅速增长。如下图所示，当供给缺乏弹性时，需求增加会导致价格大幅上涨。需求曲线从 D_1 到 D_2 的变化导致石油的均衡量增加不到5%，从2009年的每天8 500万桶增加到2011年的8 900万桶，但均衡价格却上涨了175%，从40美元增加到每桶110美元。

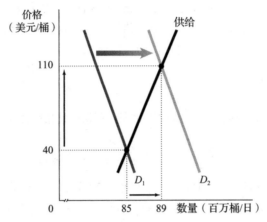

自20世纪70年代以来，世界石油市场受到石油输出国组织欧佩克的重要影响。欧佩克有11个成员，包括沙特阿拉伯、科威特、伊朗、委内瑞拉和尼日利亚等国家。欧佩克成员国拥有世界已经探明石油储量的75%。但是，近年来，由于广泛采用了被称为水力压裂法的新技术，美国的石油产量迅速增长。水力压裂法是利用高压将水、沙子和化学物质的混合物注入岩层中，将传统方法无法回收的石油和天然气释放利用。由于水力压裂法的使用，美国的石油产量从2011年的每天560万桶增加到2017年的920万桶。

如下图所示，美国石油产量的这种增长加上一些欧佩克成员国的产量增加导致世界石油供给显著增长。（北海等其他地区的产量则一直在下降。）世界石油价格从2011年的110美元下降到2017年的47美元。价格变化的程度不仅反映了供给量的增加幅度，也反映了短期石油需求的低价格弹性。

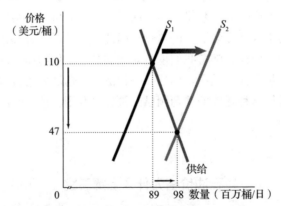

需求的低价格弹性和供给的低价格弹性的结合意味着，即使石油的供需出现相对较小的增加或减少也会导致其均衡价格大幅波动。在过去40年中，油价最低至每桶10美元，最高达140美元。这些价格波动很可能在未来还会继续。

6.6.3 供给完全弹性和供给完全缺乏弹性的极端情形

尽管很少发生，但供给有可能落入两种价格弹性的极端情形。如果供给曲线为垂直线，其为完全缺乏弹性。在这种情况下，供给量完全不会对价格变化做出反应，供给的价格弹性为零。不论价格怎样升或降，需求数量保持不变。在一个相当短的时期，一些产品或服务的供给可能为完全缺乏弹性。例如，一个停车场的车位数是固定的，如果需求增加，每个车位的价格可能会上升，但车位数并不会增长。当然，如果需求增加是永久性的，随着时间的延长，停车场的所有人可能会购买更多的土地来增加停车位数量。

如果供给曲线是水平线，称为完全弹性。在这种情况下，供给量会对价格变化做出无限大的反应，供给价格弹性等于无穷大。如果供给曲线为完全弹性，那么价格水平的小幅上升，会带来非常大的供给量增加。与需求曲线相同，切记不要混淆供给曲线富有弹性与完全弹性，以及供给曲线缺乏弹性与完全无弹性。表 6-6 对不同类型的供给弹性进行了总结。

表 6-6 供给价格弹性的总结

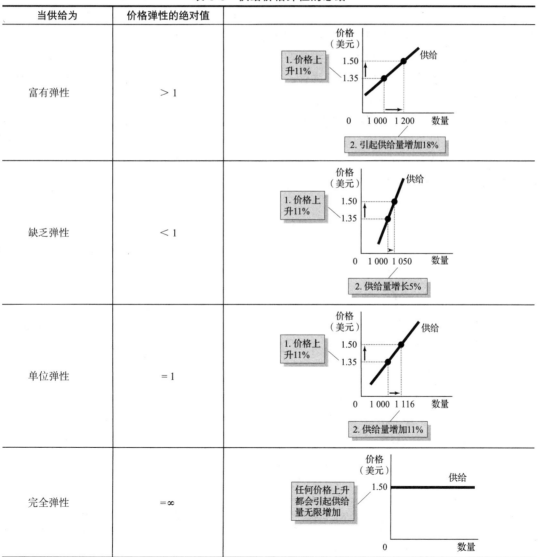

(续)

当供给为	价格弹性的绝对值	
完全缺乏弹性	=0	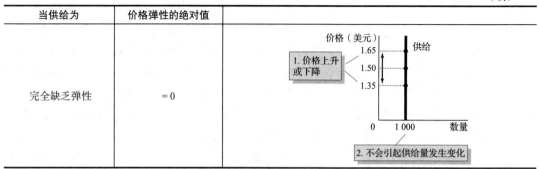

6.6.4 使用供给价格弹性预测价格变化

图 6-5 显示出的重要一点是，当需求增加时，价格上升幅度要依赖于供给价格弹性。图形表现的是海边度假村停车位的供给需求情况。在图 6-5a 中，表示的是在一个普通的夏季周末，在 A 点实现均衡，需求曲线 $D_{普通}$ 与缺乏弹性的供给曲线相交。在 7 月 4 日，人们对停车位的需求迅速增加，推动需求曲线向右移动，在 B 点实现新的均衡。因为度假酒店用于泊车的空地数量有限，供给曲线缺乏弹性，需求增长导致价格大幅上升，从每小时 2 美元上升到 4 美元，但可供停车的车位增加不多，从 1 200 个增加到 1 400 个。

在图 6-5b 中，我们假定供给富有弹性，可能是因为度假村有空地，可在需求高峰时用于停车，因此，供给富有弹性。结果，均衡从 A 点变化到 B 点，价格上升幅度不大，但数量增长显著。价格从每小时 2 美元上升到 2.5 美元，停车位的数量从 1 200 个增加到 2 100 个。知道了供给价格弹性，我们就可以较为精确地预测需求增加或减少后，价格会怎样变化。

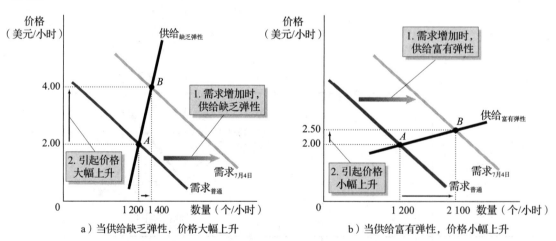

图 6-5　价格上升幅度依赖于供给价格弹性

注：在图 6-5a 中，需求$_{普通}$代表的是海边度假村普通周末的停车需求曲线，需求$_{7月4日}$代表的是 7 月 4 日的需求曲线。因为供给缺乏弹性，均衡从 A 点移动到 B 点导致价格大幅上升，从每小时 2 美元上升到 4 美元，但停车位增长的数量并不多，从 1 200 个增加到 1 400 个。在图 6-5b 中，供给富有弹性，均衡从 A 点到 B 点的变化，导致价格小幅上升，但供给量大幅增加。价格从每小时 2 美元上涨到 2.5 美元，可供停车的停车位数量从 1 200 个增加到 2 100 个。

┊生活与职业生涯中的经济学┊

百事可乐及其瓶装厂希望苏打汽水税是国税还是地税

在本章开始时，我们请读者考虑以下两种情况：首先，如果你是百事可乐的经济学家，你将如何评估政府在全国征收苏打汽水税的影响？另外，如果你是当地百事可乐装瓶厂的员工，你的答案将会改变吗？

如表6-2所示，人们对苏打水的需求缺乏价格弹性，因此，尽管苏打汽水税将减少百事可乐甜味饮料的销售，但其影响将小于需求富有价格弹性时的情形。如果政府将苏打汽水税限制在少数几个城市，百事可乐的销售额下降幅度较小，但该公司可能更喜欢在国家层面统一征税，而非广泛征收地方税，因为国税会简化筹划并减少不确定性。

一个城市实行高税率，另一城市实行低税率，可能最终导致销售从一个城市转移到另一个城市，从而对当地的百事可乐装瓶厂造成负面影响。

当地的百事可乐装瓶厂强烈希望征收统一的国税而非地税。正如我们在开篇案例中说的那样，费城征收苏打水税后，百事可乐装瓶厂销售额下降40%。由于该税种不适用于该市的郊区或其他邻近城镇，因此费城的部分消费者转向该城市范围外的商店来购买苏打水。由于百事可乐在费城以外地区销售的产品可以替代百事可乐在该市出售的产品，因此费城百事可乐的需求富有价格弹性。

本章小结

在经济学中，弹性计算非常重要，因为它可以让我们度量一个经济变量变化对另一个经济变量变化的影响。例如，通过计算产品的需求价格弹性，企业就可以对价格变化反应对于收益的影响进行数量化估计。与此类似，通过计算香烟等产品的需求价格弹性，政府也能更好地估计提高香烟税所带来的影响。表6-7对我们讨论的各种弹性进行了总结。

表6-7 弹性总结

需求价格弹性		
公式：需求价格弹性 = $\dfrac{\text{需求量变化的百分比}}{\text{价格变化的百分比}}$		
中点公式：$\dfrac{(Q_2-Q_1)}{\left(\dfrac{Q_1+Q_2}{2}\right)} \div \dfrac{(P_2-P_1)}{\left(\dfrac{P_1+P_2}{2}\right)}$		
	价格弹性的绝对值	提高价格对总收益的影响
富有弹性	大于1	总收益下降
缺乏弹性	小于1	总收益增加
单位弹性	等于1	总收益不变
需求交叉价格弹性		
公式：$\dfrac{\text{一种产品需求量变化的百分比}}{\text{另一种商品价格变化的百分比}}$		
产品类型		交叉价格弹性值
替代品		为正
互补品		为负
无关品		0

（续）

需求收入弹性		
公式： $\dfrac{\text{需求量变化的百分比}}{\text{收入变化的百分比}}$		
产品类型		收入弹性值
正常物品之必需品		为正，小于1
正常物品之奢侈品		为正，大于1
低档物品		为负
供给价格弹性		
公式： $\dfrac{\text{供给量变化的百分比}}{\text{价格变化的百分比}}$		
		价格弹性值
富有弹性		大于1
缺乏弹性		小于1
单位弹性		等于1

本章概要与练习

第 7 章

医疗保健经济学

:开篇案例:

到哪里去买健康保险

2017年1月,唐纳德·特朗普就任美国总统时承诺"废除并取代"《患者保护与平价医疗法案》(以下简称ACA)。ACA由巴拉克·奥巴马(Barack Obama)和国会于2010年制定,通常被称为"奥巴马医改"。2017年期间,针对ACA法案的两项修改提案未能在国会通过,这反映出联邦政府关于医疗保健系统的作用缺乏政治共识。关于ACA,一个有争议的条款是对没有购买健康保险的人处以罚款。在2017年,如果没有医疗保险的人将被罚款695美元或收入的2.5%,以较高者为准。许多年轻、健康的人选择支付罚款,因为这通常低于他们购买医疗保险所需支付的保费。

对于像哈门那(Humana)这样在ACA建立的健康保险市场上出售保单的公司来说,这一结果是个坏消息。ACA不允许保险公司向老年人或患有慢性疾病("既往病史")的人收取更高的保费。保险公司还必须在所有保单中免费提供包括避孕药、身体检查、疾病筛查测试以及某些其他服务。如果你不希望使用这些服务,则可能希望购买覆盖范围更有限的保单。保险公司也可以针对此类保单收取较低的保费,但根据ACA,保险公司无法提供这类服务。

由于越来越多的年轻人和健康人群不购买健康保险,健康保险市场上剩下的消费者平均而言是年龄更大、健康程度更低的人,且是更有可能向保险公司提出索赔的人群。如果哈门那和其他保险公司通过提高保费来做出回应,那么它们要冒更少的年轻人和健康人士购买保单的风险,这将需要进一步提高保费。哈门那和其他一些公司对此的回应是退出保险市场。2016年,参加健康保险的人群有85%的人购买保单时至少有三家保险公司可供选择;在2017年,只有57%的人有这种选择。在全国1000多个县中,仅剩下一家保险公司在市场上提供保险服务。

有些人参加雇主提供的健康保险计划,而不是在健康保险市场上购买个人保单。但是,随着医疗服务成本的不断上涨,用人单位正在增加从工人工资中扣除的金额,以支付保险费用,且它们更愿意提供自付额更高的保险计划，这意味着在保险公司开始支付医疗费用之前个人要承担更多的费用。

个人和企业面临的医疗保健费用不断增加，反映了整个经济中医疗保健支出占国民生产总值的比例不断提高的趋势，从1960年的约占5%增长到2017年占18%以上。在本章中，我们将讨论经济分析在美国医疗政策辩论中的作用。

资料来源：Anna Wilde Mathews and Stephanie Armour, "Humana's Decision to Pull Out of Health Exchanges Pressures Republicans," *Wall Street Journal*, February 15, 2017; Zachary Tracer, "Trump Points to Humana Exit from Obamacare as Sign of Failure," bloomberg.com, February 14, 2017; Cynthia Cox et al., "2017 Premium Changes and Insurer Participation in the Affordable Care Act's Health Insurance Marketplaces," kff.org, November 1, 2016; and U.S. Centers for Medicare & Medicaid Studies, "National Health Expenditure Data," www.cms.gov.

┊生活与职业生涯中的经济学┊

扣税后的实得工资会影响雇主对你的医疗保险支出吗

如果你工作的企业为你提供医疗保险，企业会从你的薪水中扣除一定比例用于支付保险费。一般情况下，企业会对其雇员支付保费的大部分。2016年，雇员个人仅支付其中的18%，或者以家庭为单位支付29%。你的薪水中并没有显示出你的雇主代表你所支付的保险费，但这一数额会影响你实际得到的工资吗？学完本章后，请回答这一问题。你可以在本章最后看到我们对这一问题的回答。

资料来源：The Kaiser Family Foundation and Health Research and Educational Trust, *Employer Health Benefits, 2016 Annual Survey*, September 14, 2016.

医疗保健，指的是与保持和提高一个人的健康水平相关的产品和服务，如处方药、看医生和动手术等。医疗保健行业占到了美国经济的1/6，相当于整个法国的经济规模。健康水平的提高，是过去100多年中很多国家人民生活水平大幅提高的重要标志之一。医疗保健行业中的新产品、新技术快速发展，如核磁共振成像（MRI）和其他诊断设备、治疗癌症、高血压、糖尿病和艾滋病的新处方药、脑膜炎疫苗以及外科新技术，如治疗心脏病的新型外科技术等的应用就是代表。

就像智能手机和理发这些大多数普通商品和服务一样，医疗保健服务也通过市场来提供。所以，我们可以应用前面章节所谈到的经济分析工具来对医疗保健进行分析。但政府在医疗保健市场中的作用比在其他市场中更大。在美国，提供医疗保健服务的医生和医院主要为私人所有，但是政府也通过退伍军人健康管理局（Veterans Health Administration，属于美国国防部退伍军人事务办公室）直接提供医疗服务，并通过医疗保险计划和医疗补助计划间接提供服务。此外，根据ACA，政府对保险公司提供的健康保险产品进行监管。

除了政府扮演重要角色外，与大多数产品市场相比，医疗保健市场也有许多的特殊之处。最重要的是，一般消费者对医疗保健服务并非支付全价。大部分人要么购买了私人医疗保险——通常通过雇主来购买，要么参加了政府的医疗保险计划或者医疗补助计划。购买医疗保险的消费者对于他们希望获得的医疗保健数量的决策与如果由他们支付全部费用时的需求会有所不同。因此，对于医疗保健市场的分析，我们需要应用与前面章节不同的经济学工具。我们首先从世界范围内医疗保健领域的概况开始我们的分析。

7.1 美国人健康状况改善情况概述

用现代标准来衡量，200年前的世界贫穷落后。今天，在高收入国家中的一个普通人所享受的生活水准远远超过过去最富有的人所能想象的水平。这种高水平生活的表现之一就是普通人享受到的健康水平大大提高。例如，在18世纪后期，英格兰是世界大国之中人均收入水平最高的国家。但是，平均寿命较为短暂，并受到如霍乱、黄热病、痢疾和天花等疾病的困扰（在今天，这些疾病在高收入国家中已经消失）。平均预期寿命只有38岁，30%的人口在30岁前就去世了。即使超过20岁的人，预期寿命平均仅为34岁。今天，包括英国在内的其他高收入国家的人，平均寿命可达80岁左右。用现在标准来看，18世纪的英格兰人个头并不高。一名成年男性的平均身高大概为1.65米，而今天为1.75米。

在本节我们将讨论美国人的健康状况。在下一节我们将对美国与其他国家人民的健康状况进行比较。

7.1.1 美国人健康状况的演进

经济学家在度量一个国家生活水平怎样随着时间而改变时，他们通常首先关注的是人均收入水平的提高。然而，健康状况的改变也是非常重要的内容。因为个人健康是个人福利的核心构成部分，自然也是生活水平的核心部分。在19世纪和20世纪，美国普通人的健康状况得到了极大的改善，总的来说，它一直在持续改善。

表7-1比较了美国人在1850年和2016年的三种健康指数。与165年前相比，今天的美国人个头更高、寿命更长，在出生第一个月的死亡率大大降低。经济学家经常用身高作为人口平均福利在长期变化的一个指标。一个人的身高部分依赖于基因，一般来说，父母身高往往影响着孩子的身高，但也依赖于一个人的净营养状况（net nutritional status）。一个人的净营养状况依赖于相对于其工作表现的食物摄入量、能否在寒冷的冬天获得温暖以及是否受到疾病的困扰。随着时间的推移，美国和其他发达国家的居民平均身高都提高了，这表明他们的健康状况得到了改善。

表7-1　1850年与2016年美国人的健康状况

变量	1850	2016
预期寿命	38.3年	78.8年
平均身高（成年男性）	1.70米	1.76米
婴儿死亡率（一年或更短时间内死亡）	228.9/千人	5.8/千人

注：1850年的身高仅仅包括土生土长的白人和非洲裔男性公民。2016年的身高是2007～2010年搜集的数据，以年满20岁成年男性的身高中位数为代表。

资料来源：Susan B. Carter et al., eds., *Historical Statistics of the United States: Millennium Edition*; U.S. National Center for Health Statistics, *Anthropometric Reference Data for Children and Adults: United States, 2007–2010*, October 2012; and Centers for Disease Control and Prevention, *National Vital Statistics Reports*, various issues.

7.1.2 美国人健康状况长期改善的原因

从美国大部分历史来看，人们健康状况持续改善中，寿命延长，死亡率下降。图7-1a所示为从1900年到2016年，寿命延长和死亡率下降的情况，死亡率使用每10万人中死亡人数来进行计算。请注意，死亡率进行过"年龄调整"，这意味着，该指标并不受每个年龄组人数的影响。美国人均寿命从1900年的47.23岁增加到2016年的78.8岁。图7-1b表现的是近年来美国人口总死亡率的变化情形，用每10万人中的死亡人数来计算，对几种疾病的死亡率进行了年龄调整。在图中，1981年的死亡率被设定为100，2015年是相对1981年的水平来计算。从1981年到2015年总死亡率下降了25%。在同一期间，由于癌症、心脑血管疾病（如心脏病和中风）所导致的死亡率大幅下降。例如，与1981年相比，癌症的死亡率在2015年下降了23%，而心脑血管疾病下降60%。在同一时期，糖尿病和肾病的死亡率小幅增加，主要是由于糖尿病死亡率提高所致。1981年之后，美国总体死亡率下降是生活方式改变所致，特别得益于吸烟人数的减少、新型诊断设备、处方药和外科技术的进步。

对于1850年后的这段超长时期的人均寿命的延长和死亡率的下降如何解释？19世纪末20世纪初，卫生状况和食品分配的改进改善了人们的健康状况。芝加哥大学诺贝尔经济学奖获得者罗伯特·福格尔（Robert Fogel）和格雷欣学院的罗德里克·弗劳德（Roderick Floud）进行了更大范围的研究。两位学者描述了随着健康状况的改善，人们工作会更加努力，因为人们变得更高大、更强壮和更能抵抗疾病侵袭。人们努力工作，一个国家的总收入水平会提高，也使得国家能够负担更好的卫生、更多的食物和更好的食物分配体系。实际上，人们健康的改善，向外移动了该国的生产可能性曲线。收入更高，国家就能够对研究和发展投入更多资源，其中包括对医疗的研究。在研发医疗技术、新的诊断技术和新药开发方面，美国处在前列，这对于延长寿命、降低患者的死亡率发挥了重要作用。

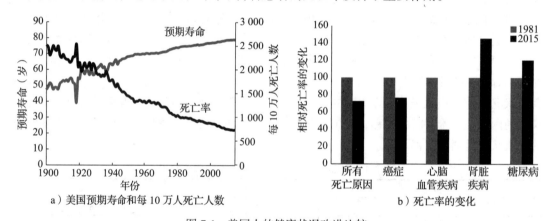

图7-1 美国人的健康状况改进比较

注：图7-1a显示，自1900年以来，美国的预期寿命延长，死亡率降低。图7-1b显示，自1981年以来，由于心血管疾病和癌症导致的死亡率大大下降，肾脏疾病和糖尿病引起的死亡率增加，主要是因为肥胖增加。请注意，在图7-1a中，1918年的死亡率上升和预期寿命下降是由于当年暴发严重的流感。

资料来源：For panel (a): Susan B. Carter et al., eds., *Historical Statistics of the United States: Millennium Edition*, Series Ab644; and Centers for Disease Control and Prevention, *National Vital Statistics Reports*, various issues; for panel (b): Centers for Disease Control and Prevention, *National Vital Statistics Reports*, various issues; and Jiaquan Xu, et al., "National Center for Health Statistics, Data Brief 267: Mortality in the United States, 2015," December 2016.

7.2 世界各地的保健状况概述

美国的大部分医疗保健服务是由私人企业，通过医生行医或者医院来完成的。除此以外，其他医疗服务主要由联邦政府通过退伍军人健康管理局经营的医院系统来提供，当然一些城市也拥有和经营部分医院。美国之外的大部分国家，政府在直接提供资金支持或提供的医疗保健服务上则扮演着更为重要的角色。政策制定者和经济学家们对于政府过多地介入医疗保健体系对于人均寿命、婴儿死亡率和疾病治愈率等会产生的影响进行着激烈的争论。

7.2.1 美国的医疗保健体系

各国之间医疗保健体系的一个重要区别是，人们如何支付他们的医疗保健费用。美国大部分人通过医疗保险来为医疗服务买单。**医疗保险**（health insurance）是一种合约，规定了买者同意支付保险费来换取保险提供人为其支付部分或全部的医疗费用。图 7-2 所示为 2016 年美国各种医疗保险的情形。大约 49% 的人通过他们的雇主来参加医疗保险，7% 的人直接购买由保险公司提供的个人或家庭保险，通常是使用根据 ACA 建立的州健康保险市场来购买。大约 35% 的人参与政府的医疗保险、医疗补助和由退伍军人管理局提供的各类保险计划。

美国大部分私人医疗保险的投保人是由雇主买单的。根据凯瑟家庭基金会（Kaiser Family Foundation）2016 年对雇主的调查，雇员人数超过 200 人的企业，98% 的雇主作为额外福利（也就是作为非工资性收入）会为其雇员购买医疗保险；在 3~199 人的企业中，大约 55% 的企业也会这样做。私立医疗保险公司既可以是非营利性公司，如蓝十字公司、蓝盾公司之类的组织，也可以是营利公司，如哈门那公司、安泰公司和约翰—汉考克公司，这类公司也提供其他类型的保险。私立保险公司也向雇主提供团体保险计划，覆盖所有雇员，或者向公众直接提供个人保险计划。一些医疗保险计划基于医生和医院按服务次数付费（fee-for-service）的形式来提供。这意味着，医生和医院从它们提供的每一次服务中来获得收入。其他医疗保险计划是通过健康维护组织（HMO）来进行，通常通过向每名患者支付固定费用，而不是为每个单独的就诊病人或其他服务向医生提供收入。

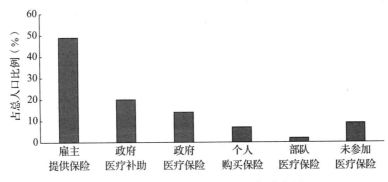

图 7-2　2016 年美国的各类医疗保险来源

注：2016 年，约 49% 的人通过雇主获得了健康保险，约 7% 的人直接从保险公司购买了个人或家庭健康保险。大约 35% 的人通过政府计划获得了医疗保险、医疗补助和由退伍军人管理局提供的各类保险计划。大约 9% 的人没有保险。注意：由于某些人拥有不止一种类型的健康保险，因此显示的每个类别的值之和大于 100%。

资料来源：Kaiser Family Foundation estimates based on data in U.S. *Census Bureau, Current Population Survey*, March 2017.

2016年，大约9%的人没有医疗保险。这一数值低于前几年，部分原因是国会通过了ACA，但仍然有超过2800万人未投保。许多人不买私人保险的原因是收入水平低，他们认为即使有政府补贴也负担不起私人保险费。还有一些低收入人群是因为不符合参加政府"医疗补助"计划的条件，或者不愿意参与这些保险计划。70%未投保人生活的家庭中至少有一名成员是有工作的。这些人要么是他们的雇主不提供医疗保险，要么是选择不购买保险。一些年轻人选择退出雇主提供的医疗保险是因为他们身体健康，认为雇主收取的保费成本要高于保险收益。未购买保险人群中，一半以上的人年龄在35岁以下。虽然大型公司为雇员提供健康保险，但接受者不到2/3。其余的员工要么根据配偶政策不符合覆盖范围，要么决定不投保险，因为他们不想支付保费。未投保者必须自掏腰包，用自己的收入支付医疗费用，就像他们支付其他账单一样，或者他们接受免费或低于正常价格的医生或医院服务。

◎ 概念应用 7-1

医疗保健在美国经济中的重要性日益提升

大学毕业后，你比你父母或祖父母获得医疗保健领域工作机会的可能性更大。卫生保健的工作类型有很多，从医生、护士到医院和疗养院的经理，再到制药公司的研究人员和销售人员。如下图所示，在1990年，制造业是大多数州最大的就业来源，没有一个州的医疗保健领域是最大的雇主。到了2000年，制造业仍然是27个州的最大雇主，但医疗保健行业在两个州已成为最大雇主。到了2016年，结果大相径庭：制造业仅在7个州成为最大的雇主，而医疗保健领域在35个州成为最大的雇主。

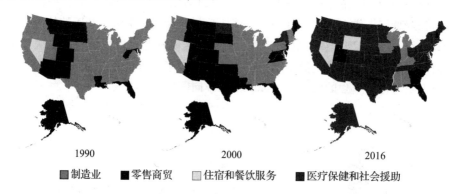

1990　　　　　　　2000　　　　　　　2016

■制造业　■零售商贸　■住宿和餐饮服务　■医疗保健和社会援助

1990年，美国从事制造业的人数几乎是从事医疗保健工作人数的两倍。现如今，医疗保健领域的就业人数已增加了一倍，而制造业的就业人数却下降了30%以上，而且这一趋势可能会持续下去。美国劳工统计局预测，未来十年20个增长最快的职业中，有13个是从事医疗保健领域的工作。

怎样解释这些变化趋势？我们将在7.4节中讨论有关美国医疗保健支出增加的原因。目前，请注意，医疗保健行业的就业增长与零售商贸和饭店等其他服务行业的增长类似，并且医疗保健和服务行业的就业增长远快于商品生产行业如制造业等行业。此外，有证据表明，随着人们收入的增长，人们对医疗保健的需求增长快于对大多数其他商品和服务的需求。美国人口的平均年龄也在提高，老年人对医疗保健的需求更大。最后，ACA通过两种方式增加了低收入人群对医疗保健的需求：通过向收入低于一定水平的人提供补贴来购买医疗保险；

扩大医疗补助体系的覆盖范围。

无论国会如何对ACA做出任何改变，在未来几十年中，医疗保健似乎仍将继续成为蓬勃发展的行业，并且是新增工作机会的重要来源。

资料来源：U.S. Bureau of Labor Statistics; U.S. Census Bureau; Rani Molla, "How America's Top Industries Have Changed," *Wall Street Journal*, July 28, 2014; and "Why Nurses Are the New Auto Workers," *Economist*, July 25, 2014.

7.2.2 加拿大、日本和英国的医疗保健制度

加拿大、日本和英国等多个国家，要么政府直接通过经营医院、雇用医生和护士来提供医疗服务，要么对非政府经营的医院及其雇用的医生支付大部分医疗费用，即使这些医生并非政府雇员。在本节，我们将简要介绍这三个国家的医疗保健体系。

1. 加拿大

加拿大实行"**单一付款人医疗保健制度**"（single-payer health care system），政府为所有加拿大居民提供国民医疗保险。加拿大10个省都有各自的医疗保健系统，但每个省的系统都必须遵守加拿大联邦政府所规定的对所有必要的医疗程序费用全额支付的要求。个人无须为看医生或住院支付任何费用。他们间接地通过向各省政府和联邦政府缴纳税收来支付医疗保健费用。像美国一样，大部分医生和医院都是私立的，与美国不同的是，医生和医院的收费必须按政府设定的收费标准执行。医生和医院通常也通过按服务次数收费的方式来获得收入，这一点与美国相同。

2. 日本

日本是**全民医疗保险**（universal health insurance），这一制度要求每一个居民要么参加由行业或职业组织的非营利性医疗保险计划中的一项，要么参加由国家医疗保健系统提供的保险计划。该系统的资金来源：一部分来自员工和企业支付的保费，还有一部分来自类似于美国的医疗保险计划所收取的税收。与加拿大的制度不同，日本实行的是共同支付制度，患者须支付高达30%的医疗费用，其余部分由医疗保险支付。日本的医疗保险不支付大部分预防保健费用，如年度体检、与怀孕有关的医疗费用，除非由此导致了并发症。美国和加拿大的医疗保险一般包括这些费用。和美国医生一样，日本大多数医生并非为政府工作，因为该国也有很多私营医院。不过，政府运营的医院数量要多于美国。

3. 英国

在英国，政府通过"国民健康服务"（以下简称NHS）体系拥有几乎所有的医院，所有的医生也几乎由政府直接雇用（请注意，英格兰、苏格兰、威尔士和北爱尔兰各自拥有独立的医疗体系，但主要特征是一样的），这与美国、加拿大和日本政府雇用少量医生和拥有少量医院形成了鲜明对照。因为私人保险计划和私立医院在英国很少，所以其医疗保健体系也常被称为**公费医疗**（socialized medicine）体系。拥有1.4万名员工的国民健康服务体系是世界上最大的政府经营的医疗保健体系。除了少量共同支付的处方药外，NHS为患者无偿提供医疗保健服务，费用从所得税中弥补。NHS致力于预防保健和急诊处理。日常医

疗，又被称为选择性医疗，如髋关节置换、运动伤害造成的膝关节手术或者乳房切除后的再造，则要排队等候。NHS这样的目标定位造成选择手术的等候时间很长，病人有时需要等待一年或更长的时间，这在美国只需要几个星期或更短的时间就能解决。为了避免长期等候，超过10%的人也买私人医疗保险，通常由雇主提供，被保险人支付选择性手术的费用。NHS的关键问题是要在广泛的覆盖面和长时间的等待之间进行权衡取舍，非紧急手术更是如此。

7.2.3　世界范围内医疗保健成效的比较

我们已经看到，不同国家的医疗卫生系统的组织方式存在显著差异。保健成效和各国在医疗保健的投入也有较大差异。如图7-3所示，35个高收入国家人均医疗保健支出和人均收入的关系，每个菱形代表一个国家。正常的情形是，一个国家人均收入水平高，人均医疗保健支出的水平也高。这并不奇怪，因为医疗保健是正常物品。我们知道，随着收入水平的提高，用于正常物品的支出也增加（第3章）。图中的趋势线表示人均收入水平与人均医疗保健支出之间的关系。大部分国家的菱形方块都靠近这条线，但请注意，代表美国的点向上显著偏离该线。显著高于趋势线表明，即使考虑到美国相对较高的人均收入水平，美国人均医疗保健支出也要高于其他国家。在本章稍后部分，我们将对美国高水平医疗保健支出进行解释。

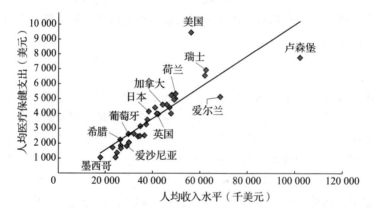

图7-3　人均收入水平和人均医疗保健支出之间的关系

注：从人均收入水平和人均医疗保健支出的相关关系来看，美国显著向上偏离。这表明，即使考虑到美国相对较高的收入水平，美国在医疗保健方面的支出也要高于其他国家。

注：人均收入用人均实际GDP表示。

资料来源：Organization for Economic Cooperation and Development, *OECD Health Data 2016*, November 2016.

美国在医疗保健方面的高额支出是否导致更好的医疗保健成效呢？美国人是否更健康一些？或者说，美国医疗保健系统解决医疗服务问题的速度是否要比其他国家的医疗保健系统更迅速？表7-2比较了经济合作与发展组织（OECD）成员国的医疗保健的几个方面的成效，该组织由35个高收入国家组成。该表显示，美国婴儿死亡率指标较差，并在出生时的预期寿命方面略低于平均水平，但在65岁时的预期寿命方面却接近平均水平。美国患肥胖症的可能性要高于其他国家，肥胖症会导致糖尿病及其他健康问题。

表 7-2 高收入国家的医疗保健成效

医疗保健成效	美国	加拿大	日本	英国	OECD 平均
预期寿命					
出生时的预期寿命（岁）	78.8	81.0	83.7	81.4	80.6
65 岁时男性预期寿命（岁）	18.0	18.8	19.3	18.8	17.9
65 岁时女性预期寿命（岁）	20.5	21.7	24.2	21.3	21.3
婴儿死亡率（据每 1 000 个新生成活婴儿夭折计算）	6.0	4.9	2.1	3.9	4.0
健康问题					
肥胖症（BMI>30 人数占总人口的比例，%）	38.20	28.00	3.90	25.60	22.30
诊断设备					
每十万人配置的 MRI（台）	38.1	8.9	51.7	6.1	15.7
每十万人配置的 CT 机（台）	41.0	14.7	107.1	8.0	26.4
癌症治疗					
每 10 万人中患癌人数	318	295.7	217.1	272.9	269.8
每 10 万人中因癌症死亡人数	189.5	207.5	179.0	221.9	202.1
75 岁之前死于癌症的风险（%）	11.20	10.80	9.30	11.30	11.50
患癌死亡率（%）	33.30	34.90	43.20	40.30	40.40

资料来源：Organization for Economic Co-operation and Development, *OECD Health Statistics, 2016*, most recent data available, typically 2014, but 2012 for the data in the last two rows on cancer; and World Health Organization, Agency for Research on Cancer, "Globocan 2012: Estimated Cancer Incidence, Mortality, and Prevalence Worldwide in 2012." For cancer data, the final column uses the average for European Union countries rather than for OECD countries. Data on death from cancers are standardized for age differences across countries.

美国在诊断和治疗疾病所使用的医疗设备方面处于领先水平。如表 7-2 所示，美国的人均 MRI 配置是高收入国家平均配置水平的两倍多，人均 CT 机配置比其他高收入国家高出 50%，但这些设备拥有水平量略低于日本。美国在癌症治疗方面成效突出，癌症致死率较低，特别是考虑到美国人群患癌症的可能性更高，癌症死亡率也相对较低。死亡率衡量的是人们死于癌症的比率相对于被诊断出患有癌症的比率。较低的癌症死亡率表示美国医疗保健系统在降低被诊断为患有癌症的人的死亡率方面做得相对较好。

7.2.4 医疗保健成效的跨国比较有多大用处

卫生经济学家和其他研究人员对用医疗保健成效的跨国比较来度量不同医疗体系有效性方面争论很大。研究人员在对医疗保健成效进行跨国比较时，会面临如下一些困难。

1. 数据难题

各国即使使用同样的方法，收集到的与疾病和其他健康相关问题的数据并非总是准确的。因此，除了几种疾病之外，没有足够的连贯数据来比较医疗保健的成效。

2. 如何度量医疗保健具体实施效果的难题

用死亡来度量是最简单的度量方法，因为发生了特定事件。因此，预期寿命、婴儿死亡率和某些疾病（如癌症）的死亡率，可对各国进行比较。但医疗保健大部分涉及的是伤病护理、简单的外科手术、开处方药以及其他一些活动，其中的成效很难衡量。例如，尽管英国在表7-2所示的多项指标中都做得很好，但患者在选择性外科手术中需长时间等待，而在美国和其他一些国家则可以更快速地安排手术。度量这些等待时间对患者意味着多少成本面临困难。

3. 区分医疗保健功效与生活方式选择的难题

医疗保健的成效还在一定程度上受到医生和医院提供医疗服务的有效性的影响，也取决于个人生活方式选择。例如，美国肥胖症患者多，因此住院比例也高——这可以看作肥胖症的伴随物，更多的是与个人饮食和运动有关，而与美国卫生保健体系的有效性关系不大。

4. 消费者偏好确定难题

在大部分产品市场中，我们可以假定观察到的产品和服务的数量与价格反映的是消费者偏好（需求）与企业生产成本（供给）之间相互作用后的结果。给定消费者的收入和偏好后，他们在做出购买决策时会对不同产品和服务给出相应的价格。公司索取的价格代表提供商品或服务的成本。在医疗保健市场中，与美国相比，其他大多数国家的政府发挥着主导作用，因此服务的成本并没有完全反映在价格中，因为一些国家所提供的服务是免费的。即使是在消费者必须支付医疗服务费用的国家，他们通常支付的价格也并不反映提供服务的全部成本。例如，在美国，购买私人医疗保险的消费者作为共同支付者通常支付相当于价格的10%～20%。正因为如此，研究人员很难确定一国提供的医疗服务在满足消费者偏好方面，其成本和效益要好于其他国家。

7.3 医疗保健市场的信息问题和外部性

医疗保健市场是受到**信息不对称**（asymmetric information）问题困扰较为严重的市场。所谓信息不对称，是指经济交易中的一方比另一方掌握的信息要少。了解信息不对称概念可以帮助我们分析医疗保健市场中买家和卖家的行为，以及政府的行为。如果我们首先考虑信息不对称对二手车市场的影响，不对称信息的后果可能更容易理解，这是经济学家首先开始认真研究此问题的市场。

7.3.1 逆向选择和"柠檬"市场

乔治城大学的诺贝尔经济学奖得主乔治·阿克尔洛夫（George Akerlof）指出，二手车的卖家始终比潜在买家对车的真实状况掌握更多的信息。例如不经常更换机油而可能已经形成的磨损连经验丰富的技师也难以检测出。

二手车的潜在购买者很难区分二手车（或者称为"柠檬"车，也称为次品车）的好与坏，他们在考虑支付价格时会考虑到这种情况。考虑下面的简单例子，假设可供出售的2015款本田思域中，一半的车保养得当，属于性能良好、质量可靠的二手车；另一半则是维修不善，属质量不可靠的柠檬车。假设2015年款本田思域的潜在买家愿意支付10 000美元购买质量可靠的二手车，但对不可靠的车，人们只愿意支付5 000美元。车的卖家知道他们的车是如何保养的，是否可靠，但买家不掌握这样的信息，也没有办法区分车是否可靠。

在这种情况下，购车者通常会提出一个价格，介于他们愿意为一辆好车支付的价格和一辆次品车支付的价格之间。在这种情况下，各有50%的机会买到一辆好车或次品车，买家可能的报价为 7 500 美元，这是一个介于如果他们确定为好车支付的价格与他们知道为次品车愿意支付价格的中间价格。

不幸的是，对于二手车买主来说，在这一点上出现了小问题。从购车者的角度来看，因为他们不知道所述具体车辆是好车还是次品车，7 500 美元的报价似乎是合理的。但卖方知道他们销售的车是好车还是次品车。对于一辆好车的卖主，7 500 美元的报价比汽车的真正价值低 2 500 美元，卖方将惜售。但是对于次品车的卖家，7 500 美元的报价比汽车的真正价值高出 2 500 美元，卖方很乐意出售。由于次品车卖家对所销售车的了解比购车者有优势，二手车市场将沦为**逆向选择**（adverse selection）的牺牲品：出售的大部分二手车将是次品车。换言之，由于信息不对称，市场将逆向选择出被出售的汽车。也请注意，这种逆向选择的问题减少了二手车市场上买卖的数量，因为很少有好车会供销售。

7.3.2 医疗保健市场中的信息不对称问题

包括医疗保险在内的所有保险市场，信息不对称问题尤为突出。为了理解这一点，首先我们来看保险市场如何运行。保险公司向家户销售保险后，保险公司提供了**风险共担**（risk pooling）服务。例如，如果你拥有一套 15 万美元的房子，但没有买火灾保险，那遭遇火灾房屋毁坏，对你就是一场财务灾难。但是，保险公司可以通过向你和成千上万的房屋所有人销售保险，为你的房子被烧毁提供财务风险共担。你与其他房主愿意支付一定的保险费作为代价，以消除不确定性作为回报，因为这种不确定性很大，损失可能是整个房屋被烧毁。

请注意，如果保险公司要想弥补所有成本，那么它获得的保险费总量必须大于投保人行使赔付权时公司支付的数量。为了生存，保险公司必须准确地预测其可能支付给投保人的金额。举例来说，如果一家保险公司预测，保户只有 2% 的房屋将在一年烧毁，但实际上 5% 的房屋被烧毁，那该公司将遭受损失。另一方面，如果公司预测，8% 的房屋将烧毁，但实际上只有 5% 的房屋烧毁，该公司收取了过高的保费。一个公司的保费收费太高会失去客户，并最终可能被竞争出局。

1. 健康保险市场的逆向选择

保险公司想准确预测投保人索赔数量时，面临的障碍之一是投保人对自己健康状态的了解比保险公司更清楚，而健康状况决定着他们可能要报销的医疗费用。换言之，保险公司面临逆向选择问题，因为身体带病者比健康人群更有可能想购买健康保险。如果保险公司很难确定谁是健康者，谁是带病者，其卖给带病者的保险可能会多于预想的比例，这样会导致保费收入过少，无法覆盖其成本。

如果一家保险公司收取的保险费太低，无法弥补要求的赔付支出，保险公司将面临财务问题。如果保险公司试图提高保险费收费，逆向选择可能会使问题进一步恶化。如果收取的保费上升，年轻、健康且很少去看医生的人群对于保险费上涨的反应是不去购买保险。保险费用越高，保险公司面临的逆向选择问题会变得更加严重，因为它的投保户的健康状况大体上比保费增长之前更差。这种情况类似于二手车买者所面临的情形，购车人知道二手车市场存在逆向选择问题，因此决定降低他愿意支付的车价作为弥补措施。价格降低会导致愿意出售给他的好车数量减少，恶化逆向选择问题。

解决逆向选择问题的一种出路，是政府要求所有人都购买医疗保险。这样做将提高保险公司应对风险分担的能力。美国大多数州要求司机购买汽车保险，这样高风险和低风险司机都将购买保险。ACA 要求美国居民必须购买保险，否则将被罚款。法律规定的这一条款被称为"个人强制保险"（individual mandate），引起了较大争议。我们将在本章第 4 节进一步讨论。

2. 健康保健市场中的道德风险

保险市场承受的信息不对称引出的第二种后果是**道德风险**（moral hazard）。道德风险是指参与交易后一方所采取的行动使得交易的另一方状况变差。保险市场中的道德风险是指，购买保险后，人们对自己的行为做出了改变。例如，一家企业为仓库购买了火灾保险后，将不再安装价格昂贵的自动喷水灭火系统；与此类似，一些人购买医疗保险后，可能会因为伤风感冒或一些小毛病去看医生，而没有保险时，他们并不会这样做；或者购买医疗保险后，人们会参与一些风险性高的活动，而没有参加保险时，他们则不会这样做。

考虑与保险相关的基本道德风险问题的一种方法，是比较仅有买方和卖方两方参与的经济交易的正常情形。但保险公司成了购买医疗服务的第三方，因为是保险公司而非病人购买部分或全部的服务。正因为如此，经济学家通常将传统的医疗保险称为**第三方支付制度**（third-party payer system）。因为存在这样的制度，享受医疗保健的消费者并没有支付反映医疗服务的全部成本。因为支付了低价，与正常情况相比，消费者会要求更多的医疗保健服务。

第三方支付的医疗保险会引出与道德风险相关的另一种结果，即所谓的**委托代理问题**（principal-agent problem），因为一些医生可能会进行一些从病人最佳利益来看并非必要的治疗行为，如进行一些不必要的检查或者治疗。从代理人（在这里是医生）导致的委托代理问题结果来看，他们追求自身的利益而非患者的利益，病人在这里是委托人，是他们雇用了医生。如果由病人支付化验、MRI 和其他检查的全部费用，他们很可能会询问这些检查是否真的必要。由于保险公司支付了这些检查的大部分费用，患者很可能会接受这些检查。请注意，大部分医疗保险中的"一次一付"的做法会使得委托代理问题更加严重，医生和医院所进行的每一次服务都会得到支付，不管这种治疗是否必要或者有效。

在美国，医疗检查的项目越来越多。许多医生认为检查项目数量增多并不是医疗保险第三方支付制度引起的结果，相反，增多是由于疾病诊断过程中改进有效性，以及部分医生有进行"预防性治疗"的倾向，因为他们担心，如果未能正确诊断疾病，那么病人可能会因医疗事故对他们进行起诉。

勿犯此错 7-1

不要混淆逆向选择和道德风险

信息不对称导致的两个主要后果是逆向选择和道德风险。这是两个容易混淆的概念。区分两者的第一种方式是记住逆向选择指的是参加交易之前发生的事情。例如，保险公司会向患不治之症的人销售人寿保险，因为公司无法掌握投保人健康状况的全部信息。道德风险指的是交易之后发生的事。例如，一个本来不吸烟的人，购买了人寿保险后，开始每天吸四包烟。

3. 保险公司如何应对逆向选择和道德风险

保险公司可以采取措施来减少逆向选择和道德风险问题。例如，保险公司可以利用免赔额和共同保险来减少道德风险。免赔额要求投保人在保险公司支付索赔金额前先支付一定比例。共同保险是保险公司只支付任何索赔额的一定比例。假设当你支付1 000美元的医疗账单时，你购买的医疗保险规定有200美元的免赔额和20%的共同保险。你必须首先支付200美元，还要支付800美元中的20%。免赔额和共同保险条款对那些目的是进行多次报销的人来说就缺乏吸引力了，也就降低了逆向选择问题。免赔额和共同保险也对投保人形成激励，避免多次提出索赔，因此也减少了道德风险问题。许多雇主提供的健康保险计划中的免赔额已经增加。根据凯瑟家庭基金会的一项调查，2006年，只有10%的工作者参加了免赔额为每年1 000美元或更多的计划，但到2016年，有51%的工作者参加了此类计划。请注意，尽管免赔额和共同保险减少了逆向选择和道德风险问题，但不能完全消除。当人们预计有大量的医疗费用支出时，仍会比健康人群有更大的动力去买保险，购买了健康保险的人仍然比那些没有购买保险的人会经常因小病去看医生。

ACA通过之前，为了减少逆向选择问题，保险公司一般会限定"预先存在状况"（preexisting condition）的覆盖范围，如心脏疾病或癌症。"预先存在状况"是购买保险前投保人已经患的疾病。批评者认为，如果取消预先存在状况的保险范围，保险公司将迫使有大病在身的人自己支付全部费用，这可能是非常大的一笔医疗费用。有些慢性病或绝症患者可能将发现他们没有可购买的个人医疗保险。保险公司认为，如果它们不取消预先存在状况的保险范围，那么它们可能会无法提供保险，或者不得不提高保险收费，引起相对健康人群不购买新的保险，这可能会使逆向选择问题更难。在某种意义上，预先存在状况的保险范围是一个规范问题。通常在一个市场制度中，买不起产品或服务的人只能望洋兴叹。然而，许多人并不愿意看到人们出现因为负担不起而无法获得医疗保险的情况。正如我们将在下一节中讨论的，ACA在2010年由美国国会通过后，对保险公司规定的预先存在状况的保险范围进行了很大的限制。

7.3.3 医疗保健市场的外部性

对大部分商品或服务而言，我们假定，从消费商品或服务中，消费者获得全部得益，企业承担了生产产品的所有成本。然而，一些商品或服务存在外部性，也就是说，对于不直接生产和消费商品或服务的人，外部性会带来好处或造成伤害。例如，燃煤热电厂发电污染空气，造成了负外部性，对于患有哮喘和其他呼吸疾病的人群来说，尽管他们没有直接购买或销售引起空气污染的电力，但受到了损害。大学教育具有正外部性，因为受过大学教育的人群犯罪率低，也是具有更优秀判断力的选举人，将更有可能促成更好的政府政策。因此，在你获得大学教育的大部分好处时，其他人均会获得部分好处。

外部性影响到了市场均衡的经济效率。竞争性市场使得消费者剩余和生产者剩余之和达到最大，实现了经济有效（参考第4章）。当存在生产负外部性时，如空气污染，市场产出水平将高于有效产出水平。当消费存在正外部性时，如大学教育，市场产出水平将低于有效产出水平（对外部性较为完整的讨论，参见第5章）。

许多经济学家认为，医疗保健领域存在外部性。例如，传染性疾病疫苗接种者不仅保护自己，也减少了那些未接种疫苗者被传染的机会。接种疫苗的正外部性使得疫苗接种者所得到的私人得益和社会得益产生差异。私人得益，是产品或劳务的消费者所得到的好处。社会得益，是消费产品或劳务所得到的全部好处，等于私人得益再加上所有外部得益。比如，你接种疫苗后降低了其他人被传染的机会。因为正外部性的存在，社会得益将大于私人得益。

图 7-4 所示为疫苗市场的情形。如果接种疫苗的人获得全部的好处，需求曲线将为 D_2，代表了边际社会得益。但真实的需求曲线为 D_1，仅仅代表了接种疫苗的人所得到的边际私人得益。有效均衡实现时的价格为 $P_{有效}$，数量为 $Q_{有效}$。在这一均衡水平，经济剩余最大。市场均衡时的价格为 $P_{市场}$，数量为 $Q_{市场}$。这时并没有实现经济有效，因为对疫苗的需求曲线高于疫苗的供给曲线，差额为 $Q_{市场}-Q_{有效}$。这就是说，生产疫苗的边际得益（包括外部得益）要大于边际成本。由此导致的无谓损失如图 7-4 中的阴影区域。因为正外部性的存在，接种疫苗的人越多，经济效率越能得到改善。

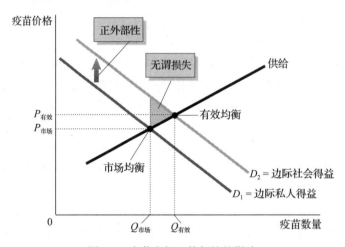

图 7-4　疫苗市场正外部性的影响

注：没有接种疫苗的人也会从疫苗接种者那里得益。因此，接种疫苗的边际社会得益大于疫苗接种者的边际私人得益。市场需求曲线 D_1 只是代表了边际私人得益，疫苗的生产数量 $Q_{市场}$ 太少，如果市场需求曲线为 D_2 而非 D_1，疫苗的产量将为 $Q_{有效}$。在市场均衡时（$Q_{市场}$），无谓损失等于阴影三角形区域的面积。

图 7-4 所示的疫苗市场与前面所讨论的汉堡市场类似，都假定消费者支付了全部价格。在实践中，购买医疗保险的人以较低的价格支付疫苗费用，政府经常会对生产疫苗的企业提供进一步的补贴。政府补贴的原因之一是为了解决正外部性的影响问题。

在医疗保健市场中，外部性是非常重要的方面，因此经济学家和政策制定者持续争论政府应该在多大程度上介入医疗保健市场。

7.3.4　政府应该经营医疗保健系统吗

有些国会议员建议扩大联邦政府在医疗保健中的作用，采用类似于加拿大的单一付款人医疗保健制度，由美国政府对美国全体居民提供医疗保健。联邦政府应该在医疗保健体系中扮演什么角色？这仍然是一个极具争议的公共话题。

1. 医疗保健是公共产品吗

经济学家根据竞争性和排他性来对产品进行分类。竞争性是指当一个人消费一单位某种商品时，他人将无法消费之。例如，当你在帕尼罗面包店（Panera Bread）消费一份沙拉时，其他人将无法消费这份沙拉。排他性是指任何人如果不付费是无法消费一种商品的。例如，如果你不付费购买沙拉，帕尼罗公司不会允许你消费它。公共物品既不具有竞争性，也不排他。公共物品经常是由政府而非私人提供的。最典型的公共物品是国防。当你消费国防时，并不妨碍你的邻居消费它，所以这一消费不具排他性。不管你是否支付费用，你都不会被排除在消费之外。因为每个人消费国防时并不需要支付费用，所以没有私人企业愿意提供国防。

医疗保健是由政府提供或者至少付钱的公共物品吗？还是如家具、服装或计算机一样的私人物品（由私营企业提供，没有政府资助，由消费者付账）？或者受到政府某种管制，由私人企业提供大部分医疗保健服务？对于这些问题，经济学家有不同的回答。因为医疗保健服务涉及多项复杂议题，所以在此我们会讨论一些最重要的内容。由于公共物品具有非竞争性和非排他性，按照这种通常定义，医疗保健并不符合公共物品的要求。例如，多人不能同时在某一医院由某一医生进行同样的外科手术；任何人如果不支付手术费用，将无法进行手术（尽管大部分州都要求医院救治那些因为贫穷而无力支付医疗费的病人，但是，医疗保健并不符合公共产品的定义，医疗保健服务的服务对象并不是那些不支付费用的人）。

2. 医疗保健的外部性是否为政府干预提供了更多的正当理由

然而，医疗保健服务提供中的某些方面使得经济学家相信政府进行干预是合理的。例如，某些类型的医疗保健会产生正外部性。对于像流感或脑膜炎这样的传染病疫苗，不仅降低了接种人自己得病的机会，也降低了疾病传播的概率。因此，除非疫苗生产得到政府补贴，否则市场只能提供小于有效数量的疫苗产量。

3. 医疗保健中的信息问题是否为政府干预提供了更多的正当理由

在私人医疗保险市场中，信息问题也很重要。购买医疗保险的消费者往往比销售医疗保险的公司更了解自己的健康状况。当参加保险的人数相对较少时，保险公司不愿意提供医疗保险，因为公司怀疑可能会有更多的人提起赔偿，因此信息问题也能提高保险公司的成本。经济学家们仍然在争论，信息问题在医疗保健市场中到底有多重要？是否需要政府介入来减少这一问题？

4. 人们是否应该更加依赖基于市场的政策

许多经济学家相信市场化的解决办法是改善医疗保健系统最好的方法，正如表7-2所示，美国式的医疗保健成效喜忧参半。美国的医疗技术创新和处方药创新处在世界领先地位。医疗保健制度改革的市场导向，将以改进医疗保健成效为目标，但要保留美国企业在医疗检测设备、手术设备和处方药方面的创新激励。当前，市场向消费者传递了并不准确的信号，因为在购买医疗保健服务时，与购买大多数其他商品或服务不同，消费者支付的价格要低于医疗服务的真实成本。根据当前的税法，人们并不需要对他们从雇主那里所获得的医疗保险收益支付税费，这样的好处鼓励他们要求非常宽泛的保险覆盖范围，也降低了他们对成本控制的积极性。正如我们将在下一节所讨论的那样，医疗保健制度的市场化改革措施试图解决这些问题。

美国的医疗保健系统是继续加大政府干预力度（这在许多国家已经被采用），还是进行以市场为基础的改革，仍然是一个有争议的问题。由于医疗保健对消费者如此重要，医疗保健支出在美国经济中占据的地位越来越重要，因此，美国政府在医疗保健体系中所扮演的角色很可能是未来一段时间人们进行激烈争论的话题。

7.4 美国医疗保健政策争论

2009 年 1 月就任总统后不久，奥巴马建议对美国医疗保健制度进行影响深远的改革。2010 年 3 月，国会通过了 ACA。政客们对该法案争论激烈，国会中所有的共和党议员和 34 名民主党议员投了反对票。自 ACA 通过以来，经济学家一直在进行激烈的辩论，讨论其可能对医疗保健领域以及对经济的影响。在 2017 年期间，尽管国会提出了修改 ACA 的其他提案，但大幅修改 ACA 的法案在国会未能通过。

在讨论 ACA 的详细信息和有关立法效果的辩论之前，下一节我们将讨论医疗保健成本上升的问题，该问题在医疗保健辩论中扮演着重要角色。

7.4.1 医疗保健成本的上升

如图 7-5 所示，美国医疗保健政策争论中一个关键的事实是，医疗保健支出占 GDP 的比例一直在递增。GDP 是一个经济体总产出的价值。从图 7-5a 中可以看出，1965 年医疗保健支出占 GDP 的比例低于 6%，到 2017 年上升到大约 18%，在未来预计继续上升。换言之，美国总产出中用于医疗保健的部分一直在增加。图 7-5b 所示为美国和另外 10 个高收入国家人均医疗保健支出递增的情形，美国用于医疗保健支出的增长速度要快于其他国家。

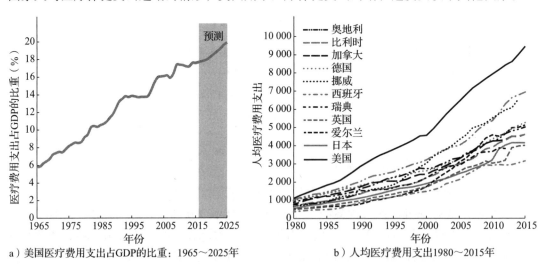

a）美国医疗费用支出占GDP的比重：1965～2025年　　b）人均医疗费用支出1980～2015年

图 7-5　世界部分国家医疗费用支出

注：图 7-5a 所示为医疗保健支出占美国 GDP 的百分比一直在递增。医疗保健支出占 GDP 从 1965 年不到 6% 增长到 2017 年的近 18%，并且预计未来几年还会进一步提高（预计的增长由阴影区域中的线显示）。图 7-5b 所示为美国的人均医疗保健支出增长速度快于其他高收入国家。

资料来源：For panel (a): U.S. Department of Health and Human Services, Centers for Medicare & Medicaid Services; for panel (b): Organization for Economic Co-operation and Development, *OECD Health Data 2016*, November 2016.

医疗保健支出在美国经济的总支出和总产出中的比例逐步递增的问题重要吗？不同产品在总支出中的比重经常变化。例如在美国，智能手机、流媒体电影支出的比重在2017年要远远高于2010年。最近几十年食品支出占总支出的比重持续递减。经济学家对这种变化的解释部分归于消费者偏好的变化。也就是说，消费者用于智能手机的支出比例相对较高，而对食物的支出相对较低。正如我们已经看到的那样，大部分人用于医疗保健的支出依赖于第三方，如由雇主所支付的医疗保险，或者政府提供的医疗保险计划或医疗补助计划。由消费者自掏腰包而非通过医疗保险用于医疗保健的支出一直在下降。

如图7-6所示，1960年之后，消费者自付的医疗保健支出占医疗总支出的百分比一直在持续下降。1960年，消费者自付比例占48%，当前仅仅为10%。因此，在最近几年，消费者直接支付的部分只占医疗保健服务成本的很小比例，余下部分由第三方支付人买单。随着人均收入水平的提高，预计消费者用于医疗保健的支出比例会逐渐提高。但是消费者并不支付递增的医疗保健支出的全部成本，如果他们不得不支付全部成本的话，可能并不愿意购买像目前这样多的医疗保健服务。

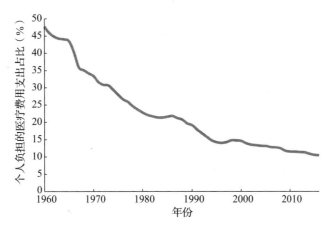

图7-6 个人负担的医疗费用支出比重呈递减趋势

注：个人负担的医疗费用支出占总医疗费用支出的比例大幅下降，而第三方（如政府和企业）支付所占的比例则大幅增加。

资料来源：U.S. Department of Health and Human Services, Centers for Medicare & Medicaid Services.

由于美国联邦政府和州政府通过医疗保险计划、医疗补助计划和其他项目支付的医疗支出超过一半，医疗保健支出的不断增加可能会引发政府预算问题。医疗保险计划和医疗补助计划开始于1965年。2017年，政府在这些项目上的支出占国内生产总值的比例已经上升到7%。这一比例预计在未来40年将翻一番，除非医疗费用开始以较慢的速度增长。国会与联邦政府如果不努力削减其他联邦支出或大幅增税，将很难找到支付逐年上涨的医疗保险计划和医疗补助计划的开支。

◎ 概念应用 7-2

美国企业因为为雇员支付医疗保险被束缚住手脚了吗

一些国会议员和企业领袖认为，美国企业支付的高额医疗成本使得其在与国外企业竞争中束手束脚。许多国家的企业并不为工人购买医疗保险，但美国的大部分企业必须这样做。

因为美国企业承担了高额的医疗成本,所以外国企业比美国企业更具优势吗?我们使用对劳动力的供给和需求来分析这一说法。

下图所示为某一具体行业(如汽车行业)的劳动供给与需求。需求曲线向下倾斜表示的是随着工资水平的下降,企业对工人的需求将增加;供给曲线向上倾斜是因为随着工资水平的上升,会有更多的工人愿意进入这一行业工作(对劳动力市场的更完整的讨论请参见第17章)。

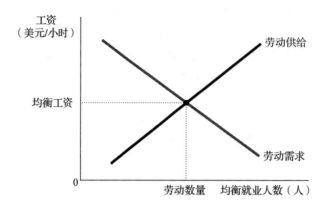

当劳动供给数量等于劳动需求数量时,劳动市场实现均衡。我们在纵轴上表示工资,所以图形中表示的是均衡工资水平的决定。当挑选工作时,工人不仅只考虑到企业支付的工资水平,也会考虑额外福利,如雇主提供的退休金、为雇员购买的医疗保险。因此,劳动供给和劳动需求曲线相交时所决定的是均衡薪酬,而非均衡工资。

假设美国转向类似于加拿大的医疗保健制度,由政府通过税收支付大部分医疗保健费用。如果由劳动市场决定均衡的薪酬水平,企业不再为雇员支付医疗保险,那么会发生什么呢?国会预算办公室是为国会进行政策研究的机构,在对美国医疗保险改革提出的一篇建议概述中,对这一问题的回答是:

一些观察人士声称,国内企业因为为员工购买医疗保险,其薪酬成本要高于那些不由企业承担保险的国家的企业,因此改变医疗保险制度可以降低甚至消除这种劣势。然而,这种成本降低是不可能实现的……一个经济体中的整体薪酬的均衡水平是由劳动供给和劳动需求所决定的,额外福利(如医疗保险)仅仅是薪酬的一个组成部分。因此,额外福利的成本,是因为工人得到的现金工资比不提供这种福利时要低。由企业支付医疗保险转变为由政府支付的制度,虽然能够降低雇主为工人购买保险的支付,但是所支付的总薪酬的水平本质上并没有变化。

来看一个例子,假设企业对每个员工支付5万美元的工资,并支付1万美元的医疗保险,总薪酬为6万美元。假设由政府支付全部的医疗保健费用,企业的人均劳动成本可下降1万美元。但是,如果企业仅仅支付5万美元的工资作为总的薪酬,许多员工会转向其他企业就业。企业不得不向员工额外支付1万美元的工资,这样企业支付的行业总薪酬均衡水平仍为6万美元。换言之,供给需求的基本分析表明,由企业而非政府向员工提供医疗保险,改变的是企业支付薪酬的构成,并不改变企业支付的薪酬数量。

资料来源:Congressional Budget Office, "Key Issues in Analyzing Major Health Insurance Proposals," December 2008, p. 167.

7.4.2 对快速增长的医疗保健支出的解释

在本节，我们将主要讨论一些经济学家提出的美国医疗保健费用快速增长的原因解释。我们开始评述一些政策制定者和新闻记者提出的解释，但这些不是医疗保健成本增长的主要原因。

1. 一些不会导致医疗保健支出持续增长的因素

从图 7-5 中的两张图可以看出，过去几十年，医疗保健支出的增长要快于整个经济的增长。对医疗保健支出快速增长的解释要确认的不仅仅是一时的因素。例如，由于美国的医疗系统依赖于许多独立医院、医生和保险公司，一些观察家认为，与其他国家的医疗系统相比，美国的医疗保健体系会有大量文书工作、更多重复和浪费。但是，即使这种看法是正确的，它也不能解释医疗保健支出占 GDP 比重持续递增的现象，除非这些文书、浪费也逐年增加，而这似乎不太可能。

与大多数国家不同，在美国，当患者受到医疗事故伤害时，起诉医生和医院获得赔偿还是比较容易的。美国国会预算办公室（以下简称 CBO）估计，为解决医疗事故支付的诉讼费用再加上医生为医疗事故支付的保险费占医疗费用的比例低于 1%。其他经济学家认为，CBO 估计的太低了，医疗事故诉讼的费用，还应该包括医生为了避免被起诉进行的不必要的检查费用，加在一起可超过医疗保健费用的 7%。不过，这些费用没有随时间显著增加。

大约有 1%～4% 的医疗保健费用是由于没有保险的患者在医院急诊室接受治疗而造成的，而这些急诊服务本来可以在医生诊所以较低的价格获得。但是再次强调，在 ACA 实施之前，该费用的增长速度并不够快，不足以解释医疗保健费用占 GDP 比例的大部分增长，并且由于实施 ACA 后没有购买保险的人员数量减少，这部分成本也下降了。

在接下来的部分中，我们将讨论许多经济学家认为有助于解释医疗保健支出持续增长的三个因素。

2. 医疗保健行业的"成本病"

一些经济学家认为，医疗保健行业所面临的问题在服务行业会经常遇到。经济中的一些行业，特别是制造业，生产率或者在一定时间内每名工人的产出数量是持续递增的。生产率提高是因为：随着时间的推移，企业为工人工作配备了越来越多的机器设备，包括工人使用的计算机与软件，因为技术进步推动机器设备的进步和其他生产过程改进。随着工人生产的产品数量增多，企业也能为他们支付更高的工资。在服务行业中，增加每人工作的产量难度会更高一些。在医疗过程中，MRI、CT 检查和其他医疗技术已经改进了诊断和治疗，但大部分的医疗仍然需要医生、医疗技术人员和病人之间面对面来完成。随着生产率快速提升，行业工资也随之上升，生产率提升慢的服务业必须赶上工资上升，否则将造成人员流失。因为工资上升超过服务业生产率的上升，服务业企业的成本就提高了。

纽约大学的威廉·鲍莫尔（William Baumol）把服务行业低生产率倾向导致这些行业成本升高的现象称为"服务业的成本病"。医疗保健行业可能也受到这种成本病困扰，因为医疗保健劳动生产率的增长比经济整体的劳动生产率增长低一半左右。这种缓慢的生产率增长有助于解释为什么医疗保健的成本一直上升得如此之快，也因此导致了医疗保健支出占总支出和产出的份额上升。

3. 人口老龄化和医疗技术进步

随着人逐渐老化，人们要求的医疗保健支出也在增加。企业需要继续开发新的处方药和医疗设备，一般其成本要高于此前的药物和设备的成本。美国人口的老龄化和成本更高的药物和设备的引入都推动了联邦政府用于医疗保险项目和总体医疗保健支出的增加。新开发的药物和诊疗工具在65岁以上人口中的使用更频繁。由此导致的结果之一是超过65岁以上人口的医疗保健支出比18岁到24岁人口的支出多6倍，比25岁到44岁人口的支出多4倍。在2017年，超过5 800万人参加了联邦政府的医疗保险计划，到2025年预计会超过7 400万人。就像我们所看到的那样，即使没有新药和医疗技术的开发，医疗保健领域的低劳动生产率也会抬高成本水平。事实上，如图7-7所示，CBO估计的联邦政府用于医疗保险和医疗补助支出增加中的大部分是由于医疗保健成本提高造成的，而并非因为人口老龄化。在图7-7中，"过度成本增加效应"（effect of excess cost growth）指的是人均医疗成本增长快于人均GDP增长。因此，人口老龄化与医疗成本的递增是导致医疗支出占GDP比重递增的主要原因。

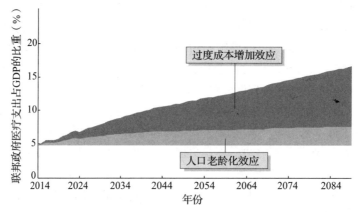

图7-7　联邦政府医疗保险计划和医疗补助计划增加的原因

注：尽管美国的人口老龄化引起联邦政府用于医疗保险计划和医疗补助计划的开支增加，但医疗保健成本的上升主要是政府在这些项目上的支出增加引起的。

注：除了在医疗保险与医疗补贴计划上的支出外，该数字还包括在儿童健康保险计划（CHIP）上的联邦支出以及在ACA下建立的对健康保险市场补贴的联邦支出。

资料来源：U.S. Congressional Budget Office.

4. 经济激励的扭曲

正如我们此前所指出的，医疗卫生支出随着时间推移出现递增的部分原因是消费者选择将其收入增长中的更大部分用于医疗保健支出。正如我们所看到的，消费者通常的支出要低于真实的医疗成本，因为第三方机构（一般是保险公司和政府）通常会支付医疗费用的主要部分。例如，由雇主提供医疗保险的消费者通常只支付其中的少部分，比如说，一旦费用超出了保险计划的免赔额部分，当看医生的真实成本为80美元或90美元时，这些消费者也许只支付20美元。由此导致的后果是，消费者对医疗保健服务的需求数量要大大高于正常需求数量（由他们支付的价格可以更好地代表医疗服务成本费用，假定此时需求的医疗服务数量为正常需求数量）。

图7-8可解释这种情形。如果消费者支付了医疗服务的全部费用，那么他们的需求曲线为D_1。消费者从医疗服务中所得到的边际得益相当于医疗服务的边际成本，均衡数量将位

于有效水平 $Q_{有效}$ 处。然而，因为消费者仅仅支付医疗服务成本的小部分，他们的需求将增加到 D_2。在均衡时，医疗服务的数量将增加到 $Q_{市场}$，这要大于有效水平。增加一单位医疗服务的边际成本大于消费者从中得到的边际得益。因此，医疗服务市场存在无谓损失，

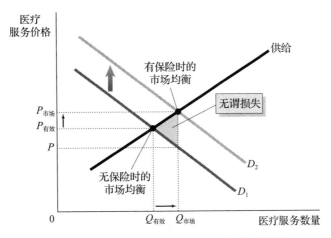

图 7-8　第三方支付制度对医疗服务市场需求的影响

注：如果消费者支付了医疗服务的全部费用，需求曲线为 D_1，均衡数量将位于有效水平 $Q_{有效}$ 处。因为消费者仅仅支付医疗服务成本的小部分，他们的需求将增加到 D_2。在均衡时，医疗服务的数量将增加到 $Q_{市场}$，这要大于有效水平。无谓损失，如图中阴影部分所示。医生和其他医疗服务提供者得到的价格为 $P_{市场}$，这一价格水平要高于消费者支付的价格 P。请注意，第三方支付的影响在几乎所有医疗保险体系中是相同的，不管是由政府直接提供医疗保健服务（如英国那样），还是大部分由私人保险机构提供（如美国那样）。

医疗保险与其他类型的保险有许多不同。正如我们此前所讨论的那样，保险的基本思想是对于无法预料的高风险、高成本事件（如房屋失火或者严重车祸）在购买保险的多个消费者之间进行分担。医疗保险一般涉及许多预料到的支出，如常规医疗检查、年度体检、疫苗注射和其他一些小病小灾的低成本的治疗。因为掩盖了这些日常支出的真实成本，医疗保险鼓励人们对医疗保健服务的滥用。

我们将在下一节讨论经济激励在医疗保健中的作用。

7.4.3　对医疗保健政策的持续争论

正如我们已经知道的那样，在高收入国家中，美国依靠私人医疗保险（通常是通过雇主购买或主要由雇主或医疗保险市场购买）来为大多数人口提供医疗保险的情况与众多高收入国家不同。其他的大部分高收入国家，要么像英国那样，直接通过由政府经营的医院和由政府雇用的医生来提供医疗保健服务，要么像加拿大那样，尽管没有直接雇用的医生或者直接经营的医院，但由政府直接向全体居民提供医疗保险。美国曾经有过几次努力，试图重构美国的医疗保障制度，以变得更像其他国家的制度那样。1945 年，亨利·杜鲁门提出了国家医疗保险计划，根据这一计划，联邦政府将为全体居民购买医疗保险。医疗保险的保险范围将覆盖同意纳入该项制度的所有医院和医生。1993 年，比尔·克林顿政府提出的医疗保健计划目的是提供全面保险覆盖。尽管有些复杂，这一计划的基础是要求大部分企业为其雇员提供医疗保险，新建的由政府资助的医疗联盟将确保覆盖到每个人，包括过去上不了医疗保险的人。经过长期的政治争论，美国国会并没有批准克林顿的计划。

1. ACA

2009 年，奥巴马提出的 ACA 经过激烈争论和大幅修改后于 2010 年 3 月起签署成为法律。该法案冗长而复杂，有 20 000 多页，几乎涉及美国医疗保健体系的每个方面。下面列出了该法案的主要条款：

- **个人强制保险** 该法案要求，除了少数例外的情形，美国的每一个居民都必须购买达到某一基本要求的医疗保险。没有个人医疗保险者将被处以罚款。2017 年，罚款金额为 695 美元或者相当于收入的 2.5%（未来，罚金会随着通货膨胀提高）。例如，2017 年，一个年收入 4 万美元的成人，如果拒绝购买医疗保险，那么他应支付 1 000 美元的罚款。

- **建立州医疗保险市场** 每个州都必须建立一个名为"可负担保险交易所"（Affordable Insurance Exchange）的市场。各自独立的市场服务于个人和少于 50 名员工的小型企业。该市场提供符合某种具体要求的保险计划。尽管市场建立的最初目的是由州政府相关机构或者非营利企业来运营，但是许多州允许联邦政府来运营在自己州设立的市场。私人保险公司对个人和小型企业提出相应的保险计划。低收入人群和少于 25 人的小企业可以用购买健康保险的金额来进行税收减免。建立市场的目的是进行更好的风险分担，以及降低成本。如果该计划获得成功，更好的风险分担和低管理成本将为个人或小企业购买保费更低的保险提供可能。2017 年，大约有 1 100 万人通过市场购买了健康保险保单。但是，正如我们在开篇案例看到的那样，包括哈门那、安泰和联合健康在内的一些保险公司已经退出了至少某些州的保险市场。这些公司发现逆向选择问题（年龄较大、病情较重的患者所占比例高于预期）和高昂的运行成本导致它们在市场上提供的保单遭受损失。

- **雇主的强制责任** 每家拥有超过 200 名全职员工的公司应为雇员购买医疗保险，并应自动注册其保险计划。2017 年，雇员超过 50 名的公司应提供医疗保险或向联邦政府缴纳 3390 美元/人的费用，这样每一位员工会从联邦政府获得一份税收抵免，用于通过保险交易所获得的医疗保险。全职员工是指每周至少工作 30 小时以上的员工。

- **对医疗保险公司的规制** 医疗保险公司必须参与高风险分享计划，该计划针对那些现有健康状况至少在 6 个月内不能购买医疗保险的个人而设立。所有个人和团体的保险计划必须覆盖 26 岁以下的投保人子女。禁止设定终生最大保险额。不允许设置免赔额和保险生效前的等待期。

- **医疗保险和医疗补助计划** 有资格获得医疗补助的人群范围扩大到收入水平未达相当于联邦贫困线 138% 的人群。2012 年最高法院裁决各州可以不遵守这一规定。为努力控制医疗费用的增加，政府成立了"独立支付咨询委员会"（Independent Payment Advisory Board，IPAB），如果医疗方面的支出超过一定水准，该委员会有权减少处方药和诊断设备等多种技术的支出费用。针对一些医院和医生的医疗偿付也减少了。

- **税赋** 为了帮助这些项目筹集资金，政府开征了一些新的税种。收入超过 20 万美元的员工将缴纳更高的医疗保险税，收入超过 20 万美元的人群，其投资收入按新的 3.8% 税率纳税。从 2018 年开始，单位提供的健康保险计划的纳税标准为，个人超过 10 200 美元或家庭超过 27 500 美元收入的部分征税，即所谓的"凯迪拉克计划"。2017 年，国会正在考虑废除这项税款的提案。制药公司、健康保险公司和生产医疗器械的公司也要缴纳这些新税。

解决问题 7-1

美国医疗保健行业近期发展趋势

《纽约时报》上一篇有关 ACA 的影响以及 2016 年底美国医疗体系的其他进展的文章提到了以下三种趋势：

1. 许多雇主提供的医疗保险方案和 ACA 健康保险市场上提供的方案中的自付额部分有所提高。

2. 在医生诊所而不是在费用较高的医院中进行的外科手术和其他医疗服务的数量有所增加。

3. 在 ACA 对医院允许过多患者住院进行处罚之后，重新住院的患者人数有所下降。

a. 使用医疗服务市场的图表来表现这些趋势的影响，同时保持影响医疗服务市场的其他因素不变。请务必说明需求曲线或供给曲线发生的变化。

b. 假设这些是医疗服务市场中发生的唯一变化，我们能否确定它们会导致医疗服务均衡价格是上升还是下降？医疗服务的均衡数量是增加还是减少？简要说明。

解决问题步骤

步骤 1：复习本章内容。此问题与解释医疗保健支出的变化有关，因此请阅读"**对快速增长的医疗保健支出的解释**"部分。

步骤 2：通过画出医疗服务市场的图表来回答问题 a，该图表示出三种趋势的影响，并解释曲线的变化。第一个趋势是免赔额提高，增加员工和在 ACA 健康保险市场获得保险人群在享受医疗服务中自己支付部分的额度，将减少道德风险和逆向选择问题。员工因感冒等轻微疾病而看医生的频率可能会降低。因此，医疗服务的需求曲线将向左移动。第二个趋势是在医院外进行的手术和其他医疗服务数量增加，降低了提供此类医疗服务的成本，这将推动医疗服务的供给曲线向右移动。第三种趋势是再次住院的患者人数减少，这种趋势降低了住院费用，因为单次住院治疗就痊愈的患者人数更多。这种趋势还将导致医疗服务的供给曲线向右移动。图表如下图所示。

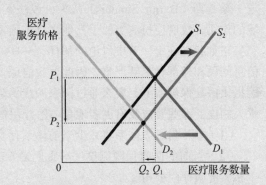

步骤 3：通过解释这些趋势是增加还是减少医疗服务的均衡价格和均衡数量，回答问题 b。问题 a 中的图形的结果是均衡价格和均衡数量下降。我们可以确定，均衡价格会下降，因为需求曲线向左移动和供给曲线向右移动都会导致均衡价格下降。但是，我们不能确定均衡数量是否会减少，因为供给曲线向右移动的结果是均衡数量增加。但均衡数量是否下降要取决于需求曲线的移动是大于还是小于供给曲线的移动。尽管给出的两种趋势会影响供给，一种会影响需求，但我们不知道其中任何一种趋势引起的变动幅度为多少，因此我们无法确切确定这种变化对均衡数量的影响。

进一步解释：医疗费用一直在持续增加。然而，2017 年，经济学家分析了增长速度放缓的原因。前面问题中提到的趋势是可能的原因之一。医疗服务的数量继续增加，至少部分是由于 ACA 的影响。该法案为收入低于一定水平的人群购买医疗保险提供补贴，医疗保险范围也扩大了，从而增加了低收入人群对医疗保健的需求。

资料来源：Margot Sanger-Katz, "Grading Obamacare: Successes, Failures and 'Incompletes,'" *New York Times*, February 5, 2017.

2. 对ACA的争论

自通过以来，ACA一直是决策者和经济学家之间进行激烈争论的话题。如开篇案例所述，特朗普于2017年1月上任时，发誓要"废除并取代"该法案。特朗普政府提出的法案修正案重点是纳入基于市场的激励措施，旨在减少提供卫生保健的成本并改善经济状况激励措施。该法案的其他批评者，包括佛蒙特州的参议员也是2016年民主党总统候选人的伯尼·桑德斯（Bernie Sanders）认为，该法案应该修改（或取代），以扩大政府在医疗保健领域的作用，政府应扮演类似于其他高收入国家的政府所扮演的角色。

正如我们在上一节中讨论的那样，一些经济学家和政策制定者认为，医疗保健市场中的信息问题和外部性足够严重，因此，政府应该要么通过政府经营的医院和政府雇用的医生直接提供医疗保健服务，要么通过国家医疗保险支付医疗保健费用，有时候这也被称为单一付款人制度。那些赞成政府更多地参与医疗保健的人提出了三个论点：

（1）单一付款人体系将减少当前体系存在的繁文缛节和浪费。

（2）当前的医疗保险制度（本质上是65岁以上人群的单一付款人系统）的管理成本低于私人健康保险公司。

（3）大多数其他高收入国家的医疗体系在提供良好健康成效的同时，人均医疗保健支出水平也相对较低，医疗保健总支出增长率也较低。

一些经济学家和政策制定者支持**市场化改革**（market-based reforms），其中包括改变医疗保健市场，使其变得更像其他商品和服务的市场。通过这样的改革，消费者支付和供应商收到的价格将更好地传达有关消费者需求和供应商成本的信息。市场化改革可以通过医生、医院、制药公司和其他医疗保健提供者之间的竞争来降低成本并提高经济效率。支持市场化改革作为改善医疗保健体系的最佳方法的经济学家感到失望的是，ACA没有采用这种方法。当前，市场向消费者传递的信号不准确，因为与购买大多数其他商品和服务不同，消费者购买医疗保健服务时支付的价格远低于提供服务的真实成本。

◎ 概念应用 7-3

核磁共振成像需花费多少

现代医疗中，核磁共振成像（MRI）在诊断病情中发挥着重要的作用。核磁共振技术在20世纪80年代引入，借助核磁共振成像，医生可以看清人体软组织内部，以此可确诊肿瘤、肌撕裂和其他疾病。正如我们此前所提到的，美国核磁共振成像仪的应用要比其他发达国家普遍。一般预期，当产品广泛使用后，企业间的竞争会导致产品价格走向一致。如果在亚马逊网站的图书价格比巴诺书店高50%，还有谁会去亚马逊网站买书呢？

医疗服务的价格通过竞争会走向一致吗？从下表所示的腹部核磁共振成像价格来看，差异非常大。美国大部分城市，最贵的核磁共振成像价格是最便宜的两倍多。城市间核磁共振成像价格差异巨大。

城市	最高收费（美元）	最低收费（美元）	费用差（美元）
加利福尼亚州，旧金山	5 500	725	4 775
伊利诺伊州，芝加哥	4 700	330	4 370
纽约州，纽约	4 900	550	4 350
得克萨斯州，休斯敦	4 600	575	4 025
佐治亚洲，亚特兰大	4 400	825	3 575
路易斯安那州，巴吞鲁日	4 200	700	3 500
内布拉斯加州，奥马哈	4 100	650	3 450
肯塔基州，列克星敦	4 000	675	3 325
佛罗里达州，奥兰多	3 300	750	2 550
北卡罗来纳州，夏洛特	2 250	650	1 600

两位记者在佛罗里达州彭萨科拉的两份肩部核磁共振成像报告显示，在 Sacred Heart 医院的肩部核磁共振成像扫描价格为 800 美元，而 1 英里之外的一家私人机构 Pensacola Open MRI&Imaging，同样的检查收费为 450 美元。后者实际上使用了更新型号的核磁共振成像仪，图像像素更高，也就是说提供了更好的服务，但收费更低。为什么一些机构的医疗服务的价格可以比竞争对手高出几百甚至几千美元但仍然可以继续运营？答案是，大部分病人并不关心价格，因为他们无须支付相关费用，或者仅仅支付其中的一小部分。病人一般都会听从医生推荐他们进行的核磁共振检查或者其他的检查，几乎很少或者不会在意这些检查的价格。医疗保健体系市场化改革的目标之一是让病人更加关注医疗服务的价格。

资料来源：Caitlin Kenney, "Shopping for an MRI," www.npr.org, November 6, 2009; MRI prices from newchoicehealth. com, March 30, 2017.

支持基于市场改革的人认为，员工必须为单位支付的工资缴纳联邦收入和工资税，但在大多数情况下，他们无须为雇主为其提供的医疗保险的价值缴税。税法的这一特点鼓励员工获得丰厚的医疗保险；事实上，如果在增加 1 000 美元的工资或增加价值 1 000 美元的医疗保险之间做出选择，那么许多人会选择医疗保险，因为它是免税的（尽管年轻、健康且不希望去医院的人可能会选择工资）。税收减免的规模非常可观，2015 年超过 2 500 亿美元。但是，个人购买健康保险或自费接受医疗服务时通常不会获得税收减免。[一]

一些经济学家已经建议，对于由雇主提供医疗保险的税收征收方式与由个人购买医疗保险和自掏腰包支出医疗费用的税收征收方式应该一致。他们认为，这种改变可能会显著降低医疗费用开支，且不会减损医疗保健的有效性。这种减税更可能促使雇主为大额医疗账单提供医疗保险，比如由于住院造成的开支。消费者支付的价格也接近于日常医疗费用成本。胡佛研究所的约翰·科根、哥伦比亚大学的 R. 格伦·哈伯德和斯坦福大学的丹尼尔·凯斯勒估计，改变雇主提供的医疗保险税收偏好将会减少参加这些项目的人群医疗支出 33% 左右。

当前，美国的医疗保健体系在医疗技术创新、处方药开发方面居世界前列。大约 2/3 的新药专利颁发给了美国企业，约 2/3 的新药开发是由美国企业来完成的。市场化改革的目标之一将确保美国企业在医疗设备、外科手术和处方药方面继续进行创新。美国制药企业的高

[一] 只有当个人医疗费用支出超过收入的 10% 时，才可能获得联邦收入所得税的抵免。符合这一抵免条件的人员相对很少。自雇人士通常可以在缴纳联邦所得税时从其收入中扣除健康保险的费用。

管们已经发出了担忧之声，例如 ACA 的某些条款是否会影响美国企业开发推向市场的新药的盈利性。这些高管们对新成立的"独立支付咨询委员会"（Independent Payment Advisory Board，IPAB）是否能减少医疗保险用于新药开发的支出也特别担心。

支持政府更多地介入医疗保健领域与支持市场化改革的两派在围绕 ACA 的争论中也提出了关于个人强制保险的问题。个人强制保险要求每一个美国居民都必须购买医疗健康保险。支持强制购买保险的观点是，如果不这样要求，人们只有生病时才考虑购买保险。因为保险公司不能拒绝身体有健康问题的人购买保险，它们很可能会因为那些健康者不支付保险费但须为大额医疗账单买单而遭遇麻烦。这些问题涉及是否要求健康人群必须购买医疗保险的问题。根据该法案，不购买保险的人会被罚款，但有人质疑罚款在推动人们购买保险方面是否有效。2016 年，有数百万人愿意支付罚款而不是购买保险。

┋生活与职业生涯中的经济学┋

扣税后的实得工资会影响雇主对你的医疗保险支出吗

在本章开始，我们提出的问题是：你的薪水中并没有显示你的雇主代你支付的保险费，这会影响你扣税后的实得工资吗？在专题"概念应用 7-2"中，我们看到，工人在劳动市场中得到的均衡薪酬中一部分是工资，另一部分是医疗保险之类的额外福利。因此，当企业代你支付了医疗保险后，数额大小并不影响你的总薪酬，只对你获得的现时收入有影响。当薪酬总水平给定时，企业支付的医疗保险越多，你得到的现时工资越少。

一个相关的问题是，为什么企业要为你购买医疗保险，而不是把同样的钱增加到工资中，由你个人购买保险？我们已经知道有两个重要的原因：①雇主支付的工资是应税收入，而向你提供的医疗保险则是免税的；②保险公司对团体保险一般收取较低的保险费，尤其是对员工人数众多的公司，因为与个体相比，公司的风险分担得到了改进，逆向选择和道德风险问题程度减弱。

本章小结

在本章我们可以看到，经济分析可对医疗保健市场做出深入分析。不过，与许多其他政策一样，经济分析有助于丰富争论的内容，但是无法解决它。因为医疗保健对消费者非常重要，并且美国经济中医疗保健的支出数额巨大，政府在医疗保健体系中所扮演的角色很可能会成为未来多年激烈争论的主题。

本章概要与练习

PART 3

第三部分
国内和国际经济环境中的企业

第8章 企业、股票市场和公司治理

第9章 比较优势和国际贸易增益

第 8 章

企业、股票市场和公司治理

∷开篇案例∷

Snapchat 是下一个 Facebook 还是下一个 Twitter

你可能无法想象,没有了 Facebook、Twitter 和 Snapchat,世界将会怎样?这些社交媒体 App 成立的时候规模都很小,但随后的成长很快。增长需要融资支持,这些公司需要筹集资金。一些企业通过从银行借款来筹集资金。一旦公司成长到足够大的规模,它们就可以成为上市公司,并在金融市场(例如纽约证券交易所)中通过向投资者出售股票和债券来筹资。不出售股票的公司称为私人公司。Facebook、Twitter 和 Snap(Snapchat 的母公司)都已转型为上市公司。

一旦公司上市,它就可以获得更多的融资,但也面临着投资者想获得利润的压力。Facebook 上市第一年并没有满足投资者的期望。马克·扎克伯格(Mark Zuckerberg)于 2004 年以大学二年级学生的身份创立了 Facebook,直到该公司于 2012 年首次公开募股(IPO),他毫无疑问是公司的领导者。但是当公司亏损时,投资者会对扎克伯格的领导地位提出质疑。广告是社交媒体 App 主要的收入来源。最终,扎克伯格找到了一种在 Facebook 定向投放广告的更有效的方法。2017 年末,该公司的股价已从其最初的每股 38 美元的价格上涨到每股 170 多美元。

但是 Twitter 和 Snap 的境遇似乎不太乐观。当 Twitter 在 2013 年通过 IPO 成为上市公司时,公司股价为每股 45 美元。2017 年初,Twitter 宣布 2016 年的亏损和 2015 年相比翻了一番,达到 1.67 亿美元。该公司在提高广告收入方面遇到困难。在同一时期,Facebook 获利 35.7 亿美元。Twitter 的股价在 2017 年底跌至每股不到 17 美元。

斯坦福大学的本科生埃文·斯皮格尔(Evan Spiegel)和鲍比·墨菲(Bobby Murphy)开发出了 Snapchat,该应用程序可以使照片在发送后不久自动消失。Snap 于 2017 年 3 月上市,成为一家上市公司。投资者想知道该公司会像 Facebook 一样成功还是像 Twitter 那样苦苦挣扎。尽管 Snapchat 在青少年中尤其受欢迎,但欢迎度很难被转化为收入来源。Twitter 和 Snap 都在努力说服公司在它们的App上做广告。两家公司都试图通过让用户花更多时间在它们的App上来增加对广告客户的吸引力。Twitter直播了一些职业橄榄球大联盟游戏，而Snapchat则允许用户搜索其流行的Stories功能。正如我们将在本章中看到的那样，Facebook、Twitter和Snap等公司在金融市场中的融资能力对于经济的健康成长至关重要。金融市场会向家庭提供重要的投资机会，因为他们需要积累储蓄用于购房、支付大学学费以及为退休做准备。

资料来源：Deepa Seetharaman and Ezequiel Minaya, "Twitter Rethinks Ad Strategy in Effort to Translate User Growth into Additional Revenue," *Wall Street Journal*, February 9, 2017; Georgia Wells, "Snapchat Launches New Search Tool in Quest for More Engagement," *Wall Street Journal*, March 31, 2017; and Mike Shields, "Neither Trump Nor the NFL Delivered Big Rewards for Twitter," *Wall Street Journal*, February 9, 2017.

┊生活与职业生涯中的经济学┊

你会建议Snapchat或Twitter开始向用户收费吗

你可以免费使用Facebook或Twitter，或者它们真的是免费的吗？社交媒体应用不会直接向你收费；相反，它们主要通过推送广告给App的用户来赚取收入。大多数网站都会收集有关你的搜索和历史浏览记录的数据，然后针对你可能会购买的产品推送广告。但是，许多人将这些定向推送的广告视为对其隐私的侵犯。

假设你是一家社交媒体公司的经济学家，公司要求你考虑一项建议，开始向应用程序用户收费，以换取他们不必看到广告。在评估此提案时，你需要考虑哪些因素？阅读本章时，请尝试回答这一问题。本章末会给出我们的答案。

在本章，我们观察企业是怎样组织的、怎样筹集资金以及怎样向投资人提供信息。在前面的章节中我们已经指出，市场制度下的企业负责组织生产要素来生产产品或服务。企业家通过提供商品或服务来获利。为了取得成功，企业家必须满足消费者的需要，要么通过生产新的或更好的商品和服务，要么以更低的成本来生产现有商品和服务从而可比竞争对手以更低的价格来销售。企业家还需要获得足够的资金，也必须能够有效地组织生产。在过去的100年中，随着许多行业中典型企业的不断壮大，有效组织生产的任务变得更加困难。在本章的最后部分，我们将研究大型企业中特别容易发生的公司治理问题。我们还将研究企业和政府为解决这些问题所采取的办法。

8.1 企业类型

研究市场经济，了解企业运行的基础非常重要。在美国，企业主要分为3种类型：独资企业、合伙制企业和公司。**独资企业**（sole proprietorship）是归一个人所有的企业。大部分独资企业都是小企业，一些企业会雇用许多工人，也能获得丰厚利润。**合伙制企业**（partnership）是由两人或两人以上（有时候也有多人）共同拥有的企业。大部分律师事务所和会计师事务所都是合伙制企业，其中有些企业相当大。例如，2017年位于芝加哥的贝克&麦坚（Baker & McKenzie）律师事务所有1 500个合伙人。**公司**（corporation）是企业的法律形式，当所有者所投资的企业失败，亏损超过投资额时，公司能为投资者提供保护。大部分大型企业是按公司制来组建的。

8.1.1 谁之责？有限责任与无限责任

三种企业形式之间最重要的区别是独资企业或合伙制企业的所有人负有无限责任，这意味着企业所有人的个人资产和企业资产之间没有法律意义上的区别。**资产**（asset）是指一个人或企业所拥有的任何有价值的东西。如果独资企业或合伙制企业的所有人欠企业供应商或雇员大量钱财，供应商和雇员有权起诉企业并要求归还，即使这意味着为偿还债务，企业所有人不得不变卖如股权或债券之类的个人资产。换言之，独资企业和合伙制企业的所有人从法律意义上与他们所有的企业是无法分开的。

企业所有人对企业的债务负有责任似乎很公平。但是，在19世纪早期，美国大部分州的法律已经明确，无限责任对于任何试图从大批投资人那里筹集资金的企业已经引出明显的问题。投资者对于在一个企业进行相对小额的投资很有兴趣，但并不想成为企业的合伙人，因为担心一旦企业失败，他们的个人财产也有风险。为了绕过这一问题，许多州的立法机构开始通过普通公司法，这使得企业以公司制形式更容易组建起来。在公司制度上，公司的所有人负有**有限责任**（limited liability），也就是说，如果企业失败，企业所有人最大的损失不会超过他们已经投入企业的部分。换言之，企业所有人的个人资产不会受到企业失败的影响。事实上，从法律视角来看，一家公司就是一个法人，与它所有者区分开来了。有限责任公司可以向大量投资人发放股票来筹集资金。例如，如果你购买了Twitter公司的股票，你就成了企业的所有人之一，如果Twitter破产，你个人不必对推特的任何负债负责。因此，你的损失不会超过你购买股票所支付的金额。

公司建制的企业也有某些不足。在美国，公司利润需两次纳税，一次是在公司层面，另一次是企业投资人获得公司分配的利润时。公司一般要大于独资企业或合伙制企业，因此组织与运营也较为困难。表8-1总结了不同类型企业的优点和缺点。

表8-1 企业组织的不同形式

特点	独资企业	合伙制企业	公司
优点	• 所有人控制公司 • 没有管理层	• 共同工作 • 共担风险	• 个人有限责任 • 更大的筹资能力
缺点	• 个人无限责任 • 有限的筹资能力	• 个人无限责任 • 有限的筹资能力	• 组织企业的费用更高 • 收入可能被两次征税

8.1.2 销售收入和利润大部分为公司所得

图8-1给出了3种类型企业的基本统计数字。从图8-1a可以看出，几乎3/4的企业是独资企业。从图8-1b、图8-1c可以看出，仅有18%的企业是公司，但是它们占据了所有企业的销售收入和利润的绝大部分。利润等于公司销售收入和企业可供销售产品或服务总成本的差额。

美国有590万家公司，但仅有37 000家年销售收入超过5 000万美元。我们可以认为这 37 000 家公司代表的是大企业，其中包括苹果、麦当劳和 Snap 等公司。这些大企业所获得的利润占所有美国企业总利润的 80% 以上。

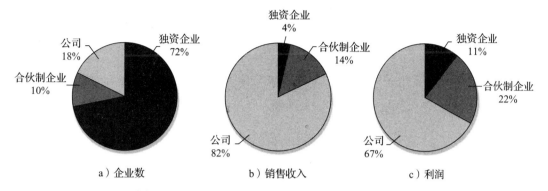

图 8-1　企业组织类型：独资企业、合伙制企业和公司

注：美国有 3 种类型的企业：独资企业、合伙制企业和公司。如图 8-1a 所示，仅有 18% 的企业是公司。从图 8-1b、图 8-1c 可以看出，公司占据了所有企业的销售收入和利润的绝大部分。

资料来源：Internal Revenue Service, *Statistics of Income*, Fall 2016.

◎ 概念应用 8-1

为什么创业的年轻人越来越少

我们已经知道，大部分企业为独资企业，但它们在所有企业总销售收入和总利润中所占的比例不大。事实上，70% 以上的人在雇员为 50 人及以上的企业中就业。这是否意味着小企业在美国经济中并不重要？

相反，大多数经济学家认为，小企业对于经济的健康运行至关重要。企业家以小企业作为载体开始向市场提供新产品或新工艺。在 19 世纪末和 20 世纪初，托马斯·爱迪生、亨利·福特和莱特兄弟在创办很小的公司后不久就推出了重要产品。近年来，比尔·盖茨、史蒂夫·乔布斯、迈克尔·戴尔和马克·扎克伯格认为，实现他们想法的最好方法是创建微软、苹果、戴尔和 Facebook，而不是为大型公司工作。

大多数年份，美国有超过 40 万家新企业开业，其中有 95% 以上的公司雇用不到 20 名员工。较为典型的一年，新建小企业创造了 330 万个工作岗位，占所有新增工作岗位的 40% 以上。仅仅统计新成立的企业，超过 85% 的就业机会是由小企业创造的。

由于小企业的重要性，一些经济学家和决策者对近年来新成立企业的数量减少感到担忧。如下图所示，在 20 世纪 70 年代后期，所有企业中成立不到一年的企业占大约 16%。近年来，成立不到一年的企业只有大约 8%。从绝对数量上看，近年来，初创企业还在运营的数量比十年前低了约 25%。新创企业的减少并不是集中在一个行业或地理区域，而是发生在包括信息和高科技行业以及大多数州和城市在内的各个行业。实际上，一项人口普查数据的研究发现，在 2010～2014 年，超过一半的新企业是在以下五个城市开始创业的：纽约、迈阿密、洛杉矶、休斯敦和达拉斯。

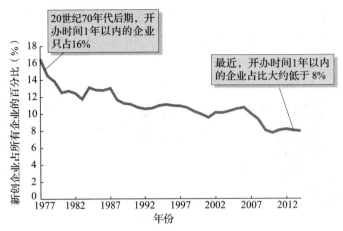

资料来源：U.S. Census Bureau, "Business Dynamics Statistics, Firm Characteristics Data Tables," September 2016.

在35岁以下的人群中，创设新企业的下降幅度尤其突出。初看，这种趋势似乎令人惊讶，因为Twitter、Facebook、Snap、优步和爱彼迎等广受关注的高科技初创公司，都是由年轻企业家创办的。然而，在20世纪90年代，所有新企业中约有1/3是由35岁以下年轻人创办的，但如今这一比例不到四分之一。

一些经济学家认为，尽管创新型高科技企业广为宣传，但美国整个经济的技术进步却在放缓。随着被引入的新技术越来越少，创业企业开发新产品和服务的机会就更少了。一些经济学家认为，政府的"严监管"增加了开办和经营小企业的成本。特别是，州和地方政府对许多职业施加了许可要求。根据美国劳工统计局的一项研究，在20世纪50年代，只有5%的工作者就业需要职业许可证，而如今，这一比例已接近25%。至少有1 100多个职业需要许可证。2016年，城市审计员对纽约市的企业进行的一项研究发现，"纽约市近三分之一……的企业主称，开业申请要等待六个月或更长时间才能完成批准程序，有13%的企业主需要等一年以上的时间"。关于两党对政策达成共识的罕见事例就是，希拉里·克林顿和唐纳德·特朗普在2016年总统大选期间都同意联邦政府应减少创业者面临的壁垒。

许多经济学家和政策制定者担心，如果没有更多的年轻企业家来创办新企业，那么美国经济将变得缺乏活力，也无法维持较高的经济增长率。

资料来源：Janet Adamy, "The Five Megacities Where Business Startups Have Boomed," *Wall Street Journal*, February 1, 2017; Nicole Schubert and Jennifer Fermino, "Controller Scott Stringer Plans to Cut Red Tape Strangling Approvals for NYC Small Businesses," *New York Daily News*, March 28, 2016; Ian Hathaway and Robert E. Litan, "What's Driving the Decline in the Firm Formation Rate? A Partial Explanation," *Brookings Economic Studies*, November 20, 2014; Morris M. Kleiner and Alan B. Krueger, "Analyzing the Extent and Influence of Occupational Licensing on the Labor Market," *Journal of Labor Economics*, Vol. 31, No. S1 (Part 2), April 2013, pp. S173–S202; David Neumark, Brandon Wall, and Junfu Zhang, "Do Small Businesses Create More Jobs? New Evidence for the United States from the National Establishment Time Series," *Review of Economics and Statistics*, Vol. 93, No. 1, February 2011, pp. 16–29.

8.1.3 公司治理结构以及委托代理问题

因为大公司创造了经济中绝大部分销售额和利润，所以了解它们如何管理就非常重要。

绝大部分大型公司具有相似的管理结构。公司的管理结构方式以及结构对于公司行为的影响被称为**公司治理**（corporate governance）。图8-2表现了一种典型公司结构。

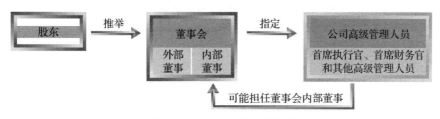

图8-2 一种典型的公司结构

注：公司股东选举出公司董事会，作为他们利益的代表。董事会任命一名首席执行官（CEO）来经营公司的日常事务。有时候董事会还任命其他高级管理人员，如首席财务官（CFO）。首席执行官有时也任命其他高级管理人员。公司高管，包括首席执行官和首席财务官，通常也是公司董事会的董事并称为内部董事。董事会成员中不直接行使管理职能者被称为外部董事（outside directors）。设置外部董事的目的是对公司高管的决策进行监督。

与家族企业的所有人不同，大型公司的高管一般持有的公司股票并不多，大型公司一般存在着**所有权与控制权的分离**（separation of ownership from control）。公司股东实际上拥有企业，但公司高管控制着企业日常运营。因为公司高管只持有少量的公司股票，他们投入大量资金购买私人飞机、在豪华度假村安排管理会议，这些都会对公司利润造成损害。经济学家将股东利益与高管利益的冲突称为**委托代理问题**（principal-agent problem）⊖。之所以会发生这一问题，是因为代理人（公司高管）追逐自身利益，而非雇用他们的委托人的利益（公司股东）。由于外部董事不参与公司的日常运营，因此他们可能很难确定高级管理人员采取的行动是否真正符合股东的最大利益。为了减少委托代理问题的影响，在20世纪90年代，许多公司的董事会开始将高管的薪水与企业利润或公司股价挂钩。他们希望对高管的薪酬激励可以让高管为企业赚取尽可能多的利润，从而使股东受益。不过，有时候高级管理人员的行为会增加短期内公司的利润以及高级管理人员的薪水和奖金，但实际上会降低公司的长期利润。

8.2 企业如何筹资

公司的所有者和管理者运营企业是为了获得盈利。为了盈利，企业必须筹集到运营资金以用于招聘员工，购买或租赁计算机和其他机器设备。不论是独资经营企业还是大型公司的高管，运营企业所面临的主要挑战是筹集到企业运营和扩张所需要的资金。假设你决定利用自己已经积攒的10万美元银行存款来开办一家新的社交媒体App。你用10万美元租赁开办企业的办公室，购买计算机和其他信息技术。企业经营得很成功，你决定扩大企业经营规模，搬到一家更大的办公室，购买更多的计算机。作为小型企业的所有人，为扩张的筹资可有3种方式：

（1）如果你有盈利，可将盈利重新投入企业。利润重新投入企业而非从企业提走支付给企业所有人被称为**留存收益**（retained earning）。

⊖ 在第7章我们知道，委托代理问题由信息不对称所致的道德风险引起。就目前情形，信息不对称的表现是公司高管对公司的实际运营状况了解得比公司股东详细。

（2）你可以通过扩增所有人，向企业投资。这种做法将扩大企业的财务资本。

（3）你可以向亲戚朋友或银行借款。

对于大型上市公司来说，管理者还有其他的方法筹集资金，下面我们将介绍这些方法。

8.2.1 外部资金来源

除非企业依赖留存收益，否则其不得不从那些有资金可投资的人那里筹集外部资金。一个经济体的金融体系的作用是把资金从储蓄者导向到借款人。

大部分企业通过两种方法筹集外部资金。第一种方法是**间接融资**（indirect finance），依赖于银行这样的金融中介机构来进行。如果你在支票账户中或以定额存单形式存入 1 000 美元，银行会将这笔资金的大部分以贷款形式贷给借款人。银行将你的资金和其他存款人的资金合在一起，比如说 10 万美元，贷给当地企业。小企业主要依赖银行贷款作为外部资金的主要来源。

第二种方法是通过金融市场筹集外部资金。通过纽约证券交易所之类的市场来筹集资金被称为**直接融资**（direct finance）。直接融资通常采取借款人向贷款人销售金融证券的形式。金融证券是一种凭证——有时候采用电子形式——其中规定了资金从证券购买方（贷出资金）流向借款人的条件。**债券**（bond）和股票是两种主要的金融债券。一般说来，只有大型企业才能在金融市场中销售债券和股票。投资者一般不愿意购买中小企业发行的股票和债券，因为投资者对小企业的财务健康状况缺乏足够的信息。

当苹果公司销售债券筹集资金时，它承诺每年按证券设定的期限向债券购买人支付利息，并在债券到期时归还本金。苹果公司需要筹集数百万美元建立一个新办公室，每份债券的面值为 1 000 美元，这就是债券购买人借款给苹果公司的数量。因此，苹果公司必须卖出很多债券来筹集所需要的全部资金。假设苹果公司承诺，将每年为债券购买人支付 40 美元利息。债券的利息被称为**息票支付**（coupon payment）。**利率**（interest rate）是借款的成本，通常表示为借用量的百分比。我们可以计算债券的利率，也被称为息票利率，用息票额除以面值。因此，息票利率为：

$$\frac{40 \text{ 美元}}{1\,000 \text{ 美元}} = 0.04 \text{ 或 } 4\%$$

许多公司发行的债券期限为 30 年。在上述事例中，如果你购买了苹果公司的债券，苹果公司将在 30 年内每年支付 40 美元利息，在第 30 年年末，苹果公司将归还 1 000 美元本金。

公司卖出债券的利率要受到债券购买人（也就是投资者）购买可能性的影响，后者会考虑到公司是否会**违约**，或者能否按承诺的息票和本金归还。债券的违约风险越高，利率也越高。例如，投资者认为联邦政府对债券违约的可能性很小，因此联邦政府债券支付的利率水平要低于苹果公司债券。另外，苹果公司支付的债券利率会低于一个投资者认为债券兑付可能性更低的公司债券的利率。债券的利率还取决于投资者对通胀率的期望有多高。通货膨胀率越高，用给定的息票支付所能购买的商品和服务越少，而愿意购买债券的投资者所需要的息票支付就越高。例如，假设当投资者预期未来几年的通货膨胀率为 2% 时，苹果公司能够以 40 美元的息票额出售面值为 1 000 美元的债券。如果投资者预期通货膨胀率升至 4%，除非公司将息票额提高至 60 美元，否则投资者可能不愿购买苹果公司的债券。

◎ 概念应用 8-2

评级博弈：联邦政府或州政府可能对其债券违约吗

联邦法律规定，企业和政府在向投资者销售证券之前必须由证券评级机构对债券进行评级。三家最大的评级机构是：穆迪投资服务公司、标准普尔公司和惠誉评级公司。这些私营企业给出债券的信用等级评级，如 AAA 或 Aaa 是最高评级，以此来反映企业或者政府兑付债券的可能性大小。下表给出了这些机构的评级情况。

债券类型	穆迪公司	标准普尔公司	惠誉公司	评级含义
投资级债券	Aaa	AAA	AAA	最高信用等级
	Aa	AA	AA	很高信用等级
	A	A	A	高信用等级
	Baa	BBB	BBB	良好信用等级
非投资级债券	Ba	BB	BB	投机级
	B	B	B	高投机级
	Caa	CCC	CCC	实质性违约风险
	Ca	CC	CC	高违约风险
	C	C	C	特别高违约风
	—	D	D	违约

注："评级含义"一列中的条目与惠誉使用的略有不同。其他两个评级机构有相似的描述。对于从 Aa 到 Caa 的每个评级，穆迪都会添加数字修饰符 1、2、3。Aa1 等级高于 Aa2 等级，Aa2 等级高于 Aa3 等级。标准普尔和惠誉的评级会加上 + 或 −。

资料来源：*Money, Banking, and the Financial System*, 3rd ed., by R. Glenn Hubbard and Anthony Patrick O'Brien. Copyright © 2018 by Pearson Education, Inc. Reprinted and electronically reproduced by permission of Pearson Education, Inc., New York.

当购买债券时，投资者可根据评级来决定愿意接受多高的风险。一般说来，评级越低，投资者得到的利率越高，债券发行人违约的风险也越高。

评级机构会向企业和政府（而非投资者）收取服务费。这样的安排是否会有利益冲突？一些经济学家和政策制定者认为，企业发行债券可以挑选为其评级的机构，这些评级机构为了维持与企业的业务关系可能会给出更高的评级。

一些投资者担心，美国政府有一天可能会对已出售债券违约。在过去的 15 年中，联邦政府的支出超过了税收。结果是联邦政府出现预算赤字，财政部不得不出售数额等于赤字额的债券。在 2007～2009 年经济衰退期间，政府的预算赤字特别大，因为衰退导致税收收入急剧下降和政府支出增加。美国国会预算办公室的预测表明，由于预计用于社会保障、医疗保险、医疗补助和其他政府计划的支出增长速度快于税收，预算赤字将无限期持续。

2011 年，标准普尔决定，由于持续赤字，它将把美国国债从 AAA 降级为 AA+。从来没有一家评级机构给予美国国债低于 AAA 的评级。美国财政部是否可能会违约呢？标普公司认为，尽管仍不太可能发生违约，但持续的巨额赤字增加了财政部某天可能不支付其债务利息的可能性。不过，尽管债券的历史利率很低，但大多数投资者似乎对国债不会违约充满信心，并愿意继续购买国债。

一些投资者担心美国某些州政府可能会违约。许多州都有向退休教师和其他公共雇员支付退休金的重要义务。如果不大幅增加税收或削减其他州政府的支出，则这些款项很难继续发下去。2016 年，标准普尔降低了四个州发行的债券评级。结果，这些州发行的债券的利率上升。但是，即使债券评级仅为 BBB 的伊利诺伊州，其债券的利率也仅升至 4%。虽然这个利率比信用等级更高的州所发行的债券的利率高 1.5%，但投资者不会认为伊利诺伊州存在无法偿还其债券的重大风险。

资料来源：Greg Ip, "Sovereign Default: It's Not Personal, Just Business," *Wall Street Journal*, May 25, 2016; Reuters, "S&P Cuts Illinois' Credit Rating on State's 'Weak' Management," cnbc.com, October 1, 2016; and Cyrus Sanati, "S.E.C. Urges Changes to Ratings-Agency Rules," *New York Times*, August 28, 2009.

只要你购买了一家企业新发行的**股票**（stock），就说明你把钱借给了这家企业。当你购买了一家企业发行的股票时，你实际上购买的是这家企业的一部分所有权。当一家公司卖出股票的时候，就像一个小企业的所有者吸收他人成为企业的合伙人：通过增加企业的所有人来扩充企业的财务资本。一个股东通常只是拥有一个企业发行的全部股票的一小部分。

许多小投资者购买共同基金的份额而非直接购买单个公司发行的股票，如富达投资集团（Fidelity Investments）的麦哲伦基金（Magellan Fund）。基金公司将基金份额销售给投资者，而后用资金投资金融资产组合，如股票和债券。个人投资者购买基金份额节省了他们购买多只股票或债券的成本。个人投资者只能购买数量有限的股票和债券，但通过购买共同基金份额可以分散风险，因为共同基金持有大量的股票和债券。如果一个发行股票或债券的企业宣布破产，那么股票或者债券可能会失去其所有价值。企业破产对于共同基金组合的影响相对比较小，但对于将大部分储蓄资金投向债券和股票的小投资者而言，影响就非常大。共同基金可以在任何时候进行份额赎回，这有利于投资者安排资金投入和赎回。

交易所交易基金（Exchange-traded funds，ETF）与共同基金类似，因为当你购买 ETF 份额时，你购买的是股票或债券投资组合的权利。共同基金只能由发行它们的公司购买或出售，而 ETF 可以像金融交易中的个人股票或债券一样买卖给其他投资者。共同基金只能在交易日结束时出售，但 ETF 可以在全天进行买卖。

如果公司有利润，股东有权分享公司利润的一部分。公司一般会保留部分利润作为留存收益，为公司未来扩张提供资金，其他的利润以**红利**（dividends）形式支付给股东。如果一个企业使用留存收益获得更多的经济利润，其股价将上升，这将带给投资者**资本利得**（capital gain）。如果公司不能够获利，那么通常并不需要支付红利。按照法律要求，公司在向投资者支付之前必须先偿还债务。也就是说，公司在向股东支付任何红利之前必须优先向债权人支付。与债券不同，股票没有到期日，因此，企业没有在特定日期向投资者归还资金的责任。

8.2.2 股票和债券市场提供了资本和信息

股票和债券的原有购买人可以转卖给其他的投资者。事实上，每日进行的股票和债券买卖中的大部分都是现存股票和债券在投资者之间相互转手，而非公司向投资者卖出新的股票和债券。股票或债券的买者和卖者组合在一起构成了股票和债券市场。股票和债券的买卖并非集中于一个地方。股票和债券的一些交易是在被称为交易所的地方进行的，如纽约证券交易所、东京证券交易所等。在美国，最大型公司的股票和债券是在纽约证券交易所交易的。计算机技术的进步使得股票和债券交易延伸到了交易所之外的证券经纪人那里，他们通过计算机相互连接。这些证券经纪人组成了**场外交易市场**（over-the-counter market）。许多计算机和其他高技术公司，包括苹果、谷歌和 Facebook 都是在一个最重要的场外交易市场进行交易的，这就是"证券交易商自动报价系统"（National Association of Securities Dealers Automated Quotations System，NASDAQ）。今天，即使是在纽约证券交易所中进行的股票与债券交易也是电子交易，而非在大厅中通过交易员进行面对面的交易。

股票份额代表的是对发行企业所获利润的索取权。因此，随着企业的发展变迁，以及盈利的高低起伏，企业的股票价格也将升升落落。与此类似，债券代表的是对息票支付的索取权以及对本金的一次最终偿还。因此，一种过去发行的债券，价格也会起起落落，这要看新发行债券的息票是高于现有债券的息票还是低于现有债券的息票。如果你持有一张每年支付 30 美元的息票，而新发行债券的息票为每年 40 美元，你持有的债券价格将会下降，因为对投资者缺少吸引力。债券的价格也受到违约风险变化的影响，这反映了投资者对于发债企业是否有能力兑付息票的认知。例如，如果投资者开始认为企业不久将停业并会停止向投资者支付息票，那么该企业的债券价格将会降到非常低的水平。

企业股票和债券价值的变化为企业管理者和投资者提供了重要的信息。股票价格的上涨意味着，投资者对企业盈利前景越来越乐观，企业管理者也希望扩大企业运营规模。相反，股票价格下跌表明投资者对企业盈利前景不看好，因此，企业管理者可能会收缩企业的经营规模。与此类似，企业债券价值的变化也意味着对企业进行研究与发展或新建工厂等投资提供融资的外部成本的变化。债券价格上升意味着外部新募集资本成本的下降，而债券价格下降表明外部新募集资本成本的上升。

勿犯此错 8-1

当 Snap 股票被卖出时，Snap 公司并没有得到这笔钱

Snap 公司的股票在市场中受到追捧，随着人们对该公司价值看法的变化，人们会经常买卖该公司的股票。这对 Snap 公司是一件好事吗？Snap 公司会随着股票转手或股价上升从而获得所有收入吗？Snap 公司在一级市场上筹集资金，而股票是在二级市场中进行交易的。这些交易的资金并非归 Snap 公司所有，但是这为公司管理者提供了重要的信息。

一级市场是企业向最初购买者发行股票和债券的市场。在金融市场中，企业可以通过两种方式筹集资金——借款（卖出债券）或卖出股票，这会导致对借款企业未来收入不同的索取权。尽管你可能天天听到股票市场的新闻，但是债券才是企业募集资金的主要方式。美国债券总价值大体上是股票价值的两倍。

在二级市场中，已经发行的股票和债券会从一个投资者手中转卖到另一个投资者手中。如果 Snap 公司向公众卖出股票，它是通过一级市场来获得新资金（当私营企业第一次向公众卖出股票时，卖出的股票被称为首次公开募股）的。一旦 Snap 公司股票发行完成，投资者就在二级市场中买卖股票。当 Snap 公司的股票在市场中交易时，该公司得不到任何资金。股票或债券最初的发行人只能在一级市场中从投资者那里筹集资金。二级市场会对企业管理者和投资者提供信息来决定股票或债券的价格。例如，Snap 公司股票的大幅上升传导出了

市场对该公司的良好感觉，公司由此可以决定募集资金用于公司扩张。因此，对于考虑筹资的公司而言，二级市场可提供非常有价值的信息。

一级市场和二级市场都很重要，但它们扮演着不同的角色。投资者主要在二级市场中交易股票和债券。公司的管理者主要通过一级市场决定是否筹集新的资金来扩张公司。

8.2.3 为什么股票价格波动剧烈

当经济学家、投资者和政策制定者对度量股市表现感兴趣时，他们不通过跟踪一家公司股票的价格来做到这一点，即使这家公司是像苹果、沃尔玛或通用汽车这样大而重要的公司。相反，他们用股票市场指数（股票价格的平均值）来衡量股票市场的整体表现。

使用最广泛的股票市场指数是《华尔街日报》网站首页上显示的三个指数：道琼斯工业平均指数、标准普尔500指数和纳斯达克综合指数。尽管道琼斯指数仅是可口可乐、微软和迪士尼等30家大公司股票价格的平均值，但它是许多个人投资者最熟悉的指数。标准普尔500指数包括道琼斯指数中的30只股票以及470家其他大公司发行的股票，每家大公司的市值至少为50亿美元。由于这些公司太大，它们的股票总价值约占所有美国上市公司价值的80%。纳斯达克综合指数包括在纳斯达克场外交易市场交易的3 000多种股票。纳斯达克综合指数中的一些公司，例如微软和英特尔，也被包括在道琼斯指数和标准普尔500指数中，但是纳斯达克包括许多较小的科技公司发行的股票，而其他指数未包括这些股票。

要牢记关于指数数字的两个要点，例如股票市场指数：

1. 数字不是以美元或任何其他单位衡量的。在特定年份（称为基准年）中的指数值设为100。因为指数旨在显示随时间变化的变量，所以基准年选择的年份并不重要。

2. 指数值本身没有意义；指数值的变化很重要。例如，标准普尔500指数的值在2016年为2095。没有人对此价值特别感兴趣，但是当标准普尔500指数从2015年的2061增加到2016年的2095时，就有意义了，因为它告诉我们，这衡量了股票价格上涨的幅度：

$$\frac{(2\ 095-2\ 061)}{2\ 061} \times 100\% = 1.6\%$$

（有关如何计算百分比增长的综述，请参见第1章的附录。）与平均每年约10%的股票价格长期增长相比，这一增长相对较小。

图8-3所示为三大股指1999～2017年的走势（阴影区域表示美国经济处于商业周期衰退中的月份，许多公司的生产和利润都在下降）。

我们已经知道，公司股票的所有权代表了对企业利润的索取权。因此，企业利润越多，其股票价格越高。当整个经济扩张时，收入、就业和支出将会增加，企业的利润也会提高。而当经济出现衰退时，收入、就业和支出将会减少，企业的利润也会下降。因此，我们可以预计，当经济扩张时，股票价格会上涨；经济衰退时，股票价格会下降。我们看到的这种模式反映在图8-3中所示的3种股票价格变化的情形上。3种股票价格指数变化模式大致相同，在20世纪90年代后期经济扩张时期，股票价格上涨；当2000年互联网泡沫破灭时和2001年衰退时，股价下跌；从2001年年末到2007年年末，股价上涨；随着2007年年末美国经济进入衰退，股价又开始下跌，从2009年年初开始上升。2017年，随着经济从衰退中继续复苏，所有股票价格指数已经达到历史最高值。

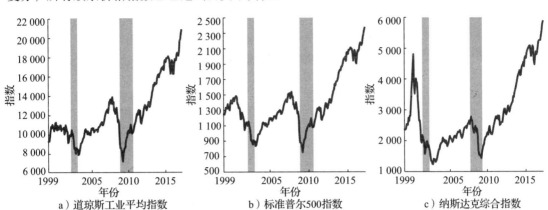

图 8-3　1999～2017 年股市指数变动

注：美国股市的表现通常由市场指数来衡量，该指数是股票价格的平均值。三个最重要的指数是道琼斯工业平均指数、标准普尔 500 指数和纳斯达克综合指数。在 1999～2017 年期间，这三个指数遵循相似的模式，当美国经济扩张时上升，而在经济衰退时下降。请注意，三个纵轴都不是从零开始的。

◎ 概念应用 8-3

为什么很多人成为蹩脚的股市投资者

你可能已经听说过有关投资的标准建议："低买高卖。"也就是说，你应该在股票和其他金融资产价格低时购买，而在价格高时出售。不幸的是，许多人却操作相反。例如，许多人在 2015 年 5 月以每股 130 多美元的价格购买苹果股票，并在 2016 年 4 月以每股低于 94 美元的价格卖出苹果股票，当价格在 2017 年 4 月反弹至每股 143 美元时开始后悔当初的抛售行为。

股票价格难以预测，但是许多人说服自己，一直在上涨的股票将继续上涨，而股价已经下跌的股票将继续下跌。结果，人们最终高买低卖，而不是相反操作。研究表明，个人投资者经常频繁买卖股票以期能预测出股价变化时，他们的投资收益始终会较低。

但是，为什么股票价格如此难以预测？主要原因是，股票价格不是基于公司当前的获利能力，而是基于其预期的未来获利能力。毕竟，很少有投资者愿意高价买入一只今天已经获利但明天预计遭受巨额亏损的股票。同样，2017 年秋季的投资者愿意以每股 14 美元的价格购买 Snap，尽管该公司正遭受亏损，因为他们预计该公司将来会获利。如果仔细观察图 8-3，你会发现，当投资者预期经济即将开始复苏时，股价便开始上涨。

许多华尔街投资专业人士花费大量时间和金钱来收集有关公司未来获利能力的所有可能信息，以期购买最容易获利的公司股票。结果，报纸、金融杂志、有线电视商业展播和网上有关公司的所有信息都会反映在公司的股价中。例如，如果某天结束时，Snap 的股价为每股 15 美元，那么该价格反映了有关 Snap 未来获利能力的所有可用信息。是什么原因导致 Snap 的股价发生变化呢？只能是有关其未来获利能力的新信息。例如，如果 Snap 发布新数据显示其在 Snap 上的广告销售低于投资者的预期，那么其股价将下跌。

即使拿高薪的专业投资者也不能始终如一地预测对股价。试图通过频繁买卖股票来赚取高回报的共同基金和ETF的管理者很少能够超过股票市场的平均收益水平,例如代表市场平均收益水平的标准普尔500指数的收益。一项研究发现,在通常年份中,只有三分之一的共同基金经理人为其投资者创造的收益会高于个人投资者通过购买标准普尔500指数的股票指数基金获得的收益水平。只有10%的共同基金经理人的收益能连续两年高于指数基金的收益。

无论你(或华尔街专业人士)以哪种方式预测未来的股价变动,你有可能预测对,也有可能预测错。

资料来源:Morgan Housel, "Three Mistakes Investors Keep Making Again and Again," *Wall Street Journal*, September 12, 2014; Chris Dieterich, "Hedge Fund Short Bets Are Going the Wrong Way . . . Again," *Wall Street Journal*, February 7, 2017; Deepa Seetharaman, "A Rival's Shadow Looms Over Snapchat IPO," *Wall Street Journal*, February 5, 2017; and Howard Gold, "Almost No One Can Beat the Market," marketwatch.com, October 25, 2013.

解决问题 8-1

沃伦·巴菲特为什么青睐共同基金

沃伦·巴菲特被认为是有史以来最伟大的投资人之一。他预测公司股票价格的能力使之成了世界上最富有的人士之一。然而,巴菲特建议,个人投资者不要试图挑选单个股票,而应将其储蓄的90%用于购买收费低廉的共同基金,例如先锋集团提供的股票基金产品。那些主要投资共同基金的人有可能会变得像巴菲特一样富有吗?巴菲特为什么会给出这个建议?

解决问题的步骤:

步骤1:复习本章材料。本问题与股票市场的投资有关,因此请阅读"股票市场的波动"以及"为什么很多人成为蹩脚的股市投资者"部分的内容。

步骤2:通过解释是否投资低成本共同基金能像沃伦·巴菲特一样致富,来回答第一个问题。多数变得富有的投资者都是通过仅对少数几家公司进行大量投资来实现的。共同基金通常持有大量股票和债券,因此,即使其中一只或两只股票表现出色,该基金中其他股票实现小幅增长(或损失)也会抑制该基金的总投资收益。通过投资共同基金,你可以积累大量资金来为买房、上大学或养老支付资金。许多仅有中产阶级收入的人,通过投资低成本共同基金,在退休时可积累100万美元或更多。但是,没有人能通过这种储蓄方式变得特别富有。

步骤3:通过解释为什么沃伦·巴菲特建议大多数人将自己的积蓄投入共同基金来回答第二个问题,尽管他们这样做不太可能致富。共同基金为个人投资者提供了低成本的多元化投资方式。尽管可以通过投资个别公司的股票来获得高回报,但是如果个人投资者遇到财务问题,他们也很容易损失全部资金。正如巴菲特在对公司年度投资者的致辞中所说的那样:"过去几年内,专业人员的主动投资管理回报(总体上)不及那些仅仅'静坐'的业余爱好者通过投资一个被动管理的低成本指数基金所获得的回报。"

进一步解释:沃伦·巴菲特在预测他所投资的公司未来利润方面好于其他投资者,

因此，他可能成为亿万富翁。或者，因为他很幸运，所以他所选择的公司表现都特别出色。在这种情况下，他可能无法比其他投资者更好地预测公司未来的盈利能力。鉴于几乎所有同等聪明和勤奋的专业投资者都无法赚取高于低成本、多元化的共同基金的回报来持续地"击败市场"，因此我们不可能确切地知道巴菲特成功的真实原因。

资料来源：Warren Buffett, *Letter to Berkshire Shareholders*, February 25, 2017, p. 21.

8.3 运用财务报表对企业进行评估

为筹集资金，公司管理者必须让放款人或者投资者认为公司将有利可图。企业发行股票或者债券之前，必须向投资人或者金融管理机构提供财务状况信息。为了从银行借钱，企业必须向银行提供财务信息。

在美国，证券交易委员会（SEC）要求上市企业公布财务报告，这种报告须根据标准的会计方法［**一般公认会计原则**（Generally Accepted Accounting Principles）］编制。这样的信息披露方式降低了投资者收集企业信息的成本，但并没有完全消除这种成本，原因有二：第一，有些企业成立时间不长，以至于潜在投资人在进行评估时没有多少有价值的信息可参考；第二，管理者努力披露对自己最有利的信息，因此投资者对证券会过度估值。

私人企业也收集企业借款人的信息，并把信息卖给放款人或投资者。如果这类信息收集的质量高，放款人和投资者购买信息后可以对借款企业的经营质量做出更好的判断。一些企业，包括穆迪、标准普尔、价值线和邓白氏（Dun & Bradstreet，D&B）等从企业收集信息，并将其出售给用户。买家包括个人投资者、图书馆和金融中介机构。你可以在大学图书馆或在线信息服务等处找到这些出版物。

投资者和企业管理者需要什么样的信息呢？一个企业必须回答三个基本问题：生产什么？怎样生产？产品定价多少？为了回答这些问题，一个企业的管理者必须获得两种信息：第一种是企业的总收益和成本；第二种是企业资产及负债的价值，也就是企业拥有的和欠别人的。企业的潜在投资人也需要这类信息来决定是否购买企业的股票和债券。这些信息可以从一个企业的财务报表中获得，主要是企业的利润表和资产负债表，下面我们将对此进行讨论。

8.3.1 利润表

一个企业的**利润表**（income statement）记录了一定时期内企业的收入、成本和利润。公司发布年度利润表。为了更好地反映季节性商业活动的情形，财政年度的 12 个月与日历年度并不相同。我们在本章附录将较为详细地讨论利润表。

1. 会计利润

利润表给出企业在一个财政年度的总收入、成本和利润。为了得出利润的数值，利润表开始会给出企业总收入，并减去企业的费用支出和缴纳的税款。所得到的净收入，就是企业的**会计利润**（accounting profit）。

2. 经济利润

会计利润给出的是企业当前净收入的信息，这是根据会计核算标准方法计算得出的。然而，会计利润并非度量企业利润的理想指标，因为它忽略了企业的一些成本。经济利润可比会计利润更好地度量一个企业的经营是否成功，因为经济利润计算了企业使用资源的所有成本。创造经济利润的企业会留在行业中，而且会不断发展壮大。经济亏损的企业不可能长期留在行业中。为了理解经济利润如何计算，请回忆一下，经济学家总是用机会成本来计算成本。任何行动的**机会成本**（opportunity cost），是为了参与一项活动而必须放弃的其他选择中价值最高的行动。成本可分为显性成本和隐性成本。当企业支出货币时，形成了**显性成本**（explicit cost）。当企业不支出金钱但会引出机会成本时，形成**隐性成本**（implicit cost）。例如，当企业向雇员支付工资时，支出的是显性劳动成本。也存在其他类型的显性成本，如建筑物照明形成的电力成本、广告或保险成本。

有些成本是隐性的。这些成本中最重要的机会成本是投资者投向企业的资金成本。经济学家使用正常收益率来表示投资者将资金投向企业必须获得的最低回报。如果企业不能够向投资者提供最起码的正常收益率，长期来看，这个企业无法在这个行业生存下去，因为投资者不会向这个企业继续投资。例如，2013年，曾经受欢迎的青少年服装零售商 Wet Seal 受商场客户流量下降和在线卖家竞争的影响，销售额下降。许多投资者预期该公司最终会宣布破产，结果公司股价从每股5美元跌至每股不到1美元。2017年，该公司关闭了所有门店，其剩余资产被出售。投资者继续投资所要求的收益构成企业的真实成本，在计算利润时，应该从企业的收益中减去。

投资者继续向企业投资所要求的收益率对于各个企业并不相同。如果是风险投资，比如新创办的生物高科技企业，投资者会要求相对高的收益率来弥补他们承担的风险。已经处在成熟期企业的投资者，比如电力企业，投资者可能会要求相对低的收益率。投资者对一个具体企业投资的准确收益率是难以计算的。所以，当会计师编制利润表计算收益和成本时会面临难题。除了投资者要求的收益外，企业还存在其他的隐性成本，这些同样也难以计算。因此，会计核算的一般准则只要求在企业财务报告中包括显性成本。经济成本包括显性成本和隐性成本。**经济利润**（economic profit）等于企业的总收入减去经济成本。因为会计利润不扣除某些隐性成本，所以其数值要大于经济利润。

8.3.2 资产负债表

一个企业的**资产负债表**（balance sheet）综合记录了在某一具体时间点企业的财务状况，通常是在一个季度和一年结束的时点。从企业的总资产价值中减去企业的负债就得到企业的净资产。我们可以把净资产看作是如果企业关门，通过售出资产、偿还债务后还能够为企业所有人留下的部分。投资者通过分析企业的资产负债表可以计算出企业净资产的影响因素。我们将在本章附录进行更详细的介绍。

8.4 公司治理政策的相关话题

准确和易懂的财务报表是企业管理者和考虑购买企业股票和债券的投资者做出决策的重

要依据。事实上，财务报表信息有助于引导经济中的资源配置。

企业须定期向联邦政府上报财务报表，并向股东提供年度报告。如果一个企业的利润表显示税后利润增加，资产负债表显示净资产变多，投资者很可能会购买企业的股票。一个企业的管理层有至少两个原因去吸引投资者并使得企业股票价格保持在高位。第一，当企业销售的股票数量一定时，企业的筹资金额越大，股价越高。第二，为了减少委托代理问题，董事会经常将高管的工资与企业的股价或者盈利水平挂钩。

很显然，企业高管总想在企业利润表中报告企业最大化的利润，在资产收益表中报告最大化的净资产。如果企业高管做出了正确的决定，那么企业的利润水平将会提高，相对于负债，企业的资产将会增加。在21世纪初期，一些问题被揭露出来，部分企业的高管在编制企业资产负债表时夸大利润，隐藏负债。还有一些企业的管理者实际承担的风险比向投资者披露的还要大。我们通过讨论21世纪初公司财务丑闻和2007～2009年经济衰退时期许多金融类企业所遭遇的问题，来探讨企业治理所存在的问题和政府对这些问题做出的反应。

8.4.1　21世纪初期的会计丑闻

21世纪初期，包括能源交易公司安然和电信公司世通在内的几个知名公司的高管伪造了公司的财务报表，试图误导投资者错误估计公司的实际盈利能力。最终，几名公司的高管被判长期徒刑，包括安然公司在内的几家公司倒闭。

像安然和世通这样的公司怎样伪造它们的财务报表呢？联邦政府对财务报表如何编制是有规定的，但这并不能够确保财务报告的准确性。所有上市企业的财务报表都由有执照的外部会计师签署审计意见。不幸的是，随着安然公司和世通公司丑闻的披露，我们了解到，对于公司的真实财务状况，公司高管不仅欺骗了投资者，也欺骗了外部的会计师。

为了防范未来继续出现丑闻，新的联邦法律在2002年生效。2002年，具有里程碑意义的《萨班斯－奥克斯利法案》(Sarbanes-Oxley Act) 要求CEO个人确保证明财务报表的准确性。《萨班斯－奥克斯利法案》还要求金融分析师和审计师必须披露是否存在利益冲突影响到他们对企业财务状况评估中的独立性。总的来说，大多数观察人士承认，《萨班斯－奥克斯利法案》增强了人们对美国企业治理体系的信心。然而，正如我们将在下一节中要讨论的，金融企业在2007～2009年出现的问题使人们再次提出疑问：这些公司是否充分地向投资者披露了信息？

8.4.2　2007～2009年金融危机

从2007年开始一直到2009年，美国经济经历了20世纪30年代大萧条之后最严重的金融危机。危机的核心是家庭住房抵押市场出现问题。当人们购房时，他们一般会向银行或其他金融机构申请按揭贷款。他们所购买的房屋成为抵押贷款的抵押物，意思是说，如果借款人违约，不能按时归还贷款，银行有权处理住房，将其出售归还欠款。在证券化 (securitization) 的过程中，银行和其他金融公司将许多抵押贷款捆绑在一起，放入抵押贷款证券 (mortgage-backed securities) 中，这非常类似于债券，投资者购买后可定期获得利息。在这种情况下，证券的所有者将收到来自原始抵押贷款的付款。

到了21世纪初期，银行和其他金融机构已经放宽了发放贷款的标准。贷方开始向"次级"借款人 (subprime borrower) 和" ALT-A"借款人发放抵押贷款，前者是那些有欠账不还记录的人，后者是那些无法提供合理收入证明的人。获得抵押贷款的便利增加了住房需求，并导致房价飞涨。

美国住房泡沫在 2006 年的年中开始破灭，许多城市的房地产价格剧烈下跌。到了 2007 年，许多借款人，特别是"次级"借款人和"ALT-A"借款人，开始对抵押贷款违约。对任何拥有抵押贷款证券的人，这种违约都是坏消息，因为这些证券的价值依赖于现行抵押的不间断还款。随着这类证券价格的大幅下跌，许多金融机构遭受严重损失，几家最大的公司最后得以生存是由于得到了联邦政府的救助。一些经济学家认为，这些公司在正确评估它们在这些证券上进行投资的风险方面做得很差。如果高层管理人员无法有效地监控那些投资风险证券的公司员工，那么这种失败可能表明公司治理不佳。

8.4.3 应对金融危机的政府规制

在金融危机期间，许多投资者抱怨，在金融企业的资产负债表中，他们没有意识到这些资产（特别是抵押贷款证券）的风险。一些观察人士相信，许多金融企业的管理者有意误导投资者错判这类资产的风险。也有人认为，这些管理者自身也并不明白这些资产的风险有多大。随着危机缓解，到了 2010 年 7 月，国会对金融体系监管法规进行重大修改，通过《华尔街改革和消费者保护法》（Wall Street Reform and Consumer Protection Act），又称《多德－弗兰克法案》。根据该法规定，政府创设"消费者金融保护局"（Consumer Financial Protection Bureau），负责制定旨在保护消费者借贷和投资活动的法律。根据该法案，金融稳定监督委员会（Financial Stability Oversight Council）成立，其中包括来自所有主要联邦金融监管机构的代表，如美国证券交易委员会、美国联邦储备银行。该委员会的目的是确认并应对金融体系的风险。《多德－弗兰克法案》是否将显著降低未来金融危机的风险，经济学家的观点仍有分歧。2017 年，特朗普认为，《多德－弗兰克法案》对金融体系弊大于利，其条款应该修正。

8.4.4 委托代理问题是否造成了 2007～2009 年的金融危机

正如我们所看到的，住房抵押贷款证券化在 2007～2009 年的金融危机中发挥了重要作用。从 20 世纪 90 年代开始，私人投资银行开始进行住房抵押贷款证券化。与商业银行主要接受存款和发放贷款不同，投资银行传统业务集中于企业发行的新股票和债券，并在承销股票和债券时提供背书。

为什么投资银行对违约可能性很高的借款人的抵押贷款进行初始证券化将承担如此巨大的风险？迈克尔·刘易斯是一名财经记者，也是前华尔街债券推销员，他一直认为，关键的原因是投资银行组织方式正在发生变化。传统上，华尔街投资银行是按照合伙制来进行组织的，但到了 2000 年，它们都转变成为上市公司。正如我们已经知道的那样，在合伙制下，相对少量的所有人的资金直接面临风险，委托代理问题并不严重，因为所有权与控制权的分离程度很低。如果是一家上市公司，委托代理问题会很严重。刘易斯认为：

员工没有所有权的投资银行，会购买并持有 500 亿美元的"有毒"抵押贷款支持证券……或者允许将这些证券出售给客户。追求短期收益的愿望并不会迎合长期追求。

公司治理问题显然会继续成为经济学家、政策制定者和投资者关注的问题。

◎ 概念应用 8-4

投资者应该担心 Snap 的公司治理吗

我们在本章开始已经指出，广告是决定社交媒体应用程序能否盈利的主要因素。2017年，Facebook 成功吸引了大量广告，并且盈利丰厚。相比之下，推特努力吸引广告投放但遭受了损失。2017 年 3 月，随着 Snap 开始在首次公开募股（IPO）中出售股票，许多投资者不确定 Snap 是否会获得足够的广告收入来实现盈利。但是，一些投资者也担心 Snap 潜在的公司治理问题。Snap 的 IPO 很不寻常，因为投资者购买新发行的股票将没有股东通常拥有的投票权。Snap 的股票分为三类：

股票类别	投票权	与 Snap IPO 相关
A 类	无投票权	首次公开募股仅包含 A 类股票，这意味着购买它们的投资者在选举 Snap 董事会成员中没有投票权
B 类	每股 1 票	B 类股票出售给了在 IPO 前向公司提供资金的早期投资者
C 类	每股 10 票	Snap 的联合创始人埃文·斯皮格尔和鲍比·墨菲保留了所有 C 类股票

这种结构的结果是，斯皮格尔和墨菲拥有公司 90% 的有表决权的股份，这使得他们比普通上市公司中的高级管理人员拥有更多的控制权。正如《纽约时报》的金融专栏作家所说："两位创始人真正失去对 Snap 控制的唯一途径就是两人都去世了。"

谷歌和 Facebook 也发行了无表决权的股份，但是 Snap 成为美国金融市场历史上第一家完全以无表决权的股份进行首次公开发行的公司。Snap 的治理结构重要吗？显然，许多投资者并不这么认为，因为在 2017 年 3 月 2 日 IPO 当天，Snap 毫不费力地出售了 2 亿股 A 类股票，为公司筹集了 34 亿美元资金。但是，由于公司的治理结构，其他投资者，特别是一些养老基金和其他机构投资者，都不愿投资 Snap。它们担心如果斯皮格尔和墨菲无法使 Snap 获利，由于没有选举外部董事的能力，也就没有机会引进新的高级管理人员。同样，董事不可能将公司出售给外部投资者，即使这样做可能会增加 A 类股票的价值。就像一位投资者所说的那样，Snap 的治理结构将董事会成员的角色简化为顾问的角色并按照公司创始人的要求行事。

斯皮格尔和墨菲以及其他科技公司的创始人都认为，他们有充分的理由限制股东的投票权。他们认为，拥有表决权的股东可以推动高层管理人员做出决策，这可能在短期内有助于提高利润，但从长远来看，这对公司及其股东不利。正如《华尔街日报》上的一篇文章所说："无论其他人是否同意，他们都想决定 Snap 应该做什么以及创建哪些产品。"有关学术研究表明，发行无表决权股份的公司的股价与未发行无表决权股份的公司的股价差不多。

最后，许多投资者认为，Snap 的成功未来将更多地取决于其通过吸引青少年以外的核心用户来扩展广告收入的能力，而不是其公司治理结构。

资料来源：Maureen Farrell, "Tech Founders Want IPO Riches without Those Pesky Shareholders," *Wall Street Journal*, April 3, 2017; Steven Davidoff Solomon, "Snap's Plan Is Most Unfriendly to Outsiders," *New York Times*, February 3, 2017; Maureen Farrell, "In Snap IPO, New Investors to Get Zero Votes, while Founders Keep Control," *Wall Street Journal*, January 16, 2017; and Justin Fox, "Snap's Experiment in Totalitarian Capitalism," bloomberg.com, March 6, 2017.

┊生活与职业生涯中的经济学┊

你会建议 Snapchat 或 Twitter 开始向用户收费吗

在本章开始时，我们提出的问题是，作为一家社交媒体公司的经济学家，在评估向用户收费以免去广告的提议时，你会考虑哪些因素。要考虑的因素之一是应用程序应向用户收取多少费用。一位商业专栏作家建议，在发布了五条免费推文之后，推特应向用户收取每条推文2美分的费用。要评估这种收费策略，你需要收集有关应用程序响应用户将如何为该项服务付费的信息。这种响应在一定程度取决于定向广告对典型应用程序用户的困扰有多大。某些人实际上发现定向广告中的信息很有用，他们宁愿看广告而不愿支付任何费用。

实际上，人们越来越不愿意为下载和使用应用程序支付任何费用。一些免费应用程序被下载了数百万次，而收费极低的非常相似的应用程序下载量则明显减少。在特定年份，只有大约1/3的智能手机或平板计算机所有者会为应用程序付费。应用程序开发人员大多采用了免费下载的商业模式，同时尝试仍然从应用程序内向用户收费。例如，可以免费下载的《部落冲突》和《糖果传奇》。开发者从那些追求游戏进度、额外收益和其他付费独有特权的人群中获利。随着越来越多的人使用社交媒体应用程序，其实用性也在不断提高。如果只有几个人在使用脸书、推特或 Snapchat，那么这些应用程序就不会很有趣。因此，这些应用程序无法承受对用户开始收费后可能出现的大量用户流失。付费用户可能会发现该应用程序不太有趣，因为使用它们的人越来越少，它们可能会逐渐停止使用。

因此，作为在这些社交媒体公司工作的经济学家，你应该告诉公司，向应用程序用户收费可能不是增加收入的好方法。

本章小结

在市场体制下，企业对生产什么产品或服务、如何生产和如何定价独立决策。在像美国这样的高收入国家，大型公司占据销售额和利润的主体。从一般情形来看，这些公司的管理者在提供满足消费者需求的产品或服务时，出色地代表了股东的利益。然而，21世纪初爆出的公司丑闻和2007～2009年金融公司出现的问题，都表明委托代理问题有时会变得非常严重。经济学家对于解决这些问题的成本和收益一直存在着激烈争论。

本章概要与练习

附录 8A

公司财务信息分析的工具

正如本章正文已经介绍的那样，现代企业并非仅仅是投入产出转换的"黑箱"，大部分收入和利润为大企业所创造。与企业创立者主导的企业不同，典型的大公司是由并非占公司主导利益的管理者来运营的。公司从外部投资者那里筹集资金，外部投资者获得公司的信息，确保公司管理者按照投资者的利益来做事。

本章已经介绍过公司如何通过发行股票或债券来筹集资金。本附录将细化这一讨论。我们从决定金融证券价格最核心的概念——现值开始。我们将提供公司财务报表更多的信息，就以推特为例。

8A.1　使用现值做出投资决策

企业通过向投资者出让股权（股票）和债务（债券和贷款）来筹集资金。如果你拥有企业的股票或债券，一年中可以获得几次红利或者息票作为回报。大部分人对他们已经得到的资金所进行的评价要高于他们对未来某一时间将获得的同样数量的资金所进行的评价。例如，你大概不会用现在已有的 1 000 美元与在一年后收到的 1 000 美元进行交换。支付等待的时间越长，你对之估值越低。你两年之后收到的 1 000 美元价值要低于一年后你收到的 1 000 美元。你在今天对未来收到的一笔钱财给出的估值被称为未来支付的**现值**（present value）。你一年后收到的 1 000 美元的现值要低于现在的 1 000 美元。

为什么一年后你得到的 1 000 美元的价值要低于现在你已经拥有的 1 000 美元呢？最重要的原因是，你现在已经拥有并可以使用这 1 000 美元。你现在可以用这笔钱购买产品和服务，现在就可以享受它们。一年后得到的 1 000 美元现在并不能直接使用。

当然在你等待获得 1 000 美元的这一年中，价格有可能上涨。因此当一年后你收到 1 000 美元时，你可能无法购买到今日 1 000 美元所能够买到的东西。再者，也存在着一年后无法得到 1 000 美元的风险。如果一位并不可靠的朋友向你借 1 000 美元，含糊地承诺一年后归还，风险更大。如果你购买美国国库券将钱借给联邦政府，风险就非常小了。不管在哪种情况下，总是存在一些你无法获得承诺归还的资金额的风险。

当一个人将钱贷出后，他希望被归还的不只是本金，还有外加的一些利息。比如说，一年后，有人承诺归还你 1 100 美元，你将愿意现在借出 1 000 美元。这种情况下，你贷出资金索取的利率为 100/1 000 = 0.10，或 10%。经济学家认为，你今天对 1 000 美元的评价与对一年后收到的 1 100 美元的评价是等价的。

请注意，1 100 美元可以写成 1 000 美元 ×（1+0.10）。也就是说，在未来收到的货币价值等于今天的货币值乘以 1 加上利率，利率表示为小数形式，即

$$1\ 100\ \text{美元} = 1\ 000\ \text{美元} \times (1+0.10)$$

如果我们两边除以（1+0.10），上式可写成：

$$1\ 000\ \text{美元} = \frac{1\ 100\ \text{美元}}{(1+0.10)}$$

这一公式表明，现值等于一年后收到的未来价值除以 1 加上利率。这对公司非常重要，因为我们可以用它将一年后收到的任何数值转化成现值。写成一般形式如下：

$$\text{现值} = \frac{\text{未来价值}_1}{(1+i)}$$

一年后收到的资金（未来价值$_1$）现值通过用这些数量的资金除以 1 加上利率来计算。当利率为 10% 时，一年后收到的 100 万美元的现值为：

$$\frac{1\ 000\ 000\ \text{美元}}{(1+0.10)} = 909\ 090.91\ \text{美元}$$

我们可以应用这个公式来计算一年后所收到的资金在今天的价值。但是像股票和债券这类金融证券会涉及今后多年的支付。因此，我们可以将该公式扩展到资金超过一年的现值。

这种扩展容易做到。回到最初的例子。我们假设当利率为 10% 时你愿意将 1 000 美元贷出去 1 年。假设有人需要你贷出 2 年，每年按 10% 支付利息。也就是说，你贷出 1 000 美元，利率 10%，一年后你将得到 1 100 美元；你同意第二年将 1 100 美元继续贷出，利率仍为 10%。两年后你将得到 1 100 美元 ×（1+0.10）= 1 210 美元，即

$$1\ 210\ \text{美元} = 1\ 000\ \text{美元} \times (1+0.10) \times (1+0.10)$$
$$1\ 210\ \text{美元} = 1\ 000\ \text{美元} \times (1+0.10)^2$$

可重新写成：

$$1\ 000\ \text{美元} = \frac{1\ 210\ \text{美元}}{(1+0.10)^2}$$

如果你同意按 10% 的利率将 1 000 美元贷出 3 年，你将得到：

$$1\ 331\ \text{美元} = 1\ 000\ \text{美元} \times (1+0.10)^3$$

或写成：

$$1\ 000\ \text{美元} = \frac{1\ 331\ \text{美元}}{(1+0.10)^3}$$

你大概已经看出其中的规律。将这一概念一般化为未来 n 年后收到的资金现值，n 可以是 1、20 或 85，等于该笔资金的数额除以 1 与利率的和的 n 次方。例如，利率为 10%，25 年后得到的 10 万美元的现值为

$$\text{现值} = \frac{100\ 000\ \text{美元}}{(1+0.10)^{25}} = 92\ 296\ \text{美元}$$

一般可写成：

$$现值 = \frac{未来价值_n}{(1+i)^n}$$

未来价值$_n$代表n年后得到的资金数额。

|解决问题 8A-1|

怎样收取奖金

假设你赢得一项比赛，奖金可按如下方式进行发放：

第一种方式，当下获得5万美元，未来4年每年再获得5万美元。

第二种方式，当下获得17.5万美元。

你愿意选择哪种方式？解释理由。

解决问题步骤

步骤1：复习相关内容。该问题应用到现值概念，请复习"使用现值做出投资决策"。

步骤2：解释选择奖金支付方式的理由。除非你马上需要现金，你应该选择现值最高的那种方法。

步骤3：计算两种方式的现值。方式二是马上获得175 000美元，因此现值就是175 000美元。方式一包括这5年时间里的5次支付。为了计算这笔奖金的现值，我们必须对每一笔奖金都进行现值计算，然后把它们加总在一起。为了计算现值，我们必须用到利率。我们假定利率10%，这样方式一的现值为：

$$50\,000 + \frac{50\,000}{(1+0.10)} + \frac{50\,000}{(1+0.10)^2} + \frac{50\,000}{(1+0.10)^3} + \frac{50\,000}{(1+0.10)^4}$$

$$= 50\,000 + 45\,454.55 + 41\,322.31 + 37\,565.74 + 34\,150.67$$

$$= 20\,8493.27\,(美元)$$

步骤4：给出结论。方式一的现值更大，所以我们应该选择方式一。

8A.1.1 使用现值计算债券价格

任何人购买了股票或者债券，实际上是购买了获得一笔固定支付的承诺，股票获得红利，债券获得息票。投资者对一笔金融资产愿意支付的价格应该等于他将最终拥有资产所获得支付的价值。因为大部分红利和息票在未来支付，因此其现值就非常重要。换言之，我们得到如下重要理念：金融资产的价格应该等于拥有资产未来所获得的支付的现值。

我们看一个例子。假设在1990年，通用电气发行的1 000美元债券，息票为80美元，将于2020年到期。眼下是2018年，债券已经在投资者间多次买卖。你正考虑是否购买。如果你购买了债券，你将获得2年息票支付再加债券本金或者面值1 000美元。再次假设，你要求的利率为10%。如果债券的息票为80美元，你从拥有债券所得到的息票现值以及债券的现值为：

$$现值 = \frac{80}{(1+0.10)} + \frac{80}{(1+0.10)^2} + \frac{1\,000}{(1+0.10)^2} = 965.29\,(美元)$$

也就是说，债券的现值等于你在两年内持有债券所得到的三笔支付的现值。也就是说，你愿意支付 965.29 美元持有这张债券，然后从通用电气获得这些支付。对于未来支付现值计算的方法可用来决定债券价格。还可进一步扩展，投资者在债券市场中计算现值（也就是现有债券的价格）时使用的相关利率可作为新发行债券的参照息票利率。因此，债券价格的一般计算公式为：

$$债券价格 = \frac{息票_1}{(1+i)} + \frac{息票_2}{(1+i)^2} + \cdots + \frac{息票_n}{(1+i)^n} + \frac{面值}{(1+i)^n}$$

息票$_1$是 1 年后所说的息票支付，息票$_2$是第 2 年的，以此类推，一直到息票$_n$，这是息票到期后所收到的支付。面值是债券到期时所收到的金额。可比照的新发行债券的利率为 i。

8A.1.2　使用现值计算股票的价格

当你持有一家公司股票后，你从法律上拥有了分享公司利润的权利。请记住，公司向股东支付的利润被称为红利。股票价格应该等于投资者持有股票预期能收到的红利的现值。因此，计算股票价格的一般公式为：

$$股票价格 = \frac{红利_1}{(1+i)} + \frac{红利_2}{(1+i)^2} + \cdots$$

请注意，这个公式，与我们计算证券价格使用的公式非常类似，但也有两个重要区别：第一，与债券不同，股票没有到期日，所以我们计算的是无限期红利支付的现值。初看起来，股票价格似乎也应该无穷大，但是我们知道，多年后收到的支付在今天看来价值极小。例如，40 年后收到的 10 美元，按照 10% 的利率计算，在今天只有 0.20 美元多一点。债券价格公式与股票价格公式第二个不同点是，持有债券所收到的息票支付是确定的，债券发行之初已定好不能进行更改（除非发债企业宣布破产），持有股票所获得的红利支付则不确定。得到的红利数量要由企业在未来的盈利水平来决定。

尽管我们可能预测公司未来的盈利状况，但并不能做到完全精确。为了强调这一点，一些经济学家在最基本的股票价格计算公式中对每期红利加上上标 e，以强调这是预期的红利支付。由于公司未来的盈利很难预测，对于一种具体股票的价格就会有不同的估值。有些投资者对企业未来盈利非常乐观，他们相信公司股票价格还会更高。也有投资者对于公司未来盈利非常悲观，认为股票价格会下降。

8A.1.3　计算股票价格的简单公式

如果我们假定红利按照固定比率增长，股票价格公式可以简化为

$$股票价格 = \frac{红利}{(i - 增长率)}$$

上述公式中，红利是指预期一年后所收到的红利，增长率是指这些红利预期的增长率。如果一家公司一年后每股支付的红利为 1 美元，增长率为 10%，预计公司来年所支付的红利为 1.10 美元，之后一年为 1.21 美元，以此类推。

假设 IBM 公司将在今年年底每股支付 5 美元红利，投资者一致认为这些红利将按每年

5%的速度无限增长下去，利率为10%。IBM公司股票价格为

$$股票价格 = \frac{5}{(0.10-0.05)} = 100.00（美元）$$

近些年，人们对于许多网络公司股票（如推特、Snap公司的股票）价格高企是否合理进行了激烈争论。因为这类公司中的许多公司没有利润，也不支付红利。理性投资者对于目前并不盈利的一家公司股票支付高价有什么合理解释呢？假设投资者对公司前景足够乐观，决定股价的公式也是可行的。例如，一位股票分析师预测，Snap公司不久每股将获得1美元的收益。这就是说，Snap公司的总盈利除以已发行的股票数量等于1美元。假设Snap公司支付1美元红利，在今后多年红利将以7%的速度增长。根据股价公式，Snap公司股票的价格为

$$股票价格 = \frac{1}{(0.10-0.07)} = 33.33（美元）$$

如果你对一家公司的未来前景特别乐观，即使公司目前没有盈利，该公司股价高企也是合理的。但是，投资股票的投资者必须小心谨慎。比如投资者发现Snap公司的增长率每年为4%而非7%，因为公司并没有达到最初预测的盈利水平。因此，根据公式，Snap公司的股票价格为

$$股票价格 = \frac{1}{(0.10-0.04)} = 16.67（美元）$$

这一价格仅仅为更为乐观增长率情况下股价的一半。因此，投资者必须掌握公司的盈利水平和增长前景方面的信息来决定一家公司的股票到底值多少钱。

8A.2 财务报表的进一步分析

公司会向现有或潜在投资者披露大量关于企业运营和财务状况的信息。其中一些信息是为了满足金融市场参与者和信息收集机构的需要，如穆迪公司设立机构对企业提出信用评价，帮助投资者判断公司债券的风险。其他的信息是因为美国证券交易委员会的要求。

反映公司盈利能力和财务状况的核心信息主要是财务报表——利润表和资产负债表。这些重要的财务报表在本章中已做过介绍，下面我们以推特的近期数据为例做详细介绍。

8A.2.1 利润表分析

正如本章正文所讨论的那样，企业利润表给出了一定时间内企业的收入、成本和利润的信息。图8A-1是推特2016年的利润表。

推特公司的利润表给出了该公司一年中的运营情况。第一项是公司营业收入，主要来源于2016年1月1日到12月31日的广告销售，数额为25.30亿美元。接下来是推特的运营费用，其中最重要的是营业成本，通常称为销售成本或产品销售成本，数额为9.32亿美元。运营成本是所销售产品的直接生产成本，其中包括推特为编写网站程序雇用的计算机程序员的薪水。推特在研发费用（7.14亿美元）、销售和市场营销费用方面（9.58亿美元）也有很大的成本支出，还包括高管薪水在内的管理费用（2.93亿美元）。

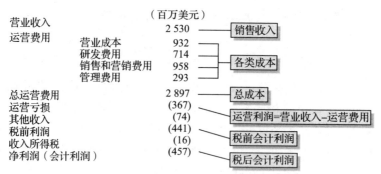

图 8A-1 推特公司 2016 年的利润表

注：Twitter 公司的利润表给出了 Twitter 公司 2016 年的营业收入、成本和利润。营业收入（25.30 亿美元）和运营费用（28.97 亿美元）之差等于营业利润（亏损 3.67 亿美元）。大部分公司还有利息费用支出和投资收益，如购买政府债券和企业债券。Twitter 公司的利息支出大于投资收益，税前利润为亏损 4.41 亿美元。支付税收后，本年度 Twitter 公司净亏损或者说会计亏损为 4.57 亿美元。

注：括号中是负值

资料来源：Twitter, *Annual Report*, 2016.

企业收入和成本之差即是企业利润。在利润表中，利润可表现为不同的形式。企业的营业利润是企业营业收入减去营业费用。大部分公司（包括推特在内）还有利息费用支出和投资收益，如购买债券。推特利息支出大于投资收益。因此，推特的税前利润为亏损 4.41 亿美元（亏损在利润表中加括号）。推特支付了 1 600 万美元的收入所得税。税后的净利润为亏损 4.57 亿美元。推特可能仍会亏损，同时股价仍然很高，这表明投资者预期推特将来会获得可观的利润。公司在利润表中报告的净收入为其税后会计利润。

8A.2.2 资产负债表分析

正如本章正文所讨论的那样，企业利润表报告的是企业在一段时间内的活动，资产负债表是对企业在某一特定日期财务状况的汇总，通常在季末或年末。为了理解资产负债表是如何编制的，首先请回忆概念：资产是企业所拥有的任何有价值的东西，负债或债务是企业所欠的东西。企业的资产减去负债可以得到企业的净资产。因为公司股东是企业的所有者，在资产负债表中，净资产经常被称为**股东权益**（stockholders' equity）。根据这些定义，我们可以理解下面的资产负债表等式（也被称为基本会计等式）：

$$资产 - 负债 = 股东权益$$

或者

$$资产 = 负债 + 股东权益$$

根据上式，企业的资产价值一定等于负债加股东权益。早在 15 世纪的意大利，现代簿记开始出现时，一个重要的会计核算原则就是，资产负债表应该在左边栏列出资产，在右边栏列出负债和净资产（或股东权益）。请注意，这意味着，资产负债表左边栏的值总是等于右边栏的值。表 8A-2 是 2016 年 12 月 31 日推特的资产负债表。

表 8A-1 推特公司的资产负债表（2016 年 12 月 31 日） （单位：百万美元）

资产		负债与股东权益	
流动资产	4 747	流动负债	584
资产与设备	784	长期负债	1 681

(续)

资产		负债与股东权益	
商誉	1 185	总负债	2 265
其他长期资产	154	股东权益	4 605
总资产	6 870	总负债与股东权益	6 870

注：公司资产负债表的左侧列出资产，右侧列出负债与股东权益。公司资产的价值与其负债的价值之差等于公司的净资产或股东权益。因此，资产负债表左侧的值必须始终等于右侧的值。

资料来源：Twitter, *Annual Report*, 2016.

资产负债表中资产一边列出的两个会计科目，读者可能并不熟悉。①**流动资产**（current assets）是企业可迅速转化为现金的资产，如银行支票账户中的余额或者企业的应收账款，这是企业产品已经发出但还没有收到的归企业所有的资金。②**商誉**（goodwill）是企业的购买价格与其资产的市场价值之间的差额。它代表了企业使用其资产获得经济利润的能力。例如，你购买了一个在繁忙地段的餐馆，雇用了一个能烧制美味的名厨，你给他支付的工资可能超过桌椅、烤炉或其他资产市场价值之和。你多支付的部分将以商誉记录在资产栏一边。

资产负债表的负债一侧记录了两个会计科目：①**流动负债**（current liabilities）是一种短期债务，如应付账款（这是归属于供应商的资金，其发出的货物尚没有得到支付），以及需要在一年以内归还的银行贷款；②长期负债是长期银行贷款、未偿还公司债券以及其他长期债务。

8A 公司财务信息分析的工具

复习题

8A.1 为什么未来得到的金钱价值要低于现在得到的金钱价值？如果利率上升，对未来所获得的支付价值有什么影响？

8A.2 请给出计算一张面值为 1 000 美元，每年支付 100 美元的息票连续支付 10 年的债券现值的计算公式。

8A.3 请比较你持有债券获得支付的现值计算公式与持有股票获得支付的现值计算公式。两者最相似之处是什么？最大的区别是什么？

8A.4 营业利润如何计算？营业利润与净利润有什么区别？净利润与会计利润有什么区别？

8A.5 企业利润表与资产负债表的区别是什么？资产负债表左边栏列出的是什么？右边栏列出的是什么？

问题与应用

8A.6 如果利率为 10%，一张两年期债券，一年后支付 85 美元，两年后支付 1 085 美元，现值为多少？

8A.7 在 2017 年国家足球联赛赛季之前，纽约巨人队与防守边锋杰森签订了一份合同，该合同将立即向他支付 500 万美元的签约奖金，并在随后的几年里每年支付一定数额：2017 赛季 250 万美元、2018 赛季 1 750 万美元、2019 赛季 1 950 万美元、2020 赛季 1 750 万美元。假设杰森在每年的年底收到一笔总付款作为当年的薪水。

a. 一份报纸上的文章说："杰森的交易价值为 6 200 万美元。"你是否同意这份合同价值 6 200 万美元？简要说明。

b. 假定利率为 10%，杰森签订合同时的现值是多少？

c. 如果您使用 5% 的利率，那么杰森的合同的现值是多少？

资料来源：Bill Pennington, "Jason Pierre-Paul Agrees to Four-Year Contract with Giants," *New York Times*, March 17, 2017; the terms of the contract are from sportrac.com.

8A.8 宾夕法尼亚州的一款彩票给中奖者的选择是：一次性获得 1 800 万美元，或 25 年每年获得 144 万美元。

    a. 如果该得主接受连续 25 年领钱的选择，那么总共可以获得多少奖金？

    b. 当利率为 10% 时，25 年获得的现值为多少？

    c. 当利率为 5% 时，25 年获得的现值为多少？

    d. 连续 25 年领钱的现值金额等于 1 800 万美元时，利率应该为多少？（这一问题计算有些难度，可以使用金融计算器或者电子表格。如果你熟悉 Excel，可使用 RATE 函数。问题 b 与问题 c 可使用 Excel 的 PV 函数）

8A.9 2000 年棒球比赛季开始之前，纽约大都会棒球队决定，不再与博尼拉签约。然而，博尼拉与大都会队的合约到 2000 年赛季后才到期，后者需支付给他 590 万美元。当球队与博尼拉解约时，他同意按下述方式拿回球队支付给他的 590 万美元薪水：从 2011 年到 2035 年每年 7 月 1 日获得 1 193 248.20 美元，连续 25 年。如果你是博尼拉，你愿意在 2000 年立即获得 590 万美元，还是从 2011 年开始连续获得 25 年？请解释你的理由。

    资料来源：Mike Sielski, "There's No Accounting for This," *Wall Street Journal*, July 1, 2010.

8A.10 假设在线拍卖网站 eLake 每股支付的红利为 2 美元。你预计红利按每年 2% 的速度增长，利率为 10%。你愿意为购买 eLake 股票支付多少钱？如果利率为 5%，你又愿意支付多少钱？当整个市场利率下降时，你预计股价上升还是下降？简要解释。

8A.11 假设当你购买一家大型公司的债券时，通货膨胀率很低。如果在你持有债券期间，通货膨胀率上升，那么这个债券的价格会发生什么变化？

8A.12 使用下表给出的信息来编制 2016 年度麦当劳公司的利润表。要求计算营业利润和净利润。

（单位：百万美元）

自营店营业收入	15 295
特许店营业收入	9 327
公司自营店的运营成本	12 699
收入所得税	2 180
利息支出	885
管理费	2 460
餐厅租用成本	1 718

    资料来源：McDonalds Corp., *Annual Report*, 2016.

8A.13 使用下表给出的财务状况信息来编制 2016 年 10 月 31 日星巴克公司的资产负债表。要求计算股东权益。

（单位：百万美元）

流动资产	4 761
流动负债	4 547
财产和设备	4 534
长期负债	3 892
商誉	1 720
其他资产	3 316

    资料来源：Starbucks Corp., *Annual Report*, 2016.

8A.14 流动比率等于企业的流动资产除以流动负债。根据表 8A-1 中的信息，计算推特在 2012 年 12 月 31 日的流动比率。投资者一般喜欢流动比率大于 1.5 的公司。如果企业的流动资产价值相对于流动负债价值比较低，企业会面临什么问题？

第 9 章 比较优势和国际贸易增益

:开篇案例:

特朗普、奥利奥饼干和自由贸易

无论你购买的饼干是美国制造还是墨西哥制造，这重要吗？2016年，生产奥利奥饼干的美国食品公司亿滋国际（Mondelez International, Inc.）宣布将其芝加哥工厂裁员600人，并开始在墨西哥的一家工厂生产奥利奥。这些决定在2016年总统大选中起着重要作用。唐纳德·特朗普作为候选人，承诺重新对《北美自由贸易协定》（NAFTA）进行谈判。1994年，根据该协定，美国、加拿大和墨西哥之间取消了对贸易和投资的限制。特朗普指责《北美自由贸易协定》，他称其为"美国有史以来最糟糕的贸易协议"，原因是美国公司将部分业务转移到其他国家，导致美国人失去工作机会。

特朗普总统还将美国从《跨太平洋伙伴关系协定》（TPP）的谈判中撤出，该协议旨在减少美国与其他11个国家（包括加拿大、日本、墨西哥和越南）之间的贸易壁垒。但是，许多经济学家支持诸如NAFTA和TPP之类的贸易协定，认为它们通过降低食品、衣物和许多其他商品的价格能使美国消费者受益。这些经济学家认为，贸易协议提高了经济效率，因为它们让企业以最低机会成本生产商品。一些美国公司也支持这些贸易协议。2016年，美国卡特彼勒公司向墨西哥出口的工业设备的价值比卡特彼勒从墨西哥进口的零件的价值高3 300万美元。贸易分析师克里斯·罗杰斯（Chris Rogers）指出，拥有"灵活的跨境供应链"对公司有利……无关税障碍地将零件和整车移动到最佳人工成本和技能的地方……"

但是，主张自由贸易的论点并不能说服失去工作的工人。自1999年以来，从其他国家进口的商品可能已经造成美国制造业失去了200万个就业机会。尽管与其他国家的贸易也在整个美国创造了其他就业机会，但特朗普在2016年大选中赢得了中西部几个州的支持，部分原因是人们对那里的制造业缺少就业机会感到不满。

取消政府对国际贸易的限制是有利于美国的工人和消费者还是相反？很少有政府政策像涉及国际贸易的政策那样争论激烈。在本章中，我们将探讨贸易经济学和有关贸易政策的争论。

资料来源：Azam Ahmed and Elizabeth Malkin, "For Commerce Pick Wilbur Ross, 'Inherently Bad' Deals Paid Off," *New York Times*, February 25, 2017; Jacob M. Schlesinger, Andrew Tangel, and Valerie Bauerlein, "NAFTA's Net U.S. Impact Is Modest," *Wall Street Journal*, January 27, 2017; and "Trade, at What Price?" *Economist*, April 2, 2016.

┊生活与职业生涯中的经济学┊

国会议员应该支持对跑鞋征收关税吗

假设你给国会议员做助手，该国会议员正在考虑是否就美国取消对跑鞋征收关税的法案进行表决。她要求你准备一份备忘录来建议她应该如何投票。你应同时考虑到所在地区的企业和工人的经济利益以及整个美国的经济利益。你应该在备忘录中包括对国际贸易经济分析中的哪些事实和结论？学习本章时，请尝试回答此问题。本章在末尾处提供了答案。

贸易就是简单的买卖行为。发生在国内的贸易和国际贸易有什么区别吗？在美国国内，可进行如下贸易：俄亥俄州的消费者吃到了在阿拉斯加州捕到的三文鱼，蒙大拿州的消费者驾驶的是在密歇根州和肯塔基州生产的汽车。与此类似，下述贸易有可能发生：美国消费者喝到了法国出产的葡萄酒以及中国组装的智能手机。国内贸易和国际贸易的显著区别是，国际贸易更多伴随着争议。曾几何时，几乎所有在美国买到的电视机、鞋、衣服和玩具都是美国生产。现在这些产品大部分由其他国家生产。这种转移对美国消费者有利，因为替代美国所生产的外国产品，价格相对较低或者质量较高。同时，许多生产这些产品的美国企业倒闭了，它们的工人不得不寻找其他的工作。中西部工业城市中的一些城市已经衰败，工厂关闭，很少有新公司取代它们。在同一家工厂里工作了几代人的一些家庭面临着收入大幅下降或被迫搬到其他地方谋生的问题。新英格兰州、北卡罗来纳州、南卡罗来纳州和佐治亚州的城镇面临着类似的问题。鞋类、服装、纺织品和家具工厂因外国竞争而关闭。毫不奇怪，民意调查的结果表明，许多美国人支持减少国际贸易，因为他们认为这样做有助于保住美国人的工作机会。这种看法正确吗？

我们可以使用需求和供给的方法来分析国际贸易的产品与服务。我们已经知道，一般性贸易不论发生在一国国内还是国家之间，都是基于比较优势原则（参见第2章）。在本章我们更细致地介绍国际贸易中比较优势的作用。我们会用到消费者剩余、生产者剩余和无谓损失的概念（参见第4章）来分析政府干预贸易的政策。有了这些背景知识后，我们可以回到美国是否从国际贸易中获益的政治争论上。首先让我们了解国际贸易在美国经济中发挥了多大的作用。

9.1 国际经济中的美国

过去50年，国际贸易获得巨大增长，主要由三种因素推动：全球运费的下降、廉价可靠通信的普及和政府政策的改变。许多企业使用大型集装箱将它们的产品送往世界各地。今天的商务人士乘坐快速、廉价和可靠的飞机飞往欧洲和亚洲。企业管理者使用互联网、移动电话和文稿传输可以及时且成本低廉地与全球客户和供应商进行沟通。运输和通信的这些进步创造出了一个一体化的世界市场，这是以前的商人只有做梦才能想象的情景。

过去50年，许多国家政府调整政策使得国际贸易活动更加便利。例如，关税大幅度下降。所谓**关税**（tariff），是一国政府对进口产品征收的税收。**进口品**（imports）是本国购买的由其他国家所生产的产品和服务。在20世纪30年代，美国征收的平均关税超过50%。今天，关税水平已经低于1.5%。在北美地区，随着1994年《北美自由贸易协定》的签署，美国、加拿大和墨西哥的大部分关税已经取消。在欧洲，28个国家已经组成了欧洲联盟，欧州联盟取消了成员国之间的所有关税，极大地促进了进口和出口的增长。**出口品**（exports）是指本国生产但在国外销售的产品和服务。然而，在2017年，减少政府限制贸易的政策似乎受到了新的质疑。正如我们在本章开篇案例所看到的那样，特朗普政府已退出旨在缔结《跨太平洋伙伴关系协定》（TPP）的谈判，该协议原本旨在增进美国与环太平洋的其他11个国家之间的贸易关系，包括加拿大、日本、墨西哥和越南等。特朗普政府希望重新对《北美自由贸易协定》进行谈判，这样做可能会导致美国、墨西哥和加拿大之间的贸易壁垒变大。

9.1.1 国际贸易对美国经济的重要性

美国消费者购买的由其他国家生产的产品和服务日益增加。与此同时，美国企业销售到其他国家的产品也大幅增加。图9-1所示为1970年之后，美国进口和出口占GDP比重持续提高的趋势。我们已经知道，GDP是一个国家在一年内，所生产的最终产品和服务价值的总和。在2007～2009年全球经济严重衰退的时候，世界贸易急剧下降，此后增长一直相对缓慢。贸易放缓似乎是由于包括巴西和欧洲许多国家在内的一些国家的收入增长放缓，加上一些公司决定在国外生产更少的产品所造成的。在过去的几年中，美国的进出口增长速度低于GDP增长速度。尽管增长放缓，但进出口从1970年的不到美国GDP的6%增长到2016年的12%以上。

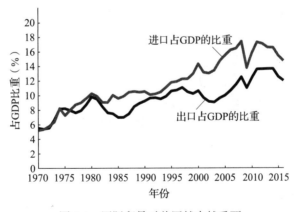

图9-1 国际贸易对美国越来越重要

注：产品与服务出口和进口占美国总产出（用GDP来度量）的比重表明，国际贸易对美国经济越来越重要。1970年之后，进口和出口占美国GDP的比重持续上升。

资料来源：U.S. Department of Commerce, Bureau of Economic Analysis.

国际贸易并非均等地影响美国各部门。例如，理发和阑尾切除手术之类的服务就很难进口或出口，而美国农产品大部分出口。美国每年50%的小麦和水稻、20%的玉米都用于出口。

美国许多制造业依赖于国际贸易。大约20%的制造业工作机会直接或间接依赖于出口。制药行业的企业直接依赖于出口。钢铁行业的产出用来制造用于出口的推土机或其他机械设备。总的来看，美国大约2/3的制造业至少有10%的工作依赖于出口。

9.1.2 世界范畴中的美国国际贸易

如图 9-2 所示，美国是仅次于中国的世界第二大产品出口国。8 个最大的出口国家中 7 个是发达国家。尽管中国是发展中国家之一，但中国经济在过去 35 年的快速增长，使之成为最大的产品出口国。在这些国家中，3 个在东亚地区，4 个在西欧地区，1 个在北美地区。

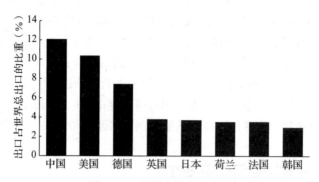

图 9-2　8 个最大的出口国家

注：如图所示，中国是最大的出口国，占世界总出口的 12.1%。美国是仅次于中国的第二大出口国，占世界总出口的 10.3%。份额计算是按世界产品和服务出口总额来计算的。

资料来源：World Trade Organization, *International Trade Statistics*, 2016.

如图 9-3 所示，国际贸易对许多国家的重要性要大于美国，也就是说美国进出口额占 GDP 比重相对较低。像比利时和荷兰这些小国，进口和出口占 GDP 的比重要超过 50%。欧洲一些较大的经济体的进出口占 GDP 的比重在 25%～50%。

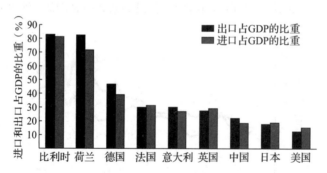

图 9-3　国际贸易占 GDP 的比重

注：国际贸易对美国的重要性仍低于其他许多国家。

资料来源：Organization for Economic Cooperation and Development, *Country Statistical Profiles*, April 2017.

9.2　国际贸易中的比较优势

为什么世界各国企业都越来越渴望其他国家的市场？为什么消费者对购买其他国家生产的产品和服务日益增加？人们进行贸易只有一个原因：贸易可以使他们的福利状况变得更好。当买卖双方同意进行交易时，买卖双方一定相信交易会使自己变得更好一些，要不然不会有交易发生。不管买卖双方在同一城市还是在不同的国家，这一结果不会改变。正像我们将看到的那样，政府对国际贸易的干预比对国内贸易的干预可能性更大，其中原因更多的是出于政治目的而非经济目的。

9.2.1 比较优势概念的简要回顾

我们前面已经提到，**比较优势**（comparative advantage）是指个人、企业或国家能以比竞争对手更低的机会成本生产产品或服务的能力。**机会成本**是参与一项活动后所放弃的其他选择中价值最高的选择。个人、企业或国家专业化从事具有比较优势的经济活动。在贸易中，我们从他人（或企业、国家）具有比较优势的产品中获益，他人同样也从我们具有比较优势的产品中获益。

理解比较优势一种比较好的方式是回忆一下你和邻居采摘水果的例子（参见第2章）。你的邻居采摘苹果与樱桃都强于你，但为什么你的邻居不采摘两种水果呢？作为一个特别擅长采摘樱桃的人，你的邻居采摘苹果的机会成本更高。如果采摘苹果花1个小时，意味着采摘樱桃少了1个小时。而你采摘苹果的机会成本要低于你的邻居，所以你采摘苹果具有比较优势。而你的邻居采摘樱桃的机会成本低于你，所以其在采摘樱桃方面有比较优势。你的邻居因为专门采摘樱桃而改善状况，你也因为专门采摘苹果变得更好。然后，你可以用一些苹果与邻居交换樱桃，双方都可以得到更多的水果。

9.2.2 比较优势和绝对优势

比较优势原理可以解释人们为什么选择不同的职业，也可以解释各国为什么生产不同的产品。参与国际贸易的多个国家进口和出口许多不同的产品和服务。如果每个国家都专门生产各自有比较优势的产品，各国状况都会变好。它们可以交易其他国家具有比较优势的产品。

我们可以举例说明基于比较优势的专业化会使各国变得更好，这个简单的例子，只涉及两个国家和两种产品。假设美国和中国都只生产智能手机和小麦。我们假设两国只使用工人来生产两种产品，中国和美国生产的智能手机和小麦没有差异。表9-1给出了两国生产每种产品所需要的时间。

表9-1 中国工人比美国工人生产率更高的事例

	每小时产出	
	智能手机	小麦
中国	12	6
美国	2	4

请注意，在生产两种产品方面，中国工人的生产率都高于美国。在一个小时内，中国工人生产的智能手机数量是美国工人的6倍，生产的小麦数量是美国的1.5倍。中国在生产两种产品方面比美国有**绝对优势**（absolute advantage）。绝对优势是指使用同样数量资源生产产品或服务多于对手的能力。在上述事例中，使用同样的劳动数量，中国可以生产比美国更多的两种产品。

粗略来看，因为中国在生产两种产品方面具有绝对优势，与美国的贸易，中国并没有得到什么好处。然而，中国应该专门生产智能手机，然后出口手机换取所需要的小麦。尽管中国在两种产品上具有绝对优势，但是通过贸易仍然可以获益。中国在生产智能手机方面具有比较优势，美国在生产小麦方面具有比较优势。

中国投入1小时劳动可比美国生产更多的小麦，但中国仍然要从美国进口小麦，这似乎有违常识，但是，请考虑每个国家生产每种产品的机会成本。如果中国想生产更多的小麦，它必须将劳动力从生产手机方面转移到生产小麦。从生产手机向生产小麦每转移 1 小时劳动，可增加 6 单位小麦，减少 12 单位手机。这意味着中国每放弃 12 单位手机可得到 6 单位小麦。因此，中国生产 1 单位小麦的机会成本为 12/6，或 2 单位手机。

如果美国从生产手机向生产小麦转移 1 小时劳动，手机生产会减少 2 单位，增加 4 单位小麦。因此，美国多生产 1 单位小麦的机会成本为 2/4，或 0.5 单位手机。美国生产小麦的机会成本更低，因此在生产这一产品上具有比较优势。同样的道理，我们也知道中国在生产手机方面具有比较优势。表 9-2 对两国生产这两种产品的机会成本进行了总结。

表 9-2　生产手机和小麦的机会成本

	机会成本	
	智能手机	小麦
中国	0.5 单位小麦	2 单位智能手机
美国	2 单位小麦	0.5 单位智能手机

表 9-2 给出了两国生产智能手机和小麦的机会成本。例如，第一行第二列给出的是中国为生产 1 单位小麦必须放弃 2 单位手机。

9.3　国家如何从国际贸易中获得增益

中国能够从只是生产智能手机而通过贸易从美国换取小麦受益吗？为了看清这一点，我们假定开始美国和中国不进行贸易。一国不与其他国家进行贸易的情形被称为**自给自足**（autarky）状态。假定在自给自足状态时，每个国家有 1 000 个劳动小时用来生产两种产品。各国生产的两种产品的数量如表 9-3 所示。因为没有贸易，这也表示两国对两种产品的消费数量。

表 9-3　贸易之前的生产

	生产和消费	
	智能手机	小麦
中国	9 000	1 500
美国	1 500	1 000

9.3.1　通过贸易增加消费

假设现在美国和中国开始进行贸易。**贸易条件**（terms of trade）是一国贸易中出口与从他国进口的比率。为简单起见，我们假设贸易条件是中国和美国愿意用 1 单位手机换 1 单位小麦，当然在现实中我们知道，1 单位智能手机的价格远高于 1 单位小麦。

一旦开始贸易，美国和中国可以相互用小麦交换手机。例如，如果中国使用 1 000 个劳动小时专门生产手机，可以生产 12 000 单位手机。它可以向美国出口 1 500 单位手机换取 1 500 单位小麦（我们已经假定贸易条件是 1 单位手机换 1 单位小麦）。贸易的结果是中国获得 10 500 单位手机和 1 500 单位小麦。与开展贸易前相比，中国有同样数量的小麦，但多了 1 500 单位手机。如果美国专门生产小麦，可以生产 4 000 单位。美国可以向中国出口 1 500 单位小麦，换取 1 500 单位手机。贸易之后，美国获得 2 500 单位小麦和 1 500 单位手机。

与开展贸易之前相比，美国拥有同样的手机，但多了 1 500 单位小麦。贸易之后，两国增加了可消费商品的数量。表 9-4 总结了中美两国通过贸易得到的好处。

表 9-4 美国和中国从贸易中的得益

贸易之前		
	生产和消费	
	手机	小麦
中国	9 000	1 500
美国	1 500	1 000

贸易之后						
	贸易后的生产		贸易		贸易后的消费	
	手机	小麦	手机	小麦	手机	小麦
中国	12 000	0	出口 1 500	进口 1 500	10 500	1 500
美国	0	4 000	进口 1 500	出口 1 500	1 500	2 500

开展贸易后，美国和中国专门生产他们具有比较优势的产品

出口部分产品换取另一个国家具有比较优势的产品

贸易得益	
	消费增加
中国	1 500 单位手机
美国	1 500 单位小麦

贸易使得消费增长成为可能，代表了贸易得益

通过贸易，中国和美国能够消费更多的产品。这是因为贸易之后整个世界生产的两种产品增加了（假设世界只有美国和中国两个国家）。

为什么当美国专门生产小麦，中国专门生产手机时，两种产品的总产出会增加呢？这里有一个例子有助于我们回答这个问题，如果一家公司将生产从一家老式工厂转移到一家更有效率的现代工厂，产出应该增加。同样，如果农民从在土壤枯竭的土地上种植小麦转向肥沃的土地，那么农民的小麦产量将增加。我们的例子与此类似。在中国生产小麦与在美国生产手机都是非有效的。将生产转向更有效率的国家（也就是具有比较优势的国家）可以增加总的产出。关键点是：如果专业化生产本国具有比较优势的产品然后通过贸易交换其他国家具有比较优势的产品，那么各国都从中获益。

| 解决问题 9-1 |

从贸易中获益

比较优势原理是由英国经济学家大卫·李嘉图在 1817 年出版的《政治经济学及赋税原理》中首次提出并讨论的。李嘉图论述了一个葡萄牙和英国从贸易中获益的著名事例。下表就引自李嘉图的事例，布匹用匹为单位，葡萄酒用桶为单位。

	每年的劳动产出	
	布匹（匹）	葡萄酒（桶）
葡萄牙	100	150
英国	90	60

a. 哪个国家在生产哪种产品上具有绝对优势？

b. 哪个国家在生产哪种产品上具有比较优势？

c. 假设现在葡萄牙和英国不进行相互贸易。每个国家有 1 000 个工人，也就是说，每个国家有 1 000 单位的年劳动时间用于生产布匹和葡萄酒。两国目前生产的产品如下：

	布匹（匹）	葡萄酒（桶）
葡萄牙	18 000	123 000
英国	63 000	18 000

请解释为什么葡萄牙和英国可从贸易中获益。假设贸易条件为 1 匹布换 1 桶酒。

解决问题步骤

步骤 1：复习相关内容。该问题与绝对优势和比较优势以及贸易得益有关，请复习"国际贸易中的比较优势""国家如何从国际贸易中获益"两节的内容。

步骤 2：回答问题 a，得出哪个国家具有哪种绝对优势的结论。我们知道，当一个国家使用同样的资源可比另一个国家生产更多的产品时，这个国家就具有绝对优势。从第一张表中可看出，葡萄牙使用一年的劳动生产的布匹和葡萄酒都多于英国。所以，葡萄牙在生产两种产品中都具有绝对优势，而英国在生产两种产品方面都不具有绝对优势。

步骤 3：回答问题 b，得出两国各自具有的比较优势。当一个国家生产一种产品时具有相对低的机会成本，则该国具有比较优势。为了得到 100 匹布，葡萄牙必须放弃生产 150 桶葡萄酒。因此，葡萄牙得到一匹布的机会成本为 150/100，或者说 1.5 桶葡萄酒。英国为了得到 90 匹布，必须放弃 60 桶葡萄酒。因此，英国生产一匹布的机会成本为 60/90，或者说 0.67 桶葡萄酒。计算生产葡萄酒机会成本的方法与上面相同。下表所示为葡萄牙和英国生产两种产品的机会成本。

	布匹（匹）	葡萄酒（桶）
葡萄牙	1.5 桶葡萄酒	0.67 匹布
英国	0.67 桶葡萄酒	1.5 匹布

葡萄牙生产葡萄酒具有比较优势，因为机会成本更低。英国生产布匹具有比较优势，也是因为机会成本更低。

步骤 4：回答问题 c，表现两国从贸易中获得的增益。现在已经很清楚，如果两国专门生产各自具有比较优势的产品，然后通过贸易得到另一种产品，各国都将获益。下表所示与表 9-4 非常类似，表现了两国通过贸易得到改善的情形（为了检验自己是否理解，你也可以构建另一个例子）。

	贸易之前						
	生产和消费						
	布匹（匹）			葡萄酒（桶）			
葡萄牙	18 000			123 000			
英国	63 000			18 000			
	贸易之后						
	贸易后的生产数量		贸易数量		贸易后的消费数量		
	布匹（匹）	葡萄酒（桶）	布匹（匹）	葡萄酒（桶）	布匹（匹）	葡萄酒（桶）	
葡萄牙	0	150 000	进口 18 000	出口 18 000	18 000	132 000	
英国	9 000	0	出口 18 000	进口 18 000	72 000	18 000	

(续)

	贸易得益
	消费增加
葡萄牙	9 000 桶葡萄酒
英国	9 000 匹布

9.3.2 为什么我们观察不到完全的专业化分工

在上述两国生产事例中，只有两种产品，每个国家专门生产其中的一种。在现实世界中，许多的产品和服务并非仅仅由一国生产。例如，美国、日本、德国、中国、加拿大、墨西哥、印度以及其他许多国家生产汽车。在现实世界中，我们无法观察到完整的专业化，原因有三：

第一，并非所有商品和服务都能进行国际贸易。例如，日本尽管在医疗服务方面具有比较优势，但也很难实现专门从事医疗服务并进行服务出口。美国患者的阑尾炎切除由日本外科医生来完成就并非易事。

第二，大部分产品的生产会遇到机会成本递增的问题。我们前面学过，大部分产品的生产都会面临机会成本递增的问题（参见第2章）。我们的例子中没有包括这一事实，如果美国将大部分工人用于生产小麦，随着生产数量的增多，机会成本也会增加。到了某一点，美国生产小麦的机会成本将会上升到与中国生产小麦机会成本相同的水平。此时，国际贸易也就不会进一步推动美国进行更多的专业化生产了。对于中国也是如此，生产智能手机的机会成本上升，也会引起中国停止走向完全的专业化。

第三，对差异化产品的偏好。许多产品都是差异化的。如智能手机、手提电脑、汽车和电视都有很多不同款式。当人们购买汽车时，有人看中可靠性和燃油效率，其他的人更注意载人的空间大小，还有人则更看重外观设计和性能。因此，有人喜欢丰田的普锐斯，有人喜欢雪佛兰的Suburban，还有人喜欢宝马公司的车。因此，在生产不同类型的汽车时，日本、美国和德国都有自己的比较优势。

9.3.3 国际贸易中有受损者吗

在前面智能手机和小麦的例子中，美国和中国消费的两种产品都因为开展贸易而增加了。各方都受益，无人受损。它们是怎么样做到的呢？在我们的例子中，我们再次强调"中国"或者"美国"生产智能手机或小麦。但是，其实是企业而非国家生产产品。在没有贸易时，中国和美国都有生产智能手机和小麦的企业。在开展贸易后，中国仅存在生产智能手机的企业，美国仅有生产小麦的企业。中国生产小麦的企业和美国生产智能手机的企业都出局了。总的就业人数不会发生变化，贸易导致了产出的增加。因此，贸易使得中国生产小麦的企业所有者和美国生产智能手机的企业所有者以及为它们工作的人的状况变差了。贸易中的受损者，很可能尽全力说服中国政府和美国政府，通过对来自国外的竞争者产品设置进口壁垒或者设置高额关税来干预贸易。

勿犯此错 9-1

贸易中赢家和输家共生

下述说法引自美联储的一份出版物："贸易对所有参与国是双赢的。"人们有时候将这种说法解读为国际贸易中没有输家。但是请注意,这里所指的是国家,而非个体。当国家参与贸易时,因为增加了产品和服务的数量,消费者的状况因此变得更好。

正如我们已经看到的那样,效率低于国外企业的那些公司的员工会因为贸易扩张失去工作。贸易为那些将产品出口到国外市场的公司创造出了新的岗位。这就是美国联邦政府采用"贸易调整救助计划"(Trade Adjustment Assistance Program)对那些因为国际贸易失去工作的人提供资金支持的原因。符合条件的失业人员可使用这些资金进行再培训,寻找新的工作岗位,或者移居到可提供新工作岗位的地区。这些计划(其他国家也有类似的计划)表明,国际贸易中既有受益者也有受损者。

资料来源:Federal Reserve Bank of Dallas, "International Trade and the Economy," www.dallasfed.org/educate/everyday/ev7.html.

◎概念应用 9-1

谁从美国与中国的贸易中获利,谁从美国与中国的贸易中损失

在唐纳德·特朗普执政初期,他认为中美贸易不平衡并提出批评,并警告说:"我们不能再出现巨额贸易逆差……和失业。"1978年,中国开始了改革开放并开始向美国和其他国家大量出口商品。2001年,中国成为世界贸易组织(WTO)成员之后,这一过程加速了,这使得中国有了更多进入世界市场的机会。

下图表示的是自2000年以来,美国从中国进口和美国对中国出口的增长情况。尽管2016年美国对华商品出口比2000年增长了四倍多,但美国从中国进口商品的美元增幅却更大。因此,美国从中国进口的商品与对中国的出口之间的差距(美国对中国的贸易逆差)扩大到近3 000亿美元。

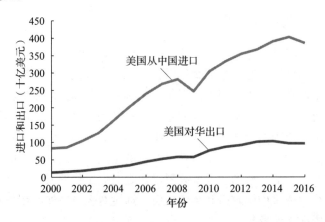

下图表现了美国从中国进口商品的产品分布类别。美国目前从中国进口的许多产品此前都是在美国生产的。中国公司通常可以通过以比美国公司(或也在美国市场上参与竞争的

其他外国公司）更低的价格提供商品来赢得这些市场的很大份额。这些较低的价格能使美国消费者受益，尤其是低收入消费者已经从诸如衣服、床单和毛巾等纺织品的低价中受益。如果智能手机和其他消费电子产品在美国而不是在中国和其他外国组装，那么价格会更高（但是，正如我们在本章前面所看到的那样，美国公司已经能够生产 iPad 和其他消费类电子产品的某些组件）。

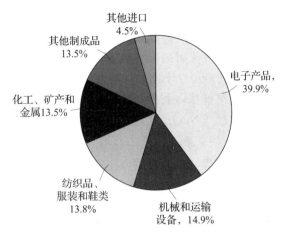

由于消费者为从中国进口的商品支付较低的价格，因此他们有更多的收入可用于购买在美国生产的其他商品和服务。在沃尔玛购物物美价廉的中国制造的服装的家庭可以更轻松地在当地的餐厅用餐或购买当地农场种植的新鲜水果和蔬菜。从这个意义上讲，美国公司（及其工人）因中国竞争对手被迫倒闭而遭受的损失为其他美国公司（及其工人）带来了好处。

但是，麻省理工学院的戴维·奥特（David Autor）和其他研究中美贸易影响的经济学家指出，受中国进口影响最大的公司集中在部分州，特别是中西部和东南部的州。如开篇案例所述，由于当地制造工厂的关闭和就业机会减少，这些地区的一些城市出现衰败。这些工人的不满在 2016 年总统大选中发挥了重要作用。如下图所示，在之前的很长一段时间，美国制造业中雇用的工人占比就开始下降。1944 年，将近 38% 的美国工人从事制造业。2001 年，这个比重下降到只有大约 12%。

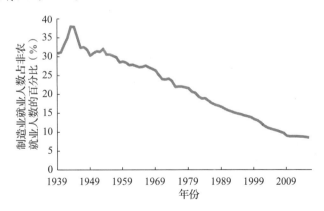

据苏黎世大学的戴维·多恩和加利福尼亚大学圣迭戈分校的戈登·汉森估计，在 1999 年至 2011 年期间，中美贸易导致美国损失了 240 万个工作岗位，大概占到这些年制造业工作岗位减少的 25%。尽管同期美国总就业人数的增长大大超过了该数量，但工作机会的减

少发生得相对较快,并且主要集中在与中国进口形成竞争关系的制造业中。与其他公司和工作者相比,这些行业中的公司和工作者对适应中国产品进口增长方面面临更多困难,而在过去几十年中,日本、墨西哥和其他国家的进口增长则稍慢一些。在最容易受到中国进口产品影响的地区,就业人口的占比下降了,而且恢复的速度很慢,这表明失业人员很难找到新的工作。

特朗普认为,因进口增加造成困难的最佳应对措施是与其他国家重新就贸易协定进行谈判以保护美国公司和工作者,或对进口产品征收关税。不过,一些政策制定者和经济学家认为,保护美国公司会提高美国消费者支付的价格,还会增加美国公司从外国公司购买投入品的成本。另外,由于自动化(用机器人、计算机和其他资本代替工人)在制造业的广泛应用,因此美国增加制成品的产量不太可能扭转制造业就业长期下降的趋势。一些政策制定者和经济学家支持扩大使用贸易调整援助(TAA),这是一项联邦政府计划,旨在向因外国进口竞争而失业的工作人员提供资金。这些资金可用于工作培训、工作搜索、重新安置以寻找新工作、支付医疗保险以及弥补工资损失。但是执行该计划的劳工部的研究表明,由于遭受国际贸易冲击而失去工作的大量工人,在他们的TAA津贴用完之前,还没有发现能支付相同薪水的新工作,这段时间通常为两年。

中美贸易的影响已促使决策者和经济学家重新评估国际贸易的受益方和受损方之间的平衡,并考虑当前帮助受损方的政策是否够用。

资料来源:Chun Han Wong, "China Digs in on Trade as Trump Warns of 'Very Difficult' Summit," *Wall Street Journal*, March 31, 2017; Bob Davis and Jon Hilsenrath, "How the China Shock, Deep and Swift, Fueled the Rise of Trump," *Wall Street Journal*, August 11, 2016; David H. Autor, David Dorn, and Gordon H. Hanson, "The China Shock: Learning from Labor-Market Adjustment to Large Changes in Trade," *Annual Review of Economics*, Vol. 8, 2016, pp. 205–240; David H. Autor, David Dorn, and Gordon H. Hanson, "The China Syndrome: Local Labor Market Effects of Import Competition in the United States," *American Economic Review*, Vol. 103, No. 6, October 2013, pp. 2121–2168; and data from the U.S. International Trade Commission and from the Federal Reserve Bank of St. Louis.

9.3.4 比较优势来自哪里

比较优势的主要来源有:

- **气候和自然资源**。由此形成的比较优势显而易见。因为地理构造,沙特阿拉伯在生产石油上有比较优势;因为气候和土壤条件,哥斯达黎加在生产香蕉,美国在生产小麦方面有比较优势。
- **劳动和资本的相对丰裕程度**。美国这样的国家有许多熟练工人和大量机器设备。一些发展中国家拥有的熟练劳动力和机器设备相对较少。因此,美国在生产飞机、计算机软件等产品方面具有比较优势,而这些发展中国家在制造家具、衣服和儿童玩具方面具有比较优势,这类产品只需要非熟练工人或手动机械设备。实际上,许多经济学家认为,发展中国家加入世界贸易组织(WTO)后,这些国家对美国和其他国家的出口激增,这是因为使用低薪、低技能的工人生产制成品的成本较低。
- **技术**。广义地说,技术是指企业使用投入转化为产品或服务的过程。在任何时候,不同国家的企业并不会掌握相同的技术。这种差异形成的部分原因是各国在过去用于支持高等教育方面的投资或者对研发的支持不同。有些国家在生产技术方面很强大，所以能够开发出新产品。例如，美国的企业首先开发出了收音机、电视机、数字计算机、医疗设备和许多处方药。还有一些国家在加工技术方面很突出，能对现有产品进行改造。例如，像丰田和本田这样的日本企业，在改进汽车设计和制造方面取得了很大的成功。

- **外部经济**。根据气候、自然资源、劳动和资本的相对丰裕程度或者技术对某些产业存在的区域位置很难解释。例如，为什么加利福尼亚南部地区在电影制作、瑞士在钟表制造、纽约在提供金融服务方面具有比较优势？答案只能是：一旦在某个区域建立起某一产业，在该区域的企业将获得比其他区域更好的优势。这些优势包括雇用到业务熟练的员工、与同行业其他企业进行交流的机会以及获得供应商供货的优先权。这些优势导致位于这一区域的企业成本更低。对于某种产业在一个区域的扩张带来的低成本，经济学家称为**外部经济**（external economies）。

9.4 限制国际贸易的政府政策

自由贸易（free trade），或者说没有政府限制的国家间贸易，会使消费者状况变得更好。使用消费者剩余和生产者剩余我们会进一步扩展这种理念（参见第 4 章）。图 9-4 所示为美国生物燃料乙醇（bio-fuel ethanol）的市场，这是一种可替代汽油的燃料。图 9-4 所示为自给自足的情形，美国不与其他国家进行贸易。乙醇的均衡价格为每加仑 2 美元，均衡数量为每年 60 亿加仑。浅灰色区域为消费者剩余，深灰色区域为生产者剩余。

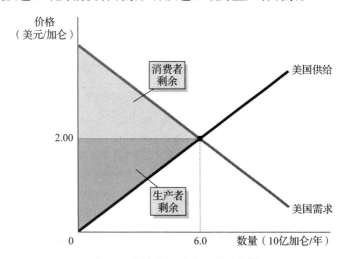

图 9-4 自给自足时美国乙醇市场

注：该图所示为自给自足时美国的乙醇市场，也就是美国不与其他国家进行贸易。乙醇的均衡价格为每加仑 2 美元，均衡数量为每年 60 亿加仑。浅灰色区域为消费者剩余，深灰色区域为生产者剩余。

现在假设美国从巴西以及其他生产乙醇的国家进口乙醇，价格为每加仑 1 美元。因为乙醇的世界市场很大，我们假定，即使美国购买足够多的乙醇也不会引起世界市场每加仑 1 美元的价格发生变化。因此，一旦允许乙醇进口到美国，每个企业都无法以比世界市场价格高的水平销售乙醇，美国价格将等于世界市场价格。

图 9-5 所示为美国容许乙醇进口后的情形。随着价格水平从 2.00 美元下降到 1.00 美元，美国消费者的需求从每年 60 亿加仑增加到 90 亿加仑。均衡从 F 点移动到 G 点。在新的均衡时，美国乙醇生产者将供应量从每年 60 亿加仑减少到 30 亿加仑。进口量为每年 60 亿加仑，这正好是美国消费量与生产量之差。

在自给自足情况下，消费者剩余等于图 9-5 中的区域 A。随着进口压低价格，消费者剩余将会增加，等于区域 A、B、C 和 D 之和。价格下降，消费者剩余增加，但生产者剩余却减少了。在自给自足情况下，生产者剩余等于区域 B 和 E 之和。进口乙醇后，生产者剩余仅仅等于 E。我们知道，经济剩余等于消费者剩余加上生产者剩余。从自给自足变为允许产品进口后，美国的经济剩余增加的数量等于 C 和 D 之和。

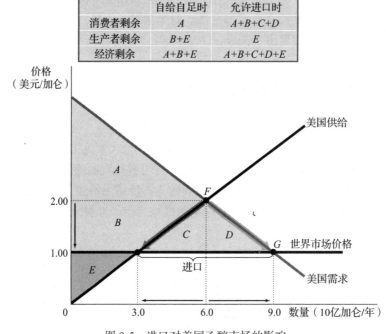

图 9-5 进口对美国乙醇市场的影响

注：当美国允许进口时，价格水平从 2.00 美元下降到 1.00 美元，美国消费者对乙醇的需求从每年 60 亿加仑增加到 90 亿加仑。均衡从 F 点移动到 G 点。美国乙醇生产者将供应量从每年 60 亿加仑减少到 30 亿加仑。进口量为每年 60 亿加仑，这正好是美国消费量与生产量之差。消费者剩余等于区域 A、B、C 和 D 之和，生产者剩余等于 E。

我们可以得出如下结论：国际贸易有助于增进消费者福利，但会对效率低于国外竞争者的企业造成伤害。因此，这些企业和它们的工人经常强力支持政府推行贸易限制政策。这些政策通常采取两种形式：①关税；②配额与自愿出口限制。

9.4.1 关税

关税是干预国际贸易最常用的方法，即由政府对进口产品征税。与其他税收一样，关税增加了销售产品的成本。图 9-6 所示为美国对进口的乙醇每加仑征收 0.50 美元关税后的情形。每加仑征收 0.50 美元关税后，美国的乙醇价格将从世界市场的价格每加仑 1.00 美元上涨到 1.50 美元。随着价格水平的上升，美国乙醇生产者的供应量从每年 30 亿加仑增加到 45

亿加仑，美国消费者购买的乙醇数量将从每年 90 亿加仑减少到 75 亿加仑。进口量将从 60（90-30）亿加仑下降到 30（75-45）亿加仑。均衡点从 G 变化到 H。

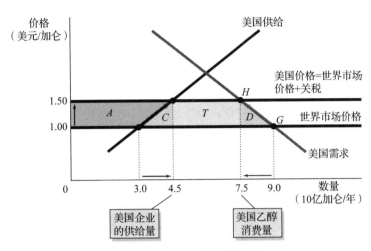

图 9-6　对乙醇征收关税的影响

注：没有关税时，美国生产者销售的乙醇为 30 亿加仑，美国消费者购买的乙醇为 90 亿加仑，进口量为 60 亿加仑。美国价格等于世界市场价格，即每加仑 1.00 美元。当美国对进口的乙醇每加仑征收 0.50 美元后，价格上涨到每加仑 1.50 美元，美国生产者供应量增加到 45 亿加仑，美国消费者购买的乙醇数量将减少到 75 亿加仑。均衡点从 G 变化到 H。关税导致的消费者剩余下降到区域 A、T、C 和 D 之和。区域 A 是由于价格提高增加的生产者剩余，区域 T 代表政府所得到的关税收入，区域 C 和 D 代表无谓损失。

随着乙醇价格水平从 1.00 美元上涨到 1.50 美元，关税导致消费者剩余下降到区域 A、T、C 和 D 之和。生产者剩余随着价格上升增加了区域 A 的面积。政府关税收入为每加仑 0.50 美元乘以 30 亿加仑进口量。区域 T 代表政府所得到的关税收入。区域 C 和 D 代表没有任何人得到的美国消费者损失。这些区域是无谓损失，代表了由于乙醇关税而导致的经济效率减损。区域 C 代表美国消费者被迫从美国生产者那里购买的效率低于国外竞争对手的产品所造成的影响，区域 D 代表美国消费者比按世界市场价格水平少购买所形成的影响。因此，关税造成的结果是经济剩余减少了区域 C 和区域 D 之和。

我们可以得出结论，征收关税对美国乙醇生产者有利，但损害了美国消费者的利益和美国经济的效率。

9.4.2　配额和自愿出口限制

配额（quota）是指对进口产品实施数量化限制，其影响与关税类似。配额是由进口国政府实施的。**自愿出口限制**（voluntary export restraint，VER）是两国间协商后所达成的协议，由出口国对出口到另一国的产品数量进行数量化限制。在 20 世纪 80 年代早期，美国和日本协商达成自愿出口限制协议，对美国从日本进口的汽车进行数量限制。日本政府之所以同意 VER，是因为担心如果不这样做，美国将会对从日本进口的汽车实施关税或者配额限制。配额和 VER 所产生的经济影响类似。

大部分关税和配额的目的是减轻国内企业所面临的国外竞争。国会对食糖进口施加了配额限制，目的是保护美国的制糖企业。图 9-7 所示为美国 2016 年食糖市场的真实数据。配额限制的影响与关税非常类似。通过限制进口数量，配额会迫使国内价格上涨到世界市场价格之上。就目前事例而言，食糖配额为每年进口 67 亿磅（见图 9-7 大括号），美国市场价格上升到了每磅 0.28 美元，比世界市场价格每磅 0.18 美元高出 0.10 美元。美国价格之所以高于世界市场价格，是因为配额限制了国外食糖生产商在美国销售足以使美国价格下降到世界市场价格的数量。当价格为每磅 0.28 美元时，美国食糖生产商将产量增加到 180 亿磅，如果按世界市场价格美国厂商的供应量仅仅为 96 亿磅；与此同时，美国消费者对食糖的购买数量将从按世界市场价格购买的 270 亿磅，减少到按美国价格购买的 247 亿磅。如果没有进口配额，均衡将在世界市场价格水平上实现（E 点），配额均衡将在美国价格上实现（F 点）。

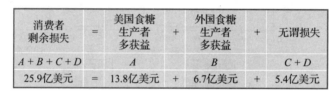

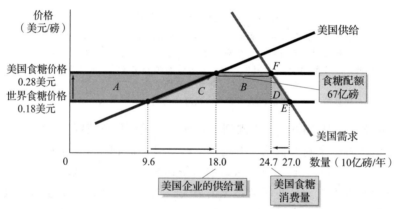

图 9-7　美国食糖配额的经济影响

注：没有食糖配额，美国食糖产销量为 96 亿磅，美国消费者购买的数量为 270 亿磅，食糖进口为 174 亿磅。美国价格等于世界市场价格，每磅 0.18 美元。因为食糖配额限制的进口量为 67 亿磅，美国的市场价格将上升到每磅 0.28 美元，美国生产者的供应量为 180 亿磅。美国消费者的购买量为 247 亿磅，而非按世界市场价格购买时的 270 亿磅。没有进口配额时，均衡在 E 点；有配额时，均衡在 F 点。食糖配额引起的消费者剩余损失等于区域 $A+B+C+D$。其中：区域 A 为美国食糖生产者的额外得益，区域 B 为国外食糖生产商的额外得益。区域 C、D 为无谓损失。2016 年，美国消费者总的损失为 25.9 亿美元。

9.4.3　食糖配额的经济影响度量

我们可以用消费者剩余、生产者剩余和无谓损失等概念对食糖配额的经济影响进行分析。没有食糖配额，美国市场价格等于世界市场价格，每磅 0.18 美元。在图 9-7 中，没有食糖配额时，消费者剩余等于 0.18 美元价格水平线之上、需求曲线之下的区域面积。食糖配额实施后，美国食糖价格上升到 0.28 美元，消费者剩余将减少 $A+B+C+D$。没有食糖配额时，美国食糖生产商得到的生产者剩余将等于 0.18 美元价格水平线之下、供给曲线之上的区域面积。食糖配额导致美国价格提高，增加了美国食糖生产商的生产者剩余，数量为区域 A 的面积。

配额制度下，国外食糖生产商必须从美国政府获得食糖进口许可证。因此，有幸获得进口许可证的国外食糖生产商会因为配额而获益，因为其可以在美国市场上以每磅 0.28 美元而非世界市场价格 0.18 美元来销售食糖。区域 B 代表国外食糖生产商所得到的好处。区域 A、B 代表食糖消费者转移给美国和国外食糖生产企业的好处。无谓损失表示的是食糖配额所导致的经济效率减损。区域 C 代表的是美国消费者被迫购买的由比国外生产商效率更低的美国生产者生产的食糖，区域 D 表示的是美国消费者比按世界市场价格少购买食糖所产生的影响。

图 9-7 为我们计算 4 个区域中每一区域的货币价值提供了足够的信息。图 9-7 中的表格所示为计算的结果。2016 年食糖配额对消费者造成的损失总额为 25.9 亿美元。消费者多付出的大约 53%，或者 13.8 亿美元为美国食糖生产商增加的生产者剩余；26%，或者说 6.7 亿美元为国外食糖生产商增加产量所得；大约 21%，或者说 5.4 亿美元是美国经济的无谓损失。美国国际贸易委员会估计，取消食糖配额会导致美国食糖行业损失大约 3 000 个工作机会。美国消费者为拯救这些工作机会支付的代价为 25.9 亿美元 /3 000，即每年每个机会 86 万美元。事实上，这一成本是低估的，因为取消食糖配额后将创造出新的工作机会，特别是在糖果行业。多年来，美国几家糖果公司，包括 Life Savers 和 Star Brite 在内，已将多家工厂转移到其他国家以避开食糖配额的影响。用食糖作为添加物的美国巧克力和糖果企业的员工人数从 1996 年到 2016 年，已经减少了 1/3，这部分与食糖配额有关。

解决问题 9-2

度量配额的经济影响

假设美国目前种植苹果，也进口苹果。美国政府决定通过配额来限制苹果的国际贸易，配额数量为 400 万箱。请根据图中所给出的价格、数量和字母填写下列表格。

	无配额	有配额
苹果的世界市场价格		
苹果的美国市场价格		
美国企业的供给数量		
美国消费者的需求数量		
进口数量		
消费者剩余区域		
生产者剩余区域		
无谓损失区域		

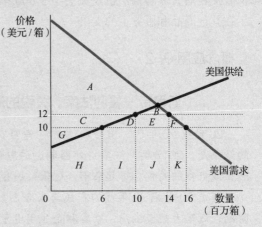

解决问题步骤

步骤 1：复习相关材料。这一问题与度量配额的经济影响有关。读者应复习"配额与自愿出口限制"和"食糖配额的经济影响度量"两节的内容。

步骤2：填写表格。研究了图9-7之后读者应该能填写表格了。请注意，消费者剩余是需求曲线之下、市场价格线之上的区域。

	无配额	有配额
苹果的世界市场价格	10美元	10美元

（续）

	无配额	有配额
苹果的美国市场价格	10美元	12美元
美国企业的供给数量	600万箱	1 000万箱
美国消费者的需求数量	1 600万箱	1 400万箱
进口数量	1 000万箱	400万箱
消费者剩余区域	A+B+C+D+E+F	A+B
生产者剩余区域	G	G+C
无谓损失区域	没有无谓损失	D+F

9.4.4　利用关税和配额保护工作职位的高成本

食糖配额并非为保护美国企业就业职位而附加给美国消费者高额成本的唯一例子。据估计，对鞋类进口产品征收的关税每年估计会使美国消费者花费30万美元，这还只是为保住一个女鞋和橡胶鞋的工作职位的代价。2009年，美国对从中国进口的轮胎征收关税。结果，美国消费者每年在轮胎上的支出增加了约11亿美元。该关税估计为美国轮胎行业保住了1 200个工作岗位，每保住一个工作职位每年的代价为90万美元。

正像食糖配额导致糖果行业失去工作机会一样，其他的关税和配额也会导致相关行业的工作机会减少。例如，1991年美国对笔记本电脑的平板显示屏征收关税。这项措施对平板显示屏行业无疑是利好消息，但对笔记本电脑公司则是利空消息。东芝、夏普和苹果都关闭了在美国的平板电脑生产工厂，而将生产线转移到了海外。事实上，每当一个行业需要政府通过关税和配额来保护时，其他国内行业也在失去工作机会。实际上，每当一个行业获得关税或配额保护时，国内其他行业的从业者就会失业。2009年，美国政府对进口的中国轮胎征收关税后，零售商店已经失去了3 000多个工作职位，因为轮胎价格上涨后，消费者减少了在其他商品和服务上的支出。

◎概念应用9-2

斯穆特-霍利法案，关税的政治博弈以及保护衰退行业的代价

20世纪20年代，国会和总统对美国农民面临的财政困难做出了回应。做出上述回应的结果是，2017年，许多将外国制造的鞋子进口到美国的美资企业支付了相当于鞋子价值35%或更多的关税。听起来不合逻辑？关税的政治因素让其变为可能。

这是20世纪20年代的农民与当今制鞋业之间的联系：20年代是美国经济快速发展的时期，汽车大规模生产，家庭和企业用电量大增，公共卫生体系改善，住房建设繁荣，广播网和有声电影得到大力发展。但是，许多农民的收入下降了，部分原因是外国竞争对手的农业生产增加。1928年总统大选期间，共和党候选人赫伯特·胡佛许诺，如果他当选，他将通过提高美国进口的农产品的关税来帮助农民。

胡佛赢得选举后，国会于1929年酝酿了一项新的关税法案。在国会商讨期间，受关税影响的产品数量迅速扩展到农产品以外的领域，这一过程被称为互投赞成票（logrolling）。互投赞成票是指国会议员许诺支持彼此的立法法案。在这种情况下，来自拥有许多奶牛场地区的国会议员想要提高牛奶的关税，就会从拥有众多制鞋厂的地区中寻找国会议员，并按照以下方式进行谈判："如果您投票支持提高牛奶进口的关税，我将投票支持提高鞋子进口的关税。"国会终于在1930年通过了《斯穆特－霍利关税法》（Smoot-Hawley Tariff Act），并将关税提高到了美国历史上的最高水平。关税占该部法律涵盖的进口总值近60%。

由于国会议员试图保护其所在地区的特定公司免受外国生产商的竞争，互投赞成票过程可能导致非常详细和复杂的关税。例如，2017年时与鞋子相关的关税包括数百个条目，其中许多针对特定类型的鞋子。以下是其中的一些条目。

鞋子类型	关税
设计用于穿在其他鞋类外或代替其他鞋类的鞋，以防止水、油、化学药品或寒冷的天气	37.5%
鞋类配件（包括鞋帮，不论是否附在外底以外的鞋底）；可拆卸鞋垫、鞋跟和类似物品；绑腿和类似物品及其零件：价值超过3美元/双，但不超过6.5美元	每双63美分再加26.2%
网球鞋、篮球鞋、运动鞋、训练鞋等，每双价值12美元以上	20.0%
露趾或高跟鞋的鞋类；不带花边、带扣或其他紧固件的情况下固定在脚上的鞋子，下述除外，编号为6402.99.20的鞋，完全或几乎全部有鞋带或鞋带样带的鞋，或制造方式为在鞋底处施加与鞋帮重叠的橡胶或塑料	12.5%
每双价值不超过3美元的拖鞋，其外底使用与地面接触表面积最大的纺织材料	12.5%
具有橡胶、塑料、皮革或合成皮革外底的鞋类以及纺织材料的鞋面：具有仅由胶粘剂固定在鞋帮上的橡胶或塑料鞋底	7.5%
通过机器制成一体的凉鞋和类似的塑料制鞋	3.0%

您在理解表中的条目时遇到麻烦了吗？想象一下，在2017年成为一家想要进口鞋子的小企业的所有者所面临的情形。考虑到法律的复杂性，您将很难确定要支付的关税。

美国最大的贸易伙伴加拿大对《斯穆特－霍利关税法》的通过反应强烈，对美国进口商品大幅度提高了关税。其他国家也纷纷效仿，最终导致全球贸易急剧下降，并恶化了20世纪30年代大萧条的严重性。

自1945年第二次世界大战结束以来，美国和其他大多数国家已大大降低了大多数商品的关税。但是，《斯穆特－霍利关税法》通过85年后，美国继续对鞋子征收高关税。在此期间，美国鞋业的就业人数从275 000名下降到不足15 000名，因为在美国销售的鞋中，进口鞋占比超过98%。由于关税导致鞋价上涨，美国消费者每年为此多支付20多亿美元。尽管美国生产的鞋子很少，但高昂的鞋子关税仍然存在，这一事实表明，一旦制定了保护措施，有时就很难取消对该行业的政府保护。

通过关税法时避免互投赞成票的一种方法是，国会在与其他国家进行贸易协定谈判时，赋予总统"快速通道"的权力。在"快速通道"授权下，一旦总统与其他国家完成协议谈判，国会可以通过或拒绝该协议，但不能更改其任何条款。"快速通道"的权威将会阻止在国会对《斯穆特－霍利关税法》等法案审议期间发生的投票交易。一些国会议员最近对自由贸易的好处表示怀疑，因此国会在未来授予总统快速通道授权的可能性似乎较小。

资料来源：U.S. International Trade Commission, *Official Harmonized Tariff Schedule of the United States (2017)*, http://hts.usitc.gov; Carl Hulse and Gardiner Harris, "House Republicans and White House Try to Revive Trade Bill Stalled by Democrats," *New York Times*, June 15, 2015; and Blake W. Krueger, "A Shoe Tariff with a Big Footprint," *Wall Street Journal*, November 22, 2012.

9.4.5 单方面取消关税和配额的得益

一些政治家认为，只有在其他国家也消除关税和配额时，美国取消关税才有助于美国经济。如果协议中包含其他国家取消关税和配额，那么降低或取消关税和配额比较容易获得政治上的支持。然而，正如食糖配额的例子所示，即使其他国家并没有降低它们的关税和配额，美国经济也会因为消除关税和配额而获得更多的经济剩余。

9.4.6 其他贸易壁垒

除了关税和配额，政府有时候也对国际贸易设置其他壁垒。例如，所有国家的政府都要求进口产品必须达到一定的卫生和安全标准。有时候政府使用这种手段为本国企业免受外国竞争提供保护。例如，政府对进口品设置的健康和安全标准要高于国内企业生产的产品。

许多国家的政府也以国家安全的名义限制某项产品的进口。理由是，一旦发生战争，对于一些关键的材料不可能依赖进口。这些限制有时更多的是对国内公司免受竞争进行保护，而非保护国家安全。例如，多年来，美国政府是从美国制造商那里购买军队制服，即使这些制服并非什么关键物资。国防部给每支部队新兵一张代金券，用以购买一双运动鞋进行训练。新百伦试图迫使国防部要求该优惠券只能用于购买美国制造的鞋子。国防部的许多官员并不认为士兵使用外国制造的跑鞋训练会对国家安全构成威胁。

9.5 贸易政策与全球化之争

关于美国政府是否应该对国际贸易进行规制的争论从美国建国之初就开始了。在20世纪30年代大萧条期间，人们对贸易限制的争论异常激烈。与此同时，美国和其他国家试图通过抬高从国外进口产品的关税来保护国内企业。1930年美国通过了《斯穆特－霍利关税法》，平均关税提高了50%左右，随着其他国家又提高关税作为报复，国际贸易大幅萎缩了。

1945年，第二次世界大战结束之际，美国和欧洲国家的政府寻求降低关税以复兴国际贸易的对策。为了实现目标，它们签署了《关税及贸易总协定》（General Agreement on Tariffs and Trade，GATT），签署国同意不设置新的关税或进口配额。此外一系列多边贸易谈判（也被称为贸易回合）随即展开，参与国同意逐渐降低20世纪30年代高企的关税水平。

进入20世纪40年代，进行国际贸易的大部分是产品，GATT也仅仅针对产品。在接下来的几十年，服务贸易以及包含知识产权的产品，如软件程序和电影变得越来越重要。许多GATT的成员希望达成新的协定，不仅包含产品，也包含服务或知识产权。1995年1月，随着新协定的签署，《关税及贸易总协定》被**世界贸易组织**（World Trade Organization，WTO）所替代，总部设在瑞士日内瓦。超过150个国家和地区目前已经是WTO的会员。

9.5.1 为什么有人反对世界贸易组织

第二次世界大战结束时,许多低收入国家或者发展中国家推行高关税以及限制外国投资的政策。当这些政策未能有效促进经济增长后,许多国家决定在 20 世纪 80 年代开始采用对外国贸易和投资更加开放的政策。这一过程就是所谓的**全球化**(globalization)。许多发展中国家加入了 WTO,并开始追随这一政策。

在 20 世纪 90 年代,反全球化潮流开始兴起。多年来,在 WTO 举行会议的城市经常发生抗议,有时还会演变为暴乱。为什么旨在降低贸易壁垒、增加全世界收入水平的努力会引起这样强烈的反应呢?有三股力量反对 WTO:第一,有些人反对从 20 世纪 80 年代开始并在 90 年代扩散的全球化过程;第二,有反对者抱有与 20 世纪 30 年代支持设置高关税同样的动机,并期待建立贸易壁垒保护国内企业免受外国竞争者的竞争;第三,有些批评 WTO 的人总体上支持全球化,但认为 WTO 偏爱高收入国家的利益,而以损害低收入国家利益为代价。下面我们详细分析反对 WTO 的原因。

1. 反全球化

许多抗议 WTO 会议的人不相信全球化。一些人认为贸易和外国投资自由化会损害许多国家独特的文化传统。随着许多发展中国家在经济上对外开放,从美国和其他高收入国家进口的产品,如食品、衣服、电影和其他产品,开始替代当地的相同产品。因此就出现了如下情景:在泰国的青少年坐在麦当劳餐厅,穿着李维斯牛仔裤和拉夫劳伦 T 恤,用 iPhone 听着 Lady Gaga 的歌曲,iPad 中下载了《神奇女侠》电影。全球化尽管增加了发展中国家消费者选择产品的种类,但有人认为这对当地文化造成了损害,当地社会为此付出了太大的代价。

全球化也使得跨国公司将工厂从高收入国家迁移到低收入国家。这些位于印度尼西亚、马来西亚、巴基斯坦等国的工厂支付比在美国、欧洲和日本低得多的工资,经常还不会受到高收入国家实行的环保和安全标准的约束。有些工厂还使用在高收入国家禁止的童工。有些人认为,发展中国家的工厂应该支付与高收入国家相同的工资。他们也认为,这些企业在低收入国家的工厂应该遵守高收入国家的健康、安全和环境标准。

大部分发展中国家的政府反对这种建议。这些政府认为,当目前的高收入国家成为低收入国家后,它们也不会有环境和安全标准,它们的工人也会拿低工资。它们还认为,相对低收入国家而言,高收入国家能够负担高工资并对环境和安全进行规制。一些发展中国家指出,根据高收入国家的生活水平,许多职位似乎支付了非常低的工资,但对低收入国家的工人来说已经相当满意了。

2. 过时的保护主义

反对自由贸易和世贸组织的反全球化论点相对较新。另一个反对自由贸易的观点被称为保护主义,已经有几个世纪了。**保护主义**(protectionism)使用贸易壁垒为国内企业提供保护并免受国外竞争。美国最近对自由贸易的一些反对似乎是贸易保护主义。从国际贸易产生之后的很长一段时间,政府一直试图通过限制来保护国内企业。从前面对食糖配额分析中我们已经知道,贸易保护会导致消费者受损,使购买被保护产品的国内行业减少工作机会。此外,贸易保护也会降低国家的生产能力,导致收入下降。

但是为什么保护主义会得到支持？为什么最近美国的一些决策者对贸易保护主义政策的支持有所增加？保护主义的合理性通常基于如下理由。

（1）保护工作职位。特朗普和其他支持贸易保护主义政策的人认为，自由贸易会导致国内企业破产，就业减少。当更加有效率的国外企业驱逐了缺乏效率的国内企业时，工作机会就会减少，然而当更有效率的国内企业驱逐了缺乏效率的国内企业时，工作机会也会减少。经济学家认为这些工作机会的减少很少是永久性的。在美国经济中，工作机会减少但新岗位不断创造新的工作机会。之前的经济研究没有发现美国整体可提供的工作总数与国内行业间的关税保护水平之间存在长期联系。但是，正如我们在前文中所讨论的那样，最新研究表明，美国从2001年开始对中国进口激增，受进口影响最大地区的就业机会减少已被证明是长期持续的。由于外国进口产品的竞争而关闭了一些公司，居住在一些城镇的人们遇到了巨大的困难。有些地区的人口减少，因为工人被迫离开到他处寻找工作，继续留下的人因为收入低也导致当地企业市面冷清。这些城镇中的一些主要街道上有许多用木板封起来的店面。面对税收下降，地方政府也一直在勉强维持服务水平。然而，贸易保护在导致一些产业失去工作机会的同时，也在其他行业保护了工作机会。美国食糖配额保护了美国食糖行业的工作机会，但损害了美国糖果行业的工作机会。

（2）保护高工资水平。一些人担心，高收入国家中的企业在与发展中国家的企业竞争中不得不支付很低的工资。然而，从国家作为总体来看，这种担心发生了错位，因为自由贸易实际上通过改进经济效率提高了人们的生活水平。当一个国家采用保护主义政策时，其生产的产品或服务本可以从其他国家以更低的价格获得，所以保护主义降低了生活水平。美国可以禁止进口咖啡，并在国内种植。但是，这样做要付出很高的机会成本，因为咖啡只能在美国大陆上的温室中种植，而这需要大量的劳动力和设备。为了弥补成本，咖啡的价格必然会卖得很高。假设美国确实禁止咖啡进口，在未来某个时间取消禁令后，将导致美国咖啡行业中的工人失业。然而，随着咖啡价格的下降，咖啡行业的劳动、设备和其他资源转入美国具有比较优势的产品和服务生产领域，美国的生活水平反而会提高。但是，最近的研究再次表明，尽管贸易有助于提高整个国家的生活水平，但它可能导致最容易受到进口产品竞争地区人们收入的长期下降。这种下降大多发生在中西部和东南部地区。这些地区的公司最容易受到来自其他国家进口产品竞争的影响。

（3）保护幼稚产业。有可能存在如下情形，美国在生产一种产品上具有比较优势，但是因为生产该产品的时间晚于其他国家，企业开始生产时面临着高成本压力。一些产品和服务的生产中存在着显著的"干中学"现象。随着企业和工人生产的产品和服务的增长，其经验也会增加，生产力会提高。随着时间的流逝，这些企业会降低成本和价格。随着幼稚产业中的企业经验越来越丰富，它们能够与国外企业成功展开竞争。然而，如果是在自由贸易条件下，这些企业将不会有这种机会。国外成熟企业能以更低价格生产和销售产品，国内企业在获得足够的经验与之竞争之前就已经倒闭。对于经济学家而言，幼稚产业保护是贸易保护主义者最具说服力的理由。但是这一观点的缺陷也很明显，关税保护下，幼稚产业中的企业也失去了获得与国外企业竞争所需的足够生产率的动力。第二次世界大战后，许多发展中国家的政府以幼稚产业论作为设置高关税的理由。不幸的是，大部分幼稚产业从来没有长大，多年来一直是这些国家经济运行无效率的主要原因。

（4）保护国家安全。一个国家通常不希望依靠其他国家供应军事国防的关键产品。例如，美国不应该从中国进口所有战斗机的发动机。然而，什么产品是军事国防的关键产品则仁者见仁，智者见智。事实上，很少有被保护产业不与国家安全有关，只是这些产品主要是非军用的产品。

◎ 概念应用 9-3

保护消费者健康或保护美国公司免受竞争

世界贸易组织和其他国际协议限制了关税和配额的使用。因此，为了保护本土企业免受外国企业的竞争，政府有时会声称进口品对消费者的健康或安全构成威胁，从而对进口进行监管。

进口鲶鱼对美国消费者而言安全吗？这些鲶鱼包含细菌和危险化学物质吗？美国出产鲶鱼最多的州是亚拉巴马州、阿肯色州、密西西比州和得克萨斯州。2008 年，这些州的国会议员通过立法，在美国农业部设立了鲶鱼检测办公室。到 2014 年，该办公室已经花费了 2 000 万美元，但实际上并未检测任何进口的鲶鱼。这笔钱被用于建立办公室和支付管理人员的薪水。国会在 2014 年为检测计划设定了最后期限。在接下来的几年中，该办公室每年花费 1 400 万美元检测鲶鱼。

越南和向美国出口鲶鱼的其他国家表示反对，认为检测的真正目的是建立贸易壁垒。这些国家的政府认为，检测违反了美国在世界贸易组织声明的不建立贸易壁垒的承诺。美国政府问责局的一项研究表明，即使不进行鲶鱼检测，进口鲶鱼对于美国消费者的健康风险也很低。一些不出产鲶鱼的州的国会议员也认为，没有必要对进口鲶鱼进行新的检测，从而导致美国消费者付出更高的价格。尽管存在这些争论，但国会在 2016 年试图取消鲶鱼检测办公室的努力还是失败了。

决策者常常陷入进口困境。企业希望减少或消除因进口而损失的销售，但是强加贸易壁垒会降低经济效率，降低收入并引起外国政府的报复。尽管实际上一些进口商品可能对美国消费者的健康和安全构成威胁，但是这些健康和安全法规旨在保护涉及的美国公司而不是美国消费者。

资料来源：William R. Jones, "Waste and Duplication in the USDA Catfish Inspection Program," statement before the Subcommittee on Health, Committee on Energy and Commerce, U.S. House of Representatives, December 7, 2016; David Williams, "The Catfish (Inspection Program) that Survived Commonsense," thehill.com, December 7, 2016; Bruce Einhorn and Chau Mai, "The Catfish Wars Could Derail U.S.–Asia Trade," businessweek.com, June 30, 2014; and U.S. Government Accountability Office, *Seafood Safety: Responsibility for Inspecting Catfish Should Not Be Assigned to USDA*, GAO 12-411, May 2012.

9.5.2　倾销

近年来，通过采用 WTO 协定中关于在面临倾销时政府可征收关税的条款，美国已经对一些国内产业扩大了保护。**倾销**（dumping）是指产品以低于成本的价格来销售。尽管 WTO 协定允许使用关税来抵消倾销的影响，但人们对此仍然存在争论。

在实践中，政府很难确定国外公司是否进行倾销，因为计算生产产品的真实成本并非易事。因此，WTO规定，如果出口产品销售价格低于其国内价格，那么可以确定发生了倾销。然而，使用这种方法会出现问题。出于经营的需要，一个企业可以针对不同的消费者确定不同的价格。例如，航空公司对商务舱乘客的票价要高于普通乘客。企业在引入新产品或者在零售时为招揽顾客，对它们本来付全价购买的产品可进行蚀本出售商品（lose leader）的策略。例如，在节假日，沃尔玛经常会供应一些价格低于支付给制造商成本的玩具。目前尚不清楚为什么正常的商业策略在国际贸易中不被接受。

9.5.3 实证分析和规范分析：再议

经济学家强调关税、配额和其他政府对自由贸易限制给经济造成的损害。那么这种干预是坏事吗？请回忆规范分析和实证分析的区别。实证分析关注的是"是什么"的问题，规范分析关注的是"应该怎么样"的问题。对食糖配额对美国经济的影响进行度量就是实证分析，认为食糖配额是不良的公共政策应该取消，就是规范分析。像所有其他的贸易干预政策一样，食糖配额使得一些人状况变好，另一些人状况变差。美国制糖企业利润的增加与这些企业雇用工作人员的增加是否能证明消费者多支出和经济效率减损是合理的，则属于规范分析的问题。

大部分经济学家并不支持推行食糖配额这样的贸易干预政策，因为经济学家相信，市场应该尽可能自由。然而，反对者的一些观点也确实会获得学界的尊敬。有人理解关税和配额的代价但仍然相信关税和配额是不错的做法，这可能是因为他们相信，没有限制的自由贸易会对经济造成更多的伤害。

政府设置贸易壁垒阻隔国外竞争后，产业要发展成功，在一定程度上还要依赖于公众了解贸易壁垒造成的损害但仍然支持的态度。此外，还有两种因素也发挥了作用：

（1）关税和配额的代价对消费者总体上虽然很大，但对每个人相对较小。例如，食糖配额每年带给消费者的总负担为25.9亿美元，分摊到3亿多美国人头上，每人大约8美元。即使人们知道存在这种负担，但因为金额太小，所以并不担心。

（2）国外竞争造成的职位损失容易辨认，对外贸易创造的职位难以识别。

换言之，因关税和配额而受益的行业受益颇多，例如，食糖配额使美国食糖生产者的利润增加了大约13.8亿美元，与此同时，每个消费者的损失就相对很少。了解了这种收益集中而负担分散的情形，就容易理解为什么国会议员会支持关税和配额政策，因为他们受到某些行业的压力大，而来自普通公众的压力则相对很小。

┊生活与职业生涯中的经济学┊

国会议员应该支持对跑鞋征收关税吗

本章开始时提出的问题是假设你是国会议员的助手，该议员正在考虑是否就取消一项法案进行表决，该法案将取消美国对跑鞋的关税。我们提出你应该在备忘录中包括从国际贸易的经济分析中得出哪些事实和结论，以就该成员的投票提供建议。

在概念应用9-2"斯穆特-霍利法案、关税的政治博弈以及保护衰退行业的代价"专题中我们知道，目前联邦政府对大多数进口跑鞋征收35%的关税。这项关税给消费者造成的成本估计约为每年20亿美元。因此，要在备忘录中包含的一个因素是，成员地区内销售跑鞋的当地企业和购买跑鞋的当地消费者都将从取消关税中受益。但是，影响该议员投票的一个可能更重要的因素是她所在地区是否有制鞋厂。如果有，在政治上很难投票支持取消对跑鞋的关税，即使从其他货币价值上来计算，取消关税对其他当地企业和当地消费者带来的收益可能大于给鞋厂及其鞋主造成的损失。正如前文所指出的那样，20世纪30年的《斯穆特-霍利关税法》制定期间，互投赞成票是确定鞋类关税的主要原因，也是其延续至今的关键原因。即使该议员所在选区没有制鞋厂，其他在其所在地区设有制鞋厂的国会议员也可以提议就与该议员有关的问题进行投票交换，以换取她为维持鞋子关税而投票的权利。实证性和规范性因素的综合考虑形成了关税和其他法律的出台。

本章小结

自由贸易能带来经济得益是经济学家公认的少数结论之一。然而，贸易政策也是政府政策引起激烈政治争论的问题之一。许多并不支持政府对国内贸易进行干预的人却非常愿意支持政府干预国际贸易。高关税在20世纪30年代对世界经济造成的伤害告诉我们当世界各国政府摒弃自由贸易时会发生什么。未来这一幕是否会避免仍是未知数。

本章概要与练习

PART 4

第四部分

微观基础：消费者和厂商

第 10 章 消费者选择和行为经济学

第 11 章 技术、生产和成本

第 10 章

消费者选择和行为经济学

┊开篇案例┊

顾客在彭尼百货并没有买到"每日低价"

2010年，彭尼百货的连锁店有近600场"大减价"，并且将近四分之三的产品至少按对折以下的价格出售。但是，这些大减价只是一种幻象，因为彭尼百货在折价之前预先提高了价格。该商店也经常要求顾客搜集优惠券来享受打折价格。2011年，该商店任命罗恩·约翰逊（Ron Johnson）为新CEO，他上一份在苹果零售店的工作取得了很大成功。约翰逊决定采用新的"每日低价"定价策略，并放弃频繁举行打折和使用优惠券的做法。然而，新的定价策略实施效果适得其反。彭尼百货的销售额在2012年暴跌了25%，公司在仅仅17个月后就解雇了约翰逊。2017年，彭尼百货仍在挣扎。由于其收入和利润仍远低于2010年的水平，该公司宣布将关闭1 000家商店中的140家，并将裁掉6 000名员工。

约翰逊的定价政策出了什么问题？首先，每天的低价最终要高于先前定价政策下的大减价价格。一些顾客注意到并转到沃尔玛和其他百货商店购物。但是，一些经济学家认为约翰逊遇到了一个更大的问题：尽管经济学家通常认为人们拥有足够的信息来做出最佳的购买决定，但这种假设可能并不总是准确的。例如，许多消费者对一条牛仔裤或衬衫的典型价格只有一个大概的印象。这些消费者很难知道每天的低价是否真的很低。相反，他们等待大减价并使用优惠券，因为他们相信这样做可以使他们以低于正常价格的价格购买商品。"彭尼百货可能说这是合理价格，但消费者为什么要相信彭尼百货的说法呢？"他认为，消费者"需要一个大的折扣"，只有在商店减价或者使用优惠券时，他们认为这才是真的折扣。

通过使用行为经济学的见解，我们可以更好地了解彭尼定价策略的失败。行为经济学是对人们做出的选择并非符合经济理性的情况进行研究。企业应当了解消费者的行为，以确定哪种策略能最有效地销售其产品。在本章中，我们将研究消费者如何决定购买哪种产品。

资料来源：Ed Lin, "J.C. Penney Stock Could Be in a Beauty of a Mess," barrons.com, March 29, 2017; Stephanie Clifford and Catherine Rampell, "Sometimes, We Want Prices to Fool Us," *New York Times*, April 13, 2013; Wendy Liebmann, "What Will We Learn from Ron Johnson's Mistake?" *Forbes*, May 8, 2013; and Brad Tuttle, "The 5 Big Mistakes That Led to Ron Johnson's Ouster at JC Penney," *Time*, April 9, 2013.

┊生活与职业生涯中的经济学┊

如何为百老汇热门演出的门票定价

假设你为纽约百老汇理查德·罗杰斯剧院（Richard Rodgers Theatre）的节目制作人工作，或者假设你在为音乐会乐队的推广人工作，该乐队预定将在佐治亚州雅典市的"四十瓦特"俱乐部演出。制作人要求你提出有关门票收费的建议。答案似乎很简单：收取能出售的所有可用门票的最高价格。如果价格较低似乎会减少从演出中获得的利润。但是，实际上，收取最高价并不是大多数百老汇制作人或音乐会推广人所采用的策略。为什么不是呢？学习本章时，请尝试回答这一问题。本章最后可以看到我们给出的答案。

本章开始我们将探讨消费者如何做出决策。经济学家通常假定，人们的行为是理性、自利的。在解释消费者行为时，经济学家认为，给定人们的偏好、收入、可选择商品或服务的价格时，人们做出的选择会尽可能使自己满意。我们将看到，向下倾斜的需求曲线来源于消费者行为的经济模型。我们也将探讨，在具体情形下并不容易辨别哪种决策是最好的。针对上述情形，经济理性提供了一种工具来讨论消费者如何改善他们的决策。最后我们还将介绍实验经济学，其中讨论了像社会压力和公平理念这类因素怎样影响消费者行为。我们还将讨论企业在做出决策时怎样将这些因素考虑在内。在本章附录 10A 中，我们将介绍无差异曲线和预算线来扩展对消费者行为的分析，以更好地理解本章内容。

10.1 效用与消费者决策

我们已经知道了需求供给模型是分析价格和数量决定的一种强有力的工具。我们也已经明白，根据需求法则，当商品价格下降时，需求量会增加。在本节我们将学习从消费者行为模型怎样推导出需求法则。

10.1.1 消费者行为的经济模型概览

设想如下场景，你正浏览自己心仪商店的网页，正考虑花掉购衣的预算。如果你的预算无限制，那么你就非常容易做出购买你想要的一切东西的决定。但当你的预算有限时，你又该如何做？经济学家设想消费者总想尽可能变得更好。因此，你选择的衣服组合应尽可能是可供选择中感觉最好的。一般来讲，消费者行为的经济模型预测消费者将选择购买的商品和服务组合是他们预算允许范围内所有商品组合里最好的。

尽管这一预测似乎很显而易见，但是不太实用。我们将会看到，由此得到的结论非常有用，但并不十分显而易见。

10.1.2 效用

你从消费一种具体的商品和服务组合中得到多少满足感要依赖于你的偏好。人们常说"萝卜青菜各有所爱",经济学家也并不想去探究其中的原因。如果你买的是一瓶可口可乐的饮用水而非百事可乐的饮用水,尽管价格相同,但你从畅饮可口可乐的瓶装饮用水中得到的满足或者愉悦感更多。经济学家将人们从消费一种商品或服务中所得到的满足感或愉悦感数量称为**效用**(utility)。所以我们可以说,消费者支出可支配收入的目标是最大化效用。然而,效用又是一个很难度量的概念,因为没有办法确切知道一个人从消费一种产品中所得到的满足感或愉悦感。同样,对不同消费者的效用进行比较也不可能。我们没办法确定,吉尔饮用了一瓶饮用水后所得到的满足比杰克多还是少。

200 年前经济学家希望用 Util 作为效用的度量单位。Util 与温度一样是一种主观的度量单位:如果纽约和洛杉矶都是 75 华氏度[⊖],那么两座城市一样温暖。这些经济学家试图说明,如果杰克饮用一瓶饮用水得到了 10 Util,吉尔为 5 Util,那么杰克饮用一瓶饮用水得到的满足感是吉尔的两倍。事实上,不同人之间的效用水平是不可能度量的。结果,消费者行为的经济学模型推出的任何重要结论都是基于不能直接进行度量的效用概念得出的(在本章附录 10A 中我们将解释这一观点)。如果我们假定效用是某种类似温度那样可以度量的东西,那么消费者行为的经济学模型就会更容易理解。

10.1.3 边际效用递减规律

为了使消费者行为模型更加具体化,我们来看当消费者面临两种产品的选择时,如何做出选择决策。两种产品为比萨饼和可口可乐。首先我们来考虑,从消费一种商品得到的效用怎样随着消费数量的变化而变化。假定在超级碗狂欢之夜你参加了一个聚会,主人提供了比萨饼,而你又正好饥肠辘辘。在这种情况下,你享用的第 1 块比萨饼很可能会获得极大的满足感或者说效用。假设这种满足感可以度量,等于 20 Util。在享用完第 1 块比萨饼后,你决定继续吃第 2 块。由于你已经没有之前那么饿,第 2 块比萨饼带给你的满足感不如第 1 块。享用第 2 块比萨饼带给你的效用仅仅增加了 16 Util,两块比萨饼,带给你的总效用为 36 Util。继续下去,每增加一块比萨饼,带给你的满足感将越来越小。

图 10-1 中的表列出了你在观看超级碗比赛时消费的比萨饼数量与得到的效用之间的关系。表中第 2 列列出了你享用一定数量比萨饼所得到的总效用。表中第 3 列列出了你每增加 1 块比萨饼所增加的效用,或者称为**边际效用**(marginal utility)(请记住,在经济学中"边际"意味着"额外增加")。例如,当你的消费量从 2 块增加到 3 块,你的总效用将从 36 增加到 46,而你从消费第 3 块中所得到的边际效用为 10 Util。当你吃到第 5 块比萨饼时,你的边际效用已经非常低了,仅有 2 Util。当吃第 6 块时,你感觉到有些撑了,你的边际效用实际上为 –3 Util。

图 10-1 根据表中数字画出了图形。图 10-1a 所示为你的总效用水平如何随着前 5 块饼上升,随着第 6 块下降。图 10-1b 所示为你的边际效用怎样随着每增加 1 块饼而下降,直至第 6 块饼变为负数。图 10-1b 中边际效用线的高度代表的是每额外增加 1 块饼的效用水平变化的情形。例如,从第 3 块增加到第 4 块时,效用的变化为 6 Util,因此图 10-1b 边际效用

⊖ 1 华氏度 = –17.22 摄氏度

曲线的高度在第 4 块时为 6 Util。

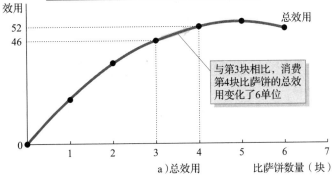

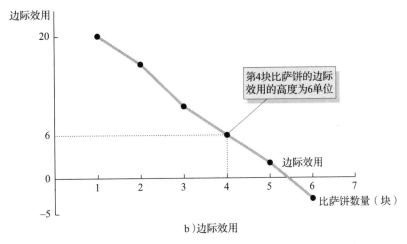

图 10-1　周日超级碗聚会中消费比萨饼得到的总效用和边际效用

注：如图中表所示，从前 5 块比萨饼来看，吃得越多，得到的总满足感越大，或者说效用增加。当吃第 6 块时，因为吃得过多，你感觉有些撑了，你的总效用将下降。每多增加一块比萨饼，增加的总效用都少于前面消费的一块比萨饼，每块的边际效用都比前面少。图 10-1a 所示为前 5 块带来的总效用增加，以及第 6 块引起的下降。图 10-1b 所示为每增加一块比萨饼你的边际效用将递减，至第 6 块时变为负数。在图 10-1b 中，任一数量水平上的边际效用线的高度代表的是增加这块饼消费引起的效用变化。例如，从第 3 块增加到第 4 块，效用变化为 6 Util，在图 10-1b 中，对应第 4 块的边际效用线的高度为 6 Util。

图 10-1 所示的在一定时期每额外增加 1 单位消费和每多增加 1 单位所带来的边际效用之间的关系被称为**边际效用递减规律**（law of diminishing marginal utility）。几乎对每一种商品或服务而言，在一定时期内，人们消费的数量越多，额外增加 1 单位消费所得到的总满足感的增加会越少。

10.1.4 单位货币支出的等边际效用法则

消费者面临的关键问题是面对他们希望购买的所有商品，如何分配其有限的收入。每个消费者不得不做出权衡取舍：如果你每月用于娱乐的支出为 100 美元，那么你租碟片或者在线观看的电影越多，在剧场看的电影就会越少。经济学家将你可以用来购买商品或服务的有限收入称为**预算约束**（budget constraint）。边际效用递减规律有助于我们理解为什么消费者在面对可以选择的商品时会最有效地使用有限的收入。

假设你参加在餐厅举办的超级碗比赛聚会，你有 10 美元用来购买小吃。比萨饼每份 2 美元，可乐每杯 1 美元。表 10-1 给出了你消费的比萨饼数量、可乐数量与你获得的满足感或者效用之间的关系。比萨饼所代表的效用值与图 10-1 相同。可乐的效用值变化符合边际效用递减规律。

表 10-1 吃比萨饼与喝可乐的总效用与边际效用

比萨饼数量（块）	吃比萨饼的总效用	最后一块比萨饼的边际效用	可乐数量（杯）	喝可乐的总效用	最后一杯可乐的边际效用
0	0	—	0	0	—
1	20	20	1	20	20
2	36	16	2	35	15
3	46	10	3	45	10
4	52	6	4	50	5
5	54	2	5	53	3
6	51	−3	6	52	−1

你如果想最大化自己的效用，应该购买多少块比萨饼？多少杯可乐？如果你的预算无约束，你将购买 5 块比萨饼和 5 杯可乐，因为这是你能获得的最大的效用水平 107（=54+53）。然而，你面临预算约束并仅有 10 美元。购买 5 块比萨饼（每份 2 美元），喝 5 杯可乐（每杯 1 美元）则需要 15 美元。

为了把 10 美元花得最值，请记住最基本的经济学原则：最优决策在边际上做出。也就是说，在大部分情况下，消费者、企业和政府在做经济决策时所面临的选择是多增加一点甲，还是多增加一点乙。具体到这一事例，你的选择是多消费比萨饼，还是多消费可口可乐。特斯拉在加利福尼亚州的工厂面临的选择是多生产价格更高的 Model S 还是多生产价格较低的 Model 3。总统和国会的财政预算选择是多用于心脏病研究，还是多用于修建高速公路。每个人都面临着预算约束，每个人都面临着权衡取舍。

做出最好消费决策的关键是遵循实现最大效用的规则：**每单位货币边际效用相等规则**。当决定如何分配收入时，你购买的最后一块比萨饼和最后一杯可乐每单位货币带来的效用应该相同。在给定预算约束的情况下，你将通过这种方法实现总效用最大。

请牢记并遵循这一规则，支出的每单位货币带来的边际效用应该相等，而不是每单位商品带来的边际效用相等（或者使用熟悉短语，你想要获得"最大的收益"）。购买你最喜欢的职业橄榄球大联盟（NFL）的球队或交响乐团的季票，或者购买宝马汽车可能会比喝一杯可乐给你更多的满足感，但 NFL 门票很可能会使你每花费 1 美元获得更少的满足感。为了决定购买多少比萨饼和可口可乐，你必须将表 10-1 中的边际效用值转化为每单位货币的边际效用值。你可以用每种商品的边际效用除以单价，如表 10-2 所示。

表 10-2 边际效用转化为单位货币的边际效用

（1）比萨饼数量（块）	（2）比萨边际效用（MU$_{比萨}$）	（3）单位货币的边际效用 $\left(\dfrac{MU_{比萨}}{P_{比萨}}\right)$	（4）可口可乐数量（杯）	（5）可乐边际效用（MU$_{可乐}$）	（6）单位货币的边际效用 $\left(\dfrac{MU_{可乐}}{P_{可乐}}\right)$
1	20	10	1	20	20
2	16	8	2	15	15
3	10	5	3	10	10
4	6	3	4	5	5
5	2	1	5	3	3
6	-3	-1.5	6	-1	-1

在表 10-2 中的第 3 列，我们计算出了花在比萨饼上每单位货币的边际效用。因为比萨饼的价格为每块 2 美元，第 1 块比萨饼的每单位货币的边际效用等于 20 除以 2 美元，即每单位货币 10 Util 效用。同样，请看第 6 列，因为可乐的价格为每杯 1 美元，饮用 1 杯可口可乐后每单位货币的边际效用等于 20 除以 1 美元，即每单位货币 20 Util。为最大化你得到的效用，你应该确保用于最后一块比萨饼的单位货币效用等于最后一杯可口可乐单位货币的效用。如表 10-2 所示，比萨饼和可口可乐有 3 种组合，其中每单位货币的边际效用相等。表 10-3 给出了购买每种组合所需要的总支出，以及每种组合消费所带来的总效用水平。

表 10-3 单位货币的等边际效用

单位货币边际效用相等时比萨饼和可乐组合	单位货币边际效用 $\left(\dfrac{MU}{P}\right)$	总支出（美元）	总效用
1 块比萨饼和 3 杯可乐	10	2 + 3 = 5	20 + 45 = 65
3 块比萨饼和 4 杯可乐	5	6 + 4 = 10	46 + 50 = 96
4 块比萨饼和 5 杯可乐	3	8 + 5 = 13	52 + 53 = 105

请看表 10-3 中最后一行，如果你购买 4 块比萨饼，最后一块饼每单位货币的效用为 3 Util。如果你购买 5 杯可乐，最后一杯可乐每单位货币的效用为 3 Util。这样每单位货币的边际效用相同。但问题是，如第 3 列所示，购买 4 块比萨饼和 5 杯可乐，需要支出 13 美元，你仅有 10 美元。表中第 1 行也可以实现单位货币边际效用相等，即 1 块比萨饼、3 杯可乐，这一组合仅需要支出 5 美元，留下 5 美元没有花掉。而表中第 2 行，购买 3 块比萨饼和 4 杯可乐，每单位货币的边际效用也相等，且正好支出 10 美元。

这样，实现总效用最大化的两个条件为

（1） $\dfrac{MU_{比萨}}{P_{比萨}} = \dfrac{MU_{可乐}}{P_{可乐}}$

（2）购买比萨饼的支出 + 购买可口可乐的支出 = 可支配的收入

第一个条件说明，每单位货币购买到的两种商品的边际效用必须相等。第二个条件是预算约束，其意思为用于两种商品的总支出必须等于各项支出之和。

当然，这些条件并不仅仅适用于购买比萨饼和可口可乐，它可以适用于任何两种商品。

| 解决问题 10-1 |

找出最优消费水平

下表所示为李先生消费不同数量冰激凌和瓶装水带来的效用。

冰激凌数量（支）	消费冰激凌的总效用	最后一支冰激凌的边际效用	瓶装水数量（瓶）	瓶装水的总效用	最后一瓶水的边际效用
0	0	—	0	0	—
1	30	30	1	40	40
2	55	25	2	75	35
3	75	20	3	101	26
4	90	15	4	119	18
5	100	10	5	134	15
6	105	5	6	141	7

a. Ed 看完上表后说："李的最优选择是消费 4 支冰激凌和 5 瓶水，因为这样的消费组合使得他从冰激凌中所获得的边际效用等于从瓶装水中所获得的边际效用。"你同意 Ed 的说法吗？简要解释。

b. 假定李购买冰激凌和瓶装水的预算都没有限制。在这样的情况下，李会购买多少支冰激凌与多少瓶水（假定李消费的冰激凌数量或者瓶装水数量都不超过 6 单位）？

c. 假定李每周购买冰激凌和瓶装水的支出为 7 美元，每支冰激凌的价格为 2 美元，每瓶水的价格为 1 美元。假定李想最大化效用水平，他应该购买多少支冰激凌？多少瓶水？

解决问题步骤

步骤 1：复习教材相关内容。该问题涉及寻找两种商品的最优消费组合，请复习"10.1.4 单位货币支出的等边际效用法则"一节的内容。

步骤 2：分析 Ed 的说法，回答问题 a。Ed 的说法并不正确。为最大化效用水平，李应该使得购买两种商品的每单位货币带来的边际效用相等。

步骤 3：回答问题 b，找出无预算约束情况下李如何最大化其效用水平。因为预算无约束，只要购买的两种商品的效用在增加，就应该持续购买。对该问题而言，因为我们假定对每一种产品的购买不能超过 6 单位，所以，李应该购买 6 支冰激凌和 6 瓶水。

步骤 4：回答问题 c，找出李购买的冰激凌和瓶装水的最优组合数量。当李能够做到冰激凌的边际效用除以其价格等于瓶装水的边际效用除以其价格时，其每周 7 美元的支出将得到最大效用。我们可以使用下表来解决这部分问题。

数量	冰激凌（支）		瓶装水（瓶）	
	MU	$\frac{MU}{P}$	MU	$\frac{MU}{P}$
1	30	15	40	40
2	25	12.5	35	35
3	20	10	26	26
4	15	7.5	18	18
5	10	5	15	15
6	5	2.5	7	7

李购买 1 支冰激凌和 5 瓶水可最大化其效用水平。这样组合时，两种商品的边际效用除以各自价格都等于 15，他也正好支出了 7 美元。

10.1.5 当单位货币的等边际效用不成立时，又该如何

当所购每种商品的边际效用与各自价格的比率相等时就实现了最大效用，把握这一思想有些难度，所以我们需要换种方法来考虑。假设你没有购买3块比萨饼和4杯可乐，而是购买了4块比萨饼和2杯可乐。这一商品组合支出也为10美元，符合需要将可用资金全部使用完毕的预算约束，但是你得到了最大效用水平吗？没有！从表10-2中，我们可以列出你从购买的最后一块比萨饼和最后一杯可乐的每单位货币能增加的效用，以及4块比萨饼和2杯可乐带来的总效用水平：

第4块比萨饼每单位货币的边际效用 = 3 Util / 美元

第2杯可乐每单位货币的边际效用 = 15 Util / 美元

4块比萨饼和2杯可乐带来的总效用水平 = 87 Util

很显然，每单位货币的边际效用并不相等。最后一杯可乐单位货币带给你的满足感显著高于最后一块比萨饼单位货币带来的满足感。减少比萨饼的购买而增加可乐的购买可提高你的总效用水平。少购买1块比萨饼节省下的2美元可多购买2杯可乐。减少1块比萨饼将减少6 Util的效用水平，而饮用2杯可乐可增加15 Util的效用水平，两者相比净增加了9 Util。通过使单位货币的边际效用相等（比萨饼和可乐最后1美元带来的边际效用都为5 Util时），你的总效用水平将从87 Util增加到96 Util。

勿犯此错 10-1

让单位货币的边际效用相等

亨利喜欢用他的平板电脑来阅读电子书和看电影。下表列出了亨利从购买电子书和看电影中获得效用的信息。

亨利从购买电子书与看电影中得到的效用					
电子书数量	从书中得到的总效用	得自最后1本书的边际效用	看电影数量	从看电影中得到的总效用	得自最后1部电影的边际效用
0	0	—	0	0	—
1	50	50	1	60	60
2	85	35	2	105	45
3	110	25	3	145	40
4	130	20	4	175	30
5	140	10	5	195	20
6	145	5	6	210	15

依据上表消息，你可以找出亨利对电子书与电影的最优组合吗？初看认为，亨利应该买4本书和观看5部电影，因为他从第4本书中所得到的边际效用与从第5部电影中所得到的边际效用相同。事实上，我们不能确定这样的组合是最好的，因为我们缺乏一些关键信息：亨利的预算约束，即能够用于购买电子书和看电影的支出以及价格。

我们假定亨利本月支出100美元，每本电子书的价格为10美元，每部在线电影的价格为20美元（亨利坚持购买电影而不是租借电影）。使用这些信息，从第一张表中计算出亨利

购买两种产品每美元得到的边际效用如下。

亨利购买电子书和看电影每单位货币所得到的边际效用和亨利的边际效用水平

电子书数量	边际效用（$MU_书$）	单位货币的边际效用 $\left(\dfrac{MU_书}{P_书}\right)$	电影数量	边际效用（$MU_{电影}$）	单位货币的边际效用 $\left(\dfrac{MU_{电影}}{P_{电影}}\right)$
1	50	5	1	60	3
2	35	3.5	2	45	2.25
3	25	2.5	3	40	2
4	20	2	4	30	1.5
5	10	1	5	20	1
6	5	0.5	6	15	0.75

对亨利而言，电子书和电影组合单位货币的边际效用相同，如下表所示。

单位货币边际效用相等的电子书和电影组合	单位货币的边际效用	总支出	总效用
5本书与5部电影	1	50+100=150美元	140+195=335
4本书与3部电影	2	40+60=100美元	130+145=275

然而，5本书和5部电影需要支出150美元，而亨利仅有100美元。因此，亨利的最佳选择是4本书与3部电影，这是在预算约束之下能够带给亨利最大效用的数量组合。

消费者所购买的每种商品的单位货币边际效用相等时可最大化消费者的效用水平，而不是这些商品的边际效用相等。

10.1.6 价格变化的收入效应和替代效应

我们可以使用单位货币边际效用相等的原理来分析消费者在价格变化时如何调整购买决策。我们再回到观看超级碗比赛的聚会。这次比萨饼的价格为每块1.50美元，而非2美元。你购买比萨饼和可乐的支出仍为10美元。

当比萨饼价格为每块2美元，可口可乐价格为每杯1美元时，你的最优选择为3块比萨饼、4杯可乐。当比萨饼价格下降到每块1.50美元时，这种情况对你消费的比萨饼数量会产生两种效应。

第一种效应是收入效应。当一种产品的价格下降时，你的购买力将提高。就该例而言，3块比萨饼和4杯可乐总共花费8.50美元而非10美元。购买力提高本质上与收入增加是一回事。假定其他因素不变的情况下，因为你的购买力提高了，你对比萨饼的需求将会改变，这就是价格变化的**收入效应**（income effect）。如果一种产品是正常物品，消费者对其需求量将随收入的增加而增加，如果是低档物品，消费者对其需求量将随收入的增加而减少（参考第3章）。因此，如果我们假定比萨饼对你而言是正常物品，价格下降的收入效应会引起你消费更多的比萨饼。如果比萨饼对你而言是低档物品，价格下降的收入效应将引起你购买更少的比萨饼。

第二种效应是替代效应。在比萨饼的价格下降后，相对于可乐，比萨饼变便宜了，从你消费的每一块比萨饼中，单位货币的边际效用都提高了。如果我们假定价格变化对你购买力的影响保持不变，我们只是关注相对其他商品价格降低后价格变化的效应，那么我们就是在独立讨论价格变化的**替代效应**（substitution effect）。相对于可乐价格，比萨饼价格下降后，你消费比萨饼的机会成本降低了，因为现在你消费同样的比萨饼只需要放弃较少量的可乐。因此，相对可乐价格，比萨饼价格下降后形成的替代效应是将消费更多的比萨饼，而减少可乐的饮用。因此，价格水平下降后的收入效应和替代效应是你将消费更多的比萨饼。如果比萨饼的价格上涨，收入效应和替代效应作用下你将消费更少的比萨饼。表10-4对价格变化后影响商品需求量的效应进行了总结。

表 10-4 价格变化的收入效应和替代效应

价格变化	消费者购买力	收入效应引起的需求量变化	替代效应引起的消费一种商品的机会成本变化
下降	变大	对正常物品，增加；对低档物品，减少	随着价格的下降而减少，导致对商品的需求数量增加
上升	变小	对正常物品，减少；对低档物品，增加	随着价格的上升而增加，导致对商品的需求数量减少

表10-5列出了比萨饼价格下降后对最优消费组合的影响。除了每块比萨饼价格下降到1.5美元引起了享用比萨饼的单位货币边际效用变化外，表10-5反映的信息与表10-2相同。通过观察表格，我们可以看出，比萨饼价格下降后，对比萨饼的消费增加了1份，最优的商品组合现在变成4块比萨饼和4杯可乐。你将支出10美元，用于购买比萨饼的最后1美元带给你的边际效用与用于购买可乐的最后1美元带给你的边际效用是相同的。你可能不会从支出两种产品的单位货币上获得正好相同的边际效用。如表10-5所示，购买最后一块比萨饼单位货币带给你的效用为4 Util，购买最后一杯可乐单位货币带给你的效用为5Util，除非你能够以零头来购买比萨饼和可口可乐，这已经非常接近两种产品单位货币边际效用相等的要求了。

表 10-5 比萨饼价格下降引起的最优消费组合调整

（1）比萨饼数量（块）	（2）边际效用（MU_{比萨}）	（3）单位货币的边际效用 $\left(\dfrac{MU_{比萨}}{P_{比萨}}\right)$	（4）可口可乐数量（杯）	（5）边际效用（MU_{可乐}）	（6）单位货币的边际效用 $\left(\dfrac{MU_{可乐}}{P_{可乐}}\right)$
1	20	13.33	1	20	20
2	16	10.67	2	15	15
3	10	6.67	3	10	10
4	6	4	4	5	5
5	2	1.33	5	3	3
6	−3	−2	6	−1	−1

10.2 需求曲线来自何处

根据需求法则，当一种产品价格下降后，对该产品的需求量将增加（参见第3章）。现在我们又学习了总效用、边际效用和预算约束的概念，我们可以更进一步地解释为什么需求法则会成立。

在前面超级碗聚会的例子中，关于比萨饼和可乐最优组合，可得到如下等式：

比萨饼价格 = 2 美元 / 块→比萨饼需求量 = 3 块

比萨饼价格 = 1.5 美元 / 块→比萨饼需求量 = 4 块

在图 10-2a 中，我们画出了每一价格水平上最优的比萨饼消费数量。在图 10-2b 中，我们将两点连接起来，向下倾斜的线段代表的是对比萨饼的需求曲线。通过改变比萨饼的价格，我们可以找到更多的点，通过使用表 10-2 中给出的信息，我们可以找到每一价格水平上你对比萨饼需求新的最优数量。

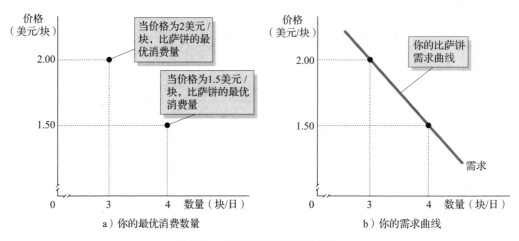

图 10-2 比萨饼的需求曲线推导

注：在产品价格下降后，消费者的最优反应是消费更多的产品。在图 10-2a 中，当价格从 2.0 美元 / 块下降到 1.50 美元 / 块，消费者购买的最优数量从 3 块 / 日增加到 4 块 / 日。我们在图 10-2b 中画出了这一结果，这就是消费者需求曲线。

到目前为止，我们已经得出了个人的需求曲线。然而，经济学家对市场需求曲线也非常感兴趣。我们可以根据市场中所有消费者的个人需求曲线来推导出市场需求曲线。为了简化分析，我们假定比萨饼市场中只有 3 位消费者：你、戴维和洛丽。图 10-3 中的表给出了 3 位消费者的需求表。因为消费者收入和偏好不同，在每一产品价格上他们不可能具有相同的需求数量。最后一列是市场需求数量，仅仅是每一价格水平上 3 位消费者需求数量之和。例如当价格为每份 1.50 美元时，你的需求量为 4 块，戴维为 6 块，洛丽为 5 块。也就是说，当价格为 1.50 美元时，市场的需求数量为 15 块。通过对每位消费者需求曲线的横向加总，我们可以得出市场需求曲线。

请记住，根据需求法则，市场需求曲线总是向下倾斜的。我们现在知道，这一结果之所以成立是因为价格水平下降引起的收入效应和替代效应导致消费者对商品的需求数量增加。也有一些复杂的因素需要考虑。此前所进行的讨论只是对于正常物品，在商品价格下降后，由此引出的收入效应会导致消费者对商品需求数量增加。如果是低档物品，收入效应会导致对商品需求数量减少。另外，对替代效应而言，价格下降会导致消费者对正常物品与低档物品需求的增加。因此，在低档物品价格下降后，收入效应和替代效应的作用正好相反：收入效应会引起消费者对商品需求数量减少，替代效应会引起消费者对商品需求数量增加。那么，有没有可能产品价格下降后，消费者会减少对产品的购买？如果他们这样做，那么需求曲线将向右上方倾斜。

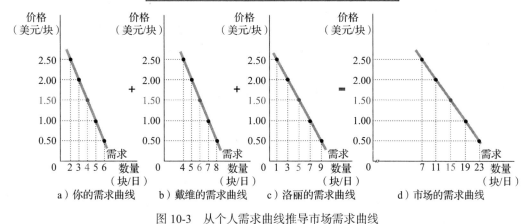

图 10-3 从个人需求曲线推导市场需求曲线

注：表中所示的市场需求总量等于每个购买者需求数量之和。通过对图 10-3a、图 10-3b、图 10-3c 个人需求曲线的横向加总可得出市场需求曲线。例如，在价格为 1.50 美元 / 块时，你的需求量为 4 块，戴维为 6 块，洛丽为 5 块。因此，图 10-3d 中当价格为 1.50 美元 / 块时，市场需求曲线对应的需求数量为 15 块。

◎概念应用 10-1

在现实世界中存在向上倾斜的需求曲线吗

当一种产品的需求曲线向右上方倾斜时，这一产品是低档物品，价格变化的收入效应要大于替代效应。经济学家理解向上倾斜的需求曲线产生的条件大概始于 19 世纪 90 年代的英国经济学家阿尔弗雷德·马歇尔。马歇尔写道，他的朋友罗伯特·吉芬（Robert Giffen）爵士曾经告诉他，当面包的价格上升时，英国城市中非常贫穷的人实际上会购买更多的面包，而不是减少。自此之后，需求曲线向右上方倾斜的物品，被称为吉芬商品（Giffen good）。

一个多世纪之后，寻找真实的吉芬商品似乎不可能。对当时数据进行深入分析后发现，吉芬可能弄错了，英格兰城市中的穷人在面包价格上升后购买量是减少的，也就是说他们的需求曲线是向右下方倾斜的。其他可能成为吉芬商品的物品也被发现其实具有向下倾斜的需求曲线。到了 2006 年，布朗大学的罗伯特·詹森（Robert Jensen）和哈佛大学的诺兰·米勒（Nolan Miller）发现了两种吉芬商品。他们认为，吉芬商品的收入效应大于替代效应，这种商品一定是低档物品而且在消费者预算支出中占有相当高的份额。贫困人群只有在他们的收入可能支付得起时才吃肉，他们喜欢肉味，但是肉无法提供他们用同样价格购买的大米和小麦能带来的那么多热量。

詹森和米勒进行了如下实验。对于第一组实验家庭，他们给了参与实验的家庭一些优惠券，据此他们可以以较低价格购买大米。参与实验家庭不能使用优惠券购买任何其他的产品。对于另一组实验家庭，他们给予参与实验家庭可以以优惠价格购买面粉的优惠券。詹森和米勒随后观察了参与实验家庭在获得优惠券期间以及优惠券使用后的购买行为。第一组实验家庭在获得优惠券的几个月中减少了稻米的购买，而更多地买肉；第二组实验家庭减少了面粉的购买，也购买了大量的肉。当大米价格下降时，参与实验家庭的购买量减少，所以他们对稻米的需求曲线是向上倾斜的。与此类似，当面粉价格下降时，参与实验家庭购买了较少的面粉，所以对面粉的需求曲线也是向上倾斜的。通过一个多世纪的搜寻，经济学家最终发现了吉芬商品的事例。

资料来源：Robert T. Jensen and Nolan H. Miller, "Giffen Behavior and Subsistence Consumption," *American Economic Review*, Vol. 98, No. 4, September 2008, pp. 1553-1577.

10.3　社会因素如何影响决策

社会学家和人类学家已经指出，像文化、习俗和宗教之类的社会因素在解释人们的选择时也非常重要。传统上，即使考虑这些因素，经济学家也认为它们相对不重要。最近，一些经济学家开始研究社会因素怎样影响消费者的选择。

例如，当人们认为所消费的物品为流行产品时，他们似乎获得更大的效用。加里·贝克尔（Gary Becker）与凯文·墨菲（Kevin Murphy）指出：

吸毒、犯罪、打保龄球、拥有一块劳力士手表、投票给民主党、在工作时穿着随意或者将草坪修剪整齐带给你的效用要受到你的朋友和邻居是否从事上述活动的影响。

这一理由有助于解释为什么一家餐馆车水马龙，而另一家与之实际上提供同样食物、装饰也类似的餐馆却门可罗雀。消费者选择餐馆并不仅仅根据食物和装修，而且要受到餐馆受欢迎程度的影响。在一家受欢迎的餐馆用餐，人们似乎获得更多的效用，因为他们相信这会使他们显得有教养和时尚感。当消费在公众场合进行时，一些消费者将会根据其他消费者是否购买做出买与不买的决策。在公众场合消费的例子有，在餐馆用餐、参加体育活动、选择衣服或珠宝首饰以及驾驶轿车。在所有这种情形下，做出购买的决策部分根据产品的特性，部分根据有多少人购买这种产品。

10.3.1　明星代言效应

在多数情况下，一种产品受欢迎并非仅仅是由于使用人数众多，还受到什么类型的人使用的影响。如果消费者相信影视明星或者职业运动员使用一种产品，那么对该产品的需求将会增加。例如，新英格兰爱国者队的前四分卫汤姆·布雷迪（职业橄榄球大联盟的巨星之一，许多公司都邀请他来代言产品），他的赞助商包括安德玛（Under Armour）运动服、UGG 鞋、Beautyrest 床垫等。布雷迪每年从这些赞助商中至少获得 700 万美元。

布雷迪是橄榄球明星，为什么消费者会关注他使用的产品呢？他们可能认为布雷迪对他代言的产品掌握更多的信息。普通的球迷可能会相信，如果布雷迪认可安德玛运动服，那么安德玛会制造出更好的运动服。但是，人们购买与布雷迪或其他名人相关的产品更可能是因为使用这些产品会使他们感觉更接近名人，或者使得他们看起来很时尚。

10.3.2 网络外部性

技术上也可以解释为什么消费者会购买其他人已经购买的产品。随着一种产品消费者使用人数的增加，产品的消费具有了**网络外部性**（network externality）。

1. 数字的力量

例如，如果世界上只有一部电话，这几乎没什么用处。随着安装电话人数的增多，电话也会变得越来越有用。与此类似，人们购买苹果 iPad 的意愿部分会受到购买人数多少的影响。拥有 iPad 的人数增多，其他公司也将开发更多适用于 iPad 的应用程序，更多的小说、教科书、报纸和杂志的出版商也将提供用于 iPad 的下载，因此 iPad 对你的用处会越来越大。

2. 转换成本是否导致了低劣技术延续

一些经济学家认为，网络外部性可能具有很大的副作用。因为这可能导致消费者购买使用低档技术的产品。之所以出现这样的结果，是因为网络外部性的存在使得转向其他相关产品会有很高的转换成本（switching costs）：对一种产品使用习惯后，消费者发现转向包含更好技术的新产品成本相当高。产品选择存在着路径依赖（path dependent）：因为转换成本的存在，首先采用的技术会比后来开发的更好的技术具有优势。换言之，过去经济发展已经走过的路径非常重要。

路径依赖和使用较差技术的一个可能例子是大多数计算机键盘上最上一排字母的顺序，QWERTY。采用这种排序是因为在 19 世纪开发的人工打字机上首先广泛采用了这一顺序。用人工打字机时，如果使用者打字速度太快，这些金属件将会黏在一起，因此，QWERTY 键盘的设计是为了降低这些键粘在一起的机会。到了计算机时代，QWERTY 键盘要解决的问题已经不存在，因此键盘似乎应该改变成更为有效的字母排序方式。但是由于绝大多数人学习使用的键盘是 QWERTY 的排序方式，如果要求他们转化可能会面临较大的成本，即使这种新的排列顺序最终会加快打字速度。

另外一些被认为使用了较差技术的产品是 VHS 视频录像机（被认为要逊于索尼的 Betamax 技术）、Windows 计算机操作系统（被认为要逊于 Macintosh 系统）。

3. 网络外部性导致市场失灵

一些经济学家认为，因为路径依赖和转换成本的存在，网络外部性会导致市场失灵，即市场无法生产出最有效产量的现象（参考第 5 章）。如果网络外部性导致市场失灵，政府对这些市场的干预可能会改善经济效率。然而，许多经济学家怀疑网络外部性是否真的会将消费者锁定在低档技术的产品上。得克萨斯大学达拉斯分校的 Stan Leibowitz 和北卡罗来纳州立大学的 Stephen Margolis 认为，实际上使用先进技术所得到的好处要大于转化成本的损失。在对 QWERTY 键盘、VHS 视频录像机和 Windows 计算机操作系统进行详细研究后，他们得出结论认为，没有充足的证据证明替代技术实际上是先进的。经济学界关于网络外部性对经济效率的意义仍然存在着激烈争论。

10.3.3 公平重要吗

如果人们只是使自己在物质意义上尽可能富裕，他们不会关心公平问题。然而，有大量证据证明,人们喜欢被公平对待,他们通常也试图公平对待他人,即使这样做会使他们在金钱上遭受损失。在餐馆用餐时对服务员支付小费就是这样的一个例子。在美国,在餐馆用餐一般会额外支付餐费的15%～20%作为给服务员的小费。小费并非必须支付,但大部分人认为不支付小费是非常不公平的,除非服务非常糟糕。你可能认为,支付小费并非出于公平,而是人们担心,如果不支付小费,下次他们再光临餐馆时会遭遇非常差的服务。

有许多其他这样的事例,人们支付一定的金钱并非必须这样做,或者说他们根本得不到任何物质上的回报。最典型的例子是做慈善捐赠。很显然,对慈善机构进行捐赠或者在他们再也不会光临的餐馆支付小费带给人们的效用要大于将这些金钱自己保留或花掉带给人们的效用水平。

1. 在经济实验室中对公平的检验:最后通牒博弈实验

经济学家已经通过实验来理解公平在做出消费决策中的作用。实验经济学在过去20年中得到了广泛的应用,美国和欧洲建立了大量实验经济学实验室。经济学家莫里斯·阿莱斯(Maurice Allais)、莱因哈德·泽尔滕(Reinhard Selten)和弗农·史密斯(Vernon Smith)获得诺贝尔经济学奖的部分原因是他们对实验经济学的贡献。实验经济学使得集中分析消费者行为中的某一方面成为可能。最后通牒博弈(ultimatum game)最初是由德国普朗克经济学研究所(Max Planck Institute of Economics)的经济学家沃纳·古斯提出的。古斯通过实验检验了公平在消费者决策中的重要性。许多经济学家对实验条件做了一定调整后又进行了同一博弈实验,普遍得到了同样的结论。

最后通牒博弈如图10-4所示。一群志愿者(通常为在校大学生)被分成不同的两人小组。小组成员一位扮演"分配者",另一位扮演"接受者"。研究人员给予分配者一定量的金钱,比如说20美元,然后由分配者决定每一组成员中各得到多少。分配者如何分配这笔钱无任何限制。他可以将其全部据为己有,或者全部给接受者,或者两人之间任意分配。接受者必须决定是接受还是拒绝这种分配。如果接受者决定接受这种分配方案,则每个成员获得他所分配的份额;如果接受者拒绝这种分配方案,则两人都一无所获。

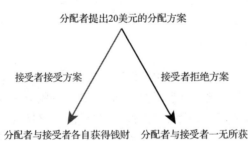

图10-4 最后通牒博弈

注:在最后通牒博弈中,分配者在他与接受者之间分配一笔钱。如果接受者拒绝分钱,那么博弈各方将一无所获。在实验中,大多数接受者宁愿什么也得不到,也不会接受他们认为不公平的分配方案。

如果分配者和接受者都不关心公平,最后通牒博弈的最优结果很清楚——分配者建议的分配方案为:分配者获得19.99美元,接受者获得0.01美元。分配者最大化他的所得。接受者也将接受这种方案,因为否决将意味着一无所获,一分钱要胜过没有。事实上,最后通牒博弈实验进行中,分配者和接受者的行为表明公平非常重要。分配者通常会提供给接受者至少 40% 的份额，接受者几乎总会拒绝低于 10% 的分配方案。

为什么分配者分配给接受者的部分并不少？可能分配者不关心公平，但是担心接受者会关注从而否决他们认为不公平的分配方案。这种可能性在一种被称为独裁者博弈（dictator game）的实验中进行了检验，该项实验由丹尼尔·卡尼曼（Daniel Kahneman）（一位心理学家，2002 诺贝尔经济学奖共同获得者）、杰克·尼奇（Jack Knetsch）和 2017 年诺贝尔经济学奖获得者理查德·塞勒（Richard Thaler）与康奈尔大学的学生来完成。在他们的实验中，分配者只有两种方法来分 20 美元，一种方法是 18 美元留给自己，2 美元给接受者，另一种方法是平均分配，分配者和接受者各得 10 美元。与最后通牒博弈实验不同的是，接受者不能否定分配方案。在 161 个分配者中，122 人选择平均分配 20 美元，因为他们看重公平做事。

假定即使很小的数额也胜过没有，为什么在最后通牒博弈实验中接受者会拒绝任何他们只是获得很小数额的分配方案呢？很显然，大部分人很看重公平，他们会拒绝参与他们认为不公平的交易，即使结果可能使他们的财务状况变得更差。

2. 经济实验结果是否可靠

经济学家在不同国家针对不同人群进行了多次的最后通牒博弈实验和独裁者博弈实验，所以，大多数经济学家相信博弈的结果提供了人们很看重公平的强有力证据。然而，有些经济学家怀疑这一结论。他们认为，实验情形是人为设计的，因此，实验所得到的结果在真实世界中不一定成立。在独裁者博弈中的分配者会给他们不了解的参与人金钱。然而，在真实世界中很少有人会给陌生人钱财。因此，在实验中所观察到的公平可能是人们想避免给人留下看上去自私的印象而非人们更看重公平。例如，在最后通牒博弈实验中，如果有人留下 19.99 美元，给他人仅仅 0.01 美元，那么他们担心自己在进行实验的经济学家眼中会显得自私。特别是因为实验所涉及的金钱数量不多，所以想着迎合实验设计者可能是人们进行这种选择最主要的动机。

有一些实验证据表明，当被分割的数额很大时，最后通牒博弈中的接受者甚至会接受非常不均匀的分配方案。哥本哈根商学院的斯特芬·安德森（Steffen Andersen）及其同事与印度的贫困村民进行了独裁者博弈实验。印度的平均日工资约为 100 卢比。在他们的实验中，要分摊的金额从 20 卢比到 20 000 卢比不等。他们发现，分配的数额越大，分配者提供给接受者的份额就越小。当金额为 20 000 卢比（或相当于 200 天的工资）时，分配者平均向接受者提供 12% 的份额。尽管份额这么低，但只有 4% 的接受者拒绝该方案。结果表明，正如经济学家所预期的，接受者拒绝不公平方案的代价越大，接受者拒绝接受该方案的可能性就越小。

最新的研究结果并没有完全推翻对最后通牒博弈和独裁者博弈结果的解释。但其确实表明，博弈结果并非像许多经济学家从前认为的那样清晰明了。

3. 公平的商务寓意

如果消费者看重公平，这对企业有什么影响呢？一个结果是当需求大幅增加时，企业有时不能提高产品和服务价格，因为它们担心消费者会认为提价是不公平的，并会转向他处购买。

现在来考虑以下 3 个企业似乎可以通过提高价格来增加利润的例子。

- 舞蹈摇滚乐队 LCD Soundsystem 在纽约麦迪逊广场公园举行音乐会，票价为每位 50 美元。票务需求非常强烈，网上叫卖的门票达到每位 2 500 美元。为什么乐队或者是音乐会的推广人没有以超过 50 美元的价格来销售门票？
- 为了观看每年的超级碗比赛，许多人愿意支付的门票价格超过职业橄榄球大联盟（NFL）门票的价格，为什么 NFL 不提高票价？
- NEXT 餐厅在芝加哥开业，该餐厅采用独特的定价方式。该餐厅就餐者需购票获得进餐的机会，其中包括饮料和小费。根据所选套餐的不同，餐厅票价在 45 美元和 75 美元之间，但在线转让的票价为 500 美元到 3000 美元。为什么 NEXT 餐厅不提高票价？

对于每种情形，企业都可以通过提高价格来增加利润。销售方能够以更高的价格销售同样的数量（音乐会、体育馆和餐厅的座位），这无疑会提高利润。在这种情形下，企业有时并不提高价格，经济学家提出了两种解释。经济学家加里·贝克尔提出的解释是，这里涉及的产品（音乐会、体育比赛或者餐馆用餐）具有购买者与其他购买者一起消费的特点。在这样的情形下，一名消费者希望消费的数量与其他人正在消费的数量相关。人们喜欢消费并被他人看到消费受欢迎的产品，这些产品的需求数量要显著大于供给数量。如果摇滚乐队、NFL 和受欢迎的餐厅将价格提高到门票的需求与供给相等的水平，那么人们会发现这些产品的流行度降低了。

丹尼尔·卡尼曼、杰克·尼奇和理查德·塞勒对企业为什么不总是通过提高价格来增加利润的行为提出了另外一种解释。通过对消费者进行调查，3 位研究者发现大部分人认为，成本提高时企业提高价格是公平的，而当需求增加时提高价格则是不公平的。卡尼曼、尼奇和塞勒进行过如下一项调查，面临如下情形时，询问人们怎么样选择："五金商店的雪铲通常卖 15 美元。一场大雪过后的早晨，商店将价格提高到了 20 美元。" 82% 的回应对象认为，这家五金商店的行为是不公平的。卡尼曼、尼奇和塞勒得出结论认为，当对产品的需求超过供给时，企业有时并不提高价格的原因正在于此，从长期来看，如果消费者认为提高价格是不公平的，那么企业将失去客户。

这些关于企业并不总是将价格提高到需求量等于供给量水平的解释基于同样的理念：有时企业会放弃一部分短期利润来取悦消费者，从而增加长期利润。

◎ 概念应用 10-2

谁从百老汇音乐剧《汉密尔顿》中获利最多

在 2016 年，这个问题的答案不是讲述亚历山大·汉密尔顿生平的音乐剧演员和创作者林·曼努埃尔·米兰达，也非其他演职人员。另外，节目制作人、为节目提供资金的人以及剧院的所有者都不是从《汉密尔顿》中获利最多的人。从汉密尔顿获利最多的人是"黄牛"，即以原始价格购入门票，然后以更高价格转售的人。

只要有体育赛事、音乐会和戏剧的入场券，就一直有"黄牛"票。在古罗马，罗马斗兽场可容纳 50 000 名观众观看角斗士比赛和其他活动。尽管罗马政府免费发放门票，但有商业头脑的人会积累尽可能多的门票，并转售以获得现金或商品。在进入互联网时代之前，"黄牛"通常会在运动场、音乐厅或剧院外面等着，观察人群，寻找看上去想购票的人，希望能当场赚钱。曾经在许多城市和州，倒卖门票是违法行为，因此，倒卖门票需要避开举行地附近巡逻的警察。

如今，大多数票务转售已经转移到了 StubHub 和 SeatGeek 等受欢迎的网站上，并且大多数地方政府已经取消了对"黄牛"的禁令。这些网站为发现自己无法参加活动而需转售门票的人提供了一种简便的途径，但是专业的票务转售商也利用这些网站来获利。专业经销商使用称为"票务机器人"的复杂软件程序，在售票时大笔购入门票。然后，这些机构将这些票以票面价值的几倍发布在 StubHub 或其他网站上。尽管大多数州都禁止使用"票务机器人"，但是剧院和其他场所可能难以识别具体买票时是由人还是由机器人进行的。

《纽约时报》的一个栏目收集了米兰达在 2016 年 7 月 9 日退出《汉密尔顿》表演之前的最近 100 场演出的数据。门票的平均票面价值为 189 美元，而门票平均转售的售价为 1 120 美元，几乎是前者的 6 倍。米兰达在当年 7 月 9 日的一场演出的门票平均转售价为 10 900 美元。在 7 月 9 日之前的最近 32 场演出中，转售门票的利润为 1 050 万美元，几乎是该节目制作人所获利润 270 万美元的 4 倍。为何制作人不提高票价，以使每场演出所需的门票数量等于 1 321 张（理查德·罗杰斯剧院的座位数）？演出方的确从 2017 年 1 月开始提高票价。最佳座位的票价从 475 美元增加到 849 美元，其他多数座位的价格从 139 ~ 177 美元增加到 179 ~ 199 美元。

但是涨价后的票价仍然远远低于转售市场上的价格。制作人不愿再提高票价，因为他们担心剧院的粉丝会有负面反应。正如卡尼曼、尼奇和塞勒的研究所表明的，消费者认为成本增加后企业提高价格比需求增加后提价要公平。《汉密尔顿》的演出费用并不比其他音乐剧高，因此票价上涨仅仅是基于对演出的需求高。剧院的所有者、演出的制作人和演员都打算在将来还参与演出。由于担心会损害声誉，他们不愿将票价提高到与所需门票数量相等的水平上。

为了确保他们可以从未来的演出中获利，《汉密尔顿》的制片人别无选择，只能让黄牛从他们的演出中获得可观的利润。

资料来源：Tiff Fehr, "How Scalpers Make Their Millions with 'Hamilton,'" *New York Times*, July 29, 2016; "The War on Ticket Bots Is Unlikely to Be Won," *Economist*, January 5, 2017; Michael Paulson, "'Hamilton' Raises Ticket Prices: The Best Seats Will Now Cost $849," *New York Times*, June 8, 2016; Keith Veronese, "Pottery Shards Were the First Ever Ticket Stubs," io9.gizmodo.com, April 27, 2012; and Daniel Kahneman, Jack Knetsch, and Richard Thaler, "Fairness as a Constraint on Profit Seeking: Entitlements in the Market," *American Economic Review*, Vol. 76, No. 4, September 1986, pp. 728–741.

| 解决问题 10-2 |

特斯拉为什么不向其员工收取停车费

特斯拉在加利福尼亚州的一家工厂生产电动汽车。工厂共有 4 500 个停车位，而特斯拉在那家工厂工作的员工有大约 16 000 名（尽管有些工作班次不同）。根据《华尔街日报》上的一篇文章，由于停车位的短缺，许多员工被迫将车停在未经许可停车的地方，包括草地中间。一些员工在轮班开始之前几个小时就到达工厂。一些员工开始向其他员工买停车位。

a. 使用图说明特斯拉工厂现在停车位

需求和供给情况。在图上指出市场价格、提供的停车位数量、所需的停车位数量以及车位是否短缺或过剩。

b. 现在，假设特斯拉决定将该停车场的停车权进行拍卖。在 a 部分的图上，标出现在的均衡价格和均衡数量。

c. 采用 b 中拍卖停车位的方法分配是否比特斯拉目前实际使用的方法分配更具经济效率？简要说明。

d. 特斯拉是否有可能采用拍卖方式解决 b 中提出的停车问题？简要说明。

资料来源：Tim Higgins, "Elon Musk Has an Awkward Problem at Tesla: Employee Parking," *Wall Street Journal*, April 11, 2017.

解决问题的步骤

步骤 1：复习本章相关材料。此问题涉及公司并不总是提高价格的原因，因此读者需要复习"公平的商务寓意"部分的内容。（要回答问题 c，复习第 4 章。）

步骤 2：通过绘制停车位需求和供给的图来回答问题 a，并标明所需信息。请注意，由于停车位的数量固定为 4 500，因此供给曲线为垂直线。由于特斯拉不向员工收取停车费，因此市场价格为 0。我们不知道价格为 0 时停车位的实际需要数量，因此将其标记为 Q_1。价格为 0 时，停车位短缺等于 $Q_1 - 4\ 500$。

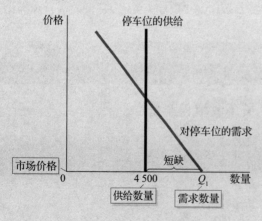

步骤 3：通过在图上标示特斯拉拍卖停车位权利来回答问题 b。如果特斯拉对停车权进行拍卖，则员工之间的竞标会导致价格上涨，这将促使需求量下降来匹配 4 500 个固定车位。我们并不知道这个价格到底是多少，因此需要在图中将其标记为 P_1。价格从 0 上升到 P_1，平衡数量为 4 500，短缺消除。

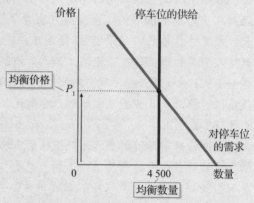

步骤 4：通过解释拍卖问题 b 中分配停车位的方法是经济有效的，来回答问题 c。我们在第 4 章中已知道，需求曲线度量了消费者从消费产品中获得的边际得益。在市场均衡情况下，我们能看到有效结果，即价格等于消费者从消费的最后一单位商品或服务中获得的边际得益。如步骤 2 中图示，价格为 0 时，第 4 500 个停车位的边际得益远远高于价格，因此结果并非有效。当特斯拉公司拍卖停车场的停车权时，价格将升至 P_1，其结果在经济上是有效的。在 P_1 处，需求数量等于供给数量。任何其他价格都将出现停车位过剩或短缺的情况（当价格为 0 时就是这种情况）。换句话说，价格承担了分配稀缺停车资源的功能，且达到按边际得益度量最高价值的结果，特斯拉需要让价格升至 P_1。由于各种原因，其中一些员工会比其他人更看重工厂的停车位，包括他们是否可以使用公共交通，是否有其他原因无法及早到达单位

从而确保能找到停车空间。除非允许价格调整，否则那些不太看重车位的人还是会选择在停车位停车。

步骤5：通过解释特斯拉是否有可能采用拍卖方式分配问题 b 中给出的停车位来回答问题 d。特斯拉在决定是否收取市场清算价格时所面对的情况类似于一个受欢迎的百老汇表演或受欢迎的餐馆所面临的情况。这样做似乎会在短期内增加利润，但从长远来看却可能会激怒重视公平的客户，从而

减少利润。同样，特斯拉可以通过拍卖其停车场的停车权来解决其停车问题（同时赚点钱），并提高分配停车位的经济效率。但是，由于很少有公司向员工收取停车费的情形，因此特斯拉的员工如果不得不为此付费，他们可能会感到沮丧。特斯拉的经理们可能会担心，沮丧的员工可能会不努力工作，甚至可能辞职。值得注意的是，《华尔街日报》上有关特斯拉停车问题的文章并不表示该公司在考虑向其员工收取停车费。

10.4 行为经济学：人们会做出理性的选择吗

当经济学家指出，消费者和企业的行为是理性的，他们的意思是说，在给定已获得信息的前提下，消费者和企业为实现自身目标采取了适当的行为。一些经济学家开始研究人们在做出选择时似乎并不符合经济理性的情形。这一经济学领域被称为**行为经济学**（behavioral economics）。为什么消费者或者企业并非行为理性？最显而易见的理由是它们并没有认识到它们的行为和它们实现的目标是不一致的。经济学研究的目标之一是提出做出更好决策的各种途径。在本节我们将讨论，人们怎样通过避免一些常见的陷阱来改善决策。我们也使用行为经济学的理念来分析消费者在购物时如何做出决策。

10.4.1 决策中的一些小陷阱

人们在做出决策时，普遍会犯以下 3 类错误。
（1）考虑了货币成本，但忽略了非货币机会成本，也就是并不涉及的显明成本支出。
（2）未能忽略沉没成本。
（3）对未来行为存有幻想。

1. 忽略非货币的机会成本

我们知道，任何一个行动的机会成本是必须放弃的其他选择中价值最高者。例如，如果你拥有可以卖出的某种东西，自用就有机会成本。在这种情况下，人们往往很难考虑到机会成本。

看下面的例子：NFL 发行彩票，中奖者可以按面值购买超级碗比赛门票，票价为 325 美元或 400 美元，根据在体育场地中的位置来定。经济学家艾伦·克鲁格对彩票中奖人进行调查并询问了两个问题：

问题一：如果你没有中奖，你是否愿意支付 3 000 美元购买门票？
答案一：94% 的人回答，他们不愿意支付 3 000 美元来购买门票。
问题二：如果你中奖（在抵达佛罗里达观看超级碗比赛之前），有人愿意出 3 000 美元购

买你的门票，你愿意卖吗？

答案二：92% 的人回答，他们不愿意为 3 000 美元卖掉门票。

这两个答案自相矛盾。如果有人出 3 000 美元购买你的门票，你不打算卖掉，你的机会成本为 3 000 美元。也就是说，自用门票的成本实际上为 3 000 美元，尽管你并未支付 3 000 美元的现金。两种选择：支付 3 000 美元或者没有收到 3 000 美元实际上是一回事。

如果门票对你实际上不值 3 000 美元，你应该卖掉。如果对你只有 3 000 美元，你应该愿意花钱购买门票。对于拥有的门票不愿意以 3 000 美元卖出，同时自己无票时又不愿意花 3 000 美元来购买门票，行为出现不一致。行为不一致的原因来源于未能考虑非货币机会成本。行为经济学家认为，这种行为不一致是由于**禀赋效应**（endowment effect）造成的。禀赋效应是指，人们往往不愿意卖出他们已经拥有的东西，即使卖出价格要大于他们不拥有时愿意支出的价格。

在做出决策时未能考虑机会成本的做法很常见。例如，一个朋友非常急迫地要打扫房间，这天是星期五，周末双亲要来，他向你支付 50 美元来做清扫。你并未接受，而是花时间打扫了你自己的房间并且你知道在走廊的另一边有人愿意接受 20 美元帮你打扫房间。我们省略掉复杂的细节问题，如那位让你帮助打扫房间的朋友可真够懒的，以及你自己不想花 20 美元请人来做你自己可以完成的事情等，你应该清楚我们强调的关键点。打扫你自己房间的机会成本是 50 美元，也就是你的朋友请你打扫他的房间愿意支付的报酬。你回绝掉向他人支付 20 美元让他来打扫你自己的房间，而自己以 50 美元的成本亲力亲为。这里的关键点是：非货币机会成本就是实实在在的货币成本，当人们做出决策时应该考虑到这一点。

有许多这样的事例表明，企业会利用消费者忽略非货币成本的行为倾向来获利。例如，一些企业销售产品采用了回寄折扣（mail in rebate）的策略。为什么回寄折扣 10 美元而不是直接减价 10 美元？公司所考虑的是，一旦你已经为产品付款，并不会回寄折扣收据的事实产生的是非货币机会成本，而非直接的货币成本。事实上，仅有很少部分的消费者会进行回寄而享受到折扣。

2. 未能忽略沉没成本

沉没成本是已经支出但无法收回的成本。一旦你已经支付出钱财而无法收回，在后续所做的任何决策，你都应该忽略这笔钱财，考虑如下两种情形。

情形一：你花 75 美元购买了一张演出门票。门票不能退，且必须在周二晚上使用。演出开始前 1 小时（时间太迟无法在 StubHub 上在线转让），你的一位朋友打电话邀请你到当地的喜剧俱乐部去看你们两位都喜欢的喜剧明星的表演，该明星也仅在周二上台演出。你的朋友答应为你支付到俱乐部的所有费用。

情形二：周一晚上你计划购买周二晚上与情形一相同的演出门票。当你正要离开购买门票时，你的朋友打电话邀请你到喜剧俱乐部。

你面临的去看演出还是去喜剧俱乐部的决策在这两种情形下相同吗？许多人认为，面对情形一时，他们将会去看演出，因为如果不去，意味着他们将损失买票所花的 75 美元。事实上，不管你做什么，75 美元已经失去，因为门票无法回收，你没有时间转售。真正的问题是你需要决定，你更喜欢去看演出还是与朋友一起去喜剧俱乐部。如果你更喜欢去俱乐部，你已经支付 75 美元这个事实和你去喜剧俱乐部并无关系。你在情形一所做的决策与情形二是相同的。

◎ 概念应用 10-3

博客写手认识到了忽略沉没成本的重要性

如今，人们在博客上发表他们对政治、体育、个人爱好或其他任何感兴趣主题的看法。对于大多数博客作者而言，他们可以每天花费数小时来撰写其最新想法并提供指向网络上相关资料的链接。他们唯一的收益是与其他拥有共同爱好的人互动。很少有博客做得如此成功，以至于可以吸引付费广告并为所有者赚取丰厚的收入。一个成功的博客作者的例子是阿诺德·金（Arnold Kim），他最早于 2000 年开始撰写苹果产品的文章，当时他在医学院读大四。在接下来的 8 年，他继续在 MacRumors.com 上写文章，这期间他作为肾病医生从事医疗工作，是治疗肾病的医生。

到 2008 年，金的博客做得非常成功，吸引了 440 万人关注，每个月有 4 000 万评论。每年由威瑞森、Audible.com 和 CDW 等公司支付的广告收入就超过 10 万美元。然而，编辑关于苹果新产品的各种消息、更新购买指南、参与网站讨论版等工作靠业余时间来处理已经远远不够。金很喜欢在网上的这些工作，他相信最终从中获得的收入将超过作为医生的收入。不过，对于辞掉医生工作他仍在犹豫，因为他为成为医生在教育上的投资接近 20 万美元。

然而，已投入的 20 万美元、在医学院求学耗去的岁月、完成住院医生实习、获得肾病医生资格都是沉没成本。继续当医生还是成为全职博客写手？金需要做出忽略沉没成本的理性决策。通过计算，他在网上工作所得收入要多于他作为医生的收入，而且在家工作，他可以有更多的时间来陪伴女儿。因此，他决定全职写博客。尽管有新的机构参与竞争，MacRumors 继续受到欢迎，在 2017 年年中，每个月的访问量超过 1 250 万人。金的收入已经超过他作为医生的收入。

在生活中做出一些关键决策时，忽略沉没成本是一种理性做法。

资料来源：Brian X. Chen, "Arnold Kim Celebrates 10 Years as Apple Rumor King," www.wired.com, February 23, 2010; Brian Stelter, "My Son, the Blogger: An M.D. Trades Medicine for Apple Rumors," *New York Times*, July 21, 2008; Dan Frommer, "Nephrologist to Mac Blogger: The Unlikely Career Path of MacRumors' Arnold Kim," www.businessinsider.com, July 13, 2008; and "Macrumors Traffic," www.quantcast.com, April 12, 2017.

3. 对未来行为存有幻想

如前文所介绍，体重超标已经成为美国日益严重的问题。为什么有些人会饮食过度呢？可能的解释是，人们从高热量食物中所得到的效用要比身材苗条带来的效用更多。然而，一种更可能的解释是，许多人现在多吃因为他们希望之后能够少吃。但是，他们从来没有减少自己的饭量，最终导致体重超标（当然，有些人是因为生理疾病导致体重增加）。与此类似，有些人现在吸烟，是因为他们预计在未来某个时点能够戒掉。不幸的是，对许多人而言，这一时点还没有到来，他们因为多年吸烟已经引起健康问题。在上述两种情形下，人们对从当前选择（多吃巧克力蛋糕或者吸烟）所获得的效用过分高估，而低估了未来身材苗条或者不患肺癌所带来的效用。

研究了这个问题的经济学家认为，许多人的偏好随着时间的推移会表现出不一致性。从长期来看，人们可能喜欢身材苗条或者戒烟或实现其他的生活目标，但是每一天，人们做出的决策（多吃或者吸烟）与长期目标并不一致。如果对未来行为心存幻想，人们可能会低估今天做出选择的成本（如暴食或者吸烟）。避免这一问题的关键是对未来行为现实起来，尽管这一点很难做到。

考虑到非货币的机会成本，忽略沉没成本，对未来行为更现实一些是消费者能够改变他们决策的3种重要方法。

10.4.2 "助推"：使用行为经济学来指导行为

理查德·塞勒（Richard Thaler）是2017年诺贝尔经济学奖的获得者，他普及了助推（nudge）方法以引导人们做出更好的决策。例如，由于许多人对自己的未来行为不切实际，所以他们为退休储蓄的钱太少了。结果，一些公司发现参加自愿退休储蓄计划（401（k）计划）的雇员人数少于预期数量。虽然这些员工的长期目标是要进行足够的储蓄来享受舒适的退休生活，而在短期内，他们的支出与达到目标要求的行为不一致。根据行为经济学家的建议，许多公司现在自动将员工注册到这些退休计划中，给他们的选项是可以选择退出。对于完全理性的雇员，是否通过401（k）计划进行储蓄的决定，与参与计划或是退出雇主已为其注册参与所涉及的少量文书工作无关。但是，实际上，将员工自动注册到计划中意味着，如果不参与该计划，员工就要面对短期的过度支出行为与长期的舒适退休目标之间的矛盾。大多数员工不愿意面对这种不一致，因而选择保留在计划中。

行为经济学也能够用于改善医疗保健状况。许多患有严重疾病的人无法定期服用处方药。尽管他们的长期目标是康复，但短期服用药物的不便会导致他们跳过一些剂量。利用行为经济学的有关知识，Wellth应用程序的设计者，先将150美元存入了患者的账户。该应用程序每天早晨都会向患者发送服药的提醒。如果患者在90天之内每天通过拍摄记录自己的服药，则可以保留150美元。如果他每天未能按时服药则要减去部分金额。该应用程序设计者声称，由于患者按时服用处方药，该应用程序可以减少40%以上的再住院率。

为诸如普通感冒或流感之类抗生素无效的病开出抗生素处方的医生，会导致耐药细菌的传播。一些医生对何时给患者开抗生素处方过于自信。因此，研究表明，向医生提供有关非抗生素治疗的信息并不是减少抗生素过度使用的有效方法。向医生发送电子邮件以把他们的抗生素开药率与"表现最好"的医生做比较则更为有效。同样，许多医生看完病不洗手并对此满不在乎。医院里张贴的告示牌提醒医生不洗手会让自己健康冒危险的做法对增加医生洗手的频率效果并不佳。如果要增加医生洗手的频率，那么医院需要提醒医生不洗手会对病人健康造成威胁。

10.4.3 购物的行为经济学

在本章第一节，我们分析了消费者怎样选择购买产品来最大化自己的效用。在本节，我们将简要讨论消费者在购物时做出最优消费决策时可能会遇到的问题。

在讨论消费者如何最大化效用时，我们使用了人们会在预算约束下选择两种商品的最优数量的简单例子。在一次普通的超市购物中。一个四口之家最后可能购买了25种甚至更多的产品。在这种情形下，消费者不可能在决定购买数量时，让所有这些产品的边际效用与价格的比率相等。在这一意义上，消费者并未做出最优消费选择的事情重要吗？经济学家对这一问题的答案是有分歧的。当这一问题的答案为"不重要"时，许多经济学家指出了两点：①大部分科学模型（包括经济学模型）的假设并非真正正确。例如，在消费者选择模型中，做出不现实的假设可以简化复杂的现实并集中于影响决策更重要的因素。②模型好坏的判定是根据预测是否准确，而非假定是否现实。基于消费者选择模型的对消费者行为的许多预测是成功的。

1. 经验法则

行为经济学家认为，消费者通常不会做出最优消费选择是正常的。这些经济学家相信，分析消费者实际如何做出决策有许多益处。在本章我们使用的模型假定：①当人们购物时他们对产品价格拥有全部信息，甚至包括不同商店价格差的信息。②人们会做复杂的计算，如许多不同产品边际效用对价格的比率。

事实上，人们经常基于有限的信息做出选择，并且人们没有时间和能力来计算最优选择。因此，人们并非做了最优选择，而是根据经验法则指导他们的决策，这就使得产品选择并非最优。例如，一名消费者认为某家超市购买的商品价格最低，但是他并没有检查这种假定是否正确。假设一家新开张的超市价格更低，消费者至少一段时间内还会继续在原有的超市购物，尽管这样做不再是最优的选择。

2. 锚定效应

购物者怎样确定一种产品的价格是高还是低呢？行为经济学家使用锚定（anchoring）来描述消费者如何评估价格。如果对一件事物不确定，比如价格，人们经常会关联或锚定其他一些已经知道的事物，可能第二件事物与第一件事物之间并不相关。心理学家丹尼尔·卡尼曼和阿莫斯·特沃斯基进行了一项实验说明了锚定效应。他们设计了一个转轮，指针总是停在 10 或者 65 的数值上。在实验中，他们对不同的参与者转动转轮，然后向该组参与人提出问题："非洲国家在联合国中所占的百分比是多少？"当转动停在 10 上时，该组参与者回答的平均值为 25%。当转动停在 65 时，该组回答的平均值为 45%。尽管转轮的值与所问问题没有任何关系，但这些数值也影响了参与者的回答。在另一个由康奈尔大学的布莱恩·瓦森克（Brian Wansink）、特拉华大学的罗伯特·肯特（Robert Kent）和宾夕法尼亚大学的史蒂芬·霍克（Stephen Hoch）设计的实验中，三家超市提供的肉汤罐头按八八折销售。在打折销售的某一天，展示牌上写着"每人限购 12 听"；另一日，展示牌上写着"没有限购"。在限购销售的日子，超市的销售为平均每人 7 听。而在没有限购的日子，平均每人购买 3 听。数字 12 对购物者购买多少形成锚定。

消费者通常缺乏足够的信息来对产品的价格进行评估。商店经常利用这种有限信息来对消费者如何估计一种产品的正常价格进行锚定，这就使得打折销售看上去像便宜货，即使这些产品很少按正常价格进行销售。

◎ 概念应用 10-4

当彭尼百货遇到行为经济学

在本章开始我们介绍了在苹果零售店取得巨大成功后，约翰逊被任命为彭尼百货的 CEO。

约翰逊发起了新的按每日低价提供商品的定价策略。当彭尼百货的销售收入大幅下滑后，这种新的战略宣告失败。约翰逊担任17个月的CEO后被解雇。

行为经济学原理可解释错在哪里。首先，约翰逊认为，消费者真正理解的每日低价确实是低价，至少与彭尼百货过去在大减价之前很高的正常销售价格相比，价格是低的。然而，有大量证据表明新消费者并不确切知道他们日常所购物品的价格。一项对超市购物者进行的研究询问了人们放在购物车中的商品价格。少于一半的购物者会准确想起价格，1/4的人甚至说不出价格，尽管他们在不到一分钟之前将产品放入了购物车。另一项研究是询问将要进入百货店的人他们经常购物的价格，仅仅有1/3的人给出了正确答案。当要求购物者对一种他们经常购买的物品的价格判断是高还是低时，大约有15%的人认为实际价格高是好交易，而价格低是不好的交易。

零售店的销售研究证明，消费者会购买大量打折商品。例如，根据9家超市付款扫描数据进行的研究表明，洗衣液通常有1/4的时间打折销售，大约有一半的洗衣液是在大减价时销售的。消费者对于打折销售的强烈反应对于用固定低价来替代减价销售的做法不是什么好消息。

为什么消费者对大减价反应踊跃？为什么彭尼百货不能够说服消费者每日低价确实是低价？一种可能的解释是当价格标签标出"正常价格"和较低的"促销价"时，促销为消费者提供了锚定或者说解释销售价格的参照点。如从正常的相对高价下调，即使人们很少按正常价格购买商品（因为促销或使用优惠券），促销价格也似乎是低价。如果没有正常价格做参考，消费者很难断定每日低价确实是低价，特别是消费者对一般价格水平了解很少时，更是如此。正像在本章开篇案例中引用的一名西北大学教授的说法：彭尼百货可能说这是合理的价格，但消费者为什么要相信彭尼百货的说法呢？

大幅度减少降价促销活动违反了行为经济学某些具有远见的原理。结果，彭尼百货遭受了损失，约翰逊也丢了工作。

资料来源：Stephanie Clifford and Catherine Rampell, "Sometimes, We Want Prices to Fool Us," *New York Times*, April 13, 2013; Daniel Kahneman, *Thinking, Fast and Slow*, New York: Farrar, Strauss and Giroux, 2011; Julio Rotemberg, "Behavioral Aspects of Price Setting, and Their Policy Implications," National Bureau of Economic Research, Working Paper 13754, January 2008; Marc Vanhuele and Xavier Drèze, "Measuring the Price Knowledge Shoppers Bring to the Store," *Journal of Marketing*, Vol. 66, No. 4, October 2002, pp. 72–85; Peter R. Dickson and Alan G. Sawyer, "The Price Knowledge and Search of Supermarket Shoppers," *Journal of Marketing*, Vol. 54, No. 3, July 1990, pp. 42–53; and Igal Hendel and Aviv Nevo, "Measuring the Implications of Sales and Consumer Inventory Behavior," *Econometrica*, Vol. 74, No. 6, November 2006, pp. 1637–1673.

┊生活与职业生涯中的经济学┊

如何为百老汇热门演出的门票定价

在本章开始时，我们要求你提出有关剧院或音乐会门票价格的建议，并解释为什么大多数剧院制作人和音乐会推广人不收取最高的价格以允许出售所有可用门票的问题。

在本章学习中，我们已经看到许多消费者的行为，例如他们认为公平很重要。尤其是，消费者经常反对由需求增加而不是企业成本增加导致的价格上涨。因此，许多剧院制作人或音乐会推广人都不愿意对热门节目或乐队的演出收取很高的价格，因为他们认为这样做会疏远他们与客户的关系，使得以后的演出门票销售遇到困难。这些制作人和推广人认为，允许票务黄牛在短期内获得部分利润是可以接受的，因为收取较低的价格有助于从长远来看增加其利润。

本章小结

在市场体系中，消费者发挥着主导作用。只有消费者需要的产品才会被生产出来。因此，消费者如何做出决策是经济学家研究的重要领域。经济学家预计消费者将会把他们的收入支出到这样的点上，即对每种产品支出的最后一单位货币带给他们的满足感或者效用都是相同的。在实践中，社会因素对消费者决策有重要影响，特别是人们在公众场合消费产品和服务时。公平也是消费者考虑的最重要的因素之一。最后，如果消费者能考虑到非货币机会成本并忽略沉没成本，对未来行为考虑更加现实一些，许多消费者的决策将会得到改善。

在本章我们研究了消费者的选择。在接下来的几章我们将研究企业的选择。

本章概要与练习

附录 10A

使用无差异曲线和预算线来解释消费者行为

10A.1 消费者偏好

在本章分析消费者的行为时，我们假定使用效用或者 Util 来度量满足感。尽管这样的假定对我们分析理解消费者行为更为容易些，但并不现实。在本章附录，我们将使用更为现实的假定，消费者能够对不同的商品和服务组合提供效用的大小进行排序。例如，即使消费者对他们消费的商品不能够明确确定效用量为多少，但消费者能够确定更喜欢 2 块比萨饼与 1 听可乐还是更喜欢 1 块比萨饼与 2 听可乐。这种方法的好处是我们可以通过图形画出消费者的偏好。

开始我们假定，消费者面临如下的**消费组合**（consumption bundles）。

消费组合 A	消费组合 B
2 块比萨饼与 1 听可乐	1 块比萨饼与 2 听可乐

我们假定消费者总会确定出如下 3 种选择中哪一种为真。

（1）相对于组合 B，消费者更偏好组合 A。
（2）相对于组合 A，消费者更偏好组合 B。
（3）消费者对组合 A 和组合 B 无差异。也就是说，消费者不论从哪种组合都收获相同的幸福感。因此，我们说消费者从两种组合得到的效用相同。

为保持一致性，我们假定消费者偏好是可传递的。例如，相对于蘑菇比萨饼，消费者更偏好意大利香肠比萨饼，相对于凤尾鱼比萨饼，消费者更偏好蘑菇比萨饼，意大利香肠比萨饼与凤尾鱼比萨饼比较时，消费者一定偏好前者。

10A.1.1 无差异曲线

给定前述假设，我们可以通过无差异曲线来表现消费者的偏好。**无差异曲线**（indifference curve）表现的是能给消费者带来相同效用的所有消费组合。实际上消费者选择的消费组合可包含许多商品或服务，为使下面的讨论容易进行，我们假定，只有两种产品。如果我们扩展到许多种商品，重要结论不会发生变化。

图 10A-1 中的表给出了戴夫对于比萨饼和可乐组合的偏好。图中曲线的数据来源于表格。每一种比萨饼和可乐可能的组合都有与之对应的无差异曲线通过。在图中我们只列出了

戴夫的四条无差异曲线。对戴夫而言，所有无差异的商品组合将表现在同一条无差异曲线上。因此，戴夫对组合 E、B 和 F 无差异，因为它们都在同一条无差异曲线 I_3 上。即使组合 B 中可乐比组合 E 少了 4 听，但前者中多出的比萨饼使得两点提供同样数量的效用。

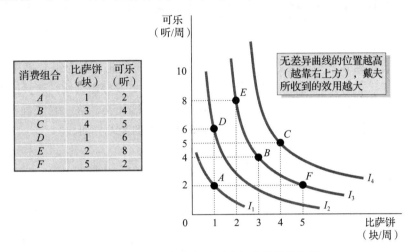

图 10A-1　画出戴夫对可乐和比萨饼的偏好

注：每一种比萨饼和可乐可能的组合都有一条无差异曲线通过。图中我们只给出了戴夫的四条无差异曲线。在同一条无差异曲线上，戴夫对曲线上的所有消费组合无差异。因此，戴夫对组合 E、B 和 F 无差异，因为它们都在同一条无差异曲线 I_3 上。图形中向右上方移动，两种商品数量的增加扩展了戴夫可消费的商品数量。因此，无差异曲线越靠近右上方，戴夫得到的效用越多。

即使不看戴夫的无差异曲线，我们也知道相对于消费组合 A，他更偏好组合 D，因为这一组合中比萨饼的数量与 A 相同，但是多了 4 听可乐。与组合 B 相比，组合 D 包含了更多的可乐和较少的比萨饼。因此，戴夫的排序更多地取决于为了获得更多的可乐，他愿意放弃多少比萨饼。无差异曲线越高（也就是在图形中越靠近右上方），可供戴夫使用的两种商品的组合数量越多，效用越大。换言之，相对于无差异曲线 I_1，在无差异曲线 I_2 上，戴夫从无差异曲线上的消费组合 I_2 可获得比 I_1 更多的效用，相对于 I_2，他从 I_3 上获得了更多的效用，以此类推。

10A.1.2　无差异曲线的斜率

曲线的斜率等于纵轴变量的变化量与横轴变量的变化量的比率。沿着无差异曲线移动时，斜率告诉我们，在保持消费者效用不变的情况下，消费者愿意用一种商品替代另一种商品的比率。经济学家称这一比率为**边际替代率**（marginal rate of substitution，MRS）。

当我们沿着无差异曲线向下移动时，MRS 也将随之变动。在图 10A-1 中，在无差异曲线 I_3 的 E 点，戴夫的无差异曲线相对陡峭。沿着曲线下移，它将逐渐变平缓，到了 F 点就相对平坦了。这就是通常的无差异曲线形状，即凸向原点。像 E 这样的消费组合包含的可乐数量多，比萨饼少。我们预计，戴夫将放弃一些可乐而换取更多的比萨饼，但仍然保持相同的效用水平。因此，MRS 的值较大。沿着无差异曲线下移，戴夫将移动到 B 点和 F 点，比萨饼会更多，可乐会更少。到了 D 点，戴夫愿意用少量的可乐来换取比萨饼，MRS 将下降。

10A.1.3 无差异曲线能相交吗

前面我们假设消费者偏好具有传递性。也就是说，相对于消费组合 Y，戴夫更偏好组合 X，相对于消费组合 Z，他更偏好组合 Y。那么，相对于消费组合 Z，他一定偏好组合 X。

因为组合 X 和组合 Z 都在无差异曲线 I_1 上，戴夫对它们的偏好没有差异。同样，组合 X 和组合 Y 都在无差异曲线 I_2 上，戴夫对它们的偏好也没有差异。可传递性假设意味着戴夫对组合 Y 和组合 Z 的偏好也一定没有差异。我们知道并非如此，因为组合 Y 比组合 Z 包含了更多的可乐和比萨饼。因此，相对于组合 Z，戴夫一定更偏好组合 Y，这就违背了传递性假设。因此，戴夫的无差异曲线不能相交。如果无差异曲线相交，这一假定就不成立了。要理解为什么，请看图 10A-2，图中所示为戴夫的两条交叉的无差异曲线。

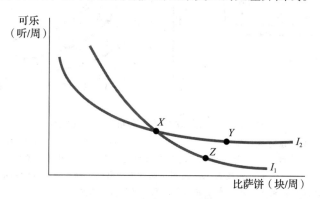

图 10A-2 无差异曲线不能相交

注：因为组合 X 和组合 Z 都在无差异曲线 I_1 上，戴夫对它们的偏好没有差异。同样，组合 X 和组合 Y 都在无差异曲线 I_2 上，戴夫对它们的偏好也没有差异。根据可传递性假设，戴夫对组合 Y 和组合 Z 的偏好也一定没有差异。我们知道并非如此，因为组合 Y 比组合 Z 包含了更多的可乐和比萨饼。因此，相对于组合 Z，戴夫一定更偏好组合 Y，这就违背了传递性假设。因此，戴夫的无差异曲线不能相交。

10A.2 预算约束

消费者的预算约束是可用于购买商品或服务的收入水平。假设戴夫每周有 10 美元购买比萨饼和可乐，图 10A-3 中表现了他能买得起的比萨饼和可乐的组合，比萨饼的价格为每块 2 美元，可乐为每听 1 美元。我们看出，所有的点都在一条直线上。这条线代表了戴夫的预算约束。该线与纵轴相交于戴夫使用 10 美元可以购买可乐的最大数量，这一消费组合用 G 表示。该线与横轴相交于戴夫使用 10 美元可以购买比萨饼的最大数量，这一消费组合用 L 表示。从组合 G 开始沿着预算线向下移动，对多购买的每 1 块比萨饼，他都放弃了两听可乐。

位于预算线上或者线内的任意消费组合都是能买得起的（affordable）组合，因为戴夫的收入可购买这些比萨饼和可乐的组合。而在线外的任何组合则都是超过支付能力的（unaffordable），因为购买这些组合的费用超过了戴夫用来支付的收入。

预算线的斜率是常数，因为预算约束线是一条直线。该线的斜率等于可乐变化的数量除以比萨饼变化的数量。沿着预算线从一个点移动到另一个点时，可乐变化的数量为 –2 听，比萨饼变化的数量为 1 块，因此，斜率等于 –2/1= –2。预算线的斜率等于比萨饼价格对可乐价格的比率（乘以 –1）。事实上，这一结论总是成立的。预算线的斜率等于横轴商品价格除以纵轴商品价格再乘上 –1。

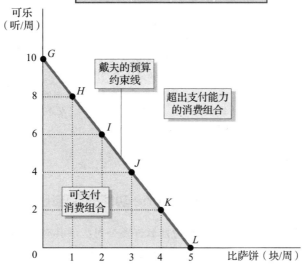

图 10A-3 戴夫的预算约束

注：戴夫的预算约束表现的是他能够用10美元购买的比萨饼和可乐数量的组合。可乐的价格为每听1美元。如果他将全部10美元用于购买可乐，可购买10听（组合G）。比萨饼的价格为每块2美元，如果他将全部10美元用于购买比萨饼，可购买5块（组合L）。从组合G开始沿着预算线向下移动，对多购买的每1块比萨饼，他都放弃了2听可乐。对于预算线上或者线内的任意消费组合都能支付得起，而在线外的任何组合则都是超过支付能力的。

10A.3 比萨饼和可乐最优消费组合的选择

戴夫喜欢最高可能触及的无差异曲线，因为无差异曲线越高代表比萨饼和可乐数量越多。但是，戴夫只能购买位于预算线上或线内的商品组合。换言之，为实现最大效用，消费者需要在给定预算约束线时选择最高的无差异曲线。

图 10A-4 在图 10A-1 的消费组合上画上了图 10A-3 的预算线。图中也表现出了无差异曲线穿越的每一种消费组合。在图 10A-4 中，位置最高的无差异曲线为 I_4。不幸的是，戴夫没有足够的收入来购买 I_4 上 C 的消费组合。他的收入可购买组合 A 和组合 D，但他可以做得更好。如果他消费组合 B，这是在给定他的预算约束10美元情况下能够达到的最高无差异曲线。在给定他的偏好和预算约束的前提下，3块比萨饼和4听可乐的消费组合是戴夫对这两种商品最优的消费。请注意，在点 B，戴夫的预算约束线正好触及（或者说切于）I_3。事实上，组合 B 是戴夫能够用10美元购买的 I_3 上唯一的组合。

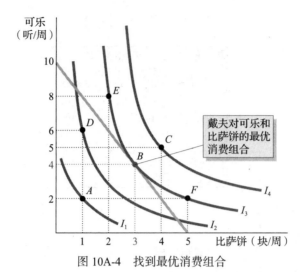

图 10A-4 找到最优消费组合

注：戴夫喜欢最高可能触及的无差异曲线，但他无法达到像 I_4 这样的无差异曲线，这超出了他的预算约束。戴夫对比萨饼和可乐最优的组合是在 B 点，也就是触及预算线，或者说切于最高无差异曲线的点上。在 B 点，戴夫购买 3 块比萨饼和 4 听可乐。

◎概念应用 10A-1

苹果公司确定 iPhone 功能的最佳组合

消费者有不同的偏好，这有助于解释为什么许多公司提供具有多种功能的产品。例如，苹果公司出售的 iPhone 具有不同的屏幕尺寸、处理器、显示器、相机、电池寿命和内存量。我们可以使用消费者选择模型来分析 Apple 管理者在确定为消费者提供哪些功能时面临的情况。

假设消费者每个人有 500 美元可用于购买 iPhone，并且他们只关心两个智能手机功能：屏幕尺寸和内存。由于更大的屏幕和更大的内存增加了苹果生产智能手机的成本，因此消费者面临一个权衡：屏幕越大，内存量越小。在图 10A-5a 中的消费者更喜欢屏幕尺寸而不是内存。对于这个群体，典型的消费者无差异曲线与预算约束之间的切线点显示出 5.5 英寸屏幕和 128 GB 内存的最佳选择。在图 10A-5b 中的消费者更喜欢内存而不是屏幕尺寸。对于这个群体，典型的消费者无差异曲线与预算约束之间的切线点显示了 4.7 英寸屏幕和 256 GB 内存的最佳选择。

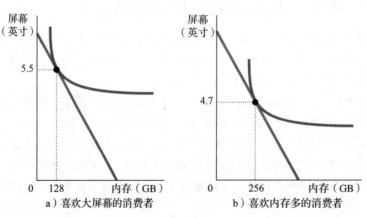

图 10A-5

苹果和其他公司使用诸如调查和焦点小组之类的市场研究方法来收集有关消费者偏好的信息。有了消费者的偏好信息和有关生产不同智能手机组件成本的数据,苹果可以确定向消费者提供的功能组合。

10A.3.1 推导需求曲线

假设比萨饼的价格从每份 2 美元下降到 1 美元,这一变化如何影响戴夫对比萨饼和可乐两种产品最优消费组合的决策?首先请注意,当比萨饼价格下降后,戴夫的预算线发生了什么变化。如图 10A-6 所示,当比萨饼的价格为每块 2 美元时,戴夫能够购买的最大数量为 5 块。当比萨饼的价格下降到每块 1 美元时,戴夫可以最多购买 10 块。他的预算线将向外旋转,从 A 点移动到 B 点(请注意,比萨饼的价格下跌不会影响戴夫用 10 美元购买的可乐的最大听数)。

当预算线向外旋转时,戴夫能够购买此前买不起的消费组合。图 10A-6 表现的是当比萨饼价格为每块 2 美元时,戴夫最优的组合为 3 块比萨饼、4 听可乐。而当比萨饼价格下降到 1 美元后,最优的组合为 7 块比萨饼、3 听可乐。比萨饼价格下降会导致戴夫消费更多的比萨饼和更少的可乐,并达到更高的无差异曲线。

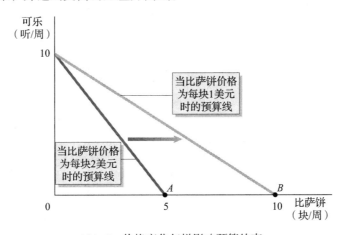

10A-6 价格变化怎样影响预算约束

注:随着比萨饼的价格从每块 2 美元下降到每块 1 美元,戴夫用 10 美元购买的最大数量从 5 变到 10。价格变化的影响表现为预算线将向外旋转,从 A 点变动到 B 点。

比萨饼价格变化后,戴夫最优消费的变化揭示了需求曲线为什么向右上方倾斜。戴夫对于比萨饼的调整如下:

比萨饼价格 = 2 美元 / 块 → 比萨饼的需求数量 = 3 块

比萨饼价格 = 1 美元 / 块 → 比萨饼的需求数量 = 7 块

在图 10A-7b 中,我们标出了最优消费组合的两个点,并用线将两点连在一起。这条向下倾斜的线就是戴夫对比萨饼的需求曲线。通过改变比萨饼的价格,我们可以找到戴夫对比萨饼需求的最优数量,从而找到更多的需求曲线的点。

根据需求法则,需求曲线总是向右下方倾斜的。以上内容解释了该法则的结论来自价格变化后消费者对最优数量的调整。商品价格的下降将导致预算线向外旋转,使得消费者可以触及更高的无差异曲线，结果消费者对产品的需求数量增加了。当价格提高时，预算线将向内旋转，迫使消费者去触及更低的无差异曲线，结果消费者对产品的需求数量就减少了。

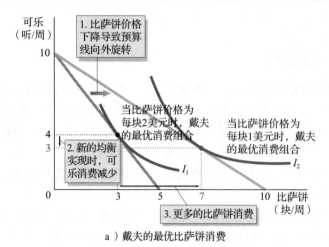

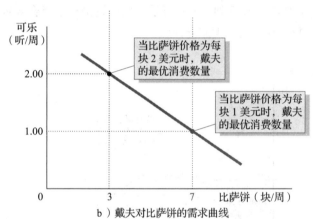

图 10A-7 价格变化怎样影响最优消费选择

注：在图 10A-7a 中，比萨饼价格下降，导致戴夫少消费可乐多消费比萨饼：①比萨饼价格下降导致预算线向外旋转，因为戴夫可以用 10 美元购买更多的比萨饼。②新的最优点位于无差异曲线 I_2 上，戴夫改变了对两种产品的消费数量。他消费的可乐从 4 听减少为 3 听。③新的最优消费组合为，戴夫消费的比萨饼从 3 块增加到 7 块。

在图 10A-7b 中，可以看出当比萨饼价格从每块 2 美元下降到每块 1 美元后，戴夫的最优反应为消费的比萨饼从 3 块增加为 7 块。当我们画出这一结果后，我们就得到了戴夫对比萨饼的需求曲线。

| 解决问题 10A-1 |

什么时候的价格变化会使得消费者的状况变得更好

戴夫每月有 300 美元来购买比萨饼和在线电影。比萨饼和在线电影目前的价格都为 10 美元。戴夫买 20 块比萨饼和 10 部在线电影可最大化自己的效用。假设戴夫仍然有 300 美元可支出，但在线电影的价格上涨到了 20 美元，而比萨饼的价格下降到了 5 美元。与降价前相比，戴夫的状况是变好了还是变差了？使用预算线和无差异曲线来解释你的答案。

解决问题步骤

步骤 1：该问题是关于价格变化怎样影响最优选择的话题，请复习有关"推导需求曲线"的内容。

步骤 2：画图解决问题。画出预算约束线、无差异曲线和最初价格水平上最优消费组合点。

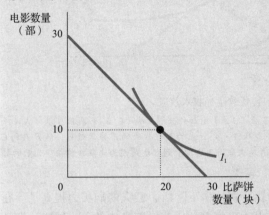

接下来画出价格变化后的图形。请注意，在这个问题中是两种产品价格发生变化。我们可以通过计算戴夫在比萨饼和在线电影价格变化后所能购买的最大数量画出新的预算约束线。我们也应该注意到，价格变化后，戴夫支出 300 美元仍然能够消费最初的最优消费组合，即 20 块比萨饼和 10 部在线电影的组合点，因此新的预算线一定通过该点。

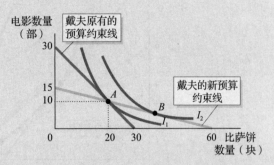

根据新的价格，戴夫购买的最大数量为 60 块比萨饼或 15 部在线电影。A 点不再是最优，因为根据新的价格，戴夫可以达到比 I_1 更高的无差异曲线。我们可以画出新的更高的无差异曲线 I_2，新的最优消费组合为 B。

因为戴夫可以到达新的更高的无差异曲线，我们可以得出结论，价格变化后戴夫的状况变好了。

10A.3.2 价格变化后的收入效应和替代效应

从本章我们已经知道，价格变化后对一种消费产品的数量有两种影响：收入效应和替代效应。收入效应是指，在其他因素不变的情况下，一种产品价格变化影响消费者购买力从而对其需求量产生的影响。替代效应是指，一种产品价格变化后，在假定价格变化不影响消费者购买力的情况下，该种产品相对其他产品价格上升或下降从而影响对该产品需求量形成的影响。我们可以使用无差异曲线和预算约束线来更清晰地分析这两种效应。

图 10A-8 与图 10A-7 所述的情形相同：当比萨饼的价格从每块 2 美元下降到每块 1 美元，戴夫的预算约束线向外旋转。戴夫最优消费的比萨饼从每周 3 块（图 10A-8 中的 A 点）增加到每周 7 块（图 10A-8 中的 C 点）。我们可以把从 A 点到 C 点的变化看成两个步骤：从 A 点到 B 点的变化代表的是替代效应，从 B 点到 C 点的变化代表的是收入效应。为了单独讨论替代效应，我们不得不将价格变化后对戴夫收入的影响设定为不变。在图 10A-8 中，从 A 点移动到 B 点，戴夫仍然在同一条无差异曲线 I_1 上。点 A 是 I_1 与戴夫最初预算约束线的切点；点 B 是 I_1 与一条新的假想预算约束线的切点，在此预算约束线的斜率等于比萨饼的

新价格与可乐价格的比率。在 B 点,戴夫对比萨饼的消费从 3 块增加到 5 块。因为仍然在无差异曲线 I_1 上,这种增加仅仅是戴夫对于比萨饼相对价格变化做出的反应,这种数量增加表示的是比萨饼价格下降后的替代效应。

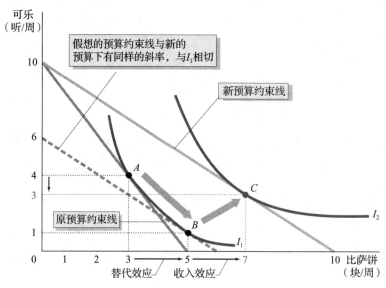

图 10A-8 价格变化的替代效应和收入效应

注:随着比萨饼价格下降,戴夫的最优消费从每周 3 块(A 点)增加到每周 7 块(C 点)。我们可以把从 A 点到 C 点的变化看成两个步骤:沿着无差异曲线 I_1 从 A 点到 B 点的变化代表的是替代效应,从 B 点到 C 点的变化代表的是收入效应。戴夫对比萨饼的消费从每周 3 块增长到 5 块是因为比萨饼价格变化后的替代效应引起的,而从 5 块增加到 7 块是收入效应引起的。

在 B 点,戴夫并没有支出全部收入。因为比萨饼价格下降后,戴夫的购买力提高了。在图 10A-8 中,我们也给出了因为购买力提高戴夫购买更多的比萨饼而形成的收入效应,即从 B 点到 C 点。请注意,从 B 点到 C 点的变化,比萨饼价格相对于可乐的价格是不变的,因为新的预算约束线的斜率与假想的预算约束线的斜率相同,后者与 I_1 在 B 点相切。

因此,我们可以得出结论,比萨饼价格下降后的替代效应为,戴夫对比萨饼的消费从每周 3 块增长到 5 块,收入效应为从每周 5 块增长到 7 块。我们在本章正文讨论替代效应和收入效应时指出,价格下降造成的收入效应会引起消费者购买更多的正常物品而减少低档物品的购买。因为收入效应,戴夫增加了比萨饼的消费,对他而言,比萨饼一定是正常物品。

10A.3.3 收入变化怎样影响最优消费组合选择

假设比萨饼的价格仍然为每块 2 美元,但戴夫用于购买比萨饼和可乐的总支出从 10 美元增加到 20 美元。图 10A-9 表现了这种变化如何影响他的预算约束。当收入为 10 美元时,戴夫购买比萨饼的最大数量为 5 块,可乐的最大数量为 10 听。支出为 20 美元时,比萨饼的最大数量为 10 块,可乐的最大数量为 20 听。收入增加,戴夫对于比萨饼和可乐的消费也增加了,移动到了更高的无差异曲线上。图 10A-10 表现出了戴夫最优组合的变化。戴夫对于比萨饼的消费从每周 3 块增加到 7 块,可乐从 4 听增加到 6 听。

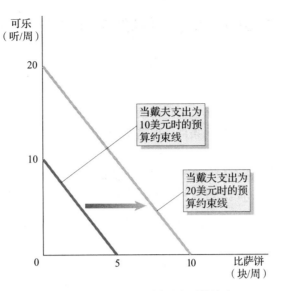

图 10A-9　收入变化怎样影响预算约束

注：当戴夫购买比萨饼和可乐的支出从 10 美元增加到 20 美元后，他的预算约束线将向外移动。支出 10 美元时，戴夫购买比萨饼的最大数量为 5 块，可乐的最大数量为 10 听。支出为 20 美元时，比萨饼的最大数量为 10 块，可乐的最大数量为 20 听。

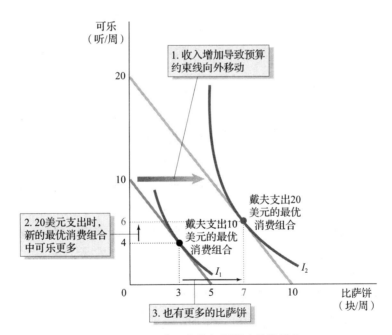

图 10A-10　收入变化怎样影响最优消费

注：收入增加，戴夫将增加对可乐和比萨饼的消费：
（1）收入增加后，戴夫的预算约束线将向外移动，因为它可以购买更多的两种商品。
（2）新的最优组合位于无差异曲线 I_2 上。戴夫对两种商品的最优消费数量也发生改变。可乐消费将从 4 听增加到 6 听。
（3）在新的最优消费组合点，比萨饼的消费将从 3 块增加到 7 块。

10A.4 无差异曲线的斜率、预算约束线的斜率和单位货币边际效用相等法则

从本章我们已经知道，当消费者消费的每一种商品达到这样的时点时，消费者就实现了效用最大化：每种产品支出的每单位货币得到的边际效用相等。这一结论似乎与我们在本章附录前面所说的实现效用最大化的条件，即消费者需要在给定预算约束的条件下处在最高的无差异曲线上的说法不一致。事实上，两个条件是等价的。为了理解这一点，请看图 10A-11，其中包含了戴夫的无差异曲线和预算约束线。最优消费组合点位于无差异曲线与预算线的切点处，在该点无差异曲线与预算线有相同的斜率。因此，在最优消费组合点，边际替代率等于横轴商品价格与纵轴商品价格的比率。

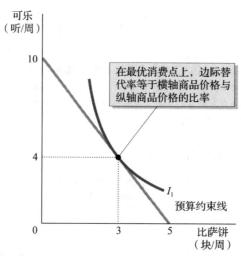

图 10A-11 在最优消费点上，无差异曲线的斜率等于预算约束线的效率

注：在最优消费点上，边际替代率等于横轴商品价格与纵轴商品价格的比率。

无差异曲线的斜率告诉我们消费者愿意用一种商品替代另一种商品的比率。预算约束线的斜率告诉我们消费者能够用一种商品替代另一种商品的比率。只有在最优消费组合点上，消费者愿意用一种商品去替代另一种商品的比率才等于消费者能用一种商品去替代另一种商品的比率。

10A.4.1 单位货币边际效用相等法则再议

本章讨论的单位货币边际效用相等法则表明，消费者支出应该到这样的时点，即对每种产品支出的最后一单位货币应该带给消费者相同的边际效用。我们可以使用无差异曲线和预算约束线来分析为什么这一规则是成立的。当我们沿着同一条无差异曲线移动时，一种产品增加而另一种产品在减少，但效用水平相同。例如，当戴夫沿着无差异曲线向下移动时，他消费的可乐在减少，比萨饼在增加，但效用数量相同。

边际效用是指消费者增加（或减少）1 单位商品带给消费者的额外效用变化。当戴夫沿着无差异曲线向下移动时，他消费的可乐在减少，由此损失的效用为：

$$-可乐变化数量 \times MU_{可乐}$$

但是，他消费了更多的比萨饼，他从中多得到的效用为

$$比萨饼变化数量 \times MU_{比萨}$$

因为戴夫的总效用沿着无差异曲线移动时不会发生变化，因此，增加比萨饼多得到的效用一定等于减少可乐而损失的效用。因此，我们可以写出下式：

$$-(可乐变化数量 \times MU_{可乐}) = (比萨饼变化数量 \times MU_{比萨})$$

减少可乐消费　　　　损失的效用增加比萨饼消费

重新整理后可得：

$$-\frac{可乐变化数量}{比萨饼变化数量} = \frac{MU_{比萨}}{MU_{可乐}}$$

因为 $-\dfrac{可乐变化数量}{比萨饼变化数量}$ 是无差异曲线的斜率，等于 MRS（乘以 –1），因此我们可以重新写成：

$$-\frac{可乐变化数量}{比萨饼变化数量} = MRS = \frac{MU_{比萨}}{MU_{可乐}}$$

戴夫预算约束线的斜率等于比萨饼的价格除以可乐的价格（乘以 –1）。我们从前面已经知道，在最优消费组合点上，MRS 一定等于两种商品价格的比率。因此

$$\frac{MU_{比萨}}{MU_{可乐}} = \frac{P_{比萨}}{P_{可乐}}$$

我们可以重新写成最优消费组合点的条件：

$$\frac{MU_{比萨}}{P_{比萨}} = \frac{MU_{可乐}}{P_{可乐}}$$

这一等式就是我们在本章推导出的单位货币边际效用相等的法则。因此，我们使用无差异曲线和预算约束线分析消费者选择也能得出这一法则。

10A　使用无差异曲线和预算线来了解消费者行为

复习题

10A.1 经济学家关于消费者偏好所做出的两个假设是什么？
10A.2 什么是无差异曲线？什么是预算线？
10A.3 消费者怎样做出最优消费组合选择？

问题与应用

10A.4 雅可比每周有 5 美元的零花钱，他全部用于购买冰激凌和苏打水。
　　a. 如果冰激凌的价格是 0.50 美元，苏打水的价格为每听 1 美元，请画出雅可比的预算约束线。在图中标明，雅可比能够买的冰激凌的最大数量和苏打水的最大数量。

b. 雅可比购买了 8 支冰激凌和 1 听苏打水。假设这是他的最优选择,请画出雅可比选择的无差异曲线。

c. 假设冰激凌的价格上升到每支 1 美元。请画出雅可比最新的预算约束线和对冰激凌与苏打水的最优消费组合。

10A.5 假设上题中雅可比的零花钱从每周 5 美元增加到 10 美元。

a. 通过图形解释零花钱变化怎样影响雅可比的收入约束。

b. 画出一组无差异曲线来解释雅可比的零花钱增加怎样引起他对冰激凌和苏打水消费的变化,假设两种物品都是正常物品。

c. 画出一组无差异曲线来解释雅可比的零花钱增加怎样引起他对冰激凌和苏打水消费的变化,假设苏打水是正常物品,冰激凌是低档物品。

10A.6 假设卡尔文认为百事可乐和可口可乐是完全替代品。他对它们的偏好也一样,他从喝一听百事可乐或者可口可乐得到同样数量的满足感。

a. 卡尔文对于表现百事可乐和可口可乐替代关系的无差异曲线与本附录画出的无差异曲线有相同的曲率吗?简要解释。

b. 卡尔文怎样决定对可口可乐或百事可乐的购买?

10A.7 根据下图所示的预算约束线和无差异曲线,尼基有 200 美元可购买上衣和裤子。

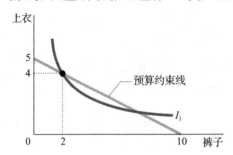

a. 上衣和裤子的价格各为多少?

b. 尼基购买 4 件上衣和 2 条裤子是否实现了最优选择?简要解释。

10A.8 马里洛与亨特在同一家超市购买牛奶和甜甜圈。他们收入不同,对牛奶和甜甜圈的偏好也不同。他们各自购买了一些牛奶和一些甜甜圈,但数量大不相同。我们能够得出结论说牛奶和甜甜圈的边际替代率相同吗?请画出他们的预算约束线和无差异曲线,并解释说明。

10A.9 Sunsweet 认为西梅汁的产品形象不佳,所以他发起一场轰轰烈烈的广告宣传来说服年轻人,让他们相信西梅汁是非常时尚的东西。公司雇用 Eminem、Jay-Z 和 Trick Daddy 来代言产品。这一推广活动真的见效。尽管 Sunsweet 没有减价,但西梅汁销量大增。请画出无差异曲线和预算约束线,Sunsweet 西梅汁在一个轴,其他的饮品在另一轴上,并解释为什么名人代言可以改变销售量。

10A.10 戴夫每个月有 300 美元用于购买比萨饼和在线电影。比萨饼和在线电影目前的单价都为 10 美元,戴夫购买 20 块比萨饼和 10 部在线电影可实现最大效用。现在假设戴夫仍然有 300 美元,但是比萨饼的价格上升到了 12 美元,在线电影的价格下降到了 6 美元。与价格变化前相比,戴夫的状况是变好了还是变差了?请使用预算约束线与无差异曲线来解释说明。

10A.11 下图所示为 Yolanda 预算约束给定条件下，实现最大效用时购买的苹果与橙子的组合。假设橙子价格翻倍，而苹果的价格和 Yolanda 的收入没有发生变化。

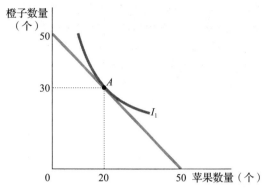

a. 请画出新的预算约束线，来表现橙子价格上升后的情形。

b. 根据本章附录开始时对消费者偏好的假定，大致画出新的无差异曲线来反映橙子价格翻倍后的最优商品组合。

c. 在什么样的背景下，苹果和橙子的新的最优组合将包括更多的橙子（与最初的消费组合相比）？请简要解释。

10A.12 《华尔街日报》上的一篇文章指出，由于汽油价格下跌，"过去两个月，位于田纳西州纳什维尔的餐饮连锁店 Back Yard Burgers 的销售显著改善。"使用无差异曲线和预算约束线来表示汽油价格下降对消费者的影响，并做以下假设：

1. 消费者每月有 120 美元用于购买汽油和汉堡。
2. 汽油价格从每加仑 3.00 美元降至每加仑 2.00 美元。
3. 汉堡的价格不变，为 6 美元。

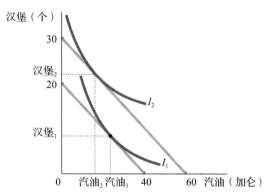

上图是否正确展示出了以下各项。

a. 汽油价格下跌之前，消费者的原始预算约束线

b. 汽油价格下跌后，消费者的预算约束线

c. 汽油价格下跌后消费者购买的汽油量变化

资料来源：Nick Timiraos, "Pump Prices Prime Economy for Growth," *Wall Street Journal*, December 11, 2014.

第 11 章
技术、生产和成本

:开篇案例:

大型开放式网络课程的成本会带来高等教育革新吗

数百年来,大学教育通常在教师和学生进行互动的讲堂上进行。提供大学教育的总费用中有很大一部分是建造和维护建筑物以及支付教员和管理人员的薪水。经济学家将这些费用称为固定成本,因为无论招收的学生人数为多少,成本都保持不变。只要教室里有空位,高等教育的边际成本,即指导一名额外增加学生的成本就非常低。但是,一旦教室满员,边际成本就会大大增加,因为学校需要建立更多的教室并雇用更多的老师。例如,佐治亚理工学院必须将其在校的计算机科学硕士学位的入学人数限制在300名学生以内,因为这是可用设施允许的容量。

科技已经开始改变大学的成本。现在,一些大学提供大型开放式网络课程(以下简称MOOC)。在线课程的固定成本相对较高,因为导师必须制定新的教学大纲、考试方式和教学笔记,并确定何时以及如何与学生互动。但是,在课程上线后,为额外增加学生提供教学辅导的成本几乎为零,因为教学不受教室空间规模的限制。由于边际成本很低,在支付固定成本后,即使对选修这些课程的学生收取低价,大学也可以从MOOC中获得可观的收入。2017年,佐治亚理工学院的计算机科学在线硕士学位招收了4 500多名学生,其中一门三学分的课程收费510美元,仅相当于佐治亚理工学院普通学生选修该课程的价格的十分之一。

MOOC运营的早期阶段的效果好坏参半。尽管一些学生在在线课程中表现不错,但辍学率往往高于传统课程。在注册人数众多的MOOC中,教师无法与学生进行个别互动。但是,佐治亚理工学院的计算机科学在线硕士学位的成绩看起来前景不错。哈佛大学肯尼迪学院的约书亚·古德曼(Joshua Goodman)及其同事进行的一项研究发现,MOOC的毕业率很高,并且在线注册学习的学生质量与传统的校园课程的学生质量相当。在线教学的成本优势是将本科和研究生教育扩展到原本不会获得教育的学生群体中,这表明MOOC不会仅仅是一时的流行。

在本章中,我们将分析生产商品或服务所涉及的成本类型,并了解这些成本如何影响企业的运营方式。

资料来源：Kevin Carey, "An Online Education Breakthrough? A Master's Degree for a Mere $7,000," *New York Times*, September 28, 2016; Joshua Goodman, Julia Melkers, and Amanda Pallais, "Can Online Delivery Increase Access to Education?" Harvard Kennedy School Faculty Research, Working Paper Series RWP16-035, September 2016; Steve Maas, "Do Online Courses Increase Access to Education?" pbs.org, January 24, 2017; and "The Digital Degree," *Economist*, June 28, 2014.

┊生活与职业生涯中的经济学┊

在你的线上生意中使用成本概念

假设你正在考虑建立一个网站销售iPhone手机壳。你找到一家制造商，该制造商将以每只10美元的价格卖给你。你的朋友何塞已经在运行这样的网站，你打算购买与他相同的计算机和软件。像何塞一样，你打算在工业园区内租一栋小建筑物，在那里你可以拥有办公室和存储空间来存放库存。你打算以每只15美元的价格出售这些外壳。

你发现何塞每月卖出的数量比你预期的要多，他只卖13美元。你想知道何塞如何以较低的价格获利。随着何塞每月售出更多，他的公司成本会低于你公司的成本吗？阅读本章时，请尝试回答这一问题。本章末尾将给出我们答案。

在第10章，我们已经知道了需求曲线背后消费者决策的故事。在本章为了更好地理解企业如何决策，我们将去了解供给曲线背后发生了什么。前面的章节表明，供给曲线是向右上倾斜的，因为随着企业供给产量的增加，边际成本也会提高。在本章，我们将进一步分析为什么产出与成本的关系成立。在本章附录，我们通过引入等产量线和等成本线扩展了分析，以便更好理解企业如何选择投入品来生产产品。一旦我们对生产和成本有了更好的理解，在接下来的章节中，我们就可以理解企业如何做出产量水平和价格水平决策。

11.1 技术：经济意义上的定义

企业的基本活动是使用投入，如工人、机器设备和自然资源，来生产产品和服务。例如，一家比萨饼店为了制作比萨饼需使用的投入有：做饼用的面团、调味酱、厨师和烤炉。企业的**技术**（technology）是企业使用投入转化成产品和服务产出（品）的工艺流程。请注意，这是经济学意义上定义的技术，要比日常定义更广泛一些。在日常语言中，"技术"一词是指开发新产品。在经济学意义上，企业的技术受到许多因素的影响，如管理人员的管理技能、对工人的培训以及机器设备的运转速度和效率等。例如，制作比萨饼的比萨饼烤制技术不仅仅包括烤炉的大小和烤制的速度，而且还包括厨师准备生饼的速度、企业管理者对企业的激励以及厨师快速准备生饼并把它们放入烤箱的流程安排。

当企业使用同样数量的投入得到更多产出或者同样数量产出用更少投入时，企业的**技术变革**（technological change）是增进型（positive）的。增进的技术变革可由许多原因引起。例如，企业管理者可能通过重新安排工厂布局或者零售商店布局增加了生产和销售，通过创新对工人的培训项目，或者安装了更快或者更为可靠的机器设备等。企业也可能会出现退步型（negative）的技术变革。比如，企业雇用了能力低下的工人，或者飓风毁坏了厂房设施，导致在同样投入条件下所得到的产出数量减少。

◎ 概念应用 11-1

请安静好吗，Segment.com 上的技术变革

Segment.com 是一家位于旧金山的公司，致力于开发和销售企业软件。该软件允许公司收集有关客户的数据，跨计算机、智能手机和其他设备跟踪数据，并管理公司的社交媒体形象。Segment.com 的办公地点此前曾经是仓库，拥有 20 000 平方英尺的空间，30 英尺的天花板以及工业外观，该空间外表看上去非常酷，这帮助公司吸引了年轻的软件工程师加盟。就像许多使用类似设施的科技公司一样，Segment.com 使用开放办公室，公司不再拥有单独的办公室，大约 100 名员工中的大多数人都是在没有隔板的办公桌前工作。

但是，首席执行官彼得·莱因哈特（Peter Reinhardt）发现办公室布局引出了问题。"专注"是 Segment 公司的四个核心价值之一，公司自然希望软件工程师将注意力集中在困难的编程问题上。但是，许多工程师抱怨说，他们难以集中精力，因为他们被噪声分散了注意力。莱因哈特考虑让员工少说话，但是在协作的工作环境中，要求安静真是太可怕了。他还感到困惑的是，有时来公司的客户会谈到公司是多么安静，这与他的工程师告诉他的正好相反。

莱因哈特要求工程师设计一个应用程序来记录分贝水平，并将该应用程序安装在办公室的 iPad 上。该应用程序的数据显示，由于建筑物的声学特性，不同地区的噪声水平差异很大。工程师工作的地方原来是最响亮的区域，而与客户打招呼的入口区域是最安静的区域。莱因哈特决定重新安排其员工的工作地点：工程师和产品开发人员被转移到最安静的区域，而销售和市场营销人员（通常通过电话交谈）被转移到最嘈杂的区域。

据莱因哈特说，重新安排工作区后带来了产出增加的结果，相当于增加了 10 至 15 名员工。换句话说，Segment.com 能够以相同数量工人产生更多的产出。该公司不是通过安装更快的计算机或其他硬件，而是通过重组其工作场所经历了积极的技术变革。

资料来源：Peter Reinhardt, "Improving Our Focus by Measuring Sound Levels," segment.com, October 19, 2016; and Rachel Feintzeig, "How One Firm Lowered Its Open-Office Noise," *Wall Street Journal*, November 15, 2016.

11.2 经济学意义上的长期与短期

当企业分析其产量与成本的相互关系时，会把时间段分成短期与长期。在**短期**（short run），至少有一种企业的投入是固定不变的。特别是，企业在短期的技术、实物工厂的规模（如厂房、商店和办公室）都是不变的，但企业包括员工人数在内的投入品则是可变的。在**长期**（long run），企业可以改变所有的投入，采用新的技术，扩大或缩小实物工厂规模。

当然，在短期变为长期之前，不同企业之间差异很大。一家比萨饼店的短期可能很短，只需要几个星期就可以扩大实物店铺规模、增加比萨饼烤炉、增添一些桌椅。与此相反，对通用汽车公司来讲，通过添置最新的设备、建立新的汽车组装线来扩大生产能力可能会需要一年或更长时间。

11.2.1 固定成本和可变成本的区别

总成本（total cost）是企业在生产中使用的所有投入的成本。我们先看短期，一些投入是固定不变的，一些是可变的。固定不变投入的成本被称为固定成本，可变投入的成本被称为可变成本。我们也可以认为**可变成本**（variable cost）是随着产量变化而变化的成本。**固定成本**（fixed cost）是随着产量变化而保持不变的成本。一个典型企业的可变成本包括劳动成本、原材料成本，以及电力和其他公用事业成本。典型的固定成本包括租用工厂或者零售店铺空间的租金、购买的火灾保险费、在线和电视广告费。所有企业的成本中要么是可变成本，要么是固定成本。因此我们有下面这个关系式：

$$总成本 = 固定成本 + 可变成本$$

或使用字母写成：

$$TC = FC + VC$$

◎ 概念应用 11-2

出版业中的固定成本

剑桥大学出版社的一位编辑估计了一家中等规模学术图书出版社的年度成本构成如下。

成本项目	金额（美元）
工资与补贴	625 000
租金	75 000
水电费	20 000
供货	6 000
邮寄费	5 000
差旅费	9 000
订阅费等	5 000
其他杂费	5 000
合计	750 000

学术著作出版商雇用编辑、设计人员、生产和销售经理准备图书的出版。这些雇员同时准备多部书，公司雇用的员工人数并不会随着特定年份公司出版书籍数量的变化而变化。因此，出版社中这些雇员工资和福利补贴被看作固定成本。

相反，对于印刷书籍的公司来说，工人数量会随着印刷书籍数量的变化而变化。从事印刷的工人的工资和福利补贴则是可变成本。

表中所列的其他成本对许多公司来讲都是典型的固定成本。

资料来源：*Handbook for Academic Authors*, 5th edition, by Beth Luey. Copyright © 2010 by Cambridge University Press. Reprinted by permission.

11.2.2 隐性成本和显性成本

经济学家总是用机会成本来度量成本。机会成本也就是从事一项活动后必须放弃的其他价值最高的选择。成本既可能是显性的，也可能是隐性的（参见第 8 章）。当一家企业支出钱财时，这就是**显性成本**（explicit cost）。当企业存在非货币机会成本时，这就是**隐性成本**（implicit cost）。

例如，吉尔·约翰逊经营一家比萨饼店。为经营该店，吉尔有显性成本，如支付给雇员的工资、店铺租金和电费，但成本中相当一部分是隐性的。在经营自己的店铺之前，吉尔在其他地方管理一家餐厅，每年薪水为3万美元。为了开店，他辞掉了工作，拿出了自己银行账户中的5万美元（每年可获得3 000美元利息），购买了经营餐馆需要的设备、桌椅、收银机和其他设备。也就是说，为经营自己的企业，吉尔必须放弃3万美元的薪水和3 000美元的利息。这33 000美元就是隐性成本，因为吉尔并没有支出这笔钱。事实上，每年放弃33 000美元是吉尔实实在在的成本。

此外，这一年中，吉尔店中的价值5万美元的桌椅及其他实物资本也会出现价值损耗，一方面是因为磨损，另一方面是性能更好的家具、收银机和其他设备的推出。**经济折旧**（economic depreciation）是吉尔在年初的资本支出与在年末如果他卖出这些资本所能得到价值之间的差额。如果吉尔在年底可以4万美元卖出，这1万美元的经济折旧就是其他的隐性成本（请注意，购置资本投入的5万美元并不是成本，因为在年末他仍然拥有这些机器设备，只是这些设备只值4万美元）。

表11-1列出了吉尔的成本。会计规则一般只要求记录显性成本，目的是与公司财务报告和税费（参见第8章）一致起来。因此，显性成本有时候也被称为**会计成本**（accounting cost）。**经济成本**（economic cost）包括会计成本和隐性成本。

表11-1 吉尔每年的成本（单位：美元）

成本项目	金额
生饼面团、番茄酱和其他配料	20 000
工资	48 000
购买烤炉的贷款利息	10 000
电费	6 000
店铺租金	24 000
（放弃的薪水）	30 000
（放弃的利息）	3 000
（经济折旧）	10 000
总计	151 000

注：带括号的成本项目为隐性成本。

11.2.3 生产函数

我们来看短期吉尔的产量和成本的关系。我们对表11-1简化，假定吉尔仅使用劳动和一种资本（比萨饼烤炉）来生产单一产品：比萨饼。许多企业采用两种或者更多的投入品来生产多种产品。通过分析企业使用两种投入来生产一种产品的情形可使我们更容易理解成本和产出之间的关系。在短期，吉尔没有时间去建更大的新餐馆、安装新的烤炉或者重新装修内部布局。因此，在短期，他生产的比萨饼的数量仅仅受到雇用工人数量变化的影响。

表11-2的前三列描述了吉尔每周雇用的工人数量、所使用的烤炉数与能生产的商品数量之间的关系。企业使用的投入与使用这些投入能生产的最大产出之间的关系被称为企业的**生产函数**（production function）。因为企业的技术表示的是使用投入得到产出的工艺流程，所以生产函数代表了企业的技术。表11-2前三列表现的是吉尔的短期生产函数，因为我们假定的时间足够短，所以吉尔没有时间增加或减少使用烤炉的数量。

表11-2 吉尔·约翰逊餐厅短期生产和成本

工人人数（人）	烤炉数量（台）	每周的比萨饼产量（份）	烤炉的成本（美元）	工人的成本（美元）	比萨饼总成本（美元/周）	每单位比萨饼成本（美元）
0	2	0	800	0	800	—
1	2	200	800	650	1 450	7.25
2	2	450	800	1 300	2 100	4.67

（续）

工人人数 （人）	烤炉数量 （台）	每周的比萨饼产量 （份）	烤炉的成本 （美元）	工人的成本 （美元）	比萨饼总成本 （美元/周）	每单位比萨饼成本 （美元）
3	2	550	800	1 950	2 750	5.00
4	2	600	800	2 600	3 400	5.67
5	2	625	800	3 250	4 050	6.48
6	2	640	800	3 900	4 700	7.34

11.2.4 生产和成本关系初议

表 11-2 给出了吉尔·约翰逊的成本。如果知道他生产一定量产品需要雇用的工人人数和使用的烤炉数量，知道他对工人和烤炉支付的钱财，我们就能得出与这一产量所对应的总成本。假设吉尔从银行贷款买了两个烤炉，贷款成本为每周 800 美元。也就是说，每周的固定成本为 800 美元。他每周为每名工人支付 650 美元。可变成本受到雇用工人数量的影响。在短期，吉尔要增加比萨饼的产量只能通过多雇用工人。从表 11-2 可知，如果他雇用 1 名工人，每周可烤制 200 份比萨饼；如果他雇用 2 名工人，可烤制 450 份比萨饼等。在某一星期，吉尔烤制比萨饼的总成本等于烤炉贷款的 800 美元加上雇用工人支付的薪水。如果吉尔决定雇用 4 名工人烤制 600 份比萨饼，它的总成本为 3 400 美元，即 800 美元租用烤炉 + 2 600 美元雇用工人。每份比萨饼的成本等于烤制比萨饼的总成本除以烤制的比萨饼数量。如果烤制 600 份比萨饼的总成本为 3 400 美元，每份比萨饼的成本或**平均成本**（average total cost）等于 3 400 美元 /600 = 5.67 美元。企业的平均成本总是等于总成本除以产出数量。

图 11-1a 是根据表 11-2 的数据画出的吉尔的总成本曲线。图 11-1b 是使用表 11-2 的数据画出的平均成本线。请注意，图 11-1b 中的平均成本近似于 U 型。随着产出从少到多，平均成本先下降，在大幅度提高产出前几乎走平。为了理解为什么平均成本曲线近似于 U 型，我们需要详细分析比萨饼生产技术的变化，也就是吉尔餐厅生产函数的变化。随后我们需要讨论由这种技术所决定的产出和成本之间的关系。

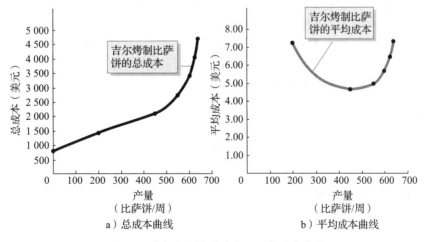

图 11-1 吉尔餐厅的总成本和平均成本曲线

注：我们可以画出表 11-2 所示的比萨饼产量与总成本、平均成本的关系。图 11-1a 表现的是随着产量增加，总成本在增加；图 11-1b 表现的是平均成本大致为 U 型，随着产量从少到多的增加，平均成本先下降，在大幅度提高产出前，几乎走平。

11.3 劳动边际产量和劳动平均产量

为了更好地理解吉尔在给定可用技术前提下面对的选择，我们先考虑如果他只雇用 1 名工人会出现的情形。这名工人不得不做几种不同的工作：接待顾客点餐、烤制比萨饼、将饼端给顾客、在收银台前结账收钱。如果吉尔雇用 2 名工人，相关活动就可在两人之间进行分工，一人接待顾客点餐、结账收钱与将饼送到顾客桌上，另一人进行制作并烤制。两名工人分工后，吉尔发现两名工人实际的产量要比仅有 1 名工人时产量的两倍还多。

多雇用一名工人可带来的产量增加被称为**劳动边际产量**（marginal product of labor）。我们可以通过额外多雇用 1 名工人所带来的总产量的增加量来计算劳动边际产量，根据表 11-3 可以计算吉尔的劳动边际产量。

当吉尔只雇用 1 名工人时，他每周的比萨饼产量从 0 增加到 200。因此，第 1 名工人的边际产量为 200。当他雇用 2 名工人时，每周的比萨饼产量为 450 份。第 2 名工人的劳动边际产量为 250 份。边际产量的增加来源于劳动分工和专业化。通过对任务进行分解（也就是劳动分工），工人从一种活动转向另一种活动的时间减少了，这样也使他们更为专业并做好自己的工作。例如，当一名工人专注于烤制比萨饼时，他的工作技能会提高，会变得更加快速。

表 11-3 吉尔·约翰逊餐厅的劳动边际产量

工人人数（人）	烤炉数量（台）	比萨饼产量（份）	劳动的边际产量（份）
0	2	0	—
1	2	200	200
2	2	450	250
3	2	550	100
4	2	600	50
5	2	625	25
6	2	640	15

11.3.1 报酬递减规律

从短期来看，吉尔所用的烤炉数量不变。因此，随着雇用工人人数的增加，劳动边际产量最终将开始递减。在经过某一点后，吉尔将用尽从分工和专业化中所得的好处，开始受到**边际报酬递减规律**（law of diminishing return）的影响。这一规律的意思是说，随着不断在一个固定投入（比如资本）上增加可变投入（比如劳动），最终将导致可变投入的边际产量出现递减。对吉尔而言，当他雇用到第 3 名工人时，劳动边际产量开始递减。雇用 3 名工人生产的比萨饼产量从每周 450 份增加到 550 份。比萨饼的增加量（100 份）要小于他雇用的第 2 个工人带来的增加量——250 份，因此劳动边际产量出现递减。

如果吉尔在烤炉数量不变的情况下增加越来越多的工人，工人们最终开始相互干扰，劳动的边际产量实际为负。当边际产量为负时，总产量开始下降。没有企业会雇用工人到边际产量为负、总产量下降的地步。

11.3.2 画出生产函数图

图 11-2a 表现的是吉尔所雇用工人的数量与比萨饼总产量之间的关系，数字来源于表 11-3。图 11-2b 表现的是劳动边际产量。在图 11-2a 中，随着雇用工人人数的增加，产量递增，但递增的速度并非恒定。因为专业化和劳动分工的存在，开始增加的产量速度是递增的，多增加一名工人增加的产量要大于此前所雇用的一名工人。在雇用了第二名工人后，再雇用更多

的工人，在烤炉数量不变的情况下，报酬出现递减。当到达报酬递减时点时，产出以递减的速度增长。第二名工人之后，吉尔每再多雇用一名工人，增加的产量要少于此前所增加雇用的一名工人的产出。在图 11-2b 中，劳动的边际产量曲线开始上升是因为存在着专业化和劳动分工效应，此后下降是因为报酬递减的影响。

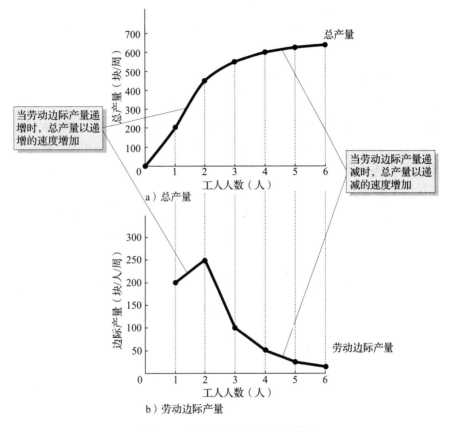

图 11-2　劳动的总产量与边际产量

注：在图 11-2a 中，产量随雇用工人人数的增加而递增，但递增的速度并非恒定。因为专业化和劳动分工的存在，开始增加的产量速度是递增的，多增加一名工人增加的产量要大于此前所雇用的一名工人。当到达报酬递减时点后，产出以递减的速度增长。雇用了第二名工人后，吉尔每再多雇用一名工人，增加的产量要少于此前所增加雇用一名工人的产出。在图 11-2b 中劳动边际产量是多雇用一名工人额外增加的产量。劳动的边际产量曲线开始上升是因为存在着专业化和劳动分工效应，此后下降是因为报酬递减的影响。

◎概念应用 11-3

亚当·斯密关于别针厂劳动分工的著名解释

亚当·斯密在 1776 年出版的《国富论》中，第一次讨论了经济学的一些关键理念。亚当·斯密认为劳动分工理念如此重要，应该在该书第一章进行讨论。他使用别针工厂的例子形象地解释了这一概念。下面一段话引自他对别针厂如何对一系列任务进行分工的描述：

一人抽丝，另一人拉直，第三人切断，第四人削尖，第五人磨光顶端以便安装针头；做针头就要求有两三道不同的操作；装针头是一项专门的业务，把针刷白，甚至将针装进纸盒中也是一项专门职业。这样，制针这一工作被分为十八道工序。

由于以此方式对别针制造进行了劳动分工，因此普通工人每天能够生产约 4 800 枚别针。斯密估计，单个工人自己操作机器制造别针，每天只能制造约 20 枚。斯密认为劳动生产力的最大进步是劳动分工带来的效果。240 多年后，经济学家依旧同意斯密的结论，并且理解从分工和专业化中获得的增益仍然与当今大多数企业相关。

资料来源：Adam Smith, *An Inquiry into the Nature and Causes of the Wealth of Nations*, Vol. I, Oxford, UK: Oxford University Press, 1976 (originally published 1776), pp. 14–15.

11.3.3 边际产量和平均产量的关系

劳动边际产出是指随着雇用工人数量的变化，总产量怎样变化。我们也可以计算工人制作比萨饼的平均数量。**劳动平均产量**（average product of labor）等于企业的总产量除以所雇用工人的数量。例如，根据表 11-3，如果继续雇用 4 名工人来生产 600 份比萨饼，劳动的平均产量等于 600/4 = 150 份。

我们可以这样表述劳动边际产量和劳动平均产量的关系：劳动平均产量是劳动边际产量的平均量。例如，在表 11-3 中，吉尔雇用的第 1 名工人的边际产量为 200，第 2 名工人的边际产量为 250，第 3 名工人的边际产量为 100，3 名工人的平均产量为 183.3，即：

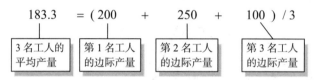

对前 3 名工人的边际产量进行平均，我们得到了 3 名工人的平均产量。

当劳动边际产量大于劳动平均产量时，劳动平均产量一定递增。这种说法与下述情形的原因相同，一名 1.9 米的人进入到一个平均身高为 1.7 米的人群的房间后，一定会抬高该房间人群的平均身高。劳动边际产量小于劳动平均产量时，劳动平均产量一定递减。劳动边际产量等于劳动平均产量时，劳动平均产量在最大值。

11.3.4 边际值和平均值的一个事例：大学成绩

劳动边际产量与平均产量的关系与任何其他变量的边际值和平均值之间的关系道理相同。为了更清楚地理解这一点，考虑一个类似的情形，一名学生在一个学期的平均绩点（GPA）与总成绩或者说累加绩点之间的关系。图 11-3 中的表给出了保罗从第一年秋季开始在大学期间每个学期的成绩。图 11-3 的曲线系根据表中数据画出。我们可以计算每名新增加的工人所增加的总产量（边际产量），我们也可以计算每名工人到目前的平均产出（平均产量）。

与此类似，我们可以计算出保罗在某学期所获得的绩点（边际绩点），我们也可以计算他到目前为止每个学期的累加绩点（平均绩点）。保罗在第一年的秋季学期开局不利，绩点只有 1.50。此后，直到大三秋季学期，他的绩点一个学期比一个学期好，这提高了它的累加绩点。但他的累加绩点的上升不如他每一学期的绩点提高得那么快，因为他的累加绩点被第一学期的糟糕成绩给拖累了。请注意，在保罗第三学年，尽管其春季学期的学期绩点低于秋季学期，但他的累加绩点还是提高了。只有在大四秋季学期当他的学期绩点低于累加绩点时，他的累加绩点才出现下降。

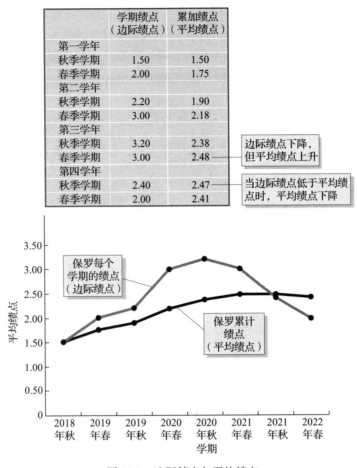

图 11-3　边际绩点与平均绩点

注：一个变量的边际值和平均值之间的关系可通过绩点来说明。我们可以计算保罗在每个学期的绩点（边际绩点），也能计算他所有学期的累加绩点（平均绩点）。保罗在第一年的秋季学期只获得 1.50 个绩点。此后，直到大三秋季学期，他的绩点一个学期比一个学期好，这提高了其累加绩点。在保罗第三学年，尽管他的春季学期的绩点低于秋季学期，但他的累加绩点还是提高了。只有在大四秋季学期当他的学期绩点低于累加绩点时，他的累加绩点才出现下降。

11.4　短期生产与短期成本的关系

技术决定着劳动边际产量和劳动平均产量。反过来，劳动边际产量和劳动平均产量也影响着企业的成本。请注意，我们讨论的这种关系是短期的相互关系：我们假定，时间是如此短，以至于无法改变技术或者实物工厂的规模。

图 11-1b 所示的吉尔·约翰逊餐馆的平均成本曲线呈 U 形。我们马上将会看到，平均成本曲线的 U 形是由表现边际成本和产量之间关系的曲线形状所决定的。

11.4.1　边际成本

经济学的重要理念之一是最优决策在边际上做出（参见第 1 章）。消费者、企业和政府官员通常做出的决策只是增加一点或者减少一点。就像吉尔所考虑的是否多雇用工人来增加比萨饼的产量，他需要考虑到多增加比萨饼产量会使他的总成本增加多少。**边际成本**（marginal cost）是企业多生产或少生产一单位商品或服务导致的企业总成本变化量。某一产量边际成本可通过总成本的变化量除以产出变化量来计算。用数学来表达这种说法，可得出以下关系式：

$$MC = \frac{\Delta TC}{\Delta Q}$$

在图 11-4 的表中，我们使用这一等式来计算吉尔生产比萨饼的边际成本。表中的其他值来自表 11-2 和表 11-3。

11.4.2 为什么边际成本和平均成本曲线都是 U 形

请注意，在图 11-4 中吉尔生产比萨饼的边际成本开始是下降然后递增，所以边际成本曲线也呈 U 形。图 11-4 中的表格也表现了劳动的边际产量。该表有助于我们理解生产的边际成本和平均成本之间的关系：①最先雇用的 2 名工人，劳动边际产量是递增的，这导致产量的边际成本下降；②后续雇用的 4 名工人，劳动的边际产量是下降的，所以边际成本上升。

工人数量（人）	比萨饼产量（份）	劳动边际产量（份）	比萨饼总成本（美元）	比萨饼边际成本（美元）	比萨饼平均成本（美元）
0	0	—	800	—	—
1	200	200	1 450	3.25	7.25
2	450	250	2 100	2.60	4.67
3	550	100	2 750	6.50	5.00
4	600	50	3 400	13.00	5.67
5	625	25	4 050	26.00	6.48
6	640	15	4 700	43.33	7.34

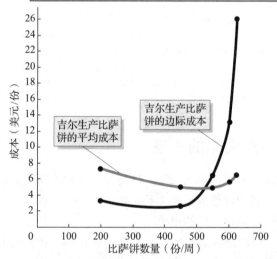

图 11-4　吉尔生产比萨饼的边际成本和平均成本

注：我们可以使用表中信息来计算吉尔生产比萨饼的边际成本和平均成本。最先雇用的 2 名工人，劳动边际产量是递增的，这导致产量的边际成本下降。后续雇用的 4 名工人，劳动的边际产量是下降的，所以边际成本上升。因此，边际成本曲线先下降后上升（也就是所说的 U 形）。只要边际成本低于平均成本，平均成本就下降。如果边际成本高于平均成本，平均成本就上升。边际成本和平均成本之间的关系可以解释为什么平均成本曲线也是 U 形。

对于图 11-4 中的结果，我们可以得出一般性的结论：当劳动的边际产量上升时，产量的边际成本是下降的；当劳动的边际产量下降时，产量的边际成本是上升的。

吉尔多生产 1 单位比萨饼所额外增加的成本其实是他多雇用工人支付的工资。他会对每名新雇用的工人每周支付 650 美元。每名工人所生产的比萨饼的边际成本要受到这名工人所增加的产量即边际产量的影响。只要每名新增加的工人所带来的产量是上升的，那么产量的边际成本就是下降的；而当新雇用的工人所带来的额外产量是下降的，那么边际成本就是上升的。我们可以得出如下结论：正是因为劳动边际产量先上升，后下降，导致了产出边际成本先下降，然后上升，所以呈现为 U 形。

边际成本和平均成本之间的关系，符合我们讨论的边际值和平均值之间的关系。只要边际成本低于平均成本，平均成本下降；当边际成本高于平均成本，平均成本就上升。因此，平均成本曲线具有与边际成本曲线同样的 U 形。

解决问题 11-1

计算边际成本和平均成本

圣地亚哥·德尔加多经营一家复印店。他租用了两台复印机，每天的租金为 12.50 美元。要租用更多的复印机，他要至少提前六周通知办公设备公司。他可以随时雇用到需要的工人，每名工人每天的工资为 50 美元。经营复印业务只需要这两样投入即可。

a. 使用成本概念完成下表的填写。

b. 画出圣地亚哥的平均成本曲线和边际成本曲线。两条曲线的形状如所预计的那样吗？简要解释。

工人数量	每日复印数量	固定成本（美元）	可变成本（美元）	总成本（美元）	平均成本（美元）	边际成本（美元）
0	0					
1	625					
2	1 325					
3	2 200					
4	2 600					
5	2 900					
6	3 100					

解决问题步骤

步骤 1：复习教材相关内容。该问题要求理解成本的定义，请复习如下内容："固定成本和可变成本的区别""为什么边际成本和平均成本曲线都是 U 形"。

步骤 2：根据成本定义回答问题 b，填充表格。圣地亚哥的固定成本是他租用复印机支付的租金。他租用了 2 台复印机，每台租金为每天 12.50 美元，因此固定成本为 25 美元。圣地亚哥的可变成本等于他支付给工人的工资。每个工人每天的工资是 50 美元。他的总成本等于固定成本加上可变成本，平均成本等于总成本除以每日复印的数量，边际成本等于总成本的变化量除以产量的变化量。例如，如果每日的复印数量为 1 325 单位，而非 625 单位，其边际成本为：

$$MC = \frac{125-75}{1\,325-625} = 0.07(美元)$$

工人数量	每日复印数量	固定成本（美元）	可变成本（美元）	总成本（美元）	平均成本（美元）	边际成本（美元）
0	0	25	0	25	—	—
1	625	25	50	75	0.12	0.08
2	1 325	25	100	125	0.09	0.07
3	2 200	25	150	175	0.08	0.06
4	2 600	25	200	225	0.09	0.13
5	2 900	25	250	275	0.09	0.17
6	3 100	25	300	325	0.10	0.25

步骤 3：回答问题 b，画出圣地亚哥复印店的平均成本曲线和边际成本曲线，并解释它们是否具有通常的形状。我们可以使用上表数据来画出图形。

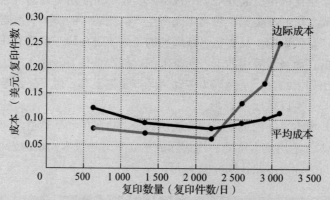

我们预想的平均成本和边际成本都呈 U 形，圣地亚哥的成本曲线也应如此。两条成本曲线先下降然后上升，与图 11-4 的成本曲线形状相同。

11.5　画出成本曲线

我们已经知道平均成本可以通过总成本除以产量而得到。与此类似，我们可以计算**平均固定成本**（average fixed cost），即用固定成本除以产量；也可以计算**平均可变成本**（average variable cost），即用可变成本除以产量。我们可以列出以下关系式（用 Q 表示产出水平）：

$$平均成本 = ATC = \frac{TC}{Q}$$

$$平均固定成本 = AFC = \frac{FC}{Q}$$

$$平均可变成本 = AVC = \frac{VC}{Q}$$

最后，请注意，平均成本等于平均固定成本与平均可变成本之和，即：

$$ATC = AFC + AVC$$

吉尔经营餐厅的唯一的固定成本是他每周要支付的购买烤炉的银行贷款 800 美元。他的可变成本是支付给工人的工资。图 11-5 给出了吉尔的各种成本。

我们将使用如图 11-5 那样的图形在接下来的几章分析企业怎样决定产出水平和价格水平。在进一步分析之前，读者要确定自己已经理解以下 3 个关键点：

（1）边际成本 MC、平均成本 ATC、平均可变成本 AVC 都呈 U 形，边际成本与平均成本和平均可变成本的最低点相交。当边际成本低于平均可变成本或者平均成本时，都会导致后两者递减。当边际成本高于平均可变成本或者平均成本时，都会导致后两者递增。因此，当边际成本与平均成本和平均可变成本相等时，后两者一定在最低点。

（2）随着产出的增加，平均固定成本 AFC 会变得越来越小。这是因为在计算平均固定成本时，我们是用一个保持不变的量（固定成本）去除以一个越来越大的量（产出）。企业经常把这种平均固定成本降低的过程称为管理费用的摊薄（spreading the overhead）。

（3）随着产出的增加，平均成本与平均可变成本之差逐渐减小。因为平均成本与平均可变成本之差等于平均固定成本，所以，平均固定成本随着产出的增长而逐渐变小。

工人数量	烤炉数量	比萨饼产量	烤炉成本（美元）	人工成本（美元）	总成本（美元）	ATC（美元）	AFC（美元）	AVC（美元）	MC（美元）
0	2	0	800	0	800	—	—	—	—
1	2	200	800	650	1 450	7.25	4.00	3.25	3.25
2	2	450	800	1 300	2 100	4.67	1.78	2.89	2.60
3	2	550	800	1 950	2 750	5.00	1.45	3.54	6.50
4	2	600	800	2 600	3 400	5.67	1.33	4.33	13.00
5	2	625	800	3 250	4 050	6.48	1.28	5.20	26.00
6	2	640	800	3 900	4 700	7.34	1.25	6.09	43.33

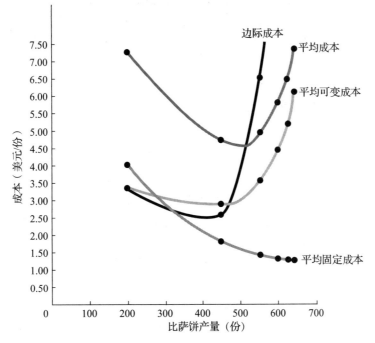

图 11-5　吉尔餐厅的各种成本

注：吉尔制作比萨饼的成本如图中表格和曲线所示。请注意 3 个关键点：①边际成本 MC、平均成本 ATC、平均可变成本 AVC 都呈 U 形，边际成本与平均成本和平均可变成本的最低点相交。②随着产出的增加，平均固定成本 AFC 会变得越来越小。③随着产出的增加，平均成本与平均可变成本之差逐渐减小。读者应该熟悉这些曲线，因为这是微观经济学中最重要的图形。

11.6　长期成本

刚才讨论的固定成本和可变成本的区别适用于短期而非长期。例如，吉尔在短期每周需支付 800 美元的固定成本，也就是他购买比萨饼烤炉申请贷款需支付的金额。在长期，购买更多比萨饼烤炉的成本是可变的，因为吉尔可以选择是否购买更多的烤炉。公司的其他固定成本与此类似。一旦一家公司购买了火灾保险，保险费用是固定的。但当保单失效后，公司必须决定是否重新购买，这笔成本就变为可变的了。这里的重点是所有成本在长期都是可变的，长期没有固定成本。换言之，在长期，总成本等于可变成本，平均成本等于平均可变成本。

成功企业的管理者会思考经营当前的店铺、工厂或者办公室怎样才能最赚钱，随着规模的扩大或者缩小是否在长期会更赚钱。吉尔必须考虑如何经营好当前的餐厅，也必须想好当目前银行贷款已经归还、店铺租期到期后下一步要做什么。例如，吉尔应该购买更多的比萨饼烤炉或者租用更大的餐厅吗？

11.6.1 规模经济

短期平均成本曲线表示的是当一些投入（比如使用的机器设备）固定不变时，企业所面对的成本。**长期平均成本**（long-run average cost）表现的是在长期当没有固定投入时企业能够生产一定量产品的最低成本。一个企业可能会存在**规模经济**（economies of scale），即随着企业生产的产出量增加，企业的长期平均成本随之下降的现象。图11-6中我们可以观察到规模经济效应，图中表现了短期平均成本曲线和长期平均成本曲线之间的关系。企业管理者可以使用长期平均成本曲线来制订长期计划，因为该曲线表现了产能扩张怎样影响成本，如建设更大的工厂或餐厅。

11.6.2 汽车厂的长期平均成本曲线

图11-6所示为汽车行业的长期平均成本。像特斯拉这样的企业，每年的产量预计仅为2万辆（2016年特斯拉的汽车产量），如果这类公司建的是一些小厂，组装一辆汽车的最低平均成本为52 000美元，如图中左边的ATC曲线所示。而大型的传统汽车生产厂，如由福特、通用或丰田所经营的汽车厂，每年能够生产20万辆汽车，每辆车的最低平均成本为27 000美元。平均成本从52 000美元下降到27 000美元表明在汽车行业中存在规模经济现象。为什么大型汽车制造厂的平均成本相对较低？一个重要的原因是像福特这样的公司每年生产的汽车数量是特斯拉公司每年生产数量的很多倍，但所使用的工人并没有比特斯拉多很多倍。劳动成本的节省降低了福特公司销售汽车的平均成本。

就一般意义而言，出现规模经济有多种原因，其中几个重要原因是：

第一，如同汽车生产厂所示的情形，企业的技术使得增加产量的同时至少有一种投入以较小的幅度增长。

第二，随着产能扩张，工人和管理者变得更加专业化，也变得更有效率。

第三，像福特、沃尔玛和苹果之类的大公司比小型竞争者能以更低的价格购入投入品。事实上，在苹果和沃尔玛公司扩张中，它们与供应商的讨价还价能力提高了，平均成本就下降了。

第四，随着企业扩张，它们能以更低的利率借到资金，这也降低了成本。

规模经济并不会随着企业产量增加而永远持续下去。大部分行业的长期平均成本曲线会有一段平坦部分，经常会覆盖很长一段产出区域。如图11-6所示，一家年产20万辆的汽车制造厂与年产40万辆的制造厂有同样的平均成本。在这一产量区间，该行业的企业具有**规模报酬不变**（constant returns to scale）的特征。随着这些企业产出的增长，它们的投入也会增加，工厂规模和使用的工人数量都会同比例增加。所有规模经济潜力都被挖掘而出的产出水平被称为**最小有效规模**（minimum efficient scale）。一家汽车制造商年产20万辆就达到了最小有效规模。企业产量如果小于最小有效规模可能难以存活下来，因为其成本要高于竞争对手。

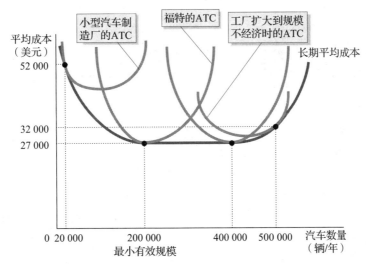

图 11-6　短期平均成本和长期平均成本之间的关系

注：一家产量为每年 2 万辆汽车的小型汽车制造厂，组装一辆汽车的最低平均成本为 52 000 美元，如图中左边的 ATC 曲线所示。而一家年产量为 20 万辆汽车的大型汽车制造厂，每辆车的最低平均成本为 27 000 美元。年产 20 万辆的汽车制造厂已经达到最小有效规模。随着产量超过 40 万辆/年，平均成本开始上升，超大型的汽车制造厂会出现规模不经济现象。

规模非常大的汽车制造厂也会出现平均成本递增现象，因为企业管理者在协调工厂的运营方面出现问题。如图 11-6 所示，年产超过 40 万辆轿车时，该行业的企业会面临**规模不经济现象**（diseconomies of scale）。例如，丰田公司发现当扩展其在肯塔基州乔治城的生产规模和在中国的工厂规模时，管理人员很难阻止平均成本的上升。根据丰田公司乔治城分厂的主管所说："追求更高产量耗尽了精力。在一段时间中，它也侵蚀着我们的关注度……辛苦多年积累下来的知识和技能也不够用。"一名分析丰田在扩大产量方面面临问题的人士说："许多非常成功的公司都曾经面临这种困境，变大并非总意味着变好。"

随着时间的推移，一个行业中的大部分企业至少会按照最小有效规模来建立工厂或商店，但并不会扩大到规模不经济的水平。例如，在汽车行业，大部分工厂的年产量规模在 20 万～40 万辆。当然企业并不知道它们长期平均成本曲线的具体形状，因此，它们可能错误地建造了过大和过小的工厂。

| 解决问题 11-2 |

用长期平均成本曲线来理解企业战略

2017 年，圣克鲁斯自行车制造商庞氏控股公司（Pon Holdings）建议收购罗利自行车（Raleigh bicycles）制造商安赛尔集团（Accell Group）。根据《华尔街日报》上的一篇文章："它们的合并规模可以帮助两家公司消除重复的运营成本，扩展其自行车产品组合以吸引更大的客户群，并有助于从供应商那里获得更好的价格。"庞氏每年销售约 80 万辆自行车，而安赛尔则销售约 150 万辆。（最后，交易没有发生。）

a. 庞氏控股如果希望从此次交易中受益，该公司应处在长期平均成本曲线上什么位置？

b. 运用庞氏的长期平均成本曲线来说明购买安赛尔可获得的预期效果。我们能否确定这笔交易是否会达到庞氏的最小有效规模？简要说明。

解决问题的步骤

步骤 1：复习本章材料。此问题与长期平均成本曲线有关，因此你需要复习的"长期成本"部分的内容。

步骤 2：通过解释庞氏在提议收购安赛尔集团时处于长期平均成本曲线哪里来回答问题 a。庞氏期望通过收购安赛尔扩大规模会降低其平均成本。因此，庞氏产量一定低于最小有效规模。

步骤 3：画出庞氏的长期平均成本图，解释通过收购是否有可能达到最小有效规模，从而确定该公司是否进行交易，以此来回答问题 b。为使庞氏的策略取得成功，产量要低于最低有效规模。在下图中，我们假设庞氏当前在其长期平均成本曲线上的 A 点组织生产，自行车产量等于 80 万辆，平均成本等于"平均成本$_1$"。通过收购安赛

尔，庞氏可以将生产扩大到 B 点，届时它将生产 230 万辆。庞氏的平均总费用会降低为"平均成本$_2$"。

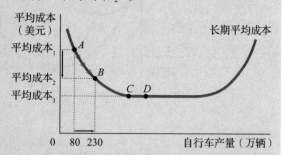

如图所示，庞氏在 B 点产量仍然低于最小有效规模。购买安赛尔可能会将庞氏推到 C 点的最小有效规模或超过 D 点的最小有效规模。在两种情况下，庞氏会将其平均成本降低到"平均成本$_3$"。我们没有足够的信息来确定庞氏是否预计该交易将到达 B 点、C 点或 D 点。我们只能说，庞氏期望其平均成本下降，并且期望降低其长期平均成本曲线，但不期望规模变得很大，以至于会遇到规模不经济的情况。

资料来源：Ben Dummett, "Dutch Deal Would Unite Biking Brands," *Wall Street Journal*, April 11, 2017.

◎ 概念应用 11-4

巨大的胭脂河工厂：福特公司的规模不经济

当亨利·福特在 1903 年开始创建福特汽车公司时，汽车公司只使用熟练工人在小型作坊中进行生产。福特向汽车行业引入两个重要理念，也使得他可以利用规模经济带来的好处。第一，福特使用标准化（或者说可相互替代）零部件，所以非熟练工人也可以装配汽车。第二，并非让大量工人从一个静止不动的汽车走向另一个，而是让工人静止不动，汽车沿着装配线移动。福特在底特律郊外的海兰帕克建了一个大型工厂。在那里，他使用上述理念以比那些在小型工厂中使用老式生产方法的竞争者低得多的平均成本生产著名的 T 型车。

福特相信，他能够沿着密歇根迪尔伯恩的胭脂河建立更大的工厂，以更低的平均成本来生产汽车。不幸的是，福特的胭脂河工厂太大以至于出现规模不经济现象。在如此大的工厂中，管理协调汽车生产面临很大的困难。下面一段话引自福特传记作家 Allan Nevins 和 Frank Ernest Hill 对胭脂河工厂的描写：

共有 93 座独立建筑矗立在胭脂河边……有 93 英里的铁路和 27 英里的传送带。大约

75 000 名工人在巨大的工厂中工作。5 000 人打扫卫生，每月使用 5 000 个拖把、3 000 把扫帚。为了洗刷地板、墙壁和玻璃，每个月使用的肥皂多达 86 吨。胭脂河工厂就像一座巨大的、高度集中的工业化城市，弥漫着权利。因为它的巨大和复杂，所以高层人士无法联系与理解下层，并且下层感到自己迷失在了无情的巨大工厂和权利之下。

福特从 1927 年开始在胭脂河工厂生产 A 型车，这也是当时唯一的一个轿车型号。福特未能达到规模经济，实际上生产的 4 种 A 型车都在亏钱。

福特无法提高价格来盈利，因为车价提高后，将无法与通用和克莱斯勒生产的同型号汽车展开竞争。他最终通过在美国各地建立规模稍小一些的制造厂降低了 A 型车的生产成本。这些规模稍小一些的工厂生产的 A 型车的平均成本可能低于胭脂河工厂。

资料来源：Allan Nevins and Frank Ernest Hill, *Ford: Expansion and Challenge, 1915–1933*, New York: Scribner, 1957, pp. 293, 295.

勿犯此错 11-1

不要混淆报酬递减与规模不经济

报酬递减和规模不经济概念似乎看上去相似，但它们实际上并无关系。报酬递减仅仅适用于短期，企业投入要素中至少有一种固定不变，比如企业使用的机器设备是固定的。报酬递减规律告诉我们，在短期当雇用工人到一定的时点，多雇用工人将导致产出减少。报酬递减解释了边际成本曲线为什么最终向右上方倾斜。

规模不经济适用于长期，企业可以自由改变所有投入组合，如可以采用新的技术，增加所使用的机器设备，改变工厂规模等。规模不经济解释了长期平均成本曲线为什么最终向右上方倾斜。

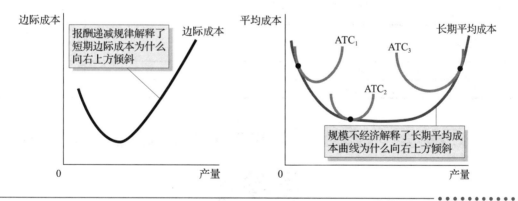

生活与职业生涯中的经济学解答

在你的线上生意中使用成本概念

在本章的开头，我们假设你将要建一个销售 iPhone 手机壳的网站。你和你的朋友何塞都从制造商处进货，每个手机壳的价格为 10 美元。但是，何塞每月卖出的手机壳数量超出你的预期，而且每个手机壳的成本比你的手机壳低。我们让你考虑为什么这可能是真的。

在本章，我们已经看到，随着销售数量的增加，公司的平均成本通常会下降。何塞的平均成本比你低可能是因为固定成本。因为你与何塞使用的计算机和软件相同，并且租用了类似于何塞的办公室，所以，设备和办公室租赁支付的费用大致相当。你可能还需支付同样的水电费、保险和广告费。所有这些都是固定成本，因为它们不会随着你销售的数量变化而变化。由于何塞的固定成本与你的相同，但他卖出的数量更多，因此他的平均固定成本比你的要低，因此他的平均总成本也较低。因为平均成本较低，他可以以比你更低的价格出售自己的手机壳，而且同时仍可获利。

本章小结

本章我们讨论了企业技术、生产和成本的关系。在讨论中，我们定义了不同的成本概念，下面我们在表11-4中进行了小结。

企业产出水平和成本之间的关系非常重要。这一信息对所有企业都很关键，因为它们试图决定最优的产量水平和产品的销售价格。我们将在下一章进一步讨论这一问题。

表 11-4　各种成本概念小结

概念名称	定义	符号和等式
总成本	企业使用的所有投入要素的成本，等于固定成本加上可变成本	TC
固定成本	随着企业产量变化保持不变的成本	FC
可变成本	随着企业产量变化而变化的成本	VC
边际成本	多生产一单位产量而引起的总成本的变化	$MC = \dfrac{\Delta TC}{\Delta Q}$
平均成本	总成本除以所生产的产量	$ATC = \dfrac{TC}{Q}$
平均固定成本	固定成本除以所生产的产量	$AFC = \dfrac{FC}{Q}$
平均可变成本	可变成本除以所生产的产量	$AVC = \dfrac{VC}{Q}$
隐性成本	非货币机会成本	—
显性成本	需要支出资金的成本	—

本章概要与练习

附录 11A

使用等产量线和等成本线来解释生产和成本

11A.1 等产量线

本章我们讨论了企业生产的产量和成本之间的重要关系。在本附录中，我们将进一步讨论企业怎样选择给定产量水平上生产要素的投入组合。企业通常对组织生产的方式做出选择。例如，吉尔每周烤制 500 份比萨饼可以使用 10 名工人和 2 台烤炉，或者 6 名工人和 3 台烤炉。在给定产出水平时，企业会去寻找成本最小的生产要素组合。成本最小的生产要素组合受到两个因素的影响：技术和投入品的价格。前者决定在投入一定的情况下，企业可生产多少产出，后者决定每种要素组合的总成本。

11A.1.1 等产量曲线图

我们可以画出吉尔使用不同的两种投入组合（每周所雇用的工人数量和每周所使用的资本数量）所得到的产出水平。实际上，吉尔在烤制比萨饼时不仅仅使用两种投入，如果我们将两种投入的讨论扩展到多种投入，不会发生大的变化。图 11A-1 所示的图形中，纵轴表示的是资本的数量，横轴表示的是劳动者数量。图中的曲线就是**等产量线**（isoquant），表示的是生产同样产量水平时劳动和资本两种投入的所有组合。

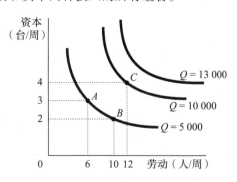

图 11A-1 等产量线

注：等产量线表现的是生产同样的产出数量，两种投入（在这里是劳动与资本）的所有组合。例如，当等产量线标示为 $Q = 5\,000$，表示的是吉尔每周为烤制这么多的比萨饼数量，可能使用的所有工人和烤炉的组合。例如，在 A 点，他烤制了 5 000 份比萨饼，使用了 6 名工人、3 台烤炉；在 B 点，得到同样数量的产出，使用了 10 名工人、2 台烤炉。当使用更多的工人和烤炉时，可以移动到更高的等产量线上。例如，当使用 12 名工人和 4 台烤炉时，其产量位于等产量线 $Q = 10\,000$ 的 C 点。当增加工人和烤炉数量时，可能会移动到等产量线 $Q = 13\,000$ 上。

等产量线标示为 $Q=5\,000$，表示的是吉尔每周为烤制这么多的比萨饼数量，可能使用的所有工人和烤炉的组合。例如，在 A 点，他烤制了 5 000 份比萨饼，使用了 6 名工人、3 个烤炉；在 B 点，得到同样数量的产出，使用了 10 名工人、2 台烤炉。当使用更多的工人和烤炉时，可以移动到更高的等产量线上。例如，当雇用 12 名工人和使用 4 台烤炉时，其产量位于等产量线 $Q=10\,000$ 的 C 点上。当增加工人和烤炉数量时，可能会移动到等产量线 $Q=13\,000$ 上。等产量线位置越高，也就是越靠近图形的右上方，其产出水平也越高。尽管我们仅仅在图中列出了三条曲线，但事实上每一产量水平上都有一条等产量线。

11A.1.2　等产量线的斜率

曲线的斜率等于纵轴变量的变化量与横轴变量的变化量的比率。对于等产量线而言，曲线的斜率表示的是在保持某一产量水平时，一种投入对另一种投入的替代率。这个比率也被称为**边际技术替代率**（marginal rate of technical substitution，MRTS）。

沿着等产量线向下移动时，边际技术替代率将会发生改变。在图 11A-1 中，$Q=5\,000$ 等产量线的 A 点，曲线相对比较陡峭。当我们沿着曲线向下移动时，如在 B 点，曲线开始变平缓。这种曲线形状是通常的等产量线形状，它们凸向原点。等产量线呈现这种形状，是因为当我们沿着曲线向下移动时，我们持续用劳动替代资本。当企业生产同样数量的产量减少时，因为报酬递减，需要的劳动会越来越多。从正文内容中我们知道，对于给定的资本减少量，报酬递减时为得到同样数量的产出量，劳动必须递增。因为边际技术替代率等于资本变化量除以劳动变化量，所以当我们沿着等产量线移动时，边际技术替代率将变得越来越小（绝对值）。

11A.2　等成本线

对于给定的产出水平，企业想在尽可能低的成本水平上来生产。我们可以使用等产量线来表现投入数量与企业总成本之间的关系。**等成本线**（isocost line）表现了在同一总成本水平上两种投入（如劳动与资本）之间的所有组合。

11A.2.1　画出等成本线

假设吉尔每周有 6 000 美元用于资本和劳动的支出。为简化分析，假设吉尔可以按周来租用比萨饼烤炉。图 11A-2 给出了租用烤炉的价格为每周 1 000 美元、工资每周支出为 500 美元时资本和劳动使用数量的组合。根据图中表格的数据画出了等成本线。等成本线与纵轴的交点是吉尔每周所能租用烤炉的最大数量，用 A 点表示。等成本线与横轴的交点是吉尔每周所能雇用工人的最大数量，用 G 点表示。当沿着等成本线从 A 点下移时，吉尔每放弃 1 个烤炉可多雇用 2 名工人。等产量线和线内区域的任何组合都可以用 6 000 美元购买。而任何线外的组合都无力购买，因为已经超过吉尔 6 000 美元的总成本。

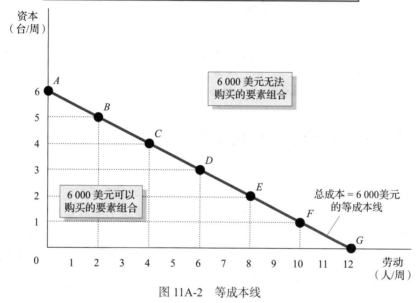

图 11A-2 等成本线

注：总成本为 6 000 美元时投入组合的等成本线。烤炉每周的租金为 1 000 美元，如果吉尔将全部 6 000 美元用于租用烤炉，可租用 6 台（A 点）。每周工资为 500 美元，如果吉尔将全部 6 000 美元用于雇用工人，可雇用 12 人（G 点）。当沿着等成本线下移时，每放弃 1 个烤炉可增加雇用 2 名工人。等成本线和线内区域的投入组合，用 6 000 美元都可以购买。而等成本线外部区域的任何组合，6 000 美元都无法购买。

11A.2.2 等成本线的位置和斜率

等成本线的斜率是常数，等于烤炉数量的变化量除以工人数量的变化量。在这种情况下，从等成本线上任意一点开始移动到另一点，烤炉的数量变化为 −1 时，工人数量的变化等于 2，则斜率等于 −1/2。请注意，烤炉的租金为每周 1 000 美元，劳动的工资率每周 500 美元，等成本线的斜率等于工资率除以资本的租金价格，乘以 −1，即 −500/1 000=−1/2。事实上，这一结果总是成立的，不管涉及什么投入，不管它们的价格怎么样，等成本线斜率等于横轴投入品的价格除以纵轴投入品的价格，乘以 −1。

等成本线的位置受到总成本水平的影响。总成本水平提高，等成本线外移；总成本水平降低，等成本线内移。图 11A-3 给出了总成本为 3 000 美元、6 000 美元和 9 000 美元的等成本线。我们只是画出了三条等成本线，每一总成本都有对应的等成本线。

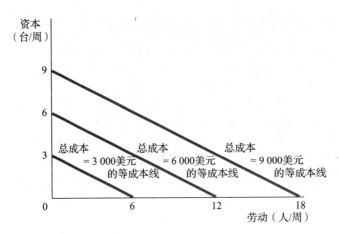

图 11A-3 等成本线的位置

注：等成本线的位置受到总成本水平的影响。当每周总成本从 3 000 美元增加到 6 000 美元、9 000 美元时，等成本线外移。每条等成本线对应的是烤炉的租金为每周 1 000 美元，每周工资为 500 美元。

11A.3 选择资本和劳动最小成本组合

假设吉尔每周需要烤制 5 000 份比萨饼，如图 11A-1 所示，有许多种烤炉和工人组合可以实现这一产出水平，但是只有一种组合可以以最低的总成本来生产 5 000 份比萨饼。图 11A-4 所示为对于 $Q = 5\,000$ 有三条等成本线。B 点是图中所示最低成本投入组合，但是这种由 1 台烤炉和 4 名工人组成的组合得到的产量小于 5 000 份。点 C、点 D 的烤炉和工人组合可以生产 5 000 份比萨饼，但总成本为 9 000 美元。3 台烤炉和 6 名工人组成的组合可得到 5 000 份产量，总成本为最低的 6 000 美元。

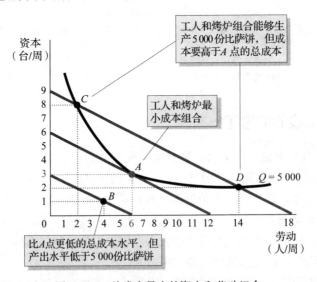

图 11A-4 总成本最小的资本和劳动组合

注：吉尔想要以最小成本每周生产 5 000 份比萨饼。B 点是图中所示最低成本投入组合，但是这种由 1 台烤炉和 4 名工人组成的组合得到的产量小于 5 000 份。点 C、点 D 的烤炉和工人组合可以生产 5 000 份比萨饼，但总成本为 9 000 美元。3 台烤炉和 6 名工人组成的组合可得到 5 000 份产量，总成本也为最低的 6 000 美元。

图 11A-4 表明，当变动到总成本低于 6 000 美元的等成本线时，所得到的产量低于 5 000 份。沿着等产量线 Q =5 000，除了 A 点外的其他点，总成本都超过 6 000 美元。事实上，点 A 的投入组合是唯一在等产量线 Q =5 000 上、总成本为 6 000 美元的组合。在这条等产量线上，任何其他的投入组合都高于这一总成本水平。也请注意，在 A 点等产量线和等成本线相切，所以等产量线的斜率等于等成本线在该点的斜率。

11A.3.1 不同的价格比率会有不同的投入

吉尔选择成本最小组合——3 台烤炉、6 名工人，这是由如下两个因素共同决定的：
① 他可使用的技术，以企业等产量线为代表；
② 投入品价格，以企业等成本线为代表。

如果制作技术发生变化，可能是因为开发出了新的烤炉，等产量线会受到影响，投入品的价格有可能变化。如果等产量线不变，投入品价格发生变化，他对投入品的选择也会发生变化。这可以解释为什么不同国家在生产同样产品时，即使有同样的可用技术，但因为投入品价格的差异，劳动和资本的组合也会有所不同。

例如，与美国相比，中国烤炉价格相对更高，劳动价格相对更低。在我们的例子中，吉尔每周花费 1 000 美元租用烤炉，用 500 美元雇用工人。假设在中国经营同样业务的一名店主，他可能每周须支付 1 500 美元租用同样的烤炉，但可能以每周 300 美元雇用与美国工人有同样生产效率的中国工人。图 11A-5 表现了最小成本投入品组合在中国和美国的差异。

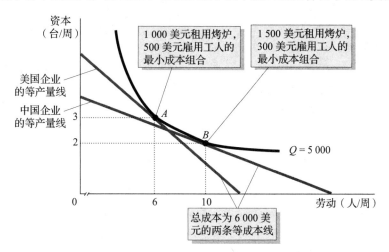

图 11A-5　投入品价格变化影响最小成本的投资选择

注：点 A 的投入品组合对吉尔是最优选择，但并非中国企业的最优选择。点 A 的投入品组合成本对中国企业而言要超过 6 000 美元。相反，中国企业的等成本线与等产量线在 B 点相切，这一点的投入品组合为 2 台烤炉与 10 名工人。因为中国烤炉成本高，而工人成本便宜。与美国企业相比，中国企业即使有同样的技术，也将少使用烤炉、多使用工人。

我们已经知道，等成本线的斜率等于工资率除以资本价格乘以 –1。吉尔和其他美国企业等成本线的斜率等于 –500/1 000= –1/2。然而在中国，同样的企业，斜率变为 –300/1 500= –1/5。如图 11A-5 所示，点 A 的投入品组合对吉尔是最优选择，但并非中国企业的最优选择。点 A 的投入品组合成本对中国企业而言要超过 6 000 美元。相反，中国企业的等成

本线与等产量线在 B 点相切，这一点的投入品组合为 2 台烤炉与 10 名工人。这是因为在中国烤炉成本高，而工人成本低。与美国企业相比，中国企业即使有同样的技术，也将少使用烤炉、多使用工人。

| 解决问题 11A-1 |

企业对投入品价格比率差异的响应

麻省理工学院的经济学家戴维·奥托（David Autor）写道："日产汽车公司在日本制造汽车时，它会大量使用工业机器人来降低人工成本。在印度组装汽车时，它很少使用机器人。说明日产为什么使用这种策略。用等产量线和等成本线图来说明答案。

解决问题步骤

步骤 1：复习本章材料。此问题是关于在投入品价格比率不同时如何确定最佳投入品组合，因此你需要阅读"不同的价格比率会有不同的投入"部分。

步骤 2：通过解释日产的策略来回答问题 b。日产必须推行这一战略，因为日本的劳动力成本高于印度。在日本，相对于资本（工业机器人）而言，劳动力成本更高。这意味着日产汽车面临的等成本线在日本比在印度要陡峭。假设日产的技术在两国相同，那么与日本相比，日本更陡峭的等成本线将与等产量线相切，这代表了更多的资本和更少的劳动力。

步骤 3：通过绘制图形以说明第 2 步中的解释来完成答案。日产将在日本的 A 点使用 L_J 劳动单位和 K_J 资本单位进行生产。它将在印度的 B 点生产，使用 L_I 劳动单位和 K_I 资本单位。

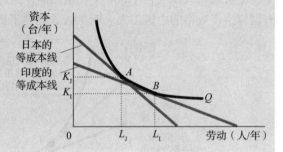

11A.3.2 解释成本最小化的另一种方法

当消费的每种产品达到对每种商品支出的每单位货币带来的边际效用相同时，消费者实现了效用最大。我们也可以得出对企业来说与此非常类似的成本最小法则。我们已经知道，等产量线与等成本线相切的点是成本最小组合，此时两线有相同的斜率。因此，在成本最小化的点上，边际技术替代率等于工资率除以资本的租金价格。

等产量线的斜率是在保持产出水平不变的情况下，企业用劳动替代资本的比率。等成本线的斜率是在给定投入品价格时，企业能够用劳动替代资本的比率。只有在成本最小的点上，这两个比率才是相同的。

在等产量线上，当我们从一点移动到另一点，意味着我们多使用了一种投入品而减少另一种投入品，但产量水平保持不变。例如，当吉尔沿着等产量线向下移动时，他减少了烤炉数量，增加了工人人数，但产量保持不变。在本章，我们将劳动边际产量（MP_L）定义为企业多雇用一个工人能多增加的产量。与此类似，我们也可以将资本的边际产量（MP_K）定义为企业多使用一单位机器多生产的产量。因此，当吉尔减少使用烤炉沿着等产量线下移时，他减少的产量等于：

$$-\text{烤炉的变化量} \times \text{MP}_K$$

多雇用工人而增加的产量等于：

$$\text{工人的变化量} \times \text{MP}_L$$

因为在同一条等产量线上，产出水平不变，多雇用工人增加的产量等于减少烤炉而损失的产量。因此我们可以得出：

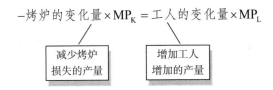

重新整理后，我们得出：

$$-\frac{\text{烤炉的变化量}}{\text{工人的变化量}} = \frac{\text{MP}_L}{\text{MP}_K}$$

因为 $-\dfrac{\text{烤炉的变化量}}{\text{工人的变化量}}$ 是等产量线的斜率，它等于边际技术替代率，因此我们也可以写成：

$$-\frac{\text{烤炉的变化量}}{\text{工人的变化量}} = \text{MRTS} = \frac{\text{MP}_L}{\text{MP}_K}$$

等成本线的斜率等于工资率（w）除以资本的租赁价格（r）。前面我们指出，在成本最小组合点上，MRTS 等于两种投入品的价格比例，因此：

$$\frac{\text{MP}_L}{\text{MP}_K} = \frac{w}{r}$$

我们也可以写成下式来表现成本最小化的组合点：

$$\frac{\text{MP}_L}{w} = \frac{\text{MP}_K}{r}$$

最后的等式告诉我们，给定产出水平的最小成本组合，企业应该使用投入品达到这样的时点，即每种投入品支出的最后单位货币会带来同样的产出增加。如果这一等式不成立，企业通过增加一种投入品的使用并减少另一种投入品将降低成本。例如，如果上述等式的左边大于右边，企业应该减少烤炉、增加工人，这样可以在保持同样产量水平时降低成本。

| 解决问题 11A-2 |

最优投入组合的决定

根据下表给出的吉尔比萨饼餐厅信息，简要解释吉尔是否实现了最小成本。如果没有，他应该怎样调整所使用的烤炉和工人数量。

资本的边际产量	3 000 单位/台
劳动的边际产量	1 200 单位/人
工资率	300 美元/周
烤炉租金	600 美元/周

解决问题步骤

步骤1：复习相关内容。该问题是关于通过比较投入品边际产量比率与价格比率来决定最优投入选择的，请复习"解释成本最小化的另一种方法"一节的内容。

步骤2：比较投入品边际产量比率与价格比率来决定吉尔是否实现成本最小化。如果吉尔实现了成本最小化，如下等式关系应该成立：

$$\frac{MP_L}{w} = \frac{MP_K}{r}$$

在本例中，我们有：

$$MP_L = 1\,200$$

$$MP_K = 3\,000$$

$$w = 300$$

$$r = 600$$

因此：

$$\frac{MP_L}{w} = \frac{1\,200}{300} = 4 \text{ 单位/美元}$$

$$\frac{MP_K}{r} = \frac{3\,000}{600} = 5 \text{ 单位/美元}$$

因为两个比例不相等，所以吉尔没有实现成本最小。

步骤3：吉尔应该怎样调整总投入品的使用。吉尔用于烤炉的最后单位货币生产的比萨饼多于用于雇用工人的最后单位货币生产的比萨饼。这表明，他使用了太多的工人和太少的烤炉。因此，为实现成本最小，吉尔应该多使用烤炉、少雇用工人。

◎ 概念应用 11A-1

职业橄榄球大联盟有效作为了吗

在职业橄榄球大联盟（NFL）中，工资上限（salary cap，也称为"工资帽"）是每个球队在一年中可以支付给橄榄球球员的最高工资。每一年的工资上限是由联盟和代表球员的工会代表谈判后确定的。为了提高效率，一支NFL球队在球员之间分配薪水时应该考虑最大限度地提高产出（在给定工资上限所代表的成本水平不变的情况下赢得比赛）。注意，成本水平一定时的最大产出水平与产出水平一定时的成本最小是等价的。要知道为什么，请想一想等成本线与等产量线相切的情形。在切点处，企业同时实现了等产量线代表的产出水平给定时的成本最小与等成本线代表的成本水平给定时的产出最大。

在可分配薪水数量给定时，企业应该使得球员的边际生产率相等，可以用对赢得比赛的贡献除以支付的工资比率来代表。正如一个公司可能不会使用边际产量高但租金价格也高得离谱的机器。同样，如果需要付出非常高的薪水，那么球队并不想雇用一个超级明星球员。

宾夕法尼亚大学的凯德·梅西和芝加哥大学的理查德·塞勒分析了NFL球队是否有效地分配其工资。NFL球队可以与自由球员签约获得球员，这些球员与其他球队的合同已经到期，或与参加年度选秀的大学生球员签约。大学生球员选秀共分七轮，上年比赛成绩最差的队首先选择。梅西和塞勒发现，NFL球队并没有有效地分配工资。特别是选秀第一轮选择的前几位球员，与第一轮候选中排在后面的球员相比，从他们的边际产出看，球队往往支付了过高的工资。一般说来，获得选秀中排位靠前球员的球队，如果按照工资上限作为不变成本，交换到选秀中排位靠后的球员（假设可以找到进行交换的其他球队）是可以提高球队赢得比赛的实力的。为什么NFL球队在有效地分配工资时会犯明显的错误呢？梅西和塞勒认为，这是因为NFL球队的总经理往往对自己的能力过于自信，相信自己能预知这些大学生球员的表现。

并非仅有NFL球队的总经理们过度自信。研究表明，在一般情况下，人们往往会高估自己预测不确定结果的能力。由于NFL球队往往高估选秀位置靠前球员未来的边际生产力，对他们支付的工资相对于其他的选秀球员也是非有效的高水平。2011年，球员工会与NFL签订了新的合约，对选秀球员获得的工资进行了限制。

这个事例表明，本章中提出的概念对分析公司是否正在高效运行提供了重要的工具。

资料来源：Cade Massey and Richard Thaler, "The Loser's Curse: Decision Making and Market Efficiency in the National Football League Draft," *Management Science*, Vol. 59, No. 7, (July 2013), pp. 1479–1495.

11A.4 扩展线

我们可以使用等产量线和等成本线来检测企业扩大产出会发生什么。图11A-6画出了生产书柜企业的三条等产量线。等成本线则是根据生产书架机械的每天100美元租金和工人的每天25美元工资的假定画出的。等产量线与等成本线相切的每一点决定了生产某一产量水平的资本和劳动最低成本组合。例如，10台机器和40名工人是每日生产50个书架最小的成本组合。成本组合最小的点A、B、C位于企业**扩展线**（expansion path）上，所谓扩展线是每一产出水平上最小成本组合点组成的曲线。

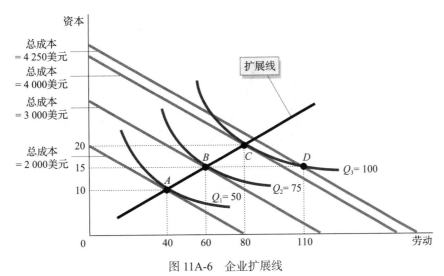

图11A-6　企业扩展线

注：切点A、B和C位于公司扩展线上，这是一条曲线，表示每个产出水平的投入成本最小化组合。在短期内，当机器数量固定时，该公司只需将成本从B点转移到D点，并将工人数量从60个增加到110个，就可以以最低的成本将产量从每天75个书柜扩大到每天100个书柜。从长远来看，当它可以增加使用的机器数量时，该公司可以从D点移至C点，从而将其每天生产100个书柜的总成本从4 250美元降低到4 000美元。

值得注意的是，扩展线代表的是长期情况下，企业可以改变所有投入时，给定产出水平的最小成本组合，也就是企业可以改变所有投入品的数量。在短期至少有一种投入品是固定不变的。我们使用图11A-6来表现企业在短期扩张过程中，其成本是高于长期成本水平的。假设企业目前处在 B 点，每日使用 15 台机器、60 名工人生产 75 个书架。企业想要将产量扩大到每日 100 个，因为在短期无法增加机器的使用数量，为扩大产出，企业只能多雇用工人。如图 11A-6 所示，在短期每日生产 100 个书架，使用 15 台机器，最小的成本是在 D 点，雇用 110 个工人。机器的租金为每日 100 美元，工资率为每日 25 美元，从短期来看，企业每日生产 100 个书架的总成本为 4 250 美元。从长期来看，企业可以正常使用的机器数量从 15 台增加到 20 台，工人的雇用数量从 110 人减少到 80 人。这种改变会从 D 点移动到扩展线上的 C 点，每日生产 100 个书架的总成本，从 4 250 美元降低到 4 000 美元。企业生产的长期最低成本要低于短期最小成本。

11A 使用等产量线和等成本线来解释生产和成本

复习题

11A.1 什么是等产量线？什么是等产量线的斜率？

11A.2 什么是等成本线？什么是等成本线的斜率？

11A.3 企业怎样选择投入品的最优组合？

问题与应用

11A.4 画出等产量线和等成本线图形来表现如下情形：吉尔每周可用 400 美元租比萨饼烤炉，用 200 美元雇用工人。他目前使用 5 台烤炉和 10 名工人，每周烤制 2 万份比萨饼，总成本为 4 000 美元。在图上标出总成本为 4 000 美元时，成本最小的投入组合。

11A.5 使用下图回答问题。

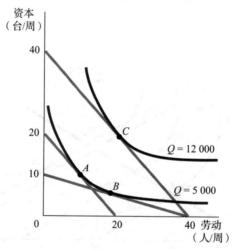

a. 如果工资率和烤炉的租金都为 100 美元，总成本为 2 000 美元，最小成本组合是 A、B、C 中哪一点？简要解释。

b. 如果工资率为 25 美元，烤炉的租金为 100 美元，总成本为 1 000 美元，最小成本组合是 A、B、C 中哪一点？简要解释。

c. 如果工资率和烤炉的租金都为 100 美元，总成本为 4 000 美元，最小成本组合是 A、B、C 中哪一点？简要解释。

11A.6 在 18 世纪北美殖民地，每个农场主占有的土地多于欧洲。因此，殖民地上的劳动价格相对于土地要高于欧洲。假设欧洲和北美殖民地用同样的技术来生产食物。使用等产量线与等成本线来表现为什么在生产食物时，土地与劳动的组合在北美殖民地与在欧洲不同。

11A.7 下表是关于吉尔餐馆的信息。

资本的边际产量	4 000 单位/台
劳动的边际产量	100 单位/人
工资率	10 美元/周
烤炉租金	500 美元/周

请简要解释吉尔是否实现了最小成本生产。如果没有实现，他应该对烤炉和工人如何进行增减？

11A.8 画出等产量线、等成本线图形来表现如下情形：吉尔每周可用 200 美元租比萨饼烤炉，用 100 美元雇用工人。目前，他使用 5 个烤炉和 10 名工人，每周烤制 2 万份比萨饼，总成本为 2 000 美元。吉尔的边际技术替代率等于 –1，请解释为什么这意味着吉尔没有实现成本最小。为实现成本最小，他应该做什么？

11A.9 画出等产量线、等成本线图形来表现如下情形以及变化后的情形：吉尔每周可用 2 000 美元租比萨饼烤炉，用 1 000 美元雇用工人。目前，他使用 5 个烤炉和 10 名工人，每周烤制 20 000 份比萨饼，总成本为 20 000 美元。随后吉尔重新组织了作业流程，实现了增进型技术变革。

11A.10 使用下图来回答后续关于吉尔等产量线的相关问题。

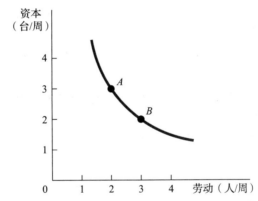

a. 如下哪个要素组合产量更高一些：A 点（3 个烤炉、2 名工人）、B 点（2 个烤炉、3 名工人）？

b. 吉尔选择 A、B 或其他的等产量线上的点是由什么决定的？

c. A 点与 B 点的边际技术替代率，哪一个更大一些？

11A.11 画出等产量线、等成本线图形来表现如下情形以及变化后的情形：吉尔每周可用 2 000 美元租比萨饼烤炉，用 1 000 美元雇用工人。目前，他使用 5 个烤炉和 10 名工人，每周烤制 2 万份比萨饼，总成本为 20 000 美元。他可以使用 40 000 美元总成本，使用 10 个烤炉和 20 名工人，每周烤制 45 000 份比萨饼；他也可以使用 60 000 美元总成本，使用 15 个烤炉和 30 名工人，每周烤制 60 000 份比萨饼。画出吉尔长期平均成本曲线，并讨论是存在规模经济还是规模不经济现象。

11A.12 在巴西采摘一片橘园要使用 20 名工人和相同数量的梯子和篮子。在佛罗里达，采摘同样一片橘园，要使用 1 名工人和 1 台机器。请使用等产量线和等成本线来说明，为什么在两地每日采摘同样数量的水果使用了不同的方法。

11A.13 吉尔按最小成本来烤制比萨饼。他每周租用烤炉的支出为 2 000 美元，雇用工人的工资率为 600 美元。资本的边际产量为 12 000 份。工人的边际产量应该为多少？

11A.14 如果梅西和塞勒是对的，在选秀中首先挑选球员的球队应该保留球员还是用其与选秀中排位靠后的球员进行交换？2011 年合约限制了选秀球员的工资水平对你的答案有影响吗？

11A.15 Swift Ellis 是生产跑鞋的公司。下图表现出了公司生产 5 000 双跑鞋所使用的资本和劳动最低成本的组合（A 点）。假设现在工资和租金价格都翻了一倍。

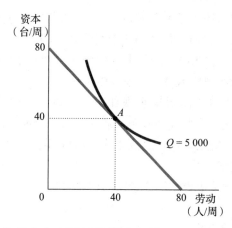

a. 画出工资和租金价格变化之后新的等成本线。

b. 画出新的等产量线来表现投入品价格上升后，最小成本时资本和劳动的组合，请标为 B 点。

c. 比较 A 点和 B 点，我们能够确定在 B 点，公司是多使用还是少使用了劳动力？是多使用还是少使用了资本？

PART 5

第五部分

市场结构和企业战略

第 12 章　完全竞争市场中的企业

第 13 章　垄断竞争：更切实际的竞争模型

第 14 章　寡头垄断：竞争不充分市场中的企业

第 15 章　垄断和反垄断政策

第 16 章　定价策略

第12章
完全竞争市场中的企业

:::开篇案例:::

放养鸡蛋可以使人致富吗

近年来，人们对健康食品的需求增加。许多人担心某些饲养的动物没有得到人道的对待。美国有超过65 000个农场专门生产鸡蛋。直到最近，大多数农民还是在笼子里养鸡，限制了鸡的活动。但是，一些农民已经开始销售"无笼"或"自由放养"方法生产的鸡蛋。尽管美国农业部尚未制定这些术语的正式定义，但以这种方式饲养的鸡有很大的活动空间，有些则在户外饲养。

一些消费者愿意为"放养"鸡生产的鸡蛋支付更高的价格，到2015年，消费者对放养鸡蛋的需求增长如此之快，农民以比传统鸡蛋高出一倍的价格出售这些鸡蛋。放养鸡的成本较高，因为在给定大小的区域内只能饲养一定数量的鸡，由于四处移动而使鸡吃得更多，有些鸡还会被其他鸡啄死。但是更高的鸡蛋价格远远抵消了成本的提高，从而带来了更大的利润。利润的提高吸引了其他农民的注意，其中一位指出："农场就是要赚钱，如果有人愿意为我们多付钱，我们将这样做。"

但是，到了2017年，销售放养鸡蛋的利润正在下降。消费者需求的增长导致包括帕尼罗面包、唐恩都乐和麦当劳在内超过175家公司承诺只使用放养鸡蛋。你可能认为，需求增加会提高利润，但并非如此，因为有更多的农民开始使用放养方法。根据美国农业部的数据，2017年中期，美国农场预计有4 000万只放养鸡，一年产蛋110亿个。虽然这仅占美国鸡蛋总产量的13%，但2016年为10%，2015年仅为6%。放养蛋的供给增长超过需求增长，导致对传统蛋价格的溢价下降。

新公司进入盈利市场并压低价格和利润的过程不仅存在于农业中。在整个经济中，企业家不断推出新产品或新的制造方式，一旦成功，便使他们能够在短期内获得经济利润。但是，从长远来看，企业之间的竞争将价格推高到只是覆盖生产成本的水平。竞争过程是市场体系的核心，也是本章的重点。

资料来源：Stephanie Strom, "What to Make of Those Animal-Welfare Labels on Meat and Eggs," *New York Times*, January 31, 2017; Jayson Lusk, "Making Hens Cage-Free? You'll Shell Out for Eggs," *Wall Street Journal*, May 18, 2016; David Kesmodel, "Latest Flap on Egg Farms: Whether to Go 'Cage-Free,'" *Wall Street Journal*, March 11, 2015; "Walmart to Switch to All Cage-Free Eggs by 2025," Reuters, April 6, 2016; and U.S. Department of Agriculture data.

:生活与职业生涯中的经济学:

你有企业家才能吗

在高中时期你表现出了企业家才能吗?你可能没有自己的店铺,但是你可能从事过临时照顾小孩、替邻居修剪草坪的工作。你可能不会认为这些工作也可被看作一种小型商业活动。你如何决定提供服务的价格?照看小孩或者修剪草坪的价格为每小时25美元,但你也可能要少了。通过学习本章,你可以考虑自己作为一名青少年企业家所面临的竞争情形,并尝试决定,为什么大部分人照看小孩或者修剪草坪的价格会如此之低?本章最后你将看到我们对此给出的答案。

行业(或产业)是指所有销售特定商品或服务公司的集合,例如鸡蛋、汽车或人寿保险。家禽养殖业是完全竞争产业的一个例子。这些行业的公司无法控制其销售产品的价格,并且从长远来看也无法赚取经济利润,其主要原因有两个:①在这些行业中的企业销售的产品相同;②新企业进入该行业很容易。学习完全竞争市场的运行是回答下述问题最好的途径:

- 生产什么产品和服务?
- 怎样生产这些产品?
- 谁将获得这些产品和服务?

然而,事实上大部分行业并非完全竞争。大多数行业中,企业并不生产完全相同的产品。对于某些行业,新企业的进入非常困难。美国有数以千计的行业。尽管在某种意义上,每个行业都是独一无二的,但这些行业具有某些足够的相似性,据此经济学家会将它们归入四种市场结构。具体来说,任何行业都具有如下三个关键特征:

(1)行业中的企业数量。
(2)行业中企业生产的产品和服务的相似程度。
(3)新企业进入行业的难易程度。

经济学家使用这些特征将行业归入四种市场结构,如表12-1所示。

表12-1 4种市场结构

特征项目	完全竞争市场	垄断竞争市场	寡头垄断市场	完全垄断市场
企业数量	很多	很多	几家	一家
产品种类	同质产品	差异化产品	同质或差异化	唯一产品
进入难易程度	容易	容易	难	几乎不可能
典型行业	・小麦种植 ・苹果种植	・成衣商店 ・餐馆	・计算机制造 ・汽车制造	・平邮邮件 ・自来水

像餐馆、成衣商店和其他零售店之类的多种行业,有许多企业销售有差异的产品,并非同种产品,被归入到了垄断竞争市场。有些行业,如计算机和汽车,只有几家企业,被归入了寡头垄断市场。最后,少数行业,如美国邮政服务公司经营的平邮邮件(first-class mail)业务,成为完全垄断市场。本章先讨论完全竞争市场,后续章节讨论其他市场。

12.1 完全竞争市场

为什么**完全竞争市场**(perfectly competitive market)中的企业,不能够控制它们销售产品的价格?为什么这些企业的所有者在长期无法获得经济利润?首先,我们给出完全竞争市场成立的三个条件：

（1）有大量的购买者和很多企业，相对市场而言，它们都非常小。

（2）市场中，所有企业销售同质产品。

（3）新企业进入市场没有壁垒。

所有三个条件在农产品市场中都成立。例如，单个的苹果消费者与生产者购买和销售的仅仅是苹果产量中很小的一部分。每个苹果种植者出售的是相同的苹果，新的企业进入苹果市场没有壁垒。苹果市场存在许多企业，所有企业销售相同的产品，这样就避免了单个苹果农场对苹果价格的影响。

尽管苹果市场满足完全竞争的基本条件，但大部分产品和服务则并非如此。特别是第二个和第三个条件是非常严格的。在大多数市场有大量的买者和卖者，但企业并不销售相同的产品。例如，并非所有餐馆的饭菜都是一样的，成衣店销售的女性服装也并不相同。在本章稍后部分我们将探讨垄断竞争市场所面临的共同情形，企业销售相似但并不相同的产品。我们将分析寡头垄断市场(新企业进入很难)和垄断市场（新企业进入几乎不可能）。在本章我们集中讨论完全竞争市场，我们以该市场作为分析企业在面对最严酷竞争时如何行为的标杆。

12.1.1 完全竞争市场中的企业无法影响市场价格

在完全竞争市场中价格是由商品或服务的需求和供给相互作用来决定的，任何单个的消费者或者单个企业对市场价格没有影响。消费者和企业如果想在完全竞争市场中购买和销售，那么其只能接受市场价格。

因为在完全竞争市场中，相对整个市场单个企业非常微小，又因为每个企业销售完全相同的产品，企业无须降价就可以销售愿意销售的任何数量的产品。如果完全竞争性企业试图提高价格，它将卖不出任何东西，因为消费者将转向其竞争者来购买产品。因此，企业是**价格接受者**（price taker），将如市场中其他的任何一个企业一样索取相同的价格。尽管我们通常不必认为企业太小以至于无法影响市场价格，然而消费者通常也是价格接受者。例如，你家附近的超市的面包价格为 2.5 美元/个。你可以在购物车中放进 20 个面包，超市也愿意让你以 2.50 美元/个购买全部的面包。但是

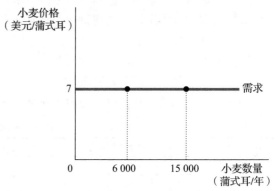

图 12-1 完全竞争企业面对的是水平的需求曲线

注：一个完全竞争市场中的企业销售的产品与市场中其他所有企业完全相同。因此，它可以按当前的市场价格销售任何愿意销售的产品数量。如果它试图将价格提高 1 分钱，它不会卖出任何东西。因此，完全竞争市场中，企业产品的需求曲线是水平线。如图所示，无论小麦农场主销售 6 000 蒲式耳/年还是 1.5 万蒲式耳/年，对 7 美元/蒲式耳的市场价格无任何影响。

当你在收银台前提出以 2.49 美元/个购买这些面包时，收银员并不会同意以这一价格销售。作为一名购买者，相对整个面包市场来讲你显得太微不足道，不会对均衡价格产生丝毫影响。不管你是否购买面包，或者是买 20 个面包，都无力改变市场价格，哪怕只是一分钱。

你作为面包购买者所面临的情形与一名农场主作为小麦销售者面临的情形相同。美国大

约有 150 000 名农场主种植小麦。小麦的市场价格也并非由单个小麦农场主决定。小麦的价格是由小麦市场中所有买者和卖者相互作用来决定的。如果一个小麦农场主获得有史以来最好的收成，或者他停止种植小麦，小麦的市场价格不会受到丝毫影响，因为小麦的市场供给曲线的移动还不足以对均衡价格造成影响。

12.1.2 完全竞争企业产品的需求曲线

假设帕克在华盛顿州种植了 250 英亩的小麦。他在完全竞争市场中销售小麦，所以他是价格接受者。因为他可以按照市场价格卖出想要卖出的小麦数量（他无法按更高价格销售任何数量的小麦），所以对帕克小麦的需求曲线并非通常的形状，而是一条水平线，如图 12-1 所示。面对水平的需求曲线，农场主帕克必须接受市场价格，为 7 美元/蒲式耳。农场主帕克销售 6 000 蒲式耳/年还是 1.5 万蒲式耳/年对这一市场价格无任何影响。

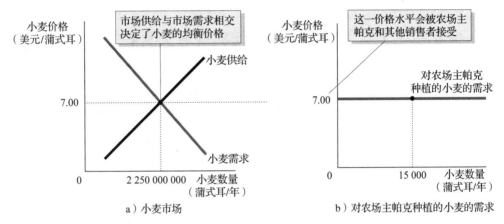

a）小麦市场　　　　　　　　　　b）对农场主帕克种植的小麦的需求

图 12-2　小麦市场的需求曲线与对农场主帕克小麦的需求曲线

注：在完全竞争市场中，价格是由市场需求和市场供给的交点来决定的。在图 12-2a 中，小麦的供给与需求决定的价格为每蒲式耳 7 美元。单个小麦农场主（如帕克）无力影响小麦市场价格。因此，如图 12-2b 所示，对农场主帕克种植的小麦的需求曲线是水平线。为理解该图，请注意两图横轴上的量级有很大的不同。在图 12-2a 中，小麦的均衡数量为 22.5 亿蒲式耳/年。在图 12-2b 中，农场主帕克仅仅生产了 15 000 蒲式耳/年小麦。

对于农场主帕克，小麦的需求曲线与小麦市场的需求曲线是完全不同的。图 12-2a 所示为小麦市场的图形。其中的需求曲线是对小麦的市场需求曲线，是我们所熟悉的第 3 章讨论过的市场需求曲线形状。图 12-2b 是对农场主帕克种植的小麦的需求曲线，是水平线。对照两图我们可以发现，农场主帕克所接受的小麦价格（图 12-2b）是由图 12-2a 所示的小麦市场中所有卖者和所有买者共同来决定的。请注意，两图中横轴的量级完全不同。在图 12-2a 中，小麦均衡数量为 22.5 亿蒲式耳/年，在图 12-2b 中，帕克仅仅生产了 15 000 蒲式耳/年，是市场总产量的 0.001%。我们需要在这两幅图中使用不同的量级，这样才能放在同一页上。请记住，帕克的小麦产量在整个市场产量中只占非常小的比例。

勿犯此错 12-1

请勿混淆农场主帕克小麦的需求曲线与小麦市场的需求曲线

对小麦的需求曲线通常为向下倾斜的曲线。如果小麦价格上升，对小麦的需求量会减少；如果小麦价格下降，小麦的需求量会增加。但是对单个小麦农场主的需求曲线并非向下倾斜，而是一条水平线！如果单个小麦农场主试图提高小麦价格，对其产品的需求量将下降为零，因为客户会从其他农场主那儿购买 15 000 蒲式耳小麦。任何农场主无须降价便可销售他们愿意销售的任何数量的小麦。市场这些特征之所以成立是因为每个农场主相对整个小麦市场而言是微不足道的。

当我们画出小麦市场的图形时，我们通常将市场均衡数量表示为以百万或者 10 亿蒲式耳为单位。而我们画出对一名农场主所生产小麦的需求曲线时，我们通常会用很小的数量单位，如千蒲式耳。在解释这些图形时，必须注意量级不同。

最后，并非只有小麦农场主的需求曲线为水平线，在完全竞争市场中，任何企业所面临的都是一条水平的需求曲线。

12.2 企业在完全竞争的市场中如何实现最大利润

我们已经知道，农场主帕克无法控制他销售小麦的价格。在这种情况下，他又是如何决定生产多少小麦呢？我们假定农场主帕克的目标是利润最大化。这一假设对大部分企业在大多数情况下是合理的。**利润**（profit）是总收益（TR，也译为总销售收入）和总成本之差（TC）。

$$利润 = TR - TC$$

为实现最大利润，农场主帕克生产的小麦产量应尽可能在他所获得的总收益与总成本之差的最大水平上。

12.2.1 完全竞争市场中企业的收益

为了理解农场主帕克如何实现最大利润，我们先讨论他的收益。为简化起见，我们假定他拥有一个小型农场，每年最多生产 10 蒲式耳小麦。表 12-2 给出了当小麦市场价格为 7 美元时，在不同产量水平上帕克的收入情况。

表 12-2 农场主帕克种植小麦的收益

小麦产量（Q）	市场价格（美元/蒲式耳）	总收益（TR）(美元)	平均收益（AR）(美元)	边际收益（MR）(美元)
0	7	0	—	—
1	7	7	7	7
2	7	14	7	7
3	7	21	7	7
4	7	28	7	7
5	7	35	7	7
6	7	42	7	7
7	7	49	7	7
8	7	56	7	7
9	7	63	7	7
10	7	70	7	7

从表 12-2 第 3 列可以看出，农场主帕克按照每蒲式耳 7 美元价格可卖出他想销售的任何数量的小麦，每增加 1 蒲式耳小麦的销售，他的总收益就增加 7 美元。表中第 4 列和第 5 列给出了帕克销售小麦的平均收益和边际收益。**平均收益**（average revenue，AR）等于总收益除以销售数量。例如，他销售 5 蒲式耳，获得的总收益为 35 美元，平均收益为 7 美元。请注意，他的平均收益约等于市场价格 7 美元。事实上，任何产量水平上，一个企业的平均收益总是等于市场价格。因为总收益等于价格乘以销售量（$TR = P \times Q$），平均收益等于总收益除以销售量 $AR = \frac{TR}{Q}$。因此，$AR = \frac{TR}{Q} = \frac{P \times Q}{Q} = P$。

农场主帕克的**边际收益**（marginal revenue，MR）是每多销售一蒲式耳所引起的总收益的变化量。

$$边际收益 = \frac{总收益的变化量}{销售量的变化量}$$

或：

$$MR = \frac{\Delta TR}{\Delta Q}$$

帕克每多销售 1 蒲式耳小麦，总收益总是增加 7 美元，所以其边际收益为 7 美元。帕克的边际收益为每蒲式耳 7 美元，因为在完全竞争市场中他可以以市场价格销售任何数量的小麦。事实上，帕克的边际收益和平均收益都等于市场价格。这是一个重要结论，在完全竞争市场中的任何企业，产品价格等于平均收益和边际收益。

12.2.2　最大利润产量的决定

为了理解农场主帕克怎样决定最大利润时的产出，我们应该考虑他的成本和收益。作为小麦农场主，他要支出许多成本，其中包括种子、肥料，以及支付给农场工人的工资。表 12-3 中，我们将表 12-2 中的收益数据与帕克农场的成本数据放在一起。企业的边际成本是多增加 1 单位产量增加的总成本。

表 12-3　农场主帕克种植小麦的利润

小麦产量（Q）	总收益（TR）（美元）	总成本（TC）（美元）	利润（TR-TC）（美元）	边际收益（MR）（美元）	边际成本（MC）（美元）
0	0.00	10.00	−10.00	—	—
1	7.00	14.00	−7.00	7.00	4.00
2	14.00	16.50	−2.50	7.00	2.50
3	21.00	18.50	2.50	7.00	2.00
4	28.00	21.00	7.00	7.00	2.50
5	35.00	24.50	10.50	7.00	3.50
6	42.00	29.00	13.00	7.00	4.50
7	49.00	35.50	13.50	7.00	6.50
8	56.00	44.50	11.50	7.00	9.00
9	63.00	56.50	6.50	7.00	12.00
10	70.00	72.00	−2.00	7.00	15.50

我们用第 2 列的总收益减去第 3 列的总成本得到第 4 列的利润。从第 4 列可以看出，只要

帕克生产的小麦在3蒲式耳与9蒲式耳之间，他就能获得利润。他最大的利润为13.50美元，小麦产量为7蒲式耳。因为农场主帕克试图最大化利润，我们预计他将生产7蒲式耳小麦。超出这一水平，他的利润将减少。例如，如果生产8蒲式耳小麦，他的利润将从13.50美元减少到11.50美元。最后一列给出的边际成本的值有助于我们理解为什么农场主帕克的利润在产量超过7蒲式耳后会下降，因为超过这一产量后，边际成本上升导致农场主帕克的利润减少。

事实上，比较每一产量水平上的边际成本和边际收益是计算农场主帕克利润的另外一种方法。我们将用图12-3对两种方法进行解释。我们在图12-3a中表现的是总收益和总成本的方法，在图12-3b中表现的是边际收益和边际成本的方法。在图12-3a中，总收益用直线表示，因为总收益按着不变的速率（每多销售1蒲式耳获得7美元）增加。在总收益线与总成本线之间垂直距离最大时，农场主帕克的利润也最大，正如表12-3所示的那样，在产量为7蒲式耳时利润最大。

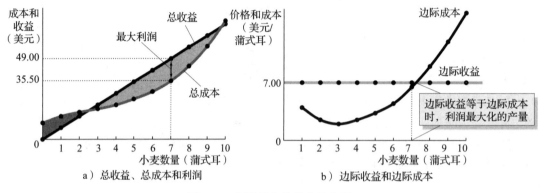

图12-3 利润最大化的产量水平

注：在图12-3a中，当总收益线与总成本线之间的垂直距离最大时，农场主帕克的利润也最大，即产量为7蒲式耳之时。在图12-3b中，农场主帕克的边际收益一直等于每蒲式耳7美元。农场主帕克生产小麦满足如下条件时，可实现最大利润，即最后生产的1蒲式耳小麦的边际收益等于边际成本，MR = MC。在这一事例中，没有产量水平正好使得边际收益等于边际成本。最靠近的产量是7蒲式耳小麦。当边际成本大于边际收益时，他也不会多增加小麦的产量，因为这样做会减少利润水平。图12-3a和图12-3b表现了农场主帕克决定最大利润小麦产量时，所考虑的两种方法。

表12-3的最后两列给出的是农场主帕克多销售1蒲式耳小麦所得到的边际收益（MR）与为生产这一蒲式耳小麦所付出的边际成本（MC）。图12-3b中画出了农场主帕克的边际收益曲线和边际成本曲线。因为边际收益总是等于7美元，所以边际收益就是在这一价格水平上的水平线。我们已经知道，对于完全竞争企业产品的需求曲线也是在价格水平上的水平线。因此，完全竞争企业的边际收益曲线与其市场需求曲线是相同的。农场主帕克的边际成本曲线先降后升，也就是我们在第11章所讨论的通常形状。

从图12-3a中我们知道，在小麦产量为7蒲式耳时，利润实现最大。在图12-3b中，利润在7蒲式耳时实现最大。为了理解为什么利润会在边际收益等于边际成本产量水平上实现最大，请回忆重要的经济原理：最优决策是在边际上做出的。企业使用这一原理来决定所生产的产品数量。例如，在决定是否多生产1蒲式耳小麦时，农场主帕克需要比较多销售1蒲式耳小麦得到的边际收益与为多生产1蒲式耳小麦所付出的边际成本。边际收益与边际成本之差是多生产1蒲式耳小麦的额外利润（亏损）。只要边际收益大于边际成本，农场主帕克的利润就会增加，他就会扩大生产。例如，他不会在生产6蒲式耳时停止，因为生产第7蒲式耳小麦可增加收益 7 美元，而付出的成本为 6.5 美元，因此它的利润可以增长 0.50 美元。他要继续生产，一直到多销售 1 蒲式耳所获得的边际收益等于付出的边际成本。在此时的产出水平上，他再多销售 1 蒲式耳小麦将无利润增加，因此实现的利润最大。

通过观察表 12-3，我们可以看出，没有产出水平正好使得边际收益等于边际成本。对农场主帕克来说最靠近的产量是 7 蒲式耳小麦。当边际成本大于边际收益时，他也不想多增加小麦的产量，因为这样做将减少利润水平。例如，第 8 蒲式耳小麦，成本增加 9 美元，收益增加 7 美元，生产第 8 蒲式耳小麦，利润将减少 2 美元。

从表 12-3 和图 12-3 反映的信息，我们可以得出如下结论：
（1）利润最大化时的产量水平，相应的总收益与总成本正值之差最大。
（2）利润最大化时的产量水平，相应的边际收益等于边际成本，MR=MC。

上述两个结论对所有企业都成立，并不一定只是在完全竞争市场中。对于完全竞争行业，我们可以得出另外的结论：对完全竞争行业中的企业而言，价格等于边际收益，所以我们可以将 MR=MC 表述为 P=MC。

12.3 通过成本曲线解释企业盈利或亏损

我们已经知道，利润等于总收益与总成本之差。我们也可以用平均成本来表现利润，这样我们就可以用第 11 章的成本曲线解释利润。

我们需要通过几个步骤来确定利润和平均成本之间的关系。由于利润等于总收益减去总成本（TC），而总收益等于价格乘以数量，我们可以写出下式：

$$利润 = (P \times Q) - TC$$

对上式两边除以 Q，得到：

$$\frac{利润}{Q} = \left(\frac{PQ}{Q}\right) - \frac{TC}{Q}$$

或：

$$\frac{利润}{Q} = P - ATC$$

因为 $\frac{TC}{Q} = ATC$，这个等式告诉我们，每单位利润（或者称为平均利润）等于价格减去平均成本。最后，对上式两边乘以 Q，我们得出利润和平均成本的关系：

$$利润 = (P - ATC) \times Q$$

这个等式告诉我们，企业的总利润等于价格与平均成本之差再乘以产量。

12.3.1 用图形来表示利润

图 12-4 表现了我们在第 11 章讨论过的企业平均成本和边际成本之间的关系。在该图中，我们也表现了企业边际收益曲线（与需求曲线合在一起）和代表利润总额的区域。应用我们刚刚得出的利润和平均成本之间的关系，我们看到，代表总利润的区域，高度等于（P-ATC），底边等于 Q。这一区域是阴影的长方形。

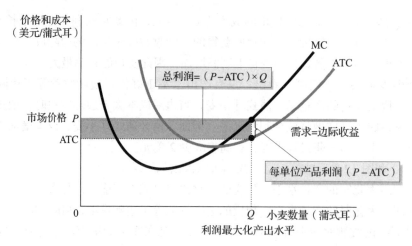

图 12-4 利润最大化区域

注：一个企业的利润最大化产出水平位于边际收益等于边际成本之时。价格与平均成本之差等于每单位产品的利润。总利润等于每单位产品利润乘以产品数量。总利润可用长方形的阴影区域表示，宽等于 (P-ATC)，长等于 Q。

| 解决问题 12-1 |

确定利润最大化时的价格和产量

假设安迪在一个完全竞争市场中销售篮球，他每日的销售量和成本情况如下表所示。

每日销售量	总成本（美元）
0	10.00
1	20.50
2	24.50
3	28.50
4	34.00
5	43.00
6	55.50
7	72.00
8	93.00
9	119.00

a. 假设篮球市场当前的均衡价格为 12.50 美元。为实现最大利润，安迪要销售多少篮球？价格为多少？可获得多少利润？请画图说明你的答案。图中应清楚标明安迪面临的需求曲线，以及 ATC、AVC、MC、MR 曲线；他确定的价格水平；销售的数量；代表利润（亏损）的区域。

b. 假设篮球市场的均衡价格下降到 6.00 美元。安迪将销售多少篮球？价格为多少？可获得多少利润？请画图说明你的答案。

解决问题步骤

步骤 1：复习相关材料。该问题与使用成本曲线分析完全竞争企业有关，请读者复习"通过成本曲线图形解释企业盈利或亏损"的内容。

步骤 2：计算安迪的边际成本、平均成本和平均可变成本。为实现最大利润，安迪应该将产出定在边际收益等于边际成本的水平上。我们可以根据下表给出的信息计算边际成本。为了画图，我们还需要计算平均成本和平均可变成本。平均成本等于总成本（TC）除以产量（Q）。平均可变成本（AVC）等于可变成本（VC）除以产量（Q）。总成本等于可变成本加上固定成本。当产量为零时，总成本等于固定成本。就这一事例，固定成本为 10 美元。参见下表。

产量/日(Q)	总成本(TC)(美元)	固定成本(FC)(美元)	可变成本(VC)(美元)	平均成本(ATC)(美元)	平均可变成本(AVC)(美元)	边际成本(MC)(美元)
0	10.00	10.00	0.00	—	—	—
1	20.50	10.00	10.50	20.50	10.50	10.50
2	24.50	10.00	14.50	12.25	7.25	4.00
3	28.00	10.00	18.00	9.33	6.00	3.50
4	34.00	10.00	24.00	8.50	6.00	6.00
5	43.00	10.00	33.00	8.60	6.60	9.00
6	55.50	10.00	45.50	9.25	7.58	12.50
7	72.00	10.00	62.00	10.29	8.86	16.50
8	93.00	10.00	83.00	11.63	10.38	21.00
9	119.00	10.00	109.00	13.22	12.11	26.00

步骤3：使用步骤2表格的信息计算安迪生产多少篮球。价格定位多少？在篮球市场价格为12.50美元时，获得多少盈利？安迪的边际收益等于市场价格12.50美元。当安迪每日产量为6只篮球时，边际收益等于边际成本。因此，安迪将生产6只篮球，每个价格为12.50美元。安迪获得的利润等于总收益减去总成本。他的总收益等于销售的6只篮球乘以12.50美元的价格，即75.00美元。利润等于19.50美元。

步骤4：使用步骤2的表格信息，画出下图，解释答案。

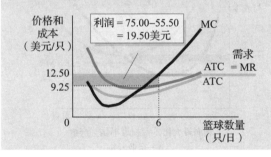

步骤5：计算安迪生产多少篮球，价格为多少，篮球价格为6美元时盈利为多少。根据步骤2的表格，我们可以看出边际收益等于边际成本时，安迪每日的产量为4只篮球。每只篮球的市场价格为6美元，总收益为24.00美元，总成本为34.00美元，他将亏损10.00美元（你能确定在经营亏损时，安迪将继续组织生产吗？稍后我们将回答这一问题）。

步骤6：画出下图回答问题b。

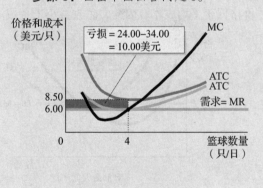

勿犯此错 12-2

请注意！企业最大化的是总利润，而非单位产品的利润

一名学生看到下图后提出："我认为企业应该生产的产量为Q_1，而非为Q_2。在Q_1时，价格和平均成本之间的距离是最大的。因此，在Q_1时，企业中单位产品的利润最大化。"简要解释你是否同意该学生的观点。

该学生的观点是错误的。因为企业感兴趣的是最大化其总利润，而非单位产品利润。我们知道，在产量为Q_1时，利润并未实现最大。由于在这一产出水平，边际收益大于边际成本。企业多增加1单位产品，由于边际收益大于边际成本，总利润是增加的。企业将产出扩

大到 Q_2 之前，边际收益总是大于边际成本。只有在 Q_2 时，利润实现最大。

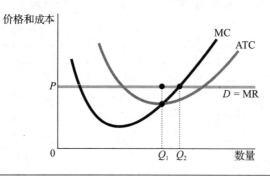

12.3.2 企业收支相抵或者亏损经营

我们已经看到，为实现利润最大，企业的产出水平应该定在边际收益等于边际成本之时。但是企业在这一产出水平上，真实的利润为多少呢？这要依赖于平均价格和总成本之间的关系，存在如下三种可能：

（1）$P >$ ATC，企业获得利润。
（2）$P =$ ATC，企业收支相抵（总成本等于总收益）。
（3）$P <$ ATC，企业亏损。

图 12-4 描述的是第一种可能性，企业获得利润。图 12-5 表现的是企业收支相抵以及亏损的情形。在图 12-5a 中，产出水平位于 MR = MC，价格等于平均成本，因此，总收益等于总成本，企业收支相抵，或者说经济利润为零。在图 12-5b 中，产出也定于 MR = MC，价格低于平均成本。因此，总收益小于总成本，企业亏损，利润最大化相当于亏损最小化。

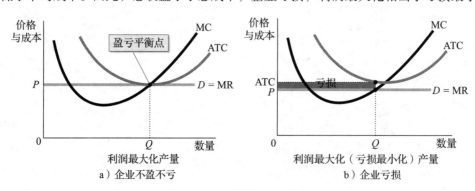

图 12-5 企业收支相抵与损失

注：在图 12-5a 中，价格等于平均总成本，而该公司盈亏平衡，这是因为其总收入将等于其总成本。在这种情况下，企业的经济利润为零。在图 12-5b 中，价格低于平均总成本，企业出现亏损。亏损由阴影矩形的区域面积表示，该区域的高等于 (ATC-P)，宽等于 Q。

◎ 概念应用 12-1

在餐饮业中亏钱

在市场体系中，企业只有将产品或服务投放到市场，才能为消费者所选择。美国每周都会新开业几千家企业。每一家新开企业都意味着企业家冒险用自己的资金来追逐利润。当然，无人能确保成功，许多新开企业走向亏损，而非像所有者希望的那样获得利润。

餐饮业竞争激烈，特别是在经济增长强劲的城市，那里的食客有很多选择，房东也可以选择将不动产作为商用的空间租给其他企业。2017年，由于成本上涨，许多城市的餐馆都在亏钱。固定成本上升的原因是租金上涨，边际成本上升的原因是员工工资上涨。

在大城市，饭店与其他小企业争夺空间。在经济强劲增长时期，房东通常会增加租金。纽约市Flatiron区一家餐厅的老板关闭了经营15年的餐厅，因为"租赁期已到，租金太高了"。由于最低工资的提高以及联邦政府要求企业向工作人员每周工作40小时后支付更高的工资，一些城市的餐馆也面临着更高的工资成本。用一位餐厅经理的话来说，由于工资大约占普通餐厅成本的35%，因此工资的上涨"伤及内脏"。

纽约市有许多亚洲风味的餐厅。下图显示了较高成本对代表性餐厅的影响。每碗拉面的价格为16美元（请记住，这是纽约！），该餐厅收支相抵是因为其利润最大化的产量为Q_1，其平均总成本（如图中ATC_1所示）也等于16美元。餐馆付给工人工资的增加导致边际成本曲线从MC_1上升到MC_2，这是因为制作更多碗拉面的成本增加了。较高的人工成本也增加了餐厅制作拉面的平均可变成本，因此也抬高了平均总成本曲线。租金上涨会增加餐馆的平均固定成本。较高的平均可变成本和较高的平均固定成本共同推动餐厅的平均总成本曲线从ATC_1上移到ATC_2。该餐厅利润最大化的拉面数量从Q_1下降到Q_2，并且由于平均总成本现在高于16美元的价格，该餐厅出现亏损，如图中阴影区域所示。

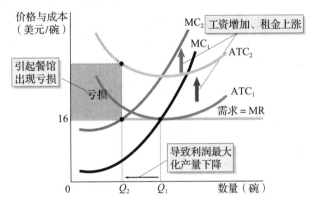

在这种情况下，餐厅为什么不将其价格至少提高到收支相抵的水平？纽约市有许多亚洲餐馆都在出售拉面，而且我们已经看到，任何试图将其产品价格提高到高于市场价格的公司都会因竞争对手吸引而致客户流失。正如布鲁克林的Ganso日式餐厅老板在关闭两个分店后所说的那样："你不能将一碗拉面的价格定在30美元。"如果这种损失越来越普遍，那么我们不清楚纽约和其他大城市的餐馆，特别是不属于全国范围的连锁餐馆会发生什么。麻省理工学院的经济学家威廉·惠顿（William Wheaton）给出了一个可能的结果："随着成本的上升，财大气粗的人在那里可以继续撑一段时间，其他人则要关门歇业了。"当一家独立的餐厅关门时，创办该企业的企业家可能会损失大部分投资。

资料来源：Florence Fabricant, "Craftbar in Flatiron District Will Close This Spring," *New York Times*, February 3, 2017; Karen Stabiner, "Is New York Too Expensive for Restaurateurs? We Do the Math," *New York Times*, October 25, 2016; and Cara Eisenpress, "Restaurants Are Seeing Their Profits Devoured by Landlords and Labor Costs," crainsnewyork.com, January 23, 2017.

12.4　短期内生产还是停业的决策

在图 12-5b 中，尽管经营亏损，我们假定企业将继续生产。从短期来看，企业亏损后有两种选择：

1. 继续生产。
2. 停止生产，暂时停业。

在多数情况下，企业亏损后将考虑暂时停止生产。即使在停业期间，企业也必须支付固定成本。例如，企业租赁的厂房，即使企业并未组织生产，但房东仍希望按月获得租金。因此，如果企业不生产，其遭受的亏损将等于固定成本。这也是企业能接受的最大亏损。如果亏损数额超过固定成本，企业将停业。

如果企业所收到的总收益大于可变成本，继续组织生产将减少一部分亏损，即亏损少于固定成本。企业可以使用超过可变成本之上的收益来弥补部分固定成本。在这种情况下，继续生产比停业可减少更多损失。

在分析企业做出停业决策时，我们假定企业的固定成本是沉没成本。**沉没成本**（sunk cost）是指已经支出而无法收回的成本。我们假定，在通常情况下，企业停业后其固定成本无法收回。例如，如果农场主通过贷款购买了土地，按法律要求农场主必须每月支付贷款利息，不管当下是不是种植小麦的季节。农场主已经支出的这笔资金将无法收回。因此，在短期，农场主应该将其视为沉没成本，与短期决策无关。对任何企业来讲，总收益是大于还是小于可变成本是做出在短期继续生产还是停业决策的关键。只要企业的总收益大于可变成本，就应该继续生产，而不管固定成本是大还是小。

亏损发生时，提高价格并非完全竞争企业的选择。如果企业提高价格，它将失去所有客户，其销售将下降为零。例如，在过去 20 年中，小麦价格足以保证美国典型的小麦农场主至少收支相抵。2017 年，小麦价格从三年前的每蒲式耳 7 美元下降到大约 4 美元。对于一些小麦种植者，每蒲式耳 4 美元低于他们的收支平衡点。但是，任何试图将价格提高到每蒲式耳 7 美元的小麦农户，都会看到他的销售迅速消失，因为购买者可以以每蒲式耳 4 美元的价格从成千上万的其他小麦农户购买他们想要的所有小麦。

12.4.1　企业的短期供给曲线

企业的供给曲线表示的是在任一给定价格水平上企业愿意卖出多少单位的产品。我们注意到，在完全竞争市场中，企业的边际成本曲线具有同样的作用。企业按照 MR=MC 来决定产量。由于在完全竞争市场中的企业，价格等于边际收益，企业将按 $P=MC$ 来决定产出。对任意给定的价格水平，我们可以根据边际成本曲线来决定企业愿意提供的产品数量。因此，完全竞争企业的边际成本曲线就是供给曲线。当然还有一个重要的条件要满足。我们已经知道，当企业亏损时，如果总收益小于可变成本，企业将会停止营业，即

$$总收益 < 可变成本$$

或者表示为

$$(P \times Q) < VC$$

如果我们对上式两边除以 Q，我们得出企业关停的条件为

$$P < AVC$$

如果价格水平下降到平均可变成本以下，企业停止生产，亏损相对较小。因此，企业的边际成本曲线成为供给曲线只有价格不低于平均可变成本之上的部分。

从前面我们知道，边际成本曲线与平均可变成本曲线在后者最低点相交。因此，如图 12-6 所示，企业的供给曲线是平均可变成本最低点之上的边际成本曲线。当价格低于最低平均可变成本（P_{MIN}）时，企业将停止生产，平均产量为零。可变成本曲线最低点，也被称为**停止营业点**（shutdown point），对应的产量水平为 Q_{SD}。

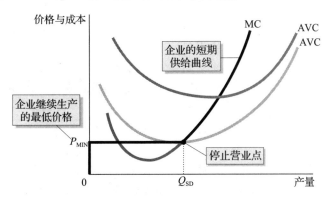

图 12-6　企业短期供给曲线

注：由于在完全竞争市场中，价格等于企业的边际收益，企业根据 $P=MC$ 来决定产出。对任何给定的价格水平，我们可以依据边际成本曲线来决定企业的供给数量，因此边际成本曲线是企业的供给曲线。如果价格低于平均可变成本，企业将停止生产。企业的边际成本曲线穿越平均可变成本曲线的点是企业的停止营业点，产量为 Q_{SD}。当价格水平低于 P_{MIN} 时，供给曲线沿着价格轴，表示在这些价格水平上，产量为零。黑线就是企业的短期供给曲线。

|解决问题 12-2|

何时关掉一个农场

根据《华尔街日报》上的一篇文章，一位小麦种植者决定拿出 170 英亩的土地种草，而不是种小麦，因为这似乎是他的唯一选择。他去年在每蒲式耳小麦上投入的种子、肥料、燃料和农药上的花费约为 6.50 美元，但是小麦的价格每蒲式耳仅仅为 2.90 美元。

a. 这里列出的成本是可变成本还是固定成本？简要说明。

b. 我们能否根据给出的信息来计算农民每蒲式耳小麦的损失？简要说明。

c. 对农民决定将这些英亩土地停产提供经济解释。用图表说明你的答案。

解决问题步骤：

步骤 1：复习本章材料。此问题与企业决定是否在价格低于平均总成本的情况下进行生产有关，因此请复习"短期内生产还是停业的决策"的内容。

步骤 2：回答问题 a，解释列出的成本是可变成本还是固定成本。农民种植小麦越多，他需要使用的种子、肥料、燃料和农药就越多。因为这些投入的成本随产出的变化而变化，所以我们可以得出结论，它们是可变成本而不是固定成本。

步骤 3：通过解释我们是否有足够的信息来计算农民每蒲式耳的小麦亏损来回答问题 b。农民每蒲式耳的损失等于 $P-ATC$。回想之前的内容，$ATC = AVC + AFC$。我们得到的信息是农民的平均可变成本，而不是农民的平均固定成本。因此，我们没有足够的信息来确定他每蒲式耳的亏损。

步骤4：回答问题c，对农场主决定将土地停产的原因提出经济解释。我们已经看到，如果 $P <$ AVC，一家公司将倒闭。在这种情况下，停业对企业造成的损失相对更小。农民在这一规模土地上种植小麦的平均可变成本为6.50美元，而小麦价格仅为2.90美元。因此，如果农民停业，损失将减少。

步骤5：通过画图说明从第4步开始的答案完成对问题的回答，图形如下。请注意，在利润最大化（在本例中为损失最小）的产出 Q_1 水平上，每蒲式耳2.90美元的市场价格低于农场的平均可变成本6.50美元。只有小麦价格为 P_1 才能达到收支平衡。如果在价格为2.90美元的水平继续生产，那么他的损失将等于带阴影的矩形面积。这个数额大于他因停业的亏损，因为市场价格低于他的平均可变成本。

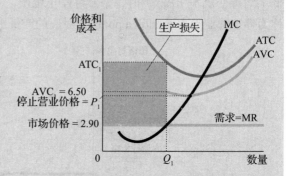

资料来源：Jesse Newman and Patrick McGroarty, "The Next American Farm Bust Is upon Us," *Wall Street Journal*, February 8, 2017.

12.4.2 完全竞争行业的市场供给曲线

市场需求曲线通过对市场上每一价格水平上每一个消费者的需求数量进行加总得出（参见第10章）。与此类似，市场供给曲线也可以通过对在市场中每一价格水平上每一个企业供给的产品数量加总而得到。每一个企业的边际成本曲线告诉我们每一价格水平上企业将供给多少产量。因此，市场供给曲线可以直接从市场中现有企业的边际成本曲线推出。图12-7a 表现的是一家小麦农场主的成本曲线。在价格为7.00美元时，这家小麦农场主供应15 000蒲式耳。如果在这一价格水平上，每个小麦农场主都供给相同的数量，共有15万家小麦农场，那么，在价格为7美元时，小麦的市场供给量为：

15 000 蒲式耳 ×150 000 家农场 = 22.5 亿蒲式耳小麦

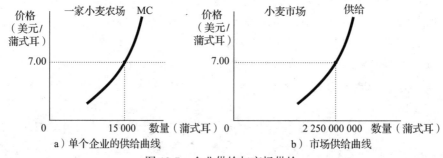

图12-7 企业供给与市场供给

注：我们可以通过对市场中每一价格水平上每个企业愿意供给的产量进行加总得出市场供给曲线。在图12-7a 中，在市场价格为每蒲式耳7美元时，一个小麦农场主愿意供应的数量为15 000蒲式耳，如果在这一价格水平上，每个小麦农场主都供给相同的数量，共有15万家小麦农场，那么，在价格为7美元时，小麦的市场供给量为 15 000 蒲式耳 ×150 000 家农场 = 22.5 亿蒲式耳小麦。这一数量在图12-7b 中是市场供给曲线对应的一点。我们通过找出市场中每一企业在每一价格水平上愿意供应的数量，找到市场供给曲线上的另一点。

图 12-7b 表现了在价格水平为 7 美元时，根据小麦市场的供给曲线，供应的数量为 22.5 亿蒲式耳。实际上，所有小麦农场不可能相同。在市场价格水平上，有些农场供给多一些，有些供给少一些。关键的一点是，我们能够在每一价格水平上对市场中每一个企业愿意并且能够供给的数量进行加总。

12.5 企业在长期的进入和退出：如果人人都能做，你就无法赚钱啦

从长期来看，除非企业能够弥补所有成本，否则它们将停止生产，退出所在行业。在市场体系中，企业不断进出各个行业。在本节，我们将看到利润或亏损怎样为引导企业进入和退出提供信号。

12.5.1 经济利润和进入或退出决策

首先，我们来看经济学家如何对企业所获得利润的特征进行分析。假设萨夏·吉列（Sacha Gillette）决定自己创业。考虑到自己的技能和兴趣，她提出了一份商业计划书。她决定开办一个养鸡场，而非去开餐馆或精品服饰店。打拼 10 年后，吉列存下了 5 万美元，并且她能够从银行贷款 70 万美元。用这笔钱她买了一块地、机器设备和开办养鸡场所的农业设备。她计划在当地的农贸市场中销售自己生产的鸡蛋。当其他人向她的农场投资时，对农场而言的机会成本是用该笔投资从事其他活动所能获得的最好回报（参见第 11 章）。如果农场主吉列用她 5 万美元的储蓄做其他最好的投资（比如用该笔钱购买小型的餐馆），可获得 10% 的收益，那么，她养鸡的机会成本为 5 000 美元。我们也可以认为，这 5 000 美元是农场主吉列在投资自己农场后可以在该行业长期生存下来的最低水平的回报。

表 12-4 列出了农场主吉列的成本。除了她的显性成本外，我们假定还有两项隐性成本：5 000 美元是她把自己的资金投入农场的机会成本，3 万美元是她可以管理他人的农场而非自己的农场可获得的薪水。她的总成本为 90 000 美元。如果放养鸡蛋的市场价格为每盒 3.5 美元，吉列卖出了 5 000 盒，她的总收益为 150 000 美元，经济利润为 60 000 美元（总收益 150 000 美元减去总成本 90 000 美元）。我们前面已经学过，经济利润等于企业的总收益减去总成本，包括隐性成本和显性成本。

表 12-4 吉列的成本 （单位：美元）

显性成本	
水	10 000
工资	18 000
肥料	12 000
电力	5 000
银行贷款	10 000
隐性成本	
放弃的薪水	30 000
机会成本	5 000
总成本	90 000

1. 经济利润存在会吸引新企业进入

不幸的是，农场主吉列获得经济利润的时间不可能很长。假设其他的农场主销售普通鸡蛋仅仅收支相抵。在这种情况下，他们将转向销售放养鸡蛋，因此可以获得经济利润。正如我们在本章开篇看到的那样，近些年许多农场主开始从传统方法养鸡转向放养方法养鸡以期获得更高的利润。一个行业中的企业越多，市场供给曲线向右移动的距离越远。在图 12-8a 中，随着越来越多的农场主进入放养鸡蛋市场，供给曲线将向右移动。直到市场供给曲线从

S_1 移动到 S_2,农场主都会持续进入。

当供给曲线为 S_2 时,市场价格将下降到每盒 2 美元。图 12-8b 所示为对吉列的影响,我们假定她与其他农场主有同样的成本。随着市场价格从每盒 3 美元降到 2 美元,对吉列的需求曲线将从 D_1 移动到 D_2,在新的均衡实现时,吉列按每盒 2 美元的价格销售了 40 000 盒。她与其他的农场主一样都不再获得经济利润,而只是收支相抵,他们投资的收益只是弥补了投资的机会成本。新企业的进入将停止,因为在农产品市场中,销售放养鸡蛋的收益率并不比他们销售普通鸡蛋获利更多。

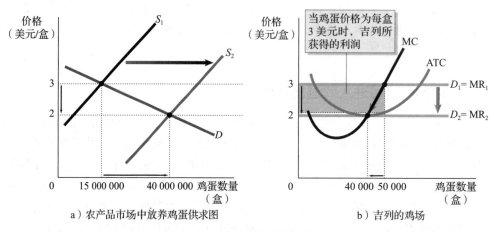

a)农产品市场中放养鸡蛋供求图　　　b)吉列的鸡场

图 12-8　进入对经济利润的影响

注:开始时,吉列和其他农场主能够以每盒 3 美元销售放养鸡蛋,获得经济利润。吉列的经济利润可用图 12-8b 中带阴影的长方形来表示。图 12-8a 表示的是当其他鸡农开始销售放养鸡蛋后,市场的供给曲线将向右移动,从 S_1 移动到 S_2,市场价格将下降到每盒 2 美元。图 12-8b 表现了价格下降推动对吉列的需求曲线从 D_1 移动到 D_2,产量从 50 000 盒下降到 40 000 盒。根据市场价格为每盒 2 美元,鸡农能够收支相抵,他们的总收益等于总成本,经济利润为零。请注意在图 a 和图 b 中使用了不同的单位量级。

尽管只是收支相抵,但吉列会继续销售放养鸡蛋吗?她将继续销售,因为销售放养鸡蛋所获得的收益与她在其他领域投资所获收益相同。直到经济利润消失之前新企业将持续进入,虽然没有任何经济利润存在,但现有企业将继续经营,这听上去有些奇怪,因为我们习惯于用会计利润而非经济利润来思考问题。请注意,会计核算一般只要求将显性成本包括在企业的财务报表中。吉列的机会成本(5 000 美元)和所放弃的薪水(3 万美元)是经济成本,并不算在会计成本中。因此,尽管会计师计算的结果是吉列获得 3.5 万美元的利润,但经济学家则认为收支相抵。在准备财务报表和支付所得税时,吉列必须注意其会计利润。但是,经济利润考虑到了所有成本,该项指标可以更准确地反映企业财务健康状况。

2. 经济亏损会导致企业退出

假设一些消费者决定不论是不是放养鸡蛋,他们都不再吃鸡蛋了。图 12-9a 表明,对放养鸡蛋的需求曲线将向左移动,从 D_1 移动到 D_2,市场价格将从 2 美元下降到 1.75 美元。图 12-10b 表明,随着价格水平下降,像吉列这样的人将沿着他们的边际成本曲线生产更低的产量水平。随着产量水平的下降和价格的降低,其将遭受**经济亏损**(economic loss),因为价格无法弥补所有成本。只要价格水平高于平均可变成本,尽管遭受损失,但在短期吉列将继续组织生产。在长期,如果他们不能弥补所有成本,企业将退出这一行业。在这种情况下，一些农场主会将放养鸡蛋卖给超市，而非在农产品市场中直接销售。

图 12-9c 中，随着企业从农产品市场中退出，供给曲线将向左移动。在价格回升到每盒 2 美元、供给曲线位于 S_2 之前，企业将继续退出，供给曲线也将持续向左移动。在图 12-9d 中，当价格水平回复到 2 美元时，在该行业生存下来的企业将收支相抵。

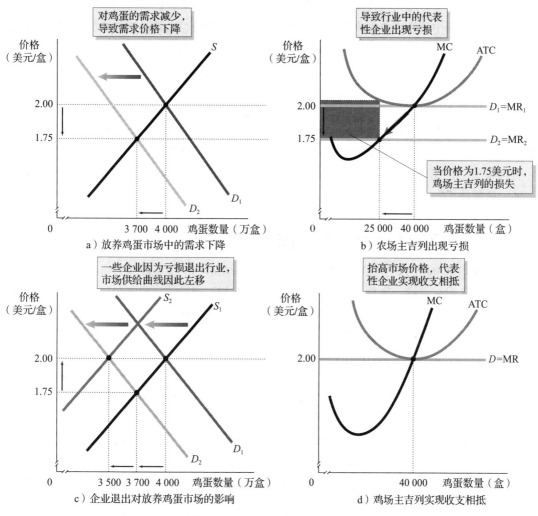

图 12-9　退出对经济亏损的影响

注：当鸡蛋价格为每盒 2 美元时，吉列和其他农场主实现收支相抵。市场中总的销售数量为 4 000 万盒。吉列销售了 40 000 盒。图 12-9a 所示为，对农产品市场中鸡蛋需求下降，需求曲线从 D_1 变为 D_2，市场价格下降到每盒 1.75 美元。图 12-9b 所示为价格下降导致对吉列需求的曲线从 D_1 下移到 D_2，产出水平从 40 000 盒下降到 25 000 盒。当市场价格为每盒 1.75 美元时，企业开始出现亏损，用图中的阴影区域表示。因此有些农场主开始退出市场，引起市场供给曲线向左移动。图 12-9c 所示为持续退出，直到供给曲线从 S_1 移动到 S_2，市场价格从 1.75 美元回到 2.0 美元。图 12-9d 所示为，当价格回升到 2.0 美元，吉列实现收支相抵。在图 12-9c 表示新的市场均衡实现时，放养鸡蛋的销售已经从 4 000 万盒下降到 3 500 万盒。

12.5.2　完全竞争市场中的长期均衡

我们已经知道，经济利润将吸引企业进入某一行业。新进入的企业将压低市场价格，直到典型企业收支相抵。经济损失也会导致企业退出一个行业。企业的退出将引起均衡价格上涨，直到典型企业实现收支相抵。在长期均衡过程中，退出和进入导致的结果是代表性企业实现收支相抵。从长期来看，企业规模可能变大或者变小（参见第 11 章）。长期平均成本曲线表现的是在长期，生产一定数量的产出，企业的最低成本水平。因此，我们预计，长期竞争将推动市场价格下降到代表性企业长期平均成本曲线的最低点。

在鸡蛋市场中销售的放养鸡蛋，其长期看来是几年时间，也就是把传统的养殖方法转变为放养的方法。正如我们在开篇所讨论的那样，最近几年采用放养方法的鸡场大量出现，放养方法仍然比传统方法获利多。因此，我们预测，在未来一段时间，会有更多的农场采用放养方法养鸡。

完全竞争市场中的企业一直努力想领先竞争对手一步。它们总是寻求新的生产方法，如销售放养鸡蛋。有些企业总能找到一些方法暂时获得经济利润，但竞争一般会在几年内将这种利润消灭掉。这一现象不仅限于农产品行业。在许多竞争性市场中，获得经济利润的时间一直都很短。正如耶鲁大学经济学教授沙龙·奥斯特所说的那样："如果所有人能做，那么你就无法赚钱了"。

12.5.3　完全竞争市场中的长期供给曲线

在每盒鸡蛋价格为 2 美元时，如果代表性农场主在市场中销售放养鸡蛋可以实现收支相抵，从长期来看，市场价格总是会回到这一水平。例如，如果帕尼罗面包店、唐恩都乐和麦当劳决定在其出售的食品中只使用放养鸡蛋，结果是需求增加，导致市场价格上涨到 2 美元以上，农场主获得经济利益。这些利润将吸引其他的农场主进入市场，导致市场供给曲线向右移动，直到价格回到 2 美元。图 12-10a 表现了需求增加的长期影响。随着需求增加，D_1 移动到 D_2，市场价格将暂时从每盒 2 美元上升到 3 美元。在这一价格水平上，农场主销售放养鸡蛋将获得经济利润，但这又会吸引新的农场主加入，结果是供给曲线右移，从 S_1 移动到 S_2，导致市场价格回到每盒 2 美元，并且消除了经济利润。

与此类似，如果需求减少导致市场价格低于 2 美元，农场主将出现经济亏损。这些亏损会引起部分农场主退出市场，供给曲线将向左移动，价格将回到 2 美元。图 12-10b 表现了需求下降的长期影响。需求下降，D_1 移动到 D_2，市场价格将暂时从 2.00 美元下降为 1.75 美元。在这一价格水平上，农场主出现经济亏损，这些亏损会引起在农产品市场中，销售放养鸡蛋的部分农场主退出市场。供给减少，从 S_1 移动到 S_2，这将推动价格回复到每盒 2 美元，并且消除了亏损。

长期供给曲线（long-run supply curve）表现的是在长期市场价格和供给量之间的关系。从长期来看，不管生产多少放养鸡蛋，价格将维持在每盒 2 美元的水平上。因此，如图 12-10 所示，长期供给曲线 S_{LR} 是在价格水平为 2 美元时的水平线。请注意，在长期，价格回到每盒 2 美元是因为在这一价格水平上，行业的代表性企业正好收支相抵。代表性企业收支相抵是因为 2 美元是企业长期平均成本的最低点。我们据此可以得到一个重要的结论：完全竞争市场中，从长期来看，市场将供给由代表型企业平均成本最低点所决定的价格水平上消费者需求的任何数量的产品。

因为长期供给曲线的位置是由代表性企业平均成本曲线最低点决定的，因此从长期来看，任何改变典型企业成本的因素都将引起长期供给曲线发生移动。例如，如果平均成本永久性每盒增加 0.25 美元，放养鸡蛋的长期供给曲线上移 0.25 美元。

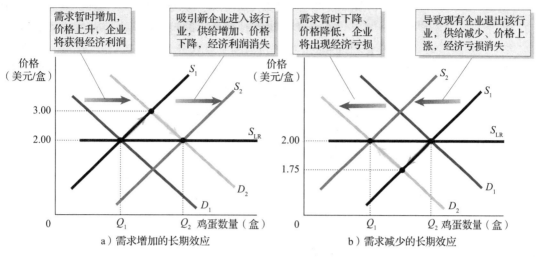

图 12-10　完全竞争行业中的长期供给曲线

注：图 12-10a 表现的是在农产品市场中，放养鸡蛋需求增加，市场需求曲线从 D_1 右移到 D_2，导致价格暂时从 2.00 美元 / 盒上涨到 3.00 美元 / 盒。新企业的进入推动供给曲线右移，从 S_1 移动到 S_2，推动价格回到 2.00 美元的长期水平。在图 12-10b 中，需求减少导致价格暂时从每盒 2 美元下降到 1.75 美元，市场需求曲线从 D_1 左移到 D_2。企业退出将导致市场供给曲线左移，从 S_1 移动到 S_2。长期供给曲线 S_{LR} 表现的是市场价格和供给量长期的关系。就该图而言，长期供给曲线是一条水平线。

◎ 概念应用 12-2

苹果 iPhone 的 App 商店中，易入性使得长期变短

苹果 iPhone 和 iPad 普及的原因之一是 iTunes 音乐和视频商店上的应用程序。到 2017 年，iTunes 上的应用程序销售额接近 300 亿美元。大型软件公司以及编写应用程序的个人，已将游戏、日历、词典和许多其他类型的应用程序发布到 App Store 中，这些发布者从其应用程序产生的收入中获得 30%。

但是 App Store 中的应用程序之间的竞争异常激烈，尤其是游戏。每天苹果商店中增加约 750 种新游戏。Hogrocket 是一家三人公司，开发了游戏"小小侵略者"，并于 2011 年在 App Store 中开始销售。最初，该公司以 2.99 美元的价格成功出售了该应用。但是，正如我们所看到的，当公司在市场中获得经济利润时，其他公司具有进入该市场的强大经济动力。新游戏的竞争迫使 Hogrocket 将其游戏价格降低至 0.99 美元。这样的价格让该公司无法达到收支平衡，因此该公司不得不关闭。

有这么多游戏可供选择，除非它们可以免费下载，否则许多人不愿意下载。一些应用程序设计师尝试了允许免费下载应用程序的策略，同时通过强迫用户在应用程序打开或运行时看到广告来赚取收益。但是，许多人发现这些广告很烦人，因此开发人员已开始提供无广告的免费应用程序，但这些开发人员可从在程序内购买项目的用户那里获得收入。例如，在流行游戏"糖果传奇"中，用户有 5 次免费的操作机会。用完后，他们可以等待 30 分钟再进行一次免费操作，也可以支付少量费用立即获得另外 5 次操作。尽管如此，玩这些游戏的人中

只有约 3% 付了费。这使得开发人员得依赖于"氪金玩家"，这些玩家每月在游戏里花费 50 美元至 100 美元。只有最好的游戏才能吸引这些玩家，并在 App Store 的激烈竞争中生存下来。

但是，即使是最受欢迎的游戏最终也会发现竞争削弱了其盈利能力。例如，在 Supercell 的"部落冲突"游戏中，玩家可以免费缓慢建立村庄的防御和军队，也可以在应用内购买"宝石"以加快流程。2017 年，Supercell 的应用内购买收入开始下降，《华尔街日报》上的一篇文章将其归因于"移动游戏行业的激烈竞争"。Supercell 的后续游戏 Clash Royale 的收入也因市场竞争而下降。其他公司，包括 Rovio（"愤怒的小鸟"的制造商）和任天堂（"超级马里奥奔跑"的制造商），从移动游戏中获得的收入也令人失望。

在竞争激烈的市场中，从长远来看要获得经济利润是极其困难的。而且，智能手机和平板电脑应用程序进入市场的便捷性使得这个市场的"长期"变得很短。

资料来源：Dan Gallagher, "Why Super Mario's Run Was Short," *Wall Street Journal,* January 2, 2017; Matthias Verbergt, "'Clash of Clans' Maker Posts Revenue Fall amid Pokémon Competition," *Wall Street Journal,* February 15, 2017; Adam Satariano, "Angry Birds Maker Rovio May Cut Jobs in Revamp of Functions," bloomberg.com, February 15, 2017; and Sarah E. Needleman, "Mobile-Game Makers Try to Catch More 'Whales' Who Pay for Free Games," *Wall Street Journal,* May 10, 2015.

12.5.4　成本递增行业和成本递减行业

任意行业中的代表性企业的平均成本，如果随着行业扩张不发生变化，该行业的长期供给曲线将是水平线，如图 12-10 所示。这些行业，如养鸡业，被称为成本不变行业（constant-cost industry）。然而，随着行业扩张，代表性企业的平均成本很可能会发生变化。

例如，生产中使用的一种投入品的可用数量有限，投入品的成本将会随着行业的扩张而上升。如果酿制某种葡萄酒的葡萄种植土地是一定的，对这种葡萄酒需求的增加会导致对种植这些葡萄土地的竞争，抬高地价。因此，在长期，想增加葡萄酒的产量，只能通过价格上升来弥补代表性企业平均成本的上涨。在这种情况下，长期平均成本曲线将向上倾斜。长期供给曲线向上倾斜的行业被称为成本递增行业（increasing-cost industry）。

最后，部分行业的代表性企业的成本会随着行业的扩张而下降。假设有人发明了新的智能手机，使用的原件中有一种特殊的记忆芯片，芯片产量目前是小规模。如果对智能手机的需求增加，生产手机的企业对记忆芯片的订单也会增加。如果这种产品生产存在规模经济现象，随着产出的增加，平均成本将下降（参见第 11 章）。如果在生产记忆芯片中也存在着规模经济现象，生产芯片的平均成本也会下降，竞争的结果是价格也会跟着下降。芯片价格的下降也会导致新智能手机的平均生产成本下降。从长期来看，竞争的结果将迫使智能手机的价格下降到代表性企业新的更低的平均成本水平上。在这种情况下，长期供给曲线将向下倾斜。长期供给曲线向下倾斜的行业，被称为成本递减行业（decreasing-cost industry）。

12.6　完全竞争与效率

请注意，消费者是市场体系中的强大力量。如果更多消费者需要放养鸡蛋，市场将增加供应。放养鸡蛋供应增加并不是因为在华盛顿的政府部门或者鸡蛋养殖协会的官员发出命令。多生产出来的鸡蛋是因为需求增加，进而导致价格上升。农场主按市场价格销售可获得更高利润。鸡场经营者试图获得最高的投资收益，便开始用放养方法养鸡。如果消费者对放养鸡蛋不再感兴趣，需求将减少，上述过程将反向发生。

12.6.1 生产有效

在市场制度下，消费者可以得到他们想要的鸡蛋，而生产的成本也尽可能低。竞争的力量将推动市场价格降低到代表性企业平均成本的最低点。**生产有效**（production efficiency）指的是产品或劳务以尽可能低的成本生产。就像我们已经看到的那样，完全竞争会达至生产有效。

每一个企业的管理者努力降低成本来获得经济利润。然而，在完全竞争市场中，其他企业很快会复制降低成本的方法。因此，从长期来看，唯有消费者会从成本下降中获益。

|解决问题 12-3|

生产有效如何有利于消费者

金融作家迈克尔·刘易斯曾经评论道："对投资者来讲，悲伤的事情是，似乎新技术进步的大部分利益被无偿转移给消费者了。"

a. 你如何理解刘易斯所说的新技术带来的好处被"无偿转移给消费者了"？使用图 12-8 来解释你的答案。

b. 为什么这一结果对投资者是悲伤的事情？

解决问题步骤

步骤 1：复习本章相关内容。该问题与完全竞争和效率有关，请复习"完全竞争与效率"一节的内容。

步骤 2：使用本章概念来解释刘易斯话的意思。刘易斯所说的"新技术"是指新产品（如智能手机、带有视网膜显示器的笔记本电脑和高清电视）或者以更低成本来生产现有产品。新的技术可以帮助企业在短期获得经济利润，但是，经济利润又会吸引新企业在长期进入市场。

步骤 3：根据图 12-8 来解释为什么新技术会无偿地转移给消费者。图 12-8 所述的情形是，企业在短期获得经济利润。而在长期，由于新企业进入，经济利润将会消失。我们可以画出类似的图形来分析 4K 电视，以及从长远来看，4K 电视市场会发生什么。与传统的高清（HD）电视相比，该电视可提供更清晰、更高分辨率的图像。

当 4K 电视被引入市场时，价格水平高，市场中只有几家企业。如图 a 所示，4K 电视市场初始的均衡价格为 P_1。图 b 表示的是，在这一价格水平上，行业的代表性企业获得了经济利润用图中的阴影区域表示。经济利润会吸引新企业进入该行业。新进入企业将推动市场供给曲线从 S_1 移动到 S_2，均衡价格从 P_1 下降到 P_2。图 b 所示为在新的市场价格 P_2 时，代表性企业收支相抵。因此，4K 电视以尽可能低的成本来生产，实现生产有效。消费者免费获得新技术带来的好处，即他们只需要支付尽可能低的成本的价格。

步骤 4：回答问题 b，解释为什么在问题 a 中对投资者是悲伤的事情。在问题 a 的回答中，企业用于生产高技术产品的投资长期只能收支相抵。这一结果意味着，在这些企业中，投资者在长期也不可能获得经济利润。

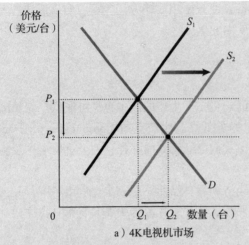
a) 4K电视机市场

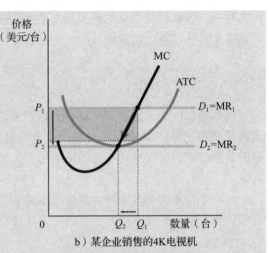
b) 某企业销售的4K电视机

进一步解释

刘易斯使用了本章的一个重要结论：在长期，新企业进入引起的竞争会使经济利润消失。我们应该注意到，严格地讲，刘易斯所讨论的高技术行业并非完全竞争。例如，智能手机与4K电视并非同质产品，每家公司生产的数量足以影响到市场价格。然而，正如我们在下章所看到的，在非完全竞争市场条件下并不会改变所得到的重要结论，通过迫使价格降低到平均成本水平，新企业进入仍会有利于消费者。事实上，4K电视自被首次广泛接受后，价格下降已经超过50%。

资料来源：Michael Lewis, "In Defense of the Boom," *New York Times*, October 27, 2002.

12.6.2 分配有效

完全竞争企业不仅以最低成本生产产品和服务，而且它们生产的产品和服务的消费者估值也最大。企业将会生产到这样的时点上：多生产一单位产品的边际成本等于消费该单位产品消费者所获得的边际得益。换言之，企业将向消费者提供对消费者带来的边际得益至少与生产它们的边际成本相等的所有产品。这一结果成立是因为：

（1）产品价格代表了消费者从所消费的最后一单位商品中所得到的边际得益。

（2）完全竞争企业将生产组织到产品价格等于生产的最后一单位产品的边际成本的状态。

（3）企业组织生产会到这样的点上：最后一单位产品带给消费者的边际得益等于生产该单位产品的边际成本。

这些结论是对代表市场制度有效分配的另一种表述，即分配劳动、机器设备和其他投入品来生产能给消费者带来最优满足感的产品和服务。换言之，完全竞争可实现**分配有效**（allocative efficiency）。正如我们将在接下来的几章所要探讨的，在美国经济中，销售的许多产品和服务并非在完全竞争市场中生产。不过，生产有效和分配有效仍然是对经济体的真实表现非常有用的参照标准。

⋮生活与职业生涯中的经济学⋮

你有企业家才能吗

在本章开始，我们请你思考的问题是，在从事临时照顾幼儿、为邻居修剪草坪工作时，为什么你仅仅开出了低价。在完全竞争市场中，企业无法索取高于其他竞争企业的产品价格。照顾幼儿、为邻居修剪草坪的竞争非常激烈,因为大部分邻居家的青少年都愿意提供这类服务。照顾幼儿的收费也许对一个20岁的人来说并不值,但对于一个14岁的人还是值得的。换言之,进入照顾幼儿、为邻居修剪草坪的市场非常容易。因此,在青少年时期,你可能已经熟悉了本章得出的结论之一:在完全竞争市场中的企业无力控制价格。

本章小结

市场的竞争力量不断给企业施加压力,迫使企业以尽可能低的成本来生产新颖和更好的产品和服务。企业如果不能预测到消费者口味的变化或者未能采用最新、最有效率的技术,那么企业就不会在长期生存下去。在19世纪,生物学家达尔文根据适者生存的理念提出了进化理论。只有那些能够适应环境的动物或植物才能够生存下来。达尔文在阅读了经济学家在19世纪早期描述的适者生存在经济中的作用之后,首次认识到其在自然界中的重要性。适者生存不仅是自然界的规则,而且也是经济世界的规则。

在本章开始我们已经知道有四种市场结构:完全竞争、垄断竞争、寡头垄断和完全垄断。现在我们已经学习了完全竞争市场,接下来的几章我们将逐一讨论其他三种市场。

本章概要与练习

第13章 垄断竞争：更切实际的竞争模型

:::开篇案例:::

帕尼罗的"清洁食品"优势会持续吗

很少有行业像餐饮业那样竞争激烈。在大多数市区，看到几家餐厅开业后不久即关闭（有时仅几个月后）的情况并不少见。为了成功，各餐厅需将自己的菜单与其他餐馆的区分开或做出不同花样。路易斯·凯恩（Louis Kane）和罗恩·沙希（Ron Shaich）于1981年成立了一家名为帕尼罗面包的公司。尽管该公司最初专注于销售焙烤食品和早餐食品，但到20世纪90年代后期，该公司已扩展为可全天提供各种三明治、汤和沙拉的店。

帕尼罗与Chipotle Mexican Grill和Shake Shack一样，经营"速食休闲餐厅"，可快速准备新鲜餐食，但不提供餐桌服务。这些餐厅所提供的食物被许多消费者认为更健康，因为与传统快餐店（如塔可钟和麦当劳）相比，这些餐厅使用的食材质量更高。2017年，现任帕尼罗董事会主席的罗恩·沙希宣布，该公司2 000家餐厅已完成了为期两年的转换过程，仅提供"清洁食品"，即不含人工防腐剂、甜味剂或其他添加剂的食品。他指出，其他快餐店都无法满足这一要求。

当在第12章讨论完全竞争市场中的企业状况时，我们看到这些市场具有三个主要特征：①有大量企业存在；②所有公司都出售相同的产品；③新公司进入该行业没有障碍。

帕尼罗所在的市场有其中两个特征：有许多速食休闲餐厅；进入市场的门槛很低。但是帕尼罗及其竞争对手销售的产品是差异化的，并非相同。因此，市场是垄断竞争而非完全竞争。

帕尼罗能继续成功吗？转变为"清洁食品"的过程需要大量投资，但真是消费者足够在意食品成分，决定着投资回报能否成功吗？如果这样做，帕尼罗的竞争对手是否也将开始提供"清洁食品"，从而减少沙希希望获得的竞争优势？正如我们将看到的，从长期来看，大多数垄断竞争性企业无法获得经济利润。

资料来源：Julie Jargon, "What Panera Had to Change to Make Its Menu 'Clean,'" *Wall Street Journal*, February 20, 2017; Craig Giammona, "Panera Becomes First Chain to Label Added Sugar in Beverages," bloomberg.com, March 31, 2017; and "The No-No List," panerabread.com, March 14, 2017.

∶生活与职业生涯中的经济学∶

你能成功运营一家餐厅吗

毕业后，你计划实现开设意大利餐厅的梦想。你在经营餐厅时需要做出许多决定。它具有"家庭氛围"，家具坚固耐用但价格便宜，还是会装修的优雅并带有漂亮的桌布和蜡烛？你会提供一份完整的菜单还是专注用祖母传下来的秘制酱汁做成的面食？你的决策将使自己的餐厅与竞争对手区分开来。餐厅开业后，你家乡的餐饮市场会发生什么变化？你可能成功吗？学习本章时，尝试回答这些问题。本章最后你将看到我们给出的答案。

在美国经济中，许多市场类似于餐饮市场：有大量的买者和卖者，进入壁垒很低，但用于消费的是有差异的并非同质的产品。这些市场的事例包括：餐饮店、电影院、超市和家具店。事实上，绝大部分企业面对的都是**垄断竞争**（monopolistic competition）市场上的竞争。我们已经知道，完全竞争市场怎样有利于消费者并达至经济有效。对垄断竞争市场而言，会得到同样理想化的结果吗？这个问题很重要，因为垄断竞争市场最普遍。

13.1 垄断竞争市场中企业的需求和边际收益

如果距离你居住地一公里之外的帕尼罗餐厅将一份火鸡三明治的价格从7.00美元提高到7.50美元，它将损失部分顾客，但不会是全部。有些消费者将转而购买其他店的三明治，但有些消费者仍然愿意付更高的价格继续购买，其中的原因有：这家店离他相对较近，或者相对于竞争对手的类似三明治，他更偏好帕尼罗的火鸡三明治。因此，帕尼罗将面临向下倾斜的需求曲线，而并非像小麦种植者那样面临水平的需求曲线。

13.1.1 垄断竞争企业的需求曲线

图13-1所示为价格变化怎样影响帕尼罗销售的火鸡三明治数量。当价格从7.00美元提高到7.50美元时，三明治的数量从每周3 000减少到2 400。

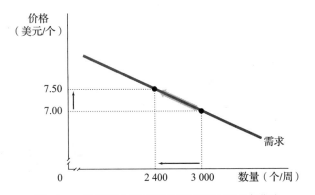

图13-1 帕尼罗火鸡三明治向下倾斜的需求曲线

注：如果帕尼罗提高火鸡三明治的价格，会失去部分顾客，但不会是全部。当价格从7.00美元提高到7.50美元时，三明治的数量从每周3 000减少到2 400。因此，与完全竞争不同，帕尼罗面临的是一条向下倾斜的需求曲线。

13.1.2 需求曲线为向下倾斜的企业的边际收益曲线

对于完全竞争市场中的企业，需求曲线和边际收益曲线是同一条线（参见第12章）。完全竞争企业的需求曲线是一条平行线，不必削减价格来扩大销售量。然而，垄断竞争企业为多销售产品则必须降价，因此边际收益曲线将向下倾斜而且在需求曲线之下。

表13-1给出的数据证明了这一点。为简化起见，我们假定，你家附近帕尼罗的店面非常小，每周最多卖11份火鸡三明治。如果这家餐食店的定价为10.00美元或更高，所有消费者将通过其他途径购买三明治。如果价格为9.50美元，每周可卖出1份三明治。帕尼罗每降价0.50美元，火鸡三明治的销售数量都增加1份。表中第3列表现的是企业总收益怎样随着火鸡三明治销售数量的变化而变化。第4列表现的是企业的单位收益，或者平均收益。平均收益等于总收益除以数量。总收益等于价格乘以销售量，除以数量后只剩下价格，因此，平均收益总是等于价格。这一结果对4种市场中的企业销售而言都是成立的。

表13-1 帕尼罗的需求和边际收益

每周销售的三明治数量 Q	价格（美元）P	总收益（美元）$TR = P \times Q$	平均收益（美元）$AR = \dfrac{TR}{Q}$	边际收益（美元）$MR = \dfrac{\Delta TR}{\Delta Q}$
0	10.00	0.00	—	—
1	9.50	9.50	9.50	9.50
2	9.00	18.00	9.00	8.50
3	8.50	25.50	8.50	7.50
4	8.00	32.00	8.00	6.50
5	7.50	37.50	7.50	5.50
6	7.00	42.00	7.00	4.50
7	6.50	45.50	6.50	3.50
8	6.00	48.00	6.00	2.50
9	5.50	49.50	5.50	1.50
10	5.00	50.00	5.00	0.50
11	4.50	49.50	4.50	−0.50

表13-1最后一列给出的是企业的边际收益，或者说每多销售一份火鸡三明治引起的总收益变化。对完全竞争企业而言，多销售一单位产品带来的收益就等于价格。对帕尼罗多销售一份火鸡三明治而言，这一点并不成立，因为它必须降低价格。当企业把价格降低0.50美元时，既有有利的一面，也有不利的一面。

有利：多销售一份三明治，我们称之为数量效应（output effect）；

不利：此前可以更高价格销售的火鸡三明治每份少收0.5美元，我们称之为价格效应（price effect）。

图13-2表现了当企业将价格从7.50美元降低到7.00美元后发生的变化。销

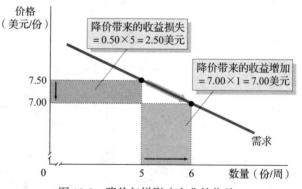

图13-2 降价怎样影响企业的收益

注：当帕尼罗每份火鸡三明治价格从7.50美元降低到7.00美元时，每周销售的火鸡三明治从5份变到6份。第6份火鸡三明治的边际收益为4.50美元，等于多卖出一份火鸡三明治新增加的7.00美元减去前5份火鸡三明治损失的2.50美元收益。

售的第 6 份火鸡三明治为企业收益增加了 7.00 美元，这是数量效应。但是，帕尼罗销售的前 5 份火鸡三明治的价格是 7.00 美元而非 7.50 美元，这就是价格效应。价格效应影响的结果是 5 份火鸡三明治的收益比价格仍为 7.50 美元时少了 2.50 美元。也就是说，企业通过第 6 份火鸡三明治获得了收益 7.00 美元，而前 5 份火鸡三明治损失了 2.50 美元，收益的净变化为 4.50 美元。边际收益是多售出 1 个单位引起的总收益变化。因此，第 6 份火鸡三明治的边际收益为 4.50 美元。请注意，第 6 份火鸡三明治的边际收入远低于其 7.00 美元的价格。实际上，帕尼罗多出售的每份三明治，边际收益就会低于价格。由此可得出一个具有一般性意义的观点：每个能够影响产品或服务价格的企业，其边际收益曲线低于需求曲线。只有在完全竞争市场中，企业才可以按市场价格卖出它们希望卖出的产品数量，边际收益曲线与需求曲线相同。

图 13-3 表示的是帕尼罗需求曲线和边际收益曲线之间的关系，数据来自表 13-1。请注意，第 10 份三明治之后，边际收益变为负值。边际收益为负，是因为多销售一份火鸡三明治所带来的收益要少于由于火鸡三明治价格下降与原价格相比所带来的损失。

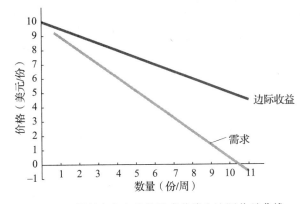

图 13-3 垄断竞争企业的需求曲线和边际收益曲线

注：任何有能力影响所销售产品价格的企业，其边际收益曲线都低于需求曲线。我们使用表 13-1 的数据画出了需求曲线和边际收益曲线。第 10 份火鸡三明治后，边际收益变为负值，因为多销售一份火鸡三明治所带来的收益要少于火鸡三明治价格下降与原价格相比所带来的收益损失。

13.2 垄断竞争性企业如何在短期内最大化利润

所有企业都使用相同的利润最大化方法：产量位于边际收益等于边际成本之时。因此，当地的帕尼罗销售的火鸡三明治数量将位于该处：最后一份三明治增加的收益等于其为此付出的成本（我们希望使这个示例简单易懂，以便重点关注要点，因此，我们忽略了帕尼罗除火鸡三明治之外还出售其他食物的情形）。下面我们以帕尼罗所面临的情形来详细分析垄断竞争企业怎样在短期实现利润最大化。在短期至少有一种生产要素是固定不变的，新企业也没有足够的时间进入市场（参见第 11 章）。帕尼罗餐食店有许多的成本支出，包括：购买制作火鸡三明治和其他食品的食材、电费和员工工资。企业的边际成本是多生产一单位产品总成本的增加量。我们已经知道，许多企业的边际成本曲线呈 U 形。我们假定，帕尼罗的边际成本曲线也是这种形状。

我们将表 11-1 帕尼罗的收益数据与图 13-4 的成本数据整合在一起。图形系依据数据所画。在图 13-4a 中，我们看到了帕尼罗怎样决定利润最大化的数量和价格。只要多销售一份火鸡三明治的边际成本低于边际收益，企业就应该继续增加供给。例如，当火鸡三明治的销售量从每周 3 份增加到每周 4 份时，增加的成本为 5 美元，但增加的收益为 6.50 美元。因此，销售出第 4 份火鸡三明治，企业的利润增加了 1.50 美元。

每周卖出的三明治数量（Q）	价格（美元）（P）	总收益（美元）（TR）	边际收益（美元）（MR）	总成本（美元）（TC）	边际成本（美元）（MC）	平均成本（美元）（ATC）	利润（美元）
0	10.00	0.00	—	6.00	—		-6.00
1	9.50	9.50	9.50	11.00	5.00	11.00	-1.50
2	9.00	18.00	8.50	15.50	4.50	7.75	2.50
3	8.50	25.50	7.50	19.50	4.00	6.50	6.00
4	8.00	32.00	6.50	24.50	5.00	6.13	7.50
5	7.50	37.50	5.50	30.00	5.50	6.00	7.50
6	7.00	42.00	4.50	36.00	6.00	6.00	6.00
7	6.50	45.50	3.50	42.50	6.50	6.07	3.00
8	6.00	48.00	2.50	49.50	7.00	6.19	-1.50
9	5.50	49.50	1.50	57.00	7.50	6.33	-7.50
10	5.00	50.00	0.50	65.00	8.00	6.50	-15.00
11	4.50	49.50	-0.50	73.50	8.50	6.68	-24.00

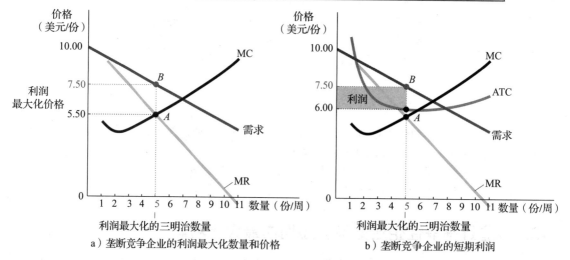

a）垄断竞争企业的利润最大化数量和价格　　b）垄断竞争企业的短期利润

图 13-4　垄断竞争市场中的利润最大化

注：为实现利润最大化，帕尼罗出售三明治直到卖出的最后一个三明治的边际收益等于边际成本。如表所示，出售第五个三明治，图 13-4a 中的 A 点，商店成本将增加 5.50 美元，收益增加 5.50 美元。企业根据需求曲线来决定消费者购买此数量的三明治价格（B 点）。在图 13-4b 中，阴影矩形代表企业所获利润。矩形的高度等于 1.50 美元，即 7.50 美元减去 6.00 美元，宽等于 5 份三明治。因此，该帕尼罗店的利润等于 1.50×5=7.50 美元。

随着帕尼罗卖出更多的火鸡三明治，最终不断上升的边际成本等于边际收益，企业销售的利润最大化也就完成了。第 5 份火鸡三明治的边际成本等于边际收益，即企业成本增加了 5.50 美元，收益也增加了 5.50 美元，在图 13-4a 中的 A 点。需求曲线告诉我们，该店每周可以出售 5 份三明治的价格。在图 13-4 中，如果我们从 5 份/周到需求曲线画一条垂直线，我们可以看到该店每周可以出售 5 份三明治的价格为 7.50 美元（B 点）。我们可以得出结论，对于该帕尼罗餐厅，利润最大化的数量为 5 份三明治，利润最大化的价格为 7.50 美元。如果该店每周出售 5 份以上的三明治，其利润将下降。例如，出售第 6 个三明治将使成本增加 6.00 美元，而收入仅增加 4.50 美元。因此，其利润将从 7.50 美元降至 6.00 美元。

在图 13-4b 中，我们增加了帕尼罗餐食店的平均成本曲线。从该图可以看出，销售 5 单位火鸡三明治的平均成本等于 6.00 美元。从第 12 章我们知道：

$$利润 = (P - ATC) \times Q$$

就这一具体事例而言，利润 = (7.50 − 6.00) × 5 = 7.50 美元。图 13-4b 中的带阴影的长方形面积等于利润水平。长方形的长等于 Q，宽等于 $(P-ATC)$，所以该区域面积等于利润。

请注意，与完全竞争企业的 $P = MC$ 不同，垄断竞争企业是在 $P > MC$ 时进行生产。就这一具体事例，帕尼罗餐食店索取的价格为 7.50 美元，而边际成本为 5.50 美元。对完全竞争企业而言，$P = MR$。因此，为了满足 $MR = MC$ 的利润最大化条件，完全竞争企业将生产至 $P = MC$。对垄断竞争企业而言，$P > MC$，因为企业的边际收益曲线位于需求曲线之下。因此，垄断竞争企业可以在 $P > MC$ 时达到最大利润。

| 解决问题 13-1 |

苹果公司最小化成本，最大化利润了吗

假设苹果公司发现，生产 iPhone 的平均成本与 iPhone 产量之间的关系如下图所示。如果 iPhone 每个月的产量为 80 万部，苹果公司实现利润最大化了吗？

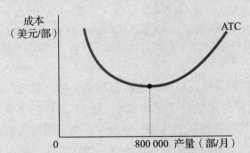

解决问题步骤

步骤 1：复习本章相关材料。该问题是关于垄断竞争企业最大化利润的，所以请复习"垄断竞争企业在短期如何实现利润最大化"一节的内容。

步骤 2：讨论成本最小化和利润最大化之间的关系。企业经常谈论它们降低成本的步骤。图形所示为苹果每月生产 80 万部 iPhone 的情形，苹果公司实现了平均成本最低。但我们知道，成本最小并非企业的终极目标，企业的终极目标是利润最大。企业根据需求而得到的利润最大化产出要大于或者小于平均成本最低时候的产出水平。

步骤 3：画图说明苹果公司利润最大化的产量并非平均成本最小的产量。请注意在图形中，平均成本最小的产量为 80 万部，但利润最大化的产量为 60 万部（参见下图）。

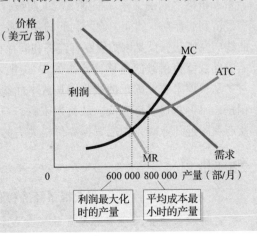

13.3 利润在长期会发生什么变化

当企业总收益大于所有成本（其中包括企业所有者投入自己资金的机会成本）时，企业将获得经济利润。由于成本曲线包括了所有者的机会成本，图 13-4 所示的帕尼罗餐厅获得了经济利润。经济利润为其他企业进入市场建立新企业提供了激励。如果帕尼罗销售火鸡三明治能够获得经济利润，新的餐饮店很可能会在同一地区开业。

13.3.1 新企业的进入怎样影响现有企业的利润

随着新的餐饮店在当地帕尼罗附近开业，对后者的需求曲线将向左移动。这是因为，当这一地区有新的餐饮店开出时，帕尼罗在每一个价格水平售卖三明治的数量将会减少。需求曲线也将变得越来越富有弹性，因为消费者可以从其他餐饮店购买火鸡三明治，如果帕尼罗提高价格，其销售量会下降更多。图 13-5 表现了新企业进入怎样影响帕尼罗的需求曲线移动。

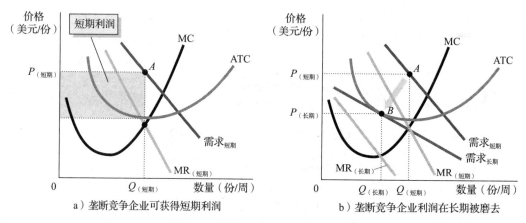

图 13-5 新企业进入怎样侵蚀利润

注：图 13-5a 所示为短期的帕尼罗需求曲线和边际收益曲线，两者都被标注"短期"字样。根据这一需求曲线，帕尼罗的定价超过平均成本水平（A 点），有经济利润存在，如图中的阴影区域。但利润也会吸引新企业进入这一市场，导致需求曲线和边际收益曲线移动至标有"长期"的位置，见图 13-5b。因为价格等于平均成本（B 点），帕尼罗收支相抵，经济利润不再存在。

在图 13-5a 中，短期需求曲线表现的是帕尼罗在其他新店进入之前每周销售的火鸡三明治数量和价格之间的关系。根据该需求曲线，帕尼罗的定价高于平均成本（图 13-5a 中的 A 点），有经济利润存在。然而，经济利润的存在吸引了其他餐饮店的开业，导致对火鸡三明治的需求曲线向左移动。只要该帕尼罗有经济利润存在，就会激励新的餐饮店在这一地区开业，帕尼罗需求曲线就会持续向左移动，如图 13-5b 所示，需求曲线将移动到与平均成本曲线相切的点。

从长期来看，需求曲线与平均成本曲线相切的点，价格等于平均成本（B 点），企业收支相抵，不再获得经济利润。从长期来看，需求曲线也会变得更富有弹性，因为当有更多的餐饮店在附近开业时，帕尼罗提高价格失去的销售量会更多。

勿犯此错 13-1

不要混淆经济利润为零与会计利润为零

经济学家将企业所有者投资的机会成本看作成本。比如说，你投资了 20 万美元开了一家比萨饼店，如果用该笔钱进行相似的投资（比如开办一家三明治店），收益为10%，你将该笔投资投向自己企业每年的机会成本就是10%，即20万美元的10%，2万美元。从会计核算意义上讲，这2万美元是你利润的一部分，还必须据此纳税。但是，从经济意义上这2万美元是成本。从长期均衡来看，随着新企业的进入，你投资获得大于10%收益的可能性会受到威胁。因此，你最终可能实现收支相抵，经济利润为零，但获得2万美元的会计利润。

当然，垄断竞争企业在短期有可能有经济亏损，这时企业的所有者将无法弥补投资的机会成本。从长期来看，如果企业遭受经济亏损，其将退出这一行业。如果企业退出，在行业中继续经营的企业的产品需求曲线将向右移动。这一过程会一直持续到行业中代表性企业的价格水平等于平均成本并实现收支相抵。因此，从长期来看，垄断竞争企业既无经济利润，也无经济亏损。表13-2总结了垄断竞争企业长期和短期的情形。

表13-2 垄断竞争企业的长期和短期

价格与边际成本的关系	价格与平均成本的关系	利润或亏损	需求曲线弹性
短期 $P > MC$ 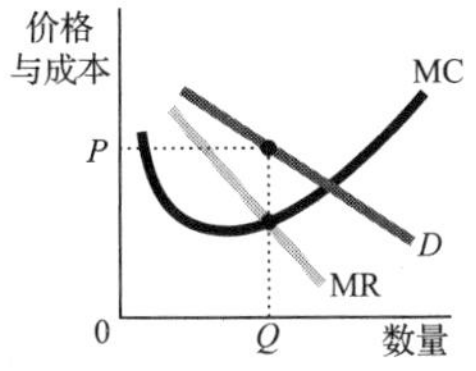	短期 $P > ATC$ 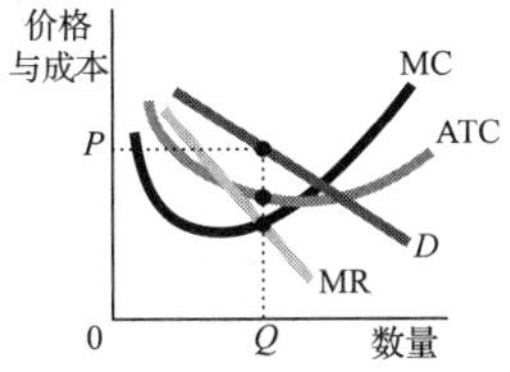	短期 存在经济利润 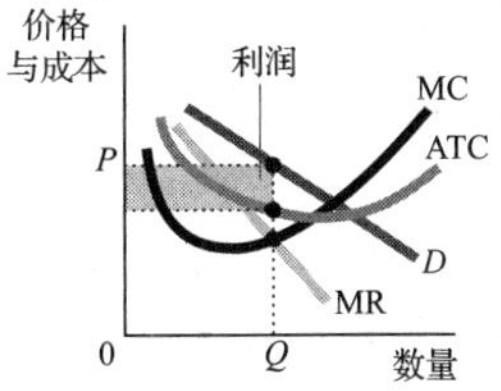	短期 需求曲线缺乏弹性 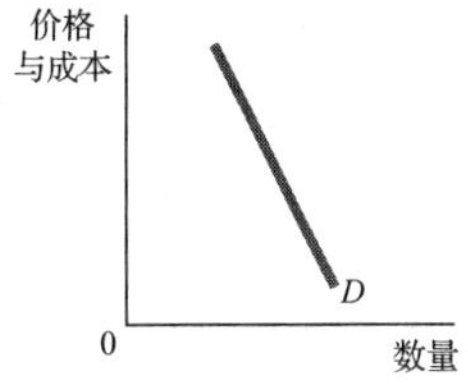
	或 $P < ATC$	或存在经济亏损 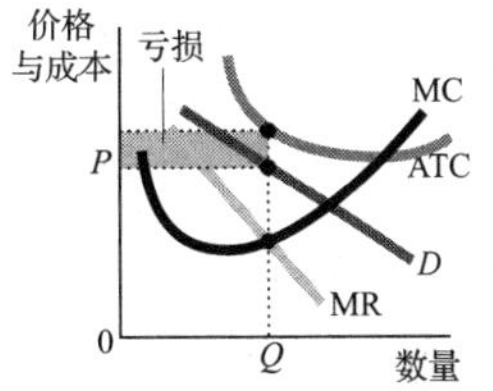	
长期 $P > MC$ 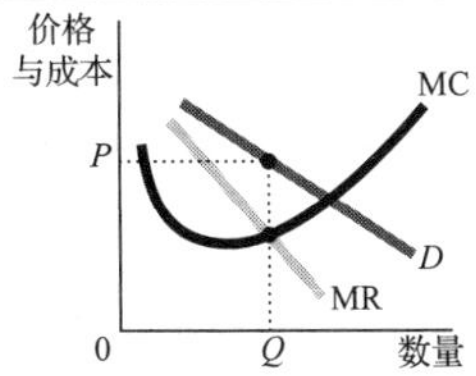	长期 $P = ATC$ 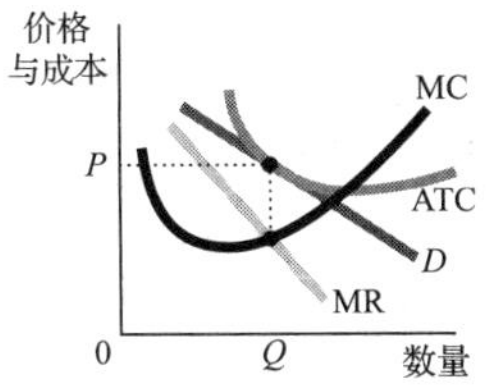	长期 经济利润为零 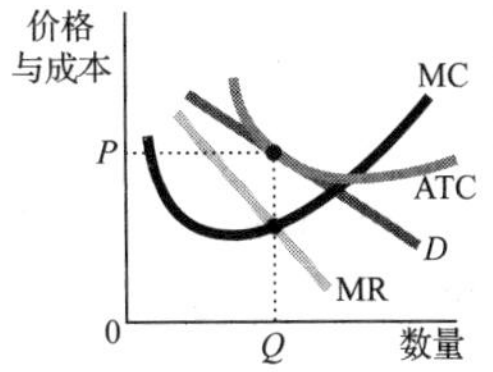	长期 需求曲线富有弹性 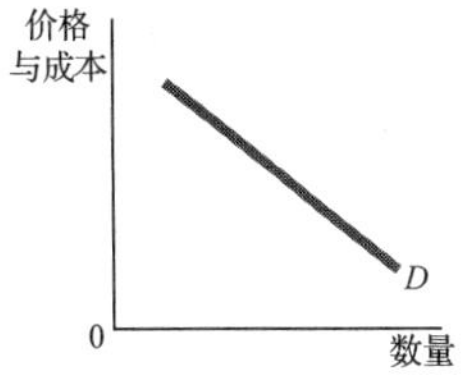

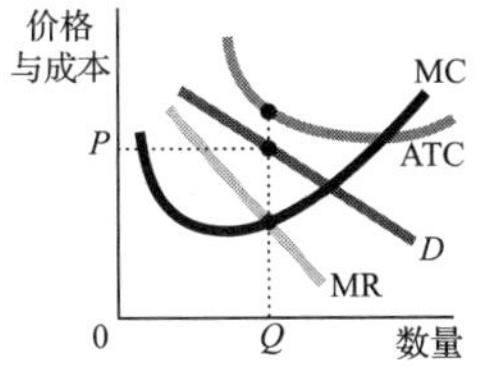

◎ 概念应用13-1

"清洁食品"是帕尼罗可持续的市场利基吗

汉堡、薯条和汽水，或带有额外奶酪的意大利辣香肠比萨，这些都是许多青少年和年轻人的典型饮食。但是，有些人认为这些传统的快餐食品是不健康的。帕尼罗等企业开设的

"速食休闲"餐食店从中受益匪浅。速食休闲餐食店作为市场利基的先驱是奇波雷墨西哥烧烤,其创始人史蒂夫·埃尔斯(Steve Ells)认识到,提供比快餐餐厅更健康的食品、比传统餐厅更快的服务是有市场的。

但是奇波雷墨西哥烧烤和其他一些速食餐厅在吸引希望食用健康食品的消费者方面遇到了问题,因为它们的许多菜单食品都含有很高的热量。一名20岁运动量中等的女性每天可消耗约2 200卡路里的热量而不会发胖。根据《纽约时报》上的一篇文章,一顿奇波雷墨西哥烧烤的肉饼、卷饼、鳄梨调味酱和可乐的热量就几乎等于这个热量标准了。由于帕尼罗提供许多汤、沙拉和三明治,因此其产品的热量往往较低。帕尼罗成为第一家休闲速食连锁店,在收银员点菜区域的菜单和显示板上突出显示热量数据,从而提升了这一优势。

许多餐饮连锁店,包括奇波雷、麦当劳和橄榄园(Olive Garden),都在减少或禁用人工食材,转而采用当地生产的农产品以及使用更人道方法饲养的动物的肉和蛋。帕尼罗之所以仅提供"清洁食品",是为了进一步吸引那些关注传统餐厅食品成分的消费者。帕尼罗首席执行官Ron Shaich在接受《华尔街日报》采访时,对"清洁食品"进行了如下解释:"这意味着在我们美国餐厅中的任何食品中都不添加非天然来源的人工香料、防腐剂、甜味剂或色素。"

但是,帕尼罗对食材所做的更改增加了准备许多菜单上菜品的成本,并导致餐食价格提高,包括火鸡肉三明治的价格。因此,只有在以下情况下,帕尼罗采取"清洁食品"作为继续在竞争激烈的速食休闲餐厅业务中获利的手段的策略才会成功:①消费者对以这种方式制备的食品的需求足够强大,足以让他们愿意支付更高的价格;②帕尼罗的竞争对手无法有效复制其战略。2017年4月,德国公司JAB控股公司(JAB Holding Company)确信帕尼罗发展出了可以长期保持的竞争优势,从而同意以75亿美元的价格收购这家餐厅连锁店。这个估值说明帕尼罗可以连续多年赚取经济利润。

但是帕尼罗的理念正确吗?一些食品科学家质疑帕尼罗从食品中去除的许多成分是否真的对身体不利。而且,就像竞争连锁店一样,虽然帕尼罗的某些菜单卡路里含量低,但其他受欢迎的产品却并非如此。例如,某人订购的午餐包括牛排和切达干酪三明治,一碗新英格兰海鲜杂烩和冰摩卡咖啡。这些菜品将包含1 900多卡路里。帕尼罗的某些产品还含有较高的钠和饱和脂肪。最终,许多竞争连锁店也开始减少添加剂和其他人造成分。消费者是否能发现帕尼罗的"清洁食品"方法与竞争对手提供的产品有显著不同呢?这是一个难以定论的问题。

像其他垄断竞争行业中的公司一样,帕尼罗必须通过提供新产品和新营销策略来不断创新,以使其产品与众多竞争对手的产品区分开来。

资料来源:Julie Jargon, "What Panera Had to Change to Make Its Menu 'Clean,'" *Wall Street Journal*, February 20, 2017; Craig Giammona, "Panera Becomes First Chain to Label Added Sugar in Beverages," bloomberg.com, March 31, 2017; Kavin Senapathy, "Should Customers Fall for Panera's New Gimmick? Food Scientists Weigh In," forbes.com, September 13, 2016; Kevin Quealy, Amanda Cox, and Josh Katz, "At Chipotle, How Many Calories Do People Really Eat?" *New York Times*, February 17, 2015; and information on the panerabread.com Web site.

13.3.2 在长期经济利润为零不可避免吗

长期经济分析可表明市场力量在一段时间内的作用效果。当然,垄断竞争企业的所有者不一定必须被动接受这一长期结果。获得经济利润的关键,或者是销售差异化产品,或者是以更低的成本生产现有产品。如果垄断竞争企业通过销售差异化产品获得利润，这将吸引新企业进入所在行业，这些企业的进入最终将磨去企业的利润。如果企业引入新的技术以更低的成本生产产品或服务，竞争对手最终也会模仿这些技术并磨去企业的利润。但这一结果的成立，要以企业固守不变，未能找到生产差异化产品的方法或者以更低成本生产产品的方法为前提。

竞争性企业的所有者所处的位置就如同查尔斯·狄更斯的《圣诞颂》中的比尼泽·斯克鲁奇所面临的处境。当未来之灵向斯克鲁奇展示他死亡的景象时，他问未来之灵："这些是将要发生的事情的影子，还是可能发生的事情的影子？"利润终结的影子会萦绕在每个企业所有者的心中。降低成本、改进产品、为顾客提供独特体验或者让顾客相信它们的产品的确与竞争对手不同，都是为了继续获得利润。为了领先竞争对手一步，企业必须向消费者提供它们认为比竞争对手产品具有更大价值的产品或服务。价值可来自更适合消费者的差异化产品或服务，也可来自更低的产品价格。

解决问题 13-2

红罗宾放弃了速食休闲餐厅的尝试

2011年，由400多家全方位服务的餐厅组成的连锁店红罗宾汉堡公司宣布将开设12家速食休闲店。2016年，该公司宣布将关闭其中9家，其余3家将放弃速食休闲方式。正如《华尔街日报》上的一篇文章所言，该公司了解到"打入竞争激烈的速食休闲餐饮市场需要耐心，也并非易事"。该公司的一位发言人说，红罗宾的速食餐厅表现不如公司高层所希望的那样，并且与提供全方位服务的红罗宾餐馆没有足够的区别。

a. 参照图13-4b画出一家红罗宾速食休闲餐厅的图形；图中应显示两条需求曲线：一条显示餐馆正在盈利的情况（这是公司经理的期望），另一条显示餐馆正在亏损（实际发生的情况）。请确保图中显示的是餐馆的平均总成本曲线和边际成本曲线，以及两条需求曲线中每条对应的边际收益曲线。

b. 在解释红罗宾的速食餐厅运营失败时，发言人为什么要说明它们与公司的全方位服务餐馆没有明显的区别？

解决问题步骤

步骤1：复习相关材料。这一问题关于垄断竞争企业如何实现最大利润，请复习"垄断竞争企业在短期如何实现利润最大化"的内容。

步骤2：画图表示红罗宾速食休闲餐厅管理者所期望的需求情形和实际情形，回答问题a。为了简单起见，该图假定汉堡包是餐馆出售的唯一商品。需求曲线 D_1 表示公司经理所希望获利的情形。利润最大化的汉堡数量为 Q_1，价格为 P_1。餐厅获得利润，因为我们在纵轴上可以看到 P_1 大于 ATC_1。需求曲线 D_2 表示餐馆亏损的真实情况。现在，利润最大化的汉堡数量为 Q_2，价格为 P_2。由于 P_2 小于 ATC_2，这家餐厅遭受亏损。

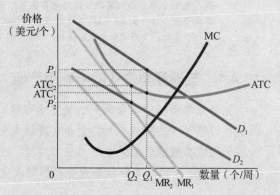

步骤3：通过解释为什么红罗宾区分速食休闲餐馆与常规餐馆很重要，来回答问题b。红罗宾餐馆已经存在了数十年，大多数客户期望的形式是坐在餐桌旁，由服务生来桌前点餐。速食休闲餐厅提供更快的服务，通常提供的菜单也相对有限，且具有更健康的选择（当然，Shake Shack连锁店已成功提供了出售汉堡包的速食休闲服务）。喜欢全方位服务的人已经在红罗宾餐厅那里用餐了。为了运营速食休闲餐厅的生意，红罗宾必须提供与全方位服务的红罗宾餐厅不同的体验来吸引新客户。最终，该公司未能说服足够的消费者并让消费者感觉到休闲餐厅与提供全方位服务的餐厅是完全不同的，因此该公司不得不放弃这一努力。

资料来源：Austen Huffard, "Red Robin Retreats from Fast-Casual Dining Experiment," *Wall Street Journal*, October 5, 2016; and Lisa Jennings, "Red Robin Closes, Rebrands 12 Fast-Casual Burger Works Units," nrn.com, October 3, 2016.

13.4 垄断竞争和完全竞争比较

我们已经知道，垄断竞争和完全竞争有一个共同的特征，即长期均衡时，企业获得的经济利润为零，如图13-6所示。然而，两个市场在长期均衡时有两个重要区别：

- 垄断竞争企业的产品价格高于边际成本。
- 垄断竞争企业的生产没有在平均成本的最低点。

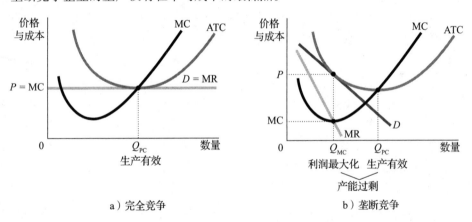

图13-6 垄断竞争和完全竞争的长期均衡对比

注：在图13-6a中，一个完全竞争企业在长期均衡的产量为 Q_{PC}，其价格等于边际成本，而且平均总成本最低。完全竞争企业既实现分配效率又实现生产效率。在图13-6b中，一家垄断竞争的公司产量为 Q_{MC}，其价格大于边际成本，且平均总成本并非最低。结果，垄断竞争的企业既没有实现分配有效，也没有实现生产有效。垄断竞争企业的过剩产能等于其利润最大化的产出水平与生产有效时的产出水平之差。

13.4.1 垄断竞争企业的未利用产能

完全竞争市场中企业面对的是完全弹性的需求曲线，需求曲线也同样是边际收益曲线。因此在价格等于边际成本时，企业实现最大利润。如图13-6a所示，在长期均衡实现时，企业在平均成本最低点组织生产。

图13-6b所示为垄断竞争企业利润最大化产量的情形，此时，价格高于边际成本，企业

并不是在平均成本最低点组织生产。垄断竞争企业存在着**产能过剩**（excess capacity）：如果继续增加产量，生产可以达到更低的平均成本。

13.4.2 垄断竞争是非有效的吗

我们在前面讨论过生产有效与分配有效的区别（参见第 12 章）。
- 生产有效指的是产品尽可能以最低成本生产；欲实现生产有效，企业必须在平均成本最低点组织生产。
- 分配有效指的是每一件产品或服务将组织生产到这样的点上，即最后一单位带给消费者的边际得益等于生产该单位产品的边际成本。欲实现分配有效，企业必须使价格等于边际成本。

在完全竞争条件下，生产有效和分配有效都可以实现，但是在垄断竞争市场中，两者都无法实现。这很重要吗？与完全竞争市场相比，垄断竞争市场是否既无法实现生产有效也无法实现分配有效，从而导致显著的社会福利损失。经济学家对此争论不休。

13.4.3 消费者从垄断竞争中得益几何

请再观察图 13-6，我们可以看出垄断竞争企业和完全竞争企业最根本的差异在于垄断竞争企业的需求曲线是向下倾斜的，而完全竞争企业的需求曲线是水平线。前者向下倾斜是因为企业销售的产品和服务与竞争企业销售的产品和服务是不同的，完全竞争企业销售的产品和服务与竞争对手是同质的。关键的一点是企业提供差异化产品来迎合消费者。例如，帕尼罗供应鳄梨鸡肉三明治，苹果公司开始销售大屏幕智能手机，通用磨坊推出苹果肉桂麦片或百事可乐推出樱桃可乐时，它们都试图通过这种方式吸引并留住消费者。这些产品的差异化策略让一些消费者发现这些产品优于其他产品。因此，与这些公司没有差异化产品的情况相比，消费者的境况要好得多。

我们可以得出结论说，在购买垄断竞争企业产品时，消费者面临着权衡取舍：他们付出的价格高于边际成本，产品也并非在最低平均成本处生产，但是他们能够购买到更适合自己的差异化产品。

◎ 概念应用 13-2

区分不同餐厅的一种方法就是成为"幽灵"

为了在竞争中脱颖而出，众多企业都试图去预见消费者偏好的变化，并调整其产品或开发适应这些偏好变化的新产品。但是，对于餐馆而言，这样做可能很困难，因为消费者经常将餐馆与特定类型的食物或服务风格相关联。正如我们在前文中看到的那样，红罗宾在尝试开设速食休闲餐厅时失败了，因为消费者认为其与传统的餐厅没有差异。同样，在 2017 年，麦当劳首席执行官史蒂夫·伊斯特布鲁克（Steve Easterbrook）宣布，该公司将放弃通过提供更健康的用餐选择与速食休闲餐馆竞争的尝试，并回归快餐本源。麦当劳增加了更多的沙拉、小吃包装以及类似于在帕尼罗和其他速食休闲餐厅中可见的食品，但是它无法成功将喜欢这些食品的消费者争取过来。相反，麦当劳决定集中精力改善汉堡包和其他传统菜单产品的味道和质量。正如麦当劳的一位高管所说："我们不需要成为不同的麦当劳，而是需要成为更好的麦当劳。"

2013 年，托德·米尔曼（Todd Millman）和彼得·沙茨伯格（Peter Schatzberg）提出了一个解决方案，以解决餐馆与一种食物之间的关系过于紧密的问题：当消费者的口味发生变化时，所有者开一家新餐厅并提供新菜单即可。每隔几个月建立一家新的实体餐厅的成本将非常高，但是米尔曼和沙茨伯格的所有餐厅都只在线上存在。2017 年，他们的绿色峰会（Green Summit）小组在纽约市运营了 9 家"餐厅"并在芝加哥运营了 9 家，但所有食品均来自每个城市的一个地方。客户通过 Grubhub 订购要配送的食物。米尔曼和沙茨伯格运营的 18 种不同的"餐厅"仅以徽标的形式出现在网站上和配送食物的容器上。大多数使用该应用程序的人都没有意识到，他们不是从实体餐厅订购的。

沙茨伯格认为，对于吸引年轻消费者的餐馆来说，多样性是关键。如果餐馆可以提供素食、蔬菜、鸡肉和虾仁，那么就可以迎合更广泛的受众。线上模式可以让公司快速添加新的菜单项。例如，公司早上想到藜麦碗，下午就上线了。该公司还可以迅速下线菜单选项，就像曼哈顿中城区的消费者无法订购到预期那样多的中东菜肴那样。

绿色峰会和其他"幽灵餐厅"是餐饮行业未来的潮流吗？在接下来的几年中，随着越来越多的人在网上购买食品以及幽灵餐厅能够快速响应消费者的口味变化，这些公司可能会在食品销售中占据越来越大的份额。但是，这些餐馆也面临着扩张的障碍。它们的菜单通常不包括带有多种调味料或其他成分的食物，这些调味料或其他成分可能会在送餐过程中溢出。此外，交货时间通常比比萨和类似食品更长，而比萨和类似食品长期以来一直主导着外卖市场。交付所需的时间也使幽灵餐厅更难与帕尼罗、奇波雷和其他速食休闲餐厅进行竞争。根据在线评论，从幽灵餐厅递送的食物有时会变凉。从长远来看，幽灵餐厅能否克服这些问题并抢占很大的市场仍有待观察。

资料来源：Robert Channick, "9 Restaurants, 1 Kitchen, No Dining Room—Virtual Restaurants Open for Online Delivery," chicagotribune.com, March 27, 2017; Cara Eisenpress, "Behold 'Ghost Restaurants': Order Online, but Don't Try to Show Up for Dinner," crainsnewyork.com, February 22, 2016; and Neal Ungerleider, "Hold the Storefront: How Delivery-Only 'Ghost' Restaurants Are Changing Takeout," fastcompany.com, January 20, 2017.

13.5　如何营销差异化产品

企业可通过**市场营销**（marketing）来突出产品的差异性，这是指企业采取的向消费者推销产品所有必要的活动。市场营销活动包括：决定销售的产品、产品设计、产品广告、产品分销（如是通过零售店还是网络）以及监测消费者偏好变化对产品市场的影响。著名的企业战略家彼得·德鲁克将市场营销描述为：从最终结果的观点来看，也就是从消费者的观点来看，这是整个企业的事情。真正的**市场营销**并不是去问"我们要销售什么"，而是"消费者需要购买什么"。

对垄断竞争企业来讲，获得经济利润并在竞争中保持利润，必须提供差异化产品。企业可以使用两种营销工具来差异化自己的产品：品牌管理和广告。

13.5.1 品牌管理

一旦一个企业成功提供了差异化产品，它必须通过**品牌管理**（brand management）在长期保持这种差异化。正像我们已经看到的，当一个企业成功引入新的产品或者提供了与原有产品有显著差异的新版本时，该企业在短期内可以获得经济利润。但是，企业的成功也会激励竞争者复制或者改进它们的产品，因此在长期内，企业的经济利润会被竞争挤掉。企业使用品牌管理将延长它们获得经济利润的时间。

13.5.2 广告

一个具有创意的广告能够使得上市已久、为公众所熟悉的产品比竞争者的产品更具吸引力，如可口可乐或麦当劳的巨无霸汉堡。当企业对产品做广告时，它试图推动需求曲线向右移动并使之更缺乏弹性。如果企业做得非常成功，在每一价格水平上销售更多的产品，提价时也不会损失很多的客户。当然，广告也会增加企业的成本。如果广告带来的收益增加，大于为此支付的成本，企业的利润就会上升。

13.5.3 维护品牌

为维护品牌名称，企业可以申请商标，获得法律保护，防止其他企业使用同样的产品名称。

商标名称面临的威胁之一是有可能成为广泛使用的一类商品，而不再与具体的公司产品有关。美国法院已经规定当发生这类事情时，企业的商标名称不再受到法律保护。例如，"阿司匹林""自动扶梯""膳魔师"（thermos）最初是某具体企业一种产品的名称，但都变成了广泛使用的产品类型，不再成为法律保护的商标名称。企业会投入大量资金确保这类事情不会发生在自己身上。例如，可口可乐公司雇用人员巡查全国的各类餐馆，并在点餐时点"可乐"，如果餐馆提供的是百事可乐或其他可乐而不是可口可乐，可口可乐公司的法律部将会致函餐馆，提醒老板"可乐"是商标而非任何一种可乐的一般性称呼。与此类似，施乐公司投入资金通过广告宣传提醒公众，施乐并非影印的一般性术语。

通过法律来维护商标也会面临诸多困难。据估计，每年美国企业在全球范围内因为商标未经授权使用而造成的损失达数十亿美元。美国企业发现，尽管最近国际上已经加强了对商标的法律保护，但在某些外国的法庭上还是很难维护自己的商标。

当企业以特许经营而非公司拥有的店铺销售产品时会遇到很多问题，如果特许经营店经营不佳，企业的品牌将会受损，企业会采取措施防止这样的事情发生。例如，汽车企业会派出"巡查人员"，造访经销商，确保经销业务良好运行，服务部门雇用能力强的机械师并配备零部件。与此类似，麦当劳公司会从总部派员造访麦当劳加盟店，以确保卫生间是干净的、薯条是热乎的。

13.6 什么决定着一家企业的成功

企业的所有者和管理者控制着某些因素，决定着企业的成败和能否获得经济利润。其中最重要的是企业提供差异化产品的能力或者比竞争对手以更低的平均成本生产产品的能力。成功做到一点或者两点的企业就为客户创造了价值。如果客户相信企业产品比竞争对手的产品符合这些要求，或者产品价格低于竞争者的产品，那么他们会去购买。

有些影响企业获利能力的因素并非由企业所左右。有些因素会影响市场中的所有企业。比如，飞机燃油价格的上升影响所有航空公司的获利能力。当某些客户决定不再购买DVD，而是从Netflix、iTunes或亚马逊下载流媒体电影，所有销售DVD的商店的获利水平将下降。

就像生活中的许多方面一样，运气也有作用。一家苦苦挣扎的麦当劳加盟店可能会因为国家出人意料地决定在附近修建一条新的公路而面临巨大商机。佛罗里达州的许多企业，包括餐馆、宾馆和剧院因为2017年飓风Irma的影响，客户和利润都出现了明显下降。图13-7总结了企业可控制的几个重要因素和不受企业控制的影响企业获利水平的外在因素。

图13-7 企业成功的决定因素

注：企业可控制的因素（创造差异化产品的能力、降低成本的能力）与厂商不可控因素共同决定着企业的获利能力。

资料来源：Adapted from Figure 9.2 in David Besanko, David Dranove, Mark Shanley, and Scott Schaefer, *The Economics of Strategy*, 6th ed., New York: John Wiley & Sons, Inc., 2012, p. 295.

◎ 概念应用 13-3

第一个进入市场是企业成功的关键吗

一些企业分析人士认为，第一个进入市场的企业具有重要的先发优势。公众会将一种产品的第一个销售商的名字与产品紧密联系在一起。例如，亚马逊与在线订购图书、eBay与在线拍卖就联系在一起。这种联系使得新进入企业很难与先发者进行竞争。

然而，让人大感意外的是，最近的研究表明，第一个进入市场的企业与后来者相比，生存时间方面不具优势。以钢笔市场为例。20世纪40年代之前，可用的钢笔只有自来水笔，必须经常从墨水瓶补充墨水，使用后油墨干燥速度慢，也容易涂抹。1945年，企业家米尔顿·雷诺推出了第一款圆珠笔，它无须重新灌墨水。当圆珠笔在纽约市金贝尔百货店开始销售时，取得了极大成功。虽然每支笔的售价达到12.00美元，大约相当于现在的160.00美元，但卖出了几十万支。米尔顿·雷诺成了百万富翁。不幸的是，这个情况并没有持续多久，虽然雷诺保证他的笔会写两年，后来提高到五年。事实上，圆珠笔会经常漏油，在使用有限的时间后常常变得不能继续书写。销售开始大幅下降，根据公司的担保条件，公司收到大量退货，导致利润消失殆尽。在几年之内，雷诺国际制笔公司停止在美国销售圆珠笔。到了20世纪60年代后期，比克（Bic）这样的企业销售的圆珠笔价格低廉，也更可靠，占据了市场的大部分份额。

雷诺国际制笔公司发生的事情并非什么意外。例如，苹果的iPod也并非美国市场上的第一个数字音乐播放器。无论Seahan公司的MPMAN还是钻石公司的PMP300，在1998年就投放到美国市场了，比iPod早三年。日本公司NTT DoCoMo于1999年推出了第一款被广泛采用的智能手机，黑莓随后不久在美国推出了智能手机。到2016年，两家公司已经不生产智能手机了。相似地，虽然惠普公司目前主导激光打印机市场，市场份额超过35%，但不是惠普发明了激光打印机。施乐公司发明了激光打印机，IBM销售了第一款商用激光打印机，两家公司在打印机市场目前都无足轻重。宝洁公司也非第一家出售一次性尿布的公司，该产品在1961年由帮宝适引入。微软IE浏览器不是第一个网络浏览器：在Internet Explorer之前有网景，网景之前有马赛克（Mosaic），马赛克之前有几个其他网络浏览器，它们都可能会主导市场。微软于2004年推出了SPOT智能手表，但由于未能找到许多购买者，该公司于2008年将该产品停产。在所有这些情况下，这些公司第一个推出了产品，最终输给了后来者，因为后来者为消费者提供的产品更可靠、更便宜、更方便，或以其他方式提供了更大的价值。

资料来源：David George-Cosh and Jacquie McNish, "BlackBerry Outsourcing Handset Business," *Wall Street Journal*, September 28, 2016; Steven P. Schnaars, *Managing Imitation Strategies*: *How Later Entrants Seize Markets from Pioneers*, New York: The Free Press, 1994; and Gerard J. Tellis and Peter N. Golder, *Will and Vision: How Latecomers Grow to Dominate Markets*, Los Angeles: Figueroa Press, 2006.

┊生活与职业生涯中的经济学┊

你能成功运营一家餐厅吗

本章开始，我们提出的问题是考虑你在家乡开办的意大利风味餐馆如何取得成功。如果你的餐馆经营成功，其他人很可能会开设餐馆形成竞争，你的经济利润最终会消失。竞争对手会销售意大利食品，但并不完全与你相同，毕竟它们没有你祖母的秘制调料。如何更好地迎合喜欢意大利食物的顾客，每个餐馆都会有自己的办法。除非你的食物与竞争对手显著不同或者你的服务更好，否则你无法在长期索要高价并获得经济利润。

在垄断竞争市场中，自由进入将压低价格，在长期使得经济利润消失。此外，为了降低价格，竞争还会让餐馆对同样的食品做出不同的花样，更好地有益于消费者。例如，很少有两家完全相同的意大利餐馆。

本章小结

本章我们应用了许多在讨论完全竞争时提出的理念来解释与之有许多共同特征的垄断竞争市场。我们已经看到，这些应用于垄断竞争市场的理念与它们用在完全竞争市场中一样。在上一章完全竞争市场的最后，我们得出的结论是："市场的竞争力量不断给企业施加压力，迫使企业以尽可能低的成本来生产新颖和更好的产品和服务。企业如果不能预期消费者口味的变化或者未能采用最新、最有效率的技术，那么不会在长期生存下去。"这些结论适应于小麦农场主和放养鸡养殖者，也适应于餐食店和其他在垄断竞争市场中的企业。

下面两章，我们将讨论剩下的两种市场结构：寡头垄断和完全垄断。

本章概要与练习

第 14 章 寡头垄断：竞争不充分市场中的企业

┊开篇案例┊

苹果、Spotify 和流媒体音乐革命

很少有行业像音乐行业一样经历过技术的颠覆力量。在 20 世纪 90 年代之前的几十年中，诸如环球唱片集团（Universal Music Group）、百代（EMI）、华纳音乐（Warner Music）和哥伦比亚（Columbia）等大型唱片公司主导着音乐行业。

但是，到了 20 世纪 90 年代中期，德国工程师开发了一种新的音乐存储方式，音乐产业面临着严重的威胁。MP3 文件将物理 CD 上的信息量（计算机位）压缩得足够小，以至于可以从互联网上下载歌曲。许多人购买了 CD，将其中的歌曲转换为 MP3 文件，然后将这些歌曲发布到互联网上。任何人都可以免费下载。

在 2001 年，苹果公司推出了 iPod，这是第一个成功的便携式 MP3 播放器。随着 CD 销量急剧下降，大多数唱片公司开始愿意在苹果的 iTunes 商店中出售音乐，该商店于 2003 年开业，允许人们合法地下载数百万首歌曲，每首歌曲的价格为 0.99 美元。尽管苹果公司为唱片公司提供了 70% 的下载收入分成，但这并不能替代唱片公司和音乐人因 CD 销量暴跌而造成的损失。

苹果 iTunes 取得了巨大的成功，但是它并没有终结数字盗版。到了 2015 年，许多消费者已从购买单曲转变为从 YouTube 或其他网站免费下载歌曲。几家公司提供了允许人们免费使用流媒体的计划，尽管它们要接受类似于商业广播电台式的广告。Spotify 是一家位于瑞典的音乐流媒体服务公司，而 Alphabet 的 Google Play 音乐提供了订阅计划，该订阅计划允许用户无限制使用流媒体，每月 9.99 美元，不用看广告。从 2015 年开始，苹果开始推出苹果音乐（Apply Music）与 Spotify 和 Google Play 音乐竞争。2016 年，亚马逊推出了 Amazon Unlimited Music，其 Amazon Prime 快递服务的会员每月支付 7.99 美元就可享用此服务，而 Echo 语音激活设备拥有人每月仅支付 3.99 美元就可以使用。

像音乐流媒体这样的仅包含少数公司的行业就是寡头垄断。在寡头垄断中，公司的盈利能力取决于与其他公司的互动。在这些行业中，公司必须制定

业务战略，不仅要决定需收取的价格和生产的数量，还要确定打广告的价格，采用哪种新技术，如何管理与供应商的关系以及进入哪个新市场。

由于在寡头垄断行业中竞争的公司相对较少，因此每个公司都必须不断对其他公司的行为做出反应，否则就有可能出现销售大幅下滑的风险。在本章中，我们重点介绍企业之间的战略互动。

资料来源：Dan Seifert, "Amazon's Full On-Demand Streaming Music Service Launches Today," theverge.com, October 12, 2016; Brian X. Chen, "Taylor Swift Scuffle Aside, Apple's New Music Service Is Expected to Thrive," *New York Times*, June 28, 2015; and Hannah Karp, "Apple iTunes Sees Big Drop in Music Sales," *Wall Street Journal*, October 24, 2014.

┊生活与职业生涯中的经济学┊

如果你管理沃尔玛，那么你会降低 PlayStation 4 的价格吗

你是沃尔玛的一名经理，负责设定消费电子产品的价格。目前，你对 PlayStation 4 游戏机的定价为 399 美元，与亚马逊、百思买和塔吉特的定价相同。你的助理提出以下建议："我们将价格下调为 349 美元。通过以低于竞争对手 50 美元的价格出售产品，我们将赢得更多客户，并增加我们的利润。"你接受这个建议吗？学习本章时，请尝试回答这一问题。本章末尾我们将给出答案。

在学习完全竞争和垄断竞争行业时，我们的分析集中于企业如何决定利润最大化的价格和数量。我们的结论是通过使边际收益等于边际成本，企业可实现利润最大化的产出。为了得出边际收益和边际成本，我们可以借助企业需求曲线、边际收益曲线和边际成本曲线。在本章，我们将学习寡头垄断，这是一种少数相互依赖企业竞争的市场结构。在分析寡头垄断时，我们不能依赖分析完全竞争和垄断竞争的图形，原因有二：

第一，我们需要使用能够分析大型寡头垄断企业更为复杂企业策略的经济模型。这些策略不仅仅包括利润最大化的价格和产量决策。

第二，即使涉及寡头垄断企业决定利润最大化的价格和产量，完全竞争市场和垄断竞争市场中的需求曲线和成本曲线也不再有用。我们能够画出竞争性企业的需求曲线，是以这些市场中的企业制定价格时不会影响其他企业为假定前提的。当行业中的每个企业都相对较小时，这种假定是符合现实的。然而，对于像苹果、通用汽车或者沃尔玛这样的大型公司的情形，这种假定就不符合现实了。

当一个大企业降低价格时，在同一行业中的竞争对手经常（并非总是）会相应降低价格。因为我们无法确切知道其他企业对于价格变化所做出的反应，我们也就无法了解寡头垄断企业在每一具体价格上的具体数量。换言之，我们很难知道寡头垄断企业的需求曲线呈什么形状。正如我们已经知道的，企业的边际收益曲线依赖于需求曲线。如果我们不知道寡头垄断企业的需求曲线形状，我们也就不知道边际收益曲线的具体形状。不知道边际收益曲线，我们就不能按照计算竞争性企业那样的方法计算出利润最大化的产量和利润最大化时的价格。

本章用来分析寡头垄断企业竞争的方法被称为博弈论（game theory）。博弈论可被用来分析任何团体和个人的相互作用。在经济分析中，博弈论用来研究一个行业中企业利润要受

到其他企业行为影响情况下的决策。这一理论也已经应用于多个领域的战略制定，如国际贸易谈判、政治宣传和医学院的学生选择住院项目等。

14.1 寡头垄断与进入壁垒

寡头垄断（oligopoly）是指在一个行业中只有几家企业存在。这一市场结构位于有许多企业存在的竞争性行业和仅有一家企业的垄断行业之间。度量一个行业竞争程度的指标是集中度（concentration ratio）。美国国家统计局每5年会公布四企业集中率，即每个行业销售额最大的4家企业销售额所占比例。经济学家认为，四企业集中率大于40%的行业就属于寡头垄断行业。

然而，度量一个行业的竞争程度，集中度指标存在如下一些缺陷。
- 集中度没有包括国外企业出口到美国的产品和服务。
- 集中度计算的是国内市场，尽管在一些行业存在的竞争（比如餐馆和大学书店）主要是地方性的。
- 该指标没有考虑到不同行业的企业之间有时存在的竞争。例如，沃尔玛被归入折扣商店行业，但是与超市、玩具零售商形成竞争关系。

部分经济学家偏好另一个描述更精准的指标——赫芬达尔－赫希曼指数（Herfindahl-Hirschman Index）。尽管存在缺陷，但是集中度为理解行业竞争程度提供了一个大体上的指标。

表14-1给出了一些制造业和零售业寡头垄断企业的例子（以及每个行业的代表性企业）。人口普查局没有单独跟踪流媒体音乐行业，但在2017年，只有少数公司（包括苹果、Spotify、谷歌和Tidal）占了付费流媒体音乐订阅的90%以上，所以该行业归为寡头垄断。

表 14-1　制造业和零售业寡头垄断企业的部分事例

零售业易		制造业	
行业	四企业集中率	行业	四企业集中率
百货公司（沃尔玛和塔吉特）	97%	香烟（菲利普·莫里斯和R.J.雷诺兹）	88%
仓储超市（山姆俱乐部和BJ批发俱乐部）	94%	啤酒 [安海斯－布希 (Anheuser-Busch) 和米勒－康胜 (MillerCoors)]	88%
高校书店（Barnes & Noble 和 Follett）	75%	飞机（波音和洛克希德·马丁）	80%
业余爱好、玩具和游戏商店（Toys "R" Us 和 Michael's）	72%	早餐麦片（凯洛格和通用磨坊）	79%
广播、电视和其他电子商店（百思买和Apple）	70%	猫狗食物（希尔斯和雀巢普瑞纳）	68%
运动鞋专卖店（Footlocker 和 Champs）	68%	汽车（通用汽车和福特）	60%
药店（Walgreens 和 CVS Caremark）	63%	巧克力糖果（玛氏和好时）	48%

资料来源：U.S. Census Bureau, *Concentration Ratios*. (The values for manufacturing are for 2012; the values for retail trade are for 2007.)

14.1.1 进入壁垒

为什么会存在寡头垄断企业？为什么计算机、百货店、啤酒、飞机和流媒体音乐行业中企业数量不多？我们前面已经学过，当一个行业现有企业可以获得经济利润时，新的企业会加入。但新企业进入寡头垄断行业却很难。阻止新企业进入一个获得经济利润的行业的障碍被称为**进入壁垒**（barrier to entry）。规模经济、拥有关键投入要素和政府设置的障碍是三种重要的竞争壁垒。

1. 规模经济

这是最重要的进入壁垒。规模经济是指随着企业产量的增加，企业长期平均成本不断下降的现象（参见第 11 章）。规模经济越显著，一个行业中的企业数量越少，图 14-1 解释了这一观点。

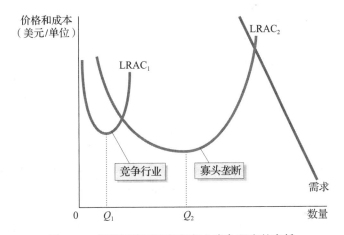

图 14-1 规模经济可以解释行业竞争程度的高低

注：如果代表性企业在长期平均成本曲线（$LRAC_1$）最低点的产量占行业总产量的比例很小如 Q_1，则该行业竞争激烈。如果最低点的产量占行业总产量的比例很大，如 Q_2，则该行业为寡头垄断竞争行业。

如果一个行业的规模经济现象并不显著，代表性企业的长期平均成本曲线（LRAC）在产量（图 14-1 中的 Q_1）占全行业销售额不高时，就到达曲线的最低点。行业尚存在着大量企业可以生存的空间，竞争也由此加剧。如果规模经济现象显著，代表性企业的产量占据整个行业份额很大时，长期平均成本曲线才会到达最低点。在这种情况下，行业只有少数企业存在的空间，这就形成寡头垄断。

规模经济可以解释为什么餐馆行业比流媒体音乐行业竞争激烈。因为大型餐馆的平均成本并非显著低于小型餐馆，餐饮业有多个企业生存的空间。与此相反，大型音乐流媒体公司（例如 Spotify）的平均成本要比小型音乐流媒体公司低得多，部分原因是大型公司可以分散流媒体音乐的高额固定成本——包括大容量的服务器、巨大的 App 研发成本，以及为跟踪向流媒体播放音乐的音乐家和其他版权持有人的付款（由于售出的订阅数量大得多）而需要的复杂会计核算费用。

2. 拥有关键投入要素

如果产品需要某种特定的投入要素，控制这种要素也能成为壁垒。例如，美国铝业公司多年来一直控制世界范围内高品质矾土矿的供给，这是炼铝所需要的矿物。其他公司要进入该行业与美国铝业展开竞争，就只能使用再生铝。南非的戴比尔斯公司因为控制了世界上最大的钻石矿，所以可以阻止其他厂商在钻石市场上与之竞争。一直到20世纪90年代，Ocean Spray公司在鲜蔓越莓和冷藏蔓越莓市场中鲜有竞争对手，因为该公司几乎控制了蔓越莓全部的供应。到今天，通过与650家蔓越莓种植者签订销售协议，Ocean Spray公司控制了65%的产量。

3. 政府设置的障碍

企业有时努力说服政府设置进入壁垒。许多大型企业雇用说客说服地方立法议员和国会议员通过对企业经济利益有利的法律。仅在华盛顿特区就有成千上万的说客。顶级说客年收入超过30万美元，这足以表明企业对各项活动的重视。政府设置的最重要的三项进入壁垒为专利、许可证和国际贸易壁垒。

专利（patent）是企业获得的新产品生产的排他权利，从政府授予之日起时间长达20年。政府使用专利权鼓励企业研发更新、更好的产品或者以更好的方法生产现有产品。当企业投入资源继续研发时，产量和生活水平都会提高，然而如果其他企业可以复制这些产品，企业投资开发的新产品就获得不了多少利润。例如，制药企业默克每年投入50亿美元开发新的处方药。如果竞争对手可以免费生产默克刚刚开发的这些新药，企业的大部分投资就浪费掉了。因为默克公司取得新药专利权后，在专利保护年份可以对开发的药品设置高价，所以成功的创新可获得经济利润。

政府也可以通过从业资格许可证来限制竞争。例如，每一个州的医生和牙医都需要行医资格证。但是，近年来许可范围已扩大到包括牙齿增白、洗牙、牙齿紧固和艺术治疗等。现在，美国近四分之一的工人需要许可证才能上岗。获得许可证可能需要一个漫长而代价昂贵的过程，通常需要完成获得许可委员会批准的培训或认证项目。许可证法规的合法理由是保护公众免受不称职的从业者的侵害，但是通过限制可以进入许可职业的人数，法律也抬高了价格。研究表明，那些难以获得牙医执照的州的牙科服务价格比其他州高出约15%。同样，需要获得州外公司许可以销售隐形眼镜的州，其隐形眼镜的价格也较高。当头发编织或瑜伽指导等职业需要国家许可证时，限制竞争是主要的结果。

政府还通过对外国竞争施加关税和配额，为进入某些行业设置了障碍。关税是对进口的一种税收，而配额限制了可以进口到一个国家的商品数量（请参阅第9章）。外国食糖进口配额严重限制了美国食糖市场的竞争。结果，美国食糖公司所收取的价格远高于美国境外公司所收取的价格。

◎ **概念应用 14-1**

获得一份饼干的好食谱？不要尝试在威斯康星州或新泽西州出售它们

如果你喜欢烘焙，可能已经开发出了自己的美味食谱。或者，你可能已经非常擅长根据祖母的食谱制作烘烤饼干和蛋糕。你甚至可能决定，售卖你的烘焙食品赚一些小钱。如果2017年你住在威斯康星州或新泽西州，那么你在房屋或公寓外出售烘焙食品的行为是违法的。

在新泽西州，除非食品是在经过州政府卫生与高级服务部检查的商业厨房中准备的，否则任何人都不能合法销售烘焙食品。要满足这些要求，通常的花费为15 000美元或更多。威斯康星州要求任何出售烘焙食品的人都必须获得州许可证，并要在接受州检查的商业厨房中准备食物。在这两个州，立法者都认为，确保在卫生条件下制备蛋糕和饼干必须合法。不过，对该法律的批评者指出，在新泽西州和威斯康星州，每年教堂、学校和慈善活动中都会赠送大量蛋糕和饼干。很少有人报告因吃这种食物而生病。另外48个州的小型家庭面包房也没有导致食源性疾病的增加。

近年来，加利福尼亚州、明尼苏达州和得克萨斯州已经废除了禁止销售家庭烘焙食品的法律。根据反对这些法律的一个司法研究所的一份报告，这一政策导致每个州都建立了1 000多家新的家庭面包店企业。通常，这些业务是业余进行的，每年的收入也只有几千美元。但是，由于家庭面包店成为新竞争者，这些收入中的大多数造成了面包店和其他现有企业销售的烘焙产品变少。威斯康星州和新泽西州的企业反对者担心出现类似损失，这可能是试图阻止这些州废除家庭销售烘焙产品禁令的主要原因。威斯康星州议会的发言人解释了他反对废除的意见："虽然威斯康星州吸引新企业家很重要，但不应以牺牲目前符合标准和法规的小企业为代价。"同样，一份新闻报道指出，新泽西州议会对面包店所有者的反对提出了类似的法案，它认为"与传统的面包店相比，家庭面包店带来了不公平的优势"。但是，三名家庭面包店的代表律师起诉了威斯康星州的政府，理由是该禁令违反了州宪法，他说："保护其他企业免受竞争不符合政府合法权益。"

正如我们在第8章中所看到的那样，许多经济学家和政策制定者担心，近年来，美国新企业的成立速度已大大放缓。在2016年总统大选期间，希拉里·克林顿和唐纳德·特朗普同意，联邦政府应采取措施减少希望开设新企业人士面临的壁垒。但是，州议会而非国会通常会颁布职业许可证，设置创办小企业的障碍，例如在威斯康星州和新泽西州禁止出售家庭烘焙食品就是一个例子。

资料来源：Spencer Kent, "N.J. May Become Last State with Ban on Sales of Homemade Baked Goods," nj.com, April 27, 2017; Erica Jedynak and Heather Russinko, "Don't Even Think about Selling Grandma's Homemade Cookies," *Wall Street Journal*, December 2, 2016; Joe Moszczynski, "Home Bakers Pushing for Law to Allow Them to Sell Goodies to Public," nj. com, August 25, 2013; Nick Sibilla, "Over 3,000 Bakers Are Now in Business, after Minnesota Eased Restrictions on Selling Homemade Food," ij.org, February 16, 2017; and Anna Thomas Bates, "'Cookie Bill' Would Allow Home Bakers to Sell Their Goods," jsonline.com, April 26, 2017.

总之，为了获得经济利润，所有企业都愿意将价格定在高于平均成本之上，但是经济利润又会吸引新的企业进入相关行业。最终竞争加剧迫使价格下降到平均成本水平，企业也只能收支相抵。在寡头垄断市场中，进入壁垒至少是延缓了新企业的进入，现有企业可以在相当长时间内获得经济利润。

14.2 博弈论与寡头垄断企业

正如我们在本章开始所提到的，经济学家使用博弈论来分析寡头垄断市场。博弈论创设于20世纪40年代，由数学家约翰·冯·诺依曼（John von Neumann）与经济学家奥斯卡·摩根斯坦（Oskar Morgenstern）共同提出。**博弈论**（game theory）研究的是当人们的行为目标受到他人相互影响时如何做出决策。在寡头垄断市场中，厂商之间的相互影响对盈利水平发挥着关键作用，因为每个企业相对整个市场都很大。

在所有博弈中，不论是玩扑克、下国际象棋，还是玩大富翁，玩家之间的相互影响对最终的结果都起着关键作用。此外，博弈有3个主要特征：

（1）规则：决定可采取的行动。
（2）策略：玩家可以实现行为目标。
（3）收益：玩家策略之间相互作用之后所得到的结果。

在商业活动中，博弈规则不仅包括企业必须遵守的法规，还包括企业无法控制的一些其他因素（至少在短期），如企业的生产函数。**企业策略**（business strategy）是企业为实现目标（如利润最大化）而制订的一套行动计划。收益（payoff）是企业所获得的利润，这是自己策略与其他企业策略相互作用之后的结果，理解博弈论方法最好的途径是通过事例。

14.2.1 双头博弈：两个企业之间的价格竞争

在这个简单事例中，我们使用博弈论来分析双头垄断，也就是两个企业的寡头垄断市场的价格竞争。我们假设，苹果公司和Spotify公司是销售流媒体音乐订阅仅有的两家企业。2017年，这两个企业收取每月9.99美元的订阅费来允许个人播放数百万首歌曲（两家公司都向大学生提供了4.99美元的折扣价）。一些行业分析师认为，这两个企业需要每月收取14.99美元才能持续盈利。我们只关注两家企业的价格决策。我们假定两家企业的管理者必须决定订阅费是每月9.9美元还是14.99美元。哪种价格获利更高依赖于对手的定价。关于定价的决策就是企业策略的事例。图14-2是两个企业采取行动后可能得到的结果的**收益矩阵**（payoff matrix），其中给出了每个企业从它们的策略组合中可能得到的收益。

图14-2　双头垄断博弈

注：苹果的利润写在右边，Spotify的利润写在左边。如果流媒体音乐订阅服务的价格达到14.99美元，Spotify和苹果每月将分别从中获得1 000万美元的利润。但是，每个公司都有通过降低价格来削弱对方的动力。如果两家公司都收取9.99美元的费用，它们每个月的利润仅为750万美元。

苹果的利润写在单元格的上边，Spotify的利润写在单元格的左边。每个单元格给出的是两家企业不同价格策略导致的支付结果。例如，如果苹果和Spotify两家都把每月无限制音乐流的订阅价格定为14.99美元，就是左上的单元格，两家企业每月各获得1 000万美元。如果苹果选择低价9.99美元，Spotify选择14.99美元，那么苹果将吸引Spotify的一部分顾客。苹果的利润为1 500万美元，Spotify仅仅为500万美元。同样，如果Spotify价格定为

9.99美元，苹果定为14.99美元，那么苹果的利润为500万美元，Spotify的利润为1 500万美元。如果两家公司都定为9.99美元，两公司每月各获得750万美元。

很显然，如果两家公司的价格都定为14.99美元，两家企业都相对更好。但是，双方最后的价格定为多少呢？一种可能性是苹果的管理者和Spotify的管理者聚在一起进行合谋，双方同意定高价。**合谋**（collusion）是指企业间达成协议以保持同样的价格，或者达成其他条件而不进行竞争。不幸的是（对其客户是幸运的），苹果和Spotify的合谋违反美国、欧洲法律。政府可能因合谋对企业罚款，所涉及的企业管理者会因此入狱。

苹果的管理者不能与Spotify的管理者合法地讨论他们的定价决策，因此他们不得不预测对方在做什么。假设苹果的管理者相信Spotify会将订阅价格定为14.99美元，这时苹果的管理者肯定会将价格定为9.99美元，因为这样做，苹果的利润将从1 000万美元增长到1 500万美元。当然如果相反，苹果的管理者相信Spotify管理者会将价格定为9.99美元，苹果的管理者也会将价格定为9.99美元，这样其利润将会从500万美元增加到750万美元。事实上，不管Spotify决定出什么价格，苹果的管理者将价格定为9.99美元都会更好一些。因此我们知道，苹果的管理者会将流媒体音乐价格定为每月9.99美元。

现在看从Spotify管理者角度思考的情形。与苹果的管理者一样，我们可以预计他们也会将订阅价格确定为每月9.99美元。在这种情况下，两家企业都有占优策略。**占优策略**（dominant strategy）是指不管其他企业采用什么策略，对企业都是最好的策略。均衡的结果是两家企业都把订阅价格定为9.99美元。这种情形是均衡状态，因为每个企业都在对方企业选定价格的情况下实现了利润最大。换言之，在给定对方企业价格的情况下，两个企业都无法通过改变价格来提高利润水平。在给定对方企业所选策略的情况下，每家企业选择最好的策略形成的均衡被称为**纳什均衡**（Nash equilibrium）。这一概念得名于已故诺贝尔奖获得者，普林斯顿大学的约翰·纳什，他是博弈论理论发展的先驱之一。

14.2.2 企业行为和囚徒困境

请注意，对于图14-2的均衡，两个企业并非都很满意。定价为9.99美元，每个企业都获得750万美元的利润。如果两个企业将价格定为14.99美元，各自可以获得1 000万美元。通过"合作"定出高价，它们将实现合作均衡。**合作均衡**（cooperative equilibrium）是指参与人进行合作来增加他们双方的收益。我们已经知道博弈的结果很可能是**非合作均衡**（noncooperative equilibrium），双方各自追求自己的利益。

像图14-2这样的情形，即追求占优策略导致非合作结果使得博弈双方状态都变差的情形被称为**囚徒困境**（prisoner's dilemma）。这一名称来自两名罪犯因为犯罪被逮捕所面临的情形。如果警察缺乏足够的证据，他们可以分开审讯罪犯，并提出如果承认罪行并指证另一名罪犯将会获得减刑机会。因为两名罪犯都有供认这样的占优策略，两人都会承认并被收监，尽管存在两人拒绝承认会获得自由的机会。

勿犯此错 14-1

不要误解每个企业最终将价格定为9.99美元的理由

读者可能会认为，苹果和Spotify都把它们的订阅价格定为9.99美元而不是14.99美元，是因为两个企业都担心对方会将价格定为 9.99 美元。事实上，担心对方降低价格并非理解每个企业定价策略的关键。请注意，将价格定为 9.99 美元是两个企业最佳获利策略的需要，而不管其他公司的定价如何。例如，如果苹果公司的管理者偶然知道，Spotify 的管理者计划定价为 14.99 美元，苹果则会将价格定为 9.99 美元，因为这样其利润水平为 1 500 万美元，而非 1 000 万美元。Spotify 公司的管理者也面临同样的情形。这就是为什么将价格定为 9.99 美元是两个企业的占优策略。

| 解决问题 14-1 |

Spotify 和苹果音乐对流媒体音乐每月收取 9.99 美元。Spotify 推出了针对大学生的 4.99 美元优惠价，苹果推迟一段时间后也开始跟上。为了吸引更多大学生离开 Spotify，苹果公司决定允许学生享受四年的折扣，而不是像 Spotify 那样仅享受一年。但是一些行业分析师质疑，如果它们继续当前的定价，两家公司是否都能获利。Spotify 发展迅速，但到 2016 年底仍未实现盈利，这燃起了一位分析师的希望："也许盈利能力也将开始成为首要任务。"使用以下假设信息，为苹果音乐和 Spotify 构建收益矩阵：

- 如果两家公司均未对大学生提供折扣，则每家公司每月可赚取 700 万美元的利润。
- 如果两家公司都对大学生提供折扣，则每家公司每月可赚取 500 万美元的利润。
- 如果苹果音乐向大学生提供折扣，而 Spotify 不提供，那么苹果音乐可获得 900 万美元的利润，而 Spotify 可获得 400 万美元的利润。
- 如果 Spotify 提供大学生折扣而苹果音乐不提供折扣，则 Spotify 可以赚取 900 万美元的利润，而苹果音乐可以赚取 400 万美元的利润。

a. 如果苹果音乐想要实现最大化利润，它将向大学生提供折扣吗？简要说明。

b. 如果 Spotify 想要实现最大化利润，它将向大学生提供折扣吗？简要说明。

c. 这个博弈有纳什均衡吗？如果有，是什么？

d. 你的分析是否可以预测，Spotify 也有可能将其对大学生的折扣期限从一年扩大到四年，以匹配苹果音乐的折扣期限？

解决问题步骤

步骤 1：复习相关材料。该问题应用收益矩阵来分析企业所面临的竞争态势，所以请复习"双头博弈：两个企业之间的价格竞争"一节的内容。

步骤 2：构建收益矩阵。注意，构建的矩阵应该类似图 14-2。

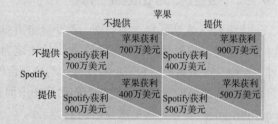

步骤 3：回答问题 a，确定苹果音乐向大学生提供折扣是不是占优策略。如果 Spotify 不提供该项折扣服务，苹果提供该项服务将获得 900 万美元的利润，如不提供仅获得 700 万美元的利润。如果 Spotify 提供该项服务，苹果也提供该项服务，将获得 500 万美元的利润，如果不提供，只能获得 400 万美元的利润。因此，提供该项服务是苹果的占优策略。

步骤4：回答问题b，通过证明Spotify存在向大学生提供折扣的占优策略来回答问题b。Spotify与苹果音乐处于同一情况，因此它也具有提供折扣的占优策略。

步骤5：通过证明该博弈存在纳什均衡来回答问题c。两家公司向大学生提供折扣就是纳什均衡。鉴于苹果音乐提供折扣，Spotify的最佳策略也是提供折扣。鉴于Spotify提供折扣，苹果音乐的最佳策略也是提供折扣。因此，考虑到另一家公司的决定，向大学生提供折扣是两家公司的最佳决定。

步骤6：通过预测Spotify是否可能跟随苹果音乐向学生提供折扣的条款来回答问题d。根据囚徒困境分析的逻辑我们可以预测，Spotify将会把对大学生折扣的期限从一年延长到四年。没有匹配苹果音乐的条款可能会导致Spotify销售损失，就像苹果音乐最初未能向大学生提供折扣时导致销售损失一样。

进一步解释

该博弈是因徒困境的另一个例子。如果苹果音乐和Spotify都不向大学生提供折扣，它们将更有利可图。但是，每家公司的主要策略都是提供折扣，因此它们最终处于提供折扣并减少了利润的均衡状态。不过，正如我们将在下一节中看到的那样，在这种情况下，企业可能有摆脱囚徒困境的方法。实际上，在2017年，一些行业分析师预计Spotify和苹果音乐最终都会提高价格以实现盈利。

资料来源：Nathan Olivarez-Giles, "Apple Music Is Now Half Price for Students," *Wall Street Journal*, May 6, 2016; and Mia Shanley, "Spotify Could Become Profitable in 2017," businessinsider.com, December 1, 2016.

14.2.3 企业能摆脱囚徒困境吗

尽管囚徒困境似乎表明合作行为总会不欢而散，但我们知道人们经常通过合作来实现行为目标，企业总会找到合作办法而不展开价格竞争。囚徒困境在真实世界中并不总是发生的原因在于，这里的博弈被假定只进行一次。然而，许多商业行为是多次重复进行的。例如，考虑如下一种情形：假设在一个小城市只有两个地方能够买到比萨饼，那就是达美乐和必胜客。我们假定对一个大份的意大利辣味香肠比萨饼定价为12美元或10美元。图14-3a列出了收益矩阵。请注意，两家店的管理者都有动机定低价。企业再一次面临着囚徒困境。但是，管理者并非只是进行一次博弈，他们每天都要决定是否改变价格。用博弈论的术语，管理者进行的是重复博弈（repeated game），非合作带来的损失要大于一次博弈。对于不合作的参与人，博弈者可以使用报复策略（retaliation strategy）。因此，企业有更大的动力进行合作。

从图14-3a中可以看出，当达美乐和必胜客的比萨饼定价为10美元而非12美元时，双方每天各减少利润150美元。如果10美元价格继续，每天两家店的损失将会增加：一年下来，每家店将损失5万多美元的利润。利润损失会激励两家店的管理者通过暗中合谋（implicit collusion）的方式进行合作。公开合谋（explicit collusion），即管理者举行会议将价格改变为12美元是非法的。然而，如果管理者能找到信号显示方式指引双方将价格定为12美元，也许并不违法。

比如，达美乐和必胜客都对外宣称，它们将向任何竞争者所出的最低价看齐，在我们的例子中，企业只有唯一的竞争者。这种声明对相互之间是一种信号，它们将把比萨饼的价格定为12美元。这一信号非常明显，每家餐馆都知道，如果自己定价为10美元，其他的餐馆将自动进行报复，也会将价格降低到10美元。声明价格跟随是一种非常有效的强制机制（enforcement mechanism），因为它确保如果有一方未能合作，降低了价格，竞争对手将自动启动惩罚，也会调低价格。如图14-3所示，两家餐馆改变了它们的收益矩阵。

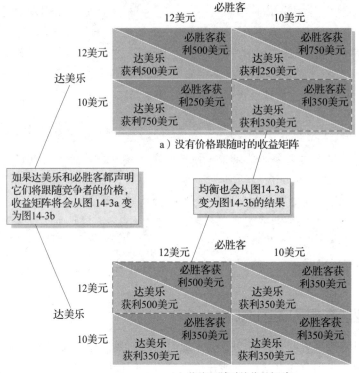

图14-3 在重复博弈中收益矩阵的变化

注：达美乐和必胜客在销售意大利辣味香肠比萨饼时声明它们将跟随竞争者的价格。这种报复性的策略提供了一种信号，一家餐馆如果变卦改为低价，竞争对手自动会变为低价。在支付矩阵图14-3a中，没有价格跟随的声明，当另一家餐馆将价格定为12美元时，自己将价格定为10美元。在支付矩阵图14-3b中，双方都声明进行价格跟随，管理者有两种选择：价格定为12美元，每天获得500美元利润，价格定为10美元，每天获得350美元利润。均衡也会从囚徒困境，即双方定低价，获得低利润，变为双方定高价，获得高利润。

最初的收益矩阵如图14-3a所示，双方没有明确价格跟随，如果另一家餐馆的价格为12美元，自己定价为10美元可以获得更多的利润。如果声明价格跟随，收益矩阵将变为图14-3b。现在管理者可以将价格定为12美元，每天利润为500美元，或者将价格变为10美元，每天利润为350美元。出现与囚徒困境不同的均衡结果是因为两家公司的管理者从降低价格获得低利润转变为高价格获得高利润。声明将跟随竞争者的价格似乎也有利于消费者，但博弈论表明实际上伤害了消费者，因为厂商可以暗中合谋维持高价。

暗中合谋的另外一种形式是**价格领袖**（price leadership），这是指一家企业领先宣布调整价格，行业内其他企业随后跟随。例如在20世纪70年代，通用汽车公司宣布从新车型开始调整价格，福特和克莱斯勒随即跟随通用进行了价格调整。在一些城市，一家建筑公司为建筑工程设定好价格后，其他公司将收取相同的价格，试图避免降低价格引发竞争，特别是在对政府项目进行投标时。近年来，在许多案例中，当建筑公司安排轮流以商定的价格赢得政府合同时，这种暗中合谋已演变成非法的公开合谋。

◎概念应用14-2

四家最大的航空公司进行合谋了吗

一些行业协调价格比其他行业要相对容易。航空业的固定成本非常高，但边际成本很低。从芝加哥飞纽约的航班增加一名乘客的边际成本不会超过几美元：只是一份航空快餐和少量增加的汽油。因此，航空公司为了填满航班的空座位，经常在最后一分钟大幅减价。即使是大幅降低的票价增加的边际收益也大于边际成本。与其他寡头垄断行业相似，如果所有的航空公司都降价，整个行业的利润水平将下降。航空公司持续调整它们的价格，同时又监测对手的价格，如果对方降价或者没有随大家提价，对对手进行报复就在所难免。

近年来，航空业的合并增加了暗中合谋的可能性。2017年，80%乘客的飞行由四家航空公司（美国航空、达美航空、美国联合航空和西南航空）承载，比2007年的40%大幅增长。捷蓝航空、斯普利特航空公司和Allegiant Air等较小的航空公司在某些航线上有竞争力，但四大航空公司是唯一在多个城市之间提供服务的航空公司。2013年，当美洲航空与美国航空公司合并时，美国司法部威胁要阻止合并，除非航空公司同意向某些较小的竞争对手让出某些机场的降落位。当航空公司同意这一条件时，美国司法部批准了合并。但是，两年后，美国司法部开始调查这四大航空公司是否在非法合谋。

尤其是当最大的四家主要航空公司的高层管理人员都公开表示，他们打算增购飞机以增加运力。增加运力将意味着有更多的机票要出售，这就将增大降价填补座位的可能性。这些公告是暗中合谋的一个例子，还是仅仅是高层管理人员对公司未来计划的例行讨论？正如一位航空业分析师所说："如果你以司法部律师的身份来听，你会说，等等，这些家伙都在说同样的话，这可能自然而然地发生吗？"但是，为被指控合谋的公司辩护的律师则怀疑美国司法部是否可以在没有明确证据的情况下证明合谋的存在，他怀疑这种情况已经发生："如果他们聚集在一个烟雾缭绕的房间里，同意削减产能，我才会感到震惊。"该分析似乎是对的，因为在2017年初，美国司法部决定，无法找到足够的证据对航空公司进行合谋指控。

一些经济学家和政策制定者仍然对美国航空业的竞争水平感到担忧。尽管捷蓝航空和其他较小的航空公司在某些机场造成了激烈的竞争，但其他机场还是由一两个承运商主导，这些承运商通常会避免价格竞争。例如，美洲航空公司和美国航空公司为合并后的公司提供了超过75%的始发于费城的航班份额。合并后，美国的机票价格急剧上涨。联邦政府不允许拥有超过25%外资股份的航空公司运营美国城市之间的航班，以减少潜在的竞争。欧洲对外国航空公司的限制较为宽松，这可能有助于解释为什么欧洲的每英里票价要低于美国的票价。

一些航空公司的乘客想知道，四大航空公司采用的收取托运行李的费用或过度使用超额预订的政策（机票的售出数量超过飞机上座位的数量）是否表明合谋。超额预订的做法在2017年4月引起了人们的关注，当时联合航空航班上的持票乘客因拒绝将座位让给联航员工而被从飞机上驱逐。

正如我们将在下一章看到的那样，联邦政府很难确定寡头垄断企业是否在勾结。当发生合谋时，消费者将支付更高的价格并获得较差的服务。

资料来源："A Lack of Competition Explains the Flaws in American Aviation," *Economist*, April 22, 2017; Brent Kendall and Susan Carey, "Obama Antitrust Enforcers Won't Bring Action in Airline Probe," *Wall Street Journal*, January 11, 2017; Christopher Drew, "Airlines under Justice Dept. Investigation over Possible Collusion," *New York Times*, July 1, 2015; Jack Nicas, Brent Kendall, and Susan Carey, "Justice Department Probes Airlines for Collusion," *Wall Street Journal*, July 1, 2015; and Susan Carey and Jack Nicas, "Airlines' New Normal: More Seats, Fewer Flights," *Wall Street Journal*, July 2, 2015.

14.2.4　卡特尔：以欧佩克为例

在美国，企业间聚会就产品价格和产量达成协议是违法的。但是，先假设它们可以这样做，这能够保证它们的合谋会成功吗？石油输出国组织欧佩克的案例对这一问题给出了参考答案。答案可能是"否"。欧佩克有12个成员国，包括沙特阿拉伯、科威特和其他国家。这些国家占据了全球石油已探明储量的75%，尽管这些国家每年石油供给只占全球供给的35%。欧佩克的运行就如同一个**卡特尔**（Cartel），卡特尔是指企业形成一个集团通过合谋就限产、提高价格和增加利润达成协议。欧佩克成员国定期举行会议，就石油限额达成协议，也就是确保每个成员国同意接受的生产数量。限额的目的是使得石油产量低于竞争水平，以此推动油价上升，增加成员国的利润。

图14-4所示为1972～2017年中的石油价格。下面的浅色线条表示的是每一年每桶石油的价格。1972年之后价格总体上是上升的，这导致消费者购买商品或服务数量的减少。上面的深色线条是用2017年美元购买力来表示的石油价格，总体上也是增加的。该图表明在20世纪70年代中期和80年代早期，欧佩克成功推高了油价，当然中东地区的政治动荡和其他因素也影响着这些年的油价水平。1972年每桶油价低于3美元，1980年每桶油价超过39美元，用2017年美元购买力计算超过120美元。该图也表明，1980年之后欧佩克也难以维持高油价水平。当然，在2004～2008年中石油价格大幅上升，主要原因是中国和印度的需求增加。过去几年，由于美国石油产量激增，欧佩克也难以维持油价，因为石油公司已使用"压裂"技术从页岩矿床中开采石油。

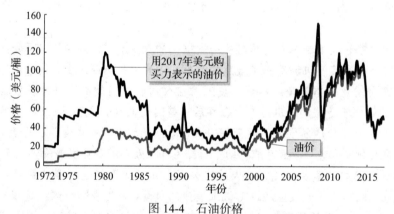

图14-4　石油价格

注：下面的浅色线条表示的是每一年每桶石油的价格，上面的深色线条是用2017年美元购买力来表示的石油价格。通过限产，欧佩克在20世纪70年代中期和80年代早期成功推高了油价。但长期保持高油价非常困难，因为欧佩克成员国经常超过限额生产。

资料来源：Federal Reserve Bank of St. Louis.

博弈论有助于理解油价为什么波动。如果欧佩克每一个成员国都能合作，石油产量维持配额规定的低产油水平，油价将上涨，卡特尔成员国也将获得巨额利润（尽管欧佩克无法像美国增产之前那样提高价格，但如果所有成员国都同意限制产量，它仍然可以提高世界石油价格）。然而，一旦价格上涨，每个成员都想停止合作，以超出限额增加产量来获得更高利润。如果没有国家遵守配额限制，石油总产量将会增加，利润也将下降。换言之，欧佩克面临囚徒困境。

如果欧佩克成员国总是超出它们的生产限额，卡特尔将无力影响世界市场石油价格。事实上，欧佩克成员国定期举行会议，商议新的配额标准，至少是当下的标准，以使成员国限制产出，提高油价。两个因素可以解释欧佩克作为卡特尔偶然会有成功的行为。首先，欧佩克成员国进行的是重复博弈。正如我们已经看到的那样，这增加了出现合作结果的可能性。其次，沙特阿拉伯比其他欧佩克成员有大得多的石油储备。因此，该国会从高油价中获利最多，合作的愿望也最强烈。为了看清这一点，我们考虑一个收益矩阵，如图 14-5 所示。为了使问题简单化，我们假定欧佩克只有两个成员国：沙特阿拉伯和尼日利亚。在图 14-5 中，低产出对应的是按欧佩克商定的产量配额进行合作，高产出表示的是按最大生产能力生产。该收益矩阵表现的是每个国家一天所获得的利润水平。

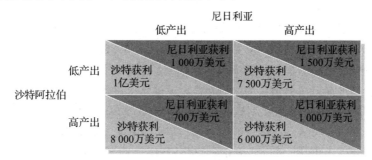

图 14-5　成员之间并不平等的欧佩克

注：因为沙特阿拉伯比尼日利亚生产多得多的石油，其产出对于油价有更大影响。在图中，低产出对应的是按欧佩克商定的产量配额进行合作，高产出表示的是按最大生产能力生产。沙特阿拉伯的占优策略是合作，保持低产出水平。然而，尼日利亚的占优策略是不合作，以增加自己的产出。因此，这一博弈的均衡是沙特阿拉伯生产低产量，而尼日利亚生产高产量。

我们可以看出，沙特阿拉伯有强烈的合作愿望并保持低产量配额。产量保持低水平，沙特阿拉伯可以显著地抬高世界市场的石油价格，不仅增加自己的利润，也增加其他欧佩克成员国的利润。因此，沙特阿拉伯的占优策略是合作，即遵守配额保持低产量。然而，尼日利亚对石油价格几乎没什么影响。因此，尼日利亚的占优策略并非合作，而是保持高产量。博弈的均衡是沙特阿拉伯保持低产量，而尼日利亚要保持高产量。事实上，欧佩克经常按这种方式进行运作。沙特阿拉伯采用合作策略，按配额生产，而其他 11 个成员国按生产能力生产。因为这是重复博弈，沙特阿拉伯有时会超出配额生产，目的是压低市场价格，以报复其他成员国不进行合作。

14.3　序贯博弈和企业策略

我们已经分析了两名参与人同时行动的博弈。然而，在商业世界中，许多情况下是一个企业首先行动，然后其他企业做出反应行动。这些情形可以使用序贯博弈（sequential game）

来进行分析。我们将使用序贯博弈来分析两种商业策略：阻止进入策略和企业间讨价还价策略。为简化起见，我们只考虑两家企业博弈的情形。

14.3.1 阻止进入策略

在本章第 14.1 节中，我们已经知道，进入壁垒是企业持续获得经济利润的关键所在。企业可以创造壁垒阻止新企业进入同一行业吗？一些博弈论的研究聚焦这一问题。假设苹果和戴尔是超薄计算机的两家制造商。两家企业在对新产品定价时考虑的因素之一是不同的价格对竞争者进入新产品市场的可能性会产生多大的影响。价格水平高，如果竞争对手不进入市场，利润也高。但是，如果高价格吸引了其他企业进入，实际上会导致利润减少。定出低价来阻止其他企业进入，也可能获得较大的利润。假设苹果先于戴尔开发出了超薄型的轻型手提电脑，正在考虑价格定为多少。如果只是弥补投资机会成本，实现收支相抵，苹果投资的最低收益率为 15%。如果只有苹果的这种类型的电脑占据市场，价格定为 800 美元，收益率达到 20%，有经济利润存在。如果苹果将价格定为 1 000 美元，而苹果是唯一的供应商，收益率可以达到更高的 30%。

似乎很清楚，苹果应该将手提电脑的价格定为 1 000 美元，但是苹果的管理者也担心，戴尔可能开始销售这种类型的电脑。如果苹果将价格定为 800 美元，戴尔也进入这一市场，两家公司平分市场，它们的投资收益率仅为 5%，这要低于每家公司实现收支相抵所要求的 15% 的收益率。如果苹果将价格定为 1 000 美元，戴尔也进入这一市场，尽管仍然是两公司平分市场，高价格可以使得每家公司获得 16% 的投资收益率。

苹果和戴尔所进行的是一个序贯博弈，因为苹果首先行动，也就是决定价格在先，戴尔跟随。我们可以使用决策树（decision tree）来分析序贯博弈，如图 14-6 所示。图中的每一个方框代表的是决策点（decision note），也就是企业必须就方格中的内容做出决策。在最左边的方框，苹果必须做出定价的初始决策。戴尔随后决定是否进入这一市场。做出的决策方框用旁边的箭头表示。最右边是终结点，表示最终的收益率。

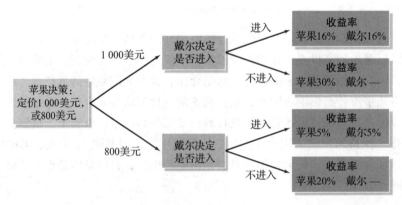

图 14-6　企业进入博弈的决策树

注：如果苹果对于超薄型的轻型手提电脑定价 1 000 美元，而戴尔不进入，苹果可获最大收益率。然而在这一市场价格水平上，戴尔将进入这一市场，苹果的收益率仅仅为 16%。如果苹果将价格定为 800 美元，因为投资收益率为 5%，戴尔将遭受亏损，因此不会进入。在这种情况下，苹果最好的决策就是定价 800 美元阻止戴尔的进入。苹果获得 20% 的投资收益率，获得了经济利润。请注意，"—"表示的是戴尔并不进入这一市场，所以没有投资，也就没有收益率。

我们从苹果的初始决策开始。如果苹果将价格定为 1 000 美元,之后箭头指向戴尔上面的决策点方框。如果戴尔决定进入市场,投资收益率为 16%,这表示高于投资的机会成本,经济利润存在。如果戴尔不进入,苹果的收益率为 30%,戴尔在这一市场中没有收益(用一字线表示)。苹果的管理者可以得出结论,如果这种手提电脑的定价为 1 000 美元,戴尔将进入这种超薄的轻型手提电脑市场,双方投资的收益率都为 16%。

如果苹果将价格定为 800 美元,箭头将指向戴尔下面的决策点方框。如果戴尔决定进入市场,收益率仅仅为 5%。如果戴尔不进入,苹果将获得 20% 的收益,戴尔在这个市场上没有收益。苹果的管理者得出的结论是,如果价格定为 800 美元,戴尔不进入,苹果将获得 20% 的投资收益率。

通过分析,苹果的管理者应该会得出如下结论,他们将价格定为 1 000 美元,获得 16% 的收益率,因为戴尔将进入市场;或者将价格定为 800 美元,通过阻止戴尔的进入,获得 20% 的收益率。通过使用决策树,苹果管理者会做出正确的决策,将价格定为 800 美元,阻止戴尔进入这一市场。请注意,我们的讨论还相当简略,因为除了价格外,我们忽略了其他企业可以进行竞争的特性。在实践中,苹果对其轻型手提电脑 MacBook Air 确定相对高的价格,戴尔推出低价格的 XPS 进入这一市场。苹果的管理者相信,尽管 XPS 的价格较低,但 MacBook Air 仍然对消费者具有足够的吸引力。

|解决问题 14-2|

阻止进入总是良策吗

像其他的商业策略一样,阻止进入策略只有在其收益高于其他策略时才是好的策略。根据下述决策树来决定苹果是否应该在超薄轻型手提电脑市场中阻止戴尔的进入?假设每家企业必须获得的投资收益率为 15% 才能实现收支相抵。

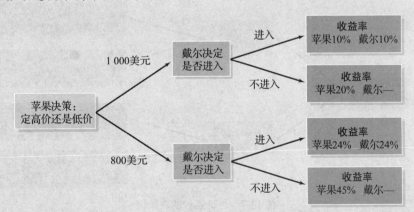

解决问题步骤

步骤 1:复习相关材料。该问题与序贯博弈有关,请复习"阻止进入策略"一节。

步骤 2:确定戴尔怎样对苹果决策做出反应。如果苹果对其超薄轻型手提电脑定价为 1 000 美元,戴尔将不进入市场,因为投资收益率表明会出现经济亏损。如果苹果将价格定为 800 美元,戴尔将进入,因

步骤3：给定戴尔怎样做出反应，决定了苹果利润最大化的策略。如果苹果将价格定为1 000美元，它将阻止戴尔进入，投资收益率为20%。如果苹果将价格定为800美元，且戴尔进入，因为价格相对较低，市场对这类手提电脑的需求会大幅增加，与戴尔以低价共享市场时，苹果最终的收益率为24%，高于自己在高价时独占市场所获得的市场收益率。

步骤4：得出结论。像其他商业策略一样，只有当收益超过其他策略时，阻止策略才是值得选择的策略。在这种情况下，通过低价扩展所有超薄轻型手提电脑的市场，苹果获得更高的收益，即使戴尔将进入这一市场。

14.3.2 讨价还价

许多企业的成功依赖于它们如何与其他企业讨价还价。例如，企业必须经常与供应商就它们购入的投入品价格讨价还价。例如，TruImage是一家小型企业开发的软件，可以改进数码相机和智能手机照片在计算机屏幕上的显示质量。TruImage目前只在网上销售软件，每年可获得200万美元的利润。戴尔告诉TruImage，戴尔将考虑在销售的每台计算机上安装这一软件。戴尔预期如果在其计算机上安装这种软件，会在提高价格的时候增加计算机的销量。两企业开始就戴尔向TruImage支付的软件价格讨价还价。

图14-7的决策树演示了这一讨价还价的博弈。在最左边，戴尔的初始决策是为TruImage的软件支付多少钱，接下来TruImage的回应是接受或不接受合约价格。首先，假设戴尔向TruImage支付的合约价格为每套软件售价30美元。如果TruImage接受这一合约价格，每年的利润为500万美元，戴尔可以多获得1 000万美元的利润。如果TruImage不接受这一合约价格，它的利润为每年网上销售所获的200万美元，戴尔也无法额外增加自己的利润。

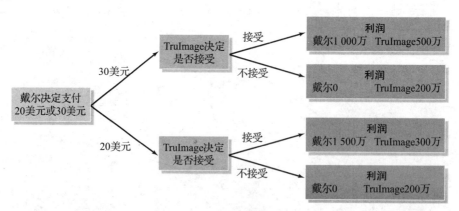

图14-7 讨价还价的决策树

注：如果戴尔的出价为每套20美元，TruImage接受，戴尔获得的利润最大。如果戴尔出价为每套30美元，并被接受，TruImage的利润最大。TruImage可能试图通过讨价还价威胁不接受每套20美元的合约，但是戴尔知道这种威胁是不可信的，因为如果戴尔的出价为每套20美元，TruImage接受所获得的利润高于拒绝。

现在假设戴尔向TruImage支付的价格为每套20美元。如果TruImage接受这一合约价格，每年的利润为 300 万美元，戴尔可以多获得 1 500 万美元的利润。如果 TruImage 不接受这一合约价格，它的利润为每年网上销售所获的 200 万美元，戴尔也无法额外增加自己的利润。很显然，合约价格为每套 20 美元，戴尔可以获得更多的利润，而对于 TruImage，每套 30 美元更划算。

假设 TruImage 告诉戴尔它将拒绝每套 20 美元的合约价格，但又想努力通过讨价还价获得对自己有利的结果。如果戴尔相信这种威胁，随后会提出每套 30 美元的价格，因为这与 TruImage 拒绝接受每套 20 美元的价格、戴尔没有增加利润相比，戴尔可以多获得 1 000 万美元的利润。这个结果是纳什均衡，因为没有一家企业可以通过改变选择多增加利润，这以戴尔相信 TruImage 的威胁为前提。但是，TruImage 的威胁可信吗？如果戴尔向 TruImage 提出的是每套 20 美元的合约价格，TruImage 接受这一报价将获得 300 万美元，或者拒绝这一合约价格获得 200 万美元。因为拒绝合约，会减少 TruImage 的利润水平，TruImage 威胁不接受合约价格是不可信的。戴尔应对此视而不见。

结果，我们将预计，戴尔将使用策略向 TruImage 提出每套 20 美元的报价，TruImage 使用策略也将接受这一报价。戴尔将每年多获得 1 500 万美元的利润，而 TruImage 每年获得 300 万美元的利润。这一结果被称为子博弈完美均衡（subgame-perfect equilibrium）。这一博弈均衡也是纳什均衡。在我们的简单讨价还价博弈中，每个行为人只能做出一个决定。正像我们已经看到的，如果每套报价为 20 美元，戴尔的获利最大，如果 TruImage 接手这一合约，利润也最高。一般而言，这种类型的序贯博弈只有一个子博弈完美均衡的结果。

公司管理者使用图 14-6 和图 14-7 这样的图形来做商务计划，因为通过了解每个战略的寓意和预测对手的反应，为管理者提供了系统的思考方法。我们可以看到这个简单事例中使用决策树带来的好处。在第一个事例中，苹果的管理者可以得出定低价比定高价更有利；在第二个事例中，戴尔的管理者可得出 TruImage 拒绝每套 20 美元报价的威胁是不可信的。

14.4 五力竞争模型

我们已经知道，行业中竞争者的数量影响企业制定出高于平均成本的价格与获得经济利润的能力。企业数量并非决定行业竞争水平的唯一因素。哈佛商学院的迈克尔·波特教授提出的模型表明，5 种竞争力决定着一个行业的竞争水平。

在本节中，我们简要对这 5 种竞争力分别进行讨论：①现有企业的竞争；②潜在进入者的威胁；③来自替代品或服务的竞争；④买方讨价还价的能力；⑤供应商讨价还价的能力。

14.4.1 现有企业的竞争

我们已经知道，同一行业中的竞争可导致价格下降，利润减少。考虑另外一个事例，美国教育考试服务中心（ETS）推出的 SAT 和 GRE 考试。高中生申请大学参加 SAT 考试，大学生申请研究生院参加 GRE 考试。2017 年，ETS 收取的费用标准为：参加 SAT 考试 54.50 美元，参加 GRE 考试 205 美元。对这种价格差异的一种解释是，高中生申请大学的考试中 ETS 面临着竞争，与 SAT 考试竞争的是 ACT 考试，后者是由 ACT 公司进行的，但 GRE 考试没有竞争。就像我们在前文看到的那样，只有几家企业存在的市场，暗中合谋容易达成，定出的价格接近垄断价格。就目前讨论的这种情形，一家企业的竞争足以让 ETS 将 SAT 考试的价格保持在竞争水平。

通过广告、为顾客提供更好的服务和延长三包服务的时间等方面的竞争，也会导致成本上升、利润下降。近年来，包括帕尼罗、奇波雷墨西哥烧烤和麦当劳在内的数家连锁餐厅都感受到了竞争压力，要求减少或消除使用抗生素或在不人道的条件下饲养的含有添加剂的肉类和家禽类的食物。餐馆要进行这些更改会面临更高的成本，这可能会降低其利润。

14.4.2 潜在进入者的威胁

企业也面临着目前尚未进入市场但可能进入市场的公司的竞争压力。我们已经学了阻止行动怎样降低利润。在前一节我们假想的事例中，苹果定出低价，获得较少利润，目的是阻止戴尔进入。企业管理者经常采取阻止进入的行动，包括通过广告形成对产品的忠诚，引入新产品（如对麦片和牙膏进行微小的改动）来填补市场利基，定出低价、保持低利，进而降低其他企业进入市场的吸引力。正如我们在开篇案例中所见，2015 年苹果进入流媒体音乐市场。Spotify 希望通过将其每月的订阅费用保持在 9.99 美元来阻止苹果的加入，这是该公司勉强能获利的价格。但是，苹果愿意与这个价格保持一致，并且对自己最终能够从其服务中获利充满信心。

14.4.3 来自替代品或服务的竞争

企业总是重视竞争者开发出比自己目前产品可以更好地满足消费者需要的新产品。以百科全书行业为例，几十年来，对于即将进入中学和大学的学生，他们的父母总是不惜花巨资购买价格昂贵的大型百科全书。到了 20 世纪 90 年代，计算机软件公司如微软公司提供电子版的百科全书，价格仅相当于纸质图书的几分之一。《不列颠百科全书》以及其他百科全书出版商通过降价和大力广告宣传纸质图书的优点来应对。尽管如此，它们仍无法阻挡价格下降。到了 20 世纪 90 年代末，大部分纸质百科全书消失了。最终，免费的网站 Wikipedia 的出现让其他公司很难出售即使是低价的电子百科全书，并且微软和其他大多数公司也停止了相关的生产。

14.4.4 买方讨价还价的能力

如果买方有足够的讨价还价能力，他们会坚持价廉物美的产品或者提供额外的服务。例如，汽车公司在轮胎市场中具有强大的讨价还价能力，导致轮胎价格水平低，影响了轮胎制造商的盈利水平。一些零售商相对供应商也具有明显的购买优势。例如，沃尔玛已要求其许多供应商更改其分销系统，因为它希望减少其仓库中的库存。面对来自亚马逊的在线竞争，沃尔玛甚至要求其最大的供应商降价，例如宝洁公司，该公司生产包括汰渍洗衣粉和佳洁士牙膏在内的家用产品。

14.4.5 供应商讨价还价的能力

如果投入品的供应商有多家，投入品又非专有，供应商不可能具有讨价还价优势来限制其他企业的盈利。例如，为麦当劳餐馆提供餐巾纸的供应商几乎没什么讨价还价能力。如果投入品只有少数几家供应商，购买企业就不得不支付高价了。例如在20世纪三四十年代，Technicolor公司是电影厂制作彩色电影所需要的相纸和电影胶片的唯一供应商。Technicolor公司向电影公司收取高价，因为只有该公司拥有开发这种胶片的技术，所以有能力这样做。否则，电影公司只能制作黑白电影。

与其他方面的竞争力一样，供应商的讨价还价能力会随时间的推移而改变。例如，当IBM公司选择微软的操作系统用于个人电脑时，后者还是个小公司，讨价还价能力有限。随着微软的Windows系统成为90%以上个人电脑的标配，市场份额的增大提升了微软公司与供应商的讨价还价能力。

◎ 概念应用14-3

我们能预测哪个公司将持续取得成功吗

多年来，经济学家和企业战略专家相信，市场结构是解释部分企业持续获得经济利润最重要的因素。例如，许多经济学家认为，第二次世界大战后最初的几十年，美国的钢铁公司获得经济利润是因为行业进入壁垒非常高，行业中只有几家企业，它们之间的竞争并不激烈。相反，餐饮业盈利能力低，是因为行业进入壁垒低，行业内竞争激烈。这种分析存在的问题之一是无法解释为什么在同一行业的不同企业利润水平有差异。

目前，经济学家和企业战略专家认为，不同企业的特质和管理者所采用的战略是持续获得经济利润的重要因素。这种方法有助于解释为什么像纽柯这样的钢铁公司会持续盈利，而像伯利恒钢铁公司，曾经是美国第二大钢铁公司，最后被迫破产。这种方法也解释了为什么亚马逊这样一个小公司，由杰夫·贝佐斯在华盛顿州西雅图在20世纪90年代建立，雇员人数寥寥无几，会成为在线零售业的老大，而其他同时代开始的在线零售商已经消失了很久。

人们可以总结出一些具有普遍意义的商业策略指导企业在未来取得成功吗？大量企业分析人士试图找到一些成功企业的战略并推荐给其他企业。推荐这些战略的书籍经常会非常畅销，但是效果却有喜有忧。例如，1982年，汤姆·彼得斯与罗伯特·沃特曼合写的《追求卓越》出版，该书受到了商业杂志的青睐，销售了300余万册。彼得斯和沃特曼总结了43家公司"冠绝群雄"最常用的8个重要战略。但是在该书出版两年后，《商业周刊》一篇文章指出，43家企业中的14家正面临严重的财务困境。这篇文章指出："如此多的公司如此快速坠落，令人震惊。这也引出了许多问题，这些公司最初是那么优秀吗？"

2002年，吉姆·柯林斯的《从优秀到卓越》出版，该书的目标是找到一个企业"实现不朽的伟大"的决定因素。尽管该书也销售了300万册，但11家伟大公司中并非所有都被确认能一直保持成功。例如，电路城公司在2009年被迫申请破产；房利美在2008年被联邦政府大部分接管后才避免了破产。

这两部著作或其他类似著作对于成功企业的商业战略进行了有用的分析。书中重点分析的许多企业的成功无法持续并不让人感到意外。许多成功战略可被竞争者复制甚至有所改进。即使是在寡头垄断市场中，竞争也会快速侵蚀利润，甚至将成功企业翻转为不成功者。

预测目前的成功企业仍将保持成功仍然是很困难的事情。

资料来源：Thomas J. Peters and Robert H. Waterman, Jr., *In Search of Excellence*: *Lessons from America's Best-Run Companies*, New York: HarperCollins Publishers, 1982; Jim Collins, *Good to Great*: *Why Some Companies Make the Leap... and Others Don't*, New York: HarperCollins Publishers, 2001; "Oops. Who's Excellent Now?" *BusinessWeek*, November 5, 1984; and Steven D. Levitt, "From Good to Great... to Below Average," *New York Times*, July 28, 2008.

⋮生活与职业生涯中的经济学⋮

如果你管理沃尔玛，那么你会降低 PlayStation 4 的价格吗

在本章开始时提出的问题是，假设你是沃尔玛的一名经理，并正在考虑一项将 PlayStation 4 游戏机价格从 399 美元下调至 349 美元的提议。降价的目的是通过吸引一些原本会从百思买、塔吉特或亚马逊购买游戏系统的消费者，从而增加利润。在本章中，我们已经看到大型公司的经理可能会试图收取低价，以吸引其他公司的客户，但是这种策略会引起其他公司的报复。如果所有公司都降低价格（在这种情况下，从 399 美元降到 349 美元），它们最终都可能会降低利润。在博弈论中，这种结果被称为囚徒困境。由于对 PlayStation 的定价实际上是重复博弈，零售商需要长期参与竞争性游戏系统的销售，因此对你来说，更好的策略是拒绝建议并维持 399 美元的价格。结果将是合作均衡，所有公司都可以收取高价。这对沃尔玛及其竞争对手的利润来说是个好消息，但对消费者来说却是个坏消息！

本章小结

企业一直努力来获得经济利润。正像我们已经几次提出的那样，竞争会侵蚀经济利润。即使在本章所讨论的寡头垄断市场中，企业也很难在长期获得经济利润。我们也看到，许多企业想尽各种办法，来避免竞争的影响，包括占领可靠的市场利基，与竞争者进行暗中合谋或者试图说服政府施加进入壁垒。

本章概要与练习

第15章 垄断和反垄断政策

开篇案例

缅因州的龙虾垄断

《纽约时报》一篇来自缅因州斯托宁顿镇的报道这样写道:"这里的市场到处充斥着龙虾。"记者观察到,龙虾大丰收对渔民并非什么好消息,因为在供给需求规律作用下,龙虾价格下降到了40年来的新低,每磅1.35美元。文章发表后不久,一家在线杂志(Slate)的专栏作家,与他的父亲在斯托宁顿镇唯一的一家龙虾馆渔民之友(Fisherman Friend)用餐。让他很惊讶的是,餐馆的定价为每位20.99美元。

龙虾价格如此低,但渔民之友怎么对龙虾索取如此高的价格呢?答案就是,这家渔民之友是斯托宁顿镇唯一的一家海鲜餐馆,记者和他的父亲无法在隔壁竞争者那里吃到龙虾,因为别无他店。在斯托宁顿镇,想吃龙虾不得不去那家餐馆,或者从商店中购买然后自己加工。换言之,在斯托宁顿镇,渔民之友是海鲜销售的垄断者。

在美国,很少有企业会成为垄断者,因为在市场体系下,当企业获得经济利润时,一般情况下其他企业将进入这一市场。因此,一家企业很难一直保持成为产品和服务的唯一提供商。只有在龙虾价格与斯托宁顿镇龙虾餐的价格差未能吸引其他竞争者进入时,渔民之友才能够保持自己的垄断地位。

尽管并不常见,对垄断的研究仍然很重要,因为这可以为企业面临最小可能竞争情况下如何行为提供参考基准。在本章,我们将建立模型来分析垄断企业。我们还将讨论政府针对垄断的政策。这些反垄断政策在100多年来一直是经济学家和决策者之间争论的主题。

资料来源:Katharine Q. Seelye, "In Maine, More Lobsters Than They Know What to Do With," *New York Times*, July 28, 2012; and Matthew Yglesias, "The Mystery of the Market Price," www.slate.com, August 21, 2012.

┆生活与职业生涯中的经济学┆

你的宿舍有垄断生意吗

你和同寝室的法塔曼想到一个赚钱的主意：你们可以买来卷饼、午餐肉、生菜和番茄，成为学校宿舍在星期六和星期天晚上唯一的三明治供应者，因为校园内没有其他的食品供应商。你相信，当同学们从图书馆或校外返回校园时，许多人一定饥肠辘辘。但是你与法塔曼必须决定三明治的价格为多少。

法塔曼认为，这项生意具有垄断地位，价格要高于当地店铺在白天的三明治价格，因为许多学生不得不买，要不然要挨饿到第二天。你想通过这项生意来获利，但又无法确定法塔曼的观点是否正确。你的生意具有垄断地位吗？你应该对三明治定高价吗？学完本章，试着回答这些问题。我们在本章末尾会给出答案。

尽管垄断企业很少，但是分析垄断的经济模型非常有用。正像我们已经知道的那样，尽管完全竞争市场很稀少，竞争市场模型仍然为分析在激烈竞争环境下的企业如何行为提供了基准，如农场，许多农场提供相同的产品。垄断厂商为另外一个极端提供了基准，即在一个市场中只有一家厂商，没有其他厂商竞争。垄断模型也可用于分析企业同意进行合谋或者不再竞争而是像一个垄断者那样行为的情形。正像我们将在本章讨论的那样，在美国合谋是非法的，但还是会偶尔出现。

垄断为政府带来政策困境。政府应该允许垄断存在吗？在什么样的环境下，政府应该推动垄断企业的存在？政府应该对垄断价格进行规制吗？在本章，我们将探讨这些公共政策话题。

15.1 是否真的有垄断企业存在

垄断（monopoly）是指一个企业是产品或服务的唯一卖者，也没有近似替代品的情形。每种商品实际上都存在某些替代品，真的会存在完全垄断市场的厂商吗？如果替代品并非近似替代品，答案是肯定的。但是，我们又怎样决定一种替代品是否是近似替代品呢？一些经济学家对垄断的狭义定义是，如果企业忽略所有其他厂商的行为，那么该厂商就是完全垄断企业。换言之，如果一家企业忽略了其他企业的价格变动，那么企业具有垄断地位，因为其他厂商无法生产近似替代品。例如，蜡烛是电灯的替代品，但是当地电力企业并不会关注蜡烛的价格，因为不管蜡烛的价格怎样变化，消费者都不会放弃使用电灯而转向使用蜡烛。因此，当地的电力公司很显然就是垄断企业。

然而许多经济学家在广义上使用垄断概念。例如，我们在本章开始时提到的缅因州斯托宁顿镇的渔民之友餐馆。这家餐馆是完全垄断企业吗？当然，存在着龙虾餐的替代品。如果龙虾餐的价格非常高，人们将会转向提供牛排或其他食物的餐馆用餐。因此，渔民之友并不符合垄断的狭义定义。然而，许多经济学家仍然认为，将这家餐馆看作垄断企业是可行的。

我们已经知道，当有企业获得经济利润时，我们预计新的企业将进入这一行业，从长期来看，经济利润会被竞争挤出（参见第12章）。只要渔民之友餐厅仍然是唯一的龙虾餐销售者，其经济利润就不会被竞争挤出。本章开篇提到的 *Slate* 杂志的记者这样写道："斯托宁顿镇是个旅游的好地方，但也是一个非常小的城镇。"因此，其他的海鲜餐馆不可能选择在此地开张。在这种情况下，渔民之友餐馆就是垄断企业，因为没有其他企业销售足够近似的替代品，从而在长期将其经济利润通过竞争挤出。

◎ 概念应用 15-1

NCAA 是垄断企业吗

1905年，西奥多·罗斯福（Theodore Roosevelt）对上个赛季大学橄榄球运动员的18例死亡、多起受伤的案件感到不安。罗斯福与几位大学校长在白宫举行了会议，讨论改变规则以提高运动的安全性。这次会议最终导致在1910年成立了全国大学体育协会（National Collegiate Athletic Association，NCAA）。根据NCAA的规则，该组织负责管理1 200多家机构中的男子和女子竞技运动。NCAA在其网站上声称："全国大学体育协会是一个会员制组织，致力于维护学生运动员的健康，并为他们提供在运动场、教室和一生中取得成功的技能。"一些经济学家怀疑NCAA的规则是否还会有其他目标。

哈佛大学经济学家罗伯特·巴罗（Robert Barro）声称NCAA实际上是垄断。几乎所有的大学都希望它们的团队参加NCAA锦标赛和其他赛事。因此，这些大学必须同意NCAA的规定，包括对大学可以授予学生运动员的奖学金数量的限制，以及禁止向运动员支付工资的规定。这些限制降低了大学运行体育项目的成本。巴罗指出，很少有大学运动员从事职业体育事业，他指出："许多大学篮球运动员来自贫困家庭，如果没有NCAA，这样的学生将能够在大学生涯中积累大量现金。由NCAA控制后，这些学生仍然很穷。"NCAA捍卫其对奖学金的限制，并禁止向运动员支付薪水，以保持学院运动的业余地位。

由于NCAA并不直接控制会员大学体育系的运作，因此一些经济学家认为，将该组织视为卡特尔垄断组织更为准确。正如我们在第14章所讨论的，卡特尔是一群通过同意限制产量以增加价格和利润而相互勾结的公司。NCAA限制成员学校团队可以参加的比赛次数，从而有效限制了产出。几十年来，NCAA还限制了可以电视转播的大学橄榄球和篮球比赛的次数。一些较大的学校不支持这些限制，但是在1982年，佐治亚大学和俄克拉荷马大学根据联邦反垄断法对NCAA提起诉讼。正如我们将在后面看到的那样，反垄断法旨在消除合谋并促进公司之间的竞争。1984年，美国最高法院对NCAA案进行了裁决，并指出："良好动机自身并不能证明在其他情况下的反竞争做法。"自从做出决定以来的几年中，大学橄榄球和篮球转播次数大大增加了。

美国联邦法院已裁定反对NCAA的某些规则，例如限制电视转播的做法，但截至2017年，法院尚未对该组织的许多其他规则做出最终判决。NCAA同意放宽其主要规则之一，允许大学自由支付运动员上大学的全部费用，这是联邦政府制定的准则。通常，这笔费用每年比运动员支付的学费、书本和食宿费用高出几千美元，因为其中包括食物、衣服和校园与学生住所之间的通勤费用。NCAA的辩护者认为，它的规则和限制对于维护大学生的体育业余爱好，以及使大学为学生提供不会从门票销售和转播权中获得大量收入的体育运动而言是必要的，这样可保持较小学校与较大学校竞争的能力。该组织的批评者认为，NCAA的许多法规和限制与反托拉斯法规定的不符，并主张应将其删除。

资料来源：Steve Berkowitz and A. J. Perez, "Supreme Court Will Not Consider the Ed O'Bannon Antitrust Case against NCAA," usatoday.com, October 3, 2016; Sharon Terlep, "Colleges Don't Need to Pay Athletes Beyond Attendance Costs," *Wall Street Journal*, September 30, 2015; Gary Becker, "The NCAA as a Powerful Cartel," becker-posnerblog.com, April 3, 2011; Robert L. Barro, "The Best Little Monopoly in America," bloomberg.com, December 9, 2002; "Who We Are," ncaa.org; and Michael A. Leeds and Peter von Allmen, *The Economics of Sports*, 5th ed., Boston: Pearson, 2014.

15.2 垄断何来

因为垄断不会面临竞争，每家企业都希望成为垄断者。然而，要成为垄断者，进入壁垒必须高到其他企业无法进入的水平。阻止竞争企业进入的高进入壁垒的形成有 4 种原因：

（1）政府采取行动阻止更多企业进入只有一个企业存在的市场。
（2）一家企业控制了生产某种产品的一种关键原料。
（3）产品或服务供应中存在着显著的网络外部性。
（4）规模经济如此之大，以至于一家企业可获得自然垄断地位。

15.2.1 政府阻止其他企业进入

政府通常会努力促进市场竞争，但是有时候政府也会采取行动阻止企业进入市场。美国政府阻止企业进入的两种主要方法是：①通过授予一个人或者企业专利权、版权或者商标，使之拥有生产某种产品的专属权；②通过授予一家企业公共特许权，使之成为提供某种产品或服务的唯一合法供应商。

1. 专利、版权和商标

美国政府对于开发出新产品或者使用新方法制造现有产品的厂商授予专利权。获得专利的企业从政府批准专利之日起享有 20 年的新产品排他性生产权。因为苹果公司拥有智能手机 iOS 操作系统的专利权，其他企业就不能够销售它们的 iOS 版本。政府授予专利权是为了鼓励企业投入资金进行必要的研究和开发来创新产品。如果其他企业可以免费拷贝 iOS 系统，苹果公司不可能投入必要的时间与资金来开发该系统。有时候没有专利权保护，企业也能维持自己在产品上的垄断地位，前提是能够保有产品制造的秘密。

专利保护对于制药企业开发新的处方药至关重要。新药在上市前，从制药企业开始研发到成为一种新的处方药平均需花费 12 年。制药企业在药品正式销售之前大约 10 年就开始申请专利。政府授予专利与企业实际销售药品之间存在平均为 10 年的滞后期，这是因为美国联邦食品药品监督管理局要求企业证明药物有效并且是安全的。因此，在新药正式开售之前的一段时间，企业会花费大量的成本来开发和检验药物。如果开发的药物未能成功上市，企业将遭受重大损失。

一旦一种药物开始上市销售，企业从药物中获得的利润在专利保护期会逐步增加，通常为 10 年左右的时间，因为药物会逐渐为越来越多的医生和病人所使用。专利保护到期后，其他企业可合法免费地生产化学成分相同的药物，这被称为仿制药（generic drugs）。仿制药的竞争将逐渐挤出最初发明企业所获得的利润。例如，百时美施贵宝公司开发研制的治疗糖尿病的药物格华止（盐酸二甲双胍缓释片）专利保护到期后，由于其他企业生产了 12 种仿制药，第一年该公司的销售额减少了 15 亿美元。当礼来公司研发的抗抑郁药物百忧解专利到期后，公司销售额下降了 80%。新药上市后 20 年内，从销售处方药中所获得的大部分经济利润会消失殆尽。

商标可给予一个企业合法的保护，防止其他企业使用同样的产品名称。商标也指的是品牌名称。美国专利和商标局将商标定义为："任何单词、名称、符号、设计、或任何组合，用于区分不同销售者之间的产品或服务，并指明产品或服务的来源。"企业经常会尽全力维护自己的商标，甚至包括对其他企业侵犯商标权的行为提起诉讼。例如，克里斯提·鲁布托（Christian Louboutin）就对伊夫·圣罗兰（Yves Saint Laurent，YSL）提起诉讼，控告后者违反了克里斯提在红底女鞋方面的商标权。法院裁定，伊夫·圣罗兰只能在鞋底的颜色与红色形成鲜明对比时才能在鞋底上使用红色。

◎ 概念应用 15-2

孩之宝拥有"大富翁"的垄断权吗

一种作品只有足够新颖才能获得版权、专利权或者商标。一种作品如果不再受到法律保护，那么就进入了公共领域，人们可以自由取用。例如，人们不可能对马克·吐温的小说《哈克贝利·费恩历险记》稍作修改后便声称拥有对该书的版权，因为该书已进入公共领域多年（如果你为该书做了新的插画，这些图画有可能会获得独立于该书的版权）。

孩之宝（Hasbro）是一家位于美国的跨国公司，拥有大富翁游戏的所有权，这是世界上最受欢迎的棋盘游戏之一。公司估计已经销售出了 2.75 亿套游戏，有 43 种语言的版本。根据哈斯布罗的说法，查尔斯·达罗（Charles Darrow）在 20 世纪 30 年代发明了这款游戏。在销售出了多套自制的游戏后，达罗将这一游戏卖给了帕克兄弟（Parker Brother）公司。1935 年，美国专利和商标局授予帕克兄弟在棋盘游戏上使用大富翁的商标。孩之宝 1991 年买入帕克兄弟公司。与专利和版权不同，商标永远不会过期。因此，孩之宝公司继续拥有大富翁的商标。

20 世纪 70 年代，当加州大学的经济学教授拉尔夫·安斯巴赫（Ralph Anspach）销售一款名为"地产大亨"的游戏时，遭遇了违反商标法的一场意想不到的官司。游戏大热，第一年就卖出了 20 万套。帕克兄弟公司起诉安斯巴赫教授，指控他的游戏侵犯了它们的大富翁商标。在诉讼辩护中，安斯巴赫认为，他已经获得的证据表明，在 1904 年一位名为伊丽莎白·麦琪（Elizabeth Magie）的女性开发出了"地产大亨"游戏，该游戏与大富翁非常类似。这游戏从来没有商标，在东海岸地区被玩了多年。根据安斯巴赫的说法，查尔斯·达罗在 20 世纪 30 年代中期知道了地产大亨游戏，做了少许改变后，在 1935 年卖给了帕克兄弟公司。联邦法庭基本上认可安斯巴赫对游戏历史的描述，认为大富翁已经进入公共领域，不能被授予商标。国会随后修改了这项法律，帕克兄弟公司因此重新获得这一商标。最后，安斯巴赫教授与孩之宝公司达成庭外和解，同意在取得孩之宝公司许可证的情况下，安斯巴赫可以继续销售他的地产大亨游戏。

没有商标后，孩之宝公司将承担每年数百万美元的损失，因为其他公司可以开始使用同样的名称进入类似的游戏市场。公司与安斯巴赫教授进行的长期法律纷争表明，公司认为保持对其产品的独占性是非常重要的事情。

资料来源：Mary Pilon, "How a Fight over a Board Game Monopolized an Economist's Life," *Wall Street Journal*, October 20, 2009; Ralph Anspach, *The Billion Dollar Monopoly® Swindle*, 2nd ed., Bloomington, IN: Xlibris, 2007; and Rachel Doepker, "Monopoly Patented," Business Reference Services, Library of Congress, www.loc.gov/rr/business/businesshistory/ December/monopoly.html.

正如政府对新产品授予专利权或进行商标保护一样，对于图书、电影和音乐作品，政府授予版权进行保护。美国法律对于图书、电影和音乐作品的创作者授予终身的排他性权利。创作者过世后，继承人可以继续保留 70 年的排他性权利。事实上，版权对于版权作品创造出了垄断。没有版权保护，个人或企业创作新的图书、电影或软件的投资可能性就会降低。

2. 公共特许权

有时候政府授予一个企业**公共特许权**（public franchise），只允许该企业销售某种产品或服务。例如，中央政府和地方政府通常只允许一家企业提供电力、天然气或自来水。

有时，政府也会通过公共特许权允许向消费者直接提供一些服务。与美国相比，欧洲更为普遍。例如，大部分欧洲国家，铁路系统归政府所有。在美国，许多城市的供水和污水排放系统直接由政府而非私人企业经营。国会已授予美国邮政局运输平装邮件的专有权利。没有其他公司可以合法地将信件发送到您的信箱。

15.2.2 控制关键资源

一家企业成为垄断者的另一种途径是控制关键资源。企业鲜有这种控制权，因为大部分资源，如原油和铁矿石之类的原材料，可由众多提供者供应。然而，通过控制关键资源形成垄断也有一些著名的事例，如美国铝业公司和加拿大国际镍公司。

20世纪40年代之前很长一段时间，美国铝业公司拥有或者通过签署长期合同几乎购买了所有可用的铝土矿，这是生产铝所需的矿物资源，这也限制着它们能生产的铝的数量。同样，加拿大国际镍公司控制了90%以上的镍矿资源。第二次世界大战之后，俄罗斯北部的佩琴加镍矿被发现后，镍矿市场竞争开始加剧。

在美国，职业运动队的关键资源是大型体育馆。主要职业比赛联盟（职业棒球大联盟、职业橄榄球大联盟、国家冰球联盟、职业篮球联赛）的运动队要么拥有大型体育馆，要么与大城市的体育馆订立长期合约。体育馆的控制权对于新的职业比赛联盟就形成了很大的壁垒。

◎ 概念应用 15-3

钻石利润会永流传吗？戴比尔斯的钻石垄断

控制原材料成为垄断者的著名事例是南非的戴比尔斯钻石公司，该公司既控制钻石矿山，也控制市场营销。19世纪60年代之前，钻石非常稀少，每年只生产几磅钻石，主要产自巴西和印度。19世纪70年代之后，南非奥兰治河沿岸发现大型钻石矿床，每年钻石产量达几千磅。新矿的所有者担心钻石价格大幅下跌。为了避免出现财务困境，这些矿石的所有者决定在1888年合并成立戴比尔斯联合矿山有限公司（De Beers Consolidated Mines,Ltd）。

戴比尔斯公司成为历史上最赚钱、持续最久的垄断企业。为保持高价，公司用心控制钻石的供应数量。随着在俄罗斯和刚果发现新的钻石矿床，通过购买大部分新增供应量，戴比尔斯也能控制价格。

因为钻石极少损坏，德比尔斯总是担心销售端的竞争。重磅推广的婚礼钻石戒指所使用的广告语"钻石永流传"就是解决这一问题的一种方法。因为钻石戒指具有很大的情感价值，极少会被再卖出，即使是购买者的后人也会如此。即使像日本这样在结婚典礼上不赠送钻石戒指的国家，这一广告策略也很成功。随着戴比尔斯盈利的关键要素——人口出现老龄化趋势，最近几年公司广告着重描写那些中年男性向妻子赠送钻石戒指礼物来表示他们在财务上的成功，并且继续爱他们的妻子，以及职业女性为自己购买右手钻戒的情景。

随着时间的推移，钻石行业的竞争逐渐加剧。到了2000年，戴比尔斯公司只控制世界钻石产量的大约40%。公司开始担心有人会从其他途径购买钻石并不再购买公司的产品。公司决定放弃控制全球钻石供应的战略，并试图提高知名度，目的是区别于其他钻石产品。每一件戴比尔斯的钻石现在都被刻上一个"Forevermark"标记，以向消费者保证其高品质。其他企业，如BHP也拥有在加拿大北部的矿山，并且在其钻石上采用类似的做法。戴比尔斯开始对合成钻石的供应增加感到担忧。公司开发了检测钻石是合成钻石还是天然钻石的技术，并希望说服消费者继续购买天然钻石。消费者是否会关注钻石的品牌，以及他们是否会关注合成钻石与天然钻石之间的差异还有待观察。在2017年，已成为英美资源矿业公司一部分的戴比尔斯保持了约35%的钻石市场份额。

资料来源：Scott Patterson and Alex MacDonald, "De Beers Tries to Counter a Growing Threat: Man-Made Diamonds," *Wall Street Journal*, November 6, 2016; Alex MacDonald, "De Beers Brings Oppenheimer Era to End," *Wall Street Journal*, October 3, 2012; Edward Jay Epstein, "Have You Ever Tried to Sell a Diamond?" *Atlantic Monthly*, February 1982; and Donna J. Bergenstock, Mary E. Deily, and Larry W. Taylor, "A Cartel's Response to Cheating: An Empirical Investigation of the De Beers Diamond Empire," *Southern Economic Journal*, Vol. 73, No. 1, July 2006, pp. 173–189.

15.2.3 网络外部性

如果随着使用人数的增加，一种产品的有用性也随之递增，那么这种产品的消费就具有**网络外部性**（network externality）。例如，如果世界上只有你拥有一台高清电视，那几乎没什么价值，因为企业没有动力开发高清电视节目。使用的高清电视越多，其对消费者价值越大。

一些经济学家认为，网络外部性也可以成为进入壁垒。例如，在20世纪80年代早期，微软公司因为开发出MS-DOS获得了比其他软件公司领先的优势，因为这一系统应用于IBM的首批个人计算机中。因为IBM公司销售的计算机多于其他公司，程序员就开发了许多应用MS-DOS的程序。使用MS-DOS基础程序的人越多，使用MS-DOS基础程序的计算机价值就越大。到了20世纪90年代，微软公司用Windows系统替代了MS-DOS系统。目前，个人计算机操作系统中，微软公司占据了85%的市场份额，苹果公司占了10%的份额，其他公司包括开放代码的Linux系统占据不到1%的市场份额。如果其他公司开发出新的操作系统，一些经济学家认为，最初使用的人数会非常少，基于此系统的应用开发也很少，这就限制了新操作系统的价值。

eBay是第一家吸引了大量网民进行在线拍卖的网站。一旦大量人群开始使用eBay来买卖收藏品、古董和其他产品，它就会成为一个更有价值的进行买卖的地方。雅虎、亚马逊和其他互联网网站最终也开始进行网上拍卖，但这些网站很难吸引买家和卖家。与其他拍卖网站相比，在eBay上，买家预期能找到更多的卖家，卖家也预期能够找到更多的潜在买家。

如这些例子所示，从企业的角度来看，网络外部性可以创造一个良性循环：如果一家公司开始能够吸引足够多的客户，后续也可以吸引更多的客户参加，因为多人使用增加了其产品的价值，而这又会吸引更多的客户加入，如此可以相互强化。像计算机操作系统和网上拍卖一样，新企业进入市场并与第一家公司争夺利润可能较为困难。

经济学家对于商业世界中，网络外部性会在多大程度上成为进入的重要壁垒存在激烈争论。一些经济学家争辩说，微软和eBay占据主导地位，主要是因为它们能高效率地向消费者提供满足其偏好的产品，而非因为产品网络外部性的影响。这种观点认为，企业从网络外部性获得的优势尚不足以保护它们免受提供更好产品的公司的竞争。例如，许多人已经从计算机转向平板计算机和智能手机，其中运行的是苹果的 iOS 或者谷歌的安卓操作系统，这就使得微软占据操作系统的重要性有所降低。

15.2.4 自然垄断

当存在规模经济时，一个企业的长期平均成本会随着产量的增加而降低（参见第 11 章）。当一个企业规模经济现象如此显著，能以比两个或两个以上的企业存在时更低的平均成本占据整个市场时就形成**自然垄断**（natural monopoly）。在这种情况下，市场"空间"只能容一家公司存在。

图 15-1 显示了电力公司发电的平均总成本曲线和对电力的市场总需求曲线。注意，当在 A 点穿过需求曲线时，平均总成本仍在下降。如果企业为垄断企业，每年发电 300 亿千瓦时，它的平均总成本为每千瓦时 0.04 美元。假设现在由两家企业占据市场，每家企业的发电各占市场的一半，即每年 150 亿千瓦时。假设两家企业都有相同的平均总成本曲线。由图 15-1 可见，发电 150 亿千瓦时，发电的平均成本将上升至每千瓦时 0.06 美元（B 点）。在这种情况下，如果其中的一家企业扩大生产，成本将会沿着平均总成本曲线下移。当平均成本降低时，企业能以比其他企业更低的价格提供电力。最终，另一家企业将被竞争出局，现存企业将获得垄断地位。因为垄断是自动（或自然）在这个市场上形成，所以它是一种自然垄断。

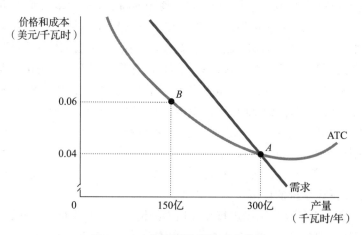

图 15-1 自然垄断的平均成本曲线

注：自然垄断企业的平均成本曲线在与需求曲线相交时（A 点），仍处在下降之中。如果电力市场中只有一家企业，产出将在平均成本曲线与需求曲线相交的点上，发电的平均成本为每千瓦时 0.04 美元。假设现在由两家企业分割市场，每家企业的发电量为每年 150 亿千瓦时，发电的平均成本为每千瓦时 0.06 美元（B 点）。在这种情况下，如果一家企业扩张，平均成本将会下降，价格也随之下降，另一家企业将会被挤出市场。

自然垄断最有可能发生在固定成本相对于可变成本非常大的市场中。例如，电力公司必须投入巨资购买发电机械和设备，以及配电需要的电线和电缆。一旦初始投资已经进行，多生产一单位电的边际成本就相对较小了。

15.3 垄断者怎样选择价格和产量

像所有其他企业一样，垄断企业也是按照边际收益等于边际成本来组织利润最大化的生产。垄断企业与其他企业的不同之处在于垄断企业所面对的需求曲线与产品的市场曲线是相同的。在讨论完全竞争时，小麦的市场需求曲线不同于任一种植小麦的农场主的需求曲线（参见第 12 章）。然而，当一家企业成为小麦生产的垄断者时，两条曲线实际上成为同一条曲线。

15.3.1 再论边际收益

完全竞争市场中的企业，如在小麦市场中的企业，面对的是一条直线型需求曲线。这些企业是价格接受者，所有其他市场中的企业（包括垄断企业）是价格制定者（price maker）。当价格制定者提高价格时，会失去一些客户，但非全部。因此，其面对的是向下倾斜的需求曲线和边际收益曲线。我们复习一下为什么需求曲线向右下倾斜时，企业的边际收益曲线也向下倾斜。

当企业降低产品价格时，有利的一面，也有不利的一面。

有利： 企业可以销售更多的产品。

不利： 与此前价格水平高时相比，企业每增加 1 单位产品的销售所获得的收益减少了。

例如，请看图 15-2 中的表格，其中给出了康卡斯特（Comcast）有线电视最基本的套餐价格。在城市中运营有线电视系统，企业一般需要获得地方政府颁发的许可证。在一些城市，康卡斯特有线电视是唯一的有线电视供应商。它实际上是有线电视市场的垄断者。为简化起见，我们假定某一特定市场只有 10 家潜在订户。如果康卡斯特基本服务费用为 60 美元/月，将不会有人订购。如果费用降到 57 美元/月，有 1 家订户；如果费用降到 54 美元/月，有 2 家订户；以此类推。康卡斯特的总收益等于每月的订户数量乘以套餐价格。企业的平均收益或者说从每一订户所获得的收益，等于总收益除以销售的订户数量。康卡斯特公司对于边际收益特别感兴趣，因为边际收益可以告诉企业，当通过降价增加 1 家订户时可获得多少收入。

请注意，第 1 家订户之后，康卡斯特的边际收益总是低于每家订

每月订户数量 (Q)	价格 (P) （美元）	总收益 (TR = P×Q) （美元）	平均收益 (AR = TR/Q) （美元）	边际收益 (MR = ΔTR/ΔQ) （美元）
0	60	0	—	—
1	57	57	57	57
2	54	108	54	51
3	51	153	51	45
4	48	192	48	39
5	45	225	45	33
6	42	252	42	27
7	39	273	39	21
8	36	288	36	15
9	33	297	33	9
10	30	300	30	3

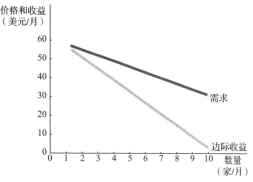

图 15-2 计算垄断企业的收益

注：康卡斯特的有线电视面对订户的需求曲线是向右下倾斜的。为了获得更多的订户，公司必须降价。这样做后，公司从更多用户中能增加收益，但是由于此前高价订户现在付出低价，公司也因此受损。公司的边际收益因为订户变化会有变化。我们计算的边际收益为从增加的收益中减去降价造成的收益损失。如图所示，第 1 家订户后，康卡斯特公司增加的每一家用户的边际收益都低于价格水平。因此，该公司的边际收益曲线要低于需求曲线。

户的费用价格。为了理解这一点，请考虑如果康卡斯特公司将基本电视套餐的价格从 42 美元 / 月降低到 39 美元 / 月会发生什么。店铺数量会从 6 家增加到 7 家，从第 7 家订户中，公司增加的收益等于 39 美元 / 月。但是，此前 6 家订户中每家减少了 3 美元 / 月，因为此前是按 42 美元 / 月的原有价格销售。因此，增加第 7 家订户每月所获得的收益等于 39 美元 −18 美元 = 21 美元。

15.3.2 垄断者的利润最大化

图 15-3 所示为康卡斯特公司决定接受多少用户以及定价为多少所依据的需求与边际收益、平均成本与边际成本的信息。我们假定，该公司的边际成本和平均成本具有我们在前面章节讨论过的典型的 U 形。在图 15-3a 中，我们看到了康卡斯特公司如何计算利润最大化的数量和价格。只要增加一个用户订阅的边际成本小于边际收益，企业就应该增加订户，因为这可以增加利润。随着康卡斯特公司有线电视订户的增长，边际成本最终会上升到等于边际收益的水平，企业也将实现利润最大化的订户数量。康卡斯特公司订户数量在第 6 家时实现利润最大化，企业为该单位增加的成本为 27 美元 / 月，增加的收益为 27 美元 / 月，即图 15-3a 中的 A 点。根据需求曲线，我们知道康卡斯特公司订户数量为 6 家时，价格为 42 美元 / 月。我们可以计算出康卡斯特公司利润最大化时的数量为 6，利润最大化时的价格为 42 美元 / 月。

图 15-3b 中，当康卡斯特公司订户为 6 时，价格为 42 美元 / 月（需求曲线中的 B 点），平均成本为 30 美元 / 月。康卡斯特每月从每家订户中所获得的利润为 12 美元，即 42 美元 −30 美元 = 12 美元，总利润为 72 美元（6×12 美元），用图中阴影区域的长方形来表示。我们也可以通过如下方法计算出康卡斯特每月的总利润，即总收益与总成本之差。6 家订户的销售总收益为 252 美元，总成本等于平均成本乘以订户数量，即 30 美元 ×6 = 180 美元，因此总利润为：252 美元 −180 美元 = 72 美元。

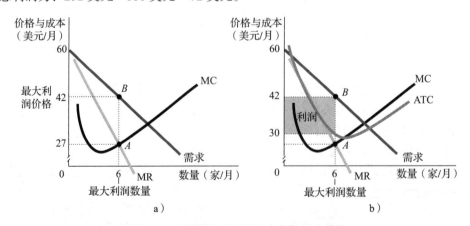

图 15-3　垄断企业的利润最大化数量和价格

注：图 15-3a 所示为康卡斯特公司获得最大利润的情形，即从最后增加的一家订户所得的边际收益等于公司付出的边际成本（A 点）。在这种情况下，增加的第 6 家订户所得到的边际收益和边际成本都为 27 美元 / 月。康卡斯特公司每月销售 6 家订户实现利润最大化，订户价格为 42 美元 / 月（B 点）。在图 15-3b 中，长方形阴影区域表示公司利润。该长方形的高为 12 美元 / 月，即 42 美元 / 月减去 30 美元 / 月的平均成本，长为 6 家订户。康卡斯特公司每月的利润为 12 美元 ×6 = 72 美元。

请特别注意，尽管康卡斯特公司获得经济利润，但新企业无法进入这一市场，除非它们获得该城市的进入许可证。如果只有康卡斯特公司拥有许可证，该公司将是垄断企业，不会面临其他有线电视运营商的竞争。因此，在其他因素不变的情况下，康卡斯特公司能够继续获得经济利润，甚至在长期也会如此。

| 解决问题 15-1 |

计算有线电视垄断企业利润最大化的价格和产量

假设康卡斯特公司是费城唯一的有线电视供应商。下表给出了康卡斯特的需求曲线数据与每个月基本套餐的成本（为简化起见，我们人为将订户数量设得很小）。

价格 （美元/月）	数量	总收益 （美元/月）	边际收益 MR = ($\Delta TR/\Delta Q$)（美元/月）	总成本 （美元/月）	边际成本 （MC = $\Delta TC/\Delta Q$）
27	3			56	
26	4			73	
25	5			91	
24	6			110	
23	7			130	
22	8			151	

a. 在表中空白处填入正确数字。

b. 如果康卡斯特公司要实现最大利润，每月订户应为多少？价格定为多少？公司将获得多少利润？简要解释。

c. 假设政府向该公司每月征收 25 美元的税。这种情况下，康卡斯特公司的价格、订户数量和利润又为多少？

解决问题步骤

步骤1：复习相关材料。该问题是找到垄断企业实现利润最大化时的产出水平和价格水平，请复习"垄断者的利润最大化"一节。

步骤2：回答问题a，在表中填入正确数字。请注意，为了计算边际收益和边际成本，我们必须用数量的变化除以总收益或总成本的变化量。表中没有提供足够的信息让我们可以填出第一行的边际成本和边际收益。

价格 （美元/月）	数量	总收益 （美元/月）	边际收益 MR = ($\Delta TR/\Delta Q$)（美元/月）	总成本 （美元/月）	边际成本 （MC = $\Delta TC/\Delta Q$）（美元/月）
27	3	81	—	56	—
26	4	104	23	73	17
25	5	125	21	91	18
24	6	144	19	110	19
23	7	161	17	130	20
22	8	176	15	151	21

步骤3：回答问题b，找出利润最大化时的产量和价格。康卡斯特公司销售的订户数量到达边际成本等于边际收益的时点，该公司可实现最大利润。在这种情况下，当每月订户数为 6 时，即可实现。从前两列给出的信息，我们知道，康卡斯特公司

在销售数量为6时，价格为24美元。康卡斯特公司每月的利润等于总收益与总成本之差，即利润=144美元–110美元=34美元。

步骤4：回答问题c，讨论税收影响。对康卡斯特公司而言，这笔税收是固定成本，因为不论该公司有多少订户，每月都需要缴纳25美元。因为税收并不影响康卡斯特公司的边际收益或边际成本，因此，产量水平不会变化。康卡斯特公司每月的订户数量仍然为6，价格为24美元，但是公司的利润水平将减少税收金额的数量，即从34美元减少到9美元。

勿犯此错 15-1

不要以为定价越高，垄断者越有利可图

在前文中，我们分析康卡斯特应将价格提高税收额那么多。毕竟，康卡斯特公司是市场垄断者，那么为什么它不能将税转嫁给客户呢？公司不能这样做，这是因为像任何其他的垄断者一样，康卡斯特必须关注需求。康卡斯特的兴趣并非为高价而高价，而在于利润最大化。将基本有线电视收费定为1 000美元/月听起来不错，但如果这种价格水平下没有人买，康卡斯特怎么能实现利润最大化呢？

换个角度来看，征税之前，康卡斯特已经确定了实现利润最大化的价格是24美元/月。征税后，必须判断24美元/月是否仍是利润最大化的价格。由于税收并不影响康卡斯特的边际收益或者边际成本（或者说对消费者需求无任何影响），24美元/月仍是利润最大化的价格，康卡斯特应继续确定这一价格。缴纳税收会减少康卡斯特的利润，但不会导致公司提高有线电视订户的价格。

15.4 垄断会减损经济效率吗

一个完全竞争的市场，经济是有效率的（参见第12章）。如果不是完全竞争，而是由垄断者独占一个市场，经济效率会受到怎样的影响呢？经济剩余提供了表现市场经济效率的一种方式。完全竞争市场实现均衡时会导致经济剩余最大化，或者说从一种产品或服务的生产中社会得到的总福利最大（参见第4章）。在完全垄断情况下，经济剩余会有什么变化？我们以假想的智能手机为例，开始时为完全竞争市场，最后发展成为完全垄断。

15.4.1 比较垄断和完全竞争

图15-4a中表现的情形是智能手机市场处在完全竞争状态。价格和数量由需求曲线和供给曲线的交点确定。请注意，完全竞争行业中没有一个单个企业能控制价格。每家企业都必须接受由市场决定的价格。图15-4b中所述的情形为智能手机市场成为完全垄断市场。垄断企业生产到边际收益等于边际成本时实现利润最大化。为实现这一目标，垄断企业的产量将低于该行业处于完全竞争时的水平，而价格将高于完全竞争的水平。图15-4b给出了一个重要的结论：与行业生产处在完全竞争时相比，垄断的产量更低，而价格更高。

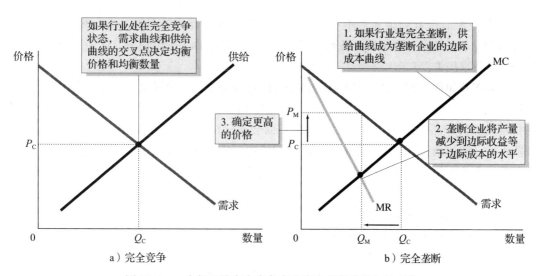

图 15-4 一个行业从完全竞争变为完全垄断会发生的变化

注：在图 15-4a 中，智能手机市场是完全竞争状态，需求曲线和供给曲线的交叉点决定均衡价格和均衡数量。在图 15-4b 中，完全竞争市场变为完全垄断市场，结果导致：①行业供给曲线成为垄断企业的边际成本曲线；②垄断企业将产量减少到边际收益等于边际成本的水平；③确定更高的价格，从 P_C 到 P_M。

15.4.2 度量垄断造成的效率损失

图 15-5 使用了图 15-4b 的图形，用来说明垄断如何影响消费者、生产者和经济效率。消费者剩余度量的是消费者从购买一种商品或服务中所得到的净得益（参见第 4 章）。消费者剩余用需求曲线之下、市场价格线以上的区域来表示。价格越高，消费者剩余越小。因为垄断提高了市场价格，也就减少了消费者剩余。在图 15-5 中，消费者剩余损失等于矩形 A 加三角形 B。生产者剩余度量的是生产者从出售商品或服务中得到的净收益。生产者剩余用供给曲线之上、市场价格线之下的区域来表示。由于垄断导致的价格上升增加的生产者剩余相当于矩形 A，而数量减少导致的生产者剩余减少相当于三角形 C。因为长方形 A 的面积大于三角形 C 的面积，与完全竞争相比，垄断厂商的生产者剩余增加了。

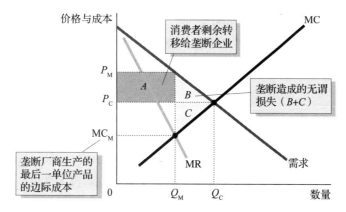

图 15-5 垄断的效率损失

注：与完全竞争行业相比，垄断企业定价更高，前者价格为 P_C，后者为 P_M；产量更少，前者为 Q_C，后者为 Q_M。价格上升导致消费者剩余减少的区域等于矩形 A 加三角形 B。消费者剩余减少的一部分成为垄断企业的生产者剩余，一部分成为无谓损失，等于三角形面积 B 与 C 之和。

经济剩余等于消费者剩余加上生产者剩余。因为价格提高和产量减少，垄断厂商减少的经济剩余等于三角形 B 和 C。经济剩余减少的这一区域被称为无谓损失，代表了由于垄断造成的经济效率损失。

理解垄断如何导致经济效率下降的最好方法是与完全竞争市场比较，在后者中，价格等于边际成本。因此，在完全竞争市场中，消费者如果愿意，总能按照等于产品生产边际成本的价格购买到产品。如图 15-5 所示，垄断厂商会在价格远远高于边际成本的点上停止生产智能手机。即使消费者愿意付出大于生产它们的边际成本的价格，也无法买到部分产品。为什么垄断企业不生产这些产品呢？因为通过限制产量，推动价格上涨，垄断者可获得更大的利润。从整个社会的角度看，垄断企业生产利润最大化的产出，并非最有效率的产出水平。我们可以将垄断的影响总结如下：

（1）垄断导致消费者剩余减少。
（2）垄断导致生产者剩余增加。
（3）垄断导致无谓损失，这代表了经济效率的减损。

15.4.3 垄断导致的效率损失有多大

垄断相对很少，因此由于垄断造成的经济效率损失并不大。许多企业有**市场势力**（market power），也就是企业有能力将价格定在边际成本之上。我们已经完成的分析表明，只要企业具有市场势力，能够将价格定在边际成本之上，即使企业不是垄断者，经济效率损失也会发生。没有市场势力的企业只有在完全竞争市场中，价格一定等于边际成本。因为很少有市场是完全竞争，因此几乎在每种产品和服务的市场中，经济效率的部分损失总会存在。

市场失灵导致的经济效率总损失有多大呢？通过估计每个行业的无谓损失三角形的规模（见图 15-5），可以对经济效率的损失用货币余额来表示。第一位这样做的经济学家是加州大学洛杉矶分校的阿诺德·哈伯格（Arnold Harberger）。他的估计表明（大部分为后续研究者证明），美国经济中由市场势力造成的经济损失相对较小。根据他的估计，如果所有行业都是完全竞争的，也就是每个市场中的价格水平等于边际成本，经济有效所得到的好处也少于美国经济总产值的 1%，大约为人均 600 美元。

经济效率损失如此之小，主要是因为真正的垄断非常稀少。在大部分行业，与垄断相比，竞争已经迫使价格非常接近于边际成本。价格越接近于边际成本，无谓损失的规模越小。

15.4.4 市场势力和技术变革

一些经济学家认为，经济实际上是从企业具有市场势力中获益的。这个观点非常接近于约瑟夫·熊彼特的看法，熊彼特是一位奥地利经济学家，在哈佛大学做经济学教授多年。熊彼特认为，经济进步依赖于以新产品形式表现的技术变革。例如，汽车对马车的替代，冰箱对冰盒的替代，计算机对机械计算器的替代，所有这些都代表了技术变革，显著提高了人们的生活水平。根据熊彼特的看法，新产品会释放出"创造性破坏的风潮"，将老产品（通常也包括生产它们的企业）驱逐出市场。熊彼特并不担心具有市场势力的企业比完全竞争企业索要更高的价格：

> 这并非某种（价格）竞争，而是新产品、新技术、新供给来源、新的组织形式的竞争……这种竞争具有决定性的成本和质量优势，并非对于现有企业的利润率以及产量形成冲击，而是动摇它们生存的基础。

经济学家支持熊彼特的观点。对于新产品的开发，企业需投入研发资金。企业可以通过从投资者和银行那里借款募集资金。但是，投资者和银行通常对于新产品能否通过消费者在市场中的检验这一关持怀疑态度。因此，企业通常被迫依赖自身利润来对新产品开发所需要的研发提供资金支持。因为具有市场势力的企业通常比完全竞争企业更有可能获得经济利润，它们也更有可能进行研发和开发新产品。根据这一观点，消费者从新产品获得的好处要超过具有市场势力的企业产品的定价。

有些经济学家并不同意熊彼特的观点。这些经济学家指出，大量新产品是由小型企业的所有人引入的，比如当年的乔布斯和沃兹尼亚克。第一台苹果计算机是在乔布斯的车库中发明的，拉里·佩奇和谢尔盖·布林开发谷歌搜索引擎时是斯坦福大学的研究生。

15.5 政府治理垄断的政策

因为垄断降低消费者剩余，并会减损经济效率，大部分国家的政府都制定了对垄断行为进行规制的政策。合谋是指企业间达成协议，确定相同的价格或者说不再进行竞争（参见第14章）。在美国，反垄断法的目的是防止垄断和合谋。政府也对自然垄断企业进行规制，通常通过控制它们的定价来实施。

15.5.1 反垄断法与反垄断实践

对美国公司垄断行为进行规制的第一项重要法律是《谢尔曼法》（Sherman Act），美国国会1890年通过该法律的目的是促进竞争，防止形成垄断。《谢尔曼法》第二章指出："任何人建立垄断，或者试图建立垄断，或者与其他人合并或合谋垄断某些交易领域都应该被判处重罪。"

《谢尔曼法》目的是针对19世纪70年代和80年代几个行业已经合并形成的垄断组织。在垄断组织内部，各企业独立运营，但有投票权来决定组织的董事会。董事会实施合谋协议，制定相同的价格，相互间不争夺客户。最臭名昭著的垄断组织是由约翰·洛克菲勒组建的标准石油。《谢尔曼法》实施几年后，企业间组成的组织消失了，但是反垄断的名称留了下来，专门指那些目的在于消除共谋、促进企业间竞争的法律。

《谢尔曼法》虽然禁止托拉斯和合谋协议，但也留下了一些漏洞。例如，对两家或者更多企业合并成为一家新的更大企业且具有更大的市场势力是否合法没有界定清楚。美国最高法院一系列判决对《谢尔曼法》做了狭义的解释，结果导致在进入20世纪之际出现了一股合并风潮，其中包括由十几家小型钢铁厂合并而成的美国钢铁公司。由J.P.摩根家族组织的美国钢铁公司是第一家超过10亿美元的公司，控制了美国三分之二的钢铁产量。《谢尔曼法》也没有对短期直接合谋（outright collusion）是否合法做出清晰的界定。

为了解决《谢尔曼法》存在的漏洞，1914年美国国会通过了《克莱顿法》和《联邦贸易委员会法》。根据《克莱顿法》，如果企业合并"严重导致竞争减弱或者容易形成垄断"，就是违法的。根据《联邦贸易委员会法》建立起了联邦贸易委员会（FTC），赋予该委员会对不公平商业行为进行处置的权力。该委员会已经对多起商业行为提起诉讼，其中甚至包括欺诈性的广告。在成立联邦贸易委员会时，国会赋予了该委员会管理企业合并的权力。当前，美国司法部的反垄断局和联邦贸易委员会负责企业合并政策的制定。表15-1列出了美国最重要的反托拉斯法和立法的目的。

表 15-1 美国重要的反托拉斯法

法律名称	立法时间	立法目的
谢尔曼法	1890 年	禁止"贸易限制"，其中包括限定价格和合谋，也宣布了垄断违法
克莱顿法	1914 年	禁止企业购买竞争对手的股票，并担任竞争对手企业董事会的董事
联邦贸易委员会法	1914 年	建立联邦贸易委员会，负责执行反垄断法
罗宾逊－帕特曼法	1936 年	当引起竞争减弱时，限制向卖者索取不同价格
泰勒－克法沃法	1950 年	强化对合并的限制，限制任何会减弱竞争的企业合并行为

◎ 概念应用 15-4

仿制药公司是否正在合谋提高价格

正如我们在前文所看到的，专利为制药公司投入巨资进行新药开发研究提供了经济激励。20年后，药物的专利权到期，其他公司也可以合法生产相同的药物。没有专利保护的药物称为仿制药（generic druge）。在美国，医生开出的所有处方药中约有88%是非专利药。当失去专利保护并且几家公司开始销售仿制药时，药品的价格通常会下跌50%或更多。由于仿制药市场的竞争可能很激烈，因此企业有强烈的动机违反反垄断法并合谋提高价格。

2017年初，传统制药（Heritage Pharmaceuticals）的两名高管认罪，供认该公司与其他公司合谋确定两种药物的价格：盐酸多西环素（一种抗生素）和格列本脲（一种用于治疗糖尿病的药物）。当时其他相关公司的名称尚未公开，但是美国司法部对20多种仿制药的价格进行了广泛的调查。迈兰制药（Mylan Pharmaceuticals）因其EpiPen的价格而受到了广泛的批评，EpiPen用于治疗严重过敏。迈兰拥有EpiPen的专利，这使其免受来自其他公司的竞争。但是，迈兰还销售许多仿制药，其中包括多西环素氢氯酸盐，其市场份额最大。尽管迈兰否认与其他公司串通以确定非专利药品的价格，但在2017年，司法部传唤了其记录以及其他十几家公司的记录。联邦调查人员还搜查了另一家制药公司Perrigo的办公室。

2016年，美国政府问责局（U.S. Government Accountability Office，GAO）向国会提交的一份报告显示，在2010年至2015年间，在1 441种仿制药中，有300多种"至少有一种不寻常的100%涨价或更多"。该报告还指出："异常价格上涨通常至少持续一年，并且在异常价格上涨之后大多数药品都没有下降的趋势。"这些价格上涨是合谋的结果吗？GAO报告没有得出任何结论，但指出："制造商报告说，竞争是由其他制造商生产的相同药物的价格和可用性决定的，这是仿制药药品价格的主要驱动因素，因为竞争较少就可能推动价格上涨。"

美国司法部似乎对制药商对高价的解释持怀疑态度，特别是考虑到传统制药公司高管对价格定罪表示认罪。司法部的新闻稿中包括来自参与调查的联邦调查局特工的以下声明："密谋为广泛使用的非专利药物定价，歪曲了市场，违背了公德，且显然违反了法律。联邦调查局随时准备调查并追究故意违反联邦反垄断法的人。"

截至 2017 年底，美国司法部的调查是否确实会发现许多公司合谋确定非专利药品的价格尚不为人所知。政府很难在法庭上证明这类案件，因为正如《华尔街日报》上的一篇文章所指出的："法院为价格共谋案件设定了很高的标准，要求有公司之间为遵循价格达成书面协议的书面文件或其他证据。"但是，事实证明，这项调查是政府试图阻止企业人为地限制竞争以提高价格的一个例子。如我们所见，较高的价格降低了消费者剩余和经济效率。

资料来源：Jeremy Roebuck, "Ex-N.J. Pharma Execs Admit to Fixing Generic Drug Prices," philly.com, January 10, 2017; Tom Schoenberg, David McLaughlin, and Sophia Pearson, "U.S. Generic Drug Probe Seen Expanding After Guilty Pleas," bloomberg.com, December 14, 2016; Jonathan D. Rockoff, "Perrigo Says Investigators Searched Its Offices in Generic- Drug Probe," *Wall Street Journal*, May 4, 2017; U.S. General Accountability Office, "Generic Drugs Under Medicare," August 2016; and U.S. Department of Justice, "Former Top Generic Pharmaceutical Executives Charged with Price-Fixing, Bid-Rigging, and Customer Allocation Conspiracies," justice.gov, December 14, 2016.

15.5.2 合并：市场势力和效率的权衡取舍

联邦政府对合并进行监管是因为如果企业通过合并获得市场势力，它们一定会利用这种市场势力来抬高价格，缩减产量。因此，政府非常关注**横向合并**（horizontal mergers），也就是在同一行业的企业之间进行合并。两大航空公司或者两家糖果制造商之间的合并就是横向合并的事例。与**纵向合并**（vertical merger）相比，横向合并更有可能增强市场势力。所谓纵向合并，是指一种产品不同生产阶段的企业合并。纵向合并的事例，如软饮料制造商与塑料瓶制造商之间的合并。

联邦监管机构要处理好可能会使横向合并的评估复杂化的两个因素。

1. **市场范围**。企业所在的市场并不总是能界定清晰。例如，如果好时食品公司希望与 M & M 和士力架的制造商玛氏公司合并，那么相关市场是什么？

- 如果政府只是看到新合并的公司将占有 70% 的糖果市场，那么对于这样的市场占有水平，政府可能会反对合并。
- 如果政府关注的是快餐市场的边界呢？在这一市场中，好时公司和玛氏公司就是薯片、饼干和花生制造商，甚至包括新鲜水果之间的竞争。通过对市场进行更广泛的定义，好时公司和玛氏公司的市场份额又可能太低，因此政府无法反对合并。
- 如果政府看到的是更为广阔的食品市场，那么，好时公司和玛氏公司都各占非常小的市场份额，政府也就没有理由反对它们的合并。

在实践中，政府界定相关市场依据的是合并企业是否有相近的替代品。在这种情况下，薯片和这里提到的其他休闲食品都不是糖果的相近替代品。因此，政府会考虑糖果市场的相关市场，并会反对合并，理由是新公司将占有太大的市场势力。

2. **经济效率增进的可能性**。第二个使得合并政策复杂化的因素是新合并后的公司是否可能比各自独立时更有效率。例如，一家企业可能有非常出色的产品，但将产品配送到消费者手中的系统非常糟糕。另一家竞争公司可能已经建立了非常好的分销体系，但产品很差。允许这样的两家公司合并可能对两家企业和消费者都有好处。或者说，两家竞争企业各自都有庞大的仓储体系，但各自只是利用了一半的储存能力。如果两家公司合并，可以更好地改进仓储效率，显著降低平均成本水平。

由美国司法部和联邦贸易委员会审查的并购大多数是大公司之间的合并。为简单起见，我们考虑一种情形，一个完全竞争行业中的所有企业合并形成一个垄断企业。像我们在图 15-5 看到的那样，这样合并的结果是价格将上升，产量将下降，并导致消费者剩余和经济效率减损。但是，如果合并后更大的新企业实际上比原来的小企业更有效率又会如何呢？图 15-6 显示了这种可能的结果。

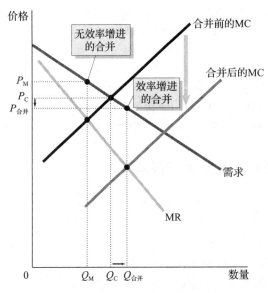

图 15-6　改进消费者福利的合并

注：该图表现的是在完全竞争行业中的所有企业合并成一家垄断企业的情形。如果合并不会影响成本，我们得到与图 15-5 相同的结果。价格从 P_C 上升到 P_M，数量从 Q_C 下降到 Q_M，消费者剩余下降，经济效率减损。如果垄断企业具有比竞争企业更低的成本，有可能会降低价格、增加产量。如图所示，边际成本曲线移动到合并后的 MC，产品价格可能从 P_C 下降到 $P_{合并}$，数量会从 Q_C 增加到 $Q_{合并}$。

如果合并不会影响成本，我们得到与图 15-5 相同的结果。价格从 P_C 上升到 P_M，数量从 Q_C 下降到 Q_M，消费者剩余下降，经济效率减损。如果垄断企业具有比竞争企业更低的成本，有可能会降低价格、增加产量。如图 15-6 所示，请注意，企业合并后，MR 曲线穿过 MC 曲线后，对应的是新的利润最大化产量 $Q_{合并}$，根据需求曲线，垄断厂商可以按照价格 $P_{合并}$ 卖出这些数量的产品。因此，合并后价格水平下降，从 P_C 下降到 $P_{合并}$，数量会增加到 $Q_{合并}$。我们获得如下一个似乎矛盾的结果：新合并的企业，占有更大的市场势力，但是消费者变得更好了，经济效率提升了，因为企业变得更有效率。当然，合并后的新企业有时会更有效率且成本更低，但有时并非这样。即使合并的企业更有效率，成本也更低，更低的成本尚不足以抵消市场势力提高导致的消费者剩余和经济效率的变化。

正如我们所预计的那样，每当大型企业计划合并时，它们总会声称，新合并企业将更有效率，成本也会更低。它们知道，如果不这样说，那么美国司法部和联邦贸易委员会以及现有的司法制度不可能允许合并。

15.5.3　美国司法部和联邦贸易委员会关于合并的指南

《谢尔曼法》通过后许多年，司法部的工作人员都据此进行执法。工作人员很少会从经济方面进行考虑，比如说，如果合并后经济效率获得显著提升，消费者福利有可能得到改善。这种状况一直持续到 1965 年，当唐纳德·特纳主政司法部反垄断局后情况发生变化，他是第一位拥有经济学博士学位的负责人。在特纳和他的后继者影响下，经济分析改变了反垄断政策。1973 年，反垄断局成立了经济部，雇用经济学家评估合并的经济后果。

在司法部和联邦贸易委员会于 1982 年颁布的合并条例中，经济学家扮演了重要角色。这一指南使企业在考虑合并时，可以更容易认识到政府可能会允许还是反对合并。该指南在 2010 年进行了修订，3 个主要部分是：①市场界定；②集中度度量；③合并标准。

1. 市场界定

一个市场由所有生产了消费者认为是近似替代品的产品的企业构成。经济学家对近似替代品是通过观察价格上升的效果来确认的。如果市场定义过于狭窄，价格上涨后会导致企业销售额和利润大幅下降，因为消费者会转向购买近似替代品。

确认建议合并企业的相关市场是从行业的狭义定义开始的。例如，对于假想的好时公司与玛氏公司合并，经济学家可能会从糖果行业开始。如果糖果行业的所有企业价格上升 5%，它们的利润是增加还是下降？如果利润上升，该市场就被确定为由这些企业构成。如果利润下降，经济学家会扩大市场，比如说，会把薯片或其他零食包括在内。在这个扩大的市场中，价格上升 5%，所有企业的利润会增加吗？如果利润上升，相关企业就得到了确认；如果利润下滑，经济学家考虑进一步扩大定义范围。经济学家会持续进行这一过程，直到市场被确认。

2. 集中度度量

一个市场中如果少数企业占据了整个市场销售额的很大份额，该市场就具有高集中度。一个集中度已经很高的市场中，企业合并很可能会进一步提高市场势力。而一个非常低集中度的行业，企业合并不可能增加多少市场势力，因此可以忽略。指南中使用的集中度指数为赫芬达尔–赫希曼指数（以下简称 HHI），这是将行业中每家企业的市场份额取平方后相加所得到的平方数，如下是一些计算 HHI 的事例：

- 1 家企业，占有百分之百的市场份额（垄断企业）：

$$HHI = 100^2 = 10\ 000$$

- 2 家企业，各自占有 50% 的市场份额：

$$HHI = 50^2 + 50^2 = 5\ 000$$

- 4 家企业，占有的市场份额分别为 30%、30%、20%、20%：

$$HHI = 30^2 + 30^2 + 20^2 + 20^2 = 2\ 600$$

- 10 家企业，各自占有 10% 的市场份额：

$$HHI = 10 \times (10)^2 = 1\ 000$$

3. 合并标准

表 15-2 所示为司法部和联邦贸易委员会如何利用计算的市场 HHI 作为标准来评估拟议的横向合并。

表 15-2 联邦政府横向合并的标准

合并后市场的 HHI 值	合并后市场 HHI 增加的值	联邦监管机构的反垄断行动
小于 1 500	提高不重要	准许合并
1 500～2 500	低于 100 个点	合并并不会受到质疑
1 500～2 500	大于 100 个点	合并可能面临质疑
大于 2 500	低于 100 个点	合并并不会受到质疑
大于 2 500	100～200 个点	合并可能面临质疑
大于 2 500	大于 200 个点	合并有很大的可能面临质疑

合并的指导原则表明，增进经济效率会被考虑，并且合并被批准的可能性大，否则有可能被否决。但合并企业也面临负担：

> 合并企业必须证明它们声称的效率存在，这样司法部和联邦贸易委员会才可以通过合理的方式确认所断言的每种效率存在的可能性和水平。所声称的效率如果含糊不清，或是投机性的，或不能以其他合理方式进行证明，那么这种效率是不会被考虑的。

15.5.4 对自然垄断的规制

如果一个企业是自然垄断，其他企业的竞争并不发挥通常的作用，即迫使价格下降到公司只能获得零经济利润的水平。因此，美国地方或州监管委员会通常会控制自然垄断企业的价格，如天然气或电力公司。这些委员会会设置什么样的价格水平呢？根据经济效率的要求，生产的最后一单位产品和服务对消费者提供的额外得益，应等于生产它的成本（参见第 12 章）。我们可以用最后一单位产品的价格来度量带给消费者的额外好处，我们可用边际成本来度量垄断企业产出的额外成本。因此，要实现经济有效，监管机构应该让垄断企业的定价等于其边际成本。然而，这样做有一个显著的缺点，如图 15-7 所示，这是对自然垄断进行监管最典型的情形。

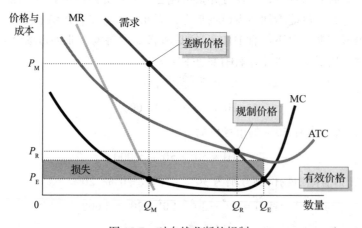

图 15-7 对自然垄断的规制

注：如果没有规制，垄断企业将价格确定在 P_M，产品数量定在 Q_M。为达到经济效率，政府规制机构要求垄断企业的定价等于 P_E，垄断企业的产出为 Q_E。但是，P_E 低于平均总成本，所以垄断企业会招致亏损，由阴影矩形的区域表示。从长远来看，垄断企业所有者在亏损情况下将无法继续经营。因此，政府监管机构会将规制价格 P_R 确定在等于平均成本的水平上，产量 Q_R 将低于有效产量水平 Q_E。

请注意，一个自然垄断企业的平均总成本曲线在穿越需求曲线时仍处在下降之中。如果没有监管，垄断企业将价格确定在 P_M，产品数量定在 Q_M。为达到经济效率，监管机构要求垄断企业的定价等于 P_E。据此价格，垄断企业的产出为 Q_E。但这里也有缺陷，P_E 低于平均总成本，所以垄断企业会存在亏损，由阴影矩形的区域表示。从长远来看，垄断企业所有者在亏损情况下将无法继续经营。认识到该点后，多数监管机构会将控制价格 P_R 确定在等于平均成本的水平上，即需求曲线与 ATC 曲线相交之处。在这个价格水平上，垄断企业所有者的产量为 Q_R，投资实现收支相抵，尽管这一数量仍然低于有效产量水平 Q_E。

| 解决问题 15-2 |

你的大学对 MOOC 应该怎样收费

在第 11 章中，我们观察到一些大学提供大量的大型开放式网络课程（MOOC）。提供在线课程的固定成本相对较高，因为教师必须制定新的教学大纲、新的考试和教学笔记，并确定何时以及如何与学生互动。但是，在将课程上线后，向其他学生提供教学的边际成本较低，而且将保持不变，而不是呈 U 形。假设你的大学决定提供微积分课程的 MOOC，世界上任何地方的学生都可以进行在线的 MOOC 学习，无论他们是否在你的大学就读。下图显示了 MOOC 的需求和成本情况。

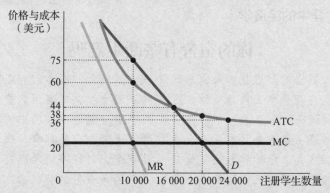

a. 设计课程的教职员工说："我认为课程应该将价格定在一个可以最大程度招收学生的水平上。"这位老师认为应该是什么价格？简要说明。

b. 一位经济学教授认为："我认为应该将课程价格定在实现经济效率的水平上。"这位教授认为应该定什么价格？简要说明。

c. 该学院院长认为："我认为该课程的定价应使学院获得最大化利润，因此这些资金可用于支付其他费用。"院长想定什么价格？简要说明。

d. 你是一个学生委员会的成员，要求你为该课程推荐一个价格，你说："我认为大学应该将价格确定在使课程收支平衡的水平。"你应该推荐什么价格？简要说明。

e. 如果大学按照您对 a，b，c 和 d 答案中的每个价格来收费，该大学将在该课程中赚取多少利润（或亏损）？

解决问题步骤

步骤 1： 复习本章内容。此问题与自然垄断情况下的定价讨论有关，因此需要阅读"对自然垄断的规制"部分。

步骤 2： 通过观察比较图中的情况与图 15-7 所示的自然垄断情况准备开始回答问题。该图显示，MOOC 的平均总成本曲线仍在下降时穿过需求曲线，因此该 MOOC 实际上是自然垄断，我们可以使用图 15-7 所示的价格分析来回答问题。

步骤3：通过解释哪个价格将使该课程的注册学生人数最多来回答问题a。该图显示，当价格等于0并且需求曲线与数量轴相交时，可得出选修该课程的最大学生人数。

步骤4：通过解释哪个价格会实现经济有效来回答问题b。当价格等于边际成本时，就会实现经济有效。在图中，实现经济有效的价格应定为20美元。

步骤5：通过解释哪个价格可以使大学从课程中获得最大利润来回答问题c。为了获得最大利润，大学应该收取一个价格，由此得出的需求数量可使得边际收益等于边际成本。在图中，使利润最大化的价格等于每位学生75美元。

步骤6：通过解释哪个价格会导致大学在课程中实现收支相抵来回答问题d。为了实现收支相抵，大学应该收取等于平均总成本的价格。在图中，价格为每位学生44美元，价格等于平均总成本，这样大学在课程上收支平衡。

步骤7：通过计算前面问题得出的每个价格，该大学可分别计算与之对应的利润（或亏损）水平来回答问题e。下表显示了每个价格水平对应的利润（或亏损）水平。

价格（美元）	收益（美元）	总成本（美元）	结果（美元）
0	0	864 000	−864 000
20	400 000	760 000	−360 000
75	750 000	600 000	150 000
44	704 000	704 000	收支相抵

┊生活与职业生涯中的经济学┊

你的宿舍有垄断生意吗

本章开篇我们提出的问题是如果你与你的朋友法塔曼开始在宿舍做三明治生意，应该定高价来增加利润吗？

垄断是指一种产品或服务只有一家企业销售，没有近似替代品。尽管你与法塔曼是周六、周日晚间校园中提供三明治的唯一卖家，但是，饥肠辘辘的学生仍然有其他的替代品。例如，同学们能在附近校园外的餐馆中买到食物，或者由这些餐馆送外卖，还可以从营业较晚的校园中的小摊贩那里购买食物。大部分商品都有替代品，你们两人应该认识到，对许多同学而言，比萨饼和汉堡包是三明治最好的替代品。如果定高价，学生们将会去寻找这些替代品。

本章小结

公司之间的竞争程度越强，市场运作就越好。如果市场是垄断的，那么与完全竞争市场相比，商品或服务的价格较高，产出较低，消费者剩余和经济效率都降低了。幸运的是，真正的垄断很少见。即使大多数公司在收取高于边际成本的价格方面类似于垄断企业，但大多数市场包含的竞争让市场支配造成的效率损失保持在较低水平。

本章概要与练习

第16章 定价策略

:开篇案例:

迪士尼发现大数据的魔力

如果你经营一家企业，你应该将产品价格确定为多少？正如我们在前面各章中所看到的，答案似乎很简单：将价格确定在边际收益等于边际成本的水平。但是，对于许多企业而言，答案并非那么简单。例如，许多企业根据客户购买产品的意愿不同，向客户收取不同的价格。迪士尼公司会根据客户的年龄、家庭住址和职业对进入佛罗里达州的迪士尼公园收取不同的价格。儿童、佛罗里达州居民和军人所付的价格要比其他人低。迪士尼如何确定向不同团体收取的价格水平呢？

迪士尼会提供多种产品，它们为最大化利润会尝试相关产品的确切定价。一个"度假套餐"应该如何定价，其中包括在迪士尼度假酒店的住宿，进入公园的门票和餐饮；公园里的纪念品应该如何定价；早开门或晚关门的情况下人们会多掏钱买门票吗？这些类型问题的答案取决于消费者的偏好。公司发现，通过使用大数据来确定消费者的偏好变得更加容易。大数据指的是收集和分析大量数据，目的是对人们行为的各个方面进行度量。例如，与便宜的旅馆相比，住在昂贵的迪士尼乐园旅馆的人逛公园的时间会长一些吗？迪士尼提高价格后，纪念品的销量会下降多少？有了足够的数据，迪士尼可以回答这些类型的问题。

近年来，迪士尼通过让入园游客在手腕上佩戴魔法腕带（MagicBands）大大提高了其收集数据的能力。游客进入公园后，可用佩戴腕带购买纪念品、支付餐费以及使用游乐设施。这些腕带的芯片可以自动记录数据，并将其传输到迪士尼的信息技术系统中。腕带是物联网的一个例子，即设备网络将数据直接传送到计算机，而不用人工输入数据。迪士尼公司为魔法腕带项目和相关技术花费了大约10亿美元，这表明了公司对收集和分析客户喜好数据的看重程度。迪士尼和其他公司使用这种方法来实施定价策略以增加利润。在本章中，我们将研究其中一些定价策略。

资料来源：Shelly Palmer, "Data Mining Disney–A Magical Experience," huffingtonpost.com, May 11, 2015; Elizabeth Miller Coyne, "The Disney Take on Big Data's Value," thenewip.net, January 13, 2015; and Brooks Barnes, "At Disney Parks, a Bracelet Meant to Build Loyalty (and Sales)," *New York Times*, January 7, 2013.

┊生活与职业生涯中的经济学┊

是否应该对在电影院中看电影收取多种价格

AMC Entertainment 是美国最大的电影院线。假设 AMC 雇用你来管理它的一家剧院,而你在设置票价方面有一定的选择权。无论是下午场还是晚场看电影,你应该收取同样的门票价格吗?无论购票者是学生、老年人还是其他年龄的人,应该收取同样的门票价格吗?对爆米花也总是收取相同的价格吗?阅读本章时,请尝试回答这些问题。你在本章最后将看到我们给出的答案。

在前面章节中,我们已经知道,企业家为获得经济利润孜孜以求。使用价格策略是企业增加经济利润的途径之一。其中的策略之一被称为差别定价(price discrimination),对同样的产品或服务制定不同的价格,就如同迪士尼公司对迪士尼公园制定不同价格那样。

在本章中,我们将看到公司如何通过向那些对产品估值高的消费者收取相对高价,而向估值低者收取较低价格来增加利润。

我们将分析广泛使用的定价策略:余数定价、成本加成定价。最后,我们还分析企业对购买产品的权利定出价格,然后再按购买的产品数量定价的情形。这种定价策略被经济学家称为两部定价法(two part tariff)。

16.1 价格策略、一价定律和套利

我们在本章开篇看到,企业有时对相同产品定出不同的价格。事实上,许多企业都通过经济分析来运用差别定价的方法,即对某些消费者索取高价,而有些消费者则适用低价。一些企业,如迪士尼,通过大数据方法实行更为复杂的差别定价来收集和分析有关消费者偏好及其对价格变化的反应信息。企业管理者使用这些分析快速调整他们的产品和服务价格。这种快速调整价格的做法,被称为效益管理(yield management),特别是在航空业和旅馆行业。当然对同一产品索取不同价格,企业能力也面临限制。最关键的限制是在某些情形下,低价购买商品的消费者转卖给那些不得不以高价购买的消费者。

16.1.1 套利

根据一价定律(law of one price),相同的产品不论在哪里都应该卖相同的价格。我们将探讨为什么一价定律通常会成立。假设,平均来看,一辆二手车在亚特兰大比旧金山售价高 2 000 美元。住在旧金山的任何人都可以以 2 000 美元购入二手车,然后运到亚特兰大。他们可以在 Craigslist 上通过在线广告将车卖出。在价格较低的市场中买入商品,然后在价格较高的市场中卖出被称为套利(arbitrage)。通过套利所获得的利润被称为套利利润(arbitrage profit)。

随着人们利用价差获取套利利润,在亚特兰大的二手车供给将增加,价格水平也将走低;与此同时,旧金山的二手车供给量将减少,旧金山的二手车价格将上升。最终,套利过程将消除大部分但不是全部的价格差异。由于卖方必须付款才能将汽车运到亚特兰大并在线出售,因此仍会存在一些价格差异。进行交易的成本(例如,在全国范围内运送二手车)称为**交易成本**(transactions cost)。仅当交易成本为零时,一价定律才完全成立。我们将很快看到,在产品无法转售的情况下,一价定律将不再成立,企业因此能够实行差别价格。如果不考虑这一重要条件,我们还预计套利将导致产品在世界各地以相同的价格出售。

| 解决问题 16-1 |

套利只是一种"骗"术吗

人们经常对套利颇有微词，低价买入某种商品，再以高价卖出，对付出高价者进行剥削，真的是这样吗？这种观点正确吗？如果真是这样，在 eBay 上的拍卖行为是有益的经济目的吗？

解决问题步骤

步骤 1：复习相关材料。该问题是有关套利的，请复习"套利"一节的内容。如果需要，也可以复习前面章节所讨论的贸易所带来的利益的相关内容（参见第 2 章和第 9 章）。

步骤 2：根据对套利的讨论和前面章节关于贸易得益的讨论来回答问题。人们在 eBay 上的许多商品都是以低价买进，然后以高价卖出。事实上，许多人通过购买旧货市场出售的具有收集价值的物品和其他产品，然后在 eBay 上卖出来增加自己的收入。eBay 服务于有价值的经济目的吗？经济学家持肯定态度。请看奇普的情形，他搜集电影海报，然后在 eBay 上卖出。假设奇普在旧货市场中以 30 美元买到了《神奇女侠》的电影海报，然后在 eBay 上以 60 美元卖出。在旧货出售中卖海报给奇普的人和在 eBay 上从他那里购到海报的人通过买卖一定比没有这样的交易都变得更好。奇普为海报定位并通过在 eBay 上达成买卖提供了有价值的服务。在提供这种服务时，奇普也付出了成本，其中包括他在旧货出售中花费的搜寻时间的机会成本，海报卖出前他垫付的资金的机会成本以及在 eBay 上发布信息支付给 eBay 的费用。

在 eBay 上卖东西非常容易，因此随着时间的推移，奇普与其他从事同样生意的人的竞争会压缩价格，一直到海报交易者的成本水平，其中还包括他们花费时间的机会成本。

16.1.2 为什么所有企业不确定相同的价格

即使交易成本不为零，产品可以再次销售，一价定律也会被违背。例如，不同网站对看上去相同的商品以不同的价格售卖。如果我们对网上或其他企业销售的商品进行更加细致的观察，我们可以解决这个明显的矛盾。

假设你计划买一套《星球大战：最后的绝地武士》的影碟，你在线搜索价格的结果如表 16-1 所示。最后两个网站价格相对较低，你会自动购买后者的产品吗？回答之前，看一下每个网站给出的附加条件。

表 16-1　你将从哪个在线网站购买影碟

星球大战：最后的绝地武士 蓝光影碟		
公司名称	价格（美元）	购买服务条款
亚马逊公司	22.96	• 送货上门 • 安全包装 • 安全支付
沃尔玛公司	22.96	• 送货上门 • 安全包装 • 安全支付
WaitForeverForYourOrder.com	21.50	价格便宜
JustStartedinBusinessLastWednesday.com	20.25	价格便宜

正如我们已经讨论过的，企业通过多种方式区分其销售的产品（参见第13章）。一种方法是提供比竞争对手更快、更可靠的交付，就像亚马逊和沃尔玛所做的那样。缺乏声誉的新互联网卖家将不得不根据价格来区分它们的产品，就像表中列出的两个虚拟公司一样。因此，网站上提供的产品价格差异不违反一价定律。

16.2　价格歧视：对同一产品收取不同的价格

在本章开始，我们看到，迪士尼公司对相同的产品（门票）索取不同的价格。对相同的产品或服务针对不同的消费者并非因为成本不同而索取不同的价格，被称为**差别定价**（price discrimination）。但是，差别定价违背了一价定律吗？为什么套利利润存在的可能性没有导致人们低买高卖？

16.2.1　差别定价策略成功的要求

差别定价策略要成功，需具备3项条件：
（1）企业必须有市场势力。
（2）消费者中间有部分人比其他消费者有更强烈的意愿为商品支付更高的价格，企业必须区分出哪类消费者有更高的支付意愿。
（3）企业必须能够对产品市场进行分离，这样低价购入产品的消费者不会转卖给愿意高价支付的消费者。换言之，如果套利存在可能，差别定价将无法实施。

在完全竞争市场中的企业无法实施差别定价，因为它只能按市场价格销售产品。例如，一个农民将无法以高于市场价格的价格出售任何鸡蛋，因为消费者还可从许多其他农民那里购买鸡蛋。绝大多数企业并非在完全竞争市场中出售产品，它们拥有一定的市场势力，能够确定销售产品的价格。

许多企业也能确定愿意支付更高价格的那些消费者。然而，第三点要求，即市场被区隔开来，以低价购入产品的消费者不能转卖产品很难满足。例如，有人确实喜欢巨无霸汉堡包，确实愿意支付10美元来购买。而有些人则愿意以1美元来购买，哪怕多1分钱也不会买。假设麦当劳公司知道乔愿意支付10美元，而吉尔只愿意支付1美元。如果麦当劳公司试图向乔索要10美元，乔要吉尔购买后再卖给自己即可。

勿犯此错 16-1

不要混淆差别定价与其他类型的歧视

不要将差别定价与其他基于种族和性别的歧视相混淆。歧视基于主观特征，如人种和性别，根据联邦人权法是违法行为。差别定价是合法的行为。因为它是基于人们愿意支付的不同价格水平而非主观特征索价的。然而，存在一些灰色区域，公司根据不同的性别制定不同的价格。例如，在销售汽车保险时，保险公司对女性收取的保费通常低于男性。法院已经裁定，根据人权法，这种差异并非非法，因为平均来看，女性的驾驶记录要优于男性。因为对男性保险的成本高于女性，保险公司可以定出不同的价格。请注意，这并非我们在此定义的真正的差别定价。差别定价指的是对同样的产品索取不同的价格，这种价差并非成本差异所致。

16.2.2 一个差别定价的例子

只有企业自己能够防止消费者转卖产品，才能够实施差别定价。当购买者无法再卖出，一价定律也就无法成立。例如，电影院知道许多人愿意对晚上看电影支出比下午场更高的价格。因此，电影院通常对晚上放映的电影定出高价。电影院通过印制不同的下午票来区分市场，如印刷成不同的颜色或者印上不同的时间，易于检票员来检票。这些做法使得有人很难以低价购入下午票，然后持票去看晚上放映的电影。

图 16-1 表现了电影院的所有人怎样通过使用差别定价来提高利润的情形。增加一人看电影对所有人增加的边际成本非常小，仅仅是电影院内座位的一点磨损以及放映后清扫地板上一些散落的爆米花碎屑的工作。在前面章节中我们假定，边际成本呈 U 形。在图 16-1 中，为简化起见，假定边际成本为固定的 0.50 美元/张，呈直线型。图 16-1a 中所示为下午场需求的情形。在这一区隔市场中，电影院实现利润最大化售票的数量为 450 张，这时边际收益等于边际成本。根据需求曲线，我们知道，对应 450 张票的票价为 8.5 美元/张。图 16-1b 所示为晚上放映的情形。请注意，票价为 8.5 美元在这一市场中并非利润最大化的票价。当票价为 8.50 美元/张时，电影院可以卖出 650 张票，这要比利润最大化所对应的 525 张多出 125 张。下午场票价为 8.50 美元/张，晚场票价为 11.0 美元/张，电影院可以实现最大利润。

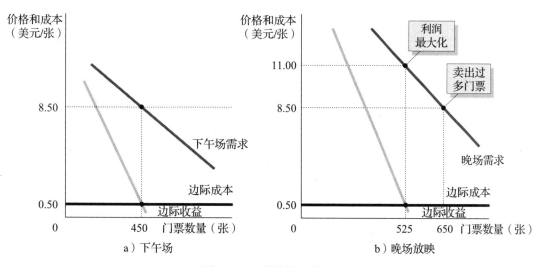

图 16-1 电影院的差别定价

注：看下午场电影的人要少于晚场。在图 16-1a 中，下午场利润最大化门票的价格为 8.50 美元/张，这一价格并非晚场的利润最大化价格。如图 16-1b 所示，当票价为 8.50 美元/张时，电影院晚场可卖出 650 张票，这超出了利润最大化的 525 张。为实现最大利润，电影院的晚场门票为 11 美元/张。

图 16-1 也表明关于差别定价的另一个重要特点：当企业实施差别定价时，它们向价格不敏感者也就是需求缺乏弹性者索取高价，而对价格敏感者也就是需求富有弹性者索取低价。在这种情况下，对晚场放映的需求缺乏弹性，所以价格会更高一些；而对下午场的需求弹性要大一些，所以索取低价。

| 解决问题 16-2 |

苹果公司怎样利用差别定价来增加利润

2017年夏季，苹果公司在网上和门店销售的 MacBook Pro 13 英寸 Retina 屏幕笔记本电脑价格为 1 299 美元。但是，在校大学生和教师可以用 1 199 美元购买同样的产品。为什么对同样的笔记本电脑，苹果公司会对大学的消费者采取不同的定价呢？画出两张图回答问题，一张描述普通公众，一张描述大学消费者。

解决问题步骤

步骤 1：复习相关材料。该问题是关于使用差别定价增加利润的话题，请复习第 16.2 节的内容。

步骤 2：解释对大学中的消费者和其他消费者索取不同价格可增加苹果公司利润的理由。苹果公司索取不同的价格是因为大学消费者与其他消费者具有不同的需求价格弹性。也就是说，苹果公司在需求价格弹性比较小的区隔市场中索取相对高的价格，而在需求价格弹性比较大的市场中，索取较低的价格。苹果对于大学中的消费者索取了较低的价格，这类消费者的需求弹性一定大于其他的消费者。

步骤 3：画图说明答案。画出图形，类似于如下图形，这里我们选择了一些假想的数量用作解释。如同对电影院分析一样，为简化起见，我们假定边际成本是固定不变的，在图中我们假定边际成本为 400 美元/台。

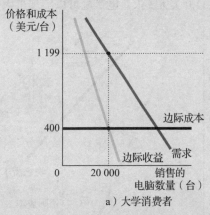

a) 大学消费者

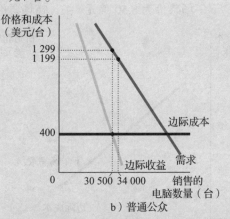

b) 普通公众

注：图 a 所示为大学消费者这一区隔市场中的情形。边际收益等于边际成本时，笔记本电脑的销量为 20 000 台。因此，苹果公司实现利润最大化时的价格为 1 199 美元/台。然而，如果苹果公司在一般公众市场中也按这一价格销售，如右图所示，销售量将为 34 000 台，这已经超出了利润最大化时的产量。对一般公众的定价为 1 299 美元/台，苹果公司将卖出 30 500 台笔记本电脑，这也是利润最大化的数量。对大学中的客户采用比一般公众更低的价格，苹果公司可实现利润最大化。

16.2.3 差别定价中的王者：航空公司

航空公司的座位是"易过期"产品。从芝加哥飞洛杉矶的飞机一旦起飞，该趟飞行中的任何座位都将无法卖出。此外，增加一名乘客的边际成本又很低。因此，航空公司非常看重价格管理，尽可能增加每趟飞行中的上座率。

航空公司将它们的乘客主要分为两类：商务乘客和休闲乘客。商务乘客飞行时间表相对固定,具体飞行时间往往在最后一刻才决定。而且最重要的是,他们对价格变化反应不敏感。相反,对于休闲乘客,他们的飞行时间相对灵活,并愿意提前订票,对价格的变化较为敏感。据本章前面所讨论的原则,航空公司为实现利润最大化,对商务乘客的定价高于休闲乘客。然而,他们必须决定哪些人是商务乘客,哪些人是休闲乘客。传统上,一些航空公司推出这样的措施,即按休闲价格必须提前 14 天购买机票,并要在目的地度过周末晚上。不符合这一要求的所有乘客都需购买价格相对高的机票。商务乘客最终会购买高价机票是因为他们经常无法提前 14 天做出飞行计划,也并不想在目的地度过周末。商务乘客和休闲乘客票价之差通常会很大。例如,2017 年,美国航空公司从纽约飞旧金山航线,休闲票价为 410 美元,商务票价为 708 美元。

航空公司在定价策略中也并非只有单一的休闲票价和单一的商务票价。通常在提前几天时,航空公司一般会定高价,但当航空公司担心不能按当前价格卖出想要的座位数量后,它们也愿意降价。从 20 世纪 80 年代后期开始,航空公司为了计算出每天每个座位的建议票价,雇用经济学家和数学家开发飞机票价的计算模型。这些模型会考虑到影响机票的多种因素,如季节因素、飞行时间的长短、出发的日期,以及航线主要对商务乘客有吸引力还是对休闲乘客有吸引力。考虑到需求因素变化,不断调整价格的做法被称为**效益管理**(yield management)。

从 20 世纪 90 年代后期开始,priceline.com 这类网站的兴起为航空公司进行效益管理提供了很大帮助。在 priceline.com 上,购票人会给出对某日某一机票愿意支付的价格,并同意在该日任何时间都愿意乘坐。这样航空公司就能够将原来可能空的座位补满,特别是对于夜间或者凌晨的航班,当然票价可能会低于正常的休闲票价。2001 年,几家航空公司共同建立了网站 Orbitz,为航空公司按折扣价安排座位提供了另一种途径。事实上,你与支付同样价格购买机票的人相邻而坐的机会非常小。图 16-2 所示为美联航一张真实的从芝加哥飞洛杉矶的飞机座位图。机上 33 名乘客支付了 27 种不同的价格,还包括一位乘客利用累积的飞行里程换取的免费机票。

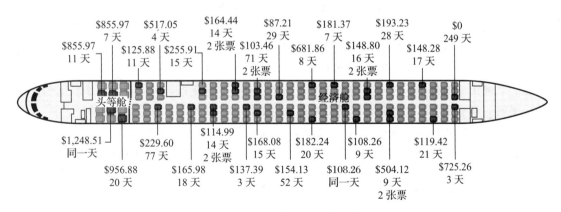

图 16-2 33 名乘客,27 种价格

注:为了提高上座率,航空公司会定出不同的机票价格。在美联航从芝加哥飞洛杉矶的飞机上,33 名乘客支付了 27 种不同的价格,还包括一位乘客利用累积的飞行里程换取的免费机票。第 1 个数字是票价,第 2 个数字是乘客提前购票的天数。

资料来源:"So, How Much Did You Pay for Your Ticket?" by Matthew L. Wald. *The New York Times,* April 12, 1998. Copyright © 1998 by The New York Times Company. All rights reserved. Used by permission and protected by the copyright laws of the United States. The printing, copying, redistribution, or retransmission of the Material without express written permission is prohibited.

◎概念应用 16-1

大数据与动态定价的兴起

正如我们在开篇所见的那样，为了提高定价，迪士尼和其他公司正在使用大数据来收集有关其客户的信息。当企业使用这些数据来确定不同客户群对价格变化的反应程度时，企业就参与了经济学家所说的价格歧视。

歧视一词具有不利的含义，因此许多公司将其定价策略称为效益管理、价格优化或动态定价。最后一个术语之所以流行，是因为它反映了随着新数据的获得，价格会不断调整的想法。航空公司在价格歧视方面的最初努力并不需要太多数据。它们可以通过以下简单要求将商务旅客与休闲旅客区分开：为了获得较低的价格，顾客必须提前购买机票并在目的地停留一个周末。如今，航空公司对大多数航班收取许多不同的价格，而价格是由复杂的软件确定的，该软件会处理有关许多因素的海量数据，这些因素可能会影响乘客对特定航班机票价格变化的反应能力，例如航班是主要吸引休闲旅客还是商务旅客；始发城市和目的地城市的天气预报；竞争对手提供多少航班；该航班和竞争对手的航班当前未售出的座位数量以及目标城市是否正在举行会议、大型音乐会或体育赛事。例如，对大数据的分析表明，休闲旅行者更可能在周末预订机票，而商务旅行者更可能在下一周的星期五预订机票。结果，一项研究发现，航空公司在周五售出的机票价格比周日售出的机票高 13%。

类似的定价策略已变得很广泛。例如，根据《华尔街日报》上的一篇文章，直到最近，印第安纳波利斯的动物园才收取固定入场费 16.95 美元。动物园实施了动态定价策略后，收费根据提前销售和预期需求在 8 到 30 美元之间。动物园在 2 月的平日打折，并在学校团体预订数十张门票后提价。由于引入了这种动态定价，动物园的门票收入增长了 12%。一些滑雪胜地和专业运动队采取了类似的策略。

像亚马逊这样的在线零售商已经能熟练地分析大数据。当你登录该公司网站时，其服务器可以收集有关你的重要信息，包括你的位置和浏览历史记录。如果该站点已经有你的电子邮件地址，则可以使用网络数据公司发现你的年龄、种族、性别和收入，并根据此信息调整价格。零售商得出的一个结论是，由于工作日内有更多消费者在线，因此有必要在早上提高价格，在晚上降低价格。一些零售商已经超出了这种简单的更改，并实施了基于数据的复杂定价策略，尽管这些零售商通常不愿公开讨论它们。

《华尔街日报》的记者进行了一项试验，看他们是否可以发现办公用品商店史泰博（Staples）网站所使用的在线价格策略。这些记者用多个不同地方的计算机登录到该站点，发现该网站会对几种商品根据登录人的邮政编码不同显示不同的价格。例如，有些人看到的斯温莱因订书机的价格为 15.79 美元，而其他人看到的同一台订书机的价格为 14.29 美元。同样，有人看到 12 支装的 Bic 圆珠笔价格为 28.49 美元，而其他人则为 25.99 美元。史泰博的管理者拒绝解释其定价策略，因此记者对邮政编码的特征进行了统计分析。事实证明，最重要的特征是邮政编码是否在 Staples 的主要竞争对手 OfficeMax 或 Office Depot 商店的 20 公里范围内。邮政编码在竞争对手附近居住的人对史泰博的价格变化更敏感，所以他们很可能会看到较低的价格，而那些邮编区远离对手商店的人则可能会看到较高的价格。

汽车保险公司通常将其定价策略称为价格优化。由于保险公司收取的费率通常必须得到州政府的批准，因此一些公司的价格优化政策一直是公众辩论的主题。通常，汽车保险公司根据保单持有人发生事故的概率来确定保费。例如，数据显示，未婚男性比其他人口群体的人更易发生事故。同样，以前发生事故的驾驶员比未发生过事故的驾驶员更有可能在未来出事故。因此，这些组的人会被收取更高的保费。但是，近年来，一些保险公司已经使用大数据分析来为高风险驾驶员收取较高的保费，也向可能对保费增加反应较慢的驾驶员收取较高的保费。例如，与只有大学学历或经常更换公司的人相比，只有高中学历的人或多年来连续从同一家公司购买保单的人往往对保费增长的反应不敏感。一些州监管机构对这些定价策略持批评态度，并一直在向保险公司施压，要求它们主要根据驾驶员发生事故的概率来重新确定保险费。

当企业采用我们所描述的定价策略时，通常，一些消费者通过支付较低的价格而获利，而其他消费者则通过支付较高的价格而受损。但是，作为一个整体，消费者受损，因为成功的动态定价策略会增加企业收入。消费者为相同数量的商品支付的费用越多，他们的状况就越糟。

资料来源：Jerry Useem, "How Online Shopping Makes Suckers of Us All," theatlantic.com, May 2017; Scott McCartney, "The Worst Day to Buy a Plane Ticket," *Wall Street Journal,* December 9, 2015; Jack Nicas, "Now Prices Can Change from Minute to Minute," *Wall Street Journal*, December 14, 2015; Tracy Samilton, "Being a Loyal Auto Insurance Customer Can Cost You," npr.org, May 8, 2015; and Jennifer Valentino-Devries, Jeremy Singer-Vine, and Ashkan Soltani, "Websites Vary Prices, Deals Based on Users' Information," *Wall Street Journal*, December 24, 2012.

16.2.4 完全差别定价

如果企业知道每位消费者愿意支付的价格，同时能够阻止以低价购入的消费者再卖出，企业能够对每位消费者索取不同的价格。这就是完全差别定价（perfect price discrimination），也被称为一级差别定价（first-degree price discrimination），即每位消费者支付的价格等于消费者愿意支付的水平，因此，消费者没有得到任何消费者剩余。消费者剩余等于消费者愿意支付的最高价格与消费者实际支付价格之间的差额（参见第 4 章）。如果消费者按愿意支出的最高价格来支付，将不会有消费者剩余。

图 16-3 所示为完全差别定价的情形。为讨论简化起见，我们假定企业是垄断者，边际成本和平均成本为固定水平。图 16-3a 所示为垄断企业不能实施定价，只能按单一价格卖出产品的情景（参见第 15 章）。通过将产出定在边际收益等于边际成本的水平上，垄断企业实现利润最大化。当价格等于边际成本时，产出的经济达至有效水平，这也是在竞争市场中实现的产出水平。因为垄断企业在价格高于边际成本水平上组织生产，垄断者引起的经济效率损失等于图中阴影部分所示的无谓损失。

图 16-3b 所示为垄断企业进行差别定价的情形。企业可以对每位消费者按愿意支付的最高水平索价，销售的最后一单位的边际收益等于价格。因此，垄断企业的边际收益曲线等于需求曲线，企业将持续生产到价格等于边际成本的时点。这似乎像一个悖论，有能力实施完全差别定价的垄断企业生产将达到经济有效水平。这样做时，垄断企业将消费者剩余和无谓损失全部转变成利润。在图 16-3a 和图 16-3b 中，利润也就是消费者剩余。

尽管图 16-3b 中的结果比图 16-3a 中的结果有更好的经济效率，但消费者状况显然变差了，因为消费者剩余减少为零。在现实生活中，我们从不会看到完全差别定价的情形，因为企业实际上很难知道消费者愿意支付的最高水平，因此，也就无法对每位消费者索取不同的价格。而且这一极端情形也让我们看到了价格差别的两种重要结论：①利润增加；②消费者剩余减少。

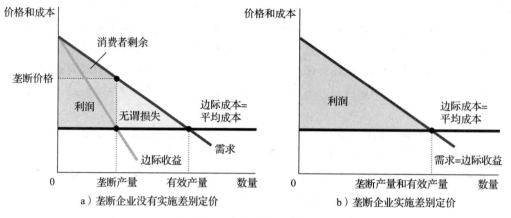

图 16-3　完全差别定价

注：图 16-3a 所示为垄断企业没有实施差别定价的情形，因此只能按单一价格卖出产品。图形显示，为最大化利润，垄断企业将产出定在边际收益等于边际成本的水平上。利润用图中阴影的长方形来表示。给定垄断价格，消费者剩余用上面的阴影三角形表示。产出的经济有效水平位于价格等于边际成本之处。因为垄断企业在价格高于边际成本水平上组织生产，引起的经济效率损失等于图中阴影部分所示的无谓损失。图 16-3b 所示为垄断企业进行完全差别定价的情形，对不同消费者索取不同的价格。这样做时，垄断企业将消费者剩余和无谓损失转变成利润。

完全差别定价改变了经济效率。我们还能说，在这种情况下，差别定价要逊于完全竞争吗？通常我们也可以说，非完全差别定价也能改善经济效率。但是在一定情况下，它可能实际上减损经济效率。所以，我们不能一概而论。

16.2.5　跨时差别定价

企业有时会进行跨时差别定价。对于这种价格策略，当新产品最初进入市场时，企业定出高价，一段时间后再降价。有些消费者是"尝鲜一族"，愿意支付高价成为某种新产品的最早拥有者。这种模式有助于解释为什么蓝光播放机、数码相机、超清电视等最初进入市场时价格非常高。当尝鲜一族的需求满足后，企业通过降价吸引价格更为敏感的消费者。例如，蓝光播放机进入市场 5 年后，价格下降了 95%。随着时间推移，这些产品价格的下降要得益于公司利用规模经济带来的成本下降，有些则是跨时差别定价。

图书出版商通常会使用跨时差别定价来增加利润。小说的精装版价格高，通常在平装版图书上市前几个月上市。例如，格里沙姆的小说《卡米诺岛》（*Camino Island*）在 2017 年 6 月最初上市时的价格为 28.95 美元。2018 年 4 月，平装版上市的价格为 9.99 美元。尽管价差可能有精装版图书成本高的原因，但事实上并非如此。多印刷一本精装版图书的成本大约为 1.50 美元。多加印一本平装版图书的边际成本稍微低一些，大约为 1.25 美元。因此，精装书与平装书之间的价差主要因需求差异。格里沙姆的"铁杆粉丝"希望尽早读到他的新书，所以对价格并不敏感。许多对格里沙姆图书感兴趣的一般读者，如果他的新书价格过高，则会先去阅读其他图书。

如图 16-4 所示，出版商通过区隔市场（这里是通过跨时）来实现最大利润，对于弹性较低的市场索取高价，而对弹性较高的市场索取低价（这个事例类似于我们前面所分析过的图 16-1 所示的电影票价）。如果在 6 月第一版发行时，出版商不出版精装版图书，只是发行定价为 9.99 美元的平装版图书，出版商的收入损失等于购买精装版的读者数量乘以精装版图书与平装版图书之间的价差，即 500 000 ×（28.95–9.99）=9 480 000 美元。

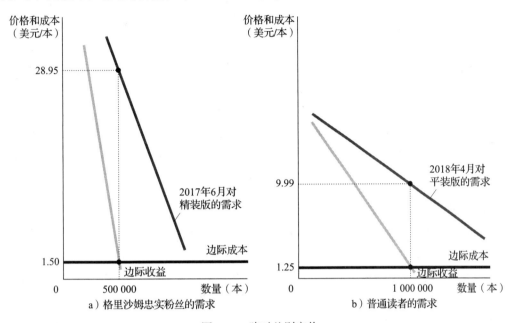

图 16-4 跨时差别定价

注：出版商对畅销小说发行高价格的精装版来满足小说铁杆粉丝的需求。随后，出版商会发行平装版图书以低得多的价格来吸引普通读者。图 16-4a 中，当一本精装版图书的边际成本为 1.50 美元 / 本时，利润最大化销售量为 50 万册，价格为 28.95 美元 / 本。在图 16-4b 中，普通读者的需求更富有弹性，利润最大化的销售量为 100 万册，图书价格为 9.99 美元 / 本。

16.2.6 价格歧视是非法的吗

在讨论垄断时，我们看到国会通过了反垄断法以促进竞争（参见第 15 章）。如果价格歧视的作用是减少行业竞争，那么价格歧视可能是非法的。1936 年，国会通过了《鲁滨逊—帕特曼法》，该法案禁止降低竞争的价格歧视。该法案还包含可以将并非基于成本的所有价格差异解释为非法的措辞。20 世纪 60 年代，联邦贸易委员会根据该法案起诉博登公司，因为博登以两种不同的价格出售相同的甜炼乳。带有 Borden 标签听装以高价出售，而该公司出售给超市的听装被重新包装，因为超市的自有品牌以更低的价格出售。法院最终裁定，博登并未违反法律，因为价格差异增加而不是减少了甜炼乳市场的竞争。近年来，法院狭义地解释了《鲁滨逊—帕特曼法》，允许公司使用本章所述的价格差异类型。

16.3 其他定价策略

除了差别定价之外，企业还会根据商品的特性、市场的竞争程度和消费者的特点，使用其他多种定价策略。在本节，我们将考虑 3 种重要的策略：余数定价、成本加成定价和两部定价。

16.3.1 余数定价：价格为什么是 2.99 美元而非 3.00 美元

许多企业都会使用余数定价，例如，价格定为 4.95 美元而非 5.00 美元，或者 199 美元而非 200 美元。调查表明，超市中 80%～90% 的产品价格以"9"或"5"结束，而非"0"。余数定价已经有很长的历史。在 19 世纪早期，美国的一般商店销售的大部分产品并没有固定的价格。相反，价格经常是通过讨价还价来确定的。大部分新车的价格经常是当日与经销商讨价还价之后确定的。到了 19 世纪后期，大部分产品开始以固定价格销售，余数定价也越来越流行。

对余数定价的起源有两种常见的解释：① 19 世纪从英国进口商品以高质量闻名。当英国产品用英国货币（英镑）表示的价格转换成美元后，价格就有余数。因为消费者将余数与高质量商品联系在一起，甚至一些国内产品，也开始采取余数定价；②余数定价开始于防范雇员偷窃。因为余数价格，雇员不得不找零给顾客，这就减少了雇员私吞顾客钱款而不做销售记录的可能性。

不论余数定价的起源是什么，为什么企业今天仍然使用？最明显的答案是，余数价格似乎便宜了许多（不仅仅是 1 分钱），比如 9.99 美元似乎比 10.00 美元便宜许多。零售业中有些人称之为左数位效应（left-digit effect），这意味着消费者关注价格中的最左数位。但是，消费者有这种幻觉吗？为了得到答案，3 名市场研究者进行了一项研究。经济学家可以通过统计方法估得出需求曲线。如果消费者存在 9.99 美元比 10.00 美元便宜的幻觉，他们在 9.99 美元（以及其他余数价格）时的需求应该比需求曲线预测的数量大一些。研究者调研了消费者在一系列价格水平上购买 6 种不同产品的消费意愿。10 种价格要么是采用分的余数，如 99 美分或 95 美分，要么是采用元的余数，如 95 美元或 99 美元。10 种价格中有 9 种存在着余数价格效应，需求数量要大于需求曲线预测的数量。这一研究提供了一些证据，使用余数定价是有合理经济意义的。

另一项研究是对女性服装发放邮购目录。通过与服装企业合作，一些女性收到的目录是整数的价格，而另一些收到的是有 99 美分的价格。后者购买服装的概率比前者高出 8%。

许多企业已经开始采用得自于行为经济学观点的销售策略。这是一种研究人们做出选择并非总是符合经济理性情形的经济学（参见第 10 章）。余数定价是一种使用已久的策略，与行为经济学所进行的现代分析是一致的。

16.3.2 为什么麦当劳和其他企业采用成本加成定价法

许多企业采用成本加成定价法（cost-plus pricing），即在平均成本之上加上一定的百分比构成产品价格。采用这一定价策略，企业必须首先计算出一定产量水平上的平均成本，产量通常会等于企业预期的销售量。例如，如果平均成本为 100 美元，加成幅度为 30%，产品价格为 130 美元。一家企业会销售多种产品，加成的目的是弥补所有成本，包括那些企业难以具体到某种具体产品上的成本。例如，在麦当劳公司会计和财务部门工作的雇员，他们的工作会体现到所有麦当劳产品上，而不直接体现在"巨无霸"和"开心乐园套餐"上。

◎概念应用 16-2

出版行业中的成本加成定价策略

图书出版公司因为编辑、设计、营销和仓储需要支出大量成本。这些成本很难直接分摊到一本具体的书上。大部分出版公司通过在生产成本上加成一定幅度来确定价格,其中成本被分为工厂成本和制造成本。工厂成本包括书稿的排版、制表或者印刷插图等成本。制造成本包括印刷、纸张和装订的成本。

以如下假想事例为例,斯密出版一本新书《如何不经过实际探索在经济学中取得成功》。我们假定该书有 250 页,出版商预计可卖出 5 000 册,工厂成本和制造成本如下表所示。

工厂成本(美元)		
	排版	3 500
	其他成本	2 000
印刷成本(美元)		
	印刷	5 750
	纸张	6 250
	装订	5 000
生产总成本(美元)		
		22 500

总生产成本为 22 500 美元,印刷数量为 5 000 册,每本书的生产成本为 22 500÷5 000＝4.250 美元。许多出版商对单位生产成本乘以 7 或者 8 作为在书店中销售给消费者的零售价。就目前而言,乘以 7 后每本书的价格为 31.50 美元,加成幅度相当高。但出版商卖给书店的价格一般为 6 折。尽管消费者在书店中每本书付出了 31.50 美元,或者更少一些,但如果是从对零售价打折的书店购入,出版商仅收到 18.90 美元。从书店得到的 18.90 美元与 4.250 美元的生产成本之差用于支付编辑、营销、仓储的费用,以及付给图书作者的版税,还包括其他所有成本,如企业所有者投资的机会成本和所有者所得到的经济利润。

资料来源:Beth Luey, *Handbook for Academic Authors*, 5th ed., New York: Cambridge University Press, 2010.

我们已经知道,通过边际收益等于边际成本来确定利润最大化的产量,并根据消费者购买数量来确定产品价格。成本加成法并不适用于利润最大化,除非成本加成后的价格与由此形成的最后一单位产品的边际收益等于边际成本。经济学家对于成本加成有两种观点:一种观点认为,成本加成简直是一种错误方法,企业应该避免采用;另一种观点认为成本加成法是靠近利润最大化价格的一种好方法,尤其是边际收益或边际成本难以计算的时候。

小企业经常喜欢成本加成法,因为易于操作。不幸的是,有些企业可能会掉进机械使用成本加成法的陷阱,导致确定的价格无法实现利润最大化。成本加成定价法最大的问题是:①忽略了需求的影响;②只是关注平均成本,而不是边际成本。如果在当前的产出水平上,企业的边际成本与平均成本显著不同,成本加成法不可能实现利润最大化。

尽管存在这些问题,一些大型公司仍然采用成本加成定价法,这些公司在成本加成法无法实现利润最大化时,有知识和能力设计更好的定价方法。经济学家认为,在两种情形下,成本加成法可能是决定最优价格水平最好的方法:

(1)当边际成本和平均成本大致相等时;

（2）当企业很难估计需求曲线时。

事实上，大部分大型企业，如汽车制造商，使用成本加成定价法时并非在它们估计的平均成本之上固定加成。相反，它们会调整加成幅度来反映对当前需求最好的估计。大型企业很可能有定价委员会，该委员会根据当前的行业竞争状况和经济情况来调整价格。在经济状况不佳、竞争加剧时，定价委员会可能决定将价格定在显著低于成本加成价格之下的水平。

总之，当企业考虑到需求时，对于价格弹性更大的产品采用低加成幅度，而对价格弹性小的产品采用大的加成幅度。广泛采用成本加成定价法的超市，对于富有弹性需求的产品，一般加成幅度为 5% 到 10%，如软饮料和早餐麦片；对于低弹性需求的产品，加成幅度可高达 50%，如新鲜水果和蔬菜。

16.3.3 怎样利用两部定价法来增加企业利润

有些企业会要求消费者先付费取得购买某种产品的权利，然后再按购买的每单位产品支付。例如，许多高尔夫和网球俱乐部除了每次对使用高尔夫球场和网球场付费外，还要缴纳年费获得会员资格。山姆会员店、好市多就要求消费者在进店购物之前缴纳会员费。移动电话公司，如 AT&T 和 Sprint，有时候收取月租费，然后在通话一定时间后，按每分钟再计费。经济学家称这种价格策略为两部定价法。

迪士尼曾经向游客使用两部定价法，游客进入迪士尼乐园要支付费用，然后游玩公园内每个项目继续付费。加利福尼亚州迪士尼乐园开业初期，入园费用很低，人们必须为每个游乐项目买票。现在，游客进入迪士尼乐园需要支付高的门票费，但每个项目不再收费。图 16-5 可帮助我们理解这种定价策略对迪士尼公司是否更有利。图中的数字只是为了进行计算方便而设定。

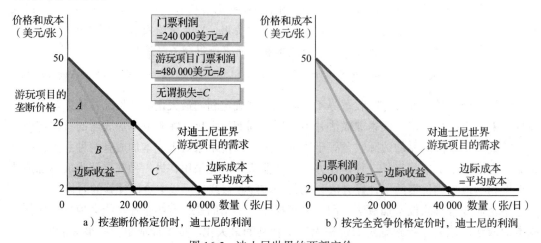

图 16-5　迪士尼世界的两部定价

注：在图 16-5a 中，迪士尼对每张游玩项目门票的垄断定价为 26 美元/张，并卖出 2 万张票。游玩项目票价的利润如图中长方形 B 的面积所示，为 480 000 美元。如果迪士尼公司知道每位消费者愿意支付的水平，它也可以确定门票价格，总的门票收入等于参与游玩项目的消费者总剩余。消费者总剩余用三角形面积 A 来表示，等于 240 000 美元。因此，当按垄断价格定价时，迪士尼公司的总利润等于：480 000+240 000=720 000 美元。在图 16-5b 中，迪士尼按完全竞争价格定价，即 2 美元/张，游玩项目票销售数量为 400 000 张。对游玩项目采用低价格后，迪士尼公司提高了门票价格，这样做大大提高了经营游乐园的总利润水平，即图中的阴影三角形区域，即 960 000 美元。

一旦游客进入公园，迪士尼就具有了垄断地位，没有其他企业在迪士尼世界中经营游玩项目。我们在图 16-5a 中给出的是迪士尼世界中的游玩项目的市场情形。该图看上去像标准的垄断图形（参见第 15 章）（请注意，增加一位游玩者的边际成本非常低。我们假定边际成本为 2 美元，等于平均成本）。很显然，迪士尼公司应该根据边际收益等于边际成本来确定利润最大化的游玩项目的售票数量。在这种情况下，每日售出的游玩项目票数为 2 万张，每张票的价格为 26 美元。迪士尼公司销售游玩项目门票的收入用长方形 B 来表示。该区域的面积等于 26 美元的价格水平与平均成本之差乘以销售的 2 万张票，即 $(26-2) \times 20\,000 = 480\,000$ 美元。迪士尼公司还有第二笔利润来源，即进入公园的门票费。给定 26 美元/张的游玩项目价格，迪士尼公司应该收取的门票费为多少呢？

为简化起见，我们做如下三个假定：①人们进入迪士尼的唯一目的是游玩项目；②所有消费者对游玩项目有相同的个人需求曲线；③迪士尼公司也知道这样一条需求曲线。最后一点，假定迪士尼公司可以实施完全差别定价策略。更加现实一些的假定会使得分析结果有所不同，但对迪士尼公司如何采用两部定价来增加利润的主要观点没有影响。根据这些假定，我们可以使用消费者剩余的概念来计算消费者最高门票费用。消费者剩余等于需求曲线之下、价格线之上的区域面积，用图 16-5a 中三角形 A 来表示。在游玩项目中，消费者支付的门票费用不会超过他们从该项目得到的消费者剩余。在图 16-5a 中，当迪士尼公司确定每位游玩者的费用为 26 美元/张时，总消费者剩余为 240 000 美元（如果你记得三角形面积的计算公式，这一结果容易计算，即 $1/2 \times 底 \times 高$，也就是 $1/2 \times 20\,000 \times 24$）。迪士尼公司确定的门票价格，会使得消费者支出 240 000 美元，这也是游玩项目全部的消费者剩余。因此，迪士尼公司从迪士尼世界获得的总利润等于 240 000 美元门票收入加上游玩项目的利润 480 000 美元，或者说每日 720 000 美元。

这是迪士尼公司通过销售门票和游玩项目所能获得的最大利润吗？当然不是。最关键的一点是，降低游玩项目票价，提高门票价格。降低游玩项目的票价将增加消费者在该项目中所获得的消费者剩余，也就提高了消费者愿意支付更高门票水平的意愿。在图 16-5b 中，我们假定迪士尼公司面对的是一个完全竞争市场，游玩项目的票价等于其边际成本，即 2 美元/张。改变价格增加了消费者剩余以及迪士尼门票价格的最大数量，从 240 000 美元提高到 960 000 美元（我们同样使用了计算三角形面积的公式来计算图 16-5b 中阴影三角形的面积，即 $1/2 \times 40\,000 \times 48 = 960\,000$）。迪士尼公司在游玩项目上的利润减少为零，因为价格等于平均成本。但是迪士尼的总利润从 720 000 美元增加到 960 000 美元。表 16-2 总结了这一结果。

价格等于边际成本为什么成了迪士尼增加利润的来源？迪士尼公司将索取垄断价格时形成的无谓损失（图 16-5a 中三角形 C 的面积）转化成为消费者剩余，随后通过提高门票价格，将消费者剩余转化成公司利润。

当企业使用最优的两部定价法时，请注意如下两点：

（1）因为按价格等于边际成本确定供应量水平，结果是经济有效的。

（2）所有的消费者剩余转化成为利润。

请注意，迪士尼公司实际上推行的是差别定价。正如我们在完全差别定价所讨论的那

表 16-2　不同定价策略，迪士尼公司每日利润水平

（单位：美元）

	游玩项目 按垄断价格定价	游玩项目 按竞争价格定价
门票利润	240 000	960 000
游玩项目利润	480 000	0
总利润	720 000	960 000

样，迪士尼公司采用两部定价法增加了消费者能够购买的数量，在这个例子中，是消费者购买的门票，但消费者剩余已被消除了。尽管看似自相矛盾，但当向消费者收取门票垄断价格时，被拿走的消费者剩余实际上更多。解决这一矛盾的方法是，当迪士尼采用两部定价时，尽管消费者为游玩项目支付了低价，但他们为迪士尼世界支付的总金额却增加了。

迪士尼公司实际上采用的是利润最大化策略，收取高价门票，而对游玩项目收取非常低（甚至零）的费用。如果将游玩价格从零提高到边际成本之上，似乎可增加迪士尼公司的利润。但是，游玩的边际成本如此之低，以至于甚至不用让客人在娱乐项目门口刷 MagicBand 来减慢游玩速度。最后，请注意，迪士尼公司实际上并未将全部消费者剩余转为利润，因为：①消费者的需求曲线并不完全相同；②即使在过去几年通过大数据方法收集信息，迪士尼公司也并不确切知道这些需求曲线。

┆生活与职业生涯中的经济学┆

是否应该对在电影院中看电影收取多种价格

在本章开始时，我们假设 AMC Entertainment 雇用你来管理电影院。无论电影是在下午场还是在夜场放映，如果购票者是学生、老年人或是不同年龄组的人，应该对门票收取统一的价格吗？应该对爆米花始终收取相同的价格吗？

如本章所述，企业努力使用定价策略来增加利润。电影院将根据消费者的支付意愿，尝试向不同的消费者收取不同的价格。如果两个年龄大致相同的人，一人是学生，另一人不是，那么你可能会认为该学生的收入较低，因此其支付意愿也比另一人低，电影院可能会向该学生收取更低的价格。要实施这种形式的差别价格，你可以指示员工要求查看学生证，以确保电影院仅向学生提供折扣。

你在特许摊位实行差别定价是否也有意义呢？学生购买爆米花的意愿也可能较低，你也可以在购买时检查学生证，但与入场券不同，你将很难阻止学生转卖爆米花，学生购买后可将其转卖给不是学生的人。

由于限制电影入场的转售更加容易，因此我们经常看到剧院对不同的群体收取不同的价格。由于很难限制爆米花和电影院其他商品的转售，因此对于这些商品，电影院通常向所有人收取相同的价格。

本章小结

完全竞争行业中的企业必须按市场价格来销售产品。对于其他行业中的企业（当然这是指大型企业），定价是实现利润最大化最重要的策略之一。通过本章学习，我们已经知道，如果企业能够根据消费者不同的支付意愿成功地把消费者区分成不同的人群，企业可以向不同人群索取不同价格来增加自己的利润。

本章概要与练习

PART 6

第六部分
劳动力市场、公共选择和收入分配

第 17 章　劳动和其他生产要素市场

第 18 章　公共选择、税收和收入分配

第 17 章
劳动和其他生产要素市场

:开篇案例:

力拓用机器人采矿

当大多数人想到煤矿和铁矿时,他们描绘的图景是工人戴着灯盔,拿着铁锹和镐头开展工作。总部位于伦敦的矿业公司力拓(Rio Tinto)正在改变这种印象。现在,在澳大利亚内陆地区皮尔巴拉(Pilbara)地区的大型铁矿中,力拓的机器人可以完成许多传统的采矿工作。该公司使用大型机械钻来挖掘铁矿石。计算机控制台上的工作人员在 800 英里外的珀斯市就可以控制作业过程。在矿山中,该公司使用机器收集和装载 76 辆无人驾驶卡车上的矿石,这些卡车会将矿石运上火车,然后运到海岸,再运往国外。由日本小松公司在美国制造的卡车依靠传感器安全地驶入矿井及其周围。该公司目前使用常规火车将矿石运输到海岸进行装运,但它计划推出可以远程操作的无人驾驶火车。

由于计算机技术、全球定位系统和机器人技术的发展,力拓公司能够将机器人引入其采矿业务。该公司的采矿业务是"物联网"的另一个示例,其中设备直接将数据传递到计算机,而不用人为输入数据。为吸引矿工和卡车司机在皮尔巴拉这样的偏远地区工作,力拓不得不支付高昂的工资,通常每年为 10 万美元或更多。这些高工资激励公司采用新机器人技术。

2017 年,力拓首席执行官乔恩·塞巴斯蒂安·雅克估计,与使用驾驶员的卡车相比,无人驾驶卡车的成本降低了 15%。

许多公司已经开始使用新的机器人技术,用资本代替劳动。机器人在制造业中最为普遍,尤其是在汽车组装中。亚马逊计划开设杂货店,这些商店使用摄像头和传感器自动向客户收费,并不需要结账排队。有些人将机器人技术的普及视为对经济的利好,并将带来更高的生活水平。但另一些人则担心,机器人将减少对劳动力的需求,并足以使一些工人永久失业。我们一直使用需求和供给模型来分析商品和服务的市场。就像我们将看到的那样,该模型还可以帮助我们分析与劳动力市场有关的重要问题,包括机器人技术的影响。

资料来源:John Dagge, "Rio Tinto Paves Road to Its Future with Rise of the Robots," heraldsun.com.au, April 12, 2017; Laura Stevens, "Amazon Delays Opening of Cashierless Store to Work out Kinks," *Wall Street Journal*, March 27, 2017; Matthew Hall, "Forget Self-Driving Google Cars, Australia Has Self-Driving Trucks," smh.com.au, October 20, 2014; and Timothy Aeppel, "Be Calm, Robots Aren't About to Take Your Job, MIT Economist Says," *Wall Street Journal*, February 25, 2015.

┆生活与职业生涯中的经济学┆

你什么时候给员工加工资

假设你拥有一家当地的三明治店,而索菲娅是你的员工。她在商店工作了一年,要求加薪。她告诉你,她是一名优秀员工,具有良好的态度和职业道德。她解释说,她已经学会了更快地制作三明治,更准确地跟踪库存,比你刚雇用她时可以更有效地工作。你能给她加薪吗?阅读本章时,请尝试回答此问题。你可以在本章末尾看到我们给出的答案。

企业使用**生产要素**(factors of production),如劳动、资本和自然资源,来生产产品和服务。例如,力拓矿业公司利用劳动力(远程控制其机器人设备的操作员)、资本(无人驾驶卡车和其他机器设备)和自然资源(铁矿石)生产从澳大利亚出口到世界其他国家的铁矿石。在本章中,我们将探讨企业如何选择利润最大化的劳动数量和其他生产要素数量。

有许多不同种类的劳动,也有许多不同的劳动市场。许多职业球员的均衡工资要远远高于大学教授的均衡工资水平。我们将分析其中的原因。我们还要探讨歧视、工会、对危险或不愉快工种提高补贴水平怎样影响工资差异。随后我们将学习部分人事经济学的内容,它主要是利用经济学分析工具来帮助企业设计薪酬体系。最后,我们将分析其他生产要素的市场。

17.1 劳动需求

到目前为止,我们只关注了消费者对最终产品或服务的需求。对劳动的需求与对最终产品或服务的需求有很大的不同,因为这是一种派生需求。所谓**派生需求**(derived demand),是指对生产要素的需求依赖于用生产要素生产的产品需求。你对苹果公司的 iPhone 有需求,是因为你可以从打电话、发送短信、用 Snapchat、玩游戏和听音乐中获得效用。苹果公司对劳动的需求是为了制造 iPhone,是派生于消费者对 iPhone 的需求。因此,我们可以说,苹果公司对劳动的需求主要依赖于两种因素:

(1)苹果公司多雇用一个工人能够增加的 iPhone 产量。
(2)苹果公司销售多生产的 iPhone 可带来的收入增加额。

(事实上,苹果公司的供应商而非苹果公司自身才是 iPhone 的制造者。为简单起见,我们假定苹果公司是制造者。)

17.1.1 劳动的边际收益产品

来考虑一个事例。为了使主要观点表述得更清楚,我们假定在短期,苹果公司只有在增加雇用劳动的情况下才能增加 iPhone 的产量。图 17-1 中的表格给出了苹果公司所雇用的工人数量、每周 iPhone 产量、销售增加的 iPhone 所得到的额外收益(劳动边际收益)、多雇用 1 名工人增加的利润。

为简化起见,我们假定苹果工厂规模非常小。我们还假定,苹果公司所在的智能手机销售市场和雇用劳动市场都是完全竞争的。因此,这两个市场中,苹果公司是价格接受者。尽管这一假定并不符合现实,但如果我们假定苹果可以影响手机的价格和工人的工资,基本的分析不会改变。假设苹果可以以每部 200 美元的价格销售任何数量的 iPhone，也能以每周 600 美元雇用愿意雇用的工人数量。请注意，多雇用 1 名工人所带来的产量增加量被称为**劳动边际产量**（marginal product of labor）（参见第 11 章）。如图 17-1 中的表格所示，我们计算了劳动边际产量，即多雇用 1 名工人带来的总产量变化。因为存在边际报酬递减规律，所以，劳动边际产量也会随着雇用工人数量的增加而减少。

工人数量（人）	每周 iPhone 产量（部）	劳动边际产量（部/周）	产品价格	劳动边际收益产品（美元/周）	工资（美元/周）	多增雇 1 名工人增加的利润（美元/周）
L	Q	MP	P	MRP = $P \times$ MP	W	MRP $-W$
0	0	—	200	—	600	—
1	6	6	200	1 200	600	600
2	11	5	200	1 000	600	400
3	15	4	200	800	600	200
4	18	3	200	600	600	0
5	20	2	200	400	600	−200
6	21	1	200	200	600	−400

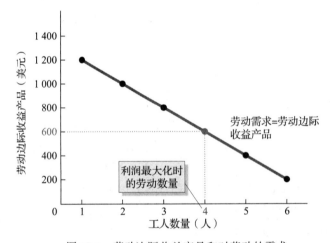

图 17-1　劳动边际收益产品和对劳动的需求

注：劳动边际收益产品等于劳动的边际产量乘以产品价格。边际收益产品曲线是向下倾斜的，这是因为随着雇用工人数量的增长，劳动边际产量收益递减。利润最大化企业雇用工人的数量在劳动边际收益产品等于工资时达到最大。劳动边际收益产品曲线与企业的劳动需求曲线相同，这是因为该曲线表示了企业在每一工资水平上利润最大化时雇用工人的数量。如图中的需求曲线所示，当工资水平为 600 美元时，雇用工人为 4 人。

当决定雇用多少工人时，企业所关注的并非多增加 1 名工人会带来多少产量增加，而是多增加 1 名雇用工人会增加多少收益。换言之，多雇用 1 名工人增加的产品卖出后企业增加的收益才是重要的。我们计算的这一数量被称为**劳动边际收益产品**（marginal revenue product of labor，MRP），通过增加的产量乘以产品价格得出。例如，如果苹果公司雇用的工人数量从 2 名增加到 3 名会发生什么？如图 17-1 中的表格所示，增加第 3 名工人后，苹果公司的 iPhone 产量从 11 部增加到 15 部，劳动边际产量为 4 部 iPhone。每部 iPhone 的价格为 200 美元，第 3 名工人的边际收益产品为 4×200=800 美元。换言之，苹果公司因为多增雇了第 3 名工人，多增加了 800 美元的收益。在图中，我们画出了每一劳动数量对应的劳动边际收益产品的值。

为决定雇用多少工人，苹果公司必须比较增加雇用 1 名工人所带来的额外收益与支付这名工人工资所造成的额外成本。额外增加的收益与额外增加的成本之差就是多雇用 1 名工人额外增加的利润（或亏损）。这种额外增加的利润在图 17-1 中表的最后一列，通过劳动边际收益产品减去工资所得。只要劳动边际收益产品大于工资水平，苹果公司的利润就会增加，并会继续增加雇用工人。少于工资时，苹果公司的利润将下降，应该减少工人的使用。当劳动边际收益产品等于工资时，苹果公司就实现了利润最大化要求的雇用工人的最大数量。苹果公司应该雇用 4 名工人。如果该公司雇用 5 名工人，边际收益产品为 400 美元，比工资 600 美元低，公司利润将下降 200 美元。表 17-1 总结了劳动边际收益产品和工资之间的关系。

表 17-1 劳动边际收益产品与工资之间的关系

当…	企业
MRP>W	为增加利润应增雇工人
MRP<W	为增加利润应减雇工人
MRP=W	雇用工人数最佳，实现利润最大

我们从图 17-1 可以看出，如果苹果公司每周支出的工资为 600 美元，其应该雇用的工人数为 4 人。如果工资上升到 1 000 美元，根据劳动边际收益产品等于工资可实现利润最大化的原则，苹果公司只能雇用 2 人。与此类似，如果工资水平下降到每周 400 美元，苹果公司雇用的工人数为 5 人。事实上，劳动边际收益产品曲线可以告诉企业在每一工资水平上能雇用的工人数。换言之，劳动边际收益产品曲线就是劳动需求曲线。

解决问题 17-1

企业作为价格制定者时如何做出雇用决策

我们假定，苹果公司可以卖出欲售的 iPhone 数量，而无须降价。在完全竞争市场中的企业都是如此。这些企业是价格接受者。假设企业现在有市场势力，是价格制定者，为增加销售必须降价。

假定苹果公司面临的情形如下表所示，填充表格决定实现利润最大化时苹果雇用的工人数量，并简要解释为什么这一数量的工人可实现利润最大化。

（1）工人数量 L（人）	（2）每周 iPhone 产量（部）	（3）劳动边际产量（部/周）	（4）产品价格（美元）	（5）总收益（美元）	（6）劳动边际收益产品（美元/周）	（7）工资（美元/周）	（8）多雇用 1 名工人增加的利润（美元/周）
0	0	—	200			500	
1	6	6	180			500	
2	11	5	160			500	
3	15	4	140			500	
4	18	3	120			500	
5	20	2	100			500	
6	21	1	80			500	

解决问题步骤

步骤 1：复习相关材料。该问题有关企业决定实现利润最大化时的雇用工人数量，请复习"劳动需求"一节的内容。

步骤 2：填充表格。随着苹果公司雇用的工人数增多，该公司将销售更多的

iPhone，获得更多的收益。我们可以用第2列的iPhone产量乘以第4列的价格来计算增加的收益。随后我们可以计算每多雇用1名工人所带来的收益变化和劳动边际产品变化（请注意，在目前情况下，边际收益产品并非边际产量乘以产品价格，因为苹果公司现在是价格制定者，增加销售iPhone所带来的边际收益要低于iPhone的价格）。最后，我们可以计算出多雇用1名工人所引起的利润变化，即用每名工人的边际收益产品减去第7列的工资水平。

步骤3：根据表格信息来决定实现利润最大化所雇用的工人数量。为了决定利润最大化的工人雇用数量，我们需要比较劳动边际收益产品与工资水平。第8列给出了这种比较，即用边际收益产品减去工资。只要第8列的数值为正值，企业应该继续多雇用工人。第2名工人的边际收益产品为680美元，工资为500美元，多雇用第2名工人将增加利润180美元。第3名工人的边际收益产品为340美元，工资为500美元，雇用第3名工人将减少利润160美元。因此，苹果公司雇用2名工人可实现利润最大化。

（1）工人数量 L（人）	（2）每周iPhone产量（部）	（3）劳动边际产量（部/周）	（4）产品价格（美元）	（5）总收益（美元）	（6）劳动边际收益产品（美元/周）	（7）工资（美元/周）	（8）多雇用1名工人增加的利润（美元/周）
0	0	—	200	0	—	500	—
1	6	6	180	1 080	1 080	500	580
2	11	5	160	1 760	680	500	180
3	15	4	140	2 100	340	500	-160
4	18	3	120	2 160	60	500	-440
5	20	2	100	2 000	-160	500	-660
6	21	1	80	1 680	-320	500	-820

17.1.2 劳动市场需求曲线

我们可以按照推导产品市场需求曲线同样的方法（即对消费者在每一价格水平上需求的产品数量进行加总）来推导劳动的需求曲线（参见第10章）。在假定影响企业雇工需要的其他因素不变的情况下，我们可以通过对每一工资水平上每个企业需求的劳动数量进行加总得出劳动市场需求曲线。

17.1.3 导致劳动市场需求曲线移动的因素

在构建劳动需求曲线时，除了工资之外，我们假定所有影响企业对劳动需求意愿的因素固定不变。工资水平的减少或增加会引起对劳动需求数量的增加或减少，表现为沿着需求曲线的移动。如果工资之外的其他因素发生变动，将引起劳动力需求的增加或减少，表现为需求曲线本身的移动。如下五种重要因素可引起需求曲线移动。

1. 人力资本增加

人力资本（human capital）表示的是工人从正式的交易、培训和生活经验中累积获得的知识与技能的增长。例如，一名受过大学教育的工人一般会比只拥有高中文凭的工人具备更多的技能，生产效率也更高。工人受教育程度越高，每日的产量也越多，企业对他们的需求也会提高，这将推动劳动需求曲线向右移动。

2. 技术变革

随着新的更好的机器设备的开发，使用技术的工人的劳动效率会更高。这也会引起劳动的需求曲线随着时间推移而向右移动。

3. 产品价格变化

劳动边际收益产品要受到企业出售产品价格的影响。价格水平越高，边际收益产品也越高，劳动需求曲线向右移动，而价格下降会导致需求曲线向左移动。

4. 其他投入品数量的变化

如果配以更多的机器设备和其他投入品，工人也会产出更多的产品。美国的劳动边际产量要高于大部分国家，因为美国企业为工人提供了更多的机器设备。随着时间的推移，美国工人所使用的其他投入品的数量也在增加，劳动生产率随之提高，这也会引起劳动需求曲线向右移动。

5. 市场中企业数量的变化

如果新企业进入市场，劳动需求曲线将向右移动；如果企业退出市场，劳动需求曲线向左移动。这一结果类似于市场中，消费者的数量增多或减少对产品需求的影响。

17.2 劳动供给

讨论了劳动需求之后，我们现在考虑劳动供给。人们在生活中面临的一项非常重要的权衡取舍是如何分配 24 小时中的劳动和闲暇。在 Snapchat 上发帖、公园散步或其他形式的休闲活动每多花去 1 小时，投入劳动的时间就少 1 小时。我们在休闲中多花费 1 小时，也就放弃了工作 1 小时所得的收入。休闲的机会成本是工资。我们在工作中所获的工资水平越高，休闲的机会成本也越大。因此，随着工资水平的上升，人们往往会减少休闲、增加工作。如图 17-2 所示，对大部分人而言，劳动供给曲线是向上倾斜的。

尽管我们一般会认为，个人的劳动供给曲线是向上倾斜的，但是在很高的工资水平上，个人的劳动供给曲线也可能向后弯曲，也就是说高工资实际上导致了劳动供给数量的减少，如图 17-3 所示。想了解其中的原因，请回忆替代效应和收入效应的定义（参见第 3 章、第 10 章）。价格变化的替代效应是指价格变化后，提价商品相对其他商品变得昂贵。对于工资变化而言，工资上升导致的替代效应是指休闲的机会成本上升，因此工人会投入更多的时间去工作，而减少休闲时间。

价格变化的收入效应是指价格变化后，消费者购买力随之变化，引起对商品需求数量的变化。很显然，工资水平上升后，消费者给定的工作小时时间的购买能力会提高。对正常物品而言，收入效应会导致需求数量增加。因为休闲是正常物品，工资提高的收入效应将导致人们把更少的时间投入工作，更多的时间用于休闲。因此，工资提高的替代效应将导致工人的劳动供给数量增加，收入效应会导致劳动数量减少。工资提高后，工人的劳动供给是增加还是减少，要依赖于替代效应与收入效应的比较。

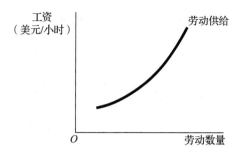

图 17-2　劳动供给曲线

注：随着工资水平提高，休闲的机会成本将变大，个人的劳动供给数量将增加。因此，劳动供给曲线向右上方倾斜。

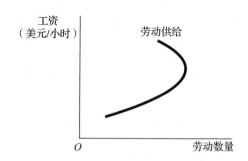

图 17-3　向后弯曲的劳动供给曲线

注：随着工资水平提高，劳动供给通常会增加。当工资上升超过某一水平后，尽管休闲的机会成本很高，但人们能够负担得起更多时间的休闲。这可能会导致工资水平上升后劳动供给减少。

如图 17-3 所示，在低工资水平阶段，替代效应大于收入效应，工资水平提高后工人供给的数量增加；在高工资水平阶段，收入效应大于替代效应，工人的供给数量减少。例如，一名律师非常成功，可以向代理人收取很高的费用。或者一个摇滚乐队变得非常著名，每场音乐会都能获得很高的收入。在这些情形下，律师拒绝下一位代理人的请求而去度长假或者乐队拒绝下一场音乐会的机会成本都会很高。然而，因为他们的收入水平已经很高，他们可能决定放弃进一步获得收入的机会而去休闲度假。在这种情况下，对于律师或者乐队而言，收入效应已经大于替代效应，工资水平提高会导致劳动供给减少。

17.2.1　劳动市场供给曲线

我们可以使用推导产品市场供给曲线同样的方法来推导劳动市场供给曲线。我们可以通过对每一价格水平上厂商愿意供给的产品数量进行加总而得出产品的市场供给曲线（参见第 12 章）。与此类似，我们也可以在假定其他影响劳动者供给意愿因素不变的情况下，对每一工资水平上劳动数量加总而得出劳动市场供给曲线。

17.2.2　移动劳动市场供给曲线的因素

在构建劳动供给曲线时，我们假定所有其他影响劳动者供给劳动意愿的因素保持不变，只有工资可以变动。如果其他因素可以变动，劳动市场曲线将发生移动。下面就是三种引起劳动市场供给曲线移动的重要因素。

1. 人口增加

当人口出生率超过死亡率，或者移民增加时，劳动供给曲线会向右移动。移民对于劳动供给曲线的影响我们将在下一节讨论。

2. 人口结构变化

人口结构是指人口的构成。16～65 岁的人口数量越多，劳动的供给数量越大。在 20 世纪 70 年代和 80 年代，美国劳动力增长迅速，这是由于出生于 1946～1964 年的婴儿潮一代开始参加工作。相反，人口出生率很低的日本已经出现社会老龄化问题。在 20 世纪 90 年代，日本的工作年龄人口实际上开始下降，导致劳动供给曲线向左移动。

与人口结构相关的话题是女性在劳动力中角色的转变。在1900年，美国劳动力中，21%是女性。到了1950年，这一数字上升到30%，2017年上升到57%。女性劳动参与率的增加，显著增加了美国的劳动力供给。

3. 其他工作机会变化

任何一个具体劳动市场中的劳动供给数量，有一部分要受到其他劳动力市场可提供机会的影响。例如，梅西（Macy's）和彭尼等百货商店的销售下降导致这些公司裁员。许多工人离开了实体零售商店进入其他市场，导致劳动供给曲线向右移动。失去工作的人或低收入人群能从政府那里得到失业保险或其他补贴。这些补贴越慷慨，失业工人尽快找到工作的压力就越小。在许多欧洲国家，失业工人从政府获得的补贴占他们工资收入的比重比美国要高得多。许多经济学家认为，慷慨的失业福利可以解释为什么在一些欧洲国家存在高失业率现象。

17.3 劳动市场的均衡

在图17-4中，我们将劳动需求和劳动供给放到一起来决定劳动市场中的均衡。我们可以使用需求和供给模型来分析均衡工资和整个劳动市场雇员水平的变化，我们还可以使用这一模型来分析不同类型的劳动市场，如棒球球员市场或者大学教授市场。

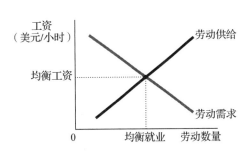

图17-4 劳动市场的均衡

注：像其他市场一样，当劳动供给曲线和劳动需求曲线相交后，劳动力市场实现均衡。

17.3.1 劳动需求变化对均衡工资的影响

在许多劳动市场中，随着时间变化，劳动生产率提高将引起对劳动需求增加。如图17-5所示，如果劳动供给保持不变，劳动需求增加将导致均衡工资和工人数量增加。

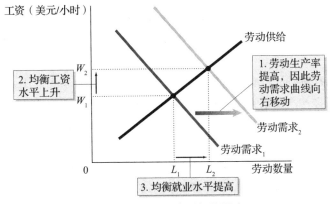

图17-5 劳动需求增加的影响

注：劳动需求增加，将提高均衡工资水平和劳动就业水平。
（1）如果工人的劳动生产率提高，边际收益产品会随之提高，导致劳动需求曲线向右移动。
（2）均衡工资水平从 W_1 提高到 W_2。
（3）均衡就业水平从 L_1 上升到 L_2。

◎概念应用17-1

对大学教育的投资是好主意吗

你支付的大学费用包括学费、书费和其他费用的金钱成本；延迟入职的非金钱机会成本。这值得吗？

大多数人意识到大学教育的价值。如下图所示，2017年，拥有大学学位的25岁及以上的全职工人每周的收入比其他工人多；例如，他们的收入是高中辍学生的2.5倍。大学教育的收入溢价一直持续存在。纽约联邦储备银行经济学家的一项研究估计，从1970年到2013年，大学毕业生的平均年收入比只有高中学历的人的平均年收入高出23 500美元。

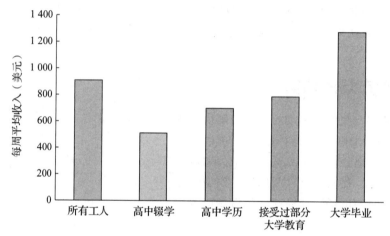

您可以将大学教育的成本视为一项投资，可以增加人力资本，使您对潜在的雇主更有价值，并帮助您在工作期间赚取更高的收入。从这个意义上讲，您对大学教育的投资类似于对股票市场的投资。纽约联储的经济学家估计，普通人每年从大学教育投资中获得的回报是15%，是股票市场投资回报的两倍以上。

这些结果适用于典型的大学毕业生。您对大学教育的投资回报因您选择的大学专业而异。例如，纽约联储经济学家估计，投资大学教育的回报率是，工程专业为21%，商业专业为17%，而文科专业只有12%，教育专业为9%（即使9%的回报也比从股票市场上获得的回报要大）。

得克萨斯大学的丹尼尔和唐纳德的研究表明，无论学生的专业是什么，参加科学和数学课程都会对未来的收入产生很大的影响："如果学生获得15个高等科学和数学课程的学分，并且在这些课程中获得的平均成绩为B以上，比相同专业但没有选修这些课程的学生收入高出15%。"即使调整了学生的SAT分数，该结果仍然成立。

在经济衰退中，当经济中的失业率上升时，与高中毕业生相比，大学毕业生失去工作的可能性较小，工资下降幅度也较小。耶鲁大学的约瑟夫·奥尔顿吉（Joseph Altonji）、丽莎·卡恩（Lisa Kahn）和贾明·斯佩尔（Jamin Speer）的研究表明，在经济衰退期间，拥有某些大学专业经历的人比其他拥有大学专业的人表现更好。例如，在经济不衰退的年份里，经济学专业的收入比所有大学毕业生的平均收入高出约25%。在经济衰退期间，经济学专业的学生的收入下降幅度较小，比普通大学毕业生的收入高出约35%。如果大学毕业是一个不错的经历，那么主修经济学是一个特别好的主意，选修科学和数学课程也不是一个坏主意。

资料来源：Joseph G. Altonji, Lisa B. Kahn, and Jamin D. Speer, "Cashier or Consultant? Entry Labor Market Conditions, Field of Study, and Career Success," *Journal of Labor Economics*, Vol. 34, No. S1, Pt. 2, January 2016, pp. S361–S401; Claire Cain Miller, "A College Major Matters Even More in a Recession," *New York Times*, June 20, 2014; Jaison R. Abel and Richard Deitz, "Do the Benefits of College Still Outweigh the Costs?" Federal Reserve Bank of New York, *Current Issues in Economics and Finance*, Vol. 20, No. 3, 2014; and Daniel S. Hamermesh and Stephen G. Donald, "The Effect of College Curriculum on Earnings: An Affinity Identifier for Non-Ignorable Non-Response Bias," *Journal of Econometrics*, Vol. 144, No. 2, June 2008, pp. 479–491.

17.3.2 移民对美国劳动力市场的影响

在 2016 年总统竞选期间，候选人围绕移民对美国经济的影响进行了激烈辩论。共和党总统候选人特朗普辩称，移民对美国经济产生净负面影响。他提出了减少移民的政策，尤其是跨美墨边境的非法或无证件移民。特朗普总统上任后，他的政府考虑了对美国移民法的几处修改，但截至 2017 年底，情况尚未发生全面变化。

图 17-6 显示了每年合法移民到美国的人数占美国人口的百分比。19 世纪 40 年代爱尔兰马铃薯饥荒期间，大量爱尔兰移民进入美国。始于 1880 年左右的巨大移民浪潮主要由来自南欧和东欧的人们组成，并在 1914 年第一次世界大战爆发后基本结束。战后移民人数增加之后，国会 1924 年通过《移民法》，导致移民增长保持在低水平，直到国会通过 1965 年的《移民法》才放松了限制。1990 年通过的《移民法》提高了合法移民的上限，并导致了移民的短暂增加。近年来，大部分移民来自拉丁美洲，特别是墨西哥，以及亚洲，特别是中国和印度。2015 年，移民出生人口约为 4300 万（包括大约 1100 万无证移民），大约占美国总人口（3.2 亿）的 13.5%。

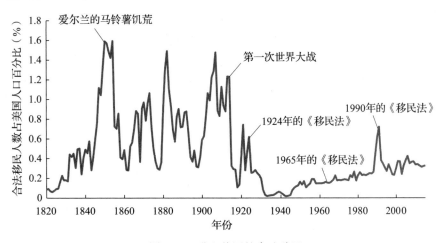

图 17-6 进入美国的合法移民

注：在 20 世纪 20 年代初之前，美国对移民的限制很少。国会立法限制了从 20 世纪 20 年代到 20 世纪 60 年代中期的移民，直到国会通过 1965 年的《移民法》才放松了移民限制。1990 年的《移民法》通过后移民激增。目前，外国出生的居民约占美国人口的 13.5%。

资料来源：U.S. Department of Homeland Security, *Yearbook of Immigration Statistics 2015*, Table 1; and Susan B. Carter et al., eds., *Historical Statistics of the United States, Millennial Edition Online*, Series Aa7.

政策制定者和经济学家一直在讨论移民对美国经济的总体影响。移民的最直接影响是增加了劳动供给。如图 17-7 所示，如果劳动需求没有变化，则移民带来的劳动供给增加将降低均衡工资，同时增加工人数量。

图 17-7 的分析是一种简化情形，因为它假定只有一个国家劳动力市场，实际上，存在许多区域性劳动力市场以及针对不同类型劳动力的不同市场。它还假定移民不会影响劳动力需求，但如果移民创新提高了生产力，就会提高劳动需求，就会产生影响。从 1880 年到 1914 年的巨大移民潮对平均工资产生的影响小得令人难以相信。一些经济学家认为，由于移民导致的劳动供应增加，刺激了汽车及其他行业中高生产率的大规模生产方法的兴起。劳动边际产量的增加导致劳动需求的增加，足以消化劳动力供给的增加，因此平均工资率基本保持不变。经济学家对最近移民如何影响工资的估计各不相同，但有一些共识，移民可能降低了本地出生的低技能工人的工资水平。在移民增加并未影响非技术工人市场劳动需求的假设下，该结果与图 17-7 所示的结果一致。

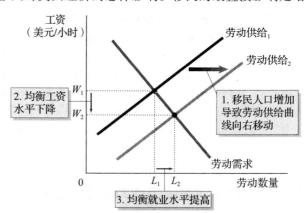

图 17-7　移民导致的劳动供给增加带来的影响

注：劳动供给增加，将导致均衡工资下降，但均衡就业水平会上升。
1. 移民增加导致劳动供给曲线向右移动；
2. 均衡工资水平将从 W_1 下降到 W_2；
3. 均衡就业水平从 L_1 增加到 L_2。

目前，合法移民到美国的人的平均年龄要比本地出生的人要大，并且合法移民是大学毕业生的概率更高一些，而非法移民则更年轻，并且是大学毕业生的可能性要小得多。合法和非法的男性移民比本地出生的男性更容易受雇，而女性移民比本地出生的女性受雇的可能性更低。移民的经济和非经济影响范围之广，无法在本文中进行分析，但包括以下问题：①越来越多的 STEM（科学、技术、工程和数学）工人是移民工人，这些工人对美国取得技术进步做出了贡献；②移民对地方政府的社会服务和学校预算的影响；③新移民与美国社会的融合度；④在美国出生率下降期间，移民在维持人口增长中的作用；⑤移民工人集中在某些行业，包括农业、建筑业、旅馆和餐馆。

◎ 概念应用 17-2

你会与机器人竞争一个职位或一起共事吗

机器人最终将变得足够成熟，以至于可以替代各种职业的工人，你会遇到这种麻烦吗？研究过机器人作用的经济学家对这个问题的回答并不相同。首先，尽管尚未就机器人的定义达成共识，但大多数经济学家都认为机器人是一种资本，可以执行以前只有人才能进行的复杂的活动。因此，如开篇案例所述，力拓使用的自动驾驶卡车是机器人，而个人计算机则不是。

人们担心，随着使用资本的增加，企业将永久减少对劳动的需求，这种担忧至少可以追溯到英格兰的 18 世纪末，当时被称为卢德派（Luddites）的纺织工人在奈德·卢德（Ned Ludd）领导下为挽救他们的工作而捣毁了工厂机器。从那时起，卢德派一词就成为描述反对增加资本的人，因为他们担心资本的增加会导致永久性的工作机会流失。经济学家认为，这些担忧通常源于劳动合成谬误（lump-of-labor fallacy），即认为经济中要做的工作数量是固定的。因此，机器执行的工作越多，人们可以执行的工作就越少。

但是，资本与劳动之间既是互补关系，也是替代关系。例如，尽管随着公司开始使用机器人焊接汽车底盘，一些汽车工人失业了，但其余工人的生产率提高了，因为他们拥有额外的资本可以使用，生产率提高也抬高了工资。实际上，大多数经济学家都认为，今天工人的工资比100年前要高得多的主要原因是，今天的工人生产率更高，因为他们有更多的资本可以与之配合。生产率提高还可以降低公司的成本，从而降低产品价格。价格降低，商品需求数量增加，因此对劳动的需求也增加。

随着越来越多的资本增加涉及与物联网相关的机器人和其他新技术，这种越来越高的生产率和工资水平的长期趋势会继续吗？大多数经济学家对这些新技术将带来更高的生产率和工资持乐观态度，尽管一些经济学家对此持更为悲观的看法。例如，牛津大学的卡尔·本尼迪克特·弗雷（Carl Benedikt Frey）和迈克尔·奥斯本（Michael A.Osborne）估计，多达47%的美国工人可能会因为机器人和其他新技术应用而失去工作。波士顿大学的塞思·本塞尔（Seth Benzell）及其同事认为，尽管机器人带来更高的生产率，并将导致商品和服务价格降低，但这可能会因工人失去当前工作后只能获得的较低工资而抵消。

经济学家还研究了机器人和其他新技术对特定职业的影响。麻省理工学院的戴维·奥特（David Autor）将工人分为三大类：高技能工人、中技能工人和低技能工人。我们可以使用劳动力求和供给分析来解释这三类工人的就业和工资变化趋势。

1. 高技能工人，例如医生、律师、经理人和软件工程师。近年来，这些职业的就业人数和工资水平普遍上升。在这类工人中，机器人和其他新技术通常是对工人的补充。结果，这些工人的生产率水平提高了，企业对他们的需求也增加了。例如，力拓公司大大增加了对具有机械工程和电气工程技能的网络技术人员的需求，以维护与远程操作机器人钻头和卡车。下图显示这一变化，这些工人的需求从劳动需求曲线$_1$向右移动到劳动需求曲线$_2$，导致均衡工资和所雇用工人的均衡数量增加。这些职业的劳动供给曲线可能相对缺乏弹性，因为这些工人需要技能和专门培训（有些人具有高级学位），这意味着要花大量时间才能提高工资，才能显著增加劳动数量的供给。

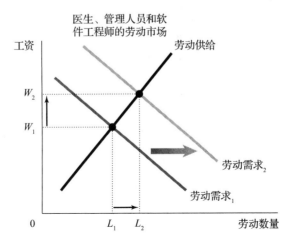

2. 中等技能工人，例如销售人员、办公室工人、木匠、水管工和工厂工人。近年来，这些职业的就业和工资普遍下降。在这一类别中，机器人和新技术通常可以代替工人。例如，力拓矿场的机器人卡车和钻探技术替代了该公司以前雇用的驾驶员和钻探操作员。美国机器人的最大用户是汽车工业。尽管2016年美国汽车销售创历史新高，但汽车制造商达到这一产量水平所使用的工人数量比2000年减少了30%。下图显示这一变化，这些工人的需求曲线从劳动需求曲线$_1$向左移到劳动需求曲线$_2$，导致均衡工资水平和雇用工人均衡数量都减少（但是请注意，对于汽车工人来说，生产力的提高导致工资的提高）。

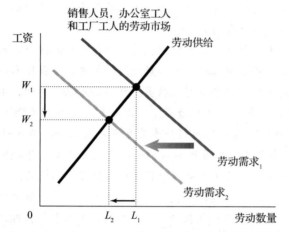

3. 低技能工人，例如食品行业工人、护工、清洁工和空姐。近年来，这些职业的就业普遍增加，但工资却下降了。机器人和新技术对这类工人的影响相对较小。在大多数情况下，机器人并没有取代餐馆服务员、护工和类似人员。新技术无法补充这些工人具体的工作职能（烹饪、清洁、照看老年人）。因此，新技术并未对这些工人的需求产生重大影响（尽管人口老龄化和收入提高增加了对其中一些工人提供服务的需求，为简单起见，我们将忽略这一事实）。下图显示了劳动力需求曲线没有变化。但是，第二类中的一些工人（例如工厂工人和办公室工人）失去工作，已经转移到第三类职业中，导致劳动力供给曲线向右移动，从劳动供给曲线$_1$移动到劳动供给曲线$_2$，导致所雇用工人的均衡数量增加，但均衡工资会降低。

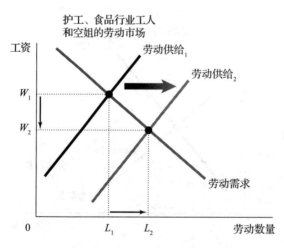

工人和企业适应机器人和其他新技术工作的过程还在进行中，经济学家将继续争论这些技术可能带来的长期后果。

资料来源：Carl Benedikt Frey and Michael A. Osborne, "The Future of Employment: How Susceptible Are Jobs to Computerisation?" www.oxfordmartin.ox.ac.uk, September 17, 2013; Mira Rojanasakul and Peter Coy, "More Robots, Fewer Jobs," bloomberg.com, May 8, 2017; Timothy Aeppel, "What Clever Robots Mean for Jobs," *Wall Street Journal*, February 24, 2015; Seth G. Benzell et al., "Robots Are Us: Some Economics of Human Replacement," National Bureau of Economic Research, Working Paper No. 20941, February 2015; and David H. Autor, "Polanyi's Paradox and the Shape of Employment Growth," in Federal Reserve Bank of Kansas City, *Re-Evaluating Labor Market Dynamics*, 2014, pp. 129–177.

17.4 解释工资差异

我们对劳动市场讨论得出的一个重要结论是，均衡工资等于劳动边际收益产品。工人生产率越高，工业产出销售的价格也会越高，工人得到的工资水平也越高。我们可以通过使用需求和供给模型来分析工资为何不同的情况来扩展这个结论。例如，许多人想知道为什么职业运动员的薪水要比其他大多数工人高得多。图 17-8 显示了美国职业棒球大联盟球员的需求和供给曲线以及大学教授的需求和供给曲线。

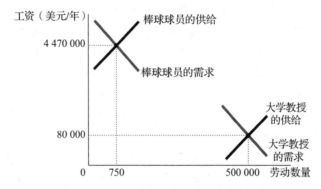

图 17-8　棒球球员的收入高于大学教授

注：棒球球员的边际收益产品非常高，而有能力成为联盟球员的人的供给很少。因此，750 名棒球大联盟球员的平均年薪水平为 4 470 000 美元。大学教授的边际收益产品则低得多，有能力成为大学教授的人员供给相对较高。这导致美国 50 万大学教授平均年薪为 80 000 美元，远低于棒球球员的平均工资水平。

先来看棒球球员的边际收益产品，也就是球队多雇用一名球员带来的收益增加量。雇用棒球运动员是为了进行棒球比赛，然后卖给球迷观看，球迷买票进入棒球馆看比赛，比赛还卖给广播台、电视台、有线电视系统以及网络应用程序转播或进行游戏。因为棒球大联盟的球队可以将每次比赛以更高的价格卖出，棒球球员的边际收益产品也相对更高。有能力参加棒球大联盟比赛的人非常少，因此，2017 年棒球大联盟 750 名球员的平均年薪水平为 4 470 000 美元。

大学教授的边际收益产品比棒球运动员低得多。雇用大学教授来产出教育，卖给学生和他们的父母。尽管许多大学一年的学费也相当高，但是多雇用一名教授最多使大学可多招收几名学生。因此，一名大学教授的边际收益产品比一名棒球球员的边际收益产品低很多。与拥有参加棒球比赛能力的人相比，具备成为大学教授才能的人也相对较多。因此，2017 年 50 万大学教授平均年薪为 80 000 美元。

我们可以使用此分析来回答另一个问题，即为什么最好的职业运动员倾向于最终进入大城市。例如，2017 年，收入最高的棒球运动员是洛杉矶道奇队的投手克莱顿·克肖（Clayton Kershaw），其薪水为 3 300 万美元。为什么道奇队愿意比匹兹堡海盗队或堪萨斯城皇家队等其他球队多付给克肖薪水？克肖的边际产量（我们可以认为这是一支球队雇用他会赢得的额外比赛）在洛杉矶、匹兹堡或堪萨斯城应该差不多，但是他的边际收益产品在洛杉矶会更高。由于道奇队在美国第二大都会区比赛，因此道奇队的球迷人数远远超过匹兹堡或堪萨斯城的球迷人数，因此，道奇队多赢得比赛将会比海盗队或皇家队吸引更多人观看比赛。这也将导致人们在电视或流媒体视频上观看道奇比赛的人数大大增加。因此，道奇队能够以比海盗队或皇家队更高的价格出售克肖带来的额外胜利。这种差异解释了道奇队为何愿意支付比海盗队或皇家队高得多的薪水。

勿犯此错 17-1

请注意，价格和工资是在边际上决定的

你大概已经听说过关于如下评论的不同说法："没有棒球我们可以生活，但是如果垃圾不清理的话，那么无法生活。"在理性世界中，垃圾收集者的报酬应该比棒球球员高。这种说法似乎很合逻辑。对社会而言，清理垃圾的总价值要大于棒球比赛的总价值。但是，工资（价格也一样）不依赖一种价值，而依赖于边际价值。洛杉矶道奇队通过雇用克莱顿·克肖赢得了更多棒球比赛，从而增加了数百万美元的收入。有能力参加美国职棒大联盟的人非常有限。有能力成为垃圾收集者的人很多。如果垃圾处理公司雇用了另一名工人，那么它现在可以提供的其他垃圾处理服务将带来相对较少的收入。棒球比赛的总价值和垃圾搬运的总价值与确定棒球运动员和垃圾收集者的相对薪水无关。

这一点与亚当·斯密在 1776 年的《国富论》中提到的钻石和水的悖论有关。一方面，水非常宝贵。如果没有水，我们简直无法生存，但是水的价格很低。另一方面，除了一些工业用途之外，钻石仅用于珠宝，但价格却很高。通过指出水价低是因为供应量很大，而消费者从最后购买的水中获得的额外收益也很低，因此我们解决了这一矛盾。钻石的价格很高，因为供应量很小，而且消费者从最后购买的钻石中获得的额外收益也很高。

◎ **概念应用 17-3**

技术和"超级明星"的收入

克莱顿·克肖与收入最低的棒球球员之间的收入差距要远远大于 20 世纪 50～60 年代最高收入球员（如米奇·曼特尔和威利·梅斯）与最低收入球员之间的差距。与此类似，明星布拉德·皮特主演一部电影的收入为 3 000 万美元，与那些不起眼的演员获得的收入差距也大大高于 20 世纪 30～40 年代的明星，如克拉克·盖博和加里·格兰特与小角色演员之

间的收入差距。事实上，在大部分体育和娱乐业中，报酬最高的球员或演员，即所谓超级明星，与几十年前相比，相对他们的同行，收入要高出很多。

超级明星的相对收入增加，主要是由于技术进步。由于有线电视的普及，道奇队的潜在观众人数增加了，但许多观众只有在道奇队赢球时才看球。这就增加了道奇队赢得比赛的价值，因此克肖的边际收益产品和他所获得的收入也随之增加了。

随着蓝光碟片、DVD、网络流媒体视频、付费有线电视的应用，电影公司制作一部卖座电影的价值有了很大提升。所以并不奇怪，电影公司愿意向布拉德·皮特、莱昂纳多·迪卡普里奥等明星支付更高的薪水，因为这些巨星明显增加了电影成功的机会。

这一过程已经持续了很长时间。例如，电影发明之前，任何人想看表演不得不走入剧场来观看现场演出，能够看到最好演员表演的人数有限。最好演员与普通演员之间的收入差相对较小。当红电影明星的影片会有数百万人购买或租赁，人们并不会为无名的演员掏太多腰包。如今，当由布拉德·皮特主演的热门电影可以通过 DVD 或流媒体播放时，成千上万的人会购买或租借它，并且他们不会被迫花钱去看那些不太受欢迎的演员。

边际收益产品的差异是解释工资差异的最重要因素，但并不是全部。为了更全面地解释工资差异，我们必须考虑到劳动力市场的三个重要方面：补偿性差异、歧视和工会。

17.4.1 补偿性差异

假定保罗经营一家比萨饼店，但他是出了名的坏脾气老板，经常训斥员工，对员工也不友好。两个街区之外，布伦丹也经营一家比萨饼店，他总是对工人以礼相待。我们可以预计，在这种情况下，保罗必须支付比布伦丹更高的薪水才能吸引和留住工人。对工人因工作不愉快方面补偿造成的工资差异，也被称为**补偿性差异**（compensating differential）。

如果在炸药厂工作与在半导体厂工作需要同样的训练和教育学位，由于炸药厂更危险，大量的工人都愿意到半导体厂工作。因此，炸药厂工人的工资应该高于半导体厂工人的工资。我们可以认为这种工资差异是风险的代价。每个工人决定了他愿意冒多大的风险，然后决定因为冒风险应该给出多少补偿来提高工资，工资将调整到这样的水平，即炸药厂支付的工资足以补偿工人所冒的风险。只有当工人在炸药厂工作得到的工资完全补偿他们认为为此而多承担的风险后，才能吸引足够多的工人来炸药厂工作。

补偿性差异具有的一个意外含义是：工人健康和安全保护法并没有使得工人的状况变得更好。为理解这一点，我们假设炸药厂支付的工资为每小时 35 美元，半导体厂支付的工资为每小时 30 美元，其中的 5 美元工资差异是补偿在炸药厂工作所具有的更大危险性。假设政府通过法令对炸药制造进行规制，以进一步改进炸药厂的安全。这项法律执行的结果是与半导体厂相比，炸药厂不再具有危险性。一旦出现这种变化，炸药厂工人的工资将下降到每小时 30 美元，与半导体厂相同。在炸药厂工作的工人状况变好了还是变差了？在该项法律通过之前，他们的工资为每小时 35 美元，其中的 5 美元是用于补偿他们所冒的更大风险。现在工资仅仅为每小时 30 美元，额外风险消除了。这一结论似乎表明，安全法令的执行结果没有改善工人的福利状况。

只有当补偿性差异确实补偿了工人多冒的风险时，所得结论才是正确的。诺贝尔经济学奖获得者乔治·阿克洛夫（George A.Akerlof）和威廉姆·迪肯斯（William Dickens）认为，认知失调（cognitive dissonance）的心理学原理可能导致工人低估他们的职业风险。根据这一原理，人们认为自己足够聪明和理性，拒绝与他们想象不同的证据。在危险工种中工作的工人似乎并不理性，从事该种类工作的工人拒绝认为他们的工作确实危险。阿克洛夫和迪肯斯给出的证据表明，在化工厂生产苯的工人和在核电厂工作的工人都会低估他们工作的危险性。如果阿克洛夫和迪肯斯是对的，这些工人的工资并没有高到完全补偿他们所冒的风险。因此，在这种情况下，安全法令还是改善了工人的状况。

17.4.2　歧视

表 17-2 显示，美国白人男性的平均工资水平要高于表中所列其他人群。对此现象一种可能的解释是**经济歧视**（economic discrimination），这是指基于种族和性别等一些不相关的个人特质，雇主支付较低工资或者拒绝某些人从事某种职业。

如果雇主对于高薪工作只雇用白人男性，或者从事同样的工作，白人男性获得的工资高于其他人群，白人男性群体就会获得更高的薪水，如表 17-2 所示。根据《公平工资法》（1963 年）和《民权法案》（1964 年），拒绝某些人群从事某种工作或者对某些人群支付比其他人群更高的工资都是违法的。尽管如此，一些雇主可能无视法律进行经济歧视。

表 7-2　为什么白人男性收入水平高于其他群体

群体	周薪（美元）	群体	周薪（美元）
白人男性	1 025	西班牙裔男性	725
白人女性	827	非洲裔女性	672
非洲裔男性	756	西班牙裔女性	623

注：这些数值是 25 岁及 25 岁以上的全职工人每周工资的中位数收入。
资料来源：U.S. Bureau of Labor Statistics, "Usual Weekly Earnings of Wage and Salary Workers, First Quarter 2017," April 18, 2017.

大部分经济学家认为白人男性与其他群体的工资差距部分是由歧视造成的，部分可由如下三种主要因素来解释：

- 教育程度差异。
- 工作经验差异。
- 职业偏好差异。

1. 教育程度差异

白人工人与非洲裔工人收入的部分差距可由教育程度差异来解释。从历史上看，非洲裔美国人和西班牙裔美国人的受教育程度低于白人。经过多年努力，差距在显著缩小，但尚未完全消除。与非裔美国人或西班牙裔学生相比，公立高中按时毕业的白人学生所占比例更高。同样，25 岁及以上大学毕业的人口中白人占的比例比非裔美国人或西班牙裔人口所占的比例更高。研究表明，不同水平的教育可以解释不同族裔收入之间差距的很大一部分。教育水平的某些差异可能反映了政府过去和当前未能提供平等的教育机会。

2. 工作经验差异

女性在生完孩子后比男性更有可能离开工作一段时间。生育几个孩子的女性有时会几次中断工作。一些女性直到孩子上学之前都会离开工作。因此平均来看，在同样的年纪，生育小孩的女性的工作经验要逊于男性。一般来说，工作经验越丰富的工人，其生产率也越高，因此，工作经验的差异可以解释部分男性和女性的工资水平差异。支持这一解释的一些证据表明，已婚女性要比已婚男性薪水低25%，但没结婚的女性（其职业生涯也不会被打断）比从未结婚的男性低大约9%。

3. 职业偏好差异

男性和女性的职业类型存在着显著的差异：
- 女性在90%以上的低薪职业中出现，如幼师、牙医助理、托儿所老师。
- 男性在90%以上的高薪职业中出现，如航空公司飞行员、工程管理和电工。

尽管更多女性从事低薪工作和更多男性从事高薪工作部分是由于歧视所致，但有可能反映了职业偏好差异。例如，因为许多女性在产子后职业会被打断，至少在短期是这样，所以她们更有可能去从事那些工作经验要求不高的行业。许多女性很可能去从事诸如教师之类的工作，这样下午小孩放学回家后，她们也能在家。

4. 度量歧视的难度

当两个人的工资不同时，歧视可作为解释的理由。但是，生产率差异和偏好差异也是原因。劳动经济学家曾经试图度量非洲裔工人和白人工人、男性和女性之间的工资差异中多少是由于歧视造成的，多少是由其他因素来解释。面临的难题是，如何准确度量人们的生产率差异或偏好差异。因此，我们无法确切知道经济歧视在当今美国的程度。

解决问题 17-2

"同工同酬"的法律是缩小男女收入差异的良策吗

正如我们已知道的那样，或者因为歧视，或者因为偏好差异，某些职业主要由男性从事，而另一些职业则主要由女性承担。总体来看，男性职员的工资要高于女性职员。一些评论人士认为，如果根据教育水平、技能水平以及工作条件等要求来衡量，许多男性职员的工资水平也是高于女性职员的。这些评论人士认为，如果政府要求雇主做到同工同酬，男性和女性的工资差至少可以部分被缩小。许多经济学家怀疑这项提议，因为他们相信，市场决定的工资水平才是更加有效的结果。

假设目前支付给电工的市场均衡工资为每周800美元，牙医助理的市场均衡工资为每周500美元。"同工同酬"的法律通过后，一项研究发现，电工和牙医助理是大致相当的工作，也就是说要求雇主现在对两种职业支付每周650美元的工资。请分析该项要求对电工和牙医助理市场需求的影响。请画出需求供给图形来说明。

解决问题步骤

步骤1：复习相关材料。该问题是关于经济歧视的话题，请复习"歧视"一节的内容。

步骤2：画出图形。当政府限定市场价格后，根据政府设定的价格高于竞争市场的均衡水平还是低于市场均衡水平（参见第4章），分别会出现过剩和短缺现象。当每周工资为650美元时，低于电工工资的市场水平，而高于牙医助理的市场工资水平。因此，我们预计，该项规定会造成电工短缺、牙医助理过剩的局面。

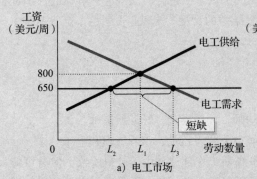

a) 电工市场

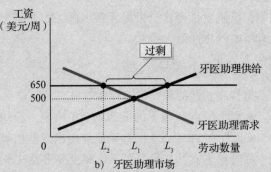

b) 牙医助理市场

在图a中，没有实行"同工同酬"法律之前，电工的均衡工资水平为800美元，电工的均衡雇用数量为L_1。当设定电工工资水平为低于均衡水平的650美元/周时，该职业的劳动供给数量从L_1减少到L_2，但对劳动的需求数量则从L_1增加到L_3。结果造成电工短缺的数量等于L_3-L_2，如图a所示。

在图b中，没有实行"同工同酬"法律之前，牙医助理的均衡工资水平为500美元/周，牙医助理的均衡雇用数量为L_1。当设定的牙医助理工资水平为高于均衡水平的650美元/周时，该职业的劳动供给数量从L_1增加到L_3，但对劳动的需求数量则从L_1减少到L_2，结果造成过剩（L_3-L_2），如图b所示。

进一步解释

大部分经济学家对政府试图确定工资和价格的做法持怀疑态度。那些支持同工同酬法案的人士则将男女工资差异，主要看成是歧视所造成的，要求政府通过法律来解决。

◎概念应用17-4

格雷戈比贾马尔更容易找到工作吗

准确度量经济歧视的一个难题是，对比的两名工人不仅存在种族和性别差异，而且对雇用者看重的影响生产率的特质也应有差异。如果雇用工人A而不雇用工人B，是因为A是白人男性，而B是非洲裔女性，还是因为A和B之间的其他特质呢？

芝加哥大学的贝特朗·玛丽安和哈佛大学的森德希尔·穆莱纳桑找到一种灵活的方法对经济歧视进行了解析。他们对报纸上招工的广告投递相同的简历，一半简历的签名读起来像非洲裔美国人，另一半简历的签名读起来像白人。换言之，这些假想的人的特质完全相同，除了他们的名字。如果不存在歧视，签名读起来像非洲裔美国人的简历，得到工作面试的机会与签名读起来像白人的简历可能性应该相同。贝特朗与穆莱纳桑向许多做广告招工的雇主发出了5 000多份简历，招工的职业有销售、行政助理、文书、客户服务等。他们发现，雇主对读起来像白人的人提供的面试机会要比像非洲裔美国人的机会多50%。

一些经济学家对于贝特朗与穆莱纳桑的研究以及其他类似的研究是否表明了雇主存在歧

视行为提出了质疑。他们认为，雇主可能认为，典型的白人申请人和非洲裔申请人有不同的特质，这些并不包括在简历中，但是会影响到企业的生产率。然而，贝特朗与穆莱纳桑在提交简历时使用的是相同的人为编造简历，其中罗列了求职者人为相关的所有特质。贝特朗与穆莱纳桑认为，他们的实验表明："在美国劳工市场中，因为种族不同而被差别对待似乎仍然很突出。"

资料来源：Marianne Bertrand and Sendhil Mullainathan, "Are Emily and Greg More Employable Than Lakisha and Jamal? A Field Experiment on Labor Market Discrimination," *American Economic Review*, Vol. 94, No. 4, September 2004, pp. 991–1013; and David Neumark, "Detecting Discrimination in Audit and Correspondence Studies," *Journal of Human Resources*, Vol. 47, No. 4, Fall 2012, pp. 1128–1157.

5. 歧视得到回报了吗

许多经济学家认为，从长期来看，市场可以消除经济歧视。一个原因是，推行歧视的雇主为此受到了经济上的惩罚。我们来看为什么。考虑一个简单的事例。假设男女有相同的资格成为航空飞行员，开始时航空公司没有性别歧视。如图17-9所示，我们将航空公司分成两类：航空公司A、航空公司B。如果两类航空公司都没有歧视，我们可以预计对男女飞行员都会同样支付每周1 100美元的工资。现在假设航空公司A决定不遵守规定并实施歧视，解雇了所有的女性飞行员。这种行为导致了飞行员供给人数减少，如图17-9a所示，这将推动工资水平从每周1 100美元上升到1 300美元。与此同时，被公司A解雇的女飞行员到公司B去求职，对公司B而言，飞行员供给增加，均衡工资水平将从每周1 100美元降低到900美元。所有的女飞行员最终将会被没有歧视的航空公司雇用，但支付的工资将低于实行性别歧视的航空公司所雇用的男性。

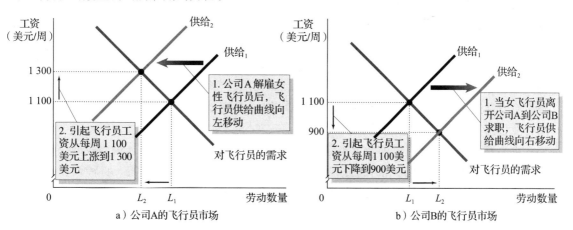

图17-9 歧视与工资

注：在这个假想的事例中，我们假定开始时，公司A和公司B都没有性别歧视。因此，男女飞行员在两公司获得同样的工资，每周1 100美元。我们假定A公司实行歧视，解雇了所有的女性飞行员。图17-9a所示为歧视导致公司A的飞行员供给减少，公司A支付给飞行员的工资水平从每周1 100美元上涨到每周1 300美元。在图17-9b中，歧视造成公司B的飞行员增加，公司B支付给飞行员的工资水平从1 100美元下降到900美元。所有的女飞行员全部被没有实行歧视的公司雇用，支付的工资水平也低于实行歧视公司付给男性的工资水平。

这种情形无法持续下去，原因有二：第一，在公司B中的男飞行员也只能接受低工资。因为工资水平低，这些男飞行员会辞职并到公司A求职，这将引起公司B飞行员的供给曲线向左移动，而公司 A 飞行员的供给曲线向右移动。第二，公司 A 以每周 1 300 美元雇用的飞行员并不比公司 B 以每周 900 美元雇用的飞行员有更高的生产率。结果，公司 B 的成本会更低，有能力降低价格。最终，价格更高的公司 A 的客户将弃 A 转向 B，公司最终退出行业。市场对于实行歧视的航空公司做出经济惩罚。因此，歧视不可能持续下去，男性和女性飞行员的工资最终将相同。

我们能从这个分析中得出市场竞争会消除所有经济歧视的结论吗？不幸的是，这种乐观的结论并不完全准确。《民权法案》通过之前，美国部分公司拒绝雇用非洲裔工人。这种做法持续了几十年，非歧视竞争者并没有将那些实行歧视的企业挤出行业。这是为什么？有三种重要的因素可以解释：

（1）**工人间的歧视**。在有些情形下，白人工人拒绝与非洲裔工人一起工作。因此，有些行业，如在南方的一些重要纺织行业，所有的工人都是白人。因为白人工人的歧视，想雇用低成本非洲裔劳动的企业雇用的工人就全部是非洲裔。一些企业家曾经尝试这么做。但是，因为非洲裔工人已经被这些行业排除在外，他们经常缺乏成为有效劳动力的技能和经验。

（2）**消费者歧视**。一些白人消费者不愿意购买那些雇用了非洲裔工人的公司生产的产品。对于制造业来说，这种歧视并非什么重要壁垒，因为消费者不知道产品是什么人种的工人生产的。然而，对于那些工人与公众直接接触的行业来说就成了问题。

（3）**负反馈回路效应**。我们在图 17-9 的分析中假定，男性和女性飞行员能力相同。然而，如果歧视造成一些群体的成员难以在某些行业找到就业机会，那么他们就不会接受进入某种职业的培训。我们来看一个法律职场上的故事。1952 年，未来将成为最高法院大法官的桑德拉·奥康纳从斯坦福大学法学院以班级第三名的成绩毕业，成了《斯坦福法学评论》的一名编辑，但是很长一段时间她不能够获得一份律师职业，因为当时许多律师事务所不会雇用女性。面对这样暗淡的就业前景，并不奇怪为什么进入法学院读书的女性很少。因此，那些不进行歧视的律师事务所也无法以较低工资雇用女性律师，并利用自己的低成本优势将那些实行歧视的律师事务所挤出行业。请注意，这种情形与前面所讨论的航空公司事例有所不同。在当前这种情形下，负反馈回路效应发挥作用：因为许多律师事务所歧视女性，因此很少有女性想成为律师，那些不进行歧视的律师事务所无法将那些实行歧视的律师事务所挤出行业，因为可供聘用的女律师太少了。

许多经济学家同意，市场会对实行歧视的企业做出经济惩罚。但是，因为我们讨论的这些因素存在，市场可能需要很长时间才能完全消除歧视现象。《民权法案》将种族和性别歧视认定为非法，已经极大地加速了美国减少经济歧视的进程。

17.4.3　工会

工人的工资差异也受到是否为工会会员的影响。**工会**（labor union）是雇员组织，具有与雇主就工资和工作条件讨价还价的法定权利。该组织如果不能与公司达成协议，它有权发出罢工号召，这就意味着工会成员可拒绝工作，直到达成协议。行业工会（industrial unions），例如美国汽车工人联合会，试图将一个行业中的所有或大多数工人组织成一个工会。诸如国际电气工人兄弟会之类的手工艺工会，将具有特定技能或受过某种培训的工人组织起来，这些工人可能在各个不同的行业中工作。2017 年，约有 6% 的私营部门工人和

34%的公共部门工人是工会会员。与大多数其他高收入国家相比，美国参加工会的劳动人数比例较小。

2016年，参加工会的美国工人每周平均收入1 004美元，而不参加工会的工人的平均收入为802美元。工会会员比非工会人员收入更高吗？答案似乎是这样，但许多工会工人主要在汽车制造这类行业，他们的收益产量本身就高，即使不加入工会，他们的工资水平也相对较高。那些试图从统计上估计成为工会会员对工资影响的经济学家已经得出结论，即在其他因素不变的情况下，成为工会会员后工资水平约高出10%。

17.5 人事经济学

传统上，劳动经济学家关注的话题是工会对工资的影响，或者随着时间的推移，平均工资水平变化的决定因素。他们很少关注分析人力资源话题，也就是关注企业怎样招工、培训、提职以及制定薪酬等。近几年，一些劳动经济学家，如斯坦福大学的爱德华·拉齐尔（Edward Lazear）、田纳西大学的威廉姆·纳尔逊（William Neilson）已经开始探索将经济分析应用于人力资源分析。最新的领域，被称为**人事经济学**（personnel economics）。

人事经济学分析的是职业差异与工资差异之间的联系。不同职业会有不同的技能要求，也要求工人之间进行不同的交流。企业设计薪酬政策时需要考虑到不同职业之间的差异。人事经济学也分析其他与人力资源相关的政策，如提职、培训和年金。在这里的简略介绍中，我们只关注薪酬政策。

17.5.1 工人应该按投入计酬还是按产出计酬

人事经济学讨论的一个话题是，应该按工人付出的时间计酬（straight-time pay），还是应该按提成或计件付酬（commission or piece-rate pay），前者是依据每小时、每周或每个月支付一定数量的工资，后者是按照工人的产出数量来付酬。

假设安妮经营一家汽车经销店，正在考虑以什么样的方式向销售人员付酬：每周支付800美元，或者每销售1辆车提成200美元。图17-10比较了两种付酬方式下根据所销售的汽车数量，销售人员所得到的报酬。

根据按时计酬方法，不管销售情况如何，销售人员每周获得800美元，即图17-10中用直线表示的情形。如果每销售一辆车，得到200美元提成，销售人员的报酬会随着销售量的增加而提高，如图17-10中向上倾斜的直线。如果销售人员每周销量少于4辆，按照计时付酬方法每周获得800美元会相对好一些。如果销售人员每周销量多于4辆，按每辆200美元提成的方法则更好一些。我们可以看出，安妮如果采用提成方法而非计时方法至少有两个好处：将会吸引和留住生产率最高的雇员，也将对雇员增加销量提供更大的激励。

假设其他的汽车经销商都是每周支付800美元。如果安妮采用提成方式，每周销量无法达到4辆的雇员到竞争对手那里将提高收入，而竞争对手中每周销量超过4辆的雇员在安妮这里将提高收入。随着时间的推移，生产率低的雇员将离开安妮，而她则可以雇用到生产率更高的雇员。

提成方式也激励了安妮店中销售人员去销售更多的汽车。如果安妮采用计时付酬方式，不管卖出多少辆汽车，都能获得同样的收入，那么在炎热和寒冷的日子，他们不会努力外出寻找更多的潜在客户，而是待在办公室中。如是提成方式，雇员知道如果能卖出更多的车，他们也将获得更多的报酬。

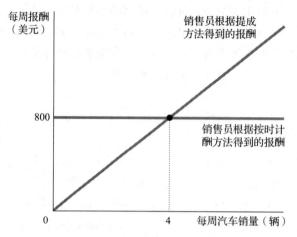

图 17-10　按时计酬与按提成方法支付给销售人员的报酬

注：该图比较了每周 800 美元的按时计酬方法与每销售一辆车获得 200 美元的提成方法。按时计酬方法，无论卖出多少辆车，每周可以得到 800 美元，即图中用直线表示的情形。如果每销售一辆车，得到 200 美元，销售人员的报酬会随着销售量的增加而提高，如图中向上倾斜的直线。如果每周销量少于 4 辆，每周获得 800 美元会相对好一些。如果每周销量多于 4 辆，按每辆 200 美元提成的方法更好些。

◎概念应用 17-5

销售隐形眼镜的更好方法

许多公司依靠销售人员来销售产品。据一项估计，公司支付给销售人员的费用大约是广告支出的三倍。公司很难获得有关销售人员如何对不同补偿方式做出反应的证据。造成困难的部分原因是公司通常不愿与公司外部人员讨论其薪酬计划的细节，部分原因是，考虑到其他可能影响企业销售的因素，企业薪酬计划与其销售之间的联系难以确定。

罗切斯特大学的桑乔·米斯拉（Sanjog Misra）和斯坦福大学的哈里克什·奈尔（Harikesh Nair）在一项研究中克服了其中的一些困难，一家大型隐形眼镜制造商同意向他们提供公司的薪酬计划的详细信息，以及各个销售人员获得的补偿和销售的详细数据。该公司雇用销售人员向眼科医生和眼镜商销售其隐形眼镜。公司无法密切监视销售人员的工作，因此需要依靠薪酬计划来激励这些人员。销售人员可以获得薪水，并且还可以按分配的季度销售镜片数量配额获得销售佣金。但是，该佣金是有上限的，因此销售人员不会收到超出上限金额的镜片销售佣金。公司经常使用上限来避免支付可称为"横财"的佣金。在推出新产品时这种佣金被证明是存在的，新产品非常受欢迎，即使公司销售人员没有付出多少努力，销售额也会急剧上升。如果销售人员的销量不断超过配额，该公司也可能会提高配额标准。提高产量配额有时被称为"棘轮"。

米斯拉和奈尔发现，该公司的薪酬计划效率低下。在季度结束之前，销售人员似乎为了完成他们的销售配额才会更努力地工作。达到配额后，他们的工作量似乎也减少了。研究人员发现，销售人员通常不愿超过配额，因为他们担心公司会在未来几个季度提高他们的配额。

为了改善效率低下问题，米斯拉和奈尔建议该公司取消销售配额和奖金上限，并转而采用包括直接销售佣金的奖励计划。该公司接受了该建议，新计划实施后，销售额增长了20%以上，每个季度每个销售人员的销售额增加将近80 000美元。新计划下，报酬提高成功地激发了销售人员的工作热情。公司收入的增加远远超过了奖金带来的费用增加，公司利润因此也增加了6%。

社会学家有时会怀疑，货币激励措施是否会提升工人的劳动生产率水平。这家隐形眼镜公司的经验清楚地表明，工人对增加工作量以换取更高报酬的机会做出了积极反应。

资料来源：Sanjog Misra and Harikesh S. Nair, "A Structural Model of Sales-Force Compensation Dynamics: Estimation and Field Implementation," *Quantitative Marketing and Economics*, Vol. 9, No. 3, September 2009, pp. 211–257.

17.5.2 薪酬制度设计中的其他考虑

到目前为止的讨论表明，采用提成制或计件制的薪酬制度比按时计酬制度对企业更有利。事实上，许多公司继续执行按时计酬制度，这意味着它们对工人支付工资是根据工作时长而非工作产出。企业选择薪酬制度会考虑如下方面的原因。

1. 产出贡献难以度量

企业通常很难将工人对产品的具体贡献区分清楚。例如，一个工程企业完成的一项工程是由工人团队来做的，每个个体的贡献很难区分开来。再如，对于汽车行业使用的生产线，每名工人的产出数量是由生产线的速度所决定的，速度快慢是由管理者而非工人来设定的。许多企业的管理者承担大量的任务，如果想对产量进行度量（假设能进行度量）将耗时费力。

2. 对质量的担心

如果工人是按照产品数量来计酬，他们将不太关心产品质量。一名办公助理的工作如果是根据打印的文件数量来计酬，对于文件有多少错别字他就不太关心。在某些情形下，通常有方法避免这些错误，比如要求助理用自己的时间改正错误，不计报酬。

3. 工人不喜欢冒险

计件制薪酬或提成制薪酬加大了工人的风险，因为有时候产出的下降与工人的努力程度无关。例如，在天寒地冻的冬日，光顾安妮汽车店的顾客会很少。尽管他们自己没有什么不对，但是销售人员在销售汽车方面仍会面临巨大困难。如果按时计酬，他们的收入不会受到影响；但是如果是提成制，他们的收入减少很多。从另一方面讲，按时计酬，安妮也面临更大的风险。在严冬之时，如果实行按时计酬制度，销售不畅，但支付的工资成本仍然会居高不下。如果采用提成制，其工资成本将会随着销售额的下降而减少。但企业所有者一般会比工人承受更大的风险。因此，有些企业发现，尽管在提成制度上可获得更高收入，但工人们仍然偏好按时计酬制以减少承担的风险。在这种情况下，与提成制或按件计酬相比，降低支付的工资可以降低企业的工资成本支出。

人事经济学是一个相对崭新的领域，但是对企业有效解决人力资源问题有很大的帮助。

17.6 资本和自然资源市场

我们所使用的用于分析劳动市场的方法也可以适用于其他生产要素。我们已经知道，对劳动的需求决定于劳动边际收益产品，因为企业多雇用一单位工人所得到的价值等于企业因增加雇用工人额外多生产的产量。对资本和自然资源的需求用类似的方法来决定。

17.6.1 资本市场

物质资本包括机器、设备和建筑物。企业有时也购买资本，但我们主要集中在企业租赁资本的情形。一个巧克力制造商租用仓库，或者一个航空公司租赁飞机，都是企业租赁资本的例子。与劳动需求一样，对资本的需求也是派生需求。例如，当企业考虑增加资本时，可以多租赁一台机器，公司所得到的价值等于租赁机器后多生产的产品出售后所得到的收益增加额。资本的边际收益产品（marginal revenue product of capital），等于企业多使用一单位资本而带来的企业总收益的变化。我们已经知道，劳动边际收益产品曲线是对劳动的需求曲线。与此类似，资本边际收益产品曲线也是对资本的需求曲线。

企业生产资本品时面对的是边际成本递增，因此资本品的供给曲线是向右上方倾斜的。图 17-11 所示是资本市场的均衡。在均衡实现时，资本的供应者获得的租金价格等于资本的边际收益产品，这就如同劳动的供给者得到的工资等于劳动的边际收益产品一样。

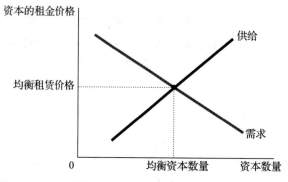

图 17-11 资本市场的均衡

注：资本的租赁价格是由资本市场供给与需求所决定的。在均衡实现时，资本的租赁价格等于资本的边际收益产品。

17.6.2 自然资源市场

我们可用分析劳动和资本市场同样的方法来讨论自然资源市场。当企业考虑使用更多的自然资源时，企业得到的价值等于购买自然资源后多增加的额外产量带给企业收益的增加额。企业多使用一单位自然资源后（如一桶石油），自然资源边际收益产品会随着企业收益的变化而变化。自然资源边际收益产品曲线也是自然资源的需求曲线。

尽管自然资源的总量是固定的，正如幽默作家威尔·罗杰斯所写的那样，"购买土地，它们无法再被造出更多了"，但在许多情况下，供给数量会随着价格的变化而变化。例如，尽管世界石油的总储量是固定的，但随着石油价格的上升，特定时期的石油供应数量会增加。结果如图 17-12a 所示，供给曲线向上倾斜。但在某些情况下，自然资源的供给数量是固定的，不会随着价格的变化而变化。比如，黄金地块的土地就是固定的。如图 17-12b 所示，我们用垂直的供给曲线来表现这种情形，即完全无弹性。固定供给生产要素的所有者得到的是**经济租金**（economic rent）。在这种情况下，要素的价格完全由需求决定。例如，一条新建的高速公路大大缓解了此前繁忙路段的交通，对这一地区土地需求下降，土地的价格也会下降，但土地的供给数量没有变化。

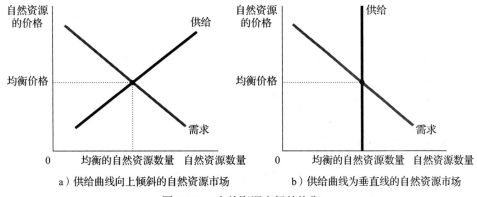

a）供给曲线向上倾斜的自然资源市场　　b）供给曲线为垂直线的自然资源市场

图 17-12　自然资源市场的均衡

注：在图 17-12a 中，自然资源的供给曲线是向上倾斜的。自然资源的价格是由供给和需求曲线交叉时决定的。在图 17-12b 中，自然资源的供给曲线是垂直线，表明自然资源的供给数量不会随着价格水平的变化而变化。在这种情况下，自然资源的价格完全由需求决定。垂直供给曲线生产要素的价格被称为经济租金或纯租金。

17.6.3　买方独家垄断

我们已经分析过完全垄断情形，即一家企业是一种产品或服务的独家卖者（参见第 15 章）。如果一家企业是一种生产要素的独家买者又会如何呢？这种情形被称为**独家买者**（monopsony），相对较为少见。一个事例是在一座位置偏僻的城市，如华盛顿州或者俄勒冈州一座小镇上的木材加工厂，是当地劳动的唯一雇用者。在 19 世纪和 20 世纪初，在西弗吉尼亚一些小镇上的煤矿也是唯一雇工的企业，在夏威夷的一些小岛上，一些菠萝种植园也是唯一的雇主。在上述情形下，拥有工厂、矿山或者种植园的人，也把持着小镇上的商店和其他商务活动。工人们要么选择为小镇上的唯一雇主工作，要么转移到其他小镇。

在产品市场上的垄断者，利用其市场势力，减少产品供给量，推升产品价格，以增加利润。在生产要素上的买方垄断者也会使用同样的策略：其将限制生产要素的需求数量，压低要素价格来获利。在劳动市场中具有买方垄断地位的企业，将会雇用更少的工人，支付比竞争市场中更低的工资。因为雇用的工人比在竞争市场中人数少，买方垄断也会导致无谓损失。卖方垄断和买方垄断对经济有类似的影响：与竞争市场相比，在两种情形下，企业的市场势力势必会导致均衡数量减少，造成无谓损失和经济效率减损。

在某些情形下，劳动市场的买方垄断影响会因为工人加入工会而抵消。职业运动员市场就是一个著名的事例。例如，棒球大联盟实际上就是职业棒球运动员的买方垄断者（尽管存在独立的棒球联盟，但其中的球员没有一名可归入最好的球员行列，球队所支付的薪水仅仅相当于职业棒球大联盟球队的一小部分），棒球大联盟球队的所有人具有的买方垄断势力被棒球联盟球员协会的势力所抵消,这是一个球员的工会组织。棒球联盟的代表和球员工会代表讨价还价,导致支付球员的工资达到竞争市场中应得到的水平。

17.6.4　收入分配的边际生产力理论

我们已经知道,在均衡时每一种生产要素收到的价格等于边际收益产品。我们可以使用这一结论来解释收入分配。边际收益产品代表了生产要素生产产品和服务时的边际贡献价值。因此,每个人得到的收入应该等于他们所拥有的生产要素(包括劳动在内)在生产中的边际贡献。个人拥有的生产要素越多,这些生产要素的生产率越高,个人所得的收入也应该越多。这种解释收入分配的理论被称为**收入分配的边际生产力理论**(marginal productivity theory of income distribution)。该理论是由约翰·贝茨·克拉克(John Bats Clark)提出的,他在19世纪末20世纪初执教于美国哥伦比亚大学。

┊生活与职业生涯中的经济学┊

你什么时候给员工加工资

在本章开始,我们提出的问题是,假设你在当地经营一家三明治店,一名员工申请提高工资。

你采用的一种方法是度量员工的价值,估计她的工作为三明治店赚了多少钱,即边际收益产品。如果员工在工作中有更好的表现,获得了更新的技能,已经成为一名生产率很高的员工。你决定是否给员工加薪的关键是看提高的生产率是否会增加三明治店的收入。如果确实增加收入,那么你很可能得给她加薪,要不然她可能会辞职并到竞争对手那里工作。

本章小结

在本章,我们使用需求和供给模型解释了工人之间的工资为什么不同。对工人的需求要受到他们的生产力和工人所生产产品的销售价格的影响。工人的供给数量要受到工资、雇主所提供的工作条件以及所要求工作技能的影响。劳动需求和供给也有助于我们分析经济歧视和工会影响这样的话题。

本章概要与练习

第 18 章 公共选择、税收和收入分配

∶开篇案例∶

小企业应该像苹果公司一样纳税吗

联邦政府应如何对企业征税？公司所得税适用于公司，但是正如我们在第 8 章中所看到的那样，美国的大多数企业都是独资企业，而不是公司。如果你开一家面包店，经营一家自行车维修店或在 eBay 上出售电影海报，则你很可能是独资经营者，并根据你的利润支付联邦个人所得税，而不是公司所得税。

美国公司所得税税率是世界上最高的税率之一。2017 年，特朗普提议将最高税率从 35% 降至 20%。他还提议将 20% 作为公司所得税转由所有人缴纳的企业的最高税率。独资企业和大多数合伙企业都属于此类，因此，这些企业中的部分所有人支付的税率会从最高的个人所得税税率 39.6% 大幅降低。特朗普表示，降低税率的目的是促进经济增长。不过，一些决策者和经济学家不同意该提议，因为他们认为减税的许多好处将归于高收入个人。高收入者更有可能拥有公司股票，许多大型律师事务所和对冲基金都是合制的，通常将其作为转嫁业务征税。这些批评人士担心，如果税法改革提案获得通过，将使收入分配更加不平等。关于特朗普的税收改革提案的辩论并不罕见。

当年肯尼迪和里根提议大幅降低所得税税率，他们认为这将提高经济效率。批评人士声称，减税措施使高收入纳税人受益，并加剧了收入不平等。尽管税收的基本目的是支付政府的支出，但多年来，国会和总统一直在利用税收来努力实现其他政策目标，包括促进房屋所有权的拥有、雇主提供医疗保险、太阳能利用以及在汽油中添加乙醇等，其中一些目标引起争议。在 2016 年总统大选期间，民主党候选人希拉里·克林顿建议对一些高收入人士加税，并使用这笔资金资助旨在提高低收入人群生活水平的政府计划。

了解税制和经济学家用来评估税制的标准，对于分析政府在经济中的作用非常重要。我们在本章中考虑的问题包括：税法是否提高或降低了经济效率？政府政策对收入分配有很大影响吗？如果

没有，那么什么解释了收入不平等的趋势？

资料来源：Michael C. Bender and Richard Rubin, "Trump Plans to Seek Tax Rate of 15% on Owner-Operated Companies," *Wall Street Journal*, April 25, 2017; Josh Zumbrun, "Economists Say President Donald Trump's Agenda Would Boost Growth—A Little," *Wall Street Journal*, May 11, 2017; and Julie Hirschfeld Davis and Alan Rappeport, "White House Proposes Slashing Tax Rates, Significantly Aiding Wealthy," *New York Times*, April 26, 2017.

┊生活与职业生涯中的经济学┊

哪个更好：增加500美元的收入与增加500美元的健康保险

假设你拥有一家有15名员工的自行车行。你很难留住员工，因为与你竞争的其他自行车行支付的工资更高。你认为将你的员工的薪酬每年增加500美元将使工作更具吸引力。一位员工要求你不是增加500美元工资，而是将你提供给员工的医疗保险计划中他支付的保费减少500美元。她为什么要提出这个要求？没有人愿意拥有500美元现金，而是愿意增加医疗保险计划500美元吗？阅读本章时，请尝试回答此问题。

政府通过保护私有产权和提供独立的司法体系来执行合约（参见第2章），对助推市场体系有效运行发挥着重要作用。政府有时必须提供私人企业不愿意提供的产品，即所谓的公共产品（参见第5章）。但是政府怎样决定所采取的政策？由已故诺贝尔经济学奖获得者布坎南和乔治·梅森大学的塔洛克领衔的经济学家已经提出了**公共选择模型**（public choice model）模型，以对政府决策进行经济分析。在下一节我们将探讨公共选择怎样帮助我们理解政府如何做出决策。

在后面几节中，我们将讨论政府制定税收政策的原理。特别是我们将要看到，经济学家怎样确定税收是经济有效的。在本章最后，我们将讨论政府政策（包括税收政策）怎样影响收入分配。

18.1 公共选择

在前面章节中，我们解释了家户和企业的决策行为。我们假定，家户和企业的所作所为是尽可能使自己变得更好。具体说来，我们假定家户购买选择的商品是为了最大化效用，企业选择其销售的商品数量和价格是为了最大化利润。因为政府政策在经济中扮演着重要角色，我们要考虑政府政策制定者，如参议员、州长、总统和各州的立法委员，如何做出决定也是需要考虑的重要内容。公共选择模型的核心观点之一就是政策制定者与家户或公司管理者没什么不同。政策制定者也可能追求他们自身的利益，即使他们的利益与公众利益相冲突也是如此。具体说来，我们预计，政府官员采取的行动是尽可能使他们再次当选。

18.1.1 我们怎样知道公众利益：投票模型

人们很可能会认为，当选官员只是代表了选举他们的投票人的偏好。毕竟，似乎从逻辑上讲，如果政客们不能代表公众利益，投票人不会再选举他们。然而，进一步分析投票行为，我们会发现政客们只是代表投票人的观点并不那么正确。

1. 投票悖论

许多政策决策会有多种选择。例如，因为联邦预算规模有限，国会议员也面临着权衡取舍。举一个简单例子，假设有 10 亿美元预算，国会必须在 3 种方案中选择其一：①资助乳腺癌研究；②补贴公共交通；③加强边境安全。假设国会投票议员代表了他们选民的偏好。我们可以预计，国会将会通过得到多数票的方案。事实上，在许多情形下，多数票并不会形成前后一致的决策。例如，为简单起见，我们假设只有 3 名投票人，他们的偏好如表 18-1 上面部分所示。

表 18-1　投票悖论

政策方案	莉娜	戴维	凯瑟琳	投票	结果
癌症研究	第一	第二	第三	癌症研究 vs. 公共交通	癌症研究胜出
公共交通	第二	第三	第一	公共交通 vs. 边境安全	公共交通胜出
边境安全	第三	第一	第二	边境安全 vs. 癌症研究	边境安全胜出

在该表中，第一列给出了三种政策选择。余下的列给出了投票人对这三种选择的排序。例如，莉娜希望将资金投向癌症研究，她的第二种选择是公共交通，第三种选择是边境安全。如果进行一系列投票来轮流考虑每一对选择，会发生什么情况呢？表 18-1 下面部分给出了这些投票的结果。如果投票是在资助癌症研究和补贴公共交通方面做出选择的话，癌症研究将胜出，因为莉娜和戴维两人都倾向于将资金投向癌症研究而非公共交通。因此，如果国会有投票权的议员代表了选民偏好，我们会得到一个清晰的结论，即资金应该投向癌症研究。然而，当投票是决定将资金用于公共交通还是边境安全时，又会出现什么情况？因为莉娜和凯瑟琳支持投向公共交通而非边境安全，公共交通将胜出。现在，假设投票是在支持癌症研究和加强边境安全之间选择。出人意料的是，边境安全方案会胜出。这是因为戴维和凯瑟琳偏好这一选择。投票的结果出人意料，是因为投票者偏好顺序是：癌症研究优于公共交通，公共交通优于边境安全。我们预计，如果决策具有连贯性的话，癌症研究应优于边境安全。然而在这一事例中，投票人的集体偏好并非前后一致。多数票决终会导致一致选择的失灵，被称为**投票悖论**（voting paradox）。

这是一个人为设计的事例，我们只是假定有三种选择方案和三名投票人并根据简单多数原则决定结果。事实上，已故诺贝尔奖获得者、斯坦福大学的肯尼斯·阿罗（Kenneth Arrow）已经通过数学方式证明了真实代表投票人偏好的多数票决制会失灵，而且是一个非常普遍的结果。**阿罗不可能定理**（Arrow impossibility theorem）认为，不存在一种投票体制可以得到表现投票人基本偏好一致性的结果。该定理表明，民主投票体制不能确保由投票人偏好转化出的政策选择。事实上，阿罗不可能性定理也暗示，投票可能会导致政策变化，出现非有效结果。例如，国会就 10 亿美元支出可能进行的三种选择中，实际上是依据这些选择并投票的顺序来决定的，当年和来年就可能发生变化。因此，像这类提供公共产品资金的经济话题，我们不能认为政治过程一定会达至有效结果。换言之，投票市场（表现为选举）在表现消费者偏好方面，有效性要逊于产品和服务市场的作用。

2. 中位选举人定理

在现实中，许多政治问题是通过多数票决制来决定的。在这种情况下，我们想知道，结果代表了什么样的投票人的偏好呢？一个重要的结论就是**中位选举人定理**（median voter theorem）所说的那样，多数票决的结果很可能代表的是政治上中间投票人的偏好。再看一个简单的事例，假设 5 位投票人，他们对于支持乳腺癌研究的支出偏好如图 18-1 所示。他们的偏好变化从凯瑟琳到莉娜，由支持不投入任何资金用于乳腺癌研究而应该投向其他项目或者减少联邦支出甚至减税转向支持投入 60 亿美元用于癌症研究。

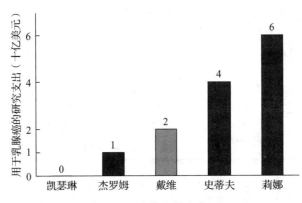

图 18-1 中位选举人定理

注：中位选举人定理说的是多数票决的结果很可能代表的是政治上中间投票人的偏好。就这一事例而言，戴维是政治上的中间派，因为两位投票人支持的数额少于他，两位投票人支持的数额多于他。在 20 亿美元与其他数额的建议选择中，20 亿美元的选择总会胜出。

在这一事例中，戴维是中位投票人，因为他是政治上的中间派；两位投票人支持的数额少于他，另外两位投票人支持的数额多于他。为了理解为什么中位投票人的偏好很可能会胜出，我们首先假定投票是在戴维支持的 20 亿美元和另一项支出 60 亿美元的方案中进行投票选择。建议支出 20 亿美元的票数以 4:1 胜出。同样，投票是在支持支出 20 亿美元和 10 亿美元之间进行选择。3 票支持支出多于 10 亿美元，2 票支持支出少于 10 亿美元，因此支持支出 20 亿美元建议的票数以 3:2 胜出。当提出两两不同的支出数额建议时，只有支出 20 亿美元的建议才会获得大多数人的支持。请注意，这种投票得出的支出数额结果少于根据投票人偏好的简单平均得到的结果。因为如果按后者，支出额为 26 亿美元。

中位选举人定理的一个寓意是，政治过程往往满足那些处在中间的偏好，而不会满足远离中位数的偏好。政治过程与市场过程会形成强烈的对比，前者集体行为导致的结果是每个人必须参与，而后者的结果是每个人可以选择参与与否。例如，尽管凯瑟琳不同意政府将资金投向乳腺癌研究，但一旦多数票决决定支出 20 亿美元，凯瑟琳也不得不照此办理，即缴纳相关的支出资金。这一结果与参与商品或服务市场形成对照，例如，如果凯瑟琳不愿意像大多数消费者那样喜欢 iPhone，他没有义务去购买一台。与此类似，尽管莉娜和史蒂夫支持对乳腺癌研究投入大额的资金，但他们也不得不同意多数人赞成的事项。如果莉娜喜欢在她的 iPhone 上装上黄金面板，她可以这样做，尽管大多数消费者认为这是一种浪费。

18.1.2 政府失灵

我们刚刚讨论的投票模型表明，个人想通过政府政策来表现出个人偏好的可能性要比通过市场表现的可能性还小。公共选择模型超越这一观察提出的问题是，有自我利益的政策制定者是否可能会导致他们做出与投票人偏好一致的行动，尽管投票人的偏好很明确。我们将检视可能导致这一结果的 5 个关键概念。

1. 寻租

经济学家通常关注个人和企业在努力使自己变好时，在与市场互动中表现出的行为。公共选择模型集中于个人和企业在**寻租**（rent seeking）过程中所付出的努力。所谓寻租，是指通过政府行动损害他人利益并使自己变好的行为。市场制度的好处之一是引导自利行为变为有利于社会的整体利益。苹果公司开发出 iPhone 是为了获得利润，但是，这一行为也增进了亿万消费者的效用。当三星公司开发出 Galaxy 与 iPhone 竞争时，它也是受到获利的驱动，但也通过为消费者提供智能手机的多种选择进一步增加了消费者的福利。寻租是以对少数个人和企业有利但造成所有其他企业和个人利益损失为代价。例如，美国糖业公司成功地说服国会对食糖进口实行配额（参见第 9 章）。配额对于美国制糖企业和为它们工作的少数人有利，但减少了消费者福利，损害了美国糖果公司和工人的利益，降低了经济福利。

因为企业可以通过政府对经济的干预而获利，就如同糖业公司会从食糖进口配额获益那样，所以它们愿意花钱来影响政府政策制定者。国会议员、州立法会成员、州长和总统选举都需要资金支持。因此，这些政策制定者可能会从寻租公司接受选举捐赠，也愿意为其进行**特殊利益立法**（special interest legislation）。

2. 相互捧场与理性缺失

两个其他原因有助于解释为什么寻租行为有时会成功。令人不解的是，食糖配额法案只是帮助了少数工人和企业，为什么在没有糖业公司的选区的国会议员也会支持食糖配额方案呢？一种可能就是**相互捧场**（logrolling），这是指国会议员投票支持一个法案以换取其他议员对其他法案的支持。例如，来自得克萨斯州的国会议员可能会支持食糖配额法案，尽管该议员代表的选民无人从该法案中获益。作为交换，产糖区的国会议员将投票支持得克萨斯州国会议员想要通过的法案。正如宾夕法尼亚州参议员 Pat Toomey 在试图废止食糖配额法案但被否决后指出的那样，"它们为保障共同利益而团结起来，共同努力保护各自的利益。"这种投票交易导致的结果是议会多数票支持的法案只有利于少数人，但损害了更大群体的经济利益。

如果多数票决制受到了寻租法律的损害，即使没有相互捧场的效应，又怎么能通过呢？对于食糖配额法案得以存在，我们可考虑另外一种可能的解释。尽管食糖配额法案导致消费者总剩余每年减少 25.9 亿美元，但是平均到超过 3.25 亿人头上，每人损失大约为 8 美元。因为损失如此之小，当人们投票时，并没有考虑到这一情形，许多人甚至不知道食糖配额法案的存在。其他的投票人可能已被说服支持限制贸易法案，因为关税和配额可增加就业机会，而且众所周知，因为这些限制而导致的工作机会丧失和消费者剩余损失很少引起关注。因为了解与这些话题相关的信息需要投入时间和精力，又因为经济上的损失很小，一些经济学家认为，许多选民对于寻租对立法的影响是理性无知的（rational ignorance）。根据这种观点，许多选民经常没有动力去了解关于立法的信息，选民的偏好也并不会成为立法者支持寻租法令的一种约束。

3. 规制俘虏

政府干预经济的一种方法是成立规制机构或委员会，赋予这些机构监管某些行业或产品的权力。例如，对于获得美国食品药品监督管理局（FDA）批准前的处方药，企业是不能销售的。理论上讲，规制机构将根据公众利益做出决策。美国食品药品监督管理局应该权衡快速批准新药带给消费者的福利与没有进行充分试验批准可能产生副作用带来的危险。然而，被规制企业因为规制机构的行为会造成财务压力，企业就有动力去影响规制机构的行为。在极端情况下，规制机构可能成为被规制行业的规制俘虏（regulatory capture）。州际商务委员会（ICC）就是规制俘虏的一个事例。尽管国会已经撤销了州际商务委员会，该委员会曾决定铁路或公路长途货运企业货运的价格长达几十年。国会最初成立州际商务委员会是为了确保消费者的利益，但是一些经济学家指出，多年来州际商务委员会压制竞争，维护铁路和公路货运公司的利益，而非消费者的利益。经济学家对规制俘虏理论来解释一些政府机构决策的程度仍然存在争论。

外部性可导致市场失灵，也就是市场无法有效供给商品和服务数量（参见第5章）。公共选择分析表明，政府也会出现失灵。据我们在本节讨论的理由，政府干预经济可能导致经济效率减损而非增进。经济学家对政府失灵导致美国经济出现严重的效率损失有着不同意见。大部分经济学家同意公共选择模型给出的基本观点，即政策制定者干预经济并非出于增进效率，建议对这样的干预谨慎评判。

18.1.3 政府规制必要吗

公共选择模型对政府规制对经济效率的影响提出质疑。我们能够得出结论，国会应该撤销像食品药品监督管理局、环境保护局和联邦贸易委员会这样的机构吗？事实上，大部分经济学家同意，这样的机构有存在的必要。例如，环境保护局有助于改正外部性的影响，如一些公司在生产产品时排出的污染。当消费者获得他们需要的购买信息有困难时，规制机构可以改善市场的经济效率。例如，消费者不方便对食品进行细菌和成分的检测，也很难知道处方药是否安全和有效。美国食品药品监督管理局在1906年建立后，跟随新闻媒体对许多肉类加工厂的不卫生环境进行了报道并对全国的食品供给进行了监测。

尽管政府规制给消费者带来了许多明显的利益，但我们也需要考虑规制的成本。最近的估计表明，联邦规制的运行需要每个纳税人支出几千美元。经济学有助于帮助政策制定者设计出对消费者的利益超过成本的政策措施。

18.2 税收制度

不论政府的规模多大、采取什么行动类型，政府支出都必须有资金来源。政府主要依赖于税收来获得需要的收入。部分税收，比如烟酒税，除了增加收入外，目的是从有利于社会的观点出发来抑制不良行为。主要的税收有以下几种。

1. **个人所得税。**联邦政府、大部分州政府和一些地方政府对家户的工资、薪水和其他收入征税，也对小企业的利润征税，如我们在开篇所见，征收的税率与工资和薪水征收税率一样。个人所得税是联邦政府最主要的收入来源。因为低收入人群免交联邦个人所得税，近年来，几乎一半的家庭没有交个人所得税。

2. **社会保险税。**联邦政府对工资和薪水征税，用来筹集社会保障和医疗保险的资金。社会保障用来支付退休人员和残疾人的养老金及补贴，医疗保险用于支付65岁以上人群的医疗费用。社会保障和医疗保险费经常被称为工薪税（payroll tax）。随着美国人口逐渐老龄化，工薪税的支付也在增加。2017年，3/4的纳税人支付的工薪税超过了缴纳的联邦个人所得税。联邦政府和州政府也对工资和薪水征税，以支持失业保险制度。该制度用来支付失业人员的补贴。

3. 销售税。大部分州和地方政府对大多数零售产品征收销售税。一半以上的州对杂货免税，也有少部分州对衣服免税。

4. 财产税。大部分地方政府对住房、办公楼、厂房和建设用地征税。在美国，财产税是公立学校最大的资金来源。

5. 消费税。联邦政府和部分州政府对一些特殊物品，如石油、香烟和啤酒征收消费税。

18.2.1 美国税收制度概览

图18-2表现了联邦政府、州政府和地方政府的收入来源。从图18-2a中可以看出，联邦政府75%以上的税收来源于社会保险税和个人所得税。公司所得税和消费税在联邦政府收入中所占比重较小。2016年，联邦政府各种类型的收入接近3.5万亿美元，即人均27 866美元。在过去40年，联邦政府收入占国内生产总值（GDP，美国经济所生产的产品或服务的总价值）的份额一般保持在17%～19%，2009年曾经降到16%，2000年到过21%。

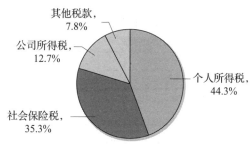

a）2016年联邦政府的收入来源　　b）2016年州政府和地方政府收入来源

图 18-2　2016 年联邦政府、州政府和地方政府的收入来源

注：图18-2a所示，个人所得税是联邦政府最重要的收入来源，社会保险税是第二大来源。图18-2b所示，州政府和地方政府收入最大的部分是从联邦政府获得的大笔转移支付，部分用于支付联邦政府托管的医疗补助项目。财产税是许多美国地方政府最主要的税收来源（由于四舍五入的原因，各项百分比之和不一定等于100%）。

资料来源：U.S. Bureau of Economic Analysis.

图18-2b所示的情况表明，州政府和地方政府的收入来源比联邦政府要复杂一些。过去

州政府和地方政府的收入来源主要是销售税。州政府和地方政府还会从联邦政府获得大笔转移支付，2016年成为第二大来源。这些赠予的资金部分用于支付联邦政府要求州政府实施的项目。这些项目被称为联邦托管项目（federal mandates），如对许多低收入家庭的医疗提供支持和对贫困家庭提供资金支持，如贫困家庭临时援助计划（Temporary Assistance for Needy Families program，TANF）。地方政府也通过财产税获得大笔的收入。许多地方学校主要依赖于财产税的收入。

18.2.2 累进税和累退税

经济学家经常根据不同收入阶层缴纳的税收额占他们收入的比例进行税种分类。

- 如果低收入人群缴纳的税收占其收入的比例高于高收入人群，这种税就是**累退税**（regressive tax）。
- 如果低收入人群缴纳的税收占其收入的比例低于高收入人群，这种税就是**累进税**（progressive tax）。
- 如果低收入人群缴纳的税收比例与高收入人群相同，就是比例税（proportional tax）。

联邦收入所得税就是累进税的例子。为了解原因，我们首先要注意区别税率与税级（tax bracket）。税率是指缴纳的税收额占收入的百分比。税级是税率所处的收入范围。表18-2列出了2017年收入所得税的税级和每个纳税人适用的税率。

我们可以根据表18-2来计算马特，一个收入超过10万美元的单个纳税人缴纳联邦所得税的情况。这个例子有些简化，因为我们忽略了纳税人根据税法可以减免的税收部分。例如，纳税人可以允许对一定数额的收入免缴所得税，被称为个人免税额，这部分收入主要用于最基本的生活支出。忽略了马特税收减免情形后，他将不得不按照表18-3所示的数额缴纳税金。马特第一档9 325美元的收入处在10%税级，这部分收入缴纳932.50美元税金。下一档28 625美元收入处在15%税级，这部分收入缴纳4 293.75美元税金。接下来一档53 950美元收入处在25%税级，这部分收入缴纳13 487.50美元税金。最后一档8 100美元处在28%税级，这部分收入缴纳2 268美元税金。马特缴纳的联邦税收总额为20 981.75美元。

表18-2 2017年联邦收入所得税的税级和每个纳税人适用的税率

收入（美元）	税率（%）
0-9 325	10
9 326-37 950	15
37 951-91 900	25
91 901-191 650	28
191 651-416 700	33
416 701-418 400	35
超过418 400	39.6

资料来源：Internal Revenue Service.

表18-3 100 000美元收入缴纳的收入所得税

马特的收入（美元）	马特缴纳的税金（美元）
第1档9 325	932.50
第2档28 625	4 293.25
第3档53 950	13 487.00
第4档8 100	2 268.00
缴纳的联邦收入所得税总额	20 981.75

◎ 概念应用 18-1

哪个群体缴纳的联邦税收最多

在本章开篇，我们提到是否增加高收入人群的税收存在争论。为了对这种争论进行评判，了解每一收入群体缴纳的联邦政府税收额各为多少就有一定意义了。下表给出了税收政策中心（Tax Policy Center）预测的2017年的纳税情况。全部纳税人以20%为一组，从最低收入到最高收入分为五组。最后一行给出的是收入最高1%人群缴纳的税金。第一列是各组收入占总收入的比例；第二列是各组占联邦总税收收入的比例，其中包括缴纳的社会保险和医疗保险；第三列是各组人群的平均联邦所得税率，即由总税金除以总收入。

收入级别	占总收入的比例（%）	占联邦所得税总额的比例（%）	缴纳的联邦所得税总额占总收入的比例（平均联邦税率）(%)
最低20%	4.4	1.0	4.2
次低20%	8.7	3.9	8.8
中间20%	14.2	10.0	14.0
次高20%	20.8	18.4	17.6
最高20%	52.1	66.6	25.7
加总	100.0	100.0	20.0
最高1%	15.3	25.1	32.9

注：由于四舍五入的原因，加总不一定等于100%。

资料来源：Urban-Brookings Tax Policy Center, Tables T17-0042 and T17-0054, March 17, 2017.

第二列的数据表明，最高20%的收入人群支付的联邦所得税率为67%，这要高于该组人群占总收入比例的52%（如第一列），这也是唯一一组缴纳的税收比例高于收入所占比例的收入人群。收入最高的1%的人群缴纳的联邦所得税超过25%。最低收入人群，特别是那些养育孩子的人，还会从联邦政府获得税收补贴。因此，他们实际上缴纳的税收为负值。第三列表明，平均税率随着收入水平的提高而上升。

如果我们将联邦个人所得税与工薪税和其他联邦税分开来看，结果也类似。2017年，收入最高的前1%人群预计获得的收入占总收入的比重为15%，缴纳的联邦个人所得税比例为38%。收入最高的前20%人群占总收入的比重为52%，支付的个人所得税率为84%。收入最低的后40%人群占总收入的比重为13%，如果考虑到生育小孩的税收补贴等补贴，该部分人缴纳的联邦收入所得税实际上为负3%。

我们可以得出结论，联邦税收是累进的。联邦税收制度应该按什么样的比例累进仍然是政治争论的话题。

18.2.3 边际所得税率与平均所得税率

每增加1单位收入必须缴纳的税收比例被称为**边际税率**（marginal tax rate）。用总税收额除以总收入额得到**平均税率**（average tax rate）。当税率是累进时，如联邦收入所得税，边际税率将不等于平均税率。如表18-3所示，马特的边际税率有28%一档，也就是他最后一单位收入支付的税率。但是平均税率为：

$$\frac{20\,981.75}{100\,000} \times 100\% = 21.00\%$$

平均税率要低于边际税率，是因为最初的91 900美元收入适用的税率低于边际税率28%。与平均税率相比，边际税率对税收如何影响人们工作、储蓄和投资提供了更好的指标。

例如，如果马特考虑工作时间更长一些来提高收入，他将使用边际税率来计算可增加多少税后收入。他可以忽略平均税率，因为这对于增加的收入需要缴纳的税金没有参考意义。边际税率越高，人们从额外工作所得到的收入越低，人们不愿意增加工作时间。

18.2.4 公司所得税

联邦政府根据公司所得税法对公司所获得的利润征税。与个人所得税一样，公司所得税也是累进的，最低税率为15%，最高为35%。与个人所得税只有很少的纳税人按最高税率缴纳税收不同，许多公司处在35%的税级。

经济学家对于对公司利润另外征税的成本和收益一直有不同的看法。公司所得税最终必须由公司所有人来支付，因为他们是公司所有人；或者由雇员来支付，雇主支付更低的工资；或者由消费者来支付，消费者支付更高的价格。一些经济学家认为，如果征公司所得税的目的只是了对公司所有人征税，直接对公司所有人征收个人所得税要好于征收公司所得税从而间接向所有人征税的做法。个体纳税人因为拥有公司股票已经为红利和资本利得支付了所得税。事实上，公司所得税是对投资公司的个体持股人获得的收益双重征税。避免双重征税的其他政策是计算每年的总利润水平，然后告知每个持股人表明他们获得利润的比例，然后要求持股人将这部分应税收入计入应缴纳个人所得税的收入。另外一种政策是联邦政府继续对公司征收所得税，但是允许个体纳税人从公司获得免税的红利和资本利得。

18.2.5 公司所得税的国际比较

近几年，许多国家为了推动投资增长已经减少了公司所得税。表18-4对几个高收入国家进行了比较，表中所给出的税率包括各级政府的税收。如在美国，对公司征收所得税不仅有州政府，也包括联邦政府。表中所列的一些国家，只有美国在2000～2017年没有降低公司所得税税率。爱尔兰通过降低公司所得税税率成功吸引了外国公司对当地进行投资。低税率吸引了微软、英特尔和戴尔的美国公司在当地开办企业。如表18-4所示，美国的公司所得税税率要高于其他高收入国家。

表18-4 世界部分国家的公司收入所得税税率

国家	2000年税率（%）	2017税率（%）	国家	2000年税率（%）	2017税率（%）
加拿大	42	27	日本	42	31
法国	37	33	西班牙	35	25
德国	52	30	瑞典	28	22
爱尔兰	24	13	英国	30	20
意大利	41	24	美国	40	40

注：所给的税率包括各级政府的税费。在美国，税率包括州税和联邦税。
资料来源：KPMG, *KPMG's Corporate and Indirect Tax Survey, 2017.*

美国相对较高的公司所得税税率使得美国许多大型公司明显增加了在国外的销售业务，并避免将在这些国家获得的利润汇回美国。通过将利润留在海外，这些美国企业不必支付税收，当然这些资金也没有在美国支出。结果如表18-4所示，美国公司支付的边际税率低于40%。在开篇案例中提到，作为特朗普税收改革提案的一部分，最高公司税率将降至20%。

美国的不寻常之处在于，它对在任何地方获得的公司盈利都要征税，允许公司推迟缴纳税款，直到利润被返回给美国为止。结果，许多美国公司将大部分海外利润留在美国境外。它们无法在美国使用这些资金来建设新设施或从事研发，也无法将其返还给股东。特朗普提议大幅降低美国公司为其海外利润支付的税款。

18.2.6 税收影响的评估

我们已经看到，政府开征了许多税种用于筹集收入。在选择税种时，政府考虑如下目标和原则：
- 实现经济效率目标原则。
- 支付能力原则。
- 横向平等原则。
- 谁受益谁支付原则。
- 实现社会目标原则。

1. 经济效率目标原则

我们简要回顾税收对经济效率的影响（参见第4章）。每当政府对经济活动征税时，就增大了经济活动的成本，活动数量会因此减少。图18-3采用了需求供给模型来表现销售税影响来解释这一观点。当销售税抬高了产品供给成本后，供给曲线将向上移动相当于税收金额的距离。在图中，均衡价格将从 P_1 上升到 P_2，均衡数量将从 Q_1 下降到 Q_2。当产品被征税后，产量减少。

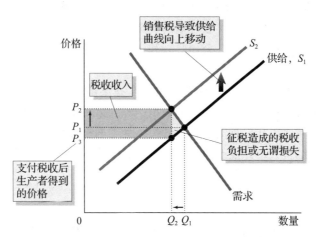

图18-3 销售税造成的效率损失

注：本图回顾了税收造成效率损失的内容（参见第4章）。销售税抬高了产品供给成本，供给曲线将向上移动，从 S_1 移动到 S_2。征税之前，均衡价格为 P_1，均衡数量为 Q_1。征税后，均衡价格上升到 P_2，均衡数量减少到 Q_2。支付税收后，生产者得到的价格为 P_3。政府获得的税收收入用深色阴影矩形表示。部分消费者剩余和部分生产者剩余成为政府的税收收入，但有一部分成为无谓损失，如图中浅色阴影的三角形区域。无谓损失也被称为税收的额外负担。

政府获得的税收收入等于单位产品的税金乘以产品的销售数量。图18-3的阴影区域表示政府得到的税收收入。尽管企业销售获得了更高的价格，即 P_2，但在支付税收后其得到

的价格下降到了 P_3。由于消费者支付的价格上升，消费者剩余减少了。由于生产者得到的价格下降了，生产者剩余也减少了。消费者剩余和生产者剩余减少的一部分成为政府的税收收入，但还有一部分就成了税收造成的无谓损失，如图 18-3 中浅色阴影区域所示。税收造成的无谓损失即所谓的额外负担。**额外负担**（excess burden）度量的是由于征税造成了产品产量减少而导致经济效率减损。如果征税后造成的税收负担相对于税收收入很小，这种税收就是有效率的。

经济学家认为，为了改善税收制度的经济效率，政府应该降低对税收的依赖程度，因为相对于所获得的税收收入，无谓损失过高。对储蓄利息征税是税收造成无谓损失过高的一个事例，因为对其利息征税的储蓄经常来自于此前已纳税的收入。因此，对已经缴纳过税的储蓄收入征税等于是双重征税。

税收导致明显的无谓损失还有其他的事例。对工作收入征收高税将导致人们工作时间缩短，而不管个人工作多么努力或者开办企业多么艰辛。在所有这些情况下，征税导致经济活动（包括工作）减少，也会导致政府收入减少、人们状况恶化，因为税收导致它们的行为改变。

通过改变对工作储蓄和投资的激励，税收可对经济效率产生显著影响。美国和欧洲每年工作的小时数是对这种不同影响很好的证明。根据诺贝尔奖获得者、亚利桑那大学爱德华兹·普雷斯科特教授的分析，这种差异并不常见。在 20 世纪 70 年代早期，对收入征收的税率，美国和欧洲相差不多，美国和欧洲的雇员工作小时数也大体相当。普雷斯科特发现，美国劳动供给与法国和德国的劳动供给差异是从税收制度差异开始的。

税收管理负担差异是另一个税收导致无谓损失的事例。为准备纳税，许多人在一年中花费许多时间来记录收入，在每年 4 月 15 日之前他们会花费很多时间来整理应税收入。这种时间的机会成本每年以 10 亿美元来计算，表现了联邦收入所得税的管理负担。对公司而言，为最大程度减少公司的税收负担，税收计划的复杂性导致会计和软件方面的大量支出。联邦政府也不得不投入资源来推行税法。公司收入和个人所得税法的复杂性给家庭、企业和政府带来的管理负担代表了经济效率的损失。

简化税收征收会降低管理负担和无谓损失吗？答案是肯定的。税法为什么定得这么复杂？部分是由于政治过程造成的，因为不同类型的收入适用于不同的税率，因此需要制定规则以限制纳税人通过将收入从一种类别转移到另一种类别来避税。此外，利益集团寻求缴纳更少的税，而大部分纳税人却并没有从这些税收漏洞中获益，所以很难组织起来推动税制的简化。

2. 支付能力原则

当政府征收税收时，合理的原则是希望有更大能力者承担更多的税收份额。为做到这一点，政府应该努力做到纵向平等（vertical equity），即向高收入者征收的税要多于向低收入者征收的税。联邦收入所得税符合这一原则。相反，销售税则违背这一原则，因为低收入者支出的比例往往要高于高收入者。因此，平均而言，低收入者支出中缴纳销售税的比例也高于高收入群体。

3. 横向平等原则

横向平等原则是指人们在相同的经济状态下应该被平等相待。尽管这一原则看上去很吸引人，但是实施并不容易，因为有时很难确定人们是否有同样的经济状态。例如，两人收入相同并不一定处于相同的经济状态下。假设其中一人没有工作，每年获得的 50 000 美元收入全部来自债券利息，另一人获得的 50 000 美元收入则是做两份工作，每日工作 16 小时所得。在这种情况下，我们认为两人处在不同的经济状态下，不应该缴纳相同的税金。尽管在提议修改税制进行评估时，经济学家通常也会考虑横向平等问题，但是遵守这一原则并不容易。

4. 谁受益谁支付原则

根据谁受益谁支付原则，谁从政府项目中得益谁就应该纳税来支持政府项目。例如，一个城市增设码头供私人船主使用的小艇停靠。政府可以向船主征税来获得经营码头的资金，如果同时向船主和非船主来征收税金就违背了谁受益谁支付原则，因为政府有许多项目，明确并且根据每个项目的收益来征税也并不现实。

5. 实现社会目标原则

税法有时用于实现社会目标。这里有两个例子：①国会通过让借款人支付住房抵押贷款利息（购房者购买住房的贷款）来减免所欠的个人所得税，从而有利于购房人的增加；②国会免除了雇员以健康保险和某些其他附带福利的形式获得的个人所得税补偿。如果你获得 1 000 美元加薪，则必须为此缴纳联邦所得税。相反，如果你的雇主多为你提供 1 000 美元健康保险，则无须纳税。

一些经济学家和政策制定者质疑税法中的此类规定是否违反了横向公平原则。房主获得了在可比较经济情况下房客无法获得的较大财务优势。同样，雇主为其提供丰厚的健康保险福利的人也将获得其雇主没有提供健康保险的人或仅提供有限承保范围的廉价保险的人所无法获得的重大利益。在设计联邦税法时，国会必须在追求社会目标与我们先前列出的税收政策目标和原则之间取得平衡。

18.3 税收归宿再议：价格弹性的影响

按照法律要求向政府缴纳税的人与实际上承担税的人有重要区别（参见第 4 章）。税收负担实际上是在买者与卖者之间承担的，这被称为**税收归宿**（tax incidence）。我们可以跨出税收归宿的基本分析来考虑需求价格弹性和供给价格弹性怎样影响消费者和企业之间税收承担的比例。

如果政府对汽油每加仑征收 10 美分的联邦消费税，消费者承担了其中的大部分，因为汽油的需求价格弹性小于供给弹性。事实上，我们可以得出如下一般性结论：当产品的需求价格弹性小于供给价格弹性时，消费者承担了大部分的税；而当产品的需求价格弹性大于供给价格弹性时，生产者承担了大部分的税。

图 18-4 解释了这一结论为什么是正确的。D_1 曲线上从 A 点到 B 点缺乏弹性，而在 D_2 曲线上从 A 点到 C 点富有弹性。对于需求曲线 D_1，10 美分 / 加仑的汽油税将汽油市场价格从 3.00 美元 / 加仑（A 点）推升到 3.08 美元 / 加仑（B 点），消费者承担 8 美分 / 加仑，企业承担 2 美分 / 加仑。对于需求曲线 D_2，汽油市场价格仅仅上升到 3.02 美元 / 加仑（C 点），

消费者承担了其中的2美分/加仑。对于需求曲线D_2，汽油销售者缴税后得到的价格为2.92美元/加仑，它们支付了8美分的税。

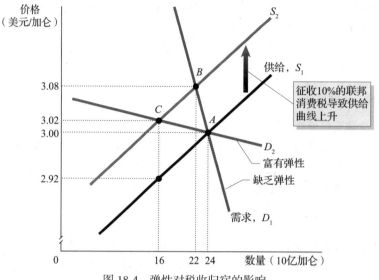

图18-4 弹性对税收归宿的影响

注：当产品的需求价格弹性大于供给价格弹性时，消费者承担的税少；当供给价格弹性大于需求价格弹性时，企业承担的税少。D_1曲线上从A点到B点缺乏弹性，而在D_2曲线上从A点到C点富有弹性。对于需求曲线D_1，10%的汽油税将汽油市场价格从3.00美元/加仑（A点）推升到3.08美元/加仑（B点），消费者承担8美分/加仑，企业承担2美分/加仑。对于需求曲线D_2，10%的汽油税将推动均衡价格从3美元/加仑（A点）上升到3.02美元/加仑（C点），汽油销售者缴税后得到的价格为2.92美元/加仑，它们支付了8美分/加仑的税。

勿犯此错 18-1

不要混淆谁缴纳税与谁承担税

如何评价如下说法："当然是我承担了购买所有东西的销售税。我可以让你看销售发票，上面清清楚楚注明了6%的销售税。销售商没有承担任何税，税是我承担的。"

这种说法并不正确。为了了解这种说法为什么不正确，可以考虑如果将销售税从价格中拿掉会发生什么。图18-4所示的产品价格将下降，因为产品供给曲线将下降相当于税负金额的距离。然而，均衡价格下降的幅度要小于税减少的幅度（如果你怀疑这一点，可自己画图看一下）。因此，拿掉税后消费者所得到的好处部分是以低价格来体现的，但是还有一部分是买者得到的新价格来体现的，因为新价格高于生产者得到的原有价格减去税。因此，征收销售税的负担是由消费者和卖者共同承担的。

决定税负的并不是打印在产品销售收据上的数额，而是产品价格是怎么受到税负影响的。

◎概念应用 18-2

企业真的承担了联邦所得税吗

2012年总统选举时，马萨诸塞州前州长米特·罗姆尼提出的增加公司税收的建议在艾奥瓦遭到了听众诘问。罗姆尼回应道："公司是我们的人民，朋友！"诘问者回答说："不！它们不是！"罗姆尼回答道："它们当然是！公司所赚取的一切最后都会回归到人民。你认为它们会回归到哪儿？"罗姆尼是对的，从法律上讲公司就是法人。但是，更为重要的问题是：谁实际上支付了公司所得税？税收政策经济学中，公司所得税的分担问题是争议最大的问题之一。使用需求供给模型分析汽油税的分担相对直观简单。公司所得税的分担问题就复杂得多，因为经济学家对公司如何回应所缴纳的税收有不同看法。

国会预算办公室的一项研究写道：

公司可能会向国税局寄送一张公司所得税的支票，但是这些钱必定来自某个地方：可能从公司投资者所得的收入中扣下，可能来自工人的低工资，也可能来自消费者购买公司产品支付的高价格。

许多经济学家同意，公司所得税的一部分负担通过提高价格转嫁给消费者。他们也同意，公司所得税降低了公司投资人所得到的收入，导致公司投资减少。投资减少意味着工人可用的资本数量减少。当工人所用资本减少时，他们的生产率和工资水平都会下降（参见第17章）。从这个意义上说，公司所得税以降低工资收入的方式转嫁给了工人。国会预算办公室估计，企业所得税负担的大约25%的部分是以降低工资的形式而支付的。一些研究已经表明，工人以低工资形式最高承担了公司所得税的90%。公司所得税的无谓损失或税收负担是巨大的。国会预算办公室的一项研究表明，这种额外负担超过所缴纳税款金额的一半。这一估计使得公司所得税成为联邦政府征收的非效率程度最大的税种。

正如我们在第1章开篇看到那样，2017年，特朗普政府提议对税制进行广泛的改革，其中包括大幅降低企业所得税税率。该提案的一部分还将降低公司所得税转由所有人缴纳的企业的税率，这些企业是独资企业和合伙企业，其所有者以个人税率而不是公司税率缴纳其营业所得税。为了减少其应纳税额，一些公司的所有者对公司进行了结构调整，以使其所获得的收入以最优惠的税率纳税。正如布鲁金斯学会的两位经济学家所观察到的那样，"为使得商业活动税收最小化付出的努力、费用和使得企业结构复杂是低效而浪费的。"缩小或消除公司收入的税率与公司通过公司所得税转由所有人缴纳后的税率降低可能有助于减少这种效率低下的情况。

资料来源：Aaron Krupkin and Adam Looney, "9 Facts about Pass-Through Businesses," brookings.edu, May 17, 2017; Michael Cooper et al., "Business in the United States: Who Owns It and How Much Tax Do They Pay?" U.S. Department of the Treasury, Office Tax Analysis, Working Paper No. 104, October 2015; Congressional Budget Office, *The Distribution of Household Income and Federal Taxes, 2008 and 2009*, July 2012; Jennifer C. Gravelle, "Corporate Tax Incidence: A Review of Empirical Estimates and Analysis," Congressional Budget Office, Working Paper No. 2011-01, June 2011; Ashley Parker, "'Corporations Are People,' Romney Tells Iowa Hecklers Angry over His Tax Policy," *New York Times*, August 11, 2011; and Congressional Budget Office, "The Incidence of the Corporate Income Tax," March 1996.

解决问题 18-1

价格弹性对税收额外负担的影响

请解释你是否同意如下说法："给定供给曲线，需求缺乏弹性时的税收额外负担要大于富有弹性的时候。"请画出需求供给图形回答问题。

解决问题步骤

步骤1：复习相关材料。该问题是关于税收额外负担和税收归宿的，请复习"税收影响的评估"与"税收归宿再议：价格弹性的影响"两节的内容。

步骤2：画图说明税收归宿与税收额外负担之间的关系。图18-4是这类图形中合适的例子。请在图中标明额外负担的区域。

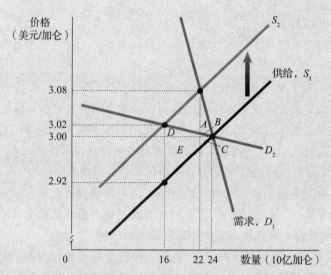

步骤3：根据图形对上述说法做出评估。给定供给曲线，当需求曲线富有弹性时，如图中的需求曲线 D_2 所示；均衡数量的下降规模要大于需求缺乏弹性时，如需求曲线 D_1 所示。需求缺乏弹性时的无谓损失可由 A、B、C 组成的三角形来表示，需求弹性较大时的无谓损失可由 E、C、D 组成的三角形来表示。很显然，需求弹性较大时的无谓损失要大于需求弹性较小时的。请注意，无谓损失代表的就是税收的额外负担。因此，需求弹性较小时的税收额外负担小于需求弹性较大时的。因此，上述说法并不正确。

18.4 收入分配与贫困

没有国家能实现收入完全平等。不可避免，总是有些人特别有钱，而有些人则较为贫穷。当前美国的收入分配状况如何呢？与美国过去或者与其他国家当前的分配状况相比又如何呢？什么决定收入分配状况？回到本章开始提出的问题，税收制度怎样影响收入分配呢？在本节我们将回答这些问题。

18.4.1 度量收入分配和贫困

表18-5和表18-6表现了美国的收入不平等状况。表18-5表明，2016年，美国21%的居民年收入低于25 000美元，收入最高的28%的家庭年收入超过10万美元。

表 18-5　2016 年美国家庭收入的分配情况

年收入（美元）	占所有居民的比重（%）	年收入（美元）	占所有居民的比重（%）
0–24 999	21	75 000–99 999	12
25 000–49 999	22	100 000–199 999	21
50 000–74 999	17	200 000 及以上	7

资料来源：Jessica L. Semega, Kayla R. Fontenot, and Melissa A. Kollarr, U.S. Census Bureau, Current Population Reports, P60–259, *Income and Poverty in the United States: 2016*, Washington, DC: U.S. Government Printing Office, September 2017.

表 18-6 将美国人口从收入最低到最高分为 5 组，每组占 20%，并给出了部分年份每一组收入占总收入的比例。表 18-6 进一步确认美国收入分配不平等的状况。第一行表明，2016 年美国收入最低的 20% 人群的收入只占总收入的 3.1%，而最高收入的 20%，占总收入的比例为 51.5%。

表 18-6 给出了收入分配随时间推移而发生的改变。1936～1980 年，收入分配的不平等状况有所改善，但 1980 年后又有所恶化。本章后面我们将讨论一些引起不平等恶化的原因。

表 18-6　收入分配随时间的变化　　　　　　　　　　　　　　　　　（%）

年份	最低 20%	第 2 组 20%	第 3 组 20%	第 4 组 20%	最高 20%
2016	3.1	8.3	14.2	22.9	51.5
2000	3.6	8.9	14.8	23.0	49.8
1990	3.9	9.6	15.9	24.0	46.6
1980	4.3	10.3	16.9	24.9	43.7
1970	4.1	10.8	17.4	24.5	43.3
1960	3.2	10.6	17.6	24.7	44.0
1950	3.1	10.5	17.3	24.1	45.0
1936	4.1	9.2	14.1	20.9	51.7

资料来源：Jessica L. Semega, Kayla R. Fontenot, and Melissa A. Kollarr, U.S. Census Bureau, Current Population Reports, P60–259, *Income and Poverty in the United States: 2016*, Washington, DC: U.S. Government Printing Office, September 2017. U.S. Census Bureau, *Income in the United States, 2002*, P60–221, September 2003; and U.S. Census Bureau, *Historical Statistics of the United States, Colonial Times to 1970*, Washington, DC: U.S. Government Printing Office, 1975.

美国的贫困率

一些关于收入分配的讨论集中于贫困率。联邦政府对贫困首次给出正式定义是在 20 世纪 60 年代早期。根据定义，如果一个家庭的年收入低于购买保证足够营养所需最少食品数量的 3 倍，那么家庭就在**贫困线**（poverty line）之下。2017 年，四口之家的贫困线为 24 600 美元。图 18-5 画出了 1960～2016 年的贫困率，或者说美国人口中每年贫困人口所占的比例。1960～1973 年，贫困率减少了一半，占人口百分比从 22% 下降到 11%。然而，在过去 40 年，贫困率下降得很少，2016 年实际上高于 1969 年的水平。

不同群体的贫困率相差很大。表 18-7 给出了 2016 年总的贫困率为 12.7%，但是无丈夫的女性当家庭、非洲裔和西班牙裔人群特别高。白人和亚裔人种的贫困率，以及已婚双亲家庭的贫困率相对要低于平均水平。

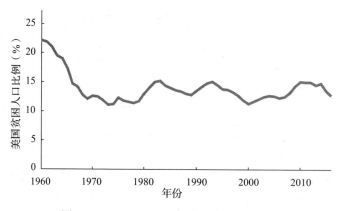

图 18-5 1960～2016 年美国贫困人口比例

注：1960～1973 年，美国贫困率下降了一半，从 22% 下降到 11%。在过去 40 年，贫困率在 11% 到 15% 之间波动。

资料来源：Jessica L. Semega, Kayla R. Fontenot, and Melissa A. Kollarr, U.S. Census Bureau, Current Population Reports, P60–259, *Income and Poverty in the United States: 2016*, Washington, DC: U.S. Government Printing Office, September 2017.

表 18-7　2016 年不同人群的贫困率　　　　　　　　　　　　　（%）

所有人群	12.7	亚裔	10.1
（无丈夫）女性当家家庭（所有人种）	28.8	非西班牙裔白人	8.8
非洲裔	22.0	已婚双亲家庭（所有种族）	5.1
西班牙裔	19.4		

注：西班牙裔可指任何种族。

资料来源：Jessica L. Semega, Kayla R. Fontenot, and Melissa A. Kollarr, U.S. Census Bureau, Current Population Reports, P60–259, *Income and Poverty in the United States: 2016*, Washington, DC: U.S. Government Printing Office, September 2017.

18.4.2　用洛伦兹曲线表现的收入分配

图 18-6 是用**洛伦兹曲线**（Lorenz curve）来表现收入分配情况的曲线，在横轴上表示的是收入从低到高每部分人口的比例累积，纵轴上是每部分人口获得的收入比例。如果收入分配完全平等，洛伦兹曲线为直线，因为占人口比例 20% 的人群正好获得总收入的 20%，占人口比例 40% 的人群正好获得总收入的 40%，以此类推。图 18-6a 中给出的是美国 1980 年和 2016 年真实收入分配的洛伦兹曲线，采用的数据见表 18-6。2016 年收入分配的不平等状况比 1980 年更严重一些，因为 2016 年的洛伦兹曲线比 1980 年的洛伦兹曲线离公平分配线更远一些。

图 18-6b 表现的是如何计算**基尼系数**（Gini coefficient），这是一种综合洛伦兹曲线包含信息的方法。基尼系数等于完全收入公平线与洛伦兹曲线之间的区域，即图 18-6b 中的区域 A，除以完全收入公平线以下整个区域面积 $A+B$ 的值。即

$$基尼系数 = \frac{A}{A+B}$$

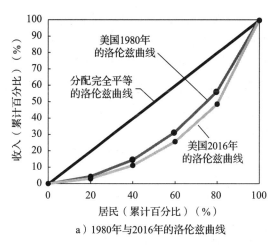
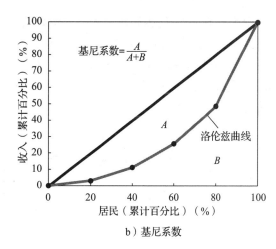

a）1980年与2016年的洛伦兹曲线　　　　　　b）基尼系数

图 18-6　洛伦兹曲线与基尼系数

注：图 18-6a 中，洛伦兹曲线可表现收入分配情况，在横轴上表示的是收入从低到高，每部分人口获得的收入累计表示在纵轴上。如果收入分配完全平等，洛伦兹曲线为直线。因为 1980 年的洛伦兹曲线比 2016 年更靠近分配完全平等线，1980 年的收入分配比 2016 年更为平等。图 18-6b 表示的是基尼系数，等于分配完全平等线与洛伦兹曲线之间区域（区域 A）除以分配完全平等线之下的整个区域（区域 A+B），基尼系数越靠近 1，收入分配越不平等。

如果收入分配完全平等，洛伦兹曲线将与分配完全平等线相同，区域 A 为 0，基尼系数也为 0。如果收入分配完全不平等，区域 B 为 0，基尼系数将为 1。因此，收入分配越不平等，基尼系数越大。1980 年，美国的基尼系数为 0.403，到了 2016 年，变为 0.481，这表明，这些年来收入不平等的情况加剧了。

18.4.3　贫困和收入分配度量的问题

到目前为止，我们讨论贫困和收入分配的度量方法可能会造成误导。原因有二：首先，这些度量仅仅是即时状态，没有考虑到收入的跨时流动（income mobility），也就是个人或者家庭收入随着时间的变化；第二，忽略了政府为降低贫困而进行的各种项目的影响。

1. 美国的跨时收入流动

我们预计，大部分人一生中不会处在收入分配的同一个位置。大学毕业后，找到新工作，你的收入会增加。一个家庭可能会因为主要收入来源人的失业而低于贫困线，来年重新找到工作后又回到贫困线之上。医学院毕业生毕业后可能会有几年收入很低的时光，但是开始正式行医后，收入会大幅提高。也有人可能在某一年有很高收入，如在证券市场中投资并获得丰厚的收益，但在未来几年收入则很低。

统计收入的跨时变化比统计某一年度收入要难得多，因为这要求连续几年来观察同一批人的情况。人口普查局跟踪了同一批人在 2004～2007 年的收入变化情况，图 18-7 给出了这一研究结果。每一列代表一个四分位数或 20% 的居民，是根据他们 2004 年的收入来排的。请从下往上来读，我们可以观察这些家庭从 2004 年所在四分位数开始到 2007 年结束的情形。例如，最低的四分位数组（第一列），在 2004 年收入水平低于 22 367 美元（所有的价值额都以剔除了通货膨胀影响后的 2007 年美元价值表示）。到了 2007 年，这部分人群中大约有69%仍然处在最低四分位数组。只有很少部分人（1.6%）升格到了最高的四分位数组，有超过1/4的人上升到第二个四分位数组或中间四分位数组。在收入分配的另一极端，即最高的四分位数组的人群，2004年收入大于92 886美元，到了2007年只有2/3的人还留在这一组。尽管时间相对较短，这项研究表明，美国的跨时收入流动还是相当显著的。

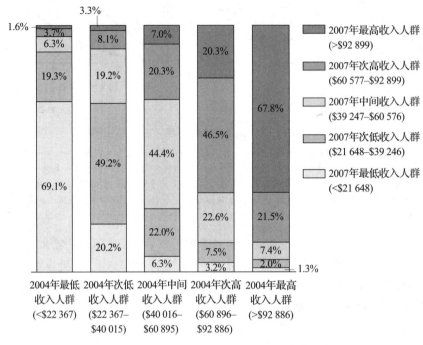

图18-7 美国2004～2007年的收入跨时流动

注：每一列代表一个四分位数组或者20%的居民，系根据2004年收入水平来划分。从下往上，从2004年开始到2007年结束。到了2007年，这部分人群中大约有69%仍然处在最低四分位数组。2004年处在最高四分位数组的人中只有68%在2007年仍然处在该组（收入都以2007年美元计算，剔除通胀影响）。

资料来源：U.S. Census Bureau, "Dynamics of Economic Well-Being: Movements in the U.S. Income Distribution, 2004–2007," *Current Population Reports*, P70–124, March 2011.

2004～2007年，美国经济经历了快速增长时期，这导致了跨时流动加快。然而，由波士顿学院的彼得·戈特沙尔克（Peter Gottschalk）和密歇根大学的谢尔登·丹齐格（Sheldon Danziger）进行的另一项研究也证明了存在显著的收入跨时流动现象。在该项研究中，1968年最低收入的20%人群中，到1991年只有47%仍然在该组。超过25%的人在1991年进入到中等或更高收入人群。1968年时在最高收入的人群到1991年只剩下42%，其中的8%滑落到了最低收入人群。

一些经济学家和政策制定者担心，随着时间的推移，美国经济的流动性将下降。流动性目前已经低于加拿大和西欧。例如，瑞典斯德哥尔摩大学的Markus Jantti和他的同事们已经发现，42%的美国男性出生时在收入最低的四分位数组，成年后仍然在此。相反，只有25%的丹麦男性、30%的英国男性是这样，即从出生到成年没有变化。

最后，美国人口普查局发现，在2004～2006年有时处在贫困状态的人中，大约有一半会有4个月左右处在贫困时期。2004年1月的穷人到2006年12月大约有23%每个月都处

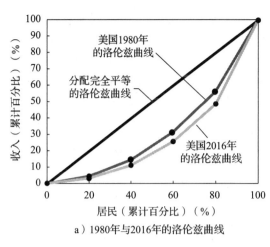
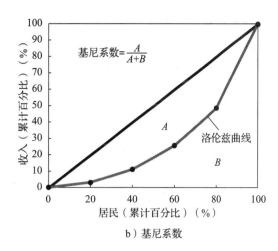

在贫困中。在这些年，美国人口中只有 2.8% 的人每个月处在贫困之中。

| 解决问题 18-2 |

收入流动性和收入不平等有什么区别

《华尔街日报》上的一篇文章指出："经济流动性与收入不平等之间的区别在于，政客们几乎可以互换使用这些词时，这种区别就很重要。"

a. 收入不平等与经济流动性之间有什么区别？

b. 你是否同意对于国会议员和其他决策者理解这种差异很重要？简要说明。

解决问题步骤

步骤 1：查看本章材料。此问题与收入流动性有关，因此，请复习"美国的跨时收入流动"部分。

步骤 2：通过定义收入不平等和经济流动性来回答问题 a。收入分配表示的是总收入如何在整个人口中进行分配。说明收入分配的一种常见方法是显示不同人口百分比所赚取的总收入的百分比，如表 18-6 所示。收入分配通常是指特定年份的情况。收入流动性着眼于个人或家庭的收入随时间变化的方式。

步骤 3：通过讨论收入不平等与收入流动性之间的差异对决策者是否重要来回答问题 b。这两个概念之间的区别对政策制定者很重要，因为如果低收入者随着时间的推移很有可能上升到较高的收入水平，那么收入快速流动可能会抵消收入不平等。一方面，一个人可能出生于一个低收入家庭，但到 40 多岁时可能升至收入分配的中间或更高水平。另一方面，较高的收入不平等水平和较低的收入流动性水平将成为更大的关注焦点，因为其结果是，典型的低收入者在任何特定时间上升到更高收入组的可能性很小。例如，某人在离开学校后立即从事低薪的入门级工作，而他 40 多岁时的职位仍然没有变化。

2. 税收和转移支付效应

对贫困和收入分配的传统统计产生误导的第二个原因是忽略了政府项目的影响。由于政府项目的影响，人们的收入与他们实际能用于支出的收入之间并不相同。表 18-6 给出的是税前收入分配。我们已经知道，在联邦政府层面，税收是累进的，这意味着高收入人群支付的税收占他们收入的份额要高于低收入人群。因此，税后收入进行的分配比税前要公平很多。表中也没有包括个人从政府得到的转移支付收入，如对于退休和残疾人得到的社会保障补贴。社会保障制度在减少 65 岁以上老年人的贫困率方面发挥了重要作用。1960 年，65 岁以上美国人中，35% 处在贫困线以下，到了 2016 年，65 岁以上人口中只有 9% 在贫困线之下。

低收入人群也会得到非现金福利，如食品券、学校免费午餐和房租补贴。政府的补充营养援助计划（Supplemental Nutrition Assistance Program）通常被称为食品券计划，是一项非常重要的非现金福利。根据该项计划，低收入人群可以用券打折购买超市的食品。2017 年，4 300 万人参加了这一计划，政府为该项目支出了 700 亿美元。因为低收入人群比高收入人群更有可能从政府获得转移支付和其他补贴，如果我们考虑到这些福利，收入分配就平等多了。

国会预算办公室进行的一项研究分析了2013年（有数据可用的最新年份）的联邦税收和转移计划对收入分配的影响。表18-8的第一列显示了最高收入组家庭收入的五分之一到较低的五分之一，其收入是在缴税和接受转移支付之前测算的。第二列显示在考虑税收和转移支付之后的家庭收入组显示的比率。该表表明，考虑到税收和转移支付，对收入分配产生了重大影响，特别是在最高和最低五分位数组之间的差距方面。在考虑税收和转移支付影响之前，收入最高的五分之一人口的收入大约是收入最低的五分之一人口的16倍。考虑到税收和转移支付的影响，收入最高的五分之一人口的收入大约是收入最低的五分之一人口的8倍。国会预算办公室的研究仅考察了联邦税收和转移政策的影响。考虑到国家和地方税收与转移政策的影响，政策可能会进一步减少收入分配的不平等。

表18-8　2013年美国税收与转移支付对居民收入的影响

分位数	税前最高收入组占其他各收入组的比率（%）	税后最高收入组占其他各收入组的比率（%）
最低20%	16.0	8.0
次低20%	8.1	4.5
中间20%	4.8	3.2
次高20%	2.9	2.3
最高20%	1.0	1.0

资料来源：Congressional Budget Office, *The Distribution of Household Income and Federal Taxes, 2013*, June 8, 2016.

18.4.4　对收入不平等的解释

据传说，小说家恩斯特·海明威和斯科特·菲茨杰拉德曾经就富人有过一次对话。菲茨杰拉德对海明威说："你知道，富人与你我并不相同。"对此海明威回答道："是的，他们有很多钱。"尽管风趣，但海明威的玩笑并没有回答为什么富人有那么多钱。我们考虑到几种解释收入不平等的因素。

1. 生产要素的收益率不同

对收入差异的一种解释是收入分配的边际生产力理论给出的一种回答（参见第17章）。在均衡时，每一种生产要素得到的回报等于其边际收益产品。个人拥有的生产要素越多，生产要素生产率越高，拥有人的收入水平也就越高。

当然，对大部分人而言，最重要的生产要素是他们的劳动。因此，他们的收入取决于他们的生产率与他们投入劳动帮助生产的产品或服务的价格。棒球运动员克莱顿·克肖2017年的薪水为3 300万美元，因为他是一个生产率非常高的运动员，他的雇主洛杉矶道奇队可以将克莱顿参加的棒球比赛以更高的价格卖给他人。如果一个人协助生产的产品或服务只能卖出更低的价格，那么也就只能获得较低的收入。

个人的生产率部分与他拥有的**人力资本**（human capital）有关。人力资本是指人们通过正式培训和教育或个人生活经历积累起来的知识和技能。人力资本并非在工人之间平等分布。例如，有些人能获得软件工程师学历，这将有助于他们获得高薪职业，而高中辍学的人只能去从事低薪职业。

许多人除劳动外还拥有其他的生产要素。例如，许多人通过拥有公司股票或者拥有购买了公司股票的共同基金而拥有自己的资本。资本所有权并非平等分布，从资本获得的收入比从劳动获得的收入分配不公平得多。有些人通过开办或管理企业获得企业家才能，他们的收入随着企业利润的增加而增多。

2. 技术变化与国际贸易的影响

我们从表18-6可以看出，过去30年收入均等状况有所改善。两种因素导致这种状况：技术变革和国际贸易的扩展。如我们在第17章所学到的，快速的技术变革特别是信息技术的发展，已经导致机器人和其他技术对低技能或无技能工人的替代，包括销售人员、办公室工作人员与工厂工人。新技术与其他员工（包括专业人员、经理和软件工程师）形成互补，从而提高了他们的生产力。结果，许多低技术工人的工资相对于高技术工人的工资有所下降。

哈佛大学的劳伦斯·卡茨和克劳蒂亚·戈丁认为，美国收入不平等长期来看主要受到技术进步的影响。技术进步摧毁了低技能工人的职业，提高了高技能工人和受教育者的收入水平，因为教育为需要技能的岗位准备好了工人。1910～1970年教育程度大幅提升，缩小了技能工人之间的相对工资，改善了收入不平等状况。20世纪70年代后，美国教育程度进步缓慢，导致了技能工人工资的相对上升。

国际贸易的扩展使得部分美国工人与国外工人的竞争更加激烈。这种竞争大大压低了低技能工人的相对工资水平。一些经济学家认为，进入美国的移民竞争压低了低技能工人的工资水平。

3. 择偶匹配的影响

一些经济学家指出，择偶匹配的增加可能会加剧收入不平等。择偶匹配（assortative mating）是指受过类似教育的人们之间的婚姻。宾夕法尼亚大学的杰里米·格林伍德（Jeremy Greenwood）及其同事进行的研究表明，自1960年以来，具有相似教育背景的男女结婚的趋势大大增加。择偶匹配会增加家庭之间的收入不平等，因为正如我们在第17章所看到的，受过多年教育的人往往会获得更高的收入。举一个简单的择偶匹配的例子，考虑两名女性，一名具有工程学硕士学位，年收入为125 000美元，一名辍学，高中毕业，年收入为25 000美元。还有两名男子，一名拥有硕士学位，收入为125 000美元，一名为高中辍学，收入为25 000美元。如果拥有硕士学位的男人和女人互相结婚，并且两个高中辍学学生互相结婚，那么一个家庭每年的收入为25万美元，另一家庭每年的收入为5万美元。但是，如果两个拥有硕士学位的人各自与其中一个高中辍学学生结婚，那么两个家庭的收入将分别为15万美元。格林伍德及其同事估计，在2005年，如果人们在不考虑教育背景的情况下彼此结婚，那么收入不平等的基尼系数将从0.45降低至0.34，足足降低了近25%。

4. 运气

最后，与生活中其他事情一样，收入多少也与运气好坏有一定的关系。一个穷人买彩票中奖变成百万富翁就是这样的事例，或者一个人由于生病或意外事故失去赚钱能力。因此，我们可以说，高收入人群作为一个群体，很可能他们的生产率水平高于平均水平，拥有的资本数量也高于平均水平。当然，也可能是他们运气好。而低收入人群作为一个群体，他们的生产率可能低于平均水平，拥有的资本数量也低于平均水平，也可能是他们的运气差。

18.4.5　降低收入不平等的政策措施

决定收入分配的因素很复杂，不容易受到政府政策的影响。一些经济学家和政策制定者得出的结论是，如果政策减缓经济增长速度从而限制低收入工人的收益，那么联邦政府减少收入不平等的尝试可能是无效的，甚至可能适得其反。决策者和经济学家已经提出了许多旨在减少收入不平等的建议。

1. 通过税收和转移支付减少不平等

如表 18-8 所示，联邦税收和转移计划已经对收入分配产生了重大影响。一些政策制定者和经济学家认为，如果最高边际税率从目前的 39.6% 上升到 1980 年以前的 70% 的水平，则可使税后收入分配更均等（因为该税率适用于非常高的收入，并且因为税法包含了自那时以来已被取消的其他抵扣，所以用来支付如此最高边际税率的人要比今天支付最高税率的人少）。拥有较高收入的人比拥有较低收入的人拥有资产的可能性更高，例如股票和债券，人们从其金融资产中获得的回报通常会得到税收优惠待遇。例如，拥有公司股票的人如果出售股票以获利，将获得股息并获得资本收益。股息和资本利得均以低于最高边际个人所得税税率的税率征税。提高股息和资本利得税可能会减少税后收入的不平等。

其他经济学家和政策制定者对下述说法表示怀疑，即提高税收是减少收入不平等的有效途径。这些经济学家认为，较高的边际税率会阻碍人们工作、储蓄和投资，从而减慢所有群体的经济增长和收入增长。同样，他们认为对股息和资本利得征收更高的税收将减少储蓄和投资的动机。他们还争辩说，过去的高边际税率时期已经看到高收入者将时间和金钱用于避税，这涉及寻找税法规定以允许个人减少税款。用于避税的资源增加了税法的负担。

如我们所见，2017 年，特朗普政府提议降低许多作为独资经营者的小企业主为其业务收益支付的税率。降低该税率可能会激励人们开辟新业务，并有助于提供资金来扩展现有业务。此外，简化税收包括降低税收法规的复杂性，将减少记录和其他管理成本，这对小企业特别重要。正如我们在第 8 章所看到的那样，美国每年开设的小企业数量急剧下降。由于非技术工人更有可能被小型企业雇用，因此加强小型企业的政策可能有助于减少收入不平等。此外，由于州和地方政府对许可证的要求，一些工人很难从事增加其收入的职业。

由于免税和减税，收入分配中较低的 40% 人群不支付联邦个人所得税。但是，所有工人必须从他们赚钱开始就为社会保障和医疗保险计划支付工资税。一些政策制定者和经济学家主张降低联邦工资税，以增加低收入工人的税后收入。其他人提议增加收入所得税抵免额，目的是让低收入工人留足更多的收入。

2. 通过改善人力资本来减少不平等现象

许多经济学家认为，工人如果具备与正在开发的新技术互补的技能，将能找到工资更高的工作。例如，正如我们在第 17 章中看到的那样，随着力拓矿业公司将机器人引入其铁矿石矿山，公司增加了对具有维修和编程机器人技能的工人的需求。两个政党的政策制定者都建议扩大在社区大学和学徒计划中的入学人数，以增加接受过技术培训的工人人数。学徒计划通常由寻求具有特定技能工人的公司来赞助。长期以来，这些计划在某些国家的工人培训中发挥了重要作用，包括德国和英国。在美国，这种方法并不受工人和公司欢迎，并且在过去的10年中，参加这些方式的工人人数有所下降。最近的政策建议试图扭转这一下降趋势。

其他政策制定者将重点放在确保工人通过改善基础教育（特别是在低收入城市地区）来获得基本技能。一些建议集中于扩展学前教育计划，向低收入儿童提供可以帮助他们在幼儿园和更高年级取得成功的技能。研究表明，单亲家庭的孩子不太可能读完高中或获得基本技能，这导致一些政策制定者提出了旨在为这些家庭提供支持的计划。

对于导致收入不平等加剧的原因或为扭转这一增长而提出的建议可能产生的影响，经济学家尚未达成共识。毫无疑问，决策者将继续对这些政策进行激烈的辩论。

◎概念应用 18-3

谁是那 1% 的人，他们如何获得收入

最近几年，对收入不平等的关注集中在了收入分配中最高的那 1% 的人。2012 年爆发的"占领华尔街运动"中，也就是在纽约和其他城市举行反对收入不平等的游行，使用的口号就是"我们是 99%"，以此来表明 1% 的人以损害其他人群为代价获得了不公平的好处。法国经济学家托马斯·皮凯蒂（Thomas Piketty）所著的《21 世纪资本论》一书受到了广泛的关注，这是由于作者对收入不平等尤其是收入分配最顶端的人们所赚取的收入份额的提高进行了有争议的分析。

2016 年，所有来源的年收入须超过 675 000 美元，才能跻身美国所有家庭最高的前 1%。该组家庭所赚取的总收入份额从 1979 年的约 9% 上升到 2016 年的约 19%。该组所缴纳的联邦个人所得税的份额从 18% 增加到 31%。关于收入最高的 1% 人口收入份额提高的原因争论，反映了关于收入不平等原因争论的进一步扩散，当然也有一些相同的潜在原因。

与任何其他收入组一样，每年收入最高的 1% 人群并非来自同一批人。每年都有一些人进入该组，也有些人离开。然而，收入最高的 1% 人群的典型职业一直是有关收入不平等争论内容的一部分，并影响了关于国会和总统可能采取降低不平等政策措施的讨论。一些政策制定者和经济学家认为，在美国，收入最高的 1% 的人是投资银行家和在金融公司工作的人。但是，下图中数字反映了威廉姆斯学院 Jon Bakija、财政部的 Adam Cole 和印第安纳大学的 Bradley T. Heim 进行的研究，结果表明，这 1% 高收入人群中金融专业人士所占的比例不到 14%。非金融公司的高管和经理在前 1% 中占比最大（占 31%），医生和其他医疗专业人员是第二人群（占 16%）。

一些政策制定者提议，通过增加资本利得（即股票或债券等资产价格的上涨）税来减少收入不平等。目前，资本利得的税率要低于工资和薪金收入的税率。但是，国会预算办公室对税收数据的分析表明，资本收益的收入并非收入最高的 1% 人群的主要收入来源：

- 收入最高的 1% 人群中，资本增益获得的收入不到 20%。
- 他们的收入中有将近 60% 以工资、薪金或经营企业的收入形式出现。
- 收入最高 1% 人群的收入通过运营企业获得的金额从 1979 年的 14% 增加到 2013 年的 23%，这可能表明创业活动（而不是资本收益）已成为产生高收入的更重要方式收入，而不是一些政策制定者所说的方式。

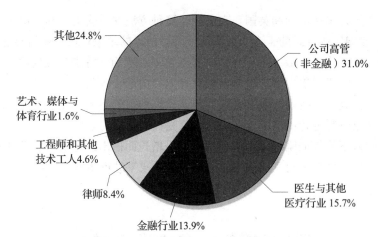

一些高收入家庭，例如沃尔顿家族的成员（沃尔玛创始人山姆·沃尔顿的继承人）的大部分收入来自继承的财富回报。但是，芝加哥大学的史蒂文·卡普兰（Steven Kaplan）和斯坦福大学的约书亚·劳（Joshua Rauh）的研究表明，如今的有钱人有钱的原因最有可能是家庭现阶段在经营公司，最不可能是出生在富裕家庭中，而在20世纪80年代则正好相反。

关于收入最高的1%的争论将继续，这也是美国关于收入不平等的辩论中的一个特别有争议的内容。

资料来源：Congressional Budget Office, *The Distribution of Household Income and Federal Taxes, 2013*, June 2016; Jon Bakija, Adam Cole, and Bradley T. Heim, "Jobs and Income Growth of Top Earners and the Causes of Changing Income Inequality: Evidence from U.S. Tax Return Data," April 2012; James Pierson, "The Truth about the 'One Percent,'" *Wall Street Journal*, February 18, 2014; Thomas Piketty, *Capital in the Twenty-First Century*, Cambridge, MA: Harvard University Press, 2014; and Steven N. Kaplan and Joshua Rauh, "It's the Market: The Broad-Based Rise in the Return to Top Talent," *Journal of Economic Perspectives*, Vol. 27, No. 3, Summer 2013, pp. 35–56.

18.4.6 全球收入分配和贫困状况

美国收入不平等状况与其他国家相比如何呢？表18-9比较了部分国家收入最高的前20%人群的收入水平与收入最低的后20%人群的收入水平的比率。美国是高收入国家中收入最不平等的国家，但是一些发展中国家的收入分配更不公平。当然，我们必须注意这种比较没有包括转移支付收入在内。例如，美国的社会保障和医疗保险要好于日本的相应制度，但比不上法国和德国。

表18-9　世界收入不公平情况　　　　　　　　　　　　　　（%）

国家	收入最高的前20%人群的收入水平与收入最低的后20%人群的收入水平的比率
美国	16.6
加拿大	13.3
中国	10.0
意大利	5.7
英国	4.6
德国	4.6
法国	4.5

(续)

国家	收入最高的前20%人群的收入水平与收入最低的后20%人群的收入水平的比率
瑞典	3.7
日本	3.0

资料来源：The World Bank; Eurostat; and Statistics Canada.

尽管在高收入国家贫困是个问题，但在低收入国家则要严重得多。特别是撒哈拉以南的非洲，贫困水平简直是人类的灾难。2017年，美国的贫困线水平为四口之家年收入低于24 600美元。但是，经济学家在计算贫穷国家的贫困率时经常使用的是更低的门槛，即每日1.25美元。如表18-10所示，按照这一标准，根据纽约联储的宾考斯基和哥伦比亚大学的马丁的估计，世界人口中的贫困人口在1970年为27%（发展中国家不包括高收入国家，如美国、日本、加拿大和西欧国家）。到了1992，贫困率下降到低于12%，2010年低于5%。贫困人口下降最显著的是在亚洲地区。贫困率在撒哈拉以南的非洲仍然很高，尽管这些国家的贫困率已经大幅降低了。为什么贫困人口在亚洲下降比在非洲更为显著呢？最关键的原因是亚洲国家的经济增长率要快于撒哈拉以南的非洲国家。最新的经济研究表明，经济增长与低收入人群的收入增长存在着正相关关系。

表18-10　1970年之后世界范围内贫困率显著下降

地区	贫困人口所占比例（%）		
	1970年	1992年	2010年
世界	26.8	11.8	4.5
东亚	58.8	11.5	0.4
南亚	20.1	10.5	1.6
中东非和北非	8.4	0.5	0.5
拉丁美洲	11.6	3.3	2.0
撒哈拉沙漠以南非洲	39.9	37.4	24.4

注：1970年的贫困率估算方法与1992年和2010年的贫困率估算方法不同，因此结果并不完全可比。

资料来源：Xavier Sala-i-Martin and Maxim Pinkovskiy, "Parametric Estimations of the World Distribution of Income," National Bureau of Economic Research, Working Paper No. 15433, October 2009. Copyright © 2009 by Xavier Sala-i-Martin and Maxim Pinkovskiy. Reprinted by permission; and Xavier Sala-i-Martin and Maxim Pinkovskiy, "Lights, Camera,... Income! Estimating Poverty Using National Accounts, Survey Means, and Lights," Federal Reserve Bank of New York Staff Reports, Staff Report No. 669, January 2015, Table X.

┊生活与职业生涯中的经济学┊

哪个更好：增加500美元的收入与增加500美元的健康保险

在本章开始时，我们的问题是假设你拥有一家自行车店，并且你正在考虑将员工的薪酬每年增加500美元，以使工作与其他本地自行车店的工作相比更具竞争力。我们要求你解释，为什么你的一名雇员要求你为她每年提供的健康保险中少交500美元，而非增加同样金额的工资。

我们在本章中看到，为了鼓励公司提供健康保险，联邦政府不对雇主向雇员提供医疗保险的金额征税。因此，该员工意识到，如果她每年收到500美元的薪水，就必须按该金额纳税。但是，如果你每年支出500美元来减少她的健康保险费,则政府不会对增加的补偿金征税。这个例子是国会使用税法实现社会目标,从而增加其复杂性的众多方式之一。

本章小结

本杰明·富兰克林说:"这个世界上除了死亡和税收,其他都是不确定的。"然而,什么是税?税收制度体现了经济效率原则、支付能力原则、谁受益谁支付原则、实现社会目标原则之间的平衡。正如我们在本章开篇所看到的,政客们持续争论政府是否应该使用税收制度,或其他措施来降低美国的收入不平等水平。最后,政策是否应该以减少收入不平等为目的是一个规范问题。单靠经济学无法给出这些问题的答案。

本章概要与练习

(续)

国家	收入最高的前20%人群的收入水平与收入最低的后20%人群的收入水平的比率
瑞典	3.7
日本	3.0

资料来源：The World Bank; Eurostat; and Statistics Canada.

尽管在高收入国家贫困是个问题，但在低收入国家则要严重得多。特别是撒哈拉以南的非洲，贫困水平简直是人类的灾难。2017年，美国的贫困线水平为四口之家年收入低于24 600美元。但是，经济学家在计算贫穷国家的贫困率时经常使用的是更低的门槛，即每日1.25美元。如表18-10所示，按照这一标准，根据纽约联储的宾考斯基和哥伦比亚大学的马丁的估计，世界人口中的贫困人口在1970年为27%（发展中国家不包括高收入国家，如美国、日本、加拿大和西欧国家）。到了1992，贫困率下降到低于12%，2010年低于5%。贫困人口下降最显著的是在亚洲地区。贫困率在撒哈拉以南的非洲仍然很高，尽管这些国家的贫困率已经大幅降低了。为什么贫困人口在亚洲下降比在非洲更为显著呢？最关键的原因是亚洲国家的经济增长率要快于撒哈拉以南的非洲国家。最新的经济研究表明，经济增长与低收入人群的收入增长存在着正相关关系。

表18-10　1970年之后世界范围内贫困率显著下降

地区	贫困人口所占比例（%）		
	1970年	1992年	2010年
世界	26.8	11.8	4.5
东亚	58.8	11.5	0.4
南亚	20.1	10.5	1.6
中东非和北非	8.4	0.5	0.5
拉丁美洲	11.6	3.3	2.0
撒哈拉沙漠以南非洲	39.9	37.4	24.4

注：1970年的贫困率估算方法与1992年和2010年的贫困率估算方法不同，因此结果并不完全可比。

资料来源：Xavier Sala-i-Martin and Maxim Pinkovskiy, "Parametric Estimations of the World Distribution of Income," National Bureau of Economic Research, Working Paper No. 15433, October 2009. Copyright © 2009 by Xavier Sala-i-Martin and Maxim Pinkovskiy. Reprinted by permission; and Xavier Sala-i-Martin and Maxim Pinkovskiy, "Lights, Camera,... Income! Estimating Poverty Using National Accounts, Survey Means, and Lights," Federal Reserve Bank of New York Staff Reports, Staff Report No. 669, January 2015, Table X.

┊生活与职业生涯中的经济学┊

哪个更好：增加500美元的收入与增加500美元的健康保险

在本章开始时，我们的问题是假设你拥有一家自行车店，并且你正在考虑将员工的薪酬每年增加500美元，以使工作与其他本地自行车店的工作相比更具竞争力。我们要求你解释，为什么你的一名雇员要求你为她每年提供的健康保险中少交500美元，而非增加同样金额的工资。

我们在本章中看到，为了鼓励公司提供健康保险，联邦政府不对雇主向雇员提供医疗保险的金额征税。因此，该员工意识到，如果她每年收到500美元的薪水，就必须按该金额纳税。但是，如果你每年支出500美元来减少她的健康保险费，则政府不会对增加的补偿金征税。这个例子是国会使用税法实现社会目标，从而增加其复杂性的众多方式之一。

本章小结

本杰明·富兰克林说："这个世界上除了死亡和税收，其他都是不确定的。"然而，什么是税？税收制度体现了经济效率原则、支付能力原则、谁受益谁支付原则、实现社会目标原则之间的平衡。正如我们在本章开篇所看到的，政客们持续争论政府是否应该使用税收制度，或其他措施来降低美国的收入不平等水平。最后，政策是否应该以减少收入不平等为目的是一个规范问题。单靠经济学无法给出这些问题的答案。

本章概要与练习

术 语 表

A

absolute advantage 绝对优势 个人、企业或国家在使用相同数量资源的情况下具有比对手生产更多产品或服务的能力。

accounting profit 会计利润 一个企业的净收入，等于总收入（总收益）减去运营支出和缴纳的税金。

adverse selection 逆向选择 参加交易的一方利用自己比另一方掌握更多信息的优势而获取好处的情形。

allocative efficiency 分配有效 一个经济体生产与消费者偏好相一致的状态。特别是指每一种产品或服务生产至最后一单位时边际社会得益等于边际社会成本的状态。

antitrust laws 反垄断法（反托拉斯法） 目的为消除共谋、促进企业竞争的法规。

Arrow impossibility theorem 阿罗不可能定理 没有一种投票系统始终代表选民基本偏好。

asset 资产 由个人或公司拥有的任何有价值的东西。

asymmetric information 信息不对称 参与经济交易的一方掌握的信息少于其他人的情形。

autarky 自给自足 一个国家不与其他国家进行贸易的情形。

average fixed cost 平均固定成本 固定成本除以总产量。

average product of labor 劳动平均产量 企业总产量除以投入的总劳动人数。

average revenue（AR） 平均收益 总收益除以销售的产品数量。

average tax rate 平均税率 总税收额除以总收入额。

average total cost 平均成本 总成本除以总产量。

average variable cost 平均可变成本 可变总成本除以总产量。

B

balance sheet 资产负债表 表明某一特定时间（通常每年年末或季度末）一个企业的财务状况的财务报表。

barrier to entry 进入壁垒 能阻挡其他企业进入一个可赚取经济利润行业的所有因素。

black market 黑市 按违反政府价格管制的价格进行买卖的市场。

bond 债券 代表承诺偿还一笔固定资金的有价金融证券。

brand management 品牌管理 一个公司为在一段时间内保持自己产品的差异而采取的行动。

budget constraint 预算约束 消费者在商品和服务中可供支出的有限收入。

business strategy 企业战略 企业为实现一个目标（如利润最大化）而采取的行动。

C

Cartel 卡特尔 一种企业合谋来限制产量、提高价格和利润的组织。

centrally planned economy 中央计划经济 政府决定如何分配经济资源的经济体。

ceteris paribus（"all else equal"）condition 其他条件不变（其他条件相同） 当分析两个变量（如价格与需求量）的关系时，其他变量必须保持不变。

circular-flow diagram 收入循环图 表现市场参与者相互联系的模型。

Coase theorem 科斯定理 经济学家罗纳德·科斯提出的，如果交易成本很低，私人谈判将会达成外部性的有效解决方案。

collusion 合谋 企业间达成相同价格或者其他非竞争协议。

command-and-control approach 命令和控制方法 政府对污染企业允许排放的数量强加限制，或要求公司安装特定的污染控制设备。

common resource 公共资源 具有竞争性但非排他性的物品。

comparative advantage 比较优势（相对优势） 一个人、一个企业或者一个国家具有比竞争对手以较低的机会成本生产产品或服务的能力。

compensating differentials 补偿性差异 对于从事一种令人不愉快的职业给予相对较高的工资补偿。

competitive market equilibrium 竞争性市场均衡 许多买者和卖者存在于市场中，市场达至均衡。

complements 互补品 需共同使用的产品或服务。

constant returns to scale 规模报酬不变 随着企业产量增加，企业的长期平均成本保持不变的情形。

consumer surplus 消费者剩余 对于一种产品或服务，消费者愿意支付的最高价格与他们实际支付的价格之间的差额。

cooperative equilibrium 合作均衡 博弈中的一种均衡，博弈参与人合作将增加各方的收益水平。

copyright 版权 政府授予制造者和销售者排他性权利。

corporate governance 公司治理 公司管理架构的方式，这种架构影响公司行为。

corporation 公司 企业的法律组成形式，一旦公司失败，保护所有人所遭受的损失不会多于其投资额。

coupon payment 息票支付 对债券支付的利息。

cross-price elasticity of demand 需求交叉弹性 一种商品需求量变化百分率除以另一种商品的价格变化百分率。

D

deadweight loss 无谓损失 由于市场未达到竞争均衡而导致经济剩余的减少。

demand curve 需求曲线 表现产品的价格与该产品需求数量关系的曲线。

demand schedule 需求表 表现产品的价格与该产品需求数量关系的表格。

demographics 人口统计学 表现人口的年龄、种族和性别等特征。

derived demand 派生需求 对生产要素的需求，这种需求依赖于对产品和服务的需求。

direct finance 直接融资 通过如纽约证券交易所等金融市场，资金从储户直接流向公司。

diseconomies of scale 规模不经济 随着企业产出的增加，一个企业的长期平均成本出现递增的情形。

dividends 红利 公司向股东进行的支付。

dominant strategy 占优策略 无论其他企业采用什么样的策略，对一个公司总是最佳的策略。

dumping 倾销 以低于产品成本的价格销售产品。

E

economic discrimination 经济歧视 依据种族或性别等不相关特质，向某人支付较低工资或禁止某人从事某种职业。

economic efficiency 经济效率 当市场中消费者得到的最后一单位产品的边际得益等于其生产的边际成本时所达到的结果，此时，消费者剩余和生产者剩余之和达到最大。

economic growth 经济增长 一个经济体生产产品和服务能力的增长。

economic loss 经济亏损 一个企业总收益（收入）少于包括所有隐性成本在内的总成本时所面临的情形。

economic model 经济模型 为分析现实世界经济情形而对现实进行的简化版本。

economic profit 经济利润 一个企业的总收入减去所有成本（隐性成本＋显性成本）后的情形。

**economic rent(or pure rent) 经济租金（或纯租

金）一种供给数量固定的生产要素的价格。

economic surplus　经济剩余　消费者剩余和生产者剩余之和。

economic variable　经济变量　可用不同值来进行度量，如制造业雇用的工人数量。

economics　经济学　研究在稀缺资源情况下人们为实现目标如何做出选择的学科。

economies of scale　规模经济　随着企业产出数量的增加，其长期平均成本逐渐下降的现象。

elastic demand　需求富有弹性　当需求量变化的百分率大于价格变化的百分率，即需求价格弹性绝对值大于 1 时的情形。

elasticity　弹性　用来衡量一个经济变量如何对另外经济变量变化做出反应的指标。

endowment effect　禀赋效应　对于人们已经拥有的物品，即使有人出的价格高于他们没有拥有但愿意购买的价格，仍然不愿意卖出的行为倾向。

entrepreneur　企业家　那些将劳动、资本和自然资源组合在一起经营企业，生产产品和服务的人。

equity　公平　经济利益的平等分配。

excess burden　额外负担　经济效率损失的一个指标，是指因为征收税收导致产品产量减少的情形，也被称为无谓损失。

excludability　排他性　是指任何人如果不付费就无法消费一种商品的情形。

expansion path　扩展线　一条表现企业每一产量水平上最小成本组合的曲线。

explicit cost　显性成本（显明成本）　需要支出货币的成本。

exports　出口品　在本国国内生产但销售到其他国家的产品和服务。

external economies　外部经济　企业成本下降源于所在行业规模扩张的现象。

externality　外部性　没有直接消费或生产一种产品或服务的人，其利益或成本所受到的影响。

F

factor market　要素市场　劳动、资本、自然资源和企业家才能等生产要素的市场。

factors of production　生产要素　用于生产产品和服务的劳动、资本、自然资源和其他投入品。

fee-for-service　按次收费　医生和医院按每次提供的服务获得回报的制度。

fixed costs　固定成本　随着产出变化保持不变的成本。

free market　自由市场　产品或服务如何生产和销售或者生产要素如何雇用几乎不受政府限制的市场。

free riding　搭便车　没有付出但享受到产品带来的利益。

free trade　自由贸易　没有政府限制的国家间的贸易。

G

game theory　博弈论　研究人们所实现的目标受到其他人影响时如何做出决策的学科。在经济学中，研究的是企业的利润水平受到与其他企业相互作用的影响。

globalization　全球化　各国对于对外贸易和投资越来越开放的过程。

H

health care　医疗健康　诸如处方药、问医咨询和外科手术等产品和服务，目的是维护或提高人们的健康水平。

health insurance　医疗保险　买者同意支付一定的费用或保险费而换取合约提供者同意为其支付部分或全部医疗费用的合约。

horizontal merger　水平合并（横向合并）　同一行业的企业之间进行的合并。

human capital　人力资本　员工通过正式的培训、受教育或者生活经历而积累起来的知识和技能。

I

implicit cost　隐性成本　没有货币支出的机会成本。

imports　进口品　在国内购买但生产于他国的商品或服务。

income effect 收入效应 在其他条件不变的情况下，由于商品价格变化导致消费者购买力变化而造成的商品需求量改变。

income elasticity of demand 需求收入弹性 需求量变化对收入变化反应程度的指标，通过需求量变化的百分率除以收入变化的百分率来计算。

income statement 利润表 表现一定时期内，企业收益（收入）、成本和利润的财务报表。

indifference curve 无差异曲线 表现能带给消费者同样效用水平的商品组合的曲线。

indirect finance 间接融资 通过银行之类的金融中介，资金从储蓄者流向借款人，即金融中介从储蓄者获得资金，然后贷款给企业或其他借款人。

inelastic demand 需求缺乏弹性 当需求量变化的百分率小于价格变化的百分率，即需求价格弹性绝对值小于1时的情形。

inferior good 低档物品 随着人们收入水平提高，需求量减少，收入水平下降，需求增加的物品。

interest rate 利率 资金借用成本，通常表示为一定借款量的百分比。

isocost line 等成本线 表现相同总成本水平时两种投入品（如资本和劳动）的所有组合的线段。

isoquant 等产量线 表现同样产出水平时两种投入品（如资本和劳动）所有组合的曲线。

L

labor union 工会 雇员的组织，有法定权利与雇主就工资和工作条件进行谈判。

law of demand 需求法则 在其他条件不变的情况下，一种产品的价格下降，需求量增加，价格上升，需求量减少的法则。

law of diminishing marginal utility 边际效用递减规律 在一定时间内，随着消费一种产品或服务数量的增加，消费者所得到的额外满足感逐渐递减的原理。

law of diminishing returns 报酬递减规律 随着加于数量固定要素（如资本）之上可变要素（如劳动）数量的增加，可变要素的边际产量逐渐递减。

law of supply 供给法则 在其他条件不变的情况下，一种产品的价格下降，供给量减少，价格上升，供给量增加的法则。

liability 负债（债务） 一个人或企业所欠的任何东西。

limited liability 有限责任 保护公司所有人的法律条款，所亏损的不会超过他们已投入到企业中的资金数量。

long run 长期 企业可改变所有投入品的时期，可采用新的技术，扩大或缩小企业的实体规模。

long-run average cost curve 长期平均成本曲线 一条表现企业在长期没有固定投入情况下，生产一定产量最低成本的曲线。

long-run competitive equilibrium 长期竞争均衡 企业进入和退出导致典型企业收支相抵的情形。

long-run supply curve 长期供给曲线 表现长期市场价格和供给数量相互关系的曲线。

lorenz curve 洛伦兹曲线 一条在横轴上表现收入从最低到最高分布、纵轴上表现每部分家户所获得的累积收入的收入分配状况的曲线。

M

macroeconomics 宏观经济学 研究与经济总体相关话题（如通货膨胀、失业和经济增长）的经济学分支。

marginal analysis 边际分析 比较边际得益和边际成本的分析方法。

marginal benefit 边际得益 消费者从多消费一单位商品或服务中额外获得的好处。

marginal cost 边际成本 企业多生产一单位产品或服务额外付出的总成本的变化。

marginal product of labor 劳动边际产量 企业多雇用一单位工人所带来的产量增加量。

marginal productivity theory of income distribution 收入分配的边际生产力理论 收入分配的一种理论，收入分配决定于个人拥有的生产要素的边际生产力水平。

marginal rate of substitution (MRS) 边际替代率 消费者愿意用一种产品替代另一种产品的比率。

marginal rate of technical substitution（MRTS）边际技术替代率 在保持产出水平不变的条件下，企业能够用一种生产要素替代另一种生产要素的比率。

marginal revenue（MR）边际收益 多销售一单位商品所导致的总收益的改变量。

marginal revenue product of labor（MRP）劳动边际收益产量 企业多雇用一单位劳动所导致的企业总收益的改变量。

marginal tax rate 边际税率 额外增加一单位收入必须支付的税收比例。

marginal utility（MU）边际效用 一个人多消费一单位商品或服务所得到的效用改变量。

market 市场 将产品或服务的买方和卖方聚在一起进行交易的制度化安排。

market demand 市场需求 所有消费者对一种产品或服务的需求总和。

market economy 市场经济 经济体中家户和企业的决策相互作用决定经济资源分配的经济。

market equilibrium 市场均衡 需求量等于供给量的状态。

market failure 市场失灵 市场未能达至有效产出水平的状态。

market power 市场势力 一家企业可以索取高于边际成本的价格的能力。

market-based reforms 市场化改革 医疗卫生市场越来越像其他商品和服务市场的变化。

marketing 市场营销 一家企业向消费者销售产品所有必需的行动。

median voter theorem 中位选举人定理 该定理认为，多数人票决的结果很可能代表了政治上中间派的选民的偏好。

microeconomics 微观经济学 研究家户和企业如何做出选择，在市场上如何相互影响，以及政府如何试图影响它们的选择。

minimum efficient scale 最小有效规模 达到规模经济所需要的最小产出水平。

mixed economy 混合经济 经济体中的大多数经济决策是由市场中的买者和卖者相互作用所做出的，但是政府在资源分配中发挥着显著作用。

monopolistic competition 垄断竞争 市场结构的一种，其进入壁垒低，多家企业为销售类似但不相同产品而展开竞争。

monopoly 垄断 商品或服务销售只有一家企业，产品也没有近似替代品。

monopsony 独家买者 只有一家生产要素买者的情形。

moral hazard 道德风险 交易已经达成后，交易一方所采取的行动会使得交易的另外一方福利受损。

N

Nash equilibrium 纳什均衡 给定其他企业的选择策略后，其他企业都选择自己的最佳策略以达成均衡的情形。

natural monopoly 自然垄断 规模经济现象如此显著，一家企业向市场提供全部产品时的平均成本要低于两家及以上企业提供时的成本。

network externality 网络外部性 产品的有用性随着消费者使用人数增多而增加的现象。

noncooperative equilibrium 非合作均衡 博弈参与人不进行合作，都追求各自利益而达成的一种博弈均衡。

normal good 正常物品 需求随投入增长而增加，随收入减少而减少的物品。

normative analysis 规范分析 涉及"应该是什么"的分析。

O

oligopoly 寡头垄断 少数相互影响的企业进行竞争的市场结构。

opportunity cost 机会成本 为参与一项行动必须放弃的其他价值最高者的选择。

P

partnership 合伙制企业 企业由两个或两个以上的人共同拥有，但又不是按公司形式来组织。

patent 专利 从政府授予之日起20年内，一种产品排他性生产权利。

Patient Protection and Affordable Care Act（ACA）《患者保护与平价医疗法案》 国会

通过并经美国总统奥巴马在2010年签署的美国医疗改革法案。

payoff matrix 收益矩阵 表现每个企业从每一企业战略组合中所获得支付情形的表格。

perfectly competitive market 完全竞争市场 符合下述条件的市场：①很多买家和卖家；②所有的企业都销售同质的产品；③新的企业进入市场没有任何壁垒。

perfectly elastic demand 完全弹性需求 需求量变化对于价格变化的反应无穷大，需求价格弹性为无穷大。

perfectly inelastic demand 完全无弹性需求 需求量变化对价格变化完全无反应，需求价格弹性为零。

personnel economics 人事经济学 使用经济学原理来分析人力资源问题。

Pigovian taxes and subsidies 庇古税和补贴 在有外部性存在的情况下，政府采取税收和补贴政策实现有效产出水平。

positive analysis 实证分析 只涉及"是什么"的分析。

poverty line 贫困线 年收入等于购买维持足够营养最低食品金额三倍的水平。

present value 现值 未来支付或收入的一笔资金在今天的价值。

price ceiling 最高限价 由法律规定的，销售者所能索取的最高价格水平。

price discrimination 差别定价（价格歧视） 同一种产品并非因为成本不同而向不同的消费者索取不同的价格。

price elasticity of demand 需求价格弹性 需求量对于价格变动的反应程度，通过需求量变化的百分率除以价格变化的百分率来度量。

price elasticity of supply 供给价格弹性 供给量对于价格变动的反应程度，通过供给量变化的百分率除以价格变化的百分率来度量。

price floor 最低限价 法定的销售者可索取的最低价格。

price leadership 价格领袖 企业合谋的一种形式，在寡头垄断市场中，一家企业公布一个定价水平，行业内其他企业据之进行调整。

price taker 价格接受者 买者或卖者无力影响市场价格。

principal-agent problem 委托代理问题 代理人追求自身利益而不是委托人的利益而造成的问题。

prisoner's dilemma 囚徒困境 追求占优策略导致的非合作结果使得每个人的状况变差的一种博弈。

private benefit 私人得益 商品或服务消费者所得到的好处。

private cost 私人成本 商品或服务生产者所担负的成本。

private good 私人物品 既具有竞争性，又具有排他性的物品。

producer surplus 生产者剩余 企业愿意接受的商品或服务的最低价格与实际得到价格之差。

product market 产品市场 销售产品（如计算机）或服务（如医疗）的市场。

production function 生产函数 表现企业所使用的投入品与使用这些投入品所能得到的最大产出之间的关系。

production possibilities frontier（PPF） 生产可能性边界 表现可使用资源和当前技术约束条件下，所生产的两种产品最大组合的曲线。

productive efficiency 生产有效 尽可能以最低成本生产商品或服务。

profit 利润 总收益减去总成本。

progressive tax 累进税 低收入者支付的与收入相关的税收高于高收入者支付的税收。

property rights 产权 个人或企业拥有的排他性使用财产的权利（包括买卖）。

protectionism 保护主义 使用贸易壁垒，保护国内企业免受国外竞争。

public choice model 公共选择模型 对政府决策进行经济分析的模型。

public franchise 公共特许权 政府指定一个企业为产品或服务的唯一合法提供者。

public good 公共物品 既不具有竞争性也不具有排他性的物品。

Q

quantity demanded 需求量 在给定价格水平，消费者愿意并且能够购买的产品或服务的数量。

quantity supplied 供给量 在给定价格水平，生产者愿意并能够提供的产品或服务的数量。

quota 配额 一个国家的政府对于进口的产品所实施的数量限额。

R

regressive tax 累退税 低收入者支付的与收入相关的税收高于高收入者支付的税收。

rent seeking 寻租 个人和企业寻求使用政府力量以损害他人而使自己变好的行为。

rivalry 竞争性 当一个人消费了一单位某种商品后意味着他人不能消费该单位产品的情形。

S

scarcity 稀缺 无限需要超过可用于满足这些需要的有限资源的状态。

separation of ownership from control 所有权和控制权的分离 公司中由高管而非所有者控制每日运营的情形。

short run 短期 企业使用的投入品至少有一种固定不变的时间段。

shortage 短缺 需求量大于供给量的状态。

shutdown point 停止营业点 企业平均可变成本曲线的最低点，如果价格水平低于该点，企业在短期将停止营业。

single-payer health care system 单一付款人医疗保健制度 由政府对所有该国的居民提供医疗保险的制度，如加拿大政府。

social benefit 社会得益 消费一种产品或服务的所有得益，既包括私人得益，也包括外部得益。

social cost 社会成本 生产一种产品或服务的总成本，既包括私人成本，也包括外部成本。

socialized medicine 公费医疗 政府拥有大部分医院和雇用大部分医生的医疗体系。

sole proprietorship 独资企业 一家只有单一所有人的企业，而且不是公司的组织形式。

stock 股票 代表对企业部分所有权的金融证券。

stockholders equity 股东权益 公司资产价值与公司负债之间的差额，也被称为净财富。

substitutes 替代品 用于同样目的的商品和服务。

substitution effect 替代效应 某种商品价格变化后，在保持其他条件不变的条件下，相对于其他可替代商品价格提高或降低而导致的需求量发生的变化。

sunk cost 沉没成本 已经付出但无法收回的成本。

supply curve 供给曲线 表现产品价格与产品供应数量之间相互关系的曲线。

supply schedule 供给表 表现产品价格与产品供应数量之间相互关系的表。

surplus 过剩 供应数量大于需求数量的状态。

T

tariff 关税 一国政府对进口品所征收的税收。

tax incidence 税收归宿 税收在市场中的买者和卖者之间进行实际分担。

technological change 技术变革 一个企业在给定投入品数量情况下，生产一定产量能力的变化。

technology 技术企业 所使用的将投入品变为产出品的工艺。

terms of trade 贸易条件 一个国家出口与从其他国家进口的比率。

total cost 总成本 企业在生产过程中使用的所有要素的成本。

total revenue 总收益（收入） 销售者销售一种产品或服务所获得的总资金额，通过每单位产品的价格乘以销售量来计算。

trade 贸易 买卖行为。

trade-off 权衡取舍 经济学主要理念之一，因为存在稀缺性，多生产一种产品或服务意味着必须减少其他产品或服务的生产。

tragedy of the commons 公地悲剧 公共资源被过度使用的倾向。

transactions costs 交易成本 在产品或服务达成交易合约并完成交易过程中，所花去的时间和其他资源成本。

two-part tariff 两部定价法 消费者支付一笔价格（费用）获得购买产品的权利，然后按购买数量支付具体价格。

U

unit-elastic demand 需求单位弹性 当需求量

变化的百分率等于价格变化的百分率的情形，单位弹性绝对值等于1。

utility 效用 人们从消费商品或服务中所得到的满足感或愉悦感。

V

variable costs 可变成本 随产量变化而变化的成本。

vertical merger 纵向合并 一种产品不同生产阶段企业之间的合并。

voluntary exchange 自愿交换 市场中的买卖双方通过交易状况获得改善的情形。

voluntary export restraint（VER）自愿出口限制 两国谈判达成的协议，对于从一国进口到另一国的产品施加数量限制。

voting paradox 投票悖论 多数票决制始终无法达成一致选择结果的情形。

W

Wall Street Reform and Consumer Protection Act(Dodd-Frank Act)《华尔街改革和消费者保护法案》(《多德－弗兰克法案》) 2010年通过的法案，目的是改革对金融体系的规制。

World Trade Organization 世界贸易组织（WTO） 监管国际贸易协定的国际组织。

推荐阅读

中文书名	原作者	中文书号	定价
货币金融学(美国商学院版,原书第5版)	弗雷德里克 S. 米什金 哥伦比亚大学	978-7-111-65608-1	119.00
货币金融学(英文版·美国商学院版,原书第5版)	弗雷德里克 S. 米什金 哥伦比亚大学	978-7-111-69244-7	119.00
《货币金融学》学习指导及习题集	弗雷德里克 S. 米什金 哥伦比亚大学	978-7-111-44311-7	45.00
投资学(原书第10版)	滋维·博迪 波士顿大学	978-7-111-56823-0	129.00
投资学(英文版·原书第10版)	滋维·博迪 波士顿大学	978-7-111-58160-4	149.00
投资学(原书第10版)习题集	滋维·博迪 波士顿大学	978-7-111-60620-8	69.00
公司理财(原书第11版)	斯蒂芬 A.罗斯 MIT斯隆管理学院	978-7-111-57415-6	119.00
期权、期货及其他衍生产品(原书第10版)	约翰·赫尔 多伦多大学	978-7-111-60276-7	169.00
期权、期货及其他衍生产品(英文版·原书第10版)	约翰·赫尔 多伦多大学	978-7-111-70875-9	169.00
债券市场:分析与策略(原书第8版)	弗兰克·法博齐 耶鲁大学	978-7-111-55502-5	129.00
金融市场与金融机构(原书第9版)	弗雷德里克 S. 米什金 哥伦比亚大学	978-7-111-66713-1	119.00
现代投资组合理论与投资分析(原书第9版)	埃德温 J. 埃尔顿 纽约大学	978-7-111-56612-0	129.00
投资银行、对冲基金和私募股权投资(原书第3版)	戴维·斯托厄尔 西北大学凯洛格商学院	978-7-111-62106-5	129.00
收购、兼并和重组:过程、工具、案例与解决方案(原书第7版)	唐纳德·德帕姆菲利斯 洛杉矶洛约拉马利蒙特大学	978-7-111-50771-0	99.00
风险管理与金融机构(原书第5版)	约翰·赫尔 多伦多大学	978-7-111-67127-5	99.00
金融市场与机构(原书第6版)	安东尼·桑德斯 纽约大学	978-7-111-57420-0	119.00
金融市场与机构(原书第6版·英文版)	安东尼·桑德斯 纽约大学	978-7-111-59409-3	119.00
货币联盟经济学(原书第12版)	保罗·德·格劳威 伦敦政治经济学院	978-7-111-61472-2	79.00

推荐阅读

中文书名	原作者	中文书号	定价
公司金融(原书第12版·基础篇)	理查德 A. 布雷利 伦敦商学院	978-7-111-57059-2	79.00
公司金融(原书第12版·基础篇·英文版)	理查德 A. 布雷利 伦敦商学院	978-7-111-58124-6	79.00
公司金融(原书第12版·进阶篇)	理查德 A. 布雷利 伦敦商学院	978-7-111-57058-5	79.00
公司金融(原书第12版·进阶篇·英文版)	理查德 A. 布雷利 伦敦商学院	978-7-111-58053-9	79.00
《公司金融（原书第12版）》学习指导及习题解析	理查德 A. 布雷利 伦敦商学院	978-7-111-62558-2	79.00
投资学（原书第9版·精要版）	滋维·博迪 波士顿大学	978-7-111-48772-2	55.00
投资学（原书第9版·精要版·英文版）	滋维·博迪 波士顿大学	978-7-111-48760-9	75.00
财务报表分析与证券估值（原书第5版）	斯蒂芬 H.佩因曼 哥伦比亚大学	978-7-111-55288-8	129.00
期权与期货市场基本原理（原书第8版）	约翰·赫尔 多伦多大学	978-7-111-53102-9	75.00
国际金融（原书第5版）	迈克尔 H.莫菲特 雷鸟国际管理商学院	978-7-111-66424-6	89.00
财务分析:以Excel为分析工具(原书第8版)	蒂莫西 R. 梅斯 丹佛大都会州立学院	978-7-111-62754-8	79.00
个人理财(原书第6版)	杰夫·马杜拉 佛罗里达亚特兰大大学	978-7-111-59328-7	79.00
固定收益证券	彼得罗·韦罗内西 芝加哥大学	978-7-111-62508-7	159.00